HEYNE BIOGRAPHIEN

G. P. Gooch

FRIEDRICH DER GROSSE

Herrscher – Schriftsteller – Mensch

Wilhelm Heyne Verlag
München

HEYNE BIOGRAPHIE
Nr. 12/12

Titel der englischen Originalausgabe
FREDERICK THE GREAT
THE RULER – THE WRITER – THE MAN
Deutsche Übersetzung von Klaus Dockhorn

8. Auflage

Ungekürzte, erweiterte Taschenbuchausgabe,
mit freundlicher Genehmigung des Verlags Vandenhoeck & Ruprecht, Göttingen
Printed in Germany 1986
Stammtafel, Register und Bibliographie wurden erarbeitet
von Dr. Joyce Schober
Umschlagfoto und Bildnachweis:
Staatsbibliothek Preußischer Kulturbesitz, Berlin
Umschlaggestaltung: Atelier Ingrid Schütz, München
Bildteil: Aldus-Druck, München
Gesamtherstellung: Ebner Ulm

ISBN 3-453-55011-0

GELEITWORT

Dem Wunsche des Verlags, dem in Übersetzung hier vorliegenden Buch zu seiner Einführung in Deutschland ein Geleitwort zu widmen, komme ich gerne nach. Für den neuzeitlichen Historiker gehört der Gegenstand zu den vertrautesten seines Fachs; jede Wendung der allgemeinen Entwicklung rückt ihn erneut ins Licht und erregt einen Sturm von Fragen, die der Person Friedrichs des Großen, seiner Geschichte und seiner Nachwirkung gelten.

George Peabody Gooch nimmt in seinem Vaterland als Gelehrter und Schriftsteller eine hochangesehene Stellung ein. Geboren am 21. Oktober 1873, ist er heute der Patriarch der englischen Historiker und kann auf eine Fülle von Veröffentlichungen zur britischen, zur deutschen und zur europäischen Geschichte zurückblicken. Seine Leistung, die sich über den ganzen Zeitraum der Neuzeit von ihrem Beginn bis zur Schwelle der Gegenwart ausdehnt, umfaßt gleichermaßen Quelleneditionen von verschiedenstem Gehalt und Umfang, Biographien, Essays, Einzeluntersuchungen, kritische Studien und große Würfe darstellender Art, in denen sich der Forscher auch als Geschichtsschreiber bewährt. Mit am bekanntesten wurde in deren Reihe Goochs »History of Modern Europe (1878–1919)«, die 1923 erschien und ihn als einen der ersten Kenner dieser bewegten, inhaltschweren Periode erwies.

Ihm und Temperley vertraute das Foreign Office denn auch die Herausgabe der englischen Akten zur Vorgeschichte des Ersten Weltkrieges an, eine Quellenedition von hoher politischer Tragweite. Ein Werk, das auch die deutschen Anstrengungen, die Kriegsschuldfrage aufzuhellen, stark befruchtet hat. Mit ihm sicherte sich Gooch einen Ehrenplatz in der internationalen Forschung. In zwei starken Aufsatzbänden »Before the War Studies in Diplomacy« (1936 und 1938) konnte er überdies einen Teil der aus den Aktenpublikationen der europäischen Kabinette gewonnenen Erkenntnisse selber literarisch auswerten.

Die Bedeutung dieses Gelehrten von europäischem Horizont und Ruf wird nun aber im besonderen noch dadurch erhöht, daß er sich lebhaft um das Verständnis der deutschen Geschichte und darüber hinaus des deutschen Wesens bemüht hat. Ja, man darf sagen: wie kaum einem anderen englischen Historiker seiner Generation lag es ihm am Herzen, über das Trennende hinweg einer geistigen Wiederannäherung der beiden großen Kulturvölker England und Deutschland zu dienen. Als einer der frühesten fand Gooch nach dem Ersten Weltkrieg den Weg über den Kanal; namentlich durch seine Vorträge suchte er zur Auflockerung der verhärteten Stimmung beizutragen. Kein nüchterner Beobachter wird sich darüber hinwegtäuschen, wie viel breiter die Kluft zwischen den zwei Nationen geworden ist, die nach dem noch viel unheilvolleren Zweiten Weltkrieg zu überwinden ist und zwar nicht bloß in politischer und wirtschaftlicher, sondern auch in geistiger Hinsicht. Doch kann es schon als günstiges Zeichen angesehen werden, wenn die Wissenschaft auf beiden Seiten bestrebt ist, Ressentiments so viel als möglich auszuschalten.

Goochs Feder hat auch im vergangenen Jahrzehnt nicht geruht. Er schenkte uns vor kurzem (1948) eine Aufsatzsammlung, worin unter dem Titel »Studies in German History« eine Reihe zentraler Gegenstände unserer neuzeitlichen Entwicklung namentlich aus dem achtzehnten und neunzehnten Jahrhundert behandelt werden. Dies jüngste Werk enthält u. a. Untersuchungen über Goethes politische Anschauungen, über Rankes Interpretation der deutschen Geschichte und Treitschkes Briefwechsel, ferner geht er darin auf die Bismarckforschung und deren hervorragendste Vertreter ein, so auch auf die wissenschaftliche Leistung von Erich Marcks.

Über die Fachkreise hinaus wurde Gooch bei uns am meisten durch sein früheres Werk »Germany« (1923) bekannt, das bisher als einziges ins Deutsche übersetzt ist. Warmherzig würdigt er darin die deutschen Errungenschaften auf dem Gebiet der Wissenschaft, der Kunst, der Literatur und ebenso die Wirtschaftsleistungen; er bedauert jedoch, daß sie das Reich der politischen Freiheit nicht vergrößert hätten, indem er auf fragwürdige Anwandlungen von Machthunger und Überheblichkeit im kaiserlichen Deutschland hinweist, auf die militaristischen Neigungen und darauf, daß es im allgemeinen Fortschreiten zu Demokratie und Parlamentarismus ringsum nachhinkte. Soweit diese Kritik an dem Nachbarreich in Goochs eigenen Anschauungen begründet ist, entspricht sie den politischen Grundüberzeugungen des Verfassers, der mehrere Jahre dem Unterhaus als Mitglied der liberalen Partei angehört hat.

Eines der Hauptwerke Goochs führt den Titel »History and Historians in the Nineteenth Century« (1913). Am Vorabend des Ersten Weltkrieges erschienen, verdient es in der Reihe seiner Bücher eine besondere Hervorhebung; liefert es doch den Nachweis umfassender Kenntnis der historiographischen Hervorbringungen eines Jahrhunderts, das den Siegeszug und die Höhe historischen Denkens in einzigartiger Fülle und Mannigfaltigkeit widerspiegelt. Rühmenswert ist freilich auch der Geist voller Objektivität, in dem Gooch an seinen Gegenstand herangegangen ist. Selbst über Individualitäten, die ihm persönlich weniger liegen, lautet sein Urteil fast durchweg weitherzig und zum mindesten verständnisvoll. Den bedeutenden Leistungen der deutschen Geschichtsschreibung vor und nach der Reichsgründung wird er darin nicht bloß gerecht, er schätzt sie besonders hoch ein. Manche erfüllen ihn mit Bewunderung.

So darf der Verfasser dieses bisher unübertroffenen Werkes, wenn er über ein heiß umkämpftes Thema wie Friedrich den Großen das Wort ergreift, beanspruchen, aufmerksam gehört zu werden, und zumal heute. Mehr denn je gelten ja für den König die einst auf Wallenstein gemünzten Worte Schillers: »Von der Parteien Haß und Gunst verwirrt, schwankt sein Charakterbild in der Geschichte.«

Der Mangel an politischem und seelischem Gleichgewicht, der nach Zusammenbrüchen Deutschlands immer wieder zum historischen Bilde unserer Niederlage und Umwälzungen gehört, wirkt sich auch neuerdings in der Beurteilung Friedrichs von Preußen aus. Wurde früher mit dem ›Alten Fritz‹ ein wahrer Kult getrieben, so fehlt es jetzt nicht an Versuchen, ihn ins Vorstadium einer verhängnisvollen Entwicklung zu rücken, die mit dem ungeheuersten Zusammenbruch unserer Geschichte endet. Ein Schicksal, dem auch Bismarck nicht entgangen ist. Seine Beurteilung unterliegt vielfach einem Pendelausschlag von ähnlicher Heftigkeit.

Man hat Friedrich geradezu zum politischen Bösewicht gestempelt und teilt ihm die Rolle eines Hauptschuldigen in einem Verfahren zu, dessen Anklageartikel auf ein ganzes Volk und auf seinen von Beginn der Neuzeit an zurückgelegten geschichtlichen Weg ausgedehnt werden. Nur wenige Stimmen von Sachkennern, deren Urteil ins Gewicht fällt, haben sich bisher in Deutschland vernehmen lassen, und auch diese wertvollen Ansätze lassen die Bildung einer allgemein anerkannten, gerechten Beurteilung in Bälde noch nicht erhoffen.

Selbst von einer Sicherung der rein historischen Tatbestände, die dem politischen Urteil als unanfechtbare Grundlage dienen könnten, sind wir vielfach noch entfernt, und es steht dahin, ob sie je ganz erreichbar sein wird. Handelt es sich um psychologische Probleme von so hochdifferenzierter, vielschichtiger und hintergründiger Beschaffenheit, wie es bei Friedrich der Fall ist, geht es um Entscheidungen über Deutschland von solch weltgeschichtlicher Tragweite wie im achtzehnten Jahrhundert, dann lassen sich die Meinungen der Mit- und Nachwelt ohnehin schwer auf einen Nenner bringen. Dazu nun das Mißliche, daß in aufgewühlten Zeiten, wie wir sie erleben, viele unberufen aus bloßem Geltungsbedürfnis oder aus Parteiverblendung über schwierige historische Befunde mitsprechen.

Angesichts der Verwirrung der Geister dürfen wir es schon als einen Gewinn betrachten, wenn der notwendige Prozeß der Klärung mit einiger Sachkunde und gutem Willen betrieben wird. Es kommt nicht so sehr darauf an, daß in nächster Zeit schon eine volle Übereinstimmung über Friedrich den Zweiten erzielt wird als daß überhaupt wieder wirkliche Kenner zu Wort kommen, Männer also, die geneigt sind, ihre Meinung ehrlich und in gegenseitigem Vertrauen miteinander auszutauschen.

Die Hauptsache ist dann nur, daß jeder durch den Willen zu leidenschaftsloser Betrachtung die eigene Befangenheit bekämpfe und die Bindungen seines Wesens nach Kräften zu überwinden suche, um dem nie restlos zu verwirklichenden Ideal der Objektivität so nahe wie möglich zu kommen. Dieses Bestreben wird keiner, der um Goochs Arbeiten Bescheid weiß, ihm absprechen wollen.

Das Buch des englischen Historikers erscheint nicht in deutscher Übersetzung, um ihm etwas wie eine dogmatische Gültigkeit zuzuschreiben. Es ist die Leistung eines unabhängigen Gelehrten, der ohne Auftrag einer Partei oder einer politischen Richtung die Dinge so schildert, wie er sie auf Grund seiner eindringlichen Kenntnis der Quellen und der einschlägigen fachlichen Literatur sieht.

Es kommt nicht darauf an, daß wir das Bild Friedrichs des Großen, wie Gooch es zeichnet, zu dem unseren machen, oder daß wir in jeder Einzelheit der Darstellung mit ihm übereinstimmen. Die geschichtliche Wahrheit steht nicht ein für allemal fest: sie entwickelt sich, manchmal in ruhigem, stetigem Fortschreiten der Erkenntnis, bisweilen auch in Sprüngen, Überraschungen und heftigen Auseinandersetzungen. In diesen lebendigen Fluß reiht sich Goochs Friedrichbiographie nunmehr ein.

Der Verfasser dieses Geleitwortes sieht es nicht als seine Aufgabe an, nachzuweisen, wo er mit Gooch einer Meinung ist, wo er Friedrichs Persönlichkeit und Handeln freudiger anerkennen oder schärfer ablehnen würde. Denn dem Urteil des Lesers sollte nicht vorgegriffen werden. Wie immer man zu Goochs Betrachtungsweise und seinen Ergebnissen stehe und wie man sie auch für die Deutung unseres Schicksalsganges auswerte, wir wissen ihm für dieses Buch Dank. Es stellt einen der wichtigsten Beiträge zur historischen Beurteilung Friedrichs des Großen und seines Jahrhunderts dar, dessen Entwicklung er als eine Erscheinung von weltgeschichtlichem Format entscheidend mitgestaltet hat.

Willy Andreas

I.

DIE SCHÖPFUNG PREUSSENS

Vier Herrscher aus dem Hause Hohenzollern zeichneten in einem Zeitraum von anderthalb Jahrhunderten Preußen in die Landkarte Europas ein*. Seitdem der Kaiser Sigismund im Jahre 1412 den Burggrafen Friedrich von Nürnberg nach Norddeutschland geschickt hatte, war dem Kurfürstentum Brandenburg mehr als zwei Jahrhunderte lang weniger Bedeutung im lose gefügten Bau des Heiligen Römischen Reiches zugekommen als Bayern und Sachsen. Erst im siebzehnten Jahrhundert begann es, seine Flügel auszubreiten. Durch Erbschaft kamen 1609 Cleve, Mark und Ravensberg im fernen Rheinland dazu. Die ebenso weit entfernt liegende Provinz Ostpreußen, das alte Gebiet des Deutschordens, das von Albrecht von Hohenzollern, dem letzten Hochmeister, im Jahre 1525 säkularisiert worden war, kam im Jahre 1618 unter die Herrschaft Berlins. Als 1640 der Große Kurfürst die Herrschaft antrat, mußte Europa mit einer neuen politischen Macht rechnen. Preußen war, in den Worten Actons, noch kein Riese, aber ein Athlet, und die Leiden des Dreißigjährigen Krieges lehrten es, seine Muskeln zu regen. Der Westfälische Frieden von 1648 gab ihm Hinterpommern, die säkularisierten Bistümer Halberstadt und Minden und die Anwartschaft auf das Erzbistum Magdeburg. Im Jahre 1660 endete die Lehnshoheit Polens über Ostpreußen. Die achtundvierzig Jahre dieser arbeitsreichen Regierungszeit waren auch im inneren Staatsaufbau von tief einschneidender Wirkung. Der Große Kurfürst brach die Kraft der Landstände, schuf ein kleines, aber gutausgebildetes stehendes Heer, ersetzte die von den Ständen je nach Bedarf bewilligten Geldhilfen durch eine Verbrauchssteuer, nahm fleißige Hugenottenflüchtlinge aus Frankreich im Lande auf und gab das Beispiel einer aufgeklärten Selbstherrschaft, die seine Nachfolger fortzuführen suchten. Bei seinem Tode im Jahr 1688 war Brandenburg-Preußen der mächtigste der norddeutschen Staaten.

Sein Sohn Friedrich, ein Abbild des Sonnenkönigs von geringer Überzeugungskraft, war nicht nur der Erbauer stattlicher Paläste in Berlin und Charlottenburg und der Gründer der Universität Halle und der Preußischen Akademie, sondern er erlangte auch vom Kaiser den Königstitel hundert Jahre eher, als es den Herrschern Sachsens, Bayerns und Württembergs gelang, aus den Händen Napoleons eine ähnliche Rangerhöhung zu empfangen. Leopold glaubte, daß die Erfüllung des kurfürstlichen Lieblingswunsches in der sich anbahnenden Auseinandersetzung mit Frankreich die Hohenzollern mit den Interessen seines Hauses verbinden würde; wirklich lieferte Preußen auch die

---

* Vgl. die bibliographischen Hinweise auf S. 37/38.

versprochene Hilfe im Spanischen Erbfolgekrieg. Prinz Eugen allerdings, der einen weiteren Blick hatte, erklärte, die Minister müßten gehängt werden, die zu dem Nachgeben des Kaisers in der Königsfrage geraten hätten. Sein Tadel war, was die Minister anging, fehl am Platze, denn diese hatten ihren Herrn darauf aufmerksam gemacht, daß Preußen früher oder später seiner Familie das Reich rauben würde. Der heiß begehrte Titel verkörperte und vergrößerte zugleich den Ehrgeiz der Dynastie. Automatisch nahm die neue Monarchie die Stellung einer Vormacht des Protestantismus in Deutschland ein, wie die Kurfürsten von Sachsen seit der Reformation innegehabt und erst jüngst verloren hatten, als August der Starke zum Katholizismus übertrat, um so als Bewerber für die polnische Krone auftreten zu können. Hier lag die dreifache Möglichkeit einer Bedrohung Habsburgs: ein Königreich, eine norddeutsche Macht, ein Vorkämpfer des Protestantismus. Die volle Tragweite seines Handelns ging über den Horizont Friedrichs I. hinaus, aber ein Menschenalter nach seinem Tode wurden die hiermit gegebenen Möglichkeiten von seinem Enkel begierig aufgegriffen.

Sein Sohn Friedrich Wilhelm I. vergrößerte die Macht seines Hauses zwar weniger augenfällig, dafür war sein Machterwerb um so nachhaltiger. Als der eigentliche Begründer des Militär- und Behördenstaates schmiedete er das Schwert, das sein Nachfolger schwingen sollte. Er schuf die am meisten furchtgebietende Heeresmacht in Europa, führte eine Vorform der allgemeinen Wehrpflicht ein, indem er jedem Regiment einen eigenen Bezirk zur Rekrutierung zuwies, zentralisierte den Verwaltungsapparat für Heer, Finanzwesen und die königlichen Domänen im Generaldirektorium, gründete Dorfschulen und holte das letzte Gran Energie aus seinem männlichen und willigen Volke heraus. Er sparte überall, nur nicht bei seinen Riesengrenadieren, die seine Leidenschaft und sein Stolz waren, machte den privaten Landbesitz seiner Familie zur Krondomäne und hob auf dieser die Leibeigenschaft auf. Er erklärte voll Selbstgefühl, daß er seine Souveränität wie einen *rocher de bronze* stabiliert habe, und wie er selbst der tüchtigste Arbeiter in seinem Königreich war, so achtete er persönlich darauf, daß seine Befehle ausgeführt wurden. Er nannte sich selbst den Finanzminister und den Feldmarschall des Königs von Preußen. Seinem Nachfolger vermachte er einen bis an den Rand gefüllten Staatsschatz, ein stehendes Heer von 80 000 Mann, eine leistungsfähige Bürokratie, eine Tradition der Mannszucht und damit Faktoren, die unter einem Herrscher von überragenden Fähigkeiten das Antlitz Mitteleuropas zu verändern wohl fähig waren. Mit Recht durfte Schön ihn als den größten der preußischen Könige auf dem Gebiet der Innenpolitik beschreiben. Seinen Vorgängern, vor allen dem Großen Kurfürsten und seinem eigenen zornmütigen Vater, huldigt Friedrich der Große uneingeschränkt in seiner *Geschichte des Hauses Brandenburg*. Niemand wußte so gut wie er, daß er ohne ihre Anstrengungen niemals hätte zeigen können, aus welchem Holze er geschnitzt war; daß es ihm nie vergönnt gewesen wäre, sein brennendes Verlangen nach Ruhm zu sättigen.

Friedrich Wilhelm I. liebte seine Soldaten wie ein Geizhals sein Gold; sie waren ihm zu kostbar, als daß er sie dem schwankenden Glück des Krieges aussetzen wollte. Sie erregten keine Furcht, denn es galt allgemein als ausgemacht, daß er in eigener Sache nie kämpfen werde. Auf dem Gebiet der Innenpolitik wußte er genau um seine Ziele und setzte sie auch durch, aber jenseits der Landesgrenzen fühlte er sich als ein Dilettant, der am klügsten tat, sich nicht auf größere Risiken einzulassen. Er war stolz darauf, daß er bei Malplaquet gekämpft hatte, aber der Krieg war nicht seine Leidenschaft: kein Souverän seines Zeitalters war im Denken und im Handeln weniger angriffslustig als er. Er konnte einen Teil von Schwedisch-Vorpommern und den größten Teil von Geldern zu seinem Besitz schlagen, und außerdem galt sein Streben den Herzogtümern Jülich und Berg am Niederrhein, auf die er Aussicht hatte, sobald der kinderlose Herrscher, das Glied einer jüngeren Linie der Pfälzer Wittelsbacher, starb; aber es kam ihm nie der Gedanke, für diese Beute zu kämpfen. Ohne das Einverständnis des Kaisers konnte und sollte nichts unternommen werden, und dieser versprach zwar, seine Ansprüche zu unterstützen, aber überredete ihn auch, seinen Ehrgeiz zu beschränken. Im Vertrag von Wusterhausen, den er 1726 mit Österreich schloß, zog er seinen Anspruch auf Jülich zurück, und zwei Jahre später wurde Düsseldorf, die Hauptstadt des Herzogtums Berg, aus dem kaiserlichen Hilfsversprechen ausgenommen. Kurz darauf wurde sogar diese eingeschränkte Verpflichtung aufgehoben, indem der Kaiser in einer Erklärung für sich das Recht in Anspruch nahm, über die Nachfolge zu entscheiden. Der König fühlte sich betrogen, aber es blieb ihm keine andere Wahl, als nachzugeben. Er hatte nur wenig mehr als zwei Millionen Untertanen, und die Staatseinkünfte betrugen zur Zeit seines Todes nur etwa 7 Millionen Taler.

Dadurch, daß der Kronprinz Friedrich von jeder Mitwirkung an der Führung der Geschäfte ausgeschlossen wurde, verblieb ihm reichlich Zeit, um sich eingehende Kenntnisse über die europäische Lage zu verschaffen und sein zukünftiges Vorgehen zu planen. Daß sein Land, mit einem wohlgefüllten Staatsschatz versehen und bis an die Zähne bewaffnet, auf dem europäischen Schachbrett nicht mehr als einen Bauern darstellen sollte, erfüllte ihn mit Zorn. Das Lebensgesetz großer Monarchien, so schrieb er in seinem *Antimachiavell*, sei von jeher unablässige Vergrößerung; Angriffskriege seien zwar abscheulich, wenn sie aus unzureichenden Gründen unternommen würden, ließen sich aber rechtfertigen, wenn kalte Abschätzung der Staatsinteressen sie fordere. Wenn er sich in seiner Bibliothek in Rheinsberg über die Landkarte beugte, entdeckte er sowohl im Osten wie im Westen Möglichkeiten. Im Jahre 1703 entschied Kaiser Leopold I., daß beim Ausbleiben männlicher Erben in den habsburgischen Gebieten auch die weibliche Erbfolge gelten solle, und ließ hinzufügen, daß die Töchter seines älteren Sohnes Joseph vor denen seines jüngeren Sohnes Karl bevorrechtigt seien; aber als Karl VI. im Jahre 1711 seinem Bruder Joseph I. folgte, erließ er 1713 das unter dem Namen der Pragmatischen Sanktion bekannte geheime Familiengesetz, um beim Ausbleiben männlicher Erben das ungeteilte Nachfolgerecht in seinen weit verstreut liegenden Territorien seiner eigenen Tochter zu sichern.

Wie notwendig eine solche vorausschauende Planung war, erwies nachdrücklichst der Tod seines einzigen Sohnes in frühem Kindesalter. Von den Töchtern Josephs, die sächsische und bayrische Gatten gefunden hatten, erlangte er den Verzicht auf die ihnen aus dem Gesetz von 1703 erwachsenden Rechte. Das erschien dem Kaiser aber nicht als ausreichend, vielmehr suchte er nunmehr auch noch die Anerkennung der Pragmatischen Sanktion von den Ständen seiner verstreut liegenden Herrschaftsgebiete einschließlich Ungarns und der österreichischen Niederlande zu erreichen, was ihm auch gelang. Das war ein guter Anfang, noch viel wichtiger aber war es, auch die Zustimmung fremder Herrscher zu gewinnen. Das erwies sich als leichter, als er angenommen hatte: Spanien ging 1725 voran, und ihm folgten darin Rußland, Preußen, England, Dänemark und einige der kleineren deutschen Staaten. Der Reichstag in Regensburg erklärte seine Zustimmung im Jahre 1732, Frankreich 1735, Sardinien und Neapel 1739. 1740 hatten alle Mächte mit Ausnahme Bayerns und der Pfalz der zu erwartenden Nachfolge Maria Theresias ihre Zustimmung gegeben, in einigen Fällen allerdings nicht, ohne dafür andere Konzessionen oder Versprechungen einzutauschen. Durfte man aber damit rechnen, daß die Versprechungen gehalten würden? Abmachungen ließen sich durchaus verschieden auslegen, der Plan verletzte den alten Grundsatz der männlichen Erbfolge, und kein Unterzeichner konnte für seine Erben einstehen. Karl erkannte die Gefahr durchaus, und seine Sorge wäre größer gewesen, hätte er geahnt, daß das Politische Testament des Großen Kurfürsten, das im Jahre 1672 verfaßt, im Jahre 1731 gefunden und ein Jahrhundert später von Ranke veröffentlicht wurde, den Einfall in Schlesien ins Auge faßte. Außerdem hatte er die dem Prinzen Eugen zugeschriebene Warnung nicht berücksichtigt, nach der eine starke Armee und ein voller Staatsschatz die besten Garanten seines Plans seien. Seine Territorien waren vom Partikularismus der Provinzialstände zerrissen, seine Soldaten durch die letzten Türkenfeldzüge ermüdet. Noch nie war, materiell und ideell, ein stolzes und mächtiges Staatswesen weniger auf einen Kampf auf Leben und Tod vorbereitet. Die Pragmatische Sanktion war nur ein Fetzen Papier, sonst nichts.

Wir sind in der Lage, Friedrichs auswärtige Politik von dem Augenblick seiner Thronbesteigung an, also seit Mai 1740, aus der *Politischen Correspondenz* zu rekonstruieren, häufig in ihrem Verlauf von einem zum anderen Tag. Obwohl er während der Regierung seines Vaters keine diplomatische Schulung durchgemacht hatte, gewöhnte er sich an die Diplomatie wie eine junge Ente an das Wasser. Er hatte einen reichen Schatz an Kenntnissen über die europäischen Höfe angesammelt und wußte genau, was er zu tun hatte, obwohl er einsah, daß er mit seinen Plänen auf eine sich bietende Gelegenheit warten mußte. Er entschloß sich, sein eigener Außenminister zu sein, was bedeutete, daß gewisse Geheimnisse in seiner Brust verschlossen bleiben mußten. »Müßte ich glauben, daß mein Hemd oder meine Haut etwas von meinen Absichten wüßten«, erklärte er, »so würde ich sie mir herunterreißen«. Die preußischen Räte fanden bald heraus, daß der neue Herr sich sehr vom alten unterschied. Podewils, den er als Außenminister beibehielt und der über die meisten Angelegenheiten unterrichtet wurde, durfte seine Ansichten freimütig äußern, und auch der treue Eichel, sein Kabinettsekretär, mit dem das diplomatische Korps selten in Berührung kam, kannte bereits alle Vorgänge; die Entscheidungen aber fällte er selbst, und die Verachtung des Soldaten für den Laien in militärischen Dingen teilte er. »Wenn die Minister über diplomatische Verhandlungen reden«, ließ er das Auswärtige Amt kurz vor seinem Regierungsantritt wissen, »so sind sie geschickte Leute, reden sie aber über Krieg, dann ist es, als wenn sich ein Irokese über Astronomie auslassen wollte.«

Seit langem war Friedrich entschlossen, daß sein Königreich nicht ein bloßes Stückwerk bleiben solle, dessen Nähte durch das Heer, die Beamtenschaft und die Krone zusammengehalten wurden. Als der erste Fürst seines Hauses verfolgte er eine völlig unabhängige Politik, denn der Große Kurfürst, Friedrich I. und Friedrich Wilhelm I. hatten ihre Erfolge durch Dienstleistungen an den Kaiser oder den König von Frankreich erkauft. Seine Blicke gingen hinüber nach Jülich und Berg im Rheinland und nach Westpreußen im Osten, aber sein Hauptinteresse galt den Ansprüchen seines Hauses auf Schlesien. Daß der Kaiser, der in seinem fünfundfünfzigsten Jahre stand, noch im gleichen Jahre sterben würde, konnte er nicht voraussehen; aber er war für jede Möglichkeit gerüstet, und als die Nachricht vom Tode des Kaisers – es war der 20. Oktober – eintraf, verlor er keinen Augenblick. Alles habe er vorausgesehen, schrieb er an Algarotti, an alles habe er gedacht. »Es handelt sich nur noch darum, die Pläne, die ich schon lange mit mir herumgetragen habe, auszuführen.« Nur Podewils und Schwerin, der General, dem er am meisten vertraute, wurden von der geplanten Unternehmung unterrichtet. Eine von beiden entworfene, von Podewils formulierte ausführliche Denkschrift vom 29. Oktober untersuchte die beste Methode, den Entschluß, sich Schlesiens zu bemächtigen*, durchzuführen. Sie hielten es für das klügste, dem Wiener

---

* Die sich auf die schlesischen Ansprüche beziehenden Materialien sind gesammelt in *Preußische Staatsschriften aus der Regierungszeit König Friedrichs II.*, I, 41–271.

Hof mit einem Vorschlag zu kommen. Als Gegenleistung für Schlesien solle sich der König verpflichten, seinen Einfluß für die Kaiserwahl des Großherzogs von Toskana, des Gatten Maria Theresias, geltend zu machen; dem Hause Österreich seine übrigen Besitzungen in Deutschland und den Niederlanden gegen alle anderen Ansprüche garantieren; dem Hause Österreich seine Nachfolgerechte in Jülich und Berg abtreten. Als letztes Mittel, das aber nur im Notfalle zur Anwendung kommen solle, faßten sie das Angebot einer Geldsumme ins Auge; Geld konnte der Wiener Hof dringend gebrauchen. Nur auf diese Weise lasse sich der Zerfall des Hauses Österreich vermeiden und seine historische Verbindung mit der Kaiserwürde aufrechterhalten. Werde dieses Angebot abgelehnt, dann solle der König mit Sachsen und Bayern eine Aufteilung der deutschen Gebiete Habsburgs in die Wege leiten und Schlesien als Preis für seine Unterstützung ihrer Ansprüche nehmen. Eine Garantie Frankreichs für seinen neuen schlesischen Besitz lasse sich dadurch erzielen, daß man Frankreich Hilfe gegen Österreich und die Seemächte in Aussicht stelle, ferner durch eine Abtretung der preußischen Ansprüche auf Jülich und Berg, und endlich durch die Wahl des Kurfürsten von Bayern zum Kaiser. Der mögliche Widerstand Rußlands lasse sich dadurch neutralisieren, daß man die Türkei veranlasse, im Notfalle Rußland im Süden in Atem zu halten. Da weder der erfahrene Podewils noch sein junger Herrscher erwarteten, daß die stolzeste Dynastie Europas ihre reichste Provinz für das nur auf dem Papier stehende Versprechen eines Räubers, er wolle sie gegen andere begehrliche Nachbarn verteidigen, abtreten werde, war der zweite Teil der Denkschrift von größerer Bedeutung.

Friedrich erläuterte seine viel radikaleren Ansichten in einer bemerkenswerten Denkschrift. »Schlesien ist derjenige Teil des kaiserlichen Erbes, auf den wir den größten Anspruch haben und der für das Haus Brandenburg auch am günstigsten liegt. Es steht in Übereinstimmung mit der Gerechtigkeit, seine Rechte zu schützen und die Gelegenheit des Todes des Kaisers wahrzunehmen, um sich in den Besitz dieser Rechte zu setzen. Die Überlegenheit unserer Truppen, die Schnelligkeit, mit der wir sie in Bewegung setzen können, mit einem Wort: der klare Vorteil, den wir über unsere Nachbarn haben, gibt uns in dieser unerwarteten Glückslage eine ungeheure Überlegenheit über alle anderen europäischen Mächte. Wenn wir warten, bis Sachsen und Bayern die Feindseligkeiten beginnen, können wir die Vergrößerung Sachsens, die völlig gegen unsere Interessen ist, nicht verhindern. Wenn wir sofort handeln, dann können wir Sachsen in Abhängigkeit von uns erhalten und seine militärische Bewegungsfreiheit nehmen, indem wir ihm den Pferdenachschub abschneiden. England und Frankreich sind verfeindet. Daß Frankreich sich in die Angelegenheiten des Reiches einmischt, kann England nicht dulden, also kann ich jederzeit mit dem einen oder dem anderen ein vorteilhaftes Bündnis abschließen. England würde mir die Erwerbung Schlesiens nicht neiden, weil sie ihm keinen Schaden bringt, außerdem braucht es Bundesgenossen. Holland wird desinteressiert sein, um so mehr, als die Anleihen der Amsterdamer Geschäftswelt, für welche Sicherheiten in Schlesien gegeben sind, garantiert werden sollen. Wenn wir uns nicht mit England und Holland einigen können, dann kommen wir sicher zu einem Abkommen mit Frankreich, das unsere Pläne nicht vereiteln kann und eine Demütigung des kaiserlichen Hauses begrüßen wird. Nur Rußland wäre in der Lage, uns Schwierigkeiten zu machen. Im nächsten Frühjahr wird sich uns niemand in den Weg stellen; wenn uns Rußland also angreifen will, wird es mit den Schweden zu tun bekommen und sich dann zwischen Hammer und Amboß befinden. Wenn die russische Kaiserin noch lebt, wird der Herzog von Kurland, der große Güter in Schlesien hat, mich bitten, sie ihm zu erhalten, und wir können die führenden Räte bestechen. Stirbt die Kaiserin, dann werden die Russen so viel mit ihren inneren Problemen zu tun haben, daß sie sich um auswärtige Angelegenheiten nicht kümmern können. Auf jeden Fall kann man in St. Petersburg einen mit Gold beladenen Esel einsetzen. Alles dies führt zu dem Schluß, daß wir Schlesien vor dem Winter besetzen und danach verhandeln müssen. Haben wir erst einmal Besitz ergriffen, dann können wir mit Erfolg verhandeln. Durch bloße Verhandlungen würden wir gar nichts gewinnen außer sehr belastenden Verpflichtungen im Austausch gegen ein paar Kleinigkeiten.« Angreifer verlassen sich immer auf blitzartige Zuschlagen. Obwohl das Reich der Habsburger an Größe und Hilfsquellen bei weitem überlegen war, verließ sich Friedrich auf dessen notorischen Mangel an Kriegsbereitschaft, auf die Wahrscheinlichkeit, daß Frankreich und andere Staaten an der allgemeinen Balgerei teilnehmen würden, vor allem aber auf seine große disziplinierte Armee und seinen großen Bargeldvorrat.

In seiner ersten Denkschrift vom 29. Oktober hatte Podewils über die rechtliche Gültigkeit der preußischen Ansprüche nichts gesagt, aber als er nun die Beurteilung der Gründe seines Herrn abzugeben hatte, gestattete er sich, ein wenig Wasser in den Wein zu gießen. »Was die Rechtsfrage angeht, muß ich in tiefstem Respekt zu bedenken geben: so wohlbegründete Rechtsansprüche das Haus Brandenburg auch einst auf die Herzogtümer Liegnitz, Brieg und Wohlau, auf Ratibor und Oppeln, auf das Fürstentum Jägerndorf und den Kreis Schwiebus gehabt hat, so gibt es doch feierliche Verträge, auf die sich das Haus Österreich berufen wird und durch die das Haus Brandenburg sich, allerdings betrügerischerweise, hat verleiten lassen, auf so bedeutende Ansprüche gegen Kleinigkeiten zu verzichten. Immerhin können wir immer Mittel finden, diese alten Rechte wieder aufleben zu lassen.« Friedrichs Entgegnung auf diese Skrupel, die ihren Weg in alle Biographien gefunden hat, war kurz und scharf. »Die Rechtsfrage ist die Sache der Minister, ist Ihre Sache; es ist Zeit, insgeheim daran arbeiten zu lassen, denn die Befehle an die Truppen sind gegeben.« Andere Warnungen, etwa die, daß Österreich Frankreich oder Bayern abfinden könne, oder die, daß mit einem polnischen Einfall gerechnet werden müsse, wurden beiseite geschoben. »Da nichts mich aufhalten wird, habe ich heute die Befehle an die Regimenter abgehen lassen. Wenn Gott will, so marschieren meine Truppen Anfang Dezember, und ich hoffe, alles wird programmäßig verlaufen.« Zwei Tage später schrieb er froh an Podewils: »Die Kaiserin von Rußland wird bald tot sein; Gott begünstigt uns, und das Geschick steht auf unserer Seite.« Den Berliner Regimentern gab er falsche Befehle zum Marsch in Richtung Halberstadt, um die diplomatischen Kanzleien zu täuschen. »Wir müssen jedes Mittel anwenden, um sie in die Irre zu führen. Wenn uns der Himmel freundlich ist, werden wir das leichteste Spiel von der Welt haben. Ich will meinen Streich am 8. Dezember führen und das kühnste und größte Unternehmen beginnen, das je ein Fürst meines Hauses gewagt hat. Leben Sie wohl, mein Herz verheißt mir Glück und meinen Truppen Sieg.«

Wenn etwas noch abstoßender sein konnte als der Entschluß, einen Teil des nachbarlichen Weinberges zu stehlen, so war dies der Versuch, das Verbrechen als einen Liebesdienst an dem zukünftigen Opfer hinzustellen. »Das Haus Österreich«, erklärte Friedrich seinem Onkel Georg II., »das seit dem Tod seines Hauptes und dem völligen Zerfall seiner Angelegenheiten allen seinen Feinden offen steht, ist im Begriff, unter den Zugriffen derer zusammenzubrechen, die öffentlich ihre Ansprüche vorbringen und heimlich den Plan hegen, einen Teil des Erbes an sich zu reißen. Und da ich infolge der geographischen Lage meiner Gebiete das größte Interesse daran habe, die Folgen eines solchen Vorgehens abzuwenden und vor allen Dingen denen zuvorzukommen, die es auf Schlesien, das Bollwerk vor meinen Gebieten, abgesehen haben, habe ich mich gezwungen gesehen, meine Truppen in das Herzogtum zu entsenden. Ich will damit nur verhindern, daß andere sich seiner bemächtigen, was meinen Interessen Abbruch tun und höchst nachteilig für die gerechten Ansprüche sein könnte, die mein Haus schon immer auf den größten Teil des Landes gehabt hat. Mein einziger Zweck ist die Erhaltung und der wahre Nutzen des Hauses Österreich.« Ehe er das Signal zum Kampf gab, der ein Menschenalter lang den Boden Europas mit Blut tränkte, ließ Friedrich seine Bedingungen nach Wien abgehen, wo sie in demselben Augenblick vorgelegt werden sollten, in dem seine Truppen die Grenze überschritten. Er hatte die Thronfolge Maria Theresias anerkannt und ihr freundschaftliche Briefe geschrieben. Jetzt ließ er sie wissen, daß er alle Besitzungen des Hauses Österreich in Deutschland garantieren und ein enges Bündnis mit dem Wiener Hof, Rußland und den Seemächten eingehen wolle. Außerdem wolle er allen seinen Einfluß aufbieten, um die Wahl ihres Gatten, des Herzogs von Lothringen, zum Kaiser durchzusetzen, und zwei oder sogar drei

Millionen Gulden zur Verfügung stellen. Für solch wertvolle Dienste und die damit verbundenen Risiken erwarte er eine entsprechende Gegenleistung in der Abtretung ganz Schlesiens. Vergeblich riet die befreundete britische Regierung in Wien zur Annahme dieser Bedingungen. Obwohl Friedrich sich nach außen den Anschein gab, als sei er überrascht und betroffen über Maria Theresias entrüstete Reaktion auf seinen Erpressungsversuch, wäre ihr seine Verachtung sicher gewesen, hätte sie sich gefügt; sie allein gewann vor allen gekrönten Häuptern Europas seine bleibende Achtung.

Das Haus Brandenburg war im Besitz bestimmter Ansprüche von größerer und geringerer Rechtskraft, nicht auf ganz Schlesien, sondern auf Teile davon. Ein Jurist der Universität Halle, Ludewig, dessen Dienste man oft für den Entwurf offizieller Denkschriften herangezogen hatte, sandte ein umfängliches Aktenpaket ein und erhielt den Auftrag, eine kurze Denkschrift aufzusetzen. Obwohl Friedrich ehrlich davon überzeugt war, daß ein Teil Schlesiens durch Betrug seinem Hause vorenthalten worden war, interessierten ihn die Zukunftsaussichten doch mehr als die alten Urkunden. In grobem Umriß war der preußische Rechtsstandpunkt dieser: Brandenburg erhob Anspruch auf drei von den insgesamt neun Herzogtümern Niederschlesiens – Liegnitz, Brieg und Wohlau – auf Grund einer Abmachung von 1537 mit ihrem damaligen Besitzer. Wien erklärte 1546 diesen Anspruch für ungültig, aber das Vetorecht der Habsburger wurde in Berlin nie anerkannt. Zweitens erhob Brandenburg Anspruch auf die Rückgabe des Herzogtums Jägerndorf in Oberschlesien, das wegen Hochverrats verwirkt worden war, als sein Herzog, ein Sohn des Kurfürsten Joachim Friedrich, in der Schlacht am Weißen Berge 1620 auf die falsche Karte gesetzt hatte. 1686 verzichtete der Große Kurfürst auf sein Anrecht an die vier Herzogtümer gegen den Kreis Schwiebus, das Versprechen jährlicher Subsidien und die Zahlung seiner Schulden. Dieser Verzicht wäre rechtsgültig geblieben, hätte nicht der Kaiser Leopold zur gleichen Zeit heimlich dem Kurprinzen Friedrich, späterem ersten König von Preußen, das Versprechen der Rückerstattung des Kreises Schwiebus abgerungen als Gegenleistung für die kaiserliche Unterstützung in einer Familienangelegenheit. Einzelne Teile Preußens hatte der Große Kurfürst seinen Söhnen aus zweiter Ehe vermacht, und um diese Regelung rechtsunwirksam zu machen, fand sich der Kurprinz bereit, einen beträchtlichen Preis zu bezahlen. Drittens hatte Preußen die Pragmatische Sanktion anerkannt gegen das Versprechen Österreichs, ihm bei der Sicherung seines Anspruchs auf Jülich und Berg behilflich zu sein. Diese Abmachung wurde gebrochen, als der Kaiser seine Unterstützung im Jahre 1739 heimlich auf das Haus Pfalz-Sulzbach übertrug. Aber keiner, weder Friedrich noch Podewils noch die Feudaljuristen, wagte zu behaupten, daß Preußen einen Rechtsanspruch auf ganz Schlesien hatte: der Anspruch galt nur den vier Herzogtümern Liegnitz, Brieg, Wohlau und Jägerndorf. Wenn

Carlyle den Räuber als einen Mann beschreibt, der »aus dem Hause stürzt, um sein soeben gestohlenes Pferd wieder in Besitz zu nehmen«, so ist das grotesk, aber Wien war oft genug gewarnt worden, daß das Haus Brandenburg seine Ansprüche eines Tages wieder aufleben lassen würde.

Diese Argumente waren hauptsächlich für die Kanzleien, die Öffentlichkeit und die Nachwelt berechnet. Der König würde wahrscheinlich die vielbegehrte Provinz an sich gerissen haben, auch wenn er keinerlei Ansprüche gehabt hätte, was er in dem berühmten Brief an Jordan vom 3. März 1741 auch beinahe zugab: »Meine Jugend, das Feuer der Leidenschaft, das Verlangen nach Ruhm, ja, um offen zu sein, sogar Neugier, endlich ein geheimer Instinkt, haben mich von den Annehmlichkeiten der Ruhe hinweggetrieben. Die Genugtuung, meinen Namen in den Zeitungen und später in den Geschichtswerken zu lesen, hat mich verführt.« Aber dieses der eigenen Sache abträgliche Bekenntnis darf nicht als die zureichende Erklärung für einen Schritt angesehen werden, der ebenso gewiß ein neues Kapitel der europäischen Geschichte einleitete wie die Kanonade von Valmy ein halbes Jahrhundert später. Die tiefere Ursache war der Entschluß, für Preußen die Stellung einer Großmacht zu sichern, die reiche Beute zu gewinnen, die seiner Meinung nach Preußen kraft seiner Lebensnotwendigkeiten und wachsenden Stärke zukam. Preußen war, wie er es schlagend formulierte, ein Zwitter, mehr ein Kurfürstentum als ein Königreich. Seine Herrschaftsgebiete waren quer über Nordeuropa hin verstreut vom Rheinland bis an die russische Grenze, und die Kernländer waren von den Außengebieten durch geschlossene Blocks fremder Territorien geschieden. Cleve, Mark und Ravensberg ließen sich nicht gegen Frankreich verteidigen, Ostpreußen nicht gegen Rußland, und die Grenze Sachsens war nur 50 km von Berlin entfernt. Die Geographie seines Erbes, eines selbst für deutsche Verhältnisse einzigartigen Gebildes aus Stücken und Flicken, war das überzeugendste seiner Argumente. Ein solcher Streubesitz schrie nach einer Änderung, und Schlesien bildete den ersten und wichtigsten Punkt im Konsolidationsprogramm. Eine andere Überlegung war die ungewöhnliche Armut seiner Erblande, die zu einem großen Teil aus Sand und Wald bestanden. Selbst die Energie seines Vaters konnte aus dem kleinen Staatswesen nicht die Erträge aufbringen, die zur Gewinnung und Sicherung eines Platzes an der Sonne erforderlich waren. Es bestand dringender Bedarf an mehr Steuerzahlern, mehr Soldaten, mehr Lebensmitteln, mehr Gewerbezweigen. Der patriotische Zweck, das war vorausgesetzt, mußte die Mittel rechtfertigen. »Friedrich der Große raubte Schlesien«, bemerkte Bismarck zum älteren Bülow, »dennoch ist er einer der größten Menschen aller Zeiten.«

Auch wenn man das Vorhandensein alter Rechtstitel und die Tatsache, daß sittliche Überlegungen bei allen Herrschern des achtzehnten Jahrhunderts mit Ausnahme Maria Theresias eine geringe Rolle spielten, voll in Rechnung stellt, gehört der Raub Schlesiens zusammen mit der Teilung Polens zu den sensationellen Verbrechen der Geschichte der Neuzeit. Österreich war völlig überrascht. Obwohl Macaulays Essay über Friedrich den Großen zu seinen schwächsten Leistungen gehört, enthält seine Rhetorik sehr viel Wahrheit. Die Pragmatische Sanktion, erklärt er, stand unter dem Schutz des öffentlichen Vertrauens der ganzen zivilisierten Welt. »Selbst wenn keine positiven Abmachungen bestanden hätten, konnte kein rechtlich denkender Mensch die bestehende Regelung in Frage stellen. Diese Regelung entsprach dem Willen des umfangreichen Bevölkerungsteils, dessen Zufriedenheit zunächst betroffen war. Diese Regelung verursachte keine Veränderung in der Machtverteilung unter den Staaten der Christenheit. Diese Regelung konnte nur durch einen allgemeinen Krieg beseitigt werden. Durch jede Verpflichtung, wie sie von allen, welchen Macht über ihre Mitmenschen anvertraut ist, als die heiligste angesehen werden muß, waren daher die Souveräne Europas gehalten, die Rechte der Erzherzogin zu achten und zu verteidigen. Man durfte erwarten, daß ihre Lage und ihre hohen persönlichen Eigenschaften den Sinn jedes edlen Mannes zu Mitleid, Bewunderung und ritterlicher Zartheit rühren würden. Aber die selbstsüchtige Raubgier des Königs von Preußen gab seinen Nachbarn das Zeichen zum Angriff. Die ganze Welt eilte zu den Waffen. Auf das Haupt Friedrichs kommt alles Blut, das überall auf der Welt vergossen wurde. Die bösen Folgen seiner Verruchtheit machten sich bemerkbar in Ländern, denen der Name Preußen unbekannt war, und damit er einen Nachbarn berauben konnte, den zu verteidigen er versprochen hatte, kämpften Schwarze an der Koromandelküste und skalpierten einander Rothäute an den Großen Seen Nordamerikas.«

Daß der Angreifer versprochen habe, Maria Theresia zu verteidigen, ist unwahr: sein Vater hatte die Pragmatische Sanktion anerkannt, aber sich nie verpflichtet, für sie zu kämpfen. Das Folgende ist Friedrichs Antwort auf diesen Teil der Anklage, im Auszug aus der von ihm mit eigener Hand entworfenen und nach Überarbeitung durch Podewils seinen Vertretern an den fremden Höfen zugestellten Denkschrift: »Es wäre ungerecht, den König der Verletzung der Pragmatischen Sanktion zu bezichtigen. Seine Majestät bestreitet nicht die Nachfolge in Österreich, sondern hält nur seine eigenen Rechte aufrecht, über die der verstorbene Kaiser nicht verfügen konnte, weil sie nicht sein Eigentum waren und die er aus eben diesem Grunde auch nicht seiner Tochter übertragen konnte. Außerdem könnte das Haus Österreich nicht die Erfüllung des Garantieversprechens fordern, das von dem verstorbenen König von Preußen in einem Vertrag zwischen ihm und dem Kaiser Karl VI. gegeben sei, weil dieser Monarch, weit entfernt seine Verpflichtungen auszuführen, ein diesem Vertrag diametral widersprechendes Abkommen schloß und dies in einer Form, die der Zuverlässigkeit des Wiener Hofes wenig Ehre macht.« Hätte sich der junge König mit den vier Herzogtümern begnügt, auf die allein er Rechtstitel hatte, so wäre sein Beweisgang eindrucksvoller gewesen; aber da selbst eine so begrenzte Forderung ohne Zweifel abgelehnt worden wäre, schlug er die Rechtmäßigkeit in den Wind und wagte den Einsatz für den größeren Preis.

Obwohl Friedrich Wilhelm I. nicht im Traum daran dachte, an Macht oder Ansehen mit Österreich in Wettbewerb zu treten, glaubte er doch an Preußens hohe Bestimmung und schrieb den Habsburgern die ausgemachte Absicht zu, ihm Hindernisse in den Weg zu legen. Einmal zeigte er auf seinen Sohn und rief aus: »Dort steht einer, der mich rächen wird.« Friedrich war der erste seines Hauses, der im Reich nur die Sanktionierung der Anarchie sah, ein leeres Scheinwesen hoher Ansprüche, das lange aufgehört hatte, heilig oder römisch oder ein Reich zu sein, mit einem in Verwesung übergegangenen und zerfallenden Verwaltungsapparat, eine hohle Schale, die nur noch dazu diente, die dynastischen Ziele einer mit der seinen rivalisierenden Familie zu decken. Er war daher, als er mit seiner Herausforderung hervortrat, ganz frei von dem Minderwertigkeitskomplex, der den Arm seines Vaters gelähmt hatte. Zwar war er als Kurfürst von Brandenburg erblicher Erzkämmerer; aber das Gefühl der Solidarität, das nie sehr stark in Deutschland gewesen war, war längst überdeckt durch das Wachstum des Partikularismus, der in dem Maße zunahm, wie die Kurfürstentümer an Größe und Macht wuchsen. Brandenburg-Preußen, das fühlte er, war mündig geworden, und in der Verfolgung eines unabhängigen Kurses gab es keineswegs das erste Beispiel unter den Gliedern des Reiches – jener merkwürdigen und überalterten Einrichtung, wie er sie nannte. Der Kurfürst von der Pfalz hatte den Dreißigjährigen Krieg ausgelöst, indem er das Angebot der Krone von den böhmischen Protestanten angenommen hatte. Der Westfälische Friede, der nicht nur die Religionskriege durch Zuweisung des Nordens an die Protestanten und des Südens an die Katholiken beendet, sondern den Fürsten das Recht gegeben hatte, Verträge abzuschließen und eigene Truppen zu unterhalten, nahm dem Reich die Lebenskraft. Der Österreichische Erbfolgekrieg bewies, daß sich der Widerstand gegen die führende katholische Macht nicht nur auf protestantische Fürsten beschränkte, denn die Herrscher von Bayern und Sachsen, welche Töchter Josephs I. geheiratet hatten, schlossen sich dem Lager der Feinde an. Das 18. Jahrhundert war ein Zeitalter dynastischer Kriege, und jeder deutsche Fürst spielte ohne Bedenken nur in eigenem Interesse. Der König von Preußen war nur der stärkste und kühnste von ihnen, der Spieler, der den auffälligsten Erfolg hatte.

Als er beschloß, sich Schlesiens zu bemächtigen, dachte Friedrich nur an seinen eigenen kleinen Staat und an sonst nichts. Die Vorstellung eines einigen Deutschland war außerhalb des Blickfeldes seiner Zeitgenossen, denn der deutsche Nationalismus war erst das Kind der Französischen Revolution. Daß seine Untertanen ausschließlich

Deutsche waren, während der Besitz Maria Theresias ein Völkergemisch darstellte, ist unbestreitbar, war aber ohne Bedeutung; er war ebenso bereit, Sachsen wie Österreich oder Polen anzugreifen. Der Versuch Droysens, desjenigen deutschen Professors, der am uneingeschränktesten für Friedrich eintritt und der ihn als den Fahnenträger des deutschen Gedankens darstellt, konnte nicht einmal seine Landsleute überzeugen: vor der Französischen Revolution gab es, wie Bismarck erklärte, keine deutschnationale Partei in Preußen. Friedrich und Bismarck waren Angreifer, aber ihre territorialen Ziele waren, wenn auch ausgreifend, nicht unbegrenzt. Beide wollten Preußen so stark machen, daß es in lebenswichtigen Fragen mit Österreich in die Schranken treten konnte, aber Friedrich dachte nicht daran, sich die Kaiserkrone aufs Haupt zu setzen. Was die Habsburger anging, so war er mit der Eroberung Schlesiens saturiert.

»Leben Sie wohl, meine Herren«, rief der König seinen Offizieren zu, »dem Rendezvous des Ruhmes entgegen, wohin ich Ihnen ungesäumt folgen werde.« Die Besitznahme Schlesiens ohne Kriegserklärung stellte sich als einfacher heraus, als er erwartet hatte. Sie habe ihm nur zwanzig Mann und zwei Offiziere gekostet, erklärte er, obwohl sich österreichische Besatzungen in Glogau, Neisse und Brieg hielten. Daß Nordschlesien durchweg protestantisch war und daß die Provinz im ganzen eine protestantische Mehrheit hatte, war sehr nützlich. »Das ganze Land ist über unser Kommen begeistert«, schrieb er an seinen Bruder, »und fürchtet nur, daß wir wieder gehen werden.« Aber das Land zu halten, stellte sich als schwieriger heraus. Im Verlaufe der folgenden drei Kriege war er dem Abgrund häufig so nahe, daß jedem anderen Menschen in dieser Situation die Nerven versagt hätten; aber er sah nie mit Bedauern auf seine Entscheidung zurück und war eher bereit zu sterben, als auf den kleinsten Teil seiner Beute zu verzichten. Seine eiserne Entschlossenheit nötigte selbst seinen schärfsten Kritikern Bewunderung ab, aber in Maria Theresia stieß er auf einen Willen, der ebenso hartnäckig war wie sein eigener. Die strahlendste Gestalt in der Bildnis-Galerie des achtzehnten Jahrhunderts, hatte sie keine der Beschränktheiten ihres unbedeutenden Vaters geerbt, und ihr angeborener Mut wurde nicht nur von dynastischem Stolz, sondern auch von der wohlbegründeten Überzeugung gestärkt, daß in dem Kampf um Schlesien das Recht auf ihrer Seite war. Während ihr schwacher Gatte Franz von Lothringen, den sie über sein Verdienst liebte und zum Mitregenten machte, zu einem Kompromiß mit dem Angreifer bereit war, wies sie alle Annäherungsversuche mit leidenschaftlicher Verachtung zurück. Voller Entrüstung rief sie aus, daß sie eher Bayern eine Provinz als Preußen ein einziges Dorf abtreten wolle.

Im achtzehnten Jahrhundert herrschte während des Winters »Schonzeit«, aber der Frühling 1741 brachte eine österreichische Armee ins Feld. Friedrich hatte noch nie eine Feldschlacht gesehen und führte den Oberbefehl nur nominell, da die unmittelbare Verantwortung bei dem alten Schwerin lag; aber er hatte keine Angst vor dem Treffen, das das Schicksal Schlesiens entscheiden sollte, und war auf alle Gefahren gefaßt, die seiner Person drohten. Am 7. März schrieb er an Podewils: »Für die Faulen gibt es keine Lorbeeren; die fallen denen zu, die am fleißigsten arbeiten und sich durch nichts erschüttern lassen. Übrigens bin ich österreichischen Husaren zweimal nur soeben entkommen. Wenn ich durch einen unglücklichen Zufall gefangen werden sollte, befehle ich Ihnen – und Sie haften mir mit Ihrem Kopf dafür –, daß Sie während meiner Abwesenheit meine Befehle nicht beachten, daß Sie meinen Bruder beraten, und daß der Staat sich zu keiner unwürdigen Handlung erniedrigt, um meine Befreiung zu erlangen. Im Gegenteil, für einen solchen Fall ordne ich an, daß noch größere Energie entfaltet werden soll. Ich bin nur König, wenn ich frei bin. Werde ich getötet, so ist mein Wille, daß meine Leiche nach römischer Art verbrannt und die Asche in Rheinsberg in einer Urne aufbewahrt wird und daß Knobelsdorff mir ein Mausoleum errichtet, wie es Horaz in Tuskulum hatte.« Der berühmte Satz »Je ne suis roi que lorsque je suis libre« sollte seinen Weg in alle Schulbücher finden und ist ein Teil des Vermächtnisses des größten aller preußischen Könige geworden.

Die Nachricht, daß die wechselvolle Schlacht von Mollwitz, die am 10. April im Schnee ausgetragen wurde, ein glänzender preußischer Sieg war, erreichte den König erst, als er auf Anraten und aus Furcht vor Gefangennahme die schon durchbrochene Front verlassen hatte; die Kavallerie, bei der er gekämpft hatte, war völlig gesprengt worden, ehe die unvergleichliche Infanterie den Tag rettete. Obwohl man ihm Mangel an persönlichem Mut nicht zum Vorwurf machen kann, ist es bemerkenswert, daß er selbst diese wenig ehrenvolle Episode nie erwähnte. Es war die erste große Schlacht in der Geschichte Preußens, und Europa mußte plötzlich zur Kenntnis nehmen, daß eine neue Militärmacht emporgetaucht war: die Arbeit Friedrich Wilhelms hatte Frucht getragen. Andere Raubvögel, die das schlechte Beispiel ermutigt hatte, stürzten sich auf den, wie sie glaubten, nur von einem dünnen Panzer geschützten habsburgischen Staat. »Das ist ein Narr, der Mensch ist verrückt«, rief Ludwig XV. aus, als er die Nachricht von dem Einmarsch in Schlesien hörte, aber Mollwitz bekehrte ihn. Frankreich erklärte, daß er die Pragmatische Sanktion nur vorbehaltlich des Rechtes Dritter angenommen habe, und versprach im Vertrag von Nymphenburg im Mai 1741, die bayrischen Anrechte auf die Erbfolge in Österreich und auf die Kaiserkrone zu unterstützen. Der Tod des Kaisers lieferte den Bourbonen den Vorwand, den schon zwei Jahrhunderte andauernden Kampf mit den Habsburgern zu erneuern, und sie fürchteten, daß der Gatte Maria Theresias, wenn ihm die Kaiserwürde zuteil werde, einen Versuch zur Wiedererlangung seines alten Herzogtums Lothringen machen würde, das dem Ex-König von

Polen und Schwiegervater Ludwigs XV., Stanislaus, zugeteilt worden war. Der Marschall Belleisle wurde in das Feldlager Friedrichs entsandt, und schon im Juni verpflichtete ein Vertrag Frankreich und Preußen zum Zusammengehen im Felde und zur Unterstützung der Kandidatur des Kurfürsten von Bayern für die Kaiserkrone. Auch Sachsen beteiligte sich, und der Krieg, der als ein Zweikampf zwischen Preußen und Österreich ausgebrochen war, erweiterte sich bald zu einem europäischen Brand. England verpflichtete sich zur Zahlung von Subsidien an Österreich, nicht weil es ein Feind Preußens, sondern der traditionelle Feind Frankreichs war. Dieser Entscheidung kam keine Bedeutung zu, denn einige Monate später erklärte Georg II. in seiner Eigenschaft als Kurfürst von Hannover seine Bereitschaft zur Neutralität im Kriege.

Österreich war zu schwach, um eine zweite offene Feldschlacht um den Besitz Schlesiens während der Sommermonate 1741 zu wagen, und am 9. Oktober wurde in Kleinschnellendorf eine Geheimkonvention unterzeichnet, die das Nahen des Friedens anzuzeigen schien. Die Festung Neiße, deren Belagerung noch fortging, sollte an Friedrich übergeben werden; dagegen verpflichtete er sich, von der weiteren Offensive abzusehen, sich mit Niederschlesien und Neiße zu begnügen und am Ende des Jahres einen endgültigen Vertrag abzuschließen. Österreich, das seine in Schlesien stehenden Streitkräfte an anderer Stelle einsetzen wollte, verpflichtete sich dafür, keinen Angriff zu unternehmen. Nur England wurde in Kenntnis gesetzt, und beide vertragschließenden Seiten sollten einige Truppenbewegungen zur Wahrung des Scheins durchführen. Falls bis dahin kein allgemeiner Friede geschlossen wäre, wollte man sich während des Winters um das Zustandekommen eines neuen Abkommens bemühen. Daß die Konvention nur eine Atempause zwischen den Gängen war, wußten die beiden Unterzeichner nur zu gut; Friedrich betrachtete Niederschlesien nur als eine Abschlagszahlung, und Maria Theresia hegte die Hoffnung, die ganze Provinz wiederzugewinnen. Zunächst aber wälzte sich die Flut des Kampfes nach Westen. Im November erstürmten die Franzosen Prag, der Kurfürst von Bayern wurde im Dezember zum König von Böhmen gekrönt, und am 24. Januar 1742 erfolgte seine Wahl zum Kaiser als Karl VII. Dafür marschierten am gleichen Tage österreichische Truppen in seine Hauptstadt München ein, und der ungarische Adel versprach seiner Königin militärische Hilfe.

Friedrichs beschränkte Mittel machten einen kurzen Krieg zur Notwendigkeit, und jetzt, da Maria Theresia genug mit Frankreich, Bayern und Sachsen zu tun hatte, erschien es ihm ungefährlich, sich unbemerkt aus dem Kriege zurückzuziehen. Anfang 1742 ließ er in Wien durchblicken, daß es nicht seine Absicht sei, die Stellung des Hauses Österreich in Deutschland übermäßig zu schwächen oder es neben Schlesien, Böhmen und Mähren um weitere Gebiete zu verkleinern. Vielmehr wolle er ihm seine Stellung als Gegenspieler der bayrischen

Wittelsbacher bewahren und in allen Friedensverhandlungen für seine Interessen eintreten. Im März stellte er seine Friedensbedingungen auf. Ihm solle Niederschlesien und die Grafschaft Glatz zufallen; die Königin von Ungarn solle seinen Bundesgenossen eine angemessene Genugtuung versprechen; und er solle Oberschlesien außer dem Fürstentum Teschen besetzt halten dürfen bis zum allgemeinen Friedensschluß, obwohl diese letztere Bestimmung fortfallen könne, wenn Österreich an einer baldigen Beendigung der Feindseligkeiten nichts liege. Um sich über seine Aussichten klar zu werden, verfaßte er zwei Denkschriften, von denen die erste die Gründe für die Fortsetzung, die zweite für die Beendigung der Feindseligkeiten aufzählte. Er begann damit, daß es verwerflich sei, sein Wort grundlos zu brechen, und vorläufig habe er keinen Grund, sich über Frankreich oder seine anderen Bundesgenossen zu beklagen; auf diese Art komme man nur in den Geruch der Unzuverlässigkeit. »Wenn dieser Feldzug glücklich endet, werden die preußischen Waffen den ganzen Ruhm für sich haben; vielleicht wird ein Sieg die Holländer und Engländer entmutigen und uns den Frieden bringen. Tritt dieser Fall ein, dann werden die Preußen den Frieden als Schiedsrichter bestimmen, und ihre Interessen werden keinen Schaden nehmen; das Reich wird sich an den König von Preußen anschließen, welcher sich der Autorität des Kaisers erfreuen wird, während der Kurfürst die Lasten trägt.« Mit der Königin von Ungarn könne es ohnehin keinen beständigen Frieden geben, und ohne die Abtrennung Böhmens und Mährens werde der Friede nur ein Waffenstillstand sein. Das zweite Memorandum enthielt dagegen noch zwingendere Gründe für den Abschluß des Friedens. Die Franzosen würden wahrscheinlich eine Schlacht verlieren, denn die weite Entfernung erschwere den regelmäßigen Nachschub; sein Vertrag mit den Bundesgenossen lege die Zahl seiner Truppen nicht fest; eine Vergrößerung Sachsens sei den preußischen Interessen entgegen; der Krieg sei teuer, und der Kaiser und die Franzosen hätten eine hohe Anleihe gefordert; Maria Theresia stehe im Begriffe, von Ungarn beträchtliche Hilfe zu bekommen; ein Rückschlag könne ihn aller seiner Gewinne berauben, und der Krieg könne sogar in seine eigenen Besitzungen verlegt werden. Die Bilanz ließ keinen Zweifel darüber, wie seine Entscheidung ausfallen sollte; es stand von vornherein fest, daß er sich so bald wie möglich vom Kampf zurückziehen müsse.

Ehe er sein Ziel erreichte, kehrte Friedrich noch zu einem kurzen Auftritt auf die Bühne des Krieges zurück, denn seine Kavallerie war seit Mollwitz völlig reorganisiert worden. Die Tatsache, daß Maria Theresia die Geheimkonvention von Kleinschnellendorf veröffentlichte, um ihn gegenüber seinen Bundesgenossen zu kompromittieren, lieferte den Vorwand, und außerdem wuchs fortwährend seine Sorge, daß Österreich stärker als ihm lieb werden und deshalb die Abtretung irgendeines Teils von Schlesien verweigern würde. Am 17. Mai 1742 trieb er die Österreicher bei Chotusitz vor sich her; es war seine zweite Schlacht und die erste, in welcher er auch wirklich Befehl führte; dieses Mal zeigte sich seine Kavallerie der Infanterie ebenbürtig. Jetzt war der Augenblick zum Friedensschluß gekommen, denn nun konnte damit gerechnet werden, daß Österreich gern bereit sein werde, sein Ausscheiden aus der Koalition zu erkaufen, um so mehr, als er immer noch nicht mehr als Niederschlesien forderte. Oberschlesien, so schrieb er am 8. Juni an Podewils, sei ein heruntergewirtschaftetes Land, kaum zu verteidigen, und seine Bewohner würden nie treue Untertanen sein. Verhandlungen begannen, in denen Carteret den Vermittler spielte, und am 11. Juni 1742 wurden die Friedens-Präliminarien unterzeichnet. An Podewils schrieb er: »Hätte uns mehr Zeit zur Verfügung gestanden, so hätten wir vielleicht einen günstigeren Vertrag haben können; aber er hätte auch schlechter ausfallen können. Wenn wir uns treffen, will ich Ihnen alle meine Gründe sagen, und Sie werden zugeben, daß ich als Staatsmann und im Interesse meines Volkes nichts anders hätte tun können. Es ist ein großes und glückliches Ereignis, das meinem Hause nach einem ruhmreichen Kriege eine der blühendsten deutschen Provinzen zubringt. Man muß die Fähigkeit haben, im richtigen Augenblick aufzuhören. Das Glück erzwingen heißt es verlieren, und immer mehr zu verlangen heißt nie glücklich sein.« Der Vertrag von Breslau, der Preußen beinahe ganz Schlesien gab, wurde in Berlin im Juli ratifiziert.

»Endlich Frieden!« schrieb Friedrich am 15. Juni an Jordan. »Ich weiß nicht, was die Leute sagen werden, aber ich erwarte satirische Bosheiten und Gemeinplätze, wie sie Narren und Nichtwisser, alle die, welche nicht nachdenken, einander nachschwatzen. Aber das dumme Geschwätz der Öffentlichkeit stört mich nicht. Ich frage alle die Doktoren der Rechtsgelehrtheit und der politischen Moral, ob ich, nachdem ich zur Erfüllung meiner Verpflichtungen das Äußerste getan habe, diese auch dann noch einhalten muß, wenn ich auf der einen Seite einen Alliierten sehe, der überhaupt nichts, auf der anderen Seite einen Alliierten, der das Falsche tut, und wenn ich außerdem dabei noch Gefahr laufe, beim ersten Fehlschlag vom mächtigsten meiner Alliierten in einem Scheinfrieden im Stich gelassen zu werden. Wenn ich den Untergang meiner Armee voraussehe, die Erschöpfung meiner Geldmittel, den Verlust meiner Eroberungen, die Entvölkerung des Staates, das Unglück meiner Völker, mit einem Wort all das Elend, das in den Zufällen des Krieges und der Doppelzüngigkeit der Staatsmänner seine Ursache hat, frage ich mich, ob in einem solchen Fall ein Herrscher nicht das Recht hat, sich durch einen klugen Rückzug vor sicherem Schiffbruch oder deutlich drohender Gefahr in Sicherheit zu bringen.«

Als der König seinen Bundesgenossen die Nachricht eröffnete, versuchte er, seinen Sonderfrieden zu rechtfertigen. An den Kaiser schrieb er: »Mit besseren Gefühlen habe ich Ew. Kaiserliche Majestät vom Zusammenbruch Ihrer Sache zu unterrichten. Sie werden zugeben, daß mein Eifer für Ihre Interessen nie erlahmte und daß ich alles nur Erdenkliche getan habe, um Ihnen zur Gewinnung Ihrer Herrschaft zu verhelfen. Ich habe achtzehn Monate lang beinahe ohne Pause gearbeitet, aufrecht gehalten von der Hoffnung, daß meine Alliierten meine Besorgnisse und Gefahren mit mir teilen würden.« Infolge der Fehler der Franzosen und Sachsen sei die Lage der Alliierten schlechter als im vorhergehenden Herbst. Den Wiener Hof zum Nachgeben zu bringen, würde drei weitere Siege erfordern. Wie viel Glück und Zeit brauche man dazu! In einem einzigen Feldzug könne es nicht getan werden. »Wenn wir eine Niederlage erleiden und andere Mächte intervenieren, dann sehe ich tödliche Folgen für die Alliierten voraus. Die Franzosen und der Kardinal sind des Krieges müde, der König von Polen steht mit dem Wiener Hofe in Verbindung, und, wohin ich mich wende, liegt die ganze Last des Krieges auf meinen Schultern.« Englisches Geld habe Einfluß auf die Politik Rußlands und versorge Ungarn mit Waffen. Angesichts der Untätigkeit der Sachsen und der Schwäche der Franzosen sei es ganz offensichtlich, daß alle Anstrengungen, das durch die Fehler der einen und die Bosheit der anderen Verlorene wiederzugewinnen, nutzlos seien. »Da ich mich also in eine Lage gebracht sehe, in der mein Schwert nicht länger helfen kann, versichere ich Ihnen, daß meine Feder immer zu Ihren Diensten sein wird; mein Herz wird immer Ihnen gehören; wenn ich nicht alles tun kann, was ich zu tun wünsche, so werden Sie doch immer in mir den alten finden, der Notwendigkeit nachgebend, aber treu meinen Verpflichtungen; unfähig einer Schwankung in meinem Versprechen betreffend die pfälzische Nachfolge; Ihnen meine Waffen gelobend und sogar bereit, mein Blut für Sie zu vergießen unter der einzigen Bedingung, daß es wirklich Zweck habe; voll von Mitgefühl und tief bedrückt, daß ich nicht fähig bin, Sie aus Ihrer gegenwärtigen Lage zu befreien und Sie ein Schicksal genießen zu sehen, das Ihren großen Qualitäten und Ihres Charakters wert ist, die ich immer hochachten werde. Das sind die Gesinnungen, mein Bruder und Vetter, Ihres guten Bruders und treuen Alliierten Friedrich.«

An den Kardinal Fleury schrieb er in dem gleichen selbstgerechten Ton: »Sie wissen selbst, daß ich nach Abschluß unseres Vertrages alles nur Mögliche getan habe, um die Pläne des Königs, Ihres Herrn, mit unerschütterlicher Treue zu unterstützen. Ich habe Sachsen aus der österreichischen Partei herausgelöst, dem Kurfürsten von Bayern meine Stimme gegeben, seine Krönung beschleunigt, Ihnen in der Abwehr des Königs von England beigestanden, die Politik des Königs von Dänemark entscheidend beeinflußt. Mit einem Worte: ich habe durch Verhandlungen, durch meine Waffen, durch strengste Treue in der Erfüllung meiner Verpflichtungen alle die Dienste geleistet, die ich leisten konnte. Ich beuge mich nur der Notwendigkeit. Niemand kann verurteilt werden, weil er das Unmögliche nicht getan hat. Im Bereich des Möglichen werden Sie meine Treue unverändert finden. Der Verlauf dieses Krieges bildet gewissermaßen ein einziges Gewebe von Beweisen meines guten Willens gegenüber meinen Verbündeten. Ich bin sicher, daß Sie mit mir die Laune des Glücks beklagen, welche für Europa und uns selbst so heilsame Pläne hat scheitern lassen.« In einem Schreiben an Marschall Belleisle, den französischen Oberbefehlshaber, verglich er den Kampf mit einer Seereise, die von mehreren Personen mit dem gleichen Bestimmungsort unternommen wird und in deren Verlauf ein Schiffbruch jedem Passagier das Recht gibt, an seine eigene Sicherheit zu denken, davonzuschwimmen und das Land zu erreichen, wo immer er kann.

Es schien, als habe Friedrich zunächst einmal gesiegt, denn er hatte den größeren Teil Schlesiens für den mäßigen Preis von zwei Schlachten gewonnen. Es sprachen gewichtige Gründe dafür, sich aus dem Krieg zurückzuziehen, aber dieser Entschluß war ebenso mit Gefahren verbunden wie das Verbleiben im Kriege. Koser, der größte Kenner der Geschichte Friedrichs, der für den Raub Schlesiens Entschuldigungen findet, verurteilt die plötzliche Kehrtwendung mit der Begründung, daß sein Verrat an Frankreich den geringen Rest an Ansehen, den er besaß, noch mehr schwächte, ihm die vielversprechende Gelegenheit, Österreich mit der Hilfe mächtiger Verbündeter zu vernichten, endgültig nahm und statt dessen Österreich eine willkommene Atempause gab, sich auf einen neuen Gang vorzubereiten. Zwar waren Vor- und Nachteile gleichmäßig ausgewogen, aber ein kurzer Krieg war aus finanziellen Gründen wünschenswert, und das entschied. »Was die zukünftige Sicherheit unserer neuen Besitzungen angeht«, schrieb Friedrich an Podewils, »so gründe ich sie auf ein gutes und großes Heer, einen wohlgefüllten Staatsschatz, starke Festungen, und ein Zurschaustellen von Bündnissen, das seinen Eindruck auf die Leute machen wird. Das Schlimmste, was uns zustoßen könnte, wäre ein Bündnis zwischen Frankreich und der Königin von Ungarn, aber in einem solchen Falle würden wir England, Holland, Rußland und viele andere auf unserer Seite haben. Im Augenblick ist es unsere Aufgabe, die Kabinette an unsere neue Lage zu gewöhnen, und ich meine, daß sorgfältiges Maßhalten und Rücksicht auf alle unsere Nachbarn unseren Zweck erfüllen kann.«

Die sorgfältig ausgearbeiteten Instruktionen vom 28. Oktober 1742 an den preußischen Gesandten in Wien spiegeln Friedrichs Hoffnungen und Befürchtungen wider. Neben jeder Bemühung zur Wiederherstellung guter Beziehungen werde seine Hauptaufgabe darin bestehen, hinter die Geheimnisse der österreichischen Politik zu kommen. »Er muß die wirkliche Einstellung der Königin von Ungarn gegenüber dem König ausfindig machen, ob sie ernstlich entschlossen ist, den Friedensvertrag zu beobachten, oder ob sie nur Zeit zu gewinnen und freie Hand zu behalten wünscht, um eines Tages die verlorenen Provinzen wiederzuerobern, ob der Wiener Hof noch geheime Beziehungen zu Schlesien unterhält, ob Bewohner der abgetretenen

Provinzen mit dem Wiener Hof in Verbindung sind oder diesen mit Nachrichten versorgen, welche Maßnahmen in den an die abgetretenen Territorien grenzenden Provinzen der Königin durchgeführt werden, ob man den Plan hat, Festungen zu bauen, Magazine einzurichten, und die Truppen zu verstärken.« Der Gesandte wurde angewiesen, die geringsten Kleinigkeiten zu sammeln und zu melden, damit der König rechtzeitig informiert sei. Daß Maria Theresia den Verlust von Schlesien auch nur einen Tag länger hinnehmen würde, als überlegene militärische Macht sie dazu zwang, nahm er keinen Augenblick an. Von ihrem gefährlichsten Gegner entlastet und außerdem gestärkt dadurch, daß auch Sachsen sich vom Kampf zurückzog, verbesserte sie ihre Aussichten so fühlbar, daß Friedrich im Herbst 1743 einzusehen begann, wie wenig gesichert seine Stellung in Schlesien wirklich war.

Ein prägnantes Memorandum mit dem Datum vom 27. September 1743 gab sich Rechenschaft von der Veränderung der Lage und zog den nächstliegenden Schluß. »Es ist unbedingt nötig, daß der allgemeine Friede nicht ohne die Teilnahme Preußens zustande kommt, mit anderen Worten, daß Preußen die Friedensregelung gestaltet: erstens, um die Erwerbung Schlesiens durch die Garantie der europäischen Mächte zu konsolidieren; zweitens, um sich die deutschen Fürsten und den Kaiser zu verpflichten; drittens, um den Rang eines Friedensstifters dem König von England abzujagen, den Preußen als den prinzipiellen Gegner der Vergrößerung und des Wohlstandes eines ihm so gefährlichen Nachbarn betrachten muß; endlich um all der Vorteile willen, die der Friedensschluß Preußen für seine Ansprüche bringen kann, um der hundert kleinen Regelungen willen, besonders aber um des beträchtlichen Einflusses willen, den uns diese Vermittlung mit Rücksicht auf die Wahl und die Politik eines zukünftigen Kaisers geben wird. Die eigentliche Schwierigkeit liegt in dem Streben des Wiener Hofes, dem Kaiser Bayern zu nehmen, was zwangsläufig die Aufgabe der kaiserlichen Würde bedeuten würde. Wenn Preußen sich einer solchen Abdankung unterwürfe, dann könnte es sich ebensogut mit gebundenen Händen und Füßen in die Gewalt seiner unversöhnlichsten Gegner begeben. Welches also sind die besten Mittel, um dieses Ziel (einen allgemeinen Frieden) zu erreichen, das so heilsam für Europa, so ruhmreich und nützlich für Preußen ist? Bis jetzt sind Verhandlungen ohne Ergebnis geblieben, und Verhandlungen ohne Waffen erzielen ebenso wenig Wirkung wie Noten ohne Instrumente. Wir müssen also allen Vermittlungsvorschlägen dadurch Gewicht verleihen, daß wir zur Unterstützung des Reiches ein Heer ins Feld stellen. Die große Schwierigkeit liegt darin, alle diese verschiedenen Herrscher unter einen Hut zu bringen und den Leuten die Gefahr eigenmächtigen Handelns klar zu machen. Es dürfte sehr schwierig sein, gewisse Fürsten zur Stellung ihrer Kontingente zu bewegen, wenn man sie nicht mit Geld versieht. Das müßte die Aufgabe des Kaisers oder eher noch die Frankreichs sein. Also müssen die Minister des Kaisers einen Plan aufstellen und ihn nach Versailles senden, damit Subsidien im Namen des Kaisers für die Pfalz, Hessen usw. bereitgestellt werden. Falls das ohne Verzögerung durchgeführt wird, stehe ich vielleicht im Juli 1744 an der Spitze der stärksten Kräfte des Reiches und zwinge den König von England und die Königin von Ungarn zur Annahme unserer Friedensbedingungen. Die Holländer werden sich an das Reich anschließen, und Preußen wird eine Zeitlang der Schiedsrichter der europäischen Lage sein.«

Während Friedrich eifrig mit den diplomatischen und militärischen Vorbereitungen für sein Wiedererscheinen auf dem Kampfplatz beschäftigt war, ermöglichte ihm der Tod des kinderlosen Herrschers von Ostfriesland am 25. Mai 1744 eine kleine, aber willkommene Vermehrung seiner Gebiete. Sein Anspruch gründete sich auf ein Abkommen zwischen seinem Großvater und dem Kaiser Leopold, der das Erbfolgerecht dem Hause Brandenburg zugesprochen hatte zum Ausgleich für den Schaden, der durch den mit der Schlacht von Fehrbellin endenden Schwedeneinfall entstanden war. Da auch andere Herrscher sich um das kleine Fürstentum bemühten, war keine Zeit zu verlieren. Drei Tage später von Bad Pyrmont aus geschriebene Briefe befahlen die Verstärkung der schwachen in Emden stationierten preußischen Garnison durch ein kleines Truppenkontingent. Es wurde kein Widerstand erwartet, und Gewalt sollte nur im Falle eines Angriffes gebraucht werden. Die Truppen und Beamten des verstorbenen Herrschers würden in den Dienst Preußens treten. Aber durch den Samthandschuh schimmerte die eiserne Hand. »Dahergegen Ich, wenn einer oder anderer von ihnen, wie ich doch nicht vermuten wollte, sich widrig bezeigen würde, wider meine Inclination gezwungen sein würde, Mich unangenehmer Mittel gegen solchen zu bedienen, wie sie denn auch glauben könnten, daß Ich Mich in den Besitz dieses Fürstentums ohnfehlbar maintenieren und nötigenfalls alle die von Gott Mir verliehene Macht dazu gebrauchen würde.« Ererbte Rechte und Privilegien sollten, so versprach er, geachtet werden. Der Wechsel von Herrscher und Dynastie ging ohne Reibung vonstatten. Weder Georg II. als Kurfürst von Hannover, noch Holland, der westliche Nachbar von Ostfriesland, machten Schwierigkeiten, und der kleine Staat wurde ein mit seinem Los zufriedener preußischer Außenposten im Westen. Wie die anderen, an der Ostsee gelegenen Häfen Königsberg, Elbing und Stettin, mußte auch Emden bis ins 19. Jahrhundert warten, ehe seine Wichtigkeit als Handelsplatz zur Geltung kam.

Friedrichs Abkehr vom Kampfe 1742 schenkte Maria Theresia eine neue Frist, und ihre Lage wurde noch mehr erleichtert dadurch, daß England im Jahr 1743 in den Kampf gegen Frankreich eintrat. Anfangs 1744 analysierte Friedrich die preußischen Interessen mit Hinblick auf die europäische Lage in einem sorgfältig ausgearbeiteten Memorandum. Durch eine senkrechte Linie teilte er das Blatt in zwei Hälften und faßte die Gründe für einen neuen Sprung in den Krieg unter der Überschrift zusammen »Artikel, welche gerechtfertigte Bedenken erregen in bezug auf die verderblichen Absichten der Königin von Ungarn und des Königs von England«, während er die Gründe, die zur Vorsicht mahnten, auf der andern Hälfte zusammenstellte. Unter diesen letzteren betrachtete er die Möglichkeit, daß Frankreich durch günstige Angebote von Wien in die Versuchung abzufallen geführt werden könnte; außerdem war alles Handeln ein Glücksspiel. »Man sollte nie das Sichere für das Unsichere aufs Spiel setzen. Wir haben Schlesien in der Hand. Wenn wir wieder kämpfen, dann werfen wir die Frage neu auf. Das Kapitel der Zufälle ist lang, das Kriegslos läßt sich nicht vorausbestimmen.« Dennoch scheute sich der Schreiber nie, Risiken auf sich zu nehmen, und das Endergebnis seiner Überlegungen war völlig eindeutig. »Ich lasse das Prinzip *qui sta bene non se muove* gelten, aber man muß augenblickliche von wirklicher Sicherheit unterscheiden. Ich habe gezeigt, daß meine Lage in der Schwebe ist, daß schon Pläne gegen mich geschmiedet, die Batterien gerichtet sind, und daß man nur auf einen günstigen Augenblick zum Angriff wartet. Diesem Augenblick müssen wir zuvorkommen. Der Krieg, den ich wagen muß, ist notwendig, um die unverhüllten Pläne meiner Gegner abzuwenden. Wenn auch meine Lage für einen Angriff nicht ganz günstig ist, so wird sie doch bei längerem Warten nur schlechter. Also muß ich aus der Not eine Tugend machen und das schlesische Unternehmen untermauern.« Seine erste Aufgabe war die Erneuerung des französischen Bündnisses, die deshalb nicht schwierig war, weil Frankreich trotz seines Abfalls von 1742 jeden Bundesgenossen in dem Ermattungskampf gegen Österreich willkommen hieß, und jetzt war es mit England beschäftigt. Nach der Unterzeichnung des Vertrages am 5. Juni, der die beiden Staaten für die Dauer von zwölf Jahren aneinander band, schrieb Friedrich an Ludwig XV., daß der Vertrag ihre Interessen auf ewig vereinigen solle. Die regierende Mätresse Mme. de Châteauroux erhielt auch ein Schreiben von »Votre très affectionné ami Frédéric«, das seiner Verehrung und Dankbarkeit für ihren Anteil an der Erneuerung der Zusammenarbeit zwischen beiden Staaten Ausdruck gab. Seine internationale Stellung wurde weiter gestärkt durch zwei eheliche Verbindungen mit Königshäusern, die seiner Schwester Luise Ulrike mit dem Kronprinzen von Schweden und die seines Schützlings, einer Prinzessin von Anhalt-Zerbst, mit dem russischen Thronerben.

Kurz vor Beginn des Feldzuges im August 1744 entwarf Friedrich eine öffentliche Erklärung. »Der König hält sich für verpflichtet, Europa von einem Plan Kenntnis zu geben, den für die Wohlfahrt und Sicherheit Europas sich zu eigen zu machen ihn die gegenwärtige Situation zwingt. Da Se. Majestät nicht länger in der Lage ist, mit Gleichmut die Nöte anzusehen, die Deutschland verwüsten, und nachdem er vergeblich jedes Mittel zur Versöhnung versucht hat, sieht er sich gezwungen, die ihm von Gott verliehenen Machtmittel anzuwenden, um Frieden und Ordnung zurückzubringen, das Recht wiederherzustellen, und das Haupt des Reiches in seiner Machtbefugnis zu erhalten. Seit dem Erfolg ihrer ungarischen Truppen in Bayern hat die Königin von Ungarn, weit entfernt, ihre Siege billig und mäßig auszunutzen, die erblichen Besitzungen des Kaisers mit unendlicher Strenge und Grausamkeit behandelt. Diese Fürstin und ihre Verbündeten haben ehrgeizige Pläne geschmiedet mit der verderblichen Absicht, die deutsche Liberität für ewig in Sklavenketten zu legen, was ein Jahrhundert lang das Hauptziel der gefährlichen Politik des Hauses Österreich war. Wir brauchen nur die Ereignisse der letzten zwei Jahre zu prüfen, um die Bösartigkeit der Absichten des Wiener Hofes zu erkennen und in allen seinen Handlungen wahrzunehmen, daß er völlig im Widerspruch mit den Gesetzen und Gepflogenheiten des Reiches gehandelt hat.« Nach einer langen Liste von Beschwerden schließt die Erklärung mit einer Fanfare der Selbstverherrlichung. »Se. Majestät glaubt, daß der edelste und würdigste Gebrauch der Machtmittel, die Gott ihm anvertraut hat, darin besteht, daß er sie zur Unterstützung seines Vaterlandes einsetzt, das die Königin von Ungarn versklaven will, daß er die Ehre und Rechte aller der Kurfürsten rächt, deren diese Fürstin sie berauben will, daß er dem Kaiser starke Hilfe gibt, um ihn in allen seinen Rechten zu bewahren, und daß er ihn auf dem Thron erhält, von dem ihn die Königin von Ungarn entfernen will. Mit einem Wort, der König will nichts für sich, und seine persönlichen Interessen werden nicht berührt. Se. Majestät greift nur zu den Waffen, um die Freiheit des Reiches, die Würde des Kaisers und die Ruhe Europas wiederherzustellen.«

Es entsprach durchaus der Wahrheit, daß der Eroberer von Österreichs reichster Provinz es auf keine weiteren Teile der habsburgischen Besitzungen abgesehen hatte, aber sich als den selbstlosen Vorkämpfer für die Rechte anderer Herrscher hinzustellen, war eine erbärmliche Heuchelei. Die Interessen Preußens, wie er sie begriff, waren bisher der einzige Maßstab seines Handelns gewesen, und nach ihnen zu handeln, hielt er für seine Pflicht. Kein einziger Herrscher der Neuzeit hatte weniger vom guten Europäer an sich als er. Während es seine offizielle Absicht war, den Puppenkaiser vor einer vernichtenden Niederlage zu retten, war sein wahrer Beweggrund, einer zukünftigen Gefahr zuvorzukommen. Denn wenn Frankreich des unergiebigen Kampfes müde wurde und, in Nachahmung seines eigenen Beispiels von 1742, mit Wien Frieden schloß, dann wurde es schwer, wenn nicht unmöglich für ihn, seine Beute zu behalten.

Der zweite Schlesische Krieg begann im August 1744 erfolgversprechend mit dem Einfall in Böhmen und der Einnahme Prags; aber jetzt wechselte Sachsen die Partei, Friedrich mußte sich aus Böhmen zurückziehen, und die Franzosen waren weit vom Schuß. Keine offene

Feldschlacht wurde geschlagen, aber alles, was er am Ende des Feldzuges von 1744 für seine Mühen aufzuweisen hatte, waren schwere Verluste während eines unglücklichen Rückzuges nach Schlesien. Während er den nächsten Gang vorbereitete, trat ein Ereignis ein, das die europäische Lage grundlegend veränderte. Am 20. Januar 1745 starb Karl VII., und obwohl ihm sein Sohn als Kurfürst von Bayern folgte, war die höchste Würde im Reich zum zweitenmal in fünf Jahren freigeworden. Der Versuch, den Kaiser aus einem anderen als dem Hause Habsburg zu wählen, das diese Stellung seit drei Jahrhunderten inne hatte, war völlig gescheitert. *Et Caesar et nihil** spotteten die Verfasser der Schmähschriften, wenn sie die Wittelsbacher Puppe Preußens und Frankreichs aufs Korn nahmen. Seine Hilfsmittel waren so dürftig, daß er sich nur mit Hilfe französischer und preußischer Bajonette halten konnte, und das bayrische Intermezzo bewies, daß der Inhaber der höchsten Stelle im Reich der Mittel eines Großstaates bedurfte, wenn er mehr als ein bloßer Schatten an der Wand sein wollte. Friedrichs Briefe an seine Gesandten und Verbündeten füllten sich mit Klagen und Besorgnissen. »Nun ist der Kaiser tot«, schrieb er an Ludwig XV., »und die Königin von Ungarn sieht mit ihrer Majorität im Kurfürstenkollegium die Kaiserkrone schon auf dem Haupte ihres Gatten. Ich bitte Ew. Majestät, mir Ihre Ansichten in dieser furchtbaren Krise mitzuteilen. Der Kaiser hätte in keinem für unsere Interessen ungünstigeren Augenblick sterben können; sein Tod wirft alle unsere Pläne über den Haufen. Nur Ew. Majestät kann ein Heilmittel liefern.« Trotz dieser schmeichlerischen Sätze wußte der Schreiber gut genug, daß, um seinen eigenen berühmten Aphorismus zu gebrauchen, seine Truppen seine besten Verbündeten waren. Bayern erkaufte sich den Frieden mit Österreich, indem es versprach, die Kandidatur Franzens für die Kaiserkrone zu unterstützen, und Frankreich, in tödlichem Kampf mit England begriffen, hatte sich schon als angeknicktes Rohr erwiesen. Würde es möglich sein, Schlesien im kommenden Feldzug zu halten?

Der ängstliche Podewils war vom Tode Karls VII. so schwer mitgenommen, daß sein Herr ihn auffordern mußte, sich zusammenzunehmen. »Wenn alle meine Hilfsquellen, alle meine Unterhandlungen, mit einem Worte, alle politischen Verhältnisse sich gegen mich erklären, dann ziehe ich einen ehrenvollen Tod dem Verlust meines Ruhms und meines Ansehens vor. Ich habe es mir zum Ehrenpunkt gemacht, mehr als ein anderer zur Vergrößerung meines Hauses beigetragen zu haben, und ich habe unter den gekrönten Häuptern Europas eine ehrenvolle Rolle gespielt. Wäre ich Podewils, dann würde ich vielleicht Ihre Gefühle teilen; aber ich habe den Rubikon überschritten, und ich will entweder meine Macht aufrechterhalten oder sterben und den

---

* Sowohl Caesar wie nichts, als Persiflage des lateinischen *Aut Caesar aut nihil* oder Entweder Caesar oder nichts (Anmerkung des Übersetzers).

Namen Preußen mit ins Grab nehmen. Seien Sie ruhig und lernen Sie die Geduld. Wenn der Feind angreift, werden wir ihn bestimmt schlagen; wenn nicht, werden wir alle im Kampf für das Vaterland und den Ruhm meines Hauses sterben. Ich bin entschlossen. Welcher Kapitän wäre so feige, daß er, wenn er, vom Feinde umzingelt, keine Möglichkeit der Hilfe oder der Flucht sieht, nicht sein Schiff in die Luft sprengte? Denken Sie daran, wie die Königin von Ungarn nie verzweifelte, als ihre Gegner vor Wien standen und ihre blühendsten Provinzen vom Feinde besetzt waren. Und Ihnen fehlt der Mut dieser Frau, wo wir nicht einmal eine Schlacht verloren oder einen Rückschlag erlitten haben und wo uns ein glücklicher Streich höher als je zuvor tragen kann! Adieu, mein lieber Podewils. Stärken Sie Ihren Mut, geben Sie ihn an andere weiter, und wenn Unglück kommt, dann treten Sie ihm mit starkem Herzen entgegen. Mehr haben Cato und ich Ihnen nicht zu sagen.«

Einige Tage später, am 8. Mai, erläuterte Friedrich seine Haltung ausführlicher. »Ich glaube, Sie sind überrascht, mich in der heftigsten Krise meines Lebens so ruhig zu sehen. Ich bekenne, daß es mich einen Kampf gekostet hat, diese Selbstbeherrschung zu erreichen. Das einzige Mittel, um die in solchen Umständen notwendige geistige Spannkraft zu behalten, besteht darin, allen Möglichkeiten ins Antlitz zu blicken. Dem Himmel sei Dank, daß ich alle die schwerwiegenden Maßnahmen, die ich zu treffen habe, ruhig treffen kann. Das hat meine Leiden nicht vermindert, aber kraftvolles Handeln ist meine einzige Hilfe. Ich bin nicht Herr der Ereignisse, aber ich will meinen ganzen Witz gebrauchen, und wenn es zum Kampf kommt, nehme ich auf mich selbst genau so wenig Rücksicht wie auf den kleinsten Soldaten. Ich gebe zu, daß ich mit einem hohen Einsatz spiele und daß ich verloren bin, wenn jedes erdenkbare Unglück über mein Haupt kommt. Aber einen anderen Weg gibt es nicht, und eine Schlacht ist das Gewaltmittel, das in wenigen Stunden das Schicksal des kranken Menschen entscheidet.« Er hatte recht: es gab keinen Weg zurück. Der Raub Schlesiens hatte ihn zu einem einzigen Leben des Kampfes mit dem Hause Habsburg und allen Verbündeten, die dieses gewinnen konnte, verurteilt.

Die Sonne brach endlich durch die dunklen Wolken, als Friedrich die Österreicher und Sachsen bei Hohenfriedberg in Schlesien am 4. Juni schlug. »Vorübergehende Erfolge machen mich nicht übermütig«, berichtete er an Podewils; »Sie brauchen nicht zu befürchten, daß ich etwas Überstürztes tue. Ich gewinne Zeit, um meine Unterhandlungen für einen günstigen Abschluß zu entwickeln. Mit einem Wort: ich führe nur Krieg, um zum Frieden zu gelangen, und Sie können sich darauf verlassen, ich bin zu sehr Philosoph, um meinen Leidenschaften in Angelegenheiten von solcher Wichtigkeit für die Sicherheit des Staates zu frönen. Sie kennen den Krieg nicht, sonst könnten Sie sich die Schrecken unserer Feinde vorstellen. Niemand vermöchte es zu glauben, wenn er es nicht sähe; wir treiben sie überall vor uns her. Ich glaube, wir haben das harte Herz Pharaos erweicht, so daß er jetzt in einer zugänglicheren Stimmung sein wird.« Ein zweiter aufsehenerregender Sieg wurde am 30. September bei Soor in Böhmen errungen; Soor beschreibt Friedrich als die härteste der vier von ihm geschlagenen Schlachten. Einem dritten Sieg bei Hennersdorf über die Österreicher und Sachsen am 24. November folgte der Triumph des Alten Dessauers über die Sachsen bei Kesselsdorf nahe Dresden am 15. Dezember. Das Jahr, das mit Tränen begonnen hatte, war unter Frohlocken zu Ende gegangen. Wie im ersten, so erfuhr auch im zweiten Schlesischen Krieg der Angreifer nicht, was die Niederlage heißt. Immerhin waren seine finanziellen Hilfsquellen wiederum erschöpft, und er war am Ende des Krieges nicht weniger interessiert als Maria Theresia. Die zweite Runde des österreichisch-preußischen Boxkampfes endete mit dem Frieden von Dresden, der am Weihnachtstag des Jahres 1745 unterzeichnet wurde. Zum zweiten Male mußte Maria Theresia voll Bitterkeit den Verlust Schlesiens bestätigen, und Friedrich erkannte ihren Gatten als Kaiser Franz I. nach seiner Wahl im September 1745 an. Wieder einmal ließ er, diesmal dem Beispiel des neuen Kurfürsten von Bayern folgend, Frankreich im Stich.

Preußen hatte der Sache nach, Österreich dem Scheine nach gewonnen. Die Schlesischen Kriege begründeten den deutschen Dualismus, aber sie zeigten auch den Ausweg einer zukünftigen Lösung. Innerhalb Deutschlands hatte der jüngere Staat seinen älteren Bruder im Rennen überholt, wenn der letztere auch in Europa eine furchtgebietende Macht blieb. Von jetzt ab hatte Preußen im Norden keinen Rivalen mehr, während Österreich für den Verlust Schlesiens sich in Deutschland nur auf Kosten Bayerns entschädigen konnte, das aber nur für den Preis eines Krieges zu gewinnen war. Beide Parteien waren sich darüber einig, daß der Friede wiederum nur ein Waffenstillstand war. Die leichtsinnige Stimmung von 1740 war auf immer verflogen. »Von jetzt ab«, bekannte Friedrich, »würde ich keine Katze angreifen, wenn es nicht zur Verteidigung geschähe. Wir haben uns den Neid Europas durch den Erwerb Schlesiens zugezogen, und dieser hat alle unsere Nachbarn in Alarmbereitschaft gesetzt; es gibt niemanden, der uns nicht mißtraut.« Ein Einzelner konnte zwar einen Krieg beginnen, aber ein Einzelner konnte nicht, wie er entdeckte, den Frieden erhalten. Die sorgfältig ausgearbeiteten Anweisungen für seinen neuen Gesandten in Wien, die im Mai 1746 formuliert wurden, enthüllten seine Befürchtungen. »Da der Verlust Schlesiens ein starkes Gefühl der Abneigung hinterlassen muß, muß Graf Podewils (der Neffe des Außenministers) auf der Hut sein und, ohne es merken zu lassen, allen Versicherungen des Gegenteils mißtrauisch gegenüberstehen und einfach antworten, daß ich ernstlich gute Beziehungen wünsche.« Seine Hauptaufgabe werde darin bestehen, Informationen über die Tendenzen der Politik, das Heer und die Finanzlage zu sammeln und darüber zu berichten. Diese Feststellungen waren um so notwendiger, da ihn Nachrichten aus mehr als einer Quelle erreicht hatten, daß die Höfe von Wien und St. Petersburg planten, ihm Schlesien durch einen österreichischen Einfall von Böhmen und Mähren aus und einen russischen Angriff auf Ostpreußen wieder zu entreißen. Da er wußte, daß Maria Theresia Drohungen wie Schmeicheleien gegenüber unzugänglich war, wurde dem Gesandten aufgetragen, das Vertrauen des neuen Kaisers zu gewinnen. Friedrich war noch nicht ernstlich beunruhigt, denn Österreich und Frankreich befanden sich noch im Kriegszustand und waren also damit beschäftigt, ihre Mittel zu erschöpfen. Obwohl 1746 Österreich und Rußland ein Verteidigungsbündnis unterzeichneten und 1747 England mit Rußland einen Subsidienvertrag abschloß, ergab sich aus diesen potentiellen Drohungen keine ernstliche Gefahr. Als der langwierige österreichische Erbfolgekrieg im Jahre 1748 mit dem Vertrag von Aachen endete, wurde Preußen sein schlesischer Besitz von allen Unterzeichneten bestätigt: Preußen allein hatte von allen Kriegführenden wesentliche Gewinne davongetragen. Die Anerkennung war indessen eher eine Befriedigung seines Stolzes als ein Zuwachs an Sicherheit, und er sah ein, daß, wollte er sich die neue Provinz erhalten, sein Königreich auch weiterhin ein befestigtes Lager sein mußte. »In meinem Staat«, erklärte er, »gilt ein Leutnant mehr als ein Kammerherr.« Seine Parole war *toujours en vedette*.

Friedrichs Bedarf an Schlachten war gedeckt. »Ich bin von dieser Leidenschaft glücklich kuriert; der Rausch ist vorüber.« Sein erstes politisches Testament, das er für seinen Bruder und Erben 1752 schrieb, gab seiner Überzeugung Ausdruck, daß Preußen weitere Vergrößerungen in Westpreußen, Schwedisch-Pommern und Sachsen brauche; aber er hoffte, daß solche Gewinne ohne Appell an die Waffen erzielt werden konnten. Inzwischen hatte er zu Hause genug zu tun. Julius Caesar, sagt Mommsen am Ende seines großartigen Preisliedes, »wirkte und schaffte, wie nie ein Sterblicher vor und nach ihm«. Friedrich, so können wir hinzufügen, übertraf jeden Herrscher seines Jahrhunderts, vielleicht der Neuzeit, durch die Vielseitigkeit seiner Tätigkeiten. Er bewunderte den Ausspruch Vespasians, den Sueton, einer seiner Lieblingsschriftsteller, berichtet, daß ein Kaiser im Stehen sterben müsse. Er hatte das Gefühl, daß er keine Zeit zu verlieren habe, denn der Krieg konnte wieder ausbrechen, und er erwartete für sich keine längere Lebenszeit, als sie sein Vater und sein Großvater gehabt hatten, die in mittleren Jahren gestorben waren. Jetzt war es Zeit zu beweisen, daß sein Ideal vom Herrscher als dem ersten Diener des Staates keine leere Phrase war.

Seine erste Aufgabe war es, Schlesien wieder lebensfähig zu machen, die Hilfsquellen der Provinz zu entwickeln, die seine wohlhabendste und volksreichste gewesen war und wieder werden sollte. Die Protestanten hatten für seinen Sieg gebetet. Die Abneigung der

Katholiken wurde gemildert durch die Anerkennung der Rechtsgleichheit der Kirchen nicht nur in Schlesien, sondern auch in Berlin, wo der Bau der Hedwigskirche ihm den Dank Benedikts XIV. eintrug. Besondere Sorgfalt widmete er den Krondomänen, die ungefähr ein Drittel der Gesamtfläche des Landes ausmachten. Während die Landwirtschaft notwendigerweise der Hauptpfeiler des Staates blieb, erkannte der König die Notwendigkeit der Industrie. Die Textil- und Seidenbetriebe Schlesiens wurden gefördert, und eine königliche Porzellan-Manufaktur nach dem Vorbild Meißens wurde in der Hauptstadt eingerichtet. Wie seine Zeitgenossen war er ein orthodoxer Merkantilist und ordnete die privaten Interessen dem, was er für die Notwendigkeiten der Gemeinschaft hielt, unter; angesichts der chronischen Kriegsgefahr erstrebte er ein Maximum an wirtschaftlicher Selbständigkeit. Eine Staatsbank wurde gegründet. Keine seiner Tätigkeiten lenkte so sehr die Aufmerksamkeit Europas auf sich wie die Justizreform, die Cocceji auf seinen Befehl hin durchführte. Der Fortschritt der Kodifizierung im Corpus Fridericianum, einer Mischung von römischem und deutschem Recht, wurde durch den Tod des Juristen 1755 unterbrochen, und ein Großteil der Arbeit mußte gegen Ende seiner Regierung von Carmer und Suarez noch einmal getan werden. Von den Reformen erregte am meisten Aufmerksamkeit die Verbesserung des Ausbildungsstandes der Richter, die Beschleunigung des Rechtsganges und die Abschaffung der Folter, obwohl die unmenschlichen Strafen, die man zur Aufrechterhaltung der Manneszucht im Heere für notwendig hielt, beibehalten wurden. Weite Sumpfgebiete an der mittleren Oder waren trockengelegt und mit nicht-preußischen Einwanderern besiedelt, die durch befristete Befreiung von Steuern und vom Militärdienst angelockt wurden.

Obwohl die Außenpolitik, das Heer und die Finanzen sein Hauptanliegen waren, wurde doch jeder Zweig der Verwaltung durch den Monarchen beaufsichtigt*. Er bereiste alle seine Besitzungen, nahm Beschwerden entgegen, gab Anregungen, kontrollierte den von Jahr zu Jahr erzielten Fortschritt. Die Kunst wurde nicht vernachlässigt. Sanssouci und die Staatsoper in Berlin ragen aus der großen Zahl seiner Bauten hervor. Die Akademie, von seinem Großvater nach den Vorschlägen Leibnizens gegründet und von seinem bildungsscheuen Vater völlig vernachlässigt, wurde nach französischem Muster mit Maupertuis als ihrem Präsidenten wiederbelebt. Friedrich fand für alles Zeit, schrieb Gedichte und Dramen, historische Werke und philosophische Abhandlungen, komponierte Märsche und spielte die Flöte. Die glücklichsten Stunden verbrachte er im Gespräch mit französischen Intellektuellen. Nach den Worten Voltaires regierte Sparta am

---

* Wie die geringsten Personalangelegenheiten, die man in anderen Ländern untergeordneten Dienststellen überließ, ihm vorgelegt und in einigen prägnanten Sätzen erledigt wurden, geht hervor aus einem Auswahlband seiner handschriftlichen *Randbemerkungen*, herausg. von Georg Borchart.

Morgen und Athen am Nachmittag. Der Dreißigjährige Krieg hatte die deutsche Kultur um ein Jahrhundert zurückgeworfen, und auf dieser Stufe seiner Regierung kann man ihn kaum tadeln, weil er das bestehende Vakuum mit den hellsten Geistern Frankreichs auszufüllen trachtete. Das Augusteische Zeitalter der deutschen Literatur war noch nicht in Sicht.

Bibliographische Anmerkungen*

Die vollständigste Bibliographie findet man bei Dahlmann-Waitz, *Quellenkunde zur deutschen Geschichte*, 1931. Die neuesten kurzen Verzeichnisse bei Gaxotte, *Frédéric le Grand,* und Berney, *Friedrich d. Große*, Bd. 1. Das einzige große Werk auf dem neueren Stand der Wissenschaft, das die ganze Epoche behandelt, ist Kosers monumentales Werk *Friedrich der Große*, 4 Bde., eines von einem halben Dutzend Meisterwerken der jüngeren deutschen Geschichtsforschung. Carlyles berühmtes Buch ist immer noch lesenswert als Zeugnis eines glänzenden Amateurs. Die befriedigendsten kurzen Lebensdarstellungen sind von Reddaway (1904), Georg Winter (1907) und Pierre Gaxotte (1936). Gerhard Ritter, *Friedrich der Große: ein historisches Profil*, aus Universitätsvorlesungen hervorgegangen (1936), ist eine anregende Deutung. Von Berney, *Friedrich der Große* (1934), der anspruchsvollsten Biographie seit Koser, ist erst der erste Band erschienen, der bis 1756 reicht. Rankes *Zwölf Bücher Preußischer Geschichte*, die man in der Berliner Akademie-Ausgabe lesen sollte, und Droysens *Geschichte der Preußischen Politik*, sind unentbehrlich für die auswärtige Politik, enden aber im Jahre 1756. Die beste Übersicht über die späteren Jahre findet man bei Reimann, *Neuere Geschichte des Preußischen Staates*. Die Feldzüge sollten studiert werden in *Die Kriege Friedrichs des Großen*, bearbeitet vom Großen Generalstab; Bernhardi, *Friedrich der Große als Feldherr*; und Delbrück, *Geschichte der Kriegskunst*, Bd. IV. Die *Oeuvres de Frédéric le Grand* in 30 Bänden wurden herausgegeben von Preuß, 1846–57. Die *Politische Correspondenz*, die mit 1740 beginnt, beschäftigt sich fast ausschließlich mit auswärtigen Angelegenheiten: der 46. Band reicht bis 1782. Die drei Bände *Preußische Staatsschriften aus der Regierungszeit Friedrichs des Großen*, herausgegeben von Koser und Krauske, für die Zeit 1740 bis 1759, enthalten wertvolle Erklärungen und Denkschriften. Arneth, *Maria Theresia*, 10 Bde., muß für die österreichische Politik befragt werden, die hervorragend zusammengefaßt ist von J. F. Bright in seinen Biographien Maria Theresias und Josephs II. in der Reihe *Foreign Statesmen*. Die französische Politik während der mittleren Jahre der Regierungszeit Ludwigs XV. ist dargestellt bei Bourgeois, *Manuel Historique de Politique Étrangère*, Bd. 1, Waddington, *Louis XV et le Renversement des Alliances*; Vandal, *Louis XV et Elisabeth de Russie*, und besonders in den zahlreichen Monographien des Duc de Broglie.

---

* Diese Angaben sind der Originalausgabe aus dem Jahre 1950 entnommen. In der vorliegenden Taschenbuchausgabe ist auf Seite 388 ein Literaturverzeichnis zu finden, in dem auch die neuesten Angaben berücksichtigt sind.

The Cambridge History of British Foreign Policy, Bd. 1; Basil Williams, *The Whig Supremacy 1714–60, Newcastle and Carteret*, und *Life of Chatham;* Lodge, *Studies in Eighteenth Century Diplomacy 1740–1748*, und *Great Britain and Prussia in the Eighteenth Century*; Lord Ilchester und Mrs. Langford Brooke, *The Life of Sir Charles Hanbury-Williams*, und Horn, *Sir Charles Hanbury-Williams and European Diplomacy 1747–58*, sind unentbehrlich für die britische Politik. Kurd von Schlözer, *Friedrich der Große und Katharina die Zweite* und Bain, *A Daughter of Peter the Great*, sind nützlich für Rußland. Sorels Meisterwerk, der erste Band von *L'Europe et la Révolution Française*, beleuchtet viele Gesichtspunkte der Politik des achtzehnten Jahrhunderts.

II.

DER SIEBENJÄHRIGE KRIEG

Friedrichs Tätigkeit auf dem Gebiete der inneren Politik während der zehn Friedensjahre hielt ihn nicht davon ab, mit wachsamem Auge die europäische Lage zu beobachten. »Die Nachbarn eines Fürsten sind gewöhnlich seine Feinde«, erklärte er in seiner Schrift *Die Generalprinzipien des Krieges*, die 1748 geschrieben wurde: »als solche müssen wir die Russen, die Sachsen und besonders die Österreicher betrachten.« Daß Maria Theresia Himmel und Erde bewegen würde, um Schlesien zurückzugewinnen, wenn sich dazu eine Gelegenheit bot, wußte er nur zu genau; er bewunderte ihren Charakter und ihren Mut und würde genau so gehandelt haben, wären die Rollen vertauscht gewesen. Im März 1749 schrieb er an seine Schwester, die Kronprinzessin von Schweden, daß er mit dem Ausbruch des Krieges in diesem Jahr rechne. »Ich werde wahrscheinlich zur gleichen Zeit wie Schweden angegriffen werden, nach den Vorbereitungen der Russen und Österreicher zu urteilen.« Die Gefahr zog vorüber, aber die Besorgnisse blieben. »Ich behaupte nicht, daß der Angriff bevorsteht«, schrieb er an seinen Bruder und Erben 1753, »aber ich bin sicher, daß er kommen wird. Wenn wir so viele Verbündete haben wie Feinde, dann werden wir durchkommen, dank unserer Disziplin und Schnelligkeit.«

Mitte der fünfziger Jahre sahen sich sowohl Österreich wie Preußen nach Freunden um. Die Ernennung von Kaunitz, der soeben von der österreichischen Gesandtschaft in Paris zurückgekehrt war, wo er besonders die Bekanntschaft mit Mme. de Pompadour gepflegt hatte, berief den klügsten Diplomaten in Europa an die Seite der Kaiserin – vielleicht überhaupt den größten Diplomaten des achtzehnten Jahrhunderts –, der für einen Zeitraum von vierzig Jahren das Staatsschiff durch stürmische See lenken sollte. Schon 1749, nur ein Jahr nach Beendigung des Österreichischen Erbfolgekrieges, hatte er mit Entschiedenheit einen völligen Wechsel der Politik empfohlen, und jetzt bekehrte er Maria Theresia zu seinen Ansichten. Der Verlust Schlesiens, so argumentierte er, könne nicht vergessen werden, und Friedrich sei bei weitem der gefährlichste ihrer Feinde. Preußen müsse zu Boden geschlagen werden, wenn das Haus Habsburg seine Stellung bewahren wolle, und ein mächtiger Bundesgenosse sei für diese Aufgabe nötig. Nur Frankreich könne wirkungsvolle Hilfe geben und müsse daher, wenn möglich, aus einem Feind in einen Freund verwandelt werden. Da Frankreich aber Hilfe gegen England benötige, warum solle dann die historische Feindschaft ewig dauern?

In seinem ersten, 1752 verfaßten Politischen Testament setzte Friedrich immer noch den ständigen Gegensatz der Bourbonen und

Habsburger voraus, aber hier war der Wunsch der Vater des Gedankens. Die antiösterreichische Partei herrschte nicht mehr unangefochten in Versailles, wo Mme. de Pompadour, Choiseul und Abbé de Bernis langsam Boden bei Ludwig XV. gewannen. Der Französisch-Preußische Vertrag von 1744 lief im März 1756 ab, und keine Bande des Gefühls knüpften Frankreich an Friedrich, der seinen Verbündeten zweimal im Stich gelassen hatte. Wenn Frankreich seine Kräfte mit Österreich vereinigen konnte, dann ließ sich die ganze politische Landschaft mit einem Schlage verändern: Österreich kam dann in die Lage, Preußen zu schlagen, und Frankreich konnte England Trotz bieten. Friedrich hatte eine Vorstellung von dem, was sich zusammenbraute, denn wie andere Fürsten hatte er seine Spione und Agenten überall. Er hatte von einem Sekretär der österreichischen Gesandtschaft in Berlin seit 1747 Nachrichten erhalten und von einem Sekretär im Sächsischen Auswärtigen Amt in Dresden seit 1753. Durch diesen erlangte er Abschriften nicht nur der aus Wien und St. Petersburg einlaufenden Depeschen, sondern auch der Antworten des Grafen Brühl auf diese. Wie Bismarcks Schlaf hundert Jahre später, so war Friedrichs Schlaf gestört vom »Alpdruck der Koalitionen«, denn er hatte gestohlenes Gut in seinem Besitz. Die frühere Bewunderung der Zarin Elisabeth für ihn hatte sich in Haß verwandelt: und ihre im Jahre 1746 mit Österreich geschlossene Defensivallianz konnte sich leicht zu einem Offensivpakt entwickeln, da ein Geheimartikel, der Friedrich im Jahre 1753 zur Kenntnis kam, die Wiedergewinnung Schlesiens ins Auge faßte.

Die frühen Monate des Jahres 1756 sahen die Neugruppierung der Mächte, die am Österreichischen Erbfolgekrieg teilgenommen hatten – allgemein bekannt als *le renversement des alliances**. In der am 16. Januar unterzeichneten Konvention von Westminster sicherte sich Friedrich die Bundesgenossenschaft Englands durch das Versprechen, Hannover gegen einen in Aussicht stehenden französischen Angriff zu verteidigen; dieses Versprechen war in der Formel ausgedrückt, daß dem Einfall aller fremden Truppen nach Deutschland gemeinsam entgegengetreten werden sollte. Zu Friedrichs großer Erleichterung hatte sich im vorhergehenden Herbst Georg II. ihm genähert, der angesichts des bevorstehenden Kampfes mit Frankreich in Indien und Kanada eifrig darauf bedacht war, sein geliebtes Kurfürstentum gegen mögliche Feinde zu schützen und seine militärischen Verpflichtungen auf dem Festlande zu beschränken. Er hatte im September 1755 mit

---

* Die *Politische Correspondenz* für 1756 muß ergänzt werden durch die *Preußischen Staatsschriften*, Bd. III. Friedrichs Entschluß, die Offensive an sich zu reißen, wird besprochen von Max Lehmann, *Der Ursprung des siebenjährigen Krieges,* und in den Entgegnungen, die darauf erfolgten. Die vollständigste Erörterung des ganzen verwickelten Problems findet sich bei Waddington, *Louis XV et le Renversement des Alliances* und bei Ranke, *Der Ursprung des siebenjährigen Krieges* in *Zur Geschichte von Österreich und Preußen 1748–1768.*

Rußland einen Vertrag geschlossen, der Rußland verpflichtete, als Gegenleistung für Subsidien Hannover mit 55 000 Mann gegen Frankreich oder Preußen, den Verbündeten Frankreichs, zu verteidigen. Aber das reichte noch nicht aus, um sein Gemüt zu beruhigen: nur eine zweite Versicherung konnte seine Furcht beseitigen. Friedrich war sich darüber klar, daß diese faktische Unabhängigkeitserklärung den Hof von Versailles vor den Kopf stieß, aber er konnte einige leicht verständliche Gründe für seinen neuen Kurs geltend machen. Seine Übereinkunft mit England, so schrieb er an seinen Gesandten in Paris, sei im allgemeinen Interesse, denn sie verfolge nur den Zweck, Deutschland im Falle von Verwicklungen in anderen Teilen der Welt neutral zu erhalten: Frankreich wurde, obwohl es vor und während den Verhandlungen nicht zu Rat gezogen wurde, ausgiebig informiert. »Ich sehe kein Unrecht in meiner Handlungsweise«, schrieb er am 3. Februar 1756, »auch besteht kein Grund, warum ich um Frankreichs Zustimmung hätte einkommen sollen. Jetzt, wo mein Vertrag mit ihm abläuft, muß ich mich nach Verbündeten umsehen. Obwohl England ein Bündnis mit mir anstrebte, neige ich immer noch zu Frankreich und möchte gern mein Bündnis mit ihm erneuern, vorausgesetzt, daß es mich rücksichtsvoll behandelt und ungerechtfertigte Drohungen vermeidet. Außerdem ist meine Konvention mit England nur eine vorübergehende und unsichere Angelegenheit. Sicher wird Frankreich einsehen, daß ich ihm dadurch die Drohung von 60 000 Russen und 60 000 Österreichern abnehme. Die Zeit für einen Feldzug gegen Hannover war im vorigen August. Heute steht fest, daß, selbst wenn zwischen mir und England keine Konvention bestünde, ein Angriff auf Hannover ein Mißerfolg werden würde infolge der kraftvollen Maßnahmen, die der König von England in Übereinstimmung mit seinen Verbündeten ergriffen hat; ein solcher Angriff würde Frankreich außerdem in einen allgemeinen Krieg verwickeln. Sie werden darlegen, daß ich in keiner Weise Frankreichs Hände gebunden habe und es also zu Lande Krieg führen kann, wann es will; Frankreich kann, abgesehen von der Neutralität Deutschlands, auf der ich bestanden habe, immer in den Niederlanden kämpfen, die ich ausdrücklich ausgenommen habe und in denen Frankreich mit größter Aussicht auf Erfolg operieren kann. Endlich müssen Sie Ihr Möglichstes tun, um Frankreichs wahre Absichten ausfindig zu machen und festzustellen, ob die Minister heimlich gegen mich arbeiten, auch wenn sie nach außen hin eine freundliche Miene zur Schau tragen.«

Es gelang Friedrich mit seinen Erklärungen nicht, die Bestürzung der französischen Regierung, wie sein Gesandter es nannte, zu vermindern, und sein Angebot einer Erneuerung des Vertrages von 1744 wurde nicht beantwortet. Er hatte die Entrüstung Frankreichs ernstlich unterschätzt. Dennoch war er nicht beunruhigt, denn seine alte Überzeugung, daß die Bourbonen und die Habsburger nicht zusammengehen könnten, blieb unerschüttert, und er hoffte, daß Englands

Freundschaft die russische Feindschaft in Schach halten würde. »Es ist ein Axiom«, schrieb er am 21. Februar, »daß es nie im französischen Interesse liegen wird, die Vergrößerung des neuen Hauses Österreich zu fördern. Wir kennen die großen Anstrengungen Richelieus, die Macht des alten Hauses Österreich zu vermindern, und den Preis, den Frankreich für seinen Erfolg zahlte. Kann man je glauben, daß ein französischer Minister einen solchen offensichtlichen Irrtum gegenüber den wesentlichsten Interessen seines Landes zu begehen wünscht? Ich bin aller dieser Einwände und Vorwürfe wegen der unschuldigsten Sache von der Welt überdrüssig und überlasse es den Franzosen, ihren Kurs zu wählen; wenn er mit meinen Interessen in Konflikt gerät, wird es mir das Herz nicht brechen, und ich werde schon wissen, wie ich ihre Feindschaft pariere.« Als der Botschafter einen eigenhändigen Brief an die Mme. de Pompadour empfahl, war seine Antwort, daß ein solcher Schritt nur als letzter Ausweg in Erwägung gezogen werden könne. Zudem setzte jetzt die Favoritin ihren Einfluß für eine Annäherung an Österreich ein; die Anzeichen dieser Annäherung sowohl aus Wien und Paris wurden zu eindeutig, als daß man sie ignorieren konnte. Friedrichs Konvention mit England war die hauptsächliche, wenn auch nicht die einzige Ursache für die neue Orientierung, die in jedem Falle hätte eintreten können; aber der Mangel an Rücksichtnahme, den er gegen die Gefühle seines alten Verbündeten gezeigt hatte, stärkte die Einflüsse, die in Versailles in dieser Richtung arbeiteten. England, das nahm man immer deutlicher wahr, war jetzt der gefährlichste Nebenbuhler, nicht Österreich. Mitte Februar erklärte Ludwig XV. seine Bereitschaft zu irgendeiner Form der Zusammenarbeit mit Österreich, und am 1. Mai schuf der Vertrag von Versailles mit seinen Geheimartikeln ein Verteidigungsbündnis. Falls Frankreich oder Österreich im Verlaufe des englisch-französischen Konfliktes von irgendeiner anderen Macht angegriffen wurden, dann sollte der angegriffenen Partei Hilfe gewährt werden. Österreich wünschte einen Krieg mit England ebensowenig wie Frankreich einen solchen mit Preußen, aber die Umstände konnten über diese Wünsche leicht hinweggehen. Der Vertrag war ein Triumph für Wien, das die Initiative ergriffen hatte, da man dem wendigen Kaunitz zutrauen konnte, daß er Friedrich zu einer Handlung reizen würde, die den Bündnisfall ins Spiel brachte, und in der Praxis ist es immer nur ein Schritt von einer Defensiv- zu einer Offensivallianz.

Auch ein anderer mächtiger Verbündeter stand für Österreich in Aussicht, denn die persönliche Feindschaft der Kaiserin Elisabeth, der Tochter Peters des Großen, gegen den König von Preußen war unverhohlen, und Rußland war nicht weniger begehrlich als seine Nachbarn. Es hatte am Österreichischen Erbfolgekrieg nicht teilgenommen, aber es war klar, daß es von entscheidender Bedeutung war, in welche Waagschale es sein Schwert legen würde. Als Friedrich Wilhelm auf seinem Sterbebett die Beziehungen Preußens zu seinen

Nachbarn durchging, hatte er seinem Sohn als Vermächtnis mitgegeben, daß er durch einen Krieg mit Rußland mehr verlieren als gewinnen könne, eine Meinung, mit welcher der Kronprinz völlig übereinstimmte. Aber die Zarin beobachtete das Emporkommen Preußens als Großmacht mit unfreundlichen Blicken, und 1746 schloß sie mit Österreich einen Vertrag auf gegenseitige Verteidigung. Friedrich war sogar durch ihre Vorbereitung mehr beunruhigt als durch den österreichisch-französischen Vertrag, weil er glaubte, daß nur dann, wenn sie sich seinen Feinden anschloß, eine wirkliche Kriegsgefahr vorhanden sei; und seine Hoffnung, daß Elisabeths Subsidienvertrag mit England sie dem Kampfe fernhalten würde, sank immer mehr. Kaunitz hatte sie im März aufgefordert, an einem Angriff auf Preußen teilzunehmen, und ihre uneingeschränkte Zustimmung erhalten. Jetzt drang er in sie, bis 1757 zu warten, da er hoffte, bis zu diesem Zeitpunkt das Defensivbündnis mit den Franzosen in eine volle Allianz umzuwandeln; alles, so erklärte er, hänge von längstmöglicher Geheimhaltung ab. Wenn es um Großes ging, ließ sich der österreichische Staatsmann immer Zeit.

Obwohl Friedrich nie daran glaubte, daß Frankreich ihn angreifen wollte – Frankreich war seit der englischen Kriegserklärung im Mai 1756 in einen die ganze Welt umfassenden Kolonialkrieg verwickelt –, hatte es sich doch Österreich ausgeliefert, und er fürchtete mit Recht, daß es durch Österreich mit in den Krieg hineingezogen würde. »Österreichs Plan, das weiß ich genau,« schrieb er an seinen Gesandten in Paris am 19. Juni, »ist wie folgt. Zuerst will es Rußland von England lösen und dann gegen mich in Bewegung setzen. Zweitens macht dazu der Wiener Hof große Angriffsvorbereitungen. Der Plan sieht vor, wie ich glaube, mit einer beträchtlichen Armee von Böhmen aus durch Sachsen zu marschieren, das sich vielleicht anschließt, und in meine Länder einzurücken. Ein anderes Korps würde in Oberschlesien einmarschieren, wo sich ein russisches Korps, das jetzt in der Nähe von Smolensk an der polnischen Grenze steht, für einen Einfall in Schlesien anschließen würde, während die in Livland und Kurland stehenden russischen Truppen in Ostpreußen einfallen würden. Ich weiß auch von verschiedenen Reichsfürsten, daß der Wiener Hof nur einen Vorwand sucht, um die Feindseligkeiten zu beginnen, und daß er, wenn er keinen findet, auf den Ausweg eines Religionskrieges gegen einen oder mehrere protestantische Fürsten verfallen wird.«

Eine bemerkenswerte Denkschrift in der Handschrift des Königs, vom 28. Juni datiert und für die britische Regierung verfaßt, gab einen Überblick über die neue europäische Lage. Der Umschwung, so setzte er auseinander, setzte sofort nach dem englisch-preußischen Neutralitätsvertrag ein. »In Frankreich glaubte man, daß wir den Befehlen aus Versailles blind gehorchen würden, und Preußen wurde dafür getadelt, daß es nicht Feuer und Schwert in das Kurfürstentum Hannover hineintrug. Der verflossene französisch-preußische Vertrag war nie ein

Offensivbündnis, und die Neutralitätskonvention, gegen die Frankreich so entschiedene Einwände macht, war ein Mittel, um Europa vor einem Krieg zu bewahren, an dem nur die Franzosen und die Engländer ihrer Kolonialbesitzungen wegen interessiert sind. In ihrer ersten Wut entrüsteten sich die Minister in Versailles über meinen angeblichen Ungehorsam gegen ihre Befehle; dann milderten sie ihren Ton, aber sie waren schon zu weit gegangen. Der Wiener Hof wußte etwas von meinen Unterhandlungen und zürnte, als er seine Hoffnungen enttäuscht sah. Er hatte damit gerechnet, daß Preußen Hannover angreifen würde, und daß er mit Hilfe Rußlands die Gelegenheit zur Wiedergewinnung Schlesiens ausnützen könne. Dieser Hof kennt nur drei Ziele: er will seinen Despotismus im Reich aufrichten, die protestantische Partei vernichten, Schlesien wiedergewinnen. Er betrachtet den König von Preußen als das Haupthindernis für seine weitgesteckten Ziele und glaubt, daß, wenn er einmal beseitigt ist, alles übrige einfach sein wird. Rußland wird das höchste Angebot annehmen und zweifellos den Ratschlägen des Wiener Hofes folgen, und ebenso zweifellos wird Frankreich die Zahlung der Subsidien übernehmen, die Rußland bisher von England erhalten hat. Dies ist die gegenwärtige Lage in Europa. Das Gleichgewicht ist vernichtet, sowohl unter den Großmächten wie im Reich. Der Schaden ist groß, kann aber wieder gut gemacht werden.« Die Türkei, Dänemark, Holland und einige deutsche Fürsten würden sich, wie er dachte, für die englisch-preußische Kombination gewinnen lassen. »Deutschland ist von großen Gefahren bedroht. Preußen sieht sich unmittelbar dem Krieg gegenüber, aber all diese Schwierigkeiten können es nicht entmutigen. Drei Dinge können das Gleichgewicht Europas wiederherstellen: die enge Verbindung der zwei Höfe, neue Bündnisse, und Mut.«

Daß ein Angriff auf Österreich automatisch den Krieg mit Frankreich auslösen würde, erschien Friedrich, im ganzen gesehen, weniger gefährlich, als es zuzulassen, daß die Große Allianz, zu der auch Schweden gehörte, ihre Vorbereitungen für einen gleichzeitigen Überfall von Norden, Süden, Osten und Westen im Frühjahr 1757 vollendete. »Das ganze verruchte Komplott war völlig enthüllt«, schrieb er am 22. Juli an Wilhelmine, und am 23. Juli faßte er den Entschluß, seinen Schlag zuerst ins Ziel zu bringen. Er hatte im Juni mit der Mobilisation begonnen. Seiner Schwester schrieb er, daß er einen Fuß im Steigbügel habe und den andern bald folgen lassen werde. »Wenn wir warten, bis alle die Fürstchen sich bereit finden und einsehen, daß wir keine Angreifer sind, ist es zu spät, und wir sind verloren.« Indem er auf ein Bild Maria Theresias in seinem Arbeitszimmer hinwies, bemerkte er zum britischen Gesandten: »Diese Dame wünscht den Krieg, und sie soll ihn bald haben.« Am 26. Juli benachrichtigte er seinen Gesandten in Paris, daß der Krieg unvermeidlich sei. Da die Zahl seiner Untertanen im Jahre 1756 nur vier Millionen betrug, juckten ihm nicht die Finger nach einem Kampf gegen drei

Großmächte, deren jede an Ausdehnung, Bevölkerungszahl und Hilfsquellen ihm gewaltig überlegen war; aber er war überzeugt, daß jede Verzögerung seine Aussichten verschlechtere, und im Falle eines Sieges durfte er hoffen, Sachsen und Westpreußen seinem Staate einzuverleiben. Rußland gelüstete es nach Ostpreußen, Österreich nach Schlesien, Schweden nach dem preußischen Pommern, die Sachsen nach Magdeburg und Halle, die Franzosen nach Cleve und Wesel. Seine Verbündeten waren England, Braunschweig und Hessen-Kassel. Als Podewils, der alte Außenminister, wiederum zur Vorsicht mahnte und dies damit begründete, daß ein abgekarteter Angriff keine unbedingte Gewißheit sei, bemerkte sein Herr sarkastisch: »Adieu, mein Herr von der ängstlichen Politik.« Er hatte 1740 erfolgreich mit hohem Einsatz gespielt und war bereit, wieder sein Glück zu versuchen. Die Generale, ausgenommen Winterfeldt, sein bevorzugter Ratgeber in militärischen Angelegenheiten, waren gleichfalls gegen ein Spiel mit so hohen Einsätzen; und seine tief besorgten Brüder wurden grob benachrichtigt, daß sie daheim bleiben könnten, wenn sie Angst hätten. Sogar der treue Eichel bekannte, allerdings nur gegenüber Podewils, nicht gegenüber seinem Herrn, daß er beunruhigt sei.

Der König hatte noch keine Schlacht verloren und war von einer beinahe kindischen Zuversicht. »Wenn uns unsere Feinde zum Kampf zwingen«, schrieb er dem Prinzen von Preußen am 12. August,»dann dürfen wir nicht fragen, wieviele es sind, sondern nur, wo sie stehen. Wir brauchen nichts zu fürchten. Sie laufen größere Gefahren, und nach den Gesetzen der Wahrscheinlichkeitsrechnung werden wir mit fliegenden Fahnen ihrer Falle entgehen. Die Berliner Weiber mögen von Teilungsverträgen sprechen; preußische Offiziere, die unsere Kriege mitgemacht haben, wissen, daß weder die Zahl unserer Feinde noch Schwierigkeiten uns des Sieges berauben können. Die Truppen sind die gleichen wie im letzten Kriege, und das ganze Heer hat größere Erfahrung im Manövrieren. Wenn wir schwerwiegende Irrtümer vermeiden, dann ist es moralisch unmöglich, daß wir zu Fall kommen. Hier, mein lieber Bruder, haben Sie eine Medizin, von der ich hoffe, daß sie die Nebel auseinandertreiben wird, welche die Politiker und die politischen Weiber in der Hauptstadt verbreitet haben.« Dem alten Kämpen Schwerin schrieb er, daß sie es mit vielen Feinden zu tun haben würden, aber daß er keine Angst habe. Er teilte sein Heer von insgesamt 150 000 Mann in vier Gruppen ein, eine in Pommern zur Beobachtung der Schweden, die zweite an der russischen Grenze, die dritte unter Schwerin in Schlesien, die vierte und größte stand unter seinem eigenen Oberbefehl und war bereit, in Sachsen einzumarschieren. Selbst wenn er seiner selbst weniger sicher gewesen wäre, hätte er kaum einen anderen Kurs wählen können. Die Befürchtungen seiner Kritiker waren besser begründet, als er zugeben wollte, aber keiner von ihnen konnte einsichtig machen, wie man die Gefahr dadurch abwehren konnte, daß man der Koalition Zeit gab, ihre Vorbereitungen zu vollenden und den Augenblick des Angriffs zu wählen. Vor dem Vertrag von Westminster hatte man annehmen können, daß sich Frankreich dem Kampf fernhalten würde, aber nach dem Vertrag von Versailles bestand wenig Aussicht, daß es sich zurückziehen würde.

Ehe er den Degen zog, ersuchte Friedrich Maria Theresia, den Zweck ihrer militärischen Vorbereitungen darzulegen. »Zu meiner und meiner Verbündeten Sicherheit« war ihre Antwort an den preußischen Gesandten am 26. Juli; »sie richten sich gegen niemand.« Er betrachtete diese ausweichende Formulierung als entscheidend und fuhr fort zu mobilisieren, aber um den Schein zu wahren, klopfte er noch einmal an. Diesmal drückte er sich noch präziser aus. Er hatte neue Einzelheiten der österreichisch-russischen Verhandlungen in Erfahrung gebracht und daraus entnommen, daß die Eröffnung der Feindseligkeiten bis zum Frühjahr 1757 verschoben worden war; seine Frage war, ob Österreich ein Versprechen abgeben könne, ihn im Jahre 1756 und 1757 nicht anzugreifen. »Wir müssen wissen, ob wir Frieden oder Krieg haben. Die Kaiserin muß entscheiden. Wenn die Antwort ausweichend ist, rufe ich den Himmel zum Zeugen an, daß ich an all dem kommenden Elend unschuldig bin.« Ihre Antwort, die in Potsdam am 25. August eintraf, ging auf die Frage nicht ein, leugnete aber das Vorhandensein eines österreichisch-russischen Angriffspaktes. Die Erklärung entsprach den Worten nach der Wahrheit, denn wenn auch im Prinzip Einigkeit über den Vertrag bestand, wurde er doch erst im Januar 1757 unterzeichnet. Jetzt gab es kein Zögern mehr. Die Antwort sei, so schrieb Friedrich am nächsten Tage an den Prinzen von Preußen, unverschämt und verächtlich. »Kein Wort über die Versicherungen, um die ich ersuchte. Also kann nur das Schwert den gordischen Knoten zerschneiden. Ich bin an diesem Kriege unschuldig. Was ich zu seiner Verhinderung tun konnte, habe ich getan, aber so sehr man auch den Frieden liebt, die Sicherheit und Ehre kann man nicht opfern.« Am 2. September wurde vom preußischen Gesandten ein zweiter Versuch gemacht, eine Antwort auf die Frage zu erzielen, ob Maria Theresia jede Absicht eines Angriffs in den Jahren 1756 und 1757 in Abrede stellen könne. Am 7. September antwortete sie, daß der Einmarsch in Sachsen bereits stattgefunden habe und daß sie angesichts eines solchen offenbaren Angriffsaktes nichts mehr zu sagen hätte. Die Verschwörung war gebildet, erklärt Friedrich in seiner *Geschichte des Siebenjährigen Krieges*, und seine Feinde standen im Begriff zu schlagen. Was anderes hätte er tun sollen? Es schien 1756 auf diese Frage keine befriedigende Antwort zu geben, denn der Ring um ihn schloß sich. Was man jedoch von seinem Entschluß, den ersten Streich zu führen, halten mag: an seiner letzten Verantwortung kann kein Zweifel bestehen. Der Siebenjährige Krieg war genau wie der Österreichische Erbfolgekrieg die unmittelbare Folge des Raubes Schlesiens. Der Wind von 1740 war zum Sturm geworden.

Ehe die Heere zusammenstießen, ließ Friedrich eine heftige Anklageschrift gegen Österreich verbreiten unter dem Titel »Darlegung der Gründe, die Se. Majestät den König von Preußen gezwungen haben, den Anschlägen des Wiener Hofes zuvorzukommen«. Sie wurde an seine diplomatischen Vertreter versandt, in vielen Ländern eifrig gelesen und in einer englischen Übersetzung mit Begeisterung begrüßt*. Seit dem Frieden von Dresden 1745, so begann sie, hatte der Hof von Wien kein Mittel unversucht gelassen, ihn zu brechen. »In seiner Absicht, die deutschen Fürsten zu versklaven, im Reich die Despotie aufzurichten, die protestantische Religion, die Gesetze, die Regierung und die Immunitäten, welche diese Republik von Fürsten und Souveränen genießt, abzuschaffen, stieß der Wiener Hof nach dem Frieden von Aachen auf die Gegnerschaft Frankreichs, den Garanten des Westfälischen Friedens, Preußens, das jeden Grund hatte, solchen Absichten zu widerstehen, und des Sultans, dessen Unternehmungen in Ungarn jeden noch so sorgfältig vorbereiteten Plan zunichte machen konnten. Diese drei Deiche mußten nacheinander untergraben werden. Der Wiener Hof entschloß sich, mit Preußen zu beginnen, im Glauben, daß er unter dem Vorwand eines Rechtsanspruchs auf eine dem König vertraglich abgetretene Provinz die Aufmerksamkeit von seinen heimlicheren Plänen ablenken könne. Zu diesem Zwecke schloß er den Vertrag von St. Petersburg. Nicht zufrieden mit einem Defensivbündnis, gegen das niemand etwas eingewendet hätte, intrigierte er, um die Höfe von Berlin und St. Petersburg untereinander zu verfeinden und mit der Kaiserin von Rußland einen Vertrag gegen die Pforte zustandezubringen.« Diese Ziele wurden erreicht, und mit Frankreich wurde der Vertrag von Versailles abgeschlossen. »In dieser kritischen Lage, als der Hof von Wien Europa in allen Enden und Ecken in Bewegung versetzte, um die Feinde des Königs zu mobilisieren, seine Handlungen zu verleumden, den allerunschuldigsten Dingen eine üble Deutung zu geben, als er sich bemühte, die Mächte für seine eigenen Zwecke zu verbinden, zu verführen oder einzuschläfern, als man Munition und Vorräte in Mähren und Böhmen ansammelte und Läger von 80 000 Mann Stärke bildete, als der Frieden schon mehr dem Kriege ähnelte, obwohl preußische Truppen noch keinen Schritt getan hatten, da hielt der König die Zeit für gekommen, um das Schweigen zu brechen.«

Dann wandte sich Friedrich der Darstellung seiner zwei Annäherungsversuche an Maria Theresia und ihren Antworten auf diese zu. »Wir erkennen aus dieser stolzen und verächtlichen Entgegnung, daß der Wiener Hof, weit entfernt den Frieden zu suchen, nur an Krieg denkt und durch Schikanen und Übermut den König zum Angriff zu bewegen sucht, um einen Vorwand dafür zu schaffen, daß er die Hilfe seiner Verbündeten in Anspruch nehmen kann. Sicher haben aber diese Verbündeten ihre Hilfe nicht versprochen, um damit verbreche-

* *Preußische Staatsschriften*, III, 172–181.

rischem Vorgehen Rückendeckung zu geben und den König daran zu hindern, daß er Plänen zuvorkommt, die nur zu offen daliegen, da der Wiener Hof durch Ablehnung der gewünschten Zusicherungen seinen Entschluß bewies, die bis jetzt in Deutschland herrschende Ruhe zu stören.« Ein dritter Annäherungsversuch war gleichfalls gescheitert. »Se. Majestät schmeichelt sich, daß, nachdem er alles versucht hatte, was von seiner Mäßigung zu erwarten war, ganz Europa ihm Gerechtigkeit widerfahren lassen und davon überzeugt sein wird, daß nicht der König, sondern der Wiener Hof den Krieg gewollt hat.«

Der lange Beweisgang endete mit einer Verteidigung seines Einmarsches in Sachsen. »Es ist wahr, daß der König die Feindseligkeiten beginnt; aber da dieser Begriff oft mit dem Angriff verwechselt wird, und da der Wiener Hof immer versucht, Preußen ins Unrecht zu setzen, muß sein Sinn erklärt werden. Unter Angriff versteht man jede Handlung, die dem Sinn eines Friedensvertrages entgegengesetzt ist. Ein Bund für Angriffszwecke, Aufreizung zum Krieg gegen eine dritte Macht, der Plan eines Einbruchs in das Gebiet eines anderen Fürsten, ein plötzlicher Einmarsch: das sind alles Angriffe. Wer solchen Angriffen zuvorkommt, kann feindselige Handlungen begehen, aber er ist nicht Angreifer ... Da der Wiener Hof entschlossen ist, Verträge, die von allen europäischen Mächten garantiert sind, zu verletzen; da sein Ehrgeiz die heiligsten Schranken gegen die menschliche Begehrlichkeit durchbricht; da er danach strebt, das Deutsche Reich zu tyrannisieren; da seine weitreichenden Pläne den Fall dieser Fürstenrepublik zum Ziele haben, die zu erhalten die Aufgabe der Kaiser ist, hat sich der König entschlossen, den Gegnern seines Landes entgegenzutreten und diesen hassenswerten Plan zunichte zu machen. Se. Majestät erklärt, daß die Freiheiten des deutschen Staatswesens nur in dem gleichen Grabe begraben werden sollen wie Preußen. Er ruft den Himmel zum Zeugen dafür an, daß er, nachdem er sich vergeblich bemüht hat, sein eigenes Land und ganz Deutschland vor der Geißel des Krieges zu bewahren, gezwungen ist, die Waffen zu ergreifen, um eine Verschwörung gegen seine Besitzungen und seine Krone zu vernichten. Er verzichtet nur deshalb auf seine übliche Mäßigung, weil sie aufhört, eine Tugend zu sein, wenn es um die Verteidigung seiner Ehre, seiner Unabhängigkeit, seines Landes und seiner Krone geht.«

Das blutigste Drama des achtzehnten Jahrhunderts begann am 28. August mit dem Einmarsch in Sachsen, das, obwohl dem Namen nach neutral, mit der Koalition in Verbindung stand und das Unglück hatte, das Einfallstor nach Böhmen zu sein. Als der König und Kurfürst seiner schmerzlichen Überraschung Ausdruck gab, antwortete Friedrich, daß er den vergeblichen Versuch gemacht habe, von Wien ein Versprechen zu erreichen, daß es ihn in diesem und dem nächsten Jahre nicht angreifen werde. »Nicht Begehrlichkeit oder Ehrgeiz diktieren mein Vorgehen, sondern der Schutz, den ich meinen Untertanen schulde und die Notwendigkeit, Pläne abzuwenden, die von Tag zu Tag gefährlicher werden würden, wenn das Schwert nicht den gordischen Knoten zerschnitte, solange es Zeit ist.« Von der kleinen sächsischen Armee wurde kaum Widerstand geleistet; sie ging an die böhmische Grenze zurück. Dresden wurde eingenommen, und nach einer Niederlage der Österreicher bei Lobositz in Nordböhmen am 1. Oktober kapitulierten die sächsischen Truppen in ihrem befestigten Lager bei Pirna und wurden in preußische Dienste gepreßt. »Ich habe nicht die geringsten Befürchtungen«, schrieb er am 31. Oktober. Den Winter verbrachte er in Dresden, und im Januar 1757 machte er Berlin zum ersten und zum letzten Male während des Siebenjährigen Krieges einen kurzen Besuch.

Der Vorteil, den er aus der strategischen Initiative gewonnen hatte, war schnell erschöpft, und von jetzt an kämpfte Friedrich um sein Leben. Am 10. Januar entwarf er die Geheim-Instruktion, die seitdem die Einbildungskraft seiner Landsleute erregt hat. »Wenn ich getötet werde, dann gehen die Regierungsgeschäfte ohne die geringste Änderung weiter und niemand darf merken, daß sie in anderen Händen sind. Wenn ich das Unglück habe, gefangen genommen zu werden, dann verbiete ich die geringste Rücksichtnahme auf meine Person oder die geringste Beachtung dessen, was ich vielleicht als Gefangener schreibe.« Der Himmel verdüsterte sich, denn die Konvention von St. Petersburg, die am 22. Januar 1757 unterzeichnet wurde, verpflichtete Rußland und Österreich, je 80000 Mann ins Feld zu stellen und zu kämpfen, bis Preußen vernichtet und Schlesien für Österreich genommen war. Die Kaiserin erklärte: »Da der Friede Europas nicht gesichert werden kann, wenn dem König von Preußen nicht die Mittel genommen werden, ihn zu stören, werden Ihre kaiserlichen Majestäten jede Anstrengung machen, der Menschheit diesen Dienst zu erweisen.« Im März überschritten französische Truppen die deutsche Grenze.

Einem teuer erkauften preußischen Sieg vor Prag im Mai, in welchem der alte Schwerin fiel, folgte im Juni Dauns Triumph bei Kolin, durch den der König nach Sachsen zurückgeworfen wurde. Nur wenige Beobachter, Freunde und Feinde, glaubten, daß er sich nach dieser vernichtenden Niederlage noch längere Zeit halten würde. Frankreich hatte sich endgültig entschlossen, und der zweite Vertrag von Versailles, der am 1. Mai 1757 unterzeichnet wurde, versprach 115000 Mann und große Subsidien für die Wiedergewinnung Schlesiens. Rußland hatte seine Neutralität aufgegeben, da Ostpreußen ihm in die Augen stach. Schweden ließ sich durch die Aussicht auf Preußisch-Pommern in Versuchung führen, obwohl seine Königin eine Hohenzollern war; Österreichs Heer und Verwaltung waren viel leistungsfähiger geworden; der Reichstag von Regensburg entschloß sich, ein Heer aufzustellen, um dem Reichsfriedensbrecher das Handwerk zu legen; Englands Kampf mit Frankreich in Indien und Amerika entzog dem Festland den größeren Teil seiner Kräfte; es hatte nicht einmal Schiffe übrig, um die Küsten Preußens gegen Schweden und Rußland zu verteidigen. »Mit Gottes Hilfe«, erklärte Kaunitz, der stolze Baumeister der Großen Allianz, »werden wir so viele Feinde gegen den unverschämten König von Preußen zusammenbringen, daß er unterliegen muß.« Obwohl seine gut ausgebildeten Truppen so tapfer wie immer fochten, war es, nach den Worten Napoleons, nicht das Heer, das Preußen sieben Jahre lang verteidigte, sondern Friedrich der Große. Die Welt verfolgte den hin- und herwogenden Kampf mit angehaltenem Atem, und die Hauptstadt wurde von russischen und auch österreichischen Truppen besetzt. Die Schweden stellten sich nie zur Schlacht, aber sie mußten im Norden beobachtet werden. Friedrichs wechselnde Stimmungen spiegeln sich lebendig wider in seiner umfangreichen Korrespondenz mit seinen Außenministern, dem Prinzen Heinrich, d'Argens und dem Lordmarschall Keith, in den Berichten von Sir Andrew Mitchell und in den Gesprächen mit de Catt.

Das Unglück von Kolin, für das seine völlig falsche Einschätzung der Kräfte verantwortlich zu machen war, erschütterte Friedrichs Wesen bis in die Tiefen. »Das Glück hat mir den Rücken gewendet«, schrieb er an Keith. »Ich hätte darauf vorbereitet sein müssen: das Glück ist eine Frau, und ich bin kein Liebhaber. Der Erfolg erzeugt oft ein gefährliches Selbstvertrauen; das nächste Mal will ich es besser machen. Der Große Kurfürst würde überrascht sein, wenn er sähe, daß sein Urenkel sich mit den Russen, den Österreichern, beinahe ganz Deutschland und 100 000 Mann Hilfstruppen herumschlägt. Ich weiß nicht, ob es eine Schande für mich ist, wenn ich unterliege, aber ich bin sicher, daß es keine große Ehre ist, mich zu besiegen.« An d'Argens schrieb er noch ausführlicher im gleichen Ton: »Mein lieber Marquis, Sie müssen in mir eine Mauer sehen, in die das Unglück zwei Jahre lang Bresche geschossen hat. Gegen mich wird von allen Seiten angestürmt. Häusliches Unglück, geheimer Kummer, öffentliches Mißgeschick, herannahende Schwierigkeiten – das ist mein tägliches Brot. Aber glauben Sie ja nicht, daß ich schwach werde. Wenn alles zusammenbricht, werde ich mich mit Seelenruhe unter den Trümmern begraben lassen. In diesen Zeiten des Unglücks muß man sich wappnen mit eisernen Entschlüssen und einem Herzen von Erz. Es ist eine Zeit für den Stoizismus: die Schüler Epikurs würden mit ihrer Philosophie schweigen müssen. Der nächste Monat wird schrecklich sein und über mein armes Land entscheiden. Ich will es retten oder sein Schicksal teilen, und ich habe meinen Geist auf die Lage eingestellt. Wir können sie nur mit der Zeit des Marius und Sulla, des Triumvirates und der wildesten Szenen des Bürgerkrieges vergleichen. Sie sind zu weit entfernt, um sich die Gefahr und die Schrecken vorstellen zu können, die mich umgeben. Denken Sie nur an den Verlust meiner Lieben (seiner Mutter) und an das Unglück, das auf mich einstürmte. Was unterscheidet mein Elend noch von dem des armen

Hiob? Meine Gesundheit, so schwach sie ist, hält – ich weiß nicht wie – gegen diese Angriffe aus, und ich wundere mich selbst, daß ich mich aufrecht erhalte unter Umständen, die ich vor drei Jahren nicht ohne Schaudern hätte betrachten können. Die Philosophie, mein lieber Freund, hilft die Übel der Vergangenheit oder der Zukunft mildern, aber den Proben der Gegenwart ist sie nicht gewachsen.«

Einige Monate später entriß der Herrscher, den nichts auf die Knie zwingen konnte, den Sieg geradezu dem Rachen der Niederlage. Trotz der bösen Niederlage von Kolin war 1757 das ruhmreichste Jahr der preußischen Geschichte zwischen dem Triumph des Großen Kurfürsten über die Schweden bei Fehrbellin und der glorreichen Rettung von Leipzig im Jahre 1813. Der Herzog von Cumberland hatte Hannover nicht halten können, und Hilfe im Westen war dringend nötig. Die Franzosen und die Reichsarmee, die Magdeburg bedrohten, wurden trotz ihrer großen zahlenmäßigen Überlegenheit bei Roßbach, westlich Leipzig, am 5. November vernichtend geschlagen und machten Friedrich für den Rest des Krieges nur noch geringe Sorgen: ein geborener Soldat, der Herzog Ferdinand von Braunschweig, ein Bruder der Königin, der dem Herzog von Cumberland als Oberbefehlshaber der hannoverschen Armee folgte, hielt sie in gehöriger Entfernung. Die Beschämung der Franzosen machte Friedrich in England zum Volkshelden – »dem protestantischen Helden« – und Schilder mit der Aufschrift *The King of Prussia* zitierten viele Wirtshäuser. Hier ließ sich auf jeden Fall ein sichtbarer Erfolg für die Hilfsgelder Pitts vorweisen. Daß Georg II. fortfuhr, seinen berühmten Neffen zu hassen, hatte keine Bedeutung. Keiner seiner Siege war mit so geringen Opfern erkauft worden, keiner war in Deutschland so volkstümlich, aber Friedrich wußte wohl, wie wenig er, außer als Prestigeerfolg, wog. »Dieses Jahr, mein lieber Marquis«, schrieb er an d'Argens am 15. November, »ist schrecklich für mich gewesen. Ich versuche das Unmögliche, um den Staat zu retten, aber ich bedarf mehr als je sekundärer Ursachen zum Erfolg. Das Treffen vom 5. November ging sehr günstig aus. Wir nahmen acht französische Generale, 260 Offiziere und 6000 Mann gefangen. Wir verloren einen Obersten, zwei andere Offiziere und 67 Soldaten; 223 wurden verwundet. Ich hätte nie ein solches Ergebnis erwartet. Im Augenblick brauchen unsere guten Berliner keinen Besuch der Österreicher oder Schweden zu befürchten, und mein Sieg setzt mich in die Lage, mich meinen anderen Feinden zuzuwenden. Diese furchtbare Zeit und dieser Krieg werden sicherlich einen Wendepunkt der Geschichte bezeichnen.« Vor der Schlacht von Roßbach hatte er an die Herzogin von Gotha geschrieben: »Möge der Himmel gewähren, daß es für die Befreiung und die Sicherheit Deutschlands ist.« Aber das war nur eine Phrase, denn halb Deutschland stand gegen ihn unter den Waffen. Preußen, nicht Deutschland, stand seinem Herzen nahe.

Einen Monat nach Roßbach, am 5. Dezember, schlug Friedrich, der in Eilmärschen aus dem Westen herbeigeeilt war, die Österreicher bei Leuthen in der Nähe des von ihnen genommenen Breslau und vertrieb sie aus Schlesien; sie hatten es nur wenige Wochen in ihrem Besitz gehabt. Dieser Doppelsieg, der ihn zum berühmtesten Mann Europas machte, gab ihm eine Atempause, nicht mehr, denn langsam versammelten die Russen ihre starken Verbände. Einen kurzen Augenblick lang hatte sogar Maria Theresia geschwankt, aber Kaunitz blieb standhaft. Der Sieger war sich durchaus darüber im klaren, daß das Schlimmste noch bevorstand. »Mein göttlicher Marquis«, schrieb er am 13. Dezember, »könnten Sie sich nicht entschließen, den Winter mit mir in Schlesien zu verbringen, wenn sich die Lage etwas beruhigt? Es wäre ein Liebeswerk. Ich habe keine Gesellschaft und keine Hilfe. Wir wollen jeden Luftzug fernhalten und Sie in Watte einpacken. Bringen Sie Madame d'Argens mit, wenn Sie mögen. Ich sehe Ihrer Antwort entgegen, wie ein Verbrecher sein Urteil oder seine Begnadigung erwartet.« Der kränkelnde Franzose, dessen Sympathien im Kriege auf Seiten Friedrichs waren, überwand seine Furcht vor körperlichem Unwohlsein und begleitete seine Annahme der Einladung mit Worten der Bewunderung. Wenn etwas ihn ermutigen könne, antwortete der König, so seien es solche Briefe. »Aber, mein lieber Freund, wenn ich mich selbst ansehe, muß ich drei Viertel Ihrer Lobpreisungen streichen. Alles, was Sie so beredt in den Himmel erheben, ist nur ein wenig Standhaftigkeit und ein gut Teil Glück. Sie werden mich unverändert finden und müssen mir glauben, daß das, was sich in der Entfernung so großartig ausnimmt, in der Nähe betrachtet häufig recht armselig ist. Es scheint gute Aussicht auf einen allgemeinen Frieden zu bestehen, und niemand wünscht ihn mehr als ich. Inzwischen werde ich meine Muße den Studien in Ihrer Gesellschaft widmen; das ist zweifellos die beste Anwendung, die ich von meiner Zeit machen kann. Sie werden eine Flut von Versen zu sehen bekommen, die meinen Feldzug überschwemmt hat. Einige sind an Sie gerichtet, und auf all meine Feinde habe ich Spottverse gemacht.«

D'Argens traf im Januar 1758 ein, blieb bis zum April und fand seinen Gastgeber bei einigermaßen guter Laune. »Ich bin auf große Abenteuer gefaßt«, schrieb Friedrich an Keith am 7. Februar; »die Könige, die Kaiser und die Zeitungsschreiber sind mir auf den Fersen, aber ich hoffe, die ganze Gesellschaft zu schlagen. Ich sehe dem Ereignis als Philosoph entgegen, weil ich weiß, daß Angst sinnlos ist und daß das Geschick oder der Zufall entscheiden.« Als die Zeit für den Feldzug näher kam, wurde seine Stimmung wieder ernster. Frankreich verlor zwar schnell die Lust am Kampfe, aber die beiden Kaiserinnen waren unversöhnlich. »Wenn alle die Dinge so philosophisch wie Sie und ich betrachteten«, schrieb er am 20. März, »dann hätten wir schon lange Frieden. Aber wir haben es mit Menschen zu tun, die Gott verflucht hat, denn sie werden von Ehrgeiz verzehrt. Deswegen wünsche ich sie alle zum Teufel.« Die Zahlung der britischen Hilfsgelder für

1758 wurde von der Londoner Erklärung begleitet, welche militärische und Flottenhilfe von den britischen Bedürfnissen in Amerika abhängig machte, denn selbst auf dem Höhepunkt seines Einflusses mußte Pitt auf die öffentliche Meinung Rücksicht nehmen. Am Vorabend seines ersten Zusammenstoßes mit den Russen, die im Januar in Preußen einmarschiert waren und während des Frühsommers langsam nach Westen vorrückten, machte er keinen Versuch, seine Befürchtungen zu verbergen. »Ich führe ein Leben wie ein Hund«, vertraute er Keith am 28. Juli an. »Wenn nur die kleinste Sache unglücklich ausgeht, bin ich verloren. Lassen Sie Messen lesen für die Seele Ihres Freundes, der im Fegefeuer sitzt.«

Die Schlacht von Zorndorf bei Küstrin im August 1758 war die blutigste, die er je geschlagen hatte, und sie hätte leicht noch schlimmer ausfallen können als Kolin. »Wir waren geradezu am Rande der Vernichtung«, berichtete Sir Andrew Mitchell, der Friedrich auf seinen Feldzügen begleitete. »Die Russen kämpften wie Teufel. Des Königs Geistesstärke rettete alles. Wollte Gott, ich wäre diesem Schauspiel von Schrecken und Blutvergießen fern.« Obwohl Zorndorf als Sieg der Preußen angesehen wird, weil die Russen das Schlachtfeld verließen, war es in Wirklichkeit ein Unentschieden, denn Friedrich war zu erschöpft, um die Verfolgung aufzunehmen. Die Russen hatten, im Gegensatz zu den Preußen, genug Reserven, aber ihnen fehlte, wie Friedrich dankbar bemerkte, ein General. Daß er den ganzen Siebenjährigen Krieg überlebte, verdankte er tatsächlich mehr dem Mangel an Zusammenarbeit auf der Seite seiner Feinde als seiner eigenen wagemutigen Führung und der Tapferkeit seiner Truppen. Er war, wie er Keith gegenüber selbst bekannte, für ganz Europa ein Gegenstand des Hasses, und er brauchte die Geduld Hiobs, um sich aufrecht zu halten.

Friedrichs Befürchtungen wuchsen durch einen österreichischen Sieg bei Hochkirch im östlichen Sachsen im Oktober, am gleichen Tag, an dem seine geliebte Schwester Wilhelmine starb. »Unser Feldzug ist beendet«, fügte er am 23. November hinzu. »Keine Seite hat mehr aufzuweisen als den Verlust vieler braver Leute, das Unglück vieler armer Soldaten, die für ihr Leben zu Krüppeln geworden sind, die Verwüstung von Provinzen, die Plünderung und die Einäscherung blühender Städte. Das, mein lieber Lord, sind die Großtaten, die die Menschheit erschaudern lassen, die traurigen Wirkungen der Verworfenheit und des Ehrgeizes gewisser mächtiger Männer, die alles ihren unbeherrschten Leidenschaften aufopfern.« Der leichtsinnige Angreifer von 1740 litt jetzt an Verfolgungswahn, aber er dachte keinen Augenblick an einen Kompromiß. Am 9. Dezember schrieb er: »Um Frieden bitten und mich vor Feinden beugen, die mich so grausam und mörderisch verfolgt haben – das werde ich niemals tun.« Er hatte einigen Grund, sich über die Russen zu beschweren, denn ihnen hatte er kein Unrecht zugefügt, aber Österreich zahlte ihm nur altes Unrecht heim. Zum Glück für Friedrich war Frankreich nie darauf aus,

Preußen zu vernichten, und zu diesem Zeitpunkt des Ringens kürzte es seine Hilfsgelder an Österreich. Kaunitz mußte sogar sein ganzes Geschick und seinen ganzen Einfluß aufbieten, um dem wachsenden Friedenswillen Frankreichs entgegenzuarbeiten.

Das Jahr 1759 begann unter einem sich verdüsternden Himmel. »Ich habe nur mein Schwert und meine gerechte Sache«, schrieb der König am 2. Januar. Das traf nicht ganz zu, denn Pitt und der Herzog von Braunschweig taten, was sie konnten; aber sie konnten natürlich keine unmittelbare Hilfe gegen die gewaltigen österreichischen und russischen Streitkräfte im Süden und Osten leisten, und außerdem nahm die Kampfkraft seiner Truppen wegen mangelnder Ausbildung ab. Er klagte, daß er alle seine engsten Freunde verloren habe. Auch das war eine Übertreibung. Seine herzlichen Briefe an Keith und d'Argens offenbaren, wieviel diese Männer ihm bedeuteten, obwohl keiner ihm Jordan, Keyserlingk und Wilhelmine ersetzen konnte. »Der Feldzug wird in diesem Jahre früh beginnen«, schrieb er an d'Argens am 1. März. »Was mein Schicksal sein wird, kann ich nicht sagen. Ich werde alle meine Macht daran setzen, mich zu behaupten, und der Feind wird meine Niederlage teuer bezahlen müssen. Der Tod des Königs von Spanien kann für mich 30000 oder 40000 Mann weniger Feinde bedeuten, aber das reicht nicht aus, um mir eine fühlbare Erleichterung zu bringen. Bedenken Sie, daß ich 300000 Mann auf dem Halse habe, während mir nur die Hälfte der Zahl zum Widerstand zur Verfügung steht. Dieser Krieg ist furchtbar, er wird mit jedem Tag barbarischer und unmenschlicher. Dieses verfeinerte Jahrhundert ist immer noch sehr wild, oder, um es wahrheitsgetreuer auszudrücken, der Mensch ist ein unbezähmbares Tier, wenn er seinen Leidenschaften die Zügel schießen läßt. Ich verbrachte den Winter wie ein Karthäuser-Mönch. Ich esse allein zu Mittag, verbringe meine Zeit mit Lesen und Schreiben und nehme kein Abendbrot. Wenn man niedergeschlagen ist, bedeutet es eine zu große Anstrengung, immer die Sorgen verbergen zu müssen, und es ist besser, einsam zu leiden als andere Leute zu beunruhigen. Mein einziger Trost ist meine Arbeit, welche, solange sie andauert, die finsteren Gedanken vertreibt; ist sie getan, dann kommen sie wieder. Maupertuis hatte recht; ich bin überzeugt, daß die Summe der Übel das Glück überwiegt. Dennoch ist mir alles eins, denn ich habe nicht mehr viel zu verlieren, und die kurze Frist, die mir noch zum Leben bleibt, macht mir nur noch wenig Sorge. Schreiben Sie mir häufiger. Ich empfehle Sie Ihrem Bett, Ihrem Apotheker, dem Schutze des Glücks, das hier unter dem Monde alles entscheidet und sich über Sie und mich, über Politiker und Generale, über Weise und Narren in gleicher Weise lustig macht.« Der nächste Brief an d'Argens vom 27. März ist in der gleichen resignierten Melodie. »Auf dem Papier nehmen mehrere hunderttausend Mann keinen Raum ein. Aber wenn man mit ihnen kämpfen muß, wenn sie einen von jeder Seite bedrängen, wenn man zehn Unternehmen von gleicher Gefährlichkeit entgegentreten muß ohne die entsprechenden Mittel, indem man Armeen von der einen Seite der Welt in Eilmärschen an die andere Seite verlegt und jedes nur erdenkliche Ränkespiel anwendet, um sich zu behaupten, dann fühlt man das volle Gewicht der Last, und ich bekenne, daß ohne einen glücklichen Zufall kein Ausweg mehr offen steht.«

Der langerwartete Schlag fiel am 12. August, als überlegene russische und österreichische Streitkräfte die größte der preußischen Armeen bei Kunersdorf in der Nähe von Frankfurt an der Oder vernichtend schlugen. Dem König wurden zwei Pferde unter dem Leibe erschossen, und eine Kugel drückte ihm eine Schnupftabaksdose in der Tasche flach. Von seiner Armee von 45000 Mann bedeckte die Hälfte den Boden. »Retten Sie die königliche Familie«, schrieb er an Finckenstein; »ich habe keine Reserven mehr, und, um die Wahrheit zu sagen, ich glaube, daß alles verloren ist. Ich werde den Untergang meines Landes nicht überleben, Adieu für immer.« Wie gewöhnlich schüttete er d'Argens sein Herz aus. »Wir haben Unglück gehabt, mein lieber Marquis, aber ich bin nicht daran schuld. Der Sieg war unser, er wäre vollständig gewesen, als unsere Infanterie den Mut verlor und im falschen Augenblick zurückging. Die russische Infanterie ist beinahe völlig vernichtet. Alles, was ich von meinen Trümmern zusammenraffen konnte, beläuft sich auf 32000 Mann. Mit ihnen werde ich mich dem Feinde in den Weg werfen und mich abschlachten lassen oder die Hauptstadt retten. An Standhaftigkeit, denke ich, fehlt es mir nicht. Nur für den Ausgang kann ich nicht bürgen. Hätte ich mehrere Leben, ich würde sie für mein Vaterland opfern. Wenn mir aber dieser Schlag mißlingt, glaube ich, genug getan zu haben, und es wird mir dann wohl erlaubt sein, an mich zu denken. Alles hat seine Grenzen. Ich ertrage mein Unglück, ohne mich entmutigen zu lassen. Aber ich bin fest entschlossen, wenn dieser Schlag fehlgeht, mit mir ein Ende zu machen, um nicht ewig der Spielball irgendeines Zufalls zu sein.« Eine Woche später ist der Ausbruch der seelischen Qual noch lauter. »Die Folter des Tantalus, die Qualen des Prometheus, die Strafen des Sisyphus sind nichts gegen meine Leiden der vergangenen zehn Tage. Im Vergleich mit einem solchen Leben ist der Tod süß. Reisen Sie nach Tangermünde, wo Sie sicher genug sein werden, und warten Sie dort die Ereignisse ab. Ich verschweige Ihnen eine Menge unerfreulicher Dinge, weil ich weder Sie noch andere damit belästigen möchte. Ich könnte Ihnen nicht raten, dieses unglückselige Land zu verlassen, wenn ich noch irgendeine Hoffnung hätte.« Niemals früher oder später war er in ähnlich verzweifelter Stimmung, und der Gedanke an seine Giftkapseln bewegte oft sein Gemüt.

Das Schlimmste war bald vorüber. Durch das »Wunder des Hauses Brandenburg«, wie er es nannte, versäumten es die Russen, ihren Sieg zu dem Marsch auf Berlin auszunutzen, und in einem Augenblick wie diesem erwies sich Dauns Vorsicht weniger als eine Tugend denn als ein Laster. Der russische und der österreichische Oberbefehlshaber waren einander wenig gewogen und hatten wenig Sinn für Zusammenarbeit. Am 4. September schrieb der König an d'Argens, daß er jetzt ruhig nach Berlin zurückkehren könne. »Die Krise ist vorbei, aber vor dem Ende des Feldzuges wird es noch genügend schwierige Augenblicke geben. Mein Martyrium wird noch zwei weitere Monate dauern; erst dann werden Schnee und Frost es beendigen.« Auf den naiven Rat, daß er auf Zeit spielen und sich ganz auf die Defensive verlegen solle, antwortete er, daß das leichter gesagt als getan sei. »Ich habe so viele Feinde, daß mir keine Wahl bleibt als anzugreifen. Ich sitze hier (in Kottbus) in einem Dreieck, die Russen zur Linken, Daun zur Rechten, die Schweden in meiner Flanke. Ich habe mich bis jetzt nur dadurch aufrecht gehalten, daß ich, wo immer sich mir eine Möglichkeit bietet, angreife und kleine Erfolge gewinne, die sich addieren. In diesem Kriege habe ich mein Noviziat im Stoizismus absolviert; wenn er weitergeht, werde ich, glaube ich, noch gleichmütiger und fühlloser als Empedokles oder Zenon selbst.« In seinen karg bemessenen Mußestunden verfaßte er eine eingehende Studie über den schwedischen Helden Karl XII., der auch dunkle Tage gekannt hatte. »Geduld bis zur Beendigung des höllischen Feldzuges!« schrieb er an d'Argens am 28. November. »Dieses Jahr rufe ich meine ganze Philosophie zu Hilfe; kein Tag vergeht, an dem ich nicht gezwungen bin, meine Zuflucht zur Fühllosigkeit Zenons zu nehmen. Ich muß gestehen, es ist auf die Dauer ein harter Beruf, Epikur ist der Philosoph der Menschheit, Zenon der Philosoph der Götter, und ich bin eben ein Mensch. Vier Jahre lang bin ich nun im Fegefeuer; wenn es wirklich ein anderes Leben gibt, dann sollte der Ewige Vater meine Leiden in diesem Leben mit in Rechnung nehmen.« Das schwarze Jahr von Kunersdorf, das nur durch den Lichtblick des Sieges Ferdinands von Braunschweig über die Franzosen bei Minden erhellt wurde, endete in tiefstem Dunkel, denn eine beträchtliche preußische Abteilung mußte sich ohne Kampf den Österreichern bei Maxen ergeben. »Ich bin des Lebens nie so müde und überdrüssig gewesen wie jetzt. Beschuldigen Sie mich der Hypochondrie und machen Sie mir jeden anderen Vorwurf; ich gebe alles zu. Aber das Unglück der Vergangenheit, das der Gegenwart und vor allem die Zukunft reichen aus, um Duldern wie mir das Leben zu verleiden. Ich stöhne und schweige – mehr kann ich nicht tun.« Er wußte, daß seine militärische Führung scharf kritisiert wurde, aber er hatte zu viel Stolz und auch zuviel Selbstbeherrschung, als daß er seine Untertanen oder seine Feinde von den Qualen seiner Seele wissen ließ.

1760 begann ebensowenig aussichtsreich wie 1759. »Unsere Lage ist schwierig und grausam«, schrieb er am 5. Januar. »Ich widerstehe dem reißenden Strom des Unglücks so gut ich kann, aber auch mit der Philosophie dulde ich nicht weniger. Wenn ich auch meinem persönlichen Unglück Trotz biete, so überfällt mich das meines Vaterlandes und erschüttert meine Standhaftigkeit. Also kann ich Ihnen, lieber Marquis, nichts Erfreuliches erzählen. Wenn ich von Sorgen bedrückt werde, schreibe ich Verse, um meine Gedanken abzulenken und um einen kurzen Augenblick der Seelenruhe zu erhaschen.« Der nächste Brief vom 15. Januar ging in der Moll-Tonart weiter. »Sie schmeicheln den Versen, die ich Ihnen sandte, zu sehr. Wie sollten sie etwas wert sein? Meine Seele ist zu unruhig, zu bedrückt, als daß mein Kopf etwas Gescheites hervorbringen könnte. Der Firnis der Niedergeschlagenheit breitet sich über alles, was ich schreibe und tue. Der Friede ist nur noch eine Möglichkeit, eine Hoffnung, ein Traum, sonst nichts. Ich kann nur unentwegt gegen das widrige Geschick angehen, aber ich kann weder das Glück zurückbringen noch die Zahl meiner Feinde vermindern. So bleibt meine Lage unverändert. Ein weiterer Rückschlag wäre der Gnadenstoß für mich. Das Leben wird wirklich ganz unerträglich, wenn man sich mit Kummer und Todesangst weiterschleppt; es hört auf, eine Himmelsgabe zu sein, und wird ein Gegenstand des Schreckens, der der grausamsten Rache von Tyrannen ähnelt.«

Der Feldzug von 1760 begann später als gewöhnlich. Die russische Gefahr schien in den Hintergrund zu treten, obwohl die russischen Truppen an der Oder stehen blieben: in diesem Jahr gaben dafür die Österreicher den Ton an. »Wir sind auf dem Marsche nach Schlesien«, schrieb Friedrich am 1. August an d'Argens. »Wenn wir Glück haben, will ich es sie wissen lassen; wenn nicht, verabschiede ich mich von Ihnen und allen anderen Freunden im voraus. Wahrscheinlich kommt es zwischen dem siebten und dem zehnten zum Kampfe.« Die Schlacht von Liegnitz wurde am 15. geschlagen, und obwohl sie ein Sieg war, führte sie, wie auch seine übrigen Triumphe im Siebenjährigen Krieg, nicht zur Entscheidung. »Das letzte Wort ist noch nicht gesprochen«, berichtete er; »wir werden noch höher klettern müssen, wenn wir die Spitze des steilen Felsens erreichen wollen, was uns gelingen muß, wenn wir unsere Mühe krönen sollen. Mir wurden die Kleider zerfetzt und meine Pferde verwundet. Bis jetzt bin ich unverwundbar. Noch nie haben wir größeren Gefahren gegenübergestanden oder schlimmere Strapazen durchmachen müssen. Was wird das Ende unserer Mühen sein? Haben Sie Mitleid, mein lieber Marquis, mit einem armen Philosophen, der sich weit von seinen Kreisen entfernt hat.«

Als Antwort auf d'Argens' übertriebene Glückwünsche machte Friedrich darauf aufmerksam, wie wenig im Verhältnis erreicht worden war. »Ehemals, mein lieber Marquis, hätte das Treffen vom 15. August den Feldzug entschieden; jetzt ist es nur ein Scharmützel. Zur Entscheidung unseres Schicksals bedarf es einer Hauptschlacht. Wie es scheint, werden wir bald eine solche haben, und es wird dann Zeit zum Frohlocken sein, wenn wir sie gewinnen. Dennoch bin ich Ihnen für Ihre Glückwünsche dankbar. Viele Listen und ein Großteil Geschick waren nötig, um die Dinge so weit zu bringen. Sprechen Sie nicht von Gefahren. Das letzte Gefecht kostete mich nur einen Rock und ein Pferd – ein geringer Preis für einen Sieg. Ich bin noch nie so in die Enge getrieben gewesen wie in diesem Feldzug. Glauben Sie mir, Wunder sind nötig, um über alle die Schwierigkeiten hinwegzukommen, die ich voraussehe. Sicherlich werde ich mein Teil tun, aber denken Sie daran, daß ich nicht über das Glück gebiete, und daß ich den Zufall mit in Rechnung stellen muß. Ich muß die Arbeiten des Herkules vollenden in einem Alter, in dem meine Kraft abnimmt und die körperlichen Beschwerden sich mehren und, um es frei heraus zu sagen, zu einem Zeitpunkt, wo selbst die Hoffnung, der einzige Trost der Unglückseligen, zu versagen beginnt. Sie wissen zu wenig, um alle die Gefahren beurteilen zu können, die meinen Staat bedrohen. Ich kenne sie, ich verberge sie, ich behalte alle meine Sorgen für mich selbst, ich teile der Öffentlichkeit nur meine Hoffnungen mit und die wenigen guten Nachrichten, die ich ihr geben kann. Wenn der Streich, den ich plane, glückt, ist es Zeit zum Frohlocken. Bis dahin wollen wir uns nicht schmeicheln, damit eine neue Enttäuschung uns nicht zu Boden schlägt. Mein Leben ist das eines militärischen Karthäusers. Ich habe reichlich Arbeit; meine Muße gilt den Wissenschaften, die mein Trost sind. Ich weiß nicht, ob ich diesen Krieg überlebe. Wenn das aber eintrifft, dann bin ich entschlossen, den Rest meiner Tage in der Zurückgezogenheit am Busen der Philosophie und der Freundschaft zu verbringen.«

Der Monat September fand ihn noch in der gleichen gedrückten Stimmung. Der Sieg von Liegnitz, erklärte er, hatte alles beim alten gelassen. »Die Krise verändert sich nur ihrer Form nach, aber es gibt keine Entscheidung, keine Andeutung des Endes. Ich brate an einem langsamen Feuer. Ich bin wie ein Menschenleib, den man verstümmelt und der jeden Tag ein Glied verliert. Helfe uns der Himmel! Wir brauchen dringend seiner Hilfe. Sie sprechen immer von meiner Person. Sie sollen wissen, daß es nicht nötig ist, daß ich lebe, sondern nur, daß ich meine Pflicht tue und für die Rettung meines Landes kämpfe, wenn das noch möglich ist. Ich habe eine große Zahl kleiner Erfolge gehabt und hatte recht, als meinen Wahlspruch das Wort *Maximus in minimis et minimus in maximis** zu nehmen. Sie können sich unsere Strapazen nicht vorstellen. Dieser Feldzug ist der schlimmste von allen. Manchmal weiß ich nicht, an welchen Heiligen ich mich wenden soll. Aber ich langweile Sie mit dieser Geschichte meiner Sorgen. Mein Frohsinn und meine gute Laune sind mit denen ins Grab gegangen, die ich liebte. Das Ende meines Lebens ist qualvoll und traurig. Vergessen Sie nicht, mein lieber Marquis, Ihren alten Freund.«

Im Oktober war er wieder in voller Tätigkeit und gab eine Vorschau über das Ergebnis des weiteren Feldzuges. »Wir werden Leipzig, Wittenberg, Torgau, Meißen wieder nehmen; aber der Feind wird im

---

* Groß im Kleinen und klein im Großen (Anmerkung d. Übersetzers).

Besitz von Dresden und der schlesischen Berge bleiben, und das wird ihn in den Stand setzen, mir nächstes Jahr den Todesstoß zu versetzen. Das Glück, lieber Marquis, spielt mit uns schwachen Sterblichen. Seiner Gunstbezeigungen und seiner Willkür müde stelle ich mich in einer Lage vor, in der ich von Menschen oder Göttern nichts mehr zu fürchten habe. Ich blicke auf den Tod mit den Augen des Stoikers. Ich werde nie den Augenblick erleben, der mich zwingt, einen ungünstigen Frieden abzuschließen; kein Zureden, keine Beredsamkeit können mich zur Ehrvergessenheit treiben. Entweder lasse ich mich von den Trümmern meines Landes begraben, oder, wenn das dem mich verfolgenden Schicksal als ein zu süßer Trost erscheint, werde ich meinem Unglück ein Ende zu setzen wissen, wenn es unerträglich wird. Nachdem ich meine Jugend meinem Vater und mein Mannesalter meinem Lande geopfert habe, steht mir das Recht zu, meine ich, über mein Alter selbst zu verfügen. Ich wiederhole, daß ich niemals einen demütigenden Frieden unterzeichnen werde. Brandenburg bestand, ehe ich geboren wurde, und es wird noch bestehen, wenn ich tot bin. Im Alter von fünfzig Jahren hat man so viele Gründe, um das Leben zu verachten. Ich habe nur die Aussicht auf ein Alter voller Schwäche und Sorge, voller Kümmernisse und Trübsinn, voller Schande und Beleidigung vor mir. Ich habe alle meine Freunde und liebsten Verwandten verloren, ich habe nichts mehr zu hoffen. Ich sehe, wie mich auch meine Feinde mit Verachtung behandeln, und in ihrem Hochmut schicken sie sich an, mich mit Füßen zu treten.«

Der langerwartete Zusammenstoß mit den Österreichern fand am 3. November 1760 bei Torgau an der mittleren Elbe statt. Das letzte Treffen des ganzen Krieges, in welchem drei Pferde dem König unter dem Leibe erschossen wurden und eine Kugel ihn zu Boden streckte, ist in dem glänzendsten von Carlyles Schlachtengemälden beschrieben worden. Friedrich wußte gut genug, daß die Rettung vor der Vernichtung wieder einmal nicht den Gewinn des Krieges bedeutete. »Wir haben soeben die Österreicher geschlagen«, berichtete er an d'Argens zwei Tage danach, »beide Seiten erlitten ungeheure Verluste. Dieser Sieg wird uns vielleicht für den Winter einige Ruhe verschaffen, aber mehr auch nicht. Im nächsten Jahr wird alles von neuem losgehen. Ich habe eine kleine Prellung an der Brust davongetragen, ein wenig Schmerz, aber ohne Gefahr, und ich kann meinen Geschäften wie gewöhnlich nachgehen. Ich will diesen Feldzug so gut wie möglich zu Ende bringen; mehr kann man nicht von mir verlangen.« Ein längerer Brief fünf Tage später aus Meißen war gleich düster. »Ich habe die Österreicher bis vor die Tore von Dresden zurückgedrängt, auf ihr vorjähriges Lager, aber ich kann sie nicht ausheben. Wenn sie dort bleiben, muß ich diesen wie den letzten Winter in Quartieren auf sehr engem Raum verbringen, und alle Truppen müssen dann zur Bildung einer Postenkette verwandt werden, damit wir unsere Stellung in Sachsen behaupten. Das sind traurige Aussichten, ein wenig angemessener Preis für die ungeheueren Anstrengungen in diesem Feldzuge. Meine einzige Stütze ist meine Philosophie. Sie sehen also, mein lieber Marquis, daß ich durch meine Erfolge nicht übermütig geworden bin. Meine vielen Feinde erdrücken mich – das ist die wahre Ursache so vieler Rückschläge und Unglücksfälle. Wir retteten unsern Ruf am 3. November, aber glauben Sie ja nicht, daß unsere Feinde genug geschwächt sind, um zum Frieden gezwungen zu sein. In Wirklichkeit sehe ich so schwarz, als wenn ich auf dem Grunde des Grabes läge. Adieu, lieber Marquis. Schreiben Sie mir bisweilen, und vergessen Sie einen armen Teufel nicht, der zehnmal am Tag seine Existenz verflucht und gern an einem Ort weilen würde, von dem niemand mit Nachrichten zurückkommt.« Trostbriefe riefen immer die Antwort hervor, daß die Lage sich aus der Entfernung besser ansehe als an Ort und Stelle. Mit einem Wort, der König von Preußen war in einer so jämmerlichen Verfassung, wie seine Feinde sie ihm wünschten. Friedensfühler in St. Petersburg vor und nach dem Feldzug von 1760 waren erfolglos gewesen.

Das Jahr 1761 war die ereignisärmste Phase des Siebenjährigen Krieges. Während der üblichen Winterpause las Friedrich gierig Geschichte und schöne Literatur, wobei er immer wieder zu seinen alten lateinischen und französischen Lieblingsschriftstellern zurückkehrte. Weder die Österreicher noch die Russen schienen es eilig zu haben, ihr Glück neu zu versuchen, aber er konnte sich kaum vorstellen, daß der Sommer ohne furchtbare und vielleicht tödliche Zusammenstöße vorübergehen könne. »Diese tiefe Ruhe«, schrieb er an d'Argens am 7. Juni, »kann das Vorspiel eines wilden Sturmes sein, wahrscheinlich am Ende des Monats. Ich bin auf alles gefaßt, auf gutes oder schlechtes Glück; singen Sie dieser Göttin Fortuna, deren Schutz wir brauchen, einen kleinen Hymnus. Die Königin von Ungarn ist auf den Krieg versessen. Es ist schwer, immer zu leiden, und ich empfinde, daß die Rache ein göttliches Vergnügen sein kann, wie die Italiener sagen; es hängt alles nur davon ab, daß man den richtigen Augenblick ergreift. Meine Philosophie muß solche Schläge hinnehmen, daß sie manchmal ins Wanken gerät. Ein Mensch, der, nachdem ihm so viele Mißhandlungen widerfahren sind wie mir, sich noch soweit überwinden kann, seinen Feinden ohne Vorbehalt zu vergeben, würde heilig gesprochen werden. Ich gestehe, daß meine schwache Tugend diese Vollkommenheit nicht erreichen kann, und daß ich zufrieden sterben werde, wenn ich mich nur teilweise für meine Leiden rächen kann. Es wird kommen wie es mein guter Engel, der Zufall oder das Glück entscheiden. Während ich so die Entscheidung des Schicksals erwarte, bin ich ruhig und einsam; ich denke über die Zukunft nach; ich lese und beschäftige mich schweigend.«

Die Briefe des Jahres 1761 sind ein wenig hoffnungsvoller, aber er wußte, daß nur ein glücklicher Zufall ihn retten konnte. Europa versank inzwischen immer tiefer in den Morast des Krieges. »Es wird Zeit für Frieden«, schrieb er an de Catt, »sonst werden Hunger und Pest die Menschheit an den Geißeln und Tyrannen rächen und Angreifer und Verteidiger, Freunde und Feinde zusammen dahinraffen. Gott schütze uns davor und habe Erbarmen mit meiner Seele, falls wir eine Seele haben.« Entgegen allen Erfahrungen und Erwartungen ging der Feldzug 1761 ohne eine offene Feldschlacht vorüber. Zwar hatte er wieder einmal alles überstanden, aber es war nicht die geringste Aussicht auf Frieden. Hoffnungslos an Zahl unterlegen konnte er sich nicht länger mehr mit Sicherheit auf das Eintreffen der englischen Hilfsgelder verlassen. »Je mehr ich über die Ereignisse nachdenke«, bekannte er am 29. Dezember Prinz Heinrich, »desto mehr komme ich zu dem Schluß, wie recht die Römer daran taten, der Glücksgöttin ein goldenes Standbild zu weihen, und die Kaiser, es auf den Altären ihrer Hausgötter aufzustellen.«

Das Jahr 1762 begann mit so dunklen Wolken am Himmel, daß der wie ein Wild gejagte König es für nötig hielt, sich auf das Schlimmste vorzubereiten, und ein eigenhändiger Brief an Finckenstein vom 6. Januar zog die Möglichkeit in Erwägung, seine Feinde um Friedensbedingungen angehen zu müssen. »Ich habe Ihnen die Gründe dargelegt, die alle unsere militärischen Unternehmungen erfolglos machen, falls sich die Lage nicht ändert und die Türken Hilfe versprechen. Da unsere jämmerliche Lage es uns nicht länger erlaubt, eine Erholung zu erwarten oder auch nur den kommenden Feldzug zu übestehen, müssen wir uns mit dem Gedanken vertraut machen, für meinen Neffen durch Verhandlungen soviel zu retten, wie wir aus unseren Feinden herausholen können. Sie sollten sich also in diesem Falle überlegen, ob Sie England angehen sollen oder ob Sie sich an Frankreich, Wien oder St. Petersburg wenden müssen. Ich rate zu Unterhandlungen, damit Sie sich nicht mit gebundenen Händen und Füßen dem Ermessen des Feindes ausliefern müssen. Alles bedarf sorgfältiger Überlegung, für welche Ihnen Zeit zur Verfügung steht, ehe ich von Konstantinopel Nachricht habe. Sie dürfen sicher sein, daß ich so nicht schriebe, wenn ich irgendeine Aussicht sähe, den Staat auf seinen alten Grundlagen wieder zu errichten. Aber natürliche und moralische Gründe zeigen mir, daß dies unmöglich ist, und der einzige Dienst, den ich in meiner Lage der Isolierung ohne die Türken jetzt dem Staate leisten kann, besteht darin, zu diesem Vorgehen zu raten.« Seine Absicht war deutlich genug: war die Kapitulation unvermeidbar, dann sollte sich ihr sein Nachfolger gegenüber sehen.

Der glückliche Zufall, auf den zu hoffen er beinahe aufgehört hatte, ereignete sich am 5. Januar 1762, als seine eingefleischte Feindin, die Kaiserin Elisabeth, starb. Ihre Gesundheit war schon lange durch Trunksucht und Ausschweifungen unterhöhlt, und an ihren Tod als eine der wenigen Rettungsmöglichkeiten aus dem eisernen Ring der Umklammerung hatte er immer schon gedacht; aber daß eine Hilfe aus dieser Richtung zur rechten Zeit kommen könne, schien nur eine sehr entfernte Möglichkeit zu sein, da Elisabeth in mittleren Jahren war. Die Nachricht erreichte ihn vierzehn Tage später in Breslau, und er nahm von seiner Feindin mit einem bösartigen Fußtritt Abschied:

> O Wanderer; hier ruht Messalina,
> Sie war des Russen und des Kosaken Konkubine,
> Jetzt hat sie alle erschöpft und verläßt diese Gestade,
> Um sich im Reiche der Toten neue Buhler zu suchen.

Ihr Neffe und Nachfolger Peter, der ungeliebte und gleichmütige Gatte Katharinas der Großen, sah zu ihm als zu seinem Helden auf, setzte sofort alle preußischen Gefangenen in Freiheit und zog seine Truppen von preußischem Gebiet zurück. Friedrich kannte die Gesinnung des neuen Herrschers, aber er war nicht ganz sicher, ob nicht andere Einflüsse die Oberhand behalten würden. Im Augenblick beschränkte er sich auf Glückwünsche, und seine Briefe atmen eher den Ton vorsichtiger Hoffnung als des Frohlockens. Erst am 31. Januar ließ er seiner Freude die Zügel schießen. »Ich sende Dir die gute Nachricht«, schrieb er an Prinz Heinrich, »daß Tschernitschew und seine Russen nach Polen zurückgehen. Diesmal brauchen wir von diesen Leuten nichts mehr zu befürchten. Dem Himmel sei Dank, unsere Flanke ist frei. Unsere Truppen zur Deckung Berlins stehen Dir jetzt zur Verfügung, wenn Du sie brauchst. Dieses große Ereignis bedeutet, daß die Österreicher sich nun ganz auf die Franzosen verlassen müssen. Die Schweden werden ohne Zweifel dem russischen Beispiel folgen. So werden alle unsere Truppen in Pommern und Mecklenburg jetzt zur Verfügung stehen. Dem Himmel sei Dank für dieses Ereignis, das sogar noch günstigere Folgen verspricht.«

Friedrichs Briefe an d'Argens und Keith gehen sofort von Moll in Dur über. »Sie wissen, daß der Kaiser von Rußland unseren Interessen ebenso günstig gesinnt ist wie der treueste Berliner Bürger«, schrieb er am 11. Februar, »daß wir im Begriffe stehen, sofort Frieden und vielleicht ein Bündnis zu schließen, welches uns diese schändliche und sengende Horde von Wilden und als Folge davon auch die Schweden vom Halse schafft. Die Österreicher, die Reichskrise und Ihre Landsleute bleiben uns als Feinde. Das ist immer noch mehr als genug, und Sie werden einsehen, daß wir die gute Nachricht einer Ablenkung benötigen, um uns von dieser Menge gefährlicher Feinde zu befreien. Darüber werde ich am Ende des Monats Klarheit haben. Wenn das eintrifft, dann erwarte ich, obwohl ich weder ein Astrologe noch ein Prophet bin, Anfang des nächsten Jahres den Frieden. Das ist das Ziel meiner Wünsche; aber der Friede muß ehrenvoll sein und der Würde unseres Staates und unseren Anstrengungen entsprechen. Die Russen und Schweden können Sie jetzt abschreiben.« Fünf Tage später versah er d'Argens mit mehr Nachrichten. »Wir haben soeben erfahren, daß die Messalina des Nordens tot und ihr Nachfolger uns wohlgesinnt ist. Mehr wissen wir noch nicht. Es sieht aus, als ob dies zu einem Separatfrieden zwischen Rußland und uns führen wird, aber noch nicht zu einem allgemeinen Frieden. Die Österreicher werden kämpfen, bis sie ihren letzten Heller ausgegeben haben. Ich habe Wien nicht um Frieden gebeten. Unsere Lage hat sich gebessert, aber wir sind noch nicht so weit, wie Sie denken. Der Krieg geht weiter, und wir haben es noch mit zwei gefährlichen Mächten zu tun. Immerhin, da zwei weniger ist als drei und vier, wird unsere Lage um fünfzig Prozent erträglicher.«

Eigenhändige Briefe an den neuen Herrscher flossen über von Dankbarkeit. »Ein so edles und für unser Jahrhundert ungewöhnliches Verhalten darf mit Recht die Bewunderung für sich erwarten, wie sie jetzt Ew. Majestät entgegengebracht wird. Die ersten Maßnahmen Ihrer Regierung gewinnen Ihnen den Lobpreis aller Ihrer Untertanen und des urteilenden Teils Europas. Möge sie lang und glücklich sein.« Ein Waffenstillstand wurde im März abgeschlossen, und der Zar lud den König ein, einen Friedensplan zu entwerfen. »Da der Kaiser in seiner Erklärung vom 12. Februar erklärt hat, daß er auf seine Eroberungen im Kriege verzichte und entschlossen sei, mir meine angestammten Besitzungen zurückzuerstatten, habe ich diesem großzügigen Vorschlag nichts hinzuzufügen, als mich so eng wie möglich mit einem Fürsten zu verbinden, der so edel und großmütig denkt.« Niemals zuvor hatte Friedrich solch unterwürfige Briefe an ein menschliches Wesen geschrieben. »Ew. Majestät übertrifft meine Erwartungen und kommt mir zu Hilfe in einem Augenblick, in dem mich die ganze Welt aufgibt. Sie ersuchten um einen Friedensvorschlag, und ich willige ein. Aber ich vertraue mich auch einem Freunde an. Entscheiden Sie, wie Sie wollen. Ich unterschreibe alles. Ihre Interessen sind die meinen, und ich kenne keine anderen. Die Natur hat mich mit Gefühl und einem dankbaren Herzen begabt, und ich bin gerührt von allem, was Ew. Majestät für mich getan haben. Betrachten Sie mich als Ihren Verbündeten. Ich kann nicht umhin, Ew. Majestät zu sagen, daß Sie allen Souveränen ein Beispiel der Tugend geben, das Ihnen das Herz aller Menschen von Ehre gewinnen sollte. Lassen Sie mich wissen, wie ich Ihnen zu Gefallen sein kann, und seien Sie versichert, daß ich Ihnen in jeder möglichen Weise entgegenkommen will.« Als am 5. Mai der Friede unterzeichnet wurde, befahl Friedrich ein Te Deum und Festlichkeiten im Heere. Er hatte allen Grund zu Freudenfeiern, denn der Zar versprach ihm die Hilfe einer symbolischen Streitmacht von 18 000 Mann gegen die Österreicher. »Der König von Preußen«, berichtete der sächsische Geschäftsträger in St. Petersburg voll Bedauern, »ist Kaiser von Rußland.«

»Wenn ich ein Heide wäre«, schrieb Friedrich seinem Wohltäter enthusiastisch am 21. Mai, am Tage, nachdem er diese neue Nachricht empfangen hatte, »würde ich Ew. Majestät einen Tempel und Altäre errichtet haben als einem göttlichen Wesen, das der Welt Beispiele der

Tugend gibt, von denen alle Herrscher lernen sollten. Ich dankte dem Himmel, als Ihr Brief und der Friedensvertrag eintrafen, das Symbol Ihrer Tugenden und Ihrer Selbstlosigkeit, der Erhabenheit Ihrer Gesinnungen und vieler anderer bewundernswerter Eigenschaften, die Sie zum Gegenstand der Verehrung für alle machen, die das Glück haben, Sie zu kennen. Sie haben eine Riesenzahl von Untertanen, die Ihnen verbunden sind oder sein sollen, aber ich wage zu sagen keinen, der Ihnen so aufrichtig und unveränderlich ergeben ist wie ich. Sie dürfen mein Herz unter Ihre ersten Eroberungen rechnen, und es gibt nichts Schöneres für Souveräne, als ein Reich zu erobern durch ihre bloße Tugend. Heute werden wir alle diesen glücklichen Tag festlich begehen. Alle meine Offiziere sagen, Lange lebe unser geliebter Kaiser.«

Der Friedensschluß mit Schweden am 22. Mai hob die Stimmung des Königs noch mehr. »So hören unsere Prüfungen auf«, schrieb er an d'Argens, »und die launische Göttin, die ihre Gunstbeweise nach ihrer Willkür schenkt und verweigert, scheint sich mit uns aussöhnen zu wollen. Alles dies veranlaßt mich, für Ende dieses Jahres auf den Frieden zu rechnen und danach auf Sanssouci mit dem lieben Marquis. Eine sanfte Ruhe zieht wieder in meine Seele ein, und sechs Jahre lang unbekannte Gefühle der Hoffnung trösten mich für die Prüfungen der Vergangenheit. Vergleichen Sie meine Lage im nächsten Monat mit der vom letzten Dezember. Damals lag der Staat in den letzten Zügen; wir erwarteten die letzte Ölung kurz vor unserem letzten Atemzuge. Jetzt habe ich zwei Feinde vom Halse, und meine Armee wird von 20 000 Russen zu meiner Rechten und 200 000 Türken zu meiner Linken eingebettet sein, von denen 26 000 Tartaren zu meiner Verfügung stehen. Das macht zwei Kaiser zu meinen Kaplänen, mit deren Hilfe ich eine Messe in Gegenwart der Königin von Ungarn zelebrieren und sie das *De Profundis* singen lassen will. Doch das ist nur Spaß, denn im Innersten meines Herzens sage ich mit dem Weisen: Eitelkeit der Eitelkeiten, alles ist eitel! Politische Narrheiten, Narrheiten des Ehrgeizes, Narrheiten der Eigenliebe – solche Dinge sollten so vergängliche Kreaturen wie uns nicht berühren. Aber Vorurteile und Illusionen regieren die Welt, und obwohl wir alle wissen, daß unser Leben eine kurze Pilgerschaft ist, bleibt doch ein Funke des Ehrgeizes in unserer Seele zurück, der uns für den Ruhm empfänglich macht. Es ist natürlich, daß die Nachricht und die Aussicht auf Wohlergehen mir Vergnügen bereitet. Ich bin nicht überrascht, daß unsere guten Berliner entzückt sind; sie sind nicht weniger am Frieden interessiert als ich selbst.«

Am 19. Juni schrieb Friedrich voll Hoffnung über den kommenden Feldzug an d'Argens. »Die Russen werden sich am 30. mit uns vereinigen, und ihre Ankunft wird unsere Untätigkeit beenden. Dann werde ich von neuem auf große Abenteuer ausgehen und mein Glück versuchen. Also nun auf zum siebenten Akt dieser Tragödie! Das Stück ist

*Friedrich Wilhelm I. von Preußen;
Gemälde von Antoine Pesne*

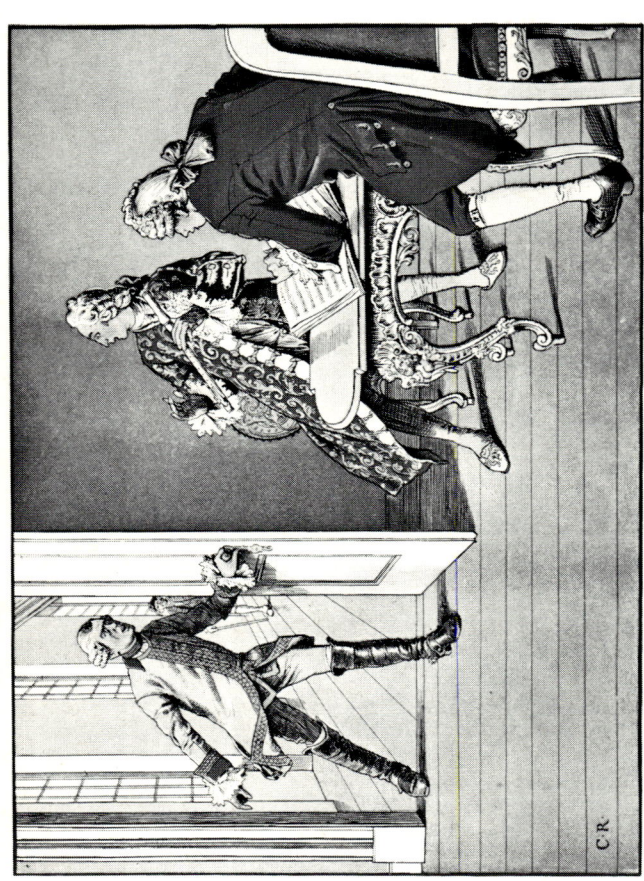

Der Kronprinz und sein Musiklehrer Quantz werden, bevor Friedrich Wilhelm I. sie beim Flötenspiel überrascht, von Leutnant Katte gewarnt.

zu lang; der Kaiser von Rußland schürzt den Knoten, und ich muß ihn, so gut ich kann, auflösen. Ich habe eine Unmenge von Maßnahmen zu treffen; alles muß geplant und so weit wie möglich im voraus abgeschätzt werden. Rechnen Sie die rege Verhandlungstätigkeit dazu, und Sie können sich die Sorgen, Verlegenheiten und Mühen, die das mit sich bringt, und das Gewicht der Last auf meinen armen Schultern vorstellen. Wir stehen also, mein lieber Marquis, am Vorabend von Ereignissen, die diesen Feldzug und damit den Ausgang des Krieges entscheiden werden. Wir müssen sie mit Geduld abwarten, da nur der geringste Teil dessen, was geschieht, von uns abhängt.« D'Argens hatte geschrieben, daß alles Spekulieren über die Zukunft bloße Frivolität sei. »Wer weiß das besser als ich«, antwortete der König, »der ich sechs Jahre lang der Spielball aller politischen Stürme Europas gewesen bin, immer am Rande des Schiffbruchs, bis jetzt wie durch ein Wunder davongekommen, aber immer neuen Gefahren gegenübergestellt? Was sich in Rußland ereignete, konnte Graf Kaunitz nicht vorhersehen; was in England geschah und wovon Sie die übelsten Begleiterscheinungen nicht kennen, konnte ich in meine Berechnungen nicht mit einbeziehen. Das alles zeigt, daß in stürmischen Zeiten Staaten zu regieren soviel heißt, wie den Betrogenen zu spielen. Das vor allem ekelt mich an dieser undankbaren und unfruchtbaren Aufgabe und läßt mich mehr denn je wieder die Literatur liebgewinnen, die man in der Einsamkeit und im Frieden kultivieren kann. Ein Mann der Wissenschaft arbeitet mit festen Grundlagen, während ein Politiker nichts hat, das er als gegeben betrachten kann.« Die Kehrtwendung in Rußland war um so willkommener, weil in England ein neuer König, ein neuer Erstminister und eine neue Partei am Ruder waren. Infolge von Pitts Rücktritt wurde es wahrscheinlich, daß die britischen Hilfsgelder eingestellt werden würden, denn Bute war auf Frieden mit Frankreich aus. Obwohl der in die Nähe rückende Abfall Englands von geringerer militärischer Tragweite war als die Verwandlung Rußlands von einem Feind in einen Freund, vergab Friedrich nie die Fahnenflucht seines Verbündeten, als die er den Abfall Englands betrachtete.

Die Entthronung des Zaren Peter am 9. Juli 1762, der bald seine Ermordung folgte, veränderte die Lage wiederum. Die Nachricht vom Sturz seines besten Freundes erreichte Friedrich am 19. Juli. »Du kannst Dir meine bittere Verlegenheit vorstellen«, schrieb er an Prinz Heinrich. Katharina war jetzt am Ruder, und er beeilte sich, die aufgehende Sonne zu begrüßen. Ohne einen Augenblick zu verlieren, wünschte er ihr schriftlich eine erfolgreiche Regierung, dankte ihr für die schnelle Zusicherung, daß sie den von ihrem Gatten geschlossenen Frieden bestätigen werde, und bat um die Fortsetzung ihrer Freundschaft. Es war beruhigend zu wissen, daß Rußland nicht wieder am Kampf teilnehmen würde, aber ein Temperaturwechsel in St. Petersburg kündigte sich an mit der Zurückziehung der erst neulich zu seiner Unterstützung entsandten Truppen. Die Palastrevolution bestärkte seine tiefe Überzeugung, daß der Zufall die menschlichen Angelegenheiten beherrsche. Das Glück, wie er aus seiner langen Erfahrung wußte, konnte in einem Augenblick lächeln und im nächsten finster blicken. »Unsere Angelegenheiten, mein lieber Marquis«, schrieb er am 21. Juli, »begannen gerade, sich gut zu entwickeln, da sehe ich mich plötzlich einem dieser politischen Ereignisse gegenüber, die man weder vorhersehen noch vermeiden kann. Der Friede, den ich mit Rußland schloß, wird weiterbestehen, aber mit dem Bündnis ist es aus. Alle Truppen kehren nach Rußland zurück, und ich bin wieder allein. Immerhin haben wir zwei österreichische Abteilungen aufgerieben. Wir müssen abwarten, ob das zu etwas Solidem führt. Ich zweifle sehr daran, und jetzt befinde ich mich wieder in einer unangenehmen, schwierigen und gefährlichen Lage. Ich bin Fortunas Kreisel, und sie hält mich zum besten. Heute nahmen wir tausend Mann gefangen und erbeuteten vierzehn Kanonen. Das bringt jedoch keine Entscheidung, und alles, was das nicht tut, vergrößert nur meine Verlegenheit. Ich kann mir vorstellen, daß in Berlin und anderswo viele Dinge verkehrt gehen. Aber was soll ich dazu sagen? Das Schicksal, das alles lenkt, ist stärker als ich, und ich muß gehorchen. Ich bin sorgenvoll und in großer Verlegenheit, aber was kann ich tun? Geduld! Wenn ich Ihnen heute einen närrischen Brief schreibe, dann machen Sie die Politik dafür verantwortlich. Ich habe sie so satt, daß ich, wenn ich einmal diesen unglückseligen Krieg hinter mir habe, der Welt absagen werde.« Er hatte die Revolution in Rußland erwartet, fügte er hinzu, und den Kaiser gewarnt, der den Rat, Vorkehrungen zu treffen, übel aufnahm. Sein Unglück sei dadurch entstanden, daß er der Geistlichkeit einen Teil ihres Vermögens habe nehmen wollen; die Priester hätten die Verschwörung angezettelt. »Dieser Fürst, der alle die Qualitäten des Herzens besaß, die man sich wünschen konnte, besaß zu wenig Klugheit, von der man viel haben muß, wenn man jenes Volk regieren will.«

Da Rußland und Schweden aus dem Kriege ausgeschieden waren und Frankreich nur wenig Lust zum Kampfe hatte, blieb allein Österreich als ernsthaft in Betracht kommender Gegner übrig. Der Sommer ging ohne größere Zusammenstöße vorüber, aber das Ziel schien ebenso fern wie je. »Sie sprechen von Frieden zwischen den Engländern und Franzosen«, schrieb Friedrich an d'Argens am 23. August. »Ich glaube nicht, daß die Dinge schon so weit gediehen sind, wie die Zeitungsschreiber glauben machen wollen, und ich glaube, ihre Verhandlungen können von Ihnen und unsern guten Berlinern mit einigem Gleichmut betrachtet werden. Ein allgemeiner Friede ist höchst wünschenswert, aber er muß auch gut, vorteilhaft und von Dauer sein. Ich kann nur sagen, daß ganz Europa ihn wünscht, aber wenn man mit Weibsteufeln zu verhandeln hat, findet man mehr Laune, Selbsttäuschung und Voreingenommenheit als Vernunft. Inzwischen werde ich grau und fange an zu glauben, daß ich vor dem Frieden tot sein werde.«

Die Einnahme der Festung Schweidnitz im Oktober nach einer langen Belagerung brach Österreichs Stellung in Schlesien, und am Ende des gleichen Monats schlug Prinz Heinrich die vereinigte Armee Österreichs und des Reiches bei Freiberg in Sachsen in der letzten Schlacht des Krieges. Die militärischen Operationen, schrieb der König am 7. November, seien gut vonstatten gegangen, aber dasselbe lasse sich nicht von der Politik sagen. »Diese zwei Krücken, die mich beim Gehen unterstützen sollten, passen nie zusammen und machen mich lahm auf der einen oder anderen Seite.«

Ein Brief an die Prinzessin Amalie, Äbtissin von Quedlinburg, vom 7. November ist halb ernst, halb munter. »Ich kenne Dein Interesse an unseren glücklichen Erfolgen und an meines Bruders Sieg. Er kam gerade zur rechten Zeit, wo wir versuchen müssen, unsere Feinde zu einem ehrenvollen und vernünftigen Frieden zu zwingen. Du, die Du Beziehungen zum Himmel hast, magst wohl wissen, nach welchen Gesichtspunkten Dein Schwiegervater uns belohnt oder straft. Ich armer Sterblicher, der aus dem Paradies nicht einmal einen Hund kennt, bin in völliger Unwissenheit und nehme gutes Glück mit Vergnügen und schlechtes mit Entsagung in Empfang. Aber gestatte einem armen Laien, auf einige Unstimmigkeiten im Kernpunkt Deiner erhabenen Lehre hinzuweisen. Die Heiden stellten das Glück als blind dar, weil es, im allgemeinen, ungerecht ist. Es galt als launisch und unbeständig, weil das seinem Wesen entspricht. Wenn Du also anstelle des Glücks die Vorsehung setzt, dann mußt Du sie auch mit den kleinen Beleidigungen bedenken, die die Heiden gegen das Glück aussprachen; aber das ist ja, soviel ich sehe, Blasphemie. Deshalb hüte ich mich, weil ich eine tiefe Ehrfurcht vor dem göttlichen Wesen empfinde, ihm eine Handlungsweise zuzuschreiben, die ungerecht, launenhaft und tadelnswert am geringsten Sterblichen wäre. Aus diesem Grunde ziehe ich, meine liebe Schwester, es vor, nicht zu glauben, daß ein gutes und allmächtiges Wesen sich um die kleinen Angelegenheiten der Menschheit kümmert. Ich führe alles, was Geschöpfen zustößt, auf die notwendigen Wirkungen sekundärer Ursachen zurück und beuge mich im Schweigen vor diesem anbetungswürdigen Wesen, indem ich zugleich meine Unkenntnis seiner Wege bekenne, die zu enthüllen es seiner göttlichen Weisheit nicht gefallen hat. Adieu, liebe Braut Christi. Wenn Du mich auch nicht für rechtgläubig befindest, so gerate wenigstens nicht auf den Gedanken, mich verbrennen zu lassen.«

Friedrichs Briefe an die Herzogin von Gotha, eine Tante Georgs III., aus dem Monat Dezember sind voller zorniger Klagen über Butes Handlungsweise. »Die Engländer haben mich verraten. Der arme Mr. Mitchell hat einen Schlaganfall gehabt. Es ist schrecklich. Der Vertrag sah vor, daß weder Friede noch Waffenstillstand abgeschlossen werden sollte ohne Zustimmung des Verbündeten, er enthielt eine feierliche und gegenseitige Garantie aller unserer Besitzungen. Ich bin der einzige von Englands Verbündeten, dessen Interessen es opfert. Bute verhandelt sogar nach allen Seiten, um Feinde gegen mich aufzubringen und mich zu einem demütigenden Frieden zu zwingen. Sie können der Prinzessin von Wales solche unerfreulichen Wahrheiten nicht erzählen, ohne sie zu verletzen, und deshalb tun Sie gut, ihrer nicht zu erwähnen, auch weil die Interessen Deutschlands und der protestantischen Religion dem verwünschten Bute nichts bedeuten. Er hat sogar den Grundsatz verkündet, daß England seine Verbündeten immer seinen Interessen opfern solle. Was soll man danach noch mehr sagen, Madame, als daß, wenn man die Gefühle der Ehre und des guten Glaubens leugnet, ein Verräter Treubrüche ohne Erröten begehen kann? Ich werde geduldig warten, bis das englische Kabinett zu sich selbst kommt und die ganze Schändlichkeit seiner Handlungsweise einsieht, was eintreten wird, wenn einmal das erste hektische Verlangen nach Frieden nachläßt. Vielleicht haben wir schon diesen Winter Frieden. Die Reichskreise wollen ihre Truppen zurückziehen – der Bischof von Bamberg, der Kurfürst von Bayern, der Kurfürst von Mainz –, und die anderen werden ihnen zweifellos darin folgen. Man muß die Brandfackeln aus dem Feuer reißen; dann wird es vielleicht ausgehen. Die Österreicher werden die letzten Streiter in der Kampfbahn sein, wie es bis jetzt in allen Kriegen der Fall gewesen ist: vielleicht hat das zur Folge, daß sie einen schlechteren Frieden bekommen. Nun, Madame, wir müssen hoffen, daß, wie alles, auch dieser verwünschte Krieg sein Ende haben wird.«

Gegen Ende des Jahres 1762 klärte sich endlich langsam der Himmel auf. Wenn Österreich den »schlechten Menschen« mit der Hilfe Frankreichs und Rußlands nicht vernichten konnte, wie sollte es dann einen Sieg über ihn erwarten, als es allein stand? Selbst Maria Theresia konnte auf diese Frage nicht antworten. Besprechungen begannen in Hubertusburg, einem Jagdschloß des Kurfürsten von Sachsen in der Nähe der preußischen Grenze und in kurzer Entfernung von Leipzig, wo Friedrich den Winter verbrachte. Dies sind die Kernpunkte seiner Instruktionen, wie sie Hertzberg, der letzte und größte seiner Außenminister, dem die Unterhandlungen anvertraut waren, am 28. Dezember 1762 für sich niederschrieb.

I. Ich soll die stärksten Versicherungen der friedlichen Absichten des Königs geben.
II. Ich soll die Vorschläge des österreichischen Außenministers anhören und sie zum Vortrag bei dem König zur Kenntnis nehmen. Wenn er es schwer findet, einen Anfang zu machen, darf ich erklären, daß der König nicht mehr als den status quo verlangt.
III. Ich soll jeden Vorschlag von Abtretungen grundsätzlich zurückweisen, besonders was Glatz angeht, und darauf hinweisen, daß der König ein größeres Anrecht auf Entschädigungen hat als seine Feinde, wenn er auch keine solchen Ansprüche stellt.

IV. Wenn ich die Verluste des Königs herausstreiche, soll ich nicht von den Russen, sondern seinen Feinden im allgemeinen sprechen.
V. Der König ist nicht abgeneigt, die Ansichten des Wiener Hofes mit Bezug auf die Wahl des Erzherzogs zum römischen König zu begünstigen, ebenso wie die Ansichten Sachsens bezüglich der vakanten Bistümer; das sind aber Anregungen, mit denen ich in der Hinterhand bleiben soll.
VI. Ich soll die Verhandlungen nicht beschleunigen, damit der König Sachsen nicht vor Ende Februar zu räumen braucht.

Da beide Parteien mit einer Rückkehr zu den Grenzen von 1756 einverstanden waren, gab es außer Einzelheiten nur wenig zu verhandeln. »Wir stehen unmittelbar vor dem Friedensschluß«, schrieb Friedrich am 28. Januar 1763 an Keith aus Leipzig. »Die Verhandlungen gehen frisch voran. Ich möchte weder der Betrogene noch der Betrüger sein, und ich hoffe, den unter diesen Umständen günstigsten Frieden abzuschließen. Ich habe viele Sorgen, aber das ist besser als die Eröffnung eines neuen Feldzuges. Ich bin nur zu glücklich, daß ich nach sieben Akten am Ende eines schlechten Stückes angelangt bin, in dem ich nur ungern als Schauspieler mitgewirkt habe. Diese Auflösung des Knotens hätte vor einem Jahr niemand ahnen können. Ich denke, daß wir im nächsten Monat den Frieden unterzeichnen werden, und daß diese große Angelegenheit glücklich endet. Stellen Sie sich einen Menschen vor, der lange Zeit auf dem Meer der Spielball der Stürme war und endlich Land sichtet. Genauso geht es mir. Manchmal bin ich über diese frohe Aussicht so glücklich, daß ich an ihre Wirklichkeit nicht glauben mag, aber Gott sei Dank brauche ich nichts zu fürchen. Im April hoffe ich in der Heimat zu sein, und möge mich das Schicksal davor bewahren, sie je wieder aus einem ähnlichen Grunde verlassen zu müssen. Die größte Gefahr, mein lieber Lord, ist also vorbei, und die Ruhe, die jedermann so sehr braucht, wird bald in ganz Europa wieder hergestellt sein. Ich weiß, Sie werden meine Freude teilen.«

Der Siebenjährige Krieg endete, was Preußen anging, mit dem Friedensvertrag von Hubertusburg, der am 15. Februar 1763 unterzeichnet wurde, fünf Tage, nachdem England, Frankreich und Spanien den Frieden von Paris abgeschlossen hatten. Obwohl die Hauptlast der Verhandlungen auf Hertzberg lag, wurde der König von dem britischen Gesandten als der größte Unterhändler gefeiert, der je gelebt habe. Das Lob war übertrieben, denn die Bestimmungen des Vertrages spiegelten nur die Tatsache wider, daß militärisch keine Entscheidung erzielt worden war. Er zog sich aus Sachsen zurück, das er ganz oder zum Teil zu behalten gehofft hatte, und nach drei teuren Kriegen machte Österreich keinen weiteren Versuch mehr, Schlesien durch kriegerische Mittel zurückzugewinnen. Obwohl, militärisch gesehen, der Krieg unentschieden verlaufen war, ging Friedrich als der Sieger hervor, weil er die kostbare Provinz behielt, um die der Krieg gegangen war. Trotz der umfangreichen Verwüstungen und der großen Verluste an Leib und Leben war das Ansehen Preußens in Europa im Februar 1763 ungleich größer als an jenem Sommertag des Jahres 1756, als er den ersten kühnen Schlag gegen die Koalition führte, die ihm den Untergang geschworen hatte.

Als d'Argens ihm zum Frieden gratulierte – »zum glücklichsten Tage Ihres Lebens« –, antwortete der König beißend, daß der glücklichste Tag im Leben der letzte sei. Ergraut, gebeugt und frühzeitig gealtert, mit einer für immer gestörten Verdauung, stellte er fest, daß sein rechter Aufenthaltsort ein Invalidenhaus sei. Obwohl er es als tiefe Genugtuung empfand, daß er und sein Land ungeschmälert aus größter Gefahr hervorgegangen waren, hatte er doch zu viel gelitten, um wie die anderen triumphieren zu können. »Briefe aus Wien haben uns berichtet«, schrieb er an d'Argens am 25. Februar, »daß die Kaiserin daran dachte, den Überbringer der Friedensbotschaft zu umarmen. Die Ratifikationsurkunden werden morgen oder übermorgen eintreffen. Worauf es bei allem wirklich ankommt, mein lieber Marquis, das bin nicht ich, sondern das ist der Friede. Mögen sich die guten Bürger und die Öffentlichkeit nur freuen. Was mich armen alten Kerl angeht, so kehre ich in eine Stadt zurück, von der ich nur die Mauern kenne, wo ich keinen meiner alten Bekannten wiederfinde, wo mich eine ungeheure Aufgabe erwartet, und wo ich in nicht allzulanger Zeit meine Knochen an einem Zufluchtsort lassen werde, dem weder Krieg noch Unglück noch menschliche Gemeinheit etwas anhaben können.« Einen Monat später war er nach Berlin zurückgekehrt, ein Mensch, der vielleicht nicht um vieles klüger, aber um vieles resignierter war. Seiner Schwester, der Königin von Schweden, gestand er: »Ich bin hier völlig fremd. Sieben Jahre Krieg haben die ganze Stadt verändert. Ich kenne nur wenige Menschen, und wenn es keine Gebäude gäbe, dann würde ich mich hier so fremd fühlen wie in London.«

III.

KATHARINA DIE GROSSE UND JOSEF II.

Dreiundzwanzig Regierungsjahre waren vergangen, und die gleiche Zahl von Jahren stand ihm noch bevor*. Der König gewann schnell seine Elastizität wieder, und seine Leidenschaft für die Arbeit war unvermindert. Im Alter von 35 Jahren hatte er einen beunruhigenden Schlaganfall erlitten, aber das Leiden kam nie wieder. Er war nun der Mann seines Jahrhunderts, und oft schon sprach man von ihm als Friedrich dem Großen. Nach den Worten Goethes war er der Polarstern, um den sich Preußen, Deutschland und die ganze Welt zu drehen schienen. Obwohl er im Innern seines Herzens nicht glücklich sein konnte, weil er die Verwüstungen seines Landes mit denen des Dreißigjährigen Krieges verglich, widmete er den Rest seiner Jahre der Aufgabe, die Wunden zu heilen, die sein jugendlicher Ehrgeiz geschlagen hatte. Als sein Arzt dem alten Mann von 69 Jahren verordnete, eine Inspektionsreise abzusagen, erhielt er die Antwort: »Sie haben Ihre Pflichten, und ich habe meine, und ich werde die meinen bis zum letzten Atemzug erfüllen.« Der Bau des prunkvollen Neuen Palais bei Potsdam wurde hauptsächlich durchgeführt, um für Künstler und Handwerker Arbeit zu schaffen, aber auch um zu zeigen, daß der preußische Baum immer noch in vollem Saft stand. Nach seinen eigenen Worten bedeutete dieser Bau eine »Prahlerei«. Es gab keinen Hof im gewöhnlichen Sinne des Wortes, und die Ausgaben für seinen Haushalt waren klein und wurden genau überwacht. Seine einzige Leidenschaft, für die er viel Geld ausgab, war seine Sammlung von Schnupftabaksdosen.

Die Arbeit des Wiederaufbaues, so wenig Aufsehen sie erregte im Vergleich zu dem militärischen Lärm der ersten zwei Jahrzehnte seiner Regierung, nimmt einen hohen Rang unter den Leistungen ein, die ihn zu dem Titel Friedrich der Große berechtigen. Das Heer wurde auf voller Zahl und Leistungsfähigkeit erhalten, die Finanzen waren schnell geordnet, denn es brauchten keine Anleihen zurückgezahlt zu werden; das in Umlauf befindliche schlechte Geld wurde eingezogen; die Bevölkerung und das Steueraufkommen stiegen stetig; Saatkorn wurde zur Verfügung gestellt, wo es nötig war, und Kavallerie-Pferde wurden an die Bauern abgegeben. Die Inspektionsreisen wurden wieder aufgenommen, und jedes Dorf durfte seine Anregungen und Beschwerden vor den König bringen. Stolz nannte sich der Herrscher selbst den »König der Bettler und den Anwalt des armen Mannes«. Die

---

* Der vollständigste Bericht über die Jahre 1763–86 findet sich bei Reimann, *Neuere Geschichte des Preußischen Staates*, 2 Bde. Auch Preuß, *Graf von Hertzberg*, ist ein nützliches Buch.

preußische Bürokratie war die leistungsfähigste in Europa. Der Leistungsstand der Erziehung in den Schulen wurde mit Hilfe von Zedlitz, einem Beamten nach seinem Sinn, gehoben*. Es kam den Staatsdienern nur selten in den Sinn, etwas vor dem Herrscher geheimzuhalten, denn Friedrich war, wie sein Vater, ein strenger Herr und hatte seine Augen über ihnen allen. Andererseits waren seine Maßnahmen, obwohl er immer gute Absichten hatte, nicht durchweg klug, und sein enger Merkantilismus erstickte die Initiative in der Wirtschaft. Das französische System, die indirekten Steuern zu verpachten, das er 1766 eingeführt hatte, verursachte einen ausgebreiteten Schmuggel, brachte die erwarteten Erträge nicht auf und erregte solchen Haß, daß die Regie und die französischen Akzisebeamten, welche jederzeit Haussuchungen nach unversteuertem Kaffee und Tabak abhalten durften, sofort nach seinem Tode verschwanden. Seine politische Weltanschauung blieb von den langen Waffengang unberührt, und das System der sozialen Schichtung wurde in seiner ganzen Starrheit beibehalten. Die Soldaten aus dem Bürgertum, die als Lückenbüßer im Siebenjährigen Kriege zu Offizieren aufgerückt waren, wurden bald wieder ausgeschieden. Es war die Aufgabe des Adels, Offiziere zu stellen; es war die Aufgabe des Bauernstandes, Lebensmittel zu erzeugen und Soldaten zu liefern; es war die Aufgabe des Bürgertums, sich im Gewerbe, im Handel und im Beamtenstand zu betätigen. Daß das Volk einen Anteil an der Verantwortung des Regierens, sei es in der Gemeinde oder im Gesamtstaat, wünschen könne oder verdient habe, lag außerhalb seines Gesichtskreises. Da er sein hohes Amt als eine Pflegschaft ansah, fühlte er sich fähig, die Pflichten desselben ohne seine Hilfe zu erfüllen. Wenn man einen modernen Ausdruck gebrauchen will, so war das Ganze ein Theaterstück mit einer einzigen Star-Rolle, und seine Untertanen, die keine politische Schulung hatten, waren damit zufrieden. Er war zur gleichen Zeit der absolute Herr und der erste Diener seines Staates. Niemand sprach oder träumte von Selbstbestimmungsrecht, bis die Sturmglocke aus Paris im Jahre 1789 ertönte. In Preußen konnte, um das Wort von Sorel zu gebrauchen, der König auf den Adel rechnen und brauchte nicht mit ihm zu rechnen; und die anderen Klassen zählten überhaupt nicht.

Der Eckstein der Außenpolitik Friedrichs in der zweiten Hälfte seiner Regierung war die Zusammenarbeit mit Rußland, die das Ziel verfolgte, die tödliche Gefahr einer zweiten Dreimächte-Koalition abzuwenden**. Er hatte keine andere Wahl, denn Frankreich und Österreich blieben feindlich, und er stand allein. »Die Engländer haben uns verraten«, erklärte er Prinz Heinrich im Jahre 1770, »und nach

---

* Vergl. »Friedrich der Große und die Preußischen Universitäten«, bei Koser, *Zur Preußischen und Deutschen Geschichte*.

** Kurd von Schlözer, *Friedrich der Große und Katharina die Zweite*, bietet eine nützliche Zusammenfassung der preußisch-russischen Beziehungen 1740–1772.

Hubertusburg benötigten wir mehrere Jahre eines soliden Friedens, um die zerstörten Provinzen wieder aufzubauen. Das russische Bündnis gab uns diesen Vorteil.« Peter, dessen Frontwechsel ihn im Jahre 1762 gerettet hatte, lebte nicht mehr, und Katharina hatte nie seine Begeisterung für Preußen und dessen Soldatenkönig geteilt. Sie hatte längst nichts Deutsches mehr an sich als ihr Blut: Rußland war ihre Heimat, Rußland das Mittel ihres grenzenlosen Ehrgeizes. Aber für ihr Volk war sie damals noch die Ausländerin, umgeben und gestützt von den Mördern ihres Gatten, und die Berichte des diplomatischen Corps betonten immer wieder die Unsicherheit ihrer Stellung. In vier bis sechs Jahren, schrieb der preußische Gesandte, werde ihr Sohn, der Großfürst Paul, die Führung an sich reißen. Es schien, daß für sie die beste Möglichkeit, ihre Macht zu erhalten, darin lag, daß sie die Ausdehnungspolitik Peters des Großen wieder aufnahm und militärische Erfolge nach außen hin gewann. Zu diesem Zwecke mußte sie den Boden sorgfältig vorbereiten.

Das preußische Bündnis, das der Zar im Juni 1762 abgeschlossen hatte, wurde von seiner Witwe nicht ratifiziert, aber sie war durchaus bereit, in Verhandlungen über einen neuen Vertrag zu günstigeren Bedingungen einzutreten, denn es lag offenbar mehr Gewinn in der Freundschaft mit Friedrich als in seiner Feindschaft. Preußen hatte nicht, wie Österreich, Absichten in der Türkei, auf deren Kosten Katharina ihre Besitzungen zu erweitern hoffte. Außerdem konnte Preußen bei der Förderung ihrer Pläne in Polen nützlich sein, das sie ihrem Einflußbereich einzugliedern strebte, und daher war es wesentlich, nicht zum drittenmal einen König von Sachsen den polnischen Thron besteigen zu lassen. August III., eine lässige Mittelmäßigkeit, war ein älterer Mann, und man mußte an einen Nachfolger denken. Ein Brief Friedrichs, den er gleich am Tage der Unterzeichnung des Vertrages von Hubertusburg schrieb und der eine Abschrift des Vertragstextes enthielt, eröffnete einen Gedankenaustausch, der im folgenden Jahre zu einem Bündnis führen sollte. »Der König von Polen ist krank, und ich höre aus Warschau, daß man ihm kein langes Leben zubilligt. Wenn er unerwartet stirbt, dann besteht die Gefahr, daß die Ränke der verschiedenen Höfe das Kriegsfeuer, das soeben erst erloschen ist, wieder anfachen. Ich bin bereit, Madame, alle von Ihnen vorgeschlagenen Schritte zu erwägen, und um Zeit zu sparen, will ich meine eigene Haltung darlegen. Von allen Anwärtern auf den polnischen Thron sind es nur Fürsten aus dem Hause Österreich, die eine gesunde Politik mich abzulehnen zwingt, und ich kann mir vorstellen, daß die Interessen Rußlands in dieselbe Richtung weisen. Ich darf hinzufügen, daß ein Piast uns beiden am gelegensten wäre. Tiefstes Stillschweigen ist nötig, um die Ränke derer zu vermeiden, für die eine solche Lösung unwillkommen wäre.«

Die Antwort Katharinas war ermutigend. »Im Falle einer Thronvakanz würde ich gern dem Ausschluß jedes österreichischen Fürsten meine Zustimmung geben, unter der Voraussetzung, daß Ew. Majestät jeden von Frankreich gestützten Kandidaten ablehnt. Auch ich würde einen Piasten vorziehen, aber keinen, der am Rande des Grabes steht oder von irgendeiner Macht bezahlt wird. Wenn Sie mit dieser Regelung einverstanden sind, dann verhindern Sie bitte, daß sächsische Truppen in Polen einmarschieren.« Friedrich begrüßte die junge Kaiserin als den Schiedsrichter des Kontinents. »Ich bin entzückt über das Interesse Ew. Majestät an dem kürzlich abgeschlossenen Friedensvertrag. Niemand wünscht sehnlicher als ich, daß er von Dauer sein möge. Mein Alter, das Wohl meines Staates, der Vorteil meiner Familie fordern dies, und ich bin überzeugt, daß es allein von Ihnen abhängt, den Frieden zu erhalten. Indem Sie einem Vertrage Ihre Zustimmung geben, sind Sie in der Lage, alle Saaten der Zwietracht zu beseitigen, aus denen neue Keime von Krieg und Wirrnissen hervorgehen können. Ich stimme mit allen Ihren Gedanken über Polen überein. Ich werde den Kandidaten Frankreichs nicht unterstützen und dem Einmarsch sächsischer Truppen entgegentreten.« Kaum hatte er von Katharina die Nachricht erhalten, daß sie sich freuen würde, seine Anregungen für einen Vertrag kennenzulernen, da schlug er ein Verteidigungsbündnis vor, welches eine gegenseitige Garantie des Besitzstandes enthielt und die Zahl der Truppen festlegte, die für beide Partner zur Verfügung stehen sollten, wenn einer von ihnen angegriffen wurde. Sie würde wohl keinen Wert darauf legen, Truppen zu stellen, wenn seine rheinischen Besitzungen bedroht wären, und daher wäre auch für ihn keine Verpflichtung gegeben, gegen Perser und Tartaren Truppen zu stellen: in solchen Notfällen solle die gegenseitige Hilfe in der Form von Subsidien geleistet werden. Ein Artikel über Handelsbeziehungen werde für beide Parteien vorteilhaft sein. Es war schwer, Geheimnisse zu hüten, und am 8. September benachrichtigte Friedrich die Kaiserin, daß in Wien, Sachsen und auch Polen selbst Beunruhigung über ihre polnischen Pläne herrsche. Das sprach gegen eine Verzögerung. »Sie werden ohne Krieg einen König einsetzen, Madame, aber die Bündnisse, welche diese Herrschaften abschließen könnten, sollten hintertrieben werden, um Maßnahmen zu vereiteln, die die Ausführung Ihrer Pläne behindern würden.«

Nur geringe Fortschritte im Meinungsaustausch waren erzielt worden, als der Tod Augusts III. am 5. Oktober 1763 Friedrich seine Gelegenheit bot. Keiner der beiden Herrscher wünschte einen dritten sächsischen König, der im Endergebnis Polen nicht nur in eine Erbmonarchie, sondern in ein ewiges sächsisches Protektorat verwandeln würde. Wenn Katharina sich entschließen könne, Truppen nach Polen zu schicken, und dem neuen Kurfürsten von Sachsen zur Kenntnis gäbe, daß er nicht nach der polnischen Krone streben dürfe, dann würde Europa zweifellos ein neuer Krieg erspart werden. Ihr Kandidat Stanislaus Augustus Poniatowski, ein Mitglied der großen Sippe der

Czartoryski und einer ihrer frühesten inzwischen entlassenen Liebhaber, hatte den warmen Beifall des Königs, und er ergriff sofort die Gelegenheit, seine Briefpartnerin an seinen Bündniswunsch zu erinnern. »Ich konnte den letzten Krieg nicht vermeiden, denn eine Verschwörung gegen mich war schon lange geplant gewesen. Die Politik, die Vernunft und der gesunde Menschenverstand wiesen mich darauf hin, präventiv zu handeln, damit ich im folgenden Jahre meine Vernichtung abwenden konnte. Mein Land litt am meisten unter dem Krieg, und ich brauche Zeit und Ruhe, um es wiederherzustellen. Außerdem lassen mich meine Jahre befürchten, daß ich nicht mehr lange zu leben habe, und ich werde den Rest meiner Laufbahn nicht auf unabsehbare Pläne verwenden. Diese Zeiten sind vorbei, und ich will ohne Besorgnisse oder Feindschaften ins Grab gehen, damit ich meinen Nachfolgern ein glückliches Land und eine sichere Stellung hinterlassen kann. Deswegen strebe ich nach Bündnissen. Hier, Madame, haben Sie meine ganze Politik, und Sie werden sehen, daß meine Gesinnungen mit den Ihrigen übereinstimmen. Ich bin sicher, daß Ihre Wahl in Polen auf nur geringen oder keinen Widerstand stoßen wird, und daß der sächsische Hof, wenn er von Ihren Absichten weiß, nicht nach der Krone greifen wird. Auf jeden Fall ist die sächsische Armee mit ihren 12000 Mann zu schwach zum Handeln, und wenn nötig, würde ich ihr den Durchmarsch durch Schlesien verweigern. Ich hoffe, Madame, daß ich Sie durch meine Handlungen von der Ernsthaftigkeit meiner Absichten überzeugen kann. Ich überlasse es Ihnen, den Zeitpunkt für das Bündnis zu bestimmen, und werde mit Geduld auf den Augenblick warten, der Ihnen am geeignetsten zum Abschluß dieser Angelegenheit erscheint.«

Mit dem Hute in der Hand zu Katharina zu gehen, sie um ein Bündnis zu bitten, die Kandidatur ihres ehemaligen Liebhabers zu unterstützen und ihr zu versichern, daß er keine Schwierigkeiten machen wolle, war eine neue Rolle für den König von Preußen, und seine Dienstwilligkeit ist ein Maßstab für seine Zwangslage. Die bitteren Erinnerungen des Siebenjährigen Krieges begleiteten ihn immer. Österreich, das wußte er, war unversöhnlich, und Frankreich war Österreichs Verbündeter, aber mit Katharina als Freund könnte Preußen nicht zu großem Schaden kommen. Andererseits würde ein russisches Bündnis kein reiner Segen sein, denn ein österreichisch-russischer Streit würde ihn automatisch in die Auseinandersetzung verwickeln. Nach 1763 benötigte oder wünschte kein anderer Herrscher den Frieden mehr als Friedrich, und seine Hauptbeschäftigung war, Katharina und Josef davon abzuhalten, sich gegenseitig an die Kehle zu springen. Obwohl diese Aufgabe dadurch erleichtert wurde, daß der austrophile Bestuschew durch den prussophilen Panin als russischer Außenminister ersetzt wurde, schien die Zarin es mit der Fortsetzung der Verhandlungen über ein Bündnis nicht eilig zu haben. Erst im Januar 1764 erhielt der preußische Gesandte den russischen

Gegenplan auf die preußischen Vorschläge vom Frühjahr 1763. Das Bündnis, so wurde angeregt, solle 8 Jahre gelten und im Kriegsfalle jeder Partner 12000 Mann oder den Gegenwert in Hilfsgeldern stellen. Geheimartikel sahen gegenseitige Unterstützung für die Wahl Stanislaus Poniatowskis auf den polnischen Thron vor. Friedrich machte keine Schwierigkeiten, und am 11. April 1764 wurde der langersehnte russisch-preußische Vertrag, der eine Garantie des Besitzstandes und einen Verteidigungspakt für 8 Jahre enthielt, unterzeichnet. Drei Monate später kamen die zwei Mächte überein, die protestantischen und die griechisch-orthodoxen Christen in Polen gegen Unterdrückung durch die katholische Majorität zu schützen. Im Jahre 1767 wurde die Bundesgenossenschaft verstärkt durch einen Geheimvertrag, in dem sich der König verpflichtete, an Österreich den Krieg zu erklären, wenn österreichische Truppen in Polen einmarschierten.

Die Erfüllung seiner Hoffnungen begeisterte Friedrich zu einer seiner hochgespanntesten Lobreden auf die Herrscherin, von der er gesagt hatte, sie werde von ihrer Eitelkeit verzehrt. »Madame, meine Schwester, ich habe mit unendlicher Genugtuung den Vertrag erhalten, den es Ew. kaiserlichen Majestät gefallen hat zu ratifizieren. Ich betrachte diese glückliche Wendung als den Grundstein einer engen Verbindung, welche, möge es Gott gefallen, immer zwischen den zwei Völkern bestehen möge. Was mich betrifft, Madame, so werde ich diese glückliche Verbindung mit aller Sorgfalt, deren ich fähig bin, pflegen und gleichzeitig versuchen, Ihren Wünschen in jeder nur möglichen Weise zuvorzukommen. Obwohl ich nie die Inspirationen des Himmels gehabt habe, auf die man sonst Anspruch machte, werde ich doch darum nicht ein geringerer Prophet sein, wenn es sich darum handelt, Ihnen Ihre Erfolge vorauszusagen. Ich stütze mich dabei auf Ihre klugen Maßnahmen, auf deren kraftvolle Durchführung, auf die Einsicht, mit der Sie die Angelegenheiten erfassen und lenken. Während Ihre Feinde Sie fürchten werden, Madame, gestatten Sie mir, Sie zu bewundern.« Schlesien, das fühlte er, war endlich in Sicherheit, und mit dem Wohlwollen Katharinas schienen andere lockende Pläne in den Bereich des Möglichen zu kommen. Ihm widerstrebte der Gedanke, daß Polen und sein Herrscher völlig unter russischer Herrschaft standen, aber da er die Freundschaft Katharinas nicht zu billigeren Bedingungen erlangen konnte, war er bereit, den Preis dafür zu bezahlen.

Die Wahl eines polnischen Adeligen zum König am 7. September 1764, die aus der Entfernung wie eine Konzession an das polnische Nationalgefühl aussah, war in Wirklichkeit ein Tarnmantel, um die russischen Pläne zu decken, und wirklich hatten russische Rubel ihre Rolle gespielt. Obwohl Polen viel zu schwach und uneinig war, um einem gewalttätigen Schutzherrn Widerstand zu leisten, war den Polen dennoch der Befehlsempfang aus St. Petersburg verhaßt. Stanislaus selbst war ein zu großer Patriot, um sich mit der Rolle einer

Marionette zufrieden zu geben, aber er hatte weder die Charakterstärke noch die Volkstümlichkeit und die Hilfsmittel, die für einen nationalen Führer erforderlich waren. Während der ersten Jahre seiner Regierung spaltete sich das Land in Parteien, die sich über die Reform der veralteten Verfassung und die Stellung der protestantischen und griechisch-orthodoxen Minderheiten stritten, wobei die Griechisch-Orthodoxen auf die Hilfe Rußlands, die Protestanten auf die Hilfe Preußens rechneten. Katharina war immer bereit, die Schulden ihrer Marionetten zu bezahlen, und das russische Gold bewirkte Wunder unter den verarmten Magnaten. Der polnische Reichstag machte wenig Schwierigkeiten, und ein Vertrag zwischen Rußland und Polen, der am 24. Februar 1768 unterzeichnet wurde, unterstellte Polen, seine veraltete Verfassung und die Privilegien der Minderheiten der russischen Garantie. Diese völlige Selbstaufgabe bewirkte, daß der Kleinadel die Konföderation von Bar bildete und einen Aufstand begann, der, wenn er auch nach Zahl und Ausrüstung seiner Träger nie gefährliche Formen annahm, sich doch über vier Jahre hinzog. Obwohl der Gedanke eines russischen Würgegriffs für Preußen und Österreich gleicherweise unerträglich war, so waren sie doch zu sehr auf der Hut voreinander und zu sehr von bitteren Erinnerungen erfüllt, als daß sie an Zusammenarbeit denken konnten. Da niemand besser als die Zarin wußte, daß Maria Theresia an Kriegen genug hatte und daß Friedrich ihrer Freundschaft als eines Gegengewichtes gegen die österreichisch-französische Bundesgenossenschaft bedurfte, hielt sie alle Trümpfe in der Hand. Je genauer man sich in Wien und Berlin mit der Lage beschäftigte, desto deutlicher wurde es, daß eine Lockerung ihres Zugriffes auf Polen undurchführbar und es die Aufgabe realistisch denkender Staatsmänner war, einen Kompromiß zu schließen. Sollte er sich als möglich herausstellen, eine Vergrößerung Rußlands zu verhindern, dann mußte man auf eine Verteilung hinauskommen nach dem bekannten Grundsatz des Gleichgewichtes der Kräfte.

In der Mitte des achtzehnten Jahrhunderts war Polen der größte Staat in Europa außer Rußland, aber es war auch einer der ärmsten, am meisten zurückgebliebenen, sozial am stärksten gespaltenen Staaten*. Nirgends sonst gab es solche Anomalien wie die Wahlmonarchie und das *liberum veto;* nirgends sonst war die Kluft zwischen einem korrupten Adel und einer halbwilden Landbevölkerung so tief; nirgends sonst waren die religiösen Gegensätze fanatischer. Polens notorische Schwäche in Verbindung mit dem Fehlen natürlicher Gren-

---

* Die beste und neueste Darstellung der ersten polnischen Teilung findet sich in der *Cambridge History of Poland.* Sorel, *La Question d'Orient au dix-huitième Siècle,* bringt sie mit den größeren Problemen der Zeit in Verbindung. Dunckers langer Aufsatz »Die Besitzergreifung von Westpreußen«, in seinem Buche *Aus der Zeit Friedrichs des Großen und Friedrich Wilhelms III.,* ist unentbehrlich. Horn, *British Opinion on the First Partition of Poland,* zeigt, wie wenig die Engländer an Polens Schicksal interessiert waren. Die *Politische Correspondenz,* Bd. 29–32, ist unentbehrlich.

zen hatte schon lange den Appetit seiner gierigen Nachbarn gereizt. In seinem klassischen Werk *La Question d'Orient au dix-huitième Siècle* beschreibt Sorel eine Anzahl von Anschlägen, die seit dem sechzehnten Jahrhundert gemacht wurden, und in Stanislaus' frühen Regierungsjahren lag der Gedanke der Teilung in der Luft. Rußland war in der stärksten strategischen Position, um seine Ansprüche anzumelden, und die verschiedensten Arten des Vorgehens wurden von Katharina und ihren Ratgebern sorgfältig erwogen. Die Ideallösung wäre die unblutige Inbesitznahme des ganzen Landes gewesen, das bereits innerhalb ihres Einflußbereiches lag, aber das war eine eitle Hoffnung. Das zukünftige Opfer konnte zwar keinen wirkungsvollen Widerstand leisten, aber man mußte annehmen, daß weder Österreich noch Preußen einer solchen Störung des Gleichgewichts der Mächte gleichmütig zuschauen würden, und wenn sie gemeinsam vorgingen, dann konnten sie Rußland in den Weg treten. Die Alternative war, ihre Zustimmung durch den einfachen Ausweg eines Kollektiv-Raubes zu gewinnen. Nach Katharinas Auffassung war die Angelegenheit nicht dringlich, denn Polen schien von Jahr zu Jahr schwächer zu werden. Sie hatte die Hoffnung, daß sie die Zeit für das Signal selbst wählen könne, weil sie genau wußte, daß ohne ihre Zustimmung keine größere Veränderung eintreten konnte. Andererseits aber kam der Ausbruch des Krieges mit der Türkei im Jahre 1768 ihrem preußischen Verbündeten sehr gelegen, der unter den europäischen Herrschern ihr einziger Freund war; und zu Anfang des Jahres 1769 erfüllte sie sein Ersuchen nach einer Verlängerung des Bündnisses bis 1780.

Der erste ernst zu nehmende Vorschlag einer Teilung erscheint als eine Art Versuchsballon im Februar 1769, denn die vage Andeutung einer solchen Möglichkeit durch Panin Ende 1763 wurde nicht aufgegriffen. »Graf Lynar ist nach Berlin gekommen, um seine Tochter zu verheiraten«, schrieb Friedrich an den Grafen Solms, seinen Bevollmächtigten in St. Petersburg. »Er hatte die etwas merkwürdige Idee, die Interessen der Rußland geneigten Fürsten miteinander zu vereinigen und das Antlitz Europas völlig zu verändern. Sein Plan ist, daß Rußland dem Wiener Hof als Gegenleistung für seine Hilfe gegen die Türken Stadt und Umgebung von Lemberg und die Zips anbieten und uns Westpreußen mit dem Ermland und das Protektorat über Danzig zubilligen solle, während Rußland sich für die Kosten des Krieges schadlos halten würde, indem es alles, was ihm gefiele, nähme. Dann würden, nachdem kein Grund mehr zur Eifersucht vorhanden sei, Österreich und Preußen Rußland gegen die Türken unterstützen. Dieser Plan ist interessant und verführerisch, und ich meine, ich müßte Sie davon unterrichten. Sie, der Sie die Gedanken des Grafen Panin kennen, können diesen Plan unterdrücken oder nutzbar machen, ganz wie Sie es für das Beste halten, obwohl er meiner Ansicht nach eher brillant als solide ist.« Der Urheber dieses Versuchsballons war natürlich nicht Graf Lynar, sondern der König selbst. Der preußische

Bevollmächtigte antwortete, daß seiner Meinung nach der Plan dem Außenminister nicht zusagen würde. Rußland habe für ein solches Geschäft zu wenig Vertrauen zu Österreich und wolle eher ein unversehrtes, von ihm abhängiges Polen am Leben erhalten, welches ihm in einem Krieg gegen die Türkei und Preußen in einem Krieg gegen Österreich von Nutzen sein könne; er werde indes den Plan erwähnen, ohne auf seine Quelle hinzuweisen.

Am 3. März 1769 berichtete Graf Solms, daß er den Plan mit Panin besprochen habe; die Zips, erklärte der Außenminister, würde eine sehr passende Erwerbung für Österreich sein, aber die Stadt Lemberg sei zu weit von der österreichischen Grenze entfernt. Zweitens lohne es sich nicht, daß sich die drei Großmächte zusammentäten, um die Türken nur über den Dnjestr zurückzuwerfen; sie sollten die Türken ganz aus Europa und einem großen Teil Asiens vertreiben. Ein ernsthaftes Bündnis zwischen den drei Mächten werde die beste Methode sein, um den Frieden Europas zu sichern, worauf er seinen eigenen Plan auseinandersetzte. Da die Eifersucht und Rivalität zwischen dem preußischen und österreichischen Hof das Haupthindernis für die Zusammenarbeit sei, müsse der Keim der Mißverständnisse beseitigt werden. Österreich solle auf alle Ansprüche an das Haus Brandenburg verzichten und in türkischen Gebietsteilen Ersatz erhalten, welche die drei Mächte mit Waffengewalt erwerben sollten; danach werde es Schlesien schon vergessen. Preußen solle Westpreußen und das Bistum Ermland nehmen. Dann könnten die drei Mächte mit Leichtigkeit das Türkische Reich in Europa liquidieren, das nur infolge der gegenseitigen Eifersucht der christlichen Staaten ein so langes Bestehen gehabt habe, und Konstantinopel könne dann die Hauptstadt einer Republik werden. Als der preußische Geschäftsträger bemerkte, daß noch nicht von Erwerbungen für Rußland gesprochen worden sei, antwortete Panin, Rußland wolle an dieser Teilung nicht teilnehmen, da es schon viel mehr Landbesitz habe, als es verwalten könne; abgesehen von einigen Grenzfestungen könne Rußland nicht an den Erwerb ganzer Provinzen denken. Der Bericht schloß mit der Feststellung, Panins Plan sei einfacher zu entwerfen als auszuführen. Friedrich erklärte sich einverstanden und fügte hinzu, daß Österreich die Hauptschwierigkeit bieten werde. Im Augenblick habe es genug mit der Wiederherstellung seiner Finanzen zu tun, aber in einigen Jahren werde diese Phase vorüber sein.

Ende 1768 argumentierte Kaunitz in einer längeren Denkschrift, daß Schlesien vielleicht wiederzugewinnen sei, wenn Friedrich dafür Kurland von Rußland und Westpreußen von Polen eintausche. Der Ausbruch des russisch-türkischen Krieges im gleichen Jahre eröffnete Möglichkeiten des Handelns, die nutzbar zu machen sich der Wiener Hof entschloß. Im Frühjahr 1769 wurde eine militärische Sicherungslinie an der polnischen und türkischen Grenze gezogen, und Grenzpfähle, die den österreichischen Adler zeigten, wurden aufgestellt, um eine Verletzung habsburgischen Gebietes zu verhindern. Mit diesen Defensivmaßnahmen nicht zufrieden bezogen die Österreicher aber noch dreizehn Städte der Grafschaft Zips, eines Distriktes in der Tatra südlich von Krakau, in das Verteidigungssystem mit ein: schon im 15. Jahrhundert hatte Ungarn dieses Gebiet an Polen als Sicherheit verpfändet und endgültig 1589 abgetreten. Der jetzige Schritt, der den Beginn einer neuen Periode österreichischer Ausdehnungspolitik bezeichnet, war ein Beweis dafür, daß der Kaiser und Kaunitz, wenn vielleicht auch nicht Maria Theresia, ebenso wie Rußland und Preußen zu einer Aufteilung Polens bereit waren, wenn sie eine Möglichkeit dafür sahen.

Eine neue und fesselnde Gestalt bewegte sich jetzt auf die Mitte der europäischen Bühne zu. Beim Tode seines Vaters im Jahre 1765 im Alter von vierundzwanzig Jahren zum Kaiser gewählt und von seiner zärtlichen Mutter zum Mitregenten ernannt, übte Joseph in der Außenpolitik einen immer stärker wachsenden Einfluß aus. Er teilte niemals den Abscheu seiner Mutter vor Friedrich, war vielmehr bereit, mit ihm als Geschäftsmann zu verhandeln. Er hatte sogar den Wunsch, ihn zu treffen, als er im Jahre 1765 Sachsen einen Besuch abstattete, wurde jedoch von seiner Mutter und Kaunitz überstimmt. Deren Haltung änderte sich, als der russisch-türkische Krieg im Jahre 1768 ausbrach; man fühlte, daß jetzt Rußland der Hauptrivale war und daß es nützlich sein könne, wenn man von seinem preußischen Verbündeten etwas über Rußlands Pläne erfahre. Zur Verwirklichung dieser Absicht benachrichtigte der österreichische Gesandte in Berlin im Oktober 1768 den König, daß Österreich für alle Zukunft auf Schlesien verzichte, und schlug eine Zusammenkunft zwischen den Herrschern vor. Die Initiative kam von Joseph, aber Friedrich war nicht weniger begierig, sich einen Eindruck von dem jungen Kaiser zu bilden. Man kam endlich überein, sich in der alten Festungsstadt Neiße in Schlesien im August 1769 zu treffen. Der König traf Vorbereitungen für das historische Ereignis, indem er seinen Gesandten in Wien fragte, welche Gegenstände der Kaiser zu besprechen wünsche. Da er wußte, daß Österreich und Rußland sich in einem gespannten Verhältnis befanden, und er deshalb mit dem österreichischen Versuch rechnete, zwischen Berlin und St. Petersburg einen Keil zu treiben, verhielt er sich sehr zurückhaltend. Die Herrscher verbrachten drei Tage miteinander (25. bis 28. August), obwohl Joseph, der unter dem Decknamen eines Grafen Falkenstein reiste, darauf bestand, in einem einfachen Hotel Wohnung zu nehmen. In Wien herrschte eine gewisse Besorgnis, und Kaunitz versah seinen jungen Herrn mit sorgfältig vorbereiteten Notizen zu seiner Anleitung. Ein eingehender Bericht über das Ereignis wird in dem Tagebuch, das Joseph für seine Mutter schrieb, und in seinen Anmerkungen zu der Denkschrift von Kaunitz gegeben. Hier folgt eine gekürzte Version.

»Ich kam im Hauptquartier des Königs an, wo eine Anzahl von Offizieren versammelt waren. Er trat hervor, um mich zu begrüßen. Ich umarmte ihn, den Prinzen Heinrich und den Prinzen von Preußen (den Thronerben). Sobald wir allein waren, drückte er seinen Wunsch nach einer aufrichtigen Freundschaft und einer völligen Versöhnung aus.« Als Joseph meinte, daß dies Gegenstand eingehender Überlegungen sein müsse, antwortete sein Gastgeber: »Nein, beginnen wir gleich heute.« »Ich sagte ihm, daß ich Schlesien als eine unbedingte Notwendigkeit für ihn ansähe, genau wie dies auch Elsaß und Lothringen für Frankreich seien. Wir hätten es jedenfalls völlig vergessen. Die gegenseitigen Vorteile, die wir uns ohne jeden Krieg verschaffen könnten, seien von größerer Wichtigkeit, als sie Schlesien für uns oder ein Teil Böhmens für ihn darstellten. Er stimmte zu, wenn auch ohne rechte Überzeugung. Er sagte, es werde unmöglich für ihn sein, mein Feind zu werden, und überschüttete mich mit Komplimenten. Er wisse, daß es zunächst schwer sei, in einen versöhnten Feind Vertrauen zu setzen, aber im Laufe der Zeit könne das vaterländische deutsche System, wie er es nannte, Gestalt annehmen. Ich setzte auseinander, wieviel der bloße Name einer *liaison* schon bewirken werde. Er werde Europa in zwei Teile teilen und einen Sicherungsgürtel von der Adria bis zur Ostsee ziehen, um die Ruhe zu wahren. Dann könnten wir unsere Heere verkleinern und unseren Völkern helfen. ›Nein‹, antwortete er, ›hierzu kann ich nicht raten, denn man kann nie eine Verantwortung für die Ereignisse übernehmen.‹ Danach besprachen wir die Punkte, die in meinen Anweisungen erwähnt sind.« Auf den Wunsch seines Besuchers erzählte der Gastgeber ausführlich und bescheiden von den Schlachten des Siebenjährigen Krieges. »Wir sprachen viel von unseren gemeinsamen Friedensabsichten, und ich legte ihm im strengsten Vertrauen unsere Maßnahmen für die Mobilisation dar, wobei ich hinzufügte, daß wir jeden Augenblick bereit zum Schlagen seien. Das machte nur wenig Eindruck auf ihn. Er versicherte mir, daß er als junger Mann ehrgeizig gewesen sei und falsch gehandelt habe, daß diese Zeiten aber vorüber und seine jetzigen Erwägungen viel beständiger seien. ›Sie glauben, daß ich voller Treulosigkeit bin; das weiß ich, ich habe es auch ein wenig verdient; das erforderten damals die Umstände, aber das hat sich geändert.‹«

Von den Versicherungen ihres guten Willens gingen die Monarchen zur Besprechung von Einzelheiten über. Friedrich bemühte sich, Furcht vor den russischen Absichten in der Türkei zu erregen, und sprach mit Verachtung von dem Verhalten der Opposition in England, wobei er hinzufügte, daß er, wenn er auch nur ein kleiner Fürst sei, nicht mit dem König von England tauschen möchte. Die beiden Herrscher erzielten Übereinstimmung darüber, daß das Ende der Wirrungen in Polen wünschenswert sei, nahmen aber auf eine Teilung nicht Bezug. Joseph regte ein gegenseitiges Neutralitätsversprechen für alle zu erwartenden Kriege an, rief aber damit Friedrichs Entgegnung hervor, daß ein solches seinem Bündnis mit Rußland widerspreche. Dennoch sprach er von seinem Verbündeten mit unverhohlenem Mißtrauen. Ganz Europa, erklärte er, würde sich verbinden müssen, wenn Rußland in Schach gehalten werden solle. Joseph war vorsichtig, denn an dieser Stelle war das Eis dünn. »Je mehr er mich der Russen wegen zu beunruhigen suchte, desto ruhiger wurde ich.« Joseph zog sich aus einer schwierigen Lage heraus, indem er der preußischen Armee ein kluges Kompliment zollte. »Sire, im Falle eines allgemeinen Brandes sind Sie die Vorhut, also können wir ruhig schlafen, weil wir wissen, daß Sie mit den Russen machen können, was Sie wollen.« Friedrich machte Einwendungen und gestand, daß er sie fürchte; daß das Bündnis mit ihnen notwendig, aber keineswegs bequem sei; daß er eine halbe Million Kronen im Jahre bezahle an Stelle des vertragsmäßig festgelegten Truppenkontingents. Er habe das Glück und die Geschicklichkeit gehabt, sich dieser Verpflichtung dadurch zu entziehen, daß er den Russen gesagt habe, daß, wenn er ein Korps sende, Österreich angreifen würde und er sich verteidigen müsse, und daß sie in diesem Falle weder Truppen noch Geld bekommen könnten.

Am Ende des Besuchs fand auf Wunsch des Gastgebers ein Austausch von Briefen statt. »Nach dem unschätzbaren Glück, Ew. Kaiserliche Majestät zu empfangen, konnte mir nichts kostbarer sein als der Brief, den mir zu schreiben Sie die Güte hatten. Ich sehe in ihm den sichersten Beweis Ihrer Freundschaft und vor allem, was mein höchster Wunsch ist, der völligen Versöhnung zweier Häuser, die so lange unglücklich entfremdet waren. Jawohl, Sire, Ich wiederhole handschriftlich, daß es meinem Herzen unmöglich ist, der Feind eines großen Mannes zu sein. Der Himmel möge es vergönnen, daß dieser erste Schritt andere im Gefolge hat, die uns noch enger miteinander verbinden. Ich verspreche bei der Treue eines Königs und auf das Wort eines Ehrenmannes, daß ich, selbst wenn der Krieg zwischen England und dem Hause Bourbon erneuert wird, gewissenhaft den so glücklich zwischen uns wiederhergestellten Frieden aufrechterhalten werde; auch daß ich, wenn irgendein anderer und nicht voraussehbarer Konflikt ausbricht, Ihren gegenwärtigen Besitzungen gegenüber die gewissenhafteste Neutralität beobachten werde, wie Sie für die meinen.« Der Brief des Kaisers, auf den der Brief Friedrichs angeblich eine Antwort war, wurde in Wirklichkeit einen Tag nach dessen Empfang geschrieben und wiederholte sachlich dessen Inhalt, wenn auch mit mehr Zurückhaltung. »Jetzt, da wir so aufrichtig miteinander versöhnt sind, sehe ich keinen zureichenden Anlaß, der die Begründung und Erhaltung eines Vertrauens und einer Freundschaft verhindern könnte, die ebenso groß sein können, wie das bisherige Mißtrauen. Diese hassenswerten Gefühle, hoffe ich, werden jetzt auf immer schwinden.« Danach wiederholte Joseph die Neutralitätsformel, die in Friedrichs Brief enthalten war.

Friedrich war beeindruckt von dem Zauber und der Bildung, den

Fähigkeiten und dem Ehrgeiz seines Gastes. »Er würde als ein Privatmann sehr anziehend sein«, berichtete er an d'Alembert. »Er wird Karl V. gleichkommen, ja ihn übertreffen, durch sein Streben nach Selbstbildung, seinen Eifer, sich für seine Laufbahn zu rüsten. Niemand könnte rücksichtsvoller oder höflicher sein. Er zeigte mir die herzlichste Freundschaft. Er ist heiter, natürlich, fest gegen sich selbst, weich gegen andere. In einem Wort, er ist ein Fürst, von dem man nur Großes erwarten kann und der, wenn er sein eigener Herr ist, in Europa von sich reden machen wird.« Der Bericht an seinen Außenminister enthüllt die dunkleren Befürchtungen, die er von der bedeutungsvollen Begegnung mitbrachte. »Ich habe das Gefühl, daß er ein Mensch ist, der vom Ehrgeiz verzehrt wird, der über einem großen Plane brütet, der für den Augenblick von seiner Mutter gezügelt wird, darauf brennt, das Joch abzuwerfen, und der, wenn sein Arm frei ist, mit einem großen Coup hervortreten wird. Ich konnte nicht herausbekommen, ob sein Blick sich auf die Republik Venedig, Bayern, Schlesien oder Lothringen richtet, aber es kann kein Zweifel sein, daß in Europa ein Brand auskommen wird, wenn er die Leitung in die Hand nimmt.« An seinen Gesandten in Wien berichtete der König in einer schlagenden Wendung: »Er ist ganz Feuer.« Einige Tage später faßte Friedrich seinen endgültigen Eindruck in einem zweiten Brief an Finckenstein zusammen. »Der Kaiser ist offen und ehrlich, und ich bin beinahe sicher, daß er mir nichts Böses wünscht – eher das Gegenteil. Aber die Politik treibt Fürsten oft in Verpflichtungen und Maßnahmen hinein, die sie dann zwingen, gegen ihre eigenen Neigungen zu handeln, so daß ich für die Zukunft keine Garantie übernehmen kann.«

Wenn der Gastgeber gehofft hatte, das Vertrauen seines Besuchers zu gewinnen, hatte er sich vollkommen geirrt. »Der König war durchweg außergewöhnlich höflich und voll von Versicherungen seiner Freundschaft«, schrieb Joseph in seinem Tagebuch; »aber man kann ziemlich sicher sein, daß das alte Mißtrauen weiterhin in seiner Seele und noch mehr in seinem Charakter wohnt. Es war sehr interessant, ihn einmal zu sehen, aber Gott bewahre mich vor einem zweiten Zusammentreffen. Er droht, daß er noch einmal in Kolin erscheinen werde.« Bei der belasteten Vergangenheit des Älteren und dem feurigen Temperament des Jüngeren war wirklich wenig Aussicht auf die Erhaltung des Friedens in Mitteleuropa. Wenn man das Zusammentreffen in Neiße auch nicht als einen vollen Mißerfolg abtun kann, so war es doch kein dauerhafter Erfolg. Immerhin war es nicht ohne Vorteil für Friedrich, denn Katharina, ein wenig beunruhigt durch die geheimen Besprechungen ihrer Nachbarn, erneuerte ihren Vertrag mit Preußen am 12. Oktober 1769, der damit bis 1780 verlängert wurde und das Nachfolgerecht in den kleinen brandenburgischen Fürstentümern von Bayreuth und Ansbach garantierte.

Ein Jahr danach stattete der König den Gegenbesuch ab, und die

Monarchen verbrachten vier Tage zusammen in Neustadt in Mähren
(3. bis 7. September 1770). Dieses Mal war Joseph von Kaunitz begleitet, der seinem Herrn die politischen Unterhaltungen abnahm. Kaunitz, so berichtet Friedrich an Prinz Heinrich, behandelte den Kaiser
wie seinen Sohn, und der Kaiser behandelte ihn wie seinen Vater. Der
russisch-türkische Krieg und seine von allen Beteiligten erstrebte
Beendigung standen wiederum auf der Tagesordnung, aber die
Gespräche erstreckten sich auf die europäische Gesamtlage. Der
österreichische Kanzler bat um die Genehmigung, mit einer Darlegung des Systems beginnen zu dürfen, auf das er so stolz war. »Da mir
daran lag, daß unser Gespräch einen praktischen Nutzen habe«, berichtete er in einer umfangreichen Depesche an Maria Theresia, »bat
ich ihn, mir, ohne mich zu unterbrechen, zuzuhören, damit er unsere
Gesamtpolitik und insbesondere unsere Haltung ihm gegenüber verstehen könne. Ich wußte ja, daß er zu großmütig war, um von dem,
was er erfuhr, ungehörigen Gebrauch zu machen.«

Des Königs Bündnis mit Rußland, begann Kaunitz, sei ebenso wie
das Bündnis Österreichs mit Frankreich, rein defensiv. Es sei weder im
Interesse Preußens noch Österreichs, einander anzugreifen, denn
wenn ihre beiderseitigen Verbündeten in den Kampf eingriffen, würden diese Kompensationen verlangen, was keiner von beiden wünsche. Tatsächlich seien also diese beiden Bündnisse von größtem Vorteil nicht nur für die vier beteiligten Mächte, sondern für ganz Europa.
Österreich habe nicht die Absicht, sich Rußland zu nähern, und Preu
ßen werde zweifellos keine Annäherungsversuche an Frankreich machen. Zwischen Österreich und Preußen sei kein Vertrag nötig, aber
er habe die Grundsätze, die seiner Meinung nach beide Mächte bestimmten, in einem Politischen Katechismus niedergelegt, den er darauf dem Könige vorlas. Friedrich erklärte seine völlige Zustimmung,
aber sein Ersuchen nach einer Abschrift, die er in Ruhe durcharbeiten
könne, wurde abgelehnt mit der Begründung, daß man nicht die
Absicht habe, das Schriftstück zum Gegenstand von Verhandlungen
zu machen. Als der Kanzler seine Lesung beendet hatte, sprang Friedrich auf, umarmte ihn und gab seiner Freude darüber Ausdruck, daß
diese Ansichten ganz mit den seinigen übereinstimmten. Dann ging
er zu Einzelfragen über und regte österreichische Vermittlung zur
Beendigung »dieses verwünschten türkischen Krieges« an, wobei er
hinzufügte, daß die Zarin mit großer Vorsicht behandelt werden
müsse. Es sei ebenso wünschenswert, unterbrach Kaunitz, daß sie mit
den Polen Frieden mache. Man kam noch einmal überein, daß der russisch-türkische Krieg ihre guten Beziehungen nicht stören solle. Aus
den Unterhaltungen ging mit Klarheit hervor, daß die eigentlichen
Befürchtungen von Kaunitz sich auf die Stärke und die Absichten Rußlands bezogen. Österreich, so führte er aus, könne nicht gestatten, daß
Rußland die Moldau und die Walachei erhalte, denn ein so mächtiger
Nachbar werde Ungarn bedrohen; auch könne Österreich nicht zulas-

sen, daß Rußland Polen beherrsche. Von einer Teilung wurde nicht gesprochen.

Bei der letzten Zusammenkunft drückte Friedrich seine Genugtuung darüber aus, daß beide Parteien die gegenwärtige Lage so übereinstimmend beurteilten. »Aber das Aussehen der Dinge kann sich ändern, wie Sie besser wissen als ich. Deshalb würde ich eine jährliche Zusammenkunft vorschlagen oder wenigstens ein sofortiges Treffen, sobald ein Ereignis eintritt, worüber eine Einigung zu erzielen für beide wichtig ist. Würde das nicht möglich sein oder könnten Sie mir nicht wenigstens in einem solchen Falle jemanden schicken, der Ihr ganzes Vertrauen besitzt?« »Es würde nützlich und sogar notwendig sein«, antwortete Kaunitz, »bei jedem Anlaß gemeinsame Maßnahmen zu ergreifen; aber, volles Vertrauen vorausgesetzt, brauchte es nicht schwer zu sein, durch die üblichen diplomatischen Verbindungen Übereinstimmung zu erzielen, selbst wenn solche häufigen persönlichen Zusammenkünfte nicht arrangiert werden könnten.« Das Wohl der Menschheit nicht weniger als das Interesse der beiden Staaten, fügte er hinzu, sei das einzige Ziel aller seiner Reden. Der König und der Kanzler schieden voneinander mit den üblichen Versicherungen des Vertrauens und des guten Willens.

Friedrich hatte mit Interesse den Darlegungen zugehört, war aber weniger beeindruckt, als der Schulmeister der österreichischen Politik annahm. »Fürst Kaunitz«, berichtete er seinem Gesandten in Wien, »hat mir eine lange Vorlesung gehalten, und ich meine, ich habe seinen Charakter erkannt. Ich halte ihn für einen sehr klugen Mann. Sein Urteil ist gesund und klar, aber er ist so sehr von sich überzeugt, daß er sich für ein Orakel der Politik hält und die anderen Menschen für Schüler ansieht, die er belehren muß. Ich glaube, er hält mich für einen Soldaten ohne jede Ahnung von der Politik, und ich muß bekennen, daß er mich ein wenig amüsierte. Aber ich war sehr froh, seine Bekanntschaft zu machen, und niemand kann leugnen, daß er einen klugen Kopf und eine ausgedehnte Kenntnis der Angelegenheiten hat.« Friedrich hatte richtig geraten. Kaunitz war keineswegs von dem Ruhm des alten Kriegers beeindruckt, und als er von Neustadt zurückkehrte, war seine Überzeugung von seiner geistigen Überlegenheit über alle seine Zeitgenossen stärker als je. Der Kaiser teilte seines Kanzlers hohe Meinung über seinen Erfolg. Der König, erklärte Joseph, halte sich für den Klügsten, aber Kaunitz habe sich als ihm überlegen erwiesen. Dieses zweite und zugleich letzte Zusammentreffen der beiden Herrscher endete wie das erste, denn die nach außen in Erscheinung tretende Herzlichkeit konnte das unausrottbare Mißtrauen auf beiden Seiten nicht verdecken. Wie Friedrich an Prinz Heinrich berichtete, hatten die beiden Treffen von 1769 und 1770 nur den Erfolg gehabt, daß die Animositäten beseitigt wurden.

Wenn Kaunitz und sein Herr gehofft hatten, das Band zwischen Berlin und St. Petersburg zu lockern, so hatten sie sich getäuscht, denn das russische Bündnis war der Eckstein in Friedrichs Politik. Dennoch war Katharina durch das Zusammentreffen der Herrscher von Preußen und Österreich beunruhigt, und als sie hörte, daß Prinz Heinrich seine Schwester, die Königin von Schweden, besuchen wollte, drang sie mit einem Brief vom 30. Juli 1770 in Friedrich, ihn seine Reise nach Rußland ausdehnen zu lassen. Die Einladung war so dringend, erklärte der König seinem Bruder, daß man sie kaum ablehnen könne, und fügte hinzu: »Diese Frau muß man geschickt behandeln.« Heinrich, der instruiert wurde, mit Schmeicheleien nicht zurückhaltend zu sein, erreichte St. Petersburg am 12. Oktober 1770. Der Hauptzweck der Reise, erklärte Friedrich seinem Gesandten in der russischen Hauptstadt, bestehe darin, die Bande zwischen den Höfen so eng zu gestalten, daß sie unauflöslich seien: das sei der einzige Vorteil, den er suche. Graf Solms erfuhr nicht die ganze Wahrheit, denn Heinrich war entschlossen, in Gespräche über die Zukunft Polens einzutreten, wenn sich Gelegenheit ergab.

Kurz vor der Abreise des Prinzen im August 1770 hatte Friedrich einen militärischen Sicherungsgürtel um das polnische Gebiet gelegt unter dem Vorwand, die Rinderpest zu isolieren. Während der ersten zwei Wochen des Aufenthaltes seines Bruders in St. Petersburg drehten sich die Gespräche um zwei brennende Tagesfragen – die Beendigung des russisch-türkischen Krieges, für den Friedrich widerstrebend Subsidien zahlen mußte, und die Befriedung Polens. Aber als am Ende des Jahres Österreich auch den Rest der Grafschaft Zips besetzte und diese Besetzung durch die Erklärung begleitete, daß das Gebiet nunmehr endgültig zum österreichischen Staate gehöre, eröffnete sich die Möglichkeit, eine Angelegenheit von viel größerer Tragweite zu besprechen. Obwohl der Gedanke eines großangelegten Angriffes auf die Unversehrtheit Polens von den habgierigen Herrschern Rußlands und Preußens ausgeheckt wurde, gab Österreich das Signal, sich auf das Opfer zu stürzen; denn, nicht zufrieden mit der Wiedererwerbung verlorenen Eigentums, besetzte es ein Gebiet, das nie zu Ungarn gehört hatte. Als es diesen Schritt ohne vorherige Fühlungnahme mit den beteiligten Mächten tat, dachte es nicht daran, daß die Beraubung eines schutzlosen Landes ein Spiel ist, an dem sich mehr als ein Herrscher beteiligen kann. »Diese Herrschaften geben das Beispiel«, kommentierte Friedrich, »also sind Rußland und ich berechtigt, ganz ebenso zu handeln.«

Am 8. Januar 1771 berichtete Heinrich, daß er die Absicht habe, die russische Hauptstadt am Ende des Monats zu verlassen, aber am selben Abend fügte er einen Nachsatz hinzu. »Nachdem ich diesen Brief geschrieben hatte, besuchte ich die Kaiserin, die im scherzenden Ton sagte, daß die Österreicher zwei Starosteien in Polen besetzt und die kaiserlichen Wappen aufgerichtet hätten: warum sollten diesem Beispiele nicht alle folgen? Ich gab zur Antwort, daß Du zwar einen Sicherungsgürtel um Polen gezogen, aber keine Starosteien besetzt hättest. ›Warum tut er es denn nicht?‹ erwiderte Katharina mit einem Lächeln. In diesem Augenblick kam Graf Tschernitschew hinzu und bemerkte: ›Warum nehmen Sie nicht das Bistum Ermland? Es muß doch jeder etwas kriegen.‹ Obwohl es in scherzendem Tone gesagt wurde, war offensichtlich etwas daran, und ich zweifle nicht, daß Du in der Lage sein wirst, aus der Gelegenheit Nutzen zu ziehen.« Es war ein glücklicher Umstand für Friedrich, daß der Raub der Zips mit dem Besuche seines Bruders zeitlich zusammenfiel, denn Heinrich war *persona gratissima* am russischen Hofe.

Am 11. Januar, also drei Tage später, berichtete Heinrich von einem Gespräch mit Panin, der von dem österreichischen Vorgehen ablehnend sprach und von einer preußischen Besetzung des Bistums Ermland nichts erwähnte. Es gebe zwei Parteien in der Hauptstadt, so erklärte Heinrich, »die Befürworter einer Ausdehnungspolitik wünschen, daß jeder etwas nimmt, damit Rußland gleichzeitig seinen Vorteil wahrnehmen kann, während Graf Panin zur Ruhe und zum Frieden neigt. Ich werde versuchen, in dieser Angelegenheit noch mehr herauszubekommen, und ich habe das Gefühl, daß Du keine Gefahr läufst, wenn Du unter einem beweiskräftigen Vorwand dieses Bistum nimmst, immer unter der Voraussetzung, daß es wahr ist, daß die Österreicher tatsächlich zwei Starosteien besetzt haben, auf welche sie auf Grund von Urkunden in den ungarischen Archiven Anspruch erheben.« Friedrich äußerte sich ohne besondere Begeisterung über die ihm gemeldeten Unterhaltungen. »Ich bin mir darüber klar, mein lieber Bruder, daß im Kabinett in St. Petersburg Meinungsverschiedenheiten bestehen, aber ich kann positiv sagen, daß Graf Panins Gedanken bezüglich Österreichs undurchführbar sind. Der heimliche Haß, den man in Österreich gegen die Russen hegt, ist unvorstellbar groß, und ich darf ruhig sagen, daß ich der einzige Mensch bin, der eine Explosion zu vermeiden sucht. Wenn die Russen ihren Gesandten in Wien anwiesen, den Boden zu sondieren, würden sie sehen, daß ich die Dinge noch sehr vorsichtig beurteilt habe. Für eine Erwerbung des Herzogtums Ermland habe ich mich nicht entschließen können: eine solche Kleinigkeit würde den Entrüstungsschrei nicht lohnen, den sie hervorrufen würde. Polnisch-Preußen dagegen würde die Mühe verlohnen, selbst ohne Danzig, denn dann hätten wir die Weichsel und freie Verbindung mit Ostpreußen. Dafür lohnt es sich, etwas zu bezahlen, selbst eine große Summe. Gierig nach Kleinigkeiten zu greifen, würde den Ruf unersättlicher Habsucht, den ich in Europa schon genieße, noch vergrößern.« Das Spielen mit dem Gedanken einer Teilung konnte Friedrich nicht locken. Wenn etwas geschehen sollte, dann mußte es in großem Stil geschehen und dabei das Gleichgewicht der Mächte bewahrt werden, aber im Augenblick hatte er nicht die Neigung, sich auf ein Risiko einzulassen.

Nach seiner Rückkehr im Februar verbrachte Heinrich eine Woche in Potsdam in eifrigen Gesprächen über seine ereignisreiche Mission.

Er überbrachte einen Brief von der Zarin, in welchem diese dem König dafür dankte, daß er den Besuch gestattet hatte, und Friedrich antwortete in dem schwungvollen Stil, den er nur ihr gegenüber anwandte. »Er ist zurückgekehrt, Madame, überwältigt von Ihrer Freundlichkeit, mehr entzückt von dem Glück, mit Ihnen zusammengetroffen zu sein, als von all den erstaunlichen Dingen, die er gesehen hat. Seine Berichte versetzen mich im Geiste nach Rußland. Er erzählt von den großen Dingen, die Ew. Kaiserliche Majestät in diesem gewaltigen Reich vollbracht haben, von Ihrer mütterlichen Sorge für Ihr Volk, von Ihren gewaltigen Bauten, von Ihrer unendlichen Sorge um die Sitten und die Zivilisation eines jungen Volkes, von Ihrer Gesetzgebung. Dann verbreitet er sich über die Einzelheiten Ihres Privatlebens und erzählt mir, daß kein gewöhnlicher Sterblicher, sei er noch so gesellig, größere Freiheit und Offenheit im Verkehr zuläßt als eine große Kaiserin, wenn sie sich herabläßt, ihren Thron für einige Minuten zu verlassen, um unter ihren Untertanen Ablenkung von den Lasten der Regierung zu suchen.«

Nachdem er den mündlichen Bericht seines Bruders verarbeitet hatte, schloß sich Friedrich der Meinung Heinrichs an, daß die Zeit zum Handeln gekommen und keine ernstliche Gefahr vorhanden sei. Die österreichische Besetzung polnischen Gebiets, schrieb er an Solms, sei als eine endgültige beabsichtigt. »Es ist also nicht mehr länger die Frage, ob Polen unversehrt bleiben soll; es bleibt aber die Frage bestehen, wie man verhindern kann, daß diese Abtrennung das Gleichgewicht der Kräfte zwischen dem Haus Österreich und meiner Dynastie beeinflußt, welches für mich von so großer Wichtigkeit ist und den russischen Hof so nahe angeht. Ich sehe keine andere Möglichkeit, das Gleichgewicht zu erhalten, als dadurch, daß wir dem vom Wiener Hof gegebenen Beispiel folgen, daß wir also alte, auf meinen Archiven beruhende Rechte genau wie Österreich für uns in Anspruch nehmen, und daß wir irgendeine kleine Provinz Polens besetzen mit der Absicht, sie zurückzugeben, wenn die Österreicher sich zurückziehen, oder sie zu behalten, wenn sie das nicht tun.« Das war der Anfang formeller Unterhandlungen, die natürlich nur ein Ziel haben konnten, da Katharina für eine Teilung war und Panin seinen Widerstand aufgab. »Ich hoffe, daß sich unsere gegenseitigen Interessen vereinigen lassen und durch einen Vertrag gesichert werden können«, schrieb er an Heinrich. »Wenn das eintritt, kann ich die Österreicher verlachen, die, weil sie von ihren Alliierten (den Franzosen) keine Unterstützung bekommen können, unsere Wünsche annehmen müssen. Außerdem sind Friedensfühler ausgestreckt worden, und die russischen Bedingungen (an die Türkei) sind so maßvoll, daß die Österreicher keinen Einspruch erheben können. Wenn auch noch viel Tinte fließen wird, so sehe ich es doch langsam tagen.« Vierzehn Tage später trafen eingehende Vorschläge von Rußland ein. »Mein Anteil wird in Pomerellen bis zur Netze, bis Kulm, Marienburg und Elbing gehen. Das ist recht anständig und verlohnt die Subsidien und anderen Ausgaben, die mir dieser Krieg gegen die Türken verursacht hat.« Kaunitz, fügte er hinzu, sei schlechter Laune, und seine Antwort an Rußland bezüglich der Regelung mit der Türkei werde zweifellos die beiden Höfe noch mehr voneinander entfremden.

Es war leichter, über den Grundsatz als über die Einzelheiten der Teilung zu einem Abkommen zu gelangen, und die Verhandlungen zwischen Berlin und St. Petersburg zogen sich monatelang hin. Österreich war zu mächtig und zu sehr beteiligt, um übergangen zu werden, aber seine Haltung war nicht vorauszusehen, denn Wien und St. Petersburg, die erst vor kurzem noch Verbündete gewesen waren, traten jetzt als Wettbewerber auf. Vom Gesichtspunkt Berlins aus hatte dieser neue Gegensatz sowohl Vorteile wie auch Nachteile. Je größer die österreichische Drohung für Rußland war, desto wertvoller war das russische Bündnis, da Österreich, die Türkei und die polnischen Mißvergnügten eine höchst gefährliche Möglichkeit der Kombination darstellten; aber je schärfer der österreichisch-russische Wettbewerb war, desto größer war auch die Gefahr eines Krieges, in welchen Preußen unvermeidbar verwickelt würde. Friedrich konnte nicht viel mehr tun als sein Pulver trocken halten. Mit dem Spätsommer 1771 war er zu einer pessimistischen Ansicht über die Aussichten auf Frieden gelangt. »Ich fürchte sehr, daß Du und ich im nächsten Jahr keine süße Ruhe in unserer Einsamkeit genießen werden«, schrieb der Eremit von Potsdam an den Eremiten von Rheinsberg. »Die Russen wollen alles für sich, die Österreicher verweigern alle Zugeständnisse. Da ich langsam glaube, daß der Krieg unvermeidlich ist, treffe ich meine Vorkehrungen, daß nichts fehlt, um allen möglichen Feinden gegenübertreten zu können. Im Dezember oder spätestens im Januar müßten wir in der Lage sein, die Pläne der Österreicher zu erkennen, und dann müssen wir unsere Vorbereitungen treffen, um gegen Ende August nächsten Jahres mit dem Feldzug zu beginnen. Sei nicht überrascht, wenn ich fortfahre, Dich mit meiner Politik und allen meinen Sorgen zu belästigen. Meine gegenwärtige Lage ist kritisch und besorgniserregend, bis die Stunde der Entscheidung kommt. Je mehr ich erfahre und je mehr ich über die Absichten der Großen Mächte nachdenke, desto mehr wächst meine Überzeugung, daß der Krieg unvermeidlich ist; und Du wirst sehen, mein lieber Bruder, daß die verwünschte Walachei und Moldau (diese forderten die Russen von den Türken) die Ursache sind. Ich appelliere vergeblich an die Russen, nicht auf ihrem Anspruch zu bestehen, obwohl ich andererseits nicht dafür einstehen kann, daß die Österreicher durch eine solche Bescheidung nicht ermutigt werden, mehr zu fordern. Es ist also sicher, daß ich am Kriege teilnehmen muß, wenn sie das Schwert ziehen. Angenommen, die Russen werden geschlagen, dann verliere ich einen Bundesgenossen und bin dem Gutdünken von ausgesöhnten Feinden ausgeliefert, in die ich nie Vertrauen setzen kann. Angenommen, die Österreicher werden besiegt, dann werden die Russen, stolzer und anspruchsvoller als je, meine friedliche Haltung übelnehmen, und es kann sogar geschehen, daß ich einer Annäherung zwischen diesen beiden Mächten nach Beendigung ihres Kampfes geopfert werde.«

Ende September 1771 schrieb der König in besserer Stimmung. »Ich bemerke, mein lieber Bruder, daß Du über die merkwürdige Lage in Europa erstaunt bist, die, soweit ich mich erinnern kann, keine Parallele hat. Seit meinem letzten Brief ist die Gesamtlage viel günstiger für unsere Interessen geworden. Die Russen sind unzufrieden mit der steifen und hochtrabenden Antwort der Österreicher und haben sich entschlossen, im Januar 50000 Mann nach Polen zu schicken. Ihre ganze Feindseligkeit richtet sich gegen die Österreicher. Sie wollen Moldau und Walachei den Türken überlassen und diese sogar überreden, an Österreich den Krieg zu erklären. Jetzt ist der richtige Augenblick zur Unterzeichnung unserer Konvention mit ihnen. Wir werden bessere Bedingungen bekommen, und die Aufstellung dieser neuen Armee zwischen Sandomir und Krakau wird die Österreicher davon abhalten, die Waffen sprechen zu lassen; so werden wir unsere Erwerbungen machen, ohne das Schwert zu ziehen. Du fragst mich wegen der Beziehungen Sachsens zu Österreich. Meine Antwort ist: sie sind weder gut noch schlecht. Der Kurfürst hat seine Armee verkleinert und wird sie noch weiter verkleinern auf höchstens 12000 Mann, was für die Österreicher keine große Hilfe bedeuten würde. Der Kurfürst mag tun was er will; wenn der Brand ausbricht, wird er hineingezogen. Die Österreicher werden tausend Schwierigkeiten mit den Franzosen erleben: inwieweit sie im Reich mit Erfolg rechnen können, werden die nächsten Monate zeigen. Ich stimme mit Dir, mein lieber Bruder, vollkommen darin überein, daß, wenn der Krieg wirklich ausbricht, wir keine Opfer scheuen dürfen, um zu gewinnen. Ich widme dieser Frage meine Aufmerksamkeit, aber da wir kein Geld umsonst ausgeben dürfen, warte ich erst die Entscheidung der Krise ab, ehe ich eingreife und Verhandlungen beginne in allen jenen Richtungen, die Du so klug anzeigst.«

Wenige Tage später berichtete Friedrich, daß er sich um den Einschluß Danzigs in den preußischen Anteil bemühe. »Wenn nicht jetzt, werden wir es nie bekommen. Jetzt ist der Augenblick, in dem wir unsere Verträge mit den Russen abschließen müssen, da die österreichischen Rüstungen Eindruck auf sie machen. Der Aufmarsch von 50000 Russen in Polen wird die Österreicher wahrscheinlich etwas vorsichtiger machen und daher die russischen Befürchtungen vermindern. Ich habe in dem Vertragsentwurf einen Satz eingefügt, nach welchem jeder Vertragspartner unmittelbar nach Unterzeichnung des Vertrages seine Interessensphäre besetzen soll, damit wir, indem wir unseren Spatzen in der Hand haben, keine Gefahren laufen; der Besitz ist ja gewöhnlich der entscheidende Faktor bei solchen Erwerbungen. Tschernitschew mag herkommen, um einen Feldzugsplan zu entwerfen für den Fall, daß die Österreicher sich rühren, obwohl ich mir nicht vorstellen kann, daß sie einen Bruch mit Rußland wagen werden. Der Ruhm der kommenden Ereignisse wird in gleichem Maße Dir zuzuschreiben sein, mein lieber Bruder. Du warst es, der den Grundstein dieses Gebäudes legte, und ohne Dich würde ich solche Pläne nicht entworfen haben, denn vor Deiner Reise nach St. Petersburg war mir die Haltung dieses Hofes mir gegenüber nicht bekannt. Bis jetzt haben sich die Dinge günstig entwickelt, und wenn bis zum Friedensschluß diese günstige Entwicklung anhält, dann werden alle unsere Wünsche erfüllt werden.«

Da Friedrich mehr von Katharina abhängig war als diese von ihm, mußte er sich ihrem langsamen Tempo anbequemen; sie wollte endgültige Entscheidungen über die Einzelheiten der Teilung und das Datum der Besetzung selbst aufschieben, bis sie wußte, was von Österreich zu erwarten war, und das war ein Rätsel, das zu lösen durch die Schweigsamkeit der Hofburg erschwert wurde. »Ich ersehe aus Ihrem Bericht«, schrieb er in höchster Ungehaltenheit an Solms am 13. November, »daß in St. Petersburg noch nichts entschieden worden ist. Die Russen wollen Erwerbungen machen, aber sie haben nicht den Mut zur Besetzung; sie wünschen meine Hilfe, aber verweigern meine Forderungen. Diese Unentschlossenheit wird Rußlands Absichten und alle unsere Pläne ruinieren. Die Österreicher haben mit viel größerer Entschlossenheit gehandelt, indem sie das, was sie haben wollten, an sich brachten, ohne irgend jemandem ein Wort zu sagen. Ihr russischen Herren wollt, daß ich an Euren Streitigkeiten teilnehme, Ihr möchtet meine Truppen haben, und so riskiere ich, in einen allgemeinen Krieg verwickelt zu werden. Sehr schön, aber meine Forderung sind Preußen und Danzig. Also habt die Güte, meine lieben Russen, Euch darüber schlüssig zu werden, ob Ihr mich braucht oder nicht. Genau wie nach einer schlechten Ernte das Getreide teurer ist, so müßt Ihr, wenn Euch keine anderen Verbündeten zur Verfügung stehen, meinen Preis für die Waren bezahlen, die Ihr braucht.«

Zwei Tage später entwarf der König eine Denkschrift für seinen Gesandten, die sich mit dem günstigsten Augenblick für die Besitznahme beschäftigte. »Angenommen, daß Rußland entschlossen ist, sich für seine ungeheuren Anstrengungen im türkischen Kriege in Polen zu entschädigen, besteht die Notwendigkeit, den günstigsten Augenblick für die Anwendung des Plans zu prüfen. Ich glaube, wir müssen jeden Gedanken an eine Abmachung mit dem Wiener Hofe fallen lassen. Warum? Weil der Wiener Hof gegen den russischen Hof eingenommen ist, und weil Fürst Kaunitz, der stolzeste aller Menschen, sich mit einiger Berechtigung für den Schiedsrichter des Nordens und des Ostens hält und diejenigen, welche solche Vorschläge machen, demütigen und über ihr Schicksal entscheiden möchte. Ich habe zuviel Stolz, um mich seinem Urteil zu unterwerfen, und ich nehme nicht an, daß irgend jemand in Rußland der Kaiserin raten wird, ihre Handlungen seinen Launen zu unterstellen, als ob wir die von uns benötigten Landesteile nicht ohne seine Billigung und Investitur besetzen könnten. Ich glaube im Gegenteil, daß wir die Handlungsweise des Wiener Hofes nachahmen sollten, der, ohne vorhergehende Beratung mit anderen Mächten oder ihre Zustimmung, gewisse Starosteien einfach besetzte.« Es bestehe keine Notwendigkeit, den Abschluß des türkischen Krieges abzuwarten; Österreich werde gezwungen werden, seine Zustimmung zu geben, und wenn es mit seinem Anteil nicht zufrieden sei, könne es sich mit Belgrad oder einem anderen Besitz entschädigen. »Was die Polen angeht, so werden sie, wenn wir unsere Anteile besetzen, zweifellos laute Rufe der Entrüstung ausstoßen, wie es dieses eitle und unverschämte Volk immer tut; aber diese (russische) Armee an der Weichsel wird sie bald zum Schweigen bringen und nach Abschluß des Friedens mit der Türkei daran gehen, Polen zu befrieden.«

Obwohl Friedrich den Anspruch von Kaunitz auf den Dirigentenposten im Orchester mit entschiedener Abneigung betrachtete, war dessen Anmaßung den preußischen Interessen nützlich. »Das Verhalten der Österreicher«, schrieb er an Heinrich, »ist mir in St. Petersburg von größerem Nutzen als alle meine Verhandlungen. Kaunitz' befehlender Ton beleidigt die Russen, und die österreichischen Rüstungen machen sie ängstlich. Außerdem lehnen die Türken die Friedensvorschläge der Kaiserin ab. Daher benötigt Rußland in diesem Augenblick Hilfe, und ohne meinen Beistand kann es seinen Karren nicht aus dem Dreck ziehen.« Er glaubte zu wissen, daß das russische Heer und die russische Flotte nicht auf den Krieg gerüstet seien, und so war er der Meinung, daß sich alles zu seiner Zufriedenheit regeln lasse. Zu Anfang des Jahres 1772 begannen die müden Räder der Diplomatie sich schneller zu drehen. Angesichts des unbeugsamen Widerstandes Katharinas stellte Friedrich sein Drängen auf Danzig ein. So wichtige Unterhandlungen, erklärte er, dürften wegen eines Vorteils, dessen Gewinn nur aufgeschoben werde, nicht zum Scheitern kommen, und Danzig fiel Preußen in der zweiten polnischen Teilung schon sechs Jahre nach Friedrichs Tode zu. Am 15. Januar kamen er und Katharina über eine Teilung Polens überein; es blieb nun nur noch nötig, Österreich an dem Teilungsplan zu beteiligen, weil sonst, wie er zeigte, die Polen Österreich als ihren Verteidiger ansehen würden, was zu Schwierigkeiten führen müsse. Nach einem vergeblichen Versuch, Schlesien im Austausch gegen seinen in Aussicht genommenen Anteil an der Beute zu erwerben, unterlag Österreich der Versuchung und nahm den Grundsatz einer Teilung an. »Sie weint, aber sie nimmt«, spottete Friedrich, als er das Nachgeben Maria Theresias sah. »Die Kaiserin Katharina und ich«, bemerkte er, »wir sind zwei Seeräuber; aber jene fromme Königin und Kaiserin, wie hat sie es mit ihrem Gewissen vereinbart?« Friedrich erinnerte seinen Verbündeten an die Notwendigkeit, die Anteile der drei Teilungspartner gleich groß zu gestalten. Jetzt, wo die Beute endlich in Sicht war, sprach man in St. Petersburg und Berlin davon, daß das polnische Abkommen zu einer Tripelallianz führen könne. Friedrich schrieb: »Gegen engere Beziehungen mit dem Wiener Hofe werde ich nie Einwand erheben; ich würde sie sogar begrüßen, wenn Rußland dieselben Schritte in dieser Richtung unternehmen würde. Einigkeit zwischen unseren drei Höfen wird für die Ruhe Preußens eine glückliche Epoche schaffen.« Hier war allerdings der Wunsch der Vater des Gedankens, denn es fehlte an dem nötigen Vertrauen.

Die wenig schmeichelhafte Meinung des Königs über sein zukünftiges Opfer ist in einem Brief an d'Alembert vom Januar 1772 enthalten. »Wir, die wir die Nachbarn dieses Volkes von Bauern sind, die wir die Persönlichkeiten und die Führer der Parteiungen kennen, glauben, daß sie nur Verachtung verdienen. Diese Konföderation (von Bar) war ein Kind des Fanatismus; alle ihre Führer waren uneinig; sie handeln unklug, kämpfen feige, und sind nur solcher Verbrechen fähig, wie sie die Feigheit begeht. An dem Anschlag gegen ihren eigenen König haben Sie sehen können, wes Geistes Kind sie sind. Der Grund ihres Hasses gegen diesen Fürsten besteht darin, daß er nicht reich genug ist, um ihnen die Jahrgelder zu geben, nach denen sie gieren; wie würden einen Ausländer vorziehen, der ihrer Verschwendungssucht aus seiner eigenen Tasche aufhelfen könnte. Ich bemitleide die Weltweisen, die sich für dieses Volk verwenden, das in jeder Beziehung so verächtlich ist. Ihre einzige Entschuldigung ist ihre Unwissenheit. Polen kennt weder Gesetz noch Freiheit; die Regierung ist zur Willkür und Anarchie entartet; der Adel übt die grausamste Tyrannei über seine Leibeigenen aus. Mit einem Worte, Polen hat die schlechteste Regierung in Europa mit Ausnahme der Türkei.«

Am 17. Februar 1772 wurde in St. Petersburg ein Vertrag zwischen Rußland und Preußen unterzeichnet, und zwei Tage später unterzeichneten Maria Theresia und Joseph ein vorläufiges Dokument in Wien, in welchem sie den Teilungsplan annahmen unter der Bedingung gleicher Behandlung aller drei Mächte. »Wir haben den größeren Teil unserer Arbeit hinter uns«, schrieb Friedrich am 9. April 1772 an Heinrich. »Wir erwarten nur noch die österreichischen Vorschläge, denn die Österreicher haben so oft ihre Stellung gewechselt, daß man unmöglich erraten kann, wo sie ihren endgültigen Standpunkt einnehmen werden. Ich glaube indessen, daß sie, um sich ihre Verbündeten nicht zu entfremden, mit ihrem Anteil an Polen zufrieden sein werden. Das, mein lieber Bruder, wird die drei Religionen wiedervereinen – die griechische, die katholische und die kalvinistische. Car nous communierons du même corps eucharistique qui est la Pologne, et si ce n'est pas pour le bien de nos âmes, cela sera sûrement un grand objet pour le bien de nos États.« Diese berühmte Blasphemie ist zu charakteristisch für den Schreiber, als daß sie durch eine Übersetzung verwässert werden dürfte.

Während die abschließenden Verhandlungen über den Beitritt Österreichs noch in St. Petersburg im Gange waren, machte Friedrich seinen zukünftigen Besitzungen im Juni 1772 einen Besuch. »Ich habe mir dieses Preußen (Westpreußen) angesehen, das ich gewissermaßen aus Deiner Hand entgegennehme«, schrieb er an Heinrich. »Es ist eine ausgezeichnete und sehr vorteilhafte Erwerbung in politischer wie in finanzieller Hinsicht, aber damit ich keinen Neid erwecke, erzähle ich den Leuten, daß ich nur Sand, Tannen, Heide und Juden gesehen habe. Sicher, es bedeutet für uns eine Menge Arbeit, denn ich glaube, daß Kanada ebenso gut verwaltet ist wie Pommerellen. Keine Ordnung, kein System, die Städte sind in einer kläglichen Verfassung. Kulm zum Beispiel sollte 800 Häuser haben; aber nur 100 stehen, und ihre Einwohner sind Juden oder Mönche. Vom handelspolitischen Standpunkt aus stehen wir uns am besten. Wir werden Herren der gesamten polnischen Erzeugnisse und Einfuhren, die beträchtlich sind. Der größte Vorteil ist der, daß unsere Kontrolle des Weizenhandels uns immer vor einer Hungersnot bewahren wird. Die Bevölkerung erreicht eine Zahl von 620 000 – bald werden es 700 000 sein –, und alle Nichtkatholiken aus Polen werden hier eine Zuflucht finden.« Der dreiseitige Teilungsvertrag wurde am 5. August 1772 unterzeichnet, und der König nahm seine neue Provinz nun auch der Form nach in seinen Besitz. Unter den Glückwunschbriefen war auch einer vom dem Kronerben, der jetzt im dreißigsten Lebensjahre stand, und der König nahm die Gelegenheit wahr, um ihm eine Lektion zu erteilen. »Ich arbeite für Dich, aber Du mußt Dich bemühen, das, was ich schaffe, auch zu erhalten, und wenn Du müßig und faul bist, wird, was ich mit so viel Mühe angesammelt habe, Dir in Deinen Händen zerrinnen.« Dieser kurze eigenhändige Zusatz zu einem diktierten Dankbrief verrät uns, was in seinem sechzigsten Lebensjahr seine größte Sorge ist.

Durch die erste Teilung verlor Polen ein Viertel seines Besitzstandes und damit vier Millionen Untertanen, ein Fünftel seiner Gesamtbevölkerung. Preußen sicherte sich Westpreußen, die Landbrücke zwischen Pommern und Ostpreußen, mit einer Bodenfläche von 660 Quadratmeilen und 600 000 Einwohnern. Vierzig Jahre lang hatte ihn diese Erwerbung gelockt. Österreichs Anteil war Galizien ohne Krakau, während die Zarin Weißrußland, den Löwenanteil der Beute, an sich riß. »Der unverschämteste Verein von Räubern, den es je gegeben hat!«, rief Horace Walpole aus, aber außerhalb Polens gab es niemanden, der wirklich Anteil nahm. Die Amputation wurde ohne jeden Zwischenfall durchgeführt, und vier Jahre später garantierten sich die drei Mächte gegenseitig ihre neuen polnischen Grenzen; dennoch war keine von ihnen völlig zufriedengestellt. Katharina hätte lieber das ganze Land verschlungen; Friedrich bedauerte, daß sein Anteil nicht den regen Hafen Danzig und die Festung Thorn einschloß; Kaunitz hatte vergeblich die Rückkehr Schlesiens an Österreich angeregt und war dafür eingetreten, daß der Angreifer von 1740 sich auf Kosten eines anderen Nachbarn entschädigen sollte. Dennoch konnte man allerseits dankbar sein. Alle drei hatten ihren Staat ohne einen Schwertstreich vergrößert und verstärkt und dabei entdeckt, daß sie, wenn sie einig waren, in Polen tun konnten, was sie wollten.

Die Besetzung Westpreußens durch die Truppen und Beamten Friedrichs traf auf keinen Widerstand. Er verglich die vernachlässigten und völlig ungebildeten Einwohner seiner neuen Provinz mit Eingeborenen. »Da hat man mir ein Stückchen Anarchie zum Reformieren gegeben«, bemerkte er und ging mit seiner üblichen Energie an die Arbeit. Nur mit der Zeit und mit dem Schulwesen, erklärte er, könne er diese Irokesen zivilisieren. Ein nationales Bewußtsein, das hätte beseitigt werden müssen, war nur gering ausgebildet. Der Adel war feindlich gesinnt, denn seine Zeit war vorüber; die bäuerliche Bevölkerung war apathisch, und die katholische Opposition wurde wie in Schlesien weitgehend durch rücksichtsvolle Behandlung entwaffnet. Da es nur wenige Städte und kaum ein Bürgertum gab, mußte von den Grundlagen aus aufgebaut werden. Schulen wurden eingerichtet, Straßen gebaut, die Viehzucht verbessert, ein Kanal von der Weichsel zur Oder gezogen. Was den materiellen Wohlstand anging, so war der Unterschied zwischen dem polnischen und dem preußischen Regime heilsam und tiefgehend.

Nachdem er Schlesien, Ostfriesland und Westpreußen seinen Besitzungen einverleibt hatte, hegte Friedrich nicht den Wunsch, für weiteren Landbesitz zu kämpfen. Obwohl er hoffte, daß eines Tages auch das ganze Sachsen oder ein Teil davon an Preußen fallen würde, erwartete er dies nicht innerhalb seiner Lebenszeit. Er hatte an Abenteuern genug und war dem Rachen des Todes nur um ein Haar entkommen. Deshalb spielte er, wie Bismarck nach 1871, die Rolle des artigen Jungen als ein entschiedener Vorkämpfer des status quo; jetzt war der eigensinnige Joseph II. der Hitzkopf. Obwohl dieser keine militärische Begabung hatte und sich nicht nach militärischem Ruhme sehnte, betrachtete er den Krieg als ein Mittel der nationalen Politik und scheute sich vor seinen Risiken genau so wenig wie seine Zeitgenossen. Vergennes, der französische Außenminister, traf ihn während seines Besuches in Frankreich im Jahre 1777 und nannte ihn ehrgeizig und despotisch.

Obwohl Friedrich glaubte, daß erst sein Nachfolger nach dem Tode des kinderlosen Kurfürsten sich mit der bayerischen Frage auseinandersetzen müsse, lag ihm diese, wie auch anderen Herrschern und Staatsmännern, unaufhörlich im Sinn*. »Du sagst, mein lieber Bruder, daß die Österreicher Bayern an sich reißen werden. Ich gebe zu, daß niemand sie aufhalten kann, denn sie sind Nachbarn und können

---

* Der Bayrische Erbfolgekrieg ist in der *Politischen Correspondenz* zu verfolgen, Bd. 39–42. Temperley, *Frederick the Great and Kaiser Joseph* beruht auf britischen Gesandtschaftsberichten.

Bayern in weniger als zwei Wochen unterwerfen. Außerdem machst Du Dir klar, daß, wenn wir, die Russen und die Engländer Österreich angreifen wollen, wir es an anderer Stelle als in Bayern angreifen müssen, wo allein Frankreich erfolgreich operieren kann. Um einen Bund gegen den Kaiser zu begründen, müßte Rußland gegen Österreich verärgert sein, müßten die deutschen Fürsten Österreichs Despotismus fürchten, Frankreich oder England den Zwang spüren, sich dem unerträglichen Ehrgeiz eines jungen Monarchen entgegenzustellen, der bereit ist, alles überzuschlucken. Diese Mächte könnten vielleicht für einen Augenblick geeinigt werden, aber sie würden bald abkühlen und wieder auseinanderfallen, und der Wiener Hof könnte sogar einige von ihnen dazu bringen, sich mit ihm zu verbünden. Dies ist mein Plan. Der Kurfürst von der Pfalz (der kinderlose Erbe) und das Haus Zweibrücken (dessen Erben) müßten sich über die gefährlichen Anschläge des Wiener Hofes beklagen und alle Mächte überreden, sich zu ihrer gerechten Verteidigung zusammenzutun. Dann könnten wir, danach einige andere zur Unterstützung hinzukommen, und ein solcher Bund würde den Wiener Hof dazu bringen, seine Pläne fallen zu lassen.« Seine Politik, fügte er hinzu, habe die Absicht, eng mit Rußland zusammenzugehen, jede Bewegung Wiens zu beobachten und mit allen anderen Mächten im besten Einverständnis zu leben, damit Preußen, wenn es Verbündete brauche, sofort in Verhandlungen mit ihnen eintreten könne.

Friedrich hatte Österreich ermutigt, Galizien von Polen zu nehmen, weil er dies als die beste Lösung zur Vermeidung eines österreichisch-russischen Konfliktes ansah, in den er verwickelt werden konnte, aber der Ehrgeiz Josephs erfüllte ihn mit Besorgnis. Mit einem Blick auf seine Büste bemerkte er: »Ich lasse meine Augen nicht von ihm; er ist ein Jüngling, den ich nicht vergessen darf. Er hat Kopf und kann es zu etwas bringen. Nur schade, daß er immer den zweiten Schritt vor dem ersten tut.« 1777 wurde die Bukowina der Türkei abgepreßt, obwohl Österreich am russisch-türkischen Krieg nicht teilgenommen hatte. In Berlin war ein Gerücht angelangt, daß Wien sich mit dem Gedanken eines Eintausches von Württemberg gegen Toskana trage und fertige Pläne für Bayern habe, sobald der Kurfürst sterbe. Friedrich glaubte sogar, daß österreichische Truppen in Marsch gesetzt wurden, als die Hofburg von einer gefährlichen Erkrankung des Kurfürsten erfuhr. »Ich habe die zuverlässige Nachricht«, schrieb er an Heinrich im April 1777, »daß Fürst Kaunitz gesagt hat: Der kaiserliche Hof wird sich niemals mit der preußischen Machtstellung abfinden; wenn wir herrschen wollen, muß Preußen vernichtet werden.« Dieser ominöse Satz, erklärte er, müsse in jedes preußische Herz eingegraben werden. Unter diesen Umständen fand ihn die Nachricht vom Tode des Kurfürsten von Bayern am 30. Dezember 1777 zu allem gerüstet.

Die bayerische Linie der Wittelsbacher war ausgestorben, und der Erbe, der Kurfürst Karl Theodor von der Pfalz, war ein müder

Schwächling. Joseph fürchtete den zu erwartenden Machtzuwachs Bayerns durch dessen Verbindung mit der Pfalz nach Jahrhunderten der Trennung, und da ihn territoriale Vergrößerung lockte, beschloß er, langüberlegte Pläne auszuführen und eine Gelegenheit wahrzunehmen, »wie sie nur einmal in Jahrhunderten sich bietet. Die europäischen Umstände erscheinen günstig. Die Aufmerksamkeit der Welt richtet sich auf andere Punkte, und ich schmeichle mir, daß dieser Schlag ohne Krieg erfolgreich sein wird.« Die Gelegenheit, der Vorwand und das durch den Wunsch bestimmte Denken erinnern merkwürdig genau an das Jahr 1740, denn in beiden Fällen waren die feudalrechtlichen Argumente nur eine Tarnung des Angriffs. Sein Ehrgeiz war ermutigt durch die Tatsache, daß der neue Kurfürst keine legitimen Kinder hatte und ihm an seinem Neffen und Erben Karl von Zweibrücken nichts lag. Er gab zaghaft seine Zustimmung zu einem am 3. Januar 1778 unterzeichneten Vertrag, der den Anspruch Österreichs auf Niederbayern, den an Österreich grenzenden und ein Drittel des ganzen Kurfürstentums ausmachenden Teil seiner Besitzungen, als Gegenleistung für Geldzahlungen und Adelsprädikate für seine illegitimen Abkömmlinge anerkannte. Bis zu diesem Punkt verlief alles ohne Zwischenfall, aber Joseph hatte nicht mit dem König von Preußen gerechnet, für den das Gleichgewicht der Kräfte in Mitteleuropa eine Lebensfrage war. »Heute morgen«, schrieb Friedrich am 4. Januar seinem Gesandten in St. Petersburg, »erhielt ich die Nachricht, daß der Kurfürst von Bayern an den Blattern gestorben ist. Sein Tod wird den Wiener Hof in Bewegung bringen und vielleicht seine Angriffsabsichten von der ungarischen Basis ablenken. Sie wissen, wie sehr die bayrische Erbfolge den österreichischen Appetit gereizt und welche Annektionspläne Österreich gefaßt hat. Es wird zunächst schwer sein, sich darüber klar zu werden, welcher dieser beiden Eroberungspläne bei den Österreichern Vorrang genießt. Das alles erfüllt mich mit Sorgen, und Wien wird ganz gewiß seine Eroberungen zu weit vorantreiben, wenn es auf seinem Wege kein Hindernis findet. Frankreich wird, wenn es auch Österreichs Verbündeter ist, unschlüssig sein, und ich weiß, daß es nicht einverstanden sein kann, wenn sich Österreich einen großen Teil Bayerns aneignet. Außerdem steht Frankreich wieder am Vorabend von Feindseligkeiten mit England. Die europäische Lage kann also dieses Jahr sehr stürmisch werden. In einigen Wochen werden wir klarer sehen.«

Als österreichische Truppen die bayrische Grenze überschritten, sah sich der König nach Verbündeten um. Die Aussichten waren, wie er an Heinrich schrieb, vielversprechend. Frankreich werde nichts für seinen Verbündeten tun, Rußland biete Preußen Hilfe an, der König von Sardinien sei bereit, in Italien gegen Österreich vorzugehen. »So dürfte der Wiener Hof, mein lieber Bruder, wohl seine ungerechte, tyrannische und überstürzte Handlungsweise bereuen. Das ganze Reich schreit laut auf gegen ihn. Alles deutet darauf hin, daß der Kurfürst von der Pfalz Buße tun und zu uns zurückkehren wird. Sachsen begibt sich in unseren Schutz, und ich habe den Kurfürsten aufgefordert, auch um russischen Schutz nachzusuchen. Ich werde der Zarin schreiben und mich über die Reichweite ihres Einflusses verbreiten, ihre Macht und ihren Ruhm. So viel Tinte ist noch nie bei uns geflossen: die Kuriere strömen aus allen Richtungen herbei, und überall werden Vorbereitungen getroffen. Es besteht gute Aussicht darauf, daß wir den Kurfürsten von der Pfalz auf unsere Seite bekommen oder auf jeden Fall den Fürsten von Zweibrücken in Bewegung setzen. Noch nie sind mir so viele Testamente, Konventionen, Verträge, kaiserliche Konstitutionen durch die Hände gegangen. Ich bin in größter Ruhe wegen der Zukunft und entschlossen, meine Pflicht zu tun, sei es nun als Briefschreiber oder als Soldat. Diesmal handelt es sich nicht um Vergrößerung, sondern darum, Österreichs Ehrgeiz zunichte zu machen und zu verhindern, daß er das Reich kommandiert, was für uns sehr schlimm sein könnte. Ich werde also, welche Erwerbungen sie mir auch immer in Aussicht stellen, alles ablehnen und bin entschlossen, nur dann das Schwert in die Scheide zu stecken, wenn sie ihr ganzes unrechtes Gut herausgegeben haben.« Die Rechtslage gegen Österreich wurde von Hertzberg in einer vielgelesenen Druckschrift ausführlich und energisch dargestellt.

Preußen wurde nicht als einziger Staat durch die Pläne Josephs bedroht, aber allein Friedrich besaß die Energie und die Hilfsmittel, ihnen entgegenzutreten. »Ich teile völlig Deine Meinung über das Verhalten des Wiener Hofes«, schrieb er am 3. März an Heinrich; »ich sehe in ihm nur Übermut, Anmaßung und Gewalttätigkeit. Die Herren in Sachsen bereiten mir Arbeit. Diese Reichsfürsten sind alle schwankende Rohrhalme, ohne Energie und Ehrgefühl. Den Fürsten von Zweibrücken habe ich voranstoßen müssen; sich selbst überlassen, würde er sich die Schande haben gefallen lassen wie sein Onkel, der Kurfürst von der Pfalz. Es ist eine Schmach für unser Jahrhundert, und ich schäme mich für Deutschland. Die drohenden Schwierigkeiten sind mir nur zu gut bekannt. Deshalb muß ich langsam vorgehen und keinen Schritt tun, ehe ich durch Sondieren festgestellt habe, ob der Boden fest ist. Ich weiß, was für ein jämmerlicher Haufen diese Reichsfürsten sind, und ich habe nicht die Absicht, ihr Don Quixote zu werden. Aber wenn man zuläßt, daß Österreich sich widerrechtlich despotische Macht in Deutschland aneignet, gibt man ihm Waffen gegen uns selbst in die Hand und macht es viel gefährlicher, als es heute schon ist, was niemand in meiner Lage sich gefallen lassen kann. Das Gleichgewicht der in Frage kommenden Kräfte ist der zweite Grund, der mich zum Intervenieren zwingt, weil ich mich nicht damit abfinden kann, daß Österreich uns so überlegen wird, daß wir ihm eines Tages keinen Widerstand mehr leisten können. Ich betrachte den Krieg als unausweichlich; der Kaiser will ihn, und die Armeen versammeln sich schon.«

Heinrich antwortete in der ihm eigenen vorsichtigen Art. Er hatte seit der Nachricht vom österreichischen Einmarsch in Bayern damit gerechnet, daß Friedrich kämpfen werde. »Meiner Ansicht nach würde ein mit mehreren Verbündeten unternommener Krieg Österreich zum Verzicht auf Bayern zwingen, während ein Krieg mit gleichen Kräften keinen Erfolg haben würde. Alle meine Hoffnungen richten sich auf Dein glückliches Entkommen aus diesem Labyrinth. Hätte ich keine Hoffnungen auf Frankreich, so würde ich starke Befürchtungen haben, nicht eigentlich wegen eines Unglücks für den Staat, als vielmehr wegen eines höchst unglücklichen Konfliktes, aus welchem Du ohne den geringsten Nutzen hervorgehen würdest und der Österreich im Besitz Bayerns lassen würde.« Da er die Scheu seines Bruders vor der Übernahme eines Risikos kannte, ließ sich Friedrich nicht beirren. »Ich gebe zu, daß wir nicht alle die Hilfe haben, die wir uns wünschen möchten, aber im Notfalle werden wir nicht ganz allein stehen.« Heinrich wurde aufgefordert, den kommenden Feldzug mit ihm zu besprechen, und erhielt den Befehl über die Armee in Sachsen, aber er lehnte alle politische Verantwortung ab. »Obwohl wir noch nicht den Punkt erreicht haben, an dem alles Verhandeln aufhört, sehe ich doch schon, daß alle die kostbarsten Besitztümer des Staates bald in Gefahr sein werden – Eigentum, Leben, Ansehen, Ruhm, die Sicherheit der Gesellschaft. Ich bekenne, daß ich mir gewünscht hatte, weder Du, mein geliebter Bruder, noch Dein Staat möchten noch einmal der äußersten Gefahr ausgesetzt sein; aber da sich die Dinge schon zu weit entwickelt haben, als daß eine Änderung eintreten könnte, wünsche ich Dir Rettung und Glück, und ich will Dir so nützlich sein, wie es meine schwachen Gaben gestatten.«

Friedrich drückte sein Erstaunen über diese düstern Gedanken zu einer Zeit aus, in der er keinen Grund zur Befürchtung sah. »Der Mensch ist zum Handeln bestimmt, und wie können wir je nützlicher handeln, als indem wir das tyrannische Joch zerbrechen, das die Österreicher dem Nacken Deutschlands auferlegen wollen? In einer solchen Lage müssen wir unser Ich vergessen, nur an das Vaterland denken und dürfen nicht eine solche Unmöglichkeit wie den Frieden in Betracht ziehen.« »Du sprichst von düsteren Gedanken«, antwortete Heinrich, »sie würden düster sein, wenn ich alles nur von der dunklen Seite aus ansähe, was nicht meine Art ist. Sie würden hell sein, wenn ich nur mit gutem Glück und Selbsttäuschungen rechnete. Aber ich glaube, es gibt einen Mittelweg, welcher zugleich der richtigste ist, den suche ich zu verfolgen, obwohl er am schwersten zu finden ist.« Sein chronischer Pessimismus wurde verstärkt durch Befürchtungen um seine zarte Gesundheit und rief immer wieder den Tadel des Königs hervor. »Es tut mir leid, daß Du alles in so dunklen Farben siehst«, schrieb er am 17. Juni, »und daß Du eine düstere Zukunft prophezeist, während ich nur die Ungewißheiten sehe, die allen großen Ereignissen vorausgehen. Wahrer Ruhm besteht in der Überwindung von Schwierigkeiten, und was keine Mühe gekostet hat, ist nicht wert, daß man es hat. Alles wird gut ausgehen. Mut und Selbstvertrauen! Dann stehe ich dafür ein, daß Joseph, und wenn er auch Cäsar wäre, noch lernen soll, Wasser in seinen Wein zu gießen.« Im Augenblick gebe er sich mit Abwarten zufrieden. Wenn Österreich Bayern ganz oder zum Teil besetzte, dann werde dies das Gleichgewicht der Kräfte in Unordnung bringen und die Freiheit und Verfassung des Reiches gefährden, und er würde ihm mit aller seiner Macht Widerstand leisten. Österreich dürfe sich nicht ein einziges Dorf aneignen, und wenn das einen Krieg bedeuten sollte, der Österreichs oder seine eigene Vernichtung zur Folge hätte. Wenn je ein Fürst das Recht habe zu protestieren, so erklärte er, dann sei es der Fürst von Zweibrücken.

Da Rußland sein Verbündeter war und selbstverständlich einen Landgewinn seines österreichischen Wettbewerbers nicht billigen konnte, selbst wenn es nicht bereit war, Truppen zu stellen, bestand die erste Aufgabe Friedrichs darin, die Haltung Frankreichs zu ergründen; nur mit der tätigen Unterstützung Frankreichs konnte Joseph sein Ziel erreichen. »Kann man sich vorstellen«, schrieb er am 2. Februar an seinen Gesandten in Paris, »daß ein so ungesetzliches, gewalttätiges und tyrannisches Vorgehen wie das der Österreicher gegenüber dem Kurfürsten von der Pfalz nicht die geringste Entrüstung beim französischen Minister ausgelöst hat und daß er von friedfertigen Gesinnungen spricht, wenn er erbittert sein sollte? Ich weiß, Maurepas ist beinahe achtzig und die Lage der französischen Finanzen ist unbefriedigend; und vor allem weiß ich, daß der Minister ein Wachsen des Einflusses der jungen Königin befürchtet, die eine Schwester des Kaisers ist. Was aber wird aus der feierlichen Garantie des Westfälischen Friedens durch Frankreich und Schweden, wenn die Reichstagsbeschlüsse und Konstitutionen des Reiches umgestürzt werden, wenn die Sicherheit von Erbfolgen von der Willkür des Wiener Hofes abhängt, wenn die Libertät der deutschen Fürsten unterdrückt wird? Man glaube doch ja nicht, daß der Wiener Hof nach seinem ersten Schritt einhalten wird; seine Absichten auf Bayern sind nicht auf die bisherigen Erwerbungen beschränkt. Er wird den Tod des Kurfürsten von der Pfalz abwarten, um dann seine übrigen Ansprüche anzumelden, einschließlich Bayerns und der Oberpfalz, und um dieses letzte Herzogtum noch einmal in ein Kurfürstentum umzuwandeln zugunsten des Erzherzogs Maximilian. Unsere Aufgabe ist es, den Ehrgeiz des Hauses Österreich zu zügeln, das Reich vor der Unterdrückung zu bewahren, die Autorität des Kaisers innerhalb ihrer durch das Gesetz bestimmten Grenzen zu halten. Wenn Frankreich einen gütlichen Weg vorschlagen kann, um dieses Ziel zu erreichen, werde ich der erste sein, der ihm folgt. Wenn alle vernünftigen Ratschläge fehlschlagen, was ich angesichts der Anmaßung und des Hochmutes des Wiener Hofes erwarte, dann suchen Sie bitte in Erfahrung zu bringen, ob Frankreich, wenn es schon seine Garantie des Westfälischen Friedens aufsagt, zumindest eine Politik der Neutralität in dieser Angelegenheit verfolgen wird und mir ausreichende Zusicherung in dieser Hinsicht machen kann. Das ganze Reich, ob Katholiken oder Protestanten, sind erschrocken über das österreichische Vorgehen. Wenn wir unsere Interessen mit denen Frankreichs vereinigten, so könnte das zu einem Bündnis führen, dem sich Rußland anschließen kann, und welches, indem es diesen Zwischenfall abschließt, zur Stabilisierung Europas beitragen dürfte.« Verbündete würden sich einstellen, und der Kurfürst von Sachsen habe bereits den Beistand Preußens angerufen.

Es war eine ganz neue Erfahrung für den ›Eroberer‹ Schlesiens, sich als den Verteidiger erblichen Rechtes zu sehen, und er spielte die Karte der Legitimität mit vollem Bewußtsein dessen, was sie ausrichten konnte. Der Wilddieb war zum Jagdaufseher geworden. Am 9. Februar wurde Frankreich wiederum daran erinnert, daß es als Garant des Westfälischen Friedens verpflichtet war, die Rechte des Kurfürsten von der Pfalz auf Bayern und die deutsche Verfassung aufrechtzuerhalten. Indem er den österreichischen Wünschen zugestimmt habe, habe der kinderlose Kurfürst von der Pfalz den Westfälischen Frieden gebrochen und es versäumt, die Zustimmung der anderen Zweige der pfälzischen Wittelsbacher, der Herzöge von Zweibrücken und von Birkenfeld zu gewinnen. Außerdem habe Österreich Gebiet an sich gerissen, auf das Sachsen und Mecklenburg Anspruch hätten. »Beide fordern meine Hilfe. Kein Reichsfürst, am wenigsten ich selbst, wird sich je mit der despotischen und tyrannischen Weise abfinden, in welcher der Wiener Hof über die Nachfolge eines Kurfürsten zu verfügen sucht. Obwohl ich ebensosehr am Frieden hänge wie die französische Regierung, würde ich immer den Krieg dem Frieden zur Verteidigung dieser Rechte vorziehen, wenn Österreich an seinen widerrechtlichen Erwerbungen festhält.«

Da der Kurfürst von der Pfalz sein Erbrecht für ein Linsengericht verkauft hatte, gründeten sich Friedrichs Hoffnungen auf seinen Erben, den Herzog von Zweibrücken. »Er sucht um Ihren Schutz nach«, berichtete der preußische Gesandte am Hofe von Zweibrücken am 8. Februar, »und verspricht, daß er dem Vertrage mit dem Kurfürsten nie seine Zustimmung geben wird.« »Ihr Brief«, antwortete Friedrich dem Herzog, »ist mir eine große Genugtuung. Ihre Zustimmung würde Bayern ohne Aussicht auf Wiedergutmachung verstümmeln. Sie haben dadurch alles zu verlieren und nichts zu gewinnen.« Seine einzige Furcht war, daß österreichische Drohungen die Entschlossenheit des Herzogs schwächen könnten. Wenn er auch besorgt war, so hatte er doch das Gefühl, daß die Handlungsweise Österreichs Widerstand von einem Ausmaße erregt hatte, der zu stark war, um überwunden zu werden. »Ich bin überzeugt«, schrieb er am 17. Februar, »Österreich sieht ein, daß diese Angelegenheit zu bedeutsam und sein Handeln zu gewalttätig ist, als daß ein Krieg vermieden werden kann. Vielleicht bildet sich Österreich aber ein, weil es Frankreich mit England und Rußland mit der Türkei beschäftigt sieht, daß es sich meinetwegen keine Sorgen zu machen braucht. Aber kühle und erfahrene Beobachter wissen, daß es eine reine Feigheit wäre, Österreich alles Recht und die Verfassung des Reiches mit Füßen treten zu lassen. Ich werde meine Verhandlungen mit dem Wiener Hof fortführen. Wenn ich merke, daß er gegen die Stimme der Gerechtigkeit und der Billigkeit taub bleibt, werde ich keine andere Wahl haben als Sachsen, den Herzog von Zweibrücken und alle anderen interessierten Parteien zu drängen, daß sie im Namen des Reiches die Garantie Frankreichs und Schwedens anrufen, und zu guter Letzt selbst das Schwert zu ziehen, um das Recht zu erzwingen, welches jener Hof allen mündlichen und schriftlichen Vorstellungen gegenüber so hartnäckig verweigert.« Er bluffte nicht, denn er fühlte sich auf festem Boden: indem er den österreichischen Absichten auf Bayern widerstand, hielt er nicht nur die Rechte des Reiches aufrecht und stärkte zugleich dem Herzog von Zweibrücken den Rücken, sondern schützte er auch Schlesien. Da er keinen Augenblick daran glaubte, daß Joseph den Rückzug anders als unter Zwang antreten würde, schien ihm der Krieg unvermeidbar zu sein.

Anfang März 1778 berichtete der preußische Gesandte in Wien, daß österreichische Truppen an den Grenzen aufmarschierten; daß Maria Theresia unter diesen Zukunftsaussichten stöhne; daß Joseph auf Krieg aussei und glaube, daß Frankreich das österreichische Bündnis nicht fallen lassen werde; daß Rußland vollauf mit dem türkischen Kriege beschäftigt und Preußen der einzige Gegenspieler Österreichs sei. »Er brennt vor Ungeduld und Tatendrang, geht höchstselbst in das Kriegsministerium und bemüht sich um Beschleunigung der militärischen Vorbereitungen. Er schläft schon in seinem Feldbett und spricht nur noch vom kommenden Kampf. Er sagt, er laufe kein Risiko, da er, wenn er falle, immer der Held des Jahrhunderts bleiben werde, und daß es, wenn er siege, sein Ruhm sein werde, Ew. Majestät geschlagen zu haben. Ich sehe keine Aussicht, ihn durch Verhandlungen zum Einhalten zu bringen.« Als er diese Nachricht erhielt, begann Friedrich mit den Vorbereitungen zum Kampf. Heinrich weigerte sich zu glauben, daß Österreich ganz Europa in die Schranken fordern würde, aber der König war der bessere Prophet.

Nach drei Monaten unfruchtbarer Auseinandersetzungen durch die üblichen diplomatischen Instanzen sandte der Kaiser einen Vertragsentwurf an Friedrich in einem eigenhändigen Brief mit dem Datum vom 13. April. Der König von Preußen solle die Geltung des Vertrages vom 3. Januar zwischen Österreich und dem Kurfürsten von der Pfalz und die daraus abgeleitete Besetzung bayrischen Gebietes anerkennen, während Österreich dafür die Vereinigung von Ansbach und Bayreuth mit Preußen nach dem Tode ihrer Herrscher annehmen werde. Friedrichs Antwort war eine höfliche, aber alle Kompromisse ablehnende Weigerung. »Niemand ist ängstlicher als ich darauf bedacht, den Frieden und die Harmonie unter den Mächten Europas zu erhalten, aber alles hat seine Grenzen, und gewisse Dinge sind zu heikel, als daß der gute Wille allein ausreicht. Gestatten Sie mir eine Erläuterung der gegenwärtigen Lage. Die Frage ist die, ob der Kaiser nach Belieben über die Reichslehen verfügen kann, dann würden sie nur auf Lebenszeit gelten. Aber das widerspricht den Gesetzen und Gebräuchen des Reiches. Kein Fürst wird das annehmen können. Jeder wird sich auf das Lehnsrecht berufen, welches den Übergang seiner Besitzungen auf seine Abkömmlinge sichert, und keiner wird sich damit einverstanden erklären, die Macht eines Despoten zu festigen, der früher oder später ihn und seine Kinder seiner unvordenklich alten Besitzungen berauben wird. Darum entrüstet sich das ganze Reich laut über den Einmarsch in Bayern. Als ein Mitglied des Reiches bin ich unmittelbar interessiert an der Aufrechterhaltung der Rechte und Freiheiten und der kaiserlichen Kapitulationen, welche die Macht des Kaisers beschränken, um Mißbräuche derselben zu verhüten. So, Sire, stehen die Dinge. Ich habe keine persönlichen Interessen in dieser Angelegenheit zu vertreten, aber ich bin sicher, Sie würden mich als einen Feigling und Ihrer Achtung unwert betrachten, wenn ich in niedriger Gesinnung die Rechte, Immunitäten und Privilegien opferte, welche die Kurfürsten und ich ererbt haben. Ich spreche ganz offen. Ich liebe und verehre Ihre Person. Es wird mir sicherlich schwer fallen, gegen einen Fürsten zu kämpfen, der so ausgezeichnete Qualitäten hat und den ich hochschätze.« Nachdem er Joseph daran erinnert hatte, daß die Interessen Zweibrückens, Sachsens und Mecklenburgs berücksichtigt werden müßten, schloß er mit der Ablehnung des Angebots im Vertragsentwurf. »Die Erbfolge in Ansbach hat nichts damit zu tun, denn unsere Rechte sind so eindeutig, daß eine Auseinandersetzung darüber unmöglich ist.«

Ein zweiter Brief des Kaisers vom 16. April wies den Vorwurf zurück, daß er seine Macht mißbraucht habe. Der König, erklärte er, habe die Lage mißverstanden. »Bei allen Vorfällen in Bayern hat nicht der Kaiser gehandelt, sondern der Kurfürst von Böhmen und der Erzherzog von Österreich, der seine Rechte gewahrt und ein freundschaftliches Abkommen mit seinem Nachbarn, dem Kurfürsten von der Pfalz, getroffen hat, der jetzt der alleinige Erbe Bayerns ist. Das Recht, eine Verständigung mit einem Nachbar zu erzielen, ohne vorher dritte Parteien zu Rate zu ziehen, ist immer als das unabdingbare Recht einer unabhängigen Macht angesehen worden, und alle Reichsfürsten haben dieses Recht ausgeübt.« Die Ansprüche Sachsens und Mecklenburgs, fuhr er fort, könnten mit dem Kurfürsten von der Pfalz erörtert werden, und der Herzog von Zweibrücken habe keine Rechte, solange sein Onkel am Leben sei. »Aus diesen Gründen, glaube ich, werden Ew. Majestät überzeugt sein, daß das Wort Despotismus, das ich ebenso wie Sie verabscheue, nicht am Platze ist.« Diese Entschuldigung machte keinen Eindruck auf Friedrich. »Ich bitte Ew. Majestät,

nicht zu glauben, daß ich, verführt durch kindischen Ehrgeiz, den unsinnigen Wunsch hege, die Rolle eines Schiedsrichters unter souveränen Fürsten zu spielen. In meinem Lebensalter sind die wilden Leidenschaften nicht mehr am Platze, und meine Vernunft setzt meinem Tatendrang die Grenzen. Wenn ich mich mit den jüngsten Ereignissen in Bayern beschäftige, dann nur, weil sie die Interessen der Reichsfürsten angehen, deren einer ich bin. Ich habe die Gesetze, die deutschen Konstitutionen und den Artikel des Westfälischen Friedens geprüft, der sich mit Bayern beschäftigt. Ich habe sie alle miteinander verglichen, um festzustellen, ob sie mit dieser Besetzung Bayerns vereinbar sind, und ich habe hier nur Widersprüche feststellen können.«
Obwohl noch zwei weitere kurze Briefe der Hoffnung Ausdruck gaben, daß durch weitere Verhandlungen Feindseligkeiten vermieden werden könnten, war er überzeugt, daß Joseph zu weit gegangen war, um noch zurückweichen zu können, daß sein Wunsch nach einem Feldzug größer sei als sein Friedenswille, und daß er nur Zeit zu gewinnen suche, da seine Armee noch nicht ganz schlagfertig war. Friedrich war mit der Abtretung eines kleinen Teils von Südwestbayern als Gegenleistung für eine kleine Entschädigung an den Kurfürsten an anderer Stelle einverstanden, aber zu mehr konnte er sich nicht verstehen.

Ende Juni bekannte Kaunitz, daß weitere Verhandlungen nutzlos seien, und am 5. Juli marschierte Friedrich in Böhmen ein. Heinrich entwarf einen Feldzugsplan, der höchstes Lob fand: ein Gott, erklärte der König, müsse ihn inspiriert haben, er wolle seine Pläne auf ihn gründen. Keine offene Feldschlacht wurde geschlagen, aber die Manöver Heinrichs gewannen ihm neue lobende Anerkennungen. »Was bin ich Dir nicht alles schuldig? Sei versichert, daß ich nie vergessen werde und daß meine Dankbarkeit greifbare Formen annehmen wird.« Der Bayerische Erbfolgekrieg, im Volksmunde bekannt als der Kartoffelkrieg, weil die Soldaten in ihm mehr mit Stehlen als mit Kämpfen beschäftigt waren, ist der einzige kriegerische Konflikt der Geschichte, der sein Ende fand, ohne daß mehr als ein gelegentliches kleines Scharmützel stattgefunden hätte. Friedrich hatte seine dynamische Energie verloren, und seine Truppen litten sehr unter Krankheiten und dem Überlaufen vieler nicht-preußischer Einheiten.

Der Versuch, den Ehrgeiz Josephs in seine Schranken zurückzuweisen, fand unerwartete Unterstützung, sobald die Feindseligkeiten begonnen hatten. »Die Zurückberufung des preußischen Gesandten und der Einmarsch der Truppen Ew. Majestät nach Böhmen«, schrieb Maria Theresia am 12. Juli in dem ersten Brief, den sie je an ihren gehaßten Nachbar sandte, »erfüllen mich mit Sorgen über den Ausbruch eines neuen Krieges. Mein Alter und mein Wunsch für die Erhaltung des Friedens sind allgemein bekannt, und ich könnte dafür keinen auffälligeren Beweis geben als durch den Schritt, den ich jetzt unternehme. Mein Mutterherz ist mit Recht beunruhigt, zwei Söhne und einen geliebten Schwiegersohn bei der Armee zu sehen. Ich handle ohne Wissen des Kaisers, und ich bitte darum, daß dieser Schritt ein Geheimnis bleibe, möge er nun Erfolg haben oder nicht. Ich möchte die Verhandlungen, die er bisher geführt und zu meinem Bedauern abgebrochen hat, erneuern und zu Ende führen. Baron Thugut hat volle Ermächtigung von mir.« In einem Nachsatz fügte sie am folgenden Tage hinzu, daß sie im Begriff stehe, dem Kaiser von der Mission Nachricht zu geben, ohne dabei Einzelheiten mitzuteilen, damit eine überstürzte Handlung vermieden werde. Friedrich antwortete am 17. Juli, Thuguts Ankunftstag, daß dessen Mission ein tiefes Geheimnis bleiben solle. »Es war Ew. Majestät würdig, in diesem Streitfall Beispiele von Großmut und Mäßigung zu geben, nachdem Sie Ihr Erbe mit heldischer Standhaftigkeit verteidigt haben. Ew. Majestät zärtliche Anhänglichkeit an den Kaiser und die Prinzen verdient die Billigung aller fühlenden Seelen und vermehrt, wenn dies noch möglich ist, meine große Hochachtung.« Er fügte einige Artikel zu dem Vertragsentwurf, den Thugut überbracht hatte, hinzu, weil er ihm zu allgemein formuliert erschien. »Bis zum Empfang Ihrer Antwort werde ich nichts unternehmen, das geeignet ist, Ihnen Sorge zu bereiten für Ihre Familie und für einen Kaiser, den ich liebe und verehre trotz unserer verschiedenen Grundsätze über Deutschland.«

Thuguts ausführlicher Bericht an Kaunitz aus dem Feldlager Friedrichs beschreibt dessen deutlich wahrnehmbares Vergnügen über die Vorschläge der Kaiserin, welche die Räumung eines Teiles der kürzlich besetzten bayerischen Gebiete vorsahen. »Warum wurden diese Gesinnungen nicht vor einem Monat zum Ausdruck gebracht?«, rief er aus. Das Eis war gebrochen, aber Friedrich war sich bewußt, daß Joseph von dem Schritt seiner Mutter nichts wußte, und blieb daher auf der Hut. »Diese Leute wollen einen Teil Bayerns zurückgeben und eine Verständigung erzielen«, berichtete er an Finckenstein und Hertzberg. »Ich weiß nicht, ob sie es ernst meinen, aber die Kaiserin hat den Annäherungsversuch gemacht.« Fünf Tage später war er weniger hoffnungsvoll. »Ich muß Ihnen mitteilen, daß ich zwar bereit bin, die Verhandlungen wieder zu eröffnen, daß ich aber kein Vertrauen in die Ernsthaftigkeit dieser neuen Beteuerungen setzen kann. Ich glaube, sie spielen nur mit uns und haben die Absicht, die Dinge in die Länge zu ziehen und uns das Gesetz des Handelns aus der Hand zu nehmen, nachdem sie reichlich genug Zeit hatten, uns annehmbare Vorschläge zu machen, wenn das je ihre Absicht war. Der beste Plan wird sein, schnell zur Sache zu kommen und sofort abzubrechen, wenn sie zaudern oder Schwierigkeiten wegen unserer Vorschläge machen.« Um die Lage zu klären, übersandte er neue und ins einzelne gehende Anregungen, die einen kleinen Streifen Bayerns Österreich zusprachen. Thugut kehrte schnell mit einem neuen Angebot von Maria Theresia zurück des Inhalts, das besetzte Stück Bayerns solle zurückgegeben und der Vertrag mit dem Kurfürsten von der Pfalz annulliert werden unter der Bedingung, daß Friedrich für sich und seine Nachfolger die Verpflichtung übernehme, die Markgrafschaften Bayreuth und Ansbach nicht mit Preußen zu vereinigen. Dieses Angebot, das sowohl in seinen Konzessionen wie in seinen Forderungen völlig überraschend kam, wurde vom König sofort abgelehnt mit der Erklärung, daß die Markgrafschaften nicht Gegenstand von Verhandlungen seien. Er gab seinen Ministern zu verstehen, daß er Kaunitz noch weniger Vertrauen schenke als dem Kaiser: die Doppelzüngigkeit, die dessen Handlungen insgesamt kennzeichne, werde jedes Übereinkommen verhindern, und weitere Verhandlungen seien reine Zeitverschwendung. Man solle Frankreich und Rußland eine Erklärung dafür abgeben, warum die Verhandlungen gescheitert seien, und daß er alles in seiner Macht stehende getan habe, sodaß Rußland zu schneller militärischer Hilfeleistung bereit sein müsse; Österreich versuche nur, der Öffentlichkeit Sand in die Augen zu streuen.

Ein Brief an Finckenstein vom 10. September gibt ein Bild von der Stimmung des Königs nach dem Scheitern der Mission Thuguts. Rußland sei freundlich gesinnt, aber es handele, wie immer, langsam. »Was Frankreich angeht, so bin ich sicher, daß es dem Kriege sehr abgeneigt ist, zum Teil deshalb, weil es das Gefühl hat, seine Pflichten als Garant des Westfälischen Friedens nicht zu erfüllen, und weil sein Versäumnis, Österreich Beistand zu leisten, praktisch das Bündnis erledigt hat. Was den Wiener Hof betrifft, so will ich Ihnen meine Meinung genau auseinandersetzen. Ich kenne die Kaiserin und Königin seit 1740, den Fürsten Kaunitz seit 1756, und meine Erfahrungen mit ihrer Doppelzüngigkeit heißen mich der einen ebenso stark mißtrauen wie dem anderen. Als sie ihre Erwerbungen in Polen machte, soll diese Fürstin Tränen vergossen haben über die Erwerbung von Provinzen, auf die sie kein Recht hatte. Jedoch hielt dieser Gedanke sie nicht davon ab, ihre Erwerbungen weit über die vereinbarten Grenzen hinaus auszudehnen und nur den kleineren Teil zurückzugeben. Deshalb nehme ich die angeblichen Differenzen zwischen Mutter und Sohn in der deutschen Frage nicht sehr ernst. Mit Hilfe von Kaunitz hat sie die ganze Macht in der Hand und kann tun, was sie will. Die Finanzen und das Heer sind zu ihrer Verfügung. Ihr Vorwand, daß sie nicht in der Lage sei, die Zustimmung des Kaisers zu erreichen, ist meiner Meinung nach nur eine Ausflucht, um Bayern zu behalten oder noch größere Vorteile zu erlangen. Nur die folgenden Erwägungen können, wie ich glaube, den Wiener Hof friedlich stimmen: 1. Geldmangel, 2. Vorstellungen Frankreichs, 3. energische Erklärungen Rußlands, 4. wenn Rußland sich zu einem Schritt zu meinen Gunsten entschließt, was ich für beinahe sicher halte, so wird dies allein den Wiener Hof zum Frieden geneigt machen. Kommen diese Faktoren nicht zur Wirkung, dann wird es schwer sein, die Österreicher aus ihrer gegenwärtigen Stellung herauszumanövrieren und den Krieg nach Mähren zu tragen, wo allein wir wirkliche Schläge führen und damit den Frieden erzwingen können. Unsere größte Behinderung in diesem Konflikt ist die Tatsache, daß unser Feind überall in befestigten Stellungen steht, wo es sehr gefährlich ist, ihn anzugreifen. Aber ein russisches Entlastungsmanöver würde Österreich zwingen, wenigstens 30000 Mann zu detachieren und meinem Bruder und mir Handlungsfreiheit geben.« Friedrichs Stimmung war nicht sehr zuversichtlich. »Dieser Feldzug war nicht glanzvoll«, schrieb er an die Königinmutter von Schweden; »wir müssen auf bessere Gelegenheiten im nächsten Feldzug warten. Ich weiß nicht, meine liebe Schwester, wann oder ob überhaupt ich Sanssouci wiedersehen werde. Meine Aufgabe ist schwer und fordert die Spannkraft der Jugend.« Im Alter von 66 Jahren war der alte Feldsoldat ebenso vorsichtig geworden wie Heinrich.

Ende November wurde von Wien aus der erste Friedensfühler ausgestreckt durch Friedrichs Neffen, den Erbprinzen von Braunschweig, den angesehensten seiner Generale nach Prinz Heinrich. »Fürst Lichnowsky«, so berichtete er aus Troppau, »ist hier mit Pässen von der Kaiserin und Königin eingetroffen. Er bittet darum, Ew. Majestät in Breslau aufwarten zu dürfen, um die Gesinnungen der Kaiserin darzulegen und ihren glühenden Wunsch zu eröffnen, daß sie ein Ende dieses Krieges noch vor ihrem Tode zu sehen hofft, wenn dabei nur die Ehre des Kaisers gerettet wird. Wenn der Wiener Hof nur einen kleinen Teil von Bayern behalten kann, würde er zufrieden sein, Sachsen entschädigen, seine Überlegungen bezüglich der Markgrafschaften fallen lassen und vielleicht einige Gebirgskreise im Bezirk Neiße abtreten. Er sagt mir, daß der Kaiser morgen in Wien eintreffe und zum Frieden geneigt sei unter der Voraussetzung, daß dieser nicht ganz unehrenhaft ausfalle.« Friedrichs Antwort war, daß er Lichnowsky gern empfangen und anhören werde, was er zu sagen habe. Kaum hatte aber der Abgesandte Breslau erreicht, als von Wien Befehle eintrafen mit dem Verbot politischer Erörterungen: der Kaiser war in der Hauptstadt eingetroffen. »Was ich an Nachrichten habe«, vertraute Friedrich seinem Neffen Braunschweig am 13. Dezember an, »deutet auf die Fortsetzung des Krieges. Der Kaiser will nicht nachgeben, und man sagt, daß er zu jedem Risiko bereit ist, um seine bayrische Usurpation aufrechtzuerhalten.« Vier Tage später berichtete er nach St. Petersburg, daß jetzt Kaunitz angeblich die Partei der Kaiserin ergriffen habe, und fügte hinzu, daß in diesem Falle eine Einigung nicht ausgeschlossen sei. An seine Nichte, die Prinzessin von Oranien, schrieb er: »Wir pendeln zwischen Frieden und Krieg hin und her, aber Mars wird wahrscheinlich siegen.« An Katharina schrieb er am 18. Dezember einen Brief, in welchem er die Lage so erklärte: »Es ist der Wiener Hof, der die Schwierigkeiten macht, nicht ich. Die Kaiserinmutter, ihre Töchter und der ganze Adel wünschen den Frieden. Aber der Kaiser, hinter dem Kaunitz steht, leistet Widerstand, weil dieser junge Fürst den Willen hat, Deutschland seinem despotischen Joch zu unterwerfen, weil er den Vorwurf der Schwäche fürchtet, weil er durch die Übernahme des Oberbefehls über die Armee seine Macht vermehrt hat, welcher, wie er erwartet, seine Mutter weichen muß, und weil ihm seine untergeordnete Stellung in Wien unerträglich geworden ist, während er an der Front frei ist.« Auch Frankreich, so fügte er hinzu, sei über Josephs Hartnäckigkeit ärgerlich. Niemand konnte Friedrich der Unnachgiebigkeit bezichtigen. Als Hertzberg ihn beschwor, fest zu bleiben, gab er zur Antwort, daß er sich nicht leisten könne, den guten Willen Frankreichs und Rußlands zu verlieren, die beide auf Vermittlung bedacht seien und sich bemühten, Joseph zur Vernunft zu bringen.

Nachdem der Ausgang des Konflikts den ganzen Winter über unentschieden geblieben war, schrieb Friedrich optimistisch am 24. Februar 1779 an Heinrich: »Ganz abgesehen von der Lage der Österreicher ist es sicher, daß sie bereit sind, den größeren Teil ihrer Usurpation in Bayern herauszugeben, und so bleibt nur noch übrig, die restlichen Fragen mit dem Kurfürsten von der Pfalz zu besprechen und ihn zu veranlassen, daß er die vier Millionen Taler an die Sachsen bezahlt, die ihnen zustehen. Die Russen und Franzosen übernehmen die Kontrolle der Ausführung.« Das deutlichste Zeichen für ihren Friedenswillen war die Tatsache, daß die Österreicher alle Maßnahmen für einen neuen Feldzug einstellten. »Falls also kein unvorhergesehenes Ereignis eintritt, ist der Frieden so gut wie geschlossen. Die Bevollmächtigten werden sich in einer Woche in Teschen treffen; der Waffenstillstand wird unmittelbar nach Unterzeichnung der Präliminarien folgen, und dann werden wir das feindliche Gebiet am gleichen Tage räumen, an dem sie aus Bayern abmarschieren.« Am 26. Februar erhielt er den Bericht eines Agenten aus Wien, daß der Kaiser sich jeden Nachmittag betrinke, daß kein Geld da sei und daß jedermann nach Frieden lechze. Ein wenig dauerhafter Ermattungsfriede stand endlich in Aussicht. »Wir haben keinen augenfälligen Erfolg über den Feind gehabt, der ihn hätte demütigen können«, schrieb Friedrich an Heinrich am 27. Februar. »Man sagt mir, daß der Kaiser es schmerzlich empfindet, seine widerrechtlichen Erwerbungen wieder herausgeben zu müssen, und daß er sich bei der ersten Gelegenheit rächen will. Wir müssen also in der kommenden Abmachung eher einen Waffenstillstand als einen Frieden sehen.« Trotzdem war Friedrich über die Beendigung des teuren Waffenganges befriedigt, um so mehr, als er auf die Hilfe seines russischen Verbündeten hatte verzichten können, für die er einen hohen Preis hätte bezahlen müssen. »Obwohl die Wiederherstellung nicht eine vollständige ist«, schrieb er an Heinrich am 4. März, »ist zum ersten Male ein Plan des zügellosen Ehrgeizes des Kaisers zunichte gemacht worden, und für uns erwächst daraus der große Vorteil, daß wir im Reich als ein nützliches Gegengewicht gegen den österreichischen Despotismus betrachtet werden.« Tatsächlich macht dies die Bedeutung des Bayrischen Erbfolgekrieges aus, der sicherlich weniger ins Auge fällt als der Raub Schlesiens, aber kaum weniger wichtig ist: Preußen war nicht mehr ein Rebell, sondern ein Rivale, der anerkannte Vorkämpfer anderer deutscher Interessen ebenso wie seiner eigenen. Militärischen Ruhm gab es nicht, aber die politischen Dividenden waren hoch.

Im März kam es zum Waffenstillstand und zur Versammlung der Diplomaten in Teschen. Preußen ließ sich durch seinen früheren Gesandten in Wien vertreten, der häufig Instruktionen von Friedrich aus Breslau erhielt. Selbst jetzt noch war dieser keineswegs völlig sicher, daß der verärgerte Kaiser die Feindseligkeiten nicht erneuern würde. Die Hauptschwierigkeit bildete die Frage der Entschädigung Sachsens durch den Kurfürsten von der Pfalz, der ein bloßes Werkzeug Wiens war. »Wenn Sachsen keine ehrenvolle Genugtuung erhält«, schrieb Friedrich am 28. März an Heinrich, »dann wird in Zukunft niemand Wert auf ein Bündnis mit Preußen legen. Deshalb bestehe ich auf diesem Punkte: entweder bekommt Sachsen eine Entschädigung, oder ich setze den Krieg fort. Wir wollen also mit Geduld abwarten, was der Kongreß tut; da ich auf alle Möglichkeiten vorbereitet bin, habe ich nichts zu befürchten.« Die Zahlung der geforderten Entschädigung an Sachsen beseitigte das ernstlichste Hindernis, und der Frieden von Teschen, ein umfangreicher Vertrag von 124 Artikeln, wurde am 13. Mai 1779 unterzeichnet. Der Kaiser mußte sich mit einem kleinen Bruchteil Bayerns zufrieden geben, dem sogenannten Innviertel, und erklärte sein Einverständnis mit der Vereinigung der fränkischen Fürstentümer Ansbach und Bayreuth mit Preußen nach dem Tode des kinderlosen Herrschers aus dem Hause Hohenzollern. Hertzberg bedauerte es, daß Österreich auch nur den kleinsten Teil eines Landes behalten durfte, auf das es kein Recht hätte, aber es genügte seinem Herrn, sein Hauptziel erreicht und Joseph schachmatt gesetzt zu haben.

Friedrich hatte die erste Runde des Boxkampfes gewonnen, aber er war sich klar darüber, daß es wahrscheinlich nicht die letzte sein würde. »Solange die Kaiserin lebt, wird der kommende Friede in Deutschland, das ist die allgemeine Anschauung, von Dauer sein, aber es ist schwer, die Lage nach ihrem Tode vorherzusagen. Immerhin wird es für den Kaiser nicht leicht sein, auch nur das kleinste Unternehmen zu wagen, sei es gegen die Türkei oder Italien, solange Frankreich, Rußland und ich zusammenhalten.« Seine Verpflichtung gegenüber Katharina anerkannte er in einem schwülstigen Brief. »Ganz Deutschland schuldet Ew. Majestät den soeben abgeschlossenen Frieden. Einige wenige Worte von Ihnen, Madame, haben genügt, um den ganzen Ehrgeiz Österreichs zunichte zu machen. Wenn Ew. Majestät schwere Aufgaben zu unternehmen geruht, dann weiß man von vornherein, daß Sie Erfolg haben werden.« Ein weiterer Grund zur Befriedigung war die Tatsache, daß das französisch-österreichische Bündnis praktisch aufgehört hatte zu bestehen.

Als Maria Theresia im Jahre 1780 heimging, wurde ihr begabter und eigenwilliger Sohn der unbestrittene Herr Österreichs, obwohl der Veteran Kaunitz ihm zur Seite blieb*. »Eine neue Phase beginnt«, war Friedrichs Kommentar. Er rüstete sich auf neue Wirrungen, weil er Josephs heftige Abneigung gegen den Teschener Kompromiß kannte und aus eigener Erfahrung um die Versuchungen eines jungen Herrschers mit einer mächtigen Armee im Rücken wußte. Außerdem veränderte sich die europäische Landschaft fortwährend. Bei ihren begehrlichen Anschlägen auf die Türkei fand Katharina einen willigen Mithelfer im Kaiser, der sie im Jahre 1780 besuchte. 1781 schloß sie ein Bündnis mit ihm ab und weigerte sich, den Vertrag mit Preußen nach seinem Ablauf zu erneuern. »Der Kaiser lastet schwer auf meinen siebzigjährigen Schultern«, klagte der König seinem Neffen Braunschweig im Januar 1782. »Vielleicht meint er, ich sei zu alt, um das Schwert zu ziehen, aber er setzt meine Feder in Bewegung. Auf allen Seiten macht er mir Arbeit, und ich versuche mit gleicher Energie, seine Angriffe zu parieren. Wer von uns beiden Rußland auf seiner Seite haben wird, das ist jetzt die Frage. In Wien erzählt man, daß er Preußen dadurch isolieren will, daß er Rußland von uns abzieht, denn Frankreich wird sich nie mit Preußen verbünden. In einem solchen Falle könnten wir nur auf England rechnen, was zwar weniger vorteilhaft wäre als unsere gegenwärtige Lage, aber immer noch besser als nichts. Alle diese Dinge machen mir persönlich nichts mehr zu schaffen. Meine Zeit ist vorüber, aber es ist meine Pflicht, an das Wohl meines Landes zu denken und, wenn möglich, einen auszehrenden Kampf wie den von 1756 zu vermeiden. Einer solchen Gefahr entgeht man nur durch ein Wunder, und man muß alles tun, um sie abzuwenden, selbst wenn nur wenig Hoffnung auf Erfolg besteht.« Der Vorteil einer Vereinigung Bayerns mit Österreich war so augenfällig, daß kein Zweifel daran bestehen konnte, daß ein neuer Versuch in dieser Richtung gemacht werden würde. Wie Kaunitz seinem Herrn zu bedenken gab, waren die österreichischen Niederlande zu weit entfernt, um gegen Frankreich verteidigt werden zu können, solange das Herz Österreichs einem preußischen Angriff offen stand; und der Kaiser bezeichnete Bayern als das einzige Mittel, durch das Preußen gedemütigt werden könne. Katharinas Zustimmung zu seinen Plänen wurde 1784 durch das Argument genommen, daß Österreich hierdurch eher in den Stand gesetzt würde, sich mit ihr in ihren Plänen gegen die Türkei zu verbinden. Friedrichs Bündnis mit Rußland, das im Jahre 1762 begonnen hatte, war abgelaufen, und noch einmal fand er sich allein.

In dieser neuen Phase einer frostigen Isolierung entschloß sich der König, die Freundschaft der Fürsten zu pflegen, die seine Haltung in der bayrischen Krise gebilligt hatten, und sie ebenso wie sich selbst gegen weitere habsburgische Übergriffe zu verteidigen: eine andere

---

* Ranke, *Die Deutschen Mächte und der Fürstenbund*, Bd. I, ist für die letzten sechs Jahre der Regierung Friedrichs unentbehrlich.

Politik war nicht möglich. Im Oktober 1784 entwarf er einen Plan, der den einzigen Zweck hatte, bestehende Rechte zu sichern. Dieser Plan wurde im einzelnen von Hertzberg ausgearbeitet, um für jede Eventualität fertig zu sein. Sie brauchten nicht lange zu warten, denn im Jahre 1785 erneuerte Joseph seinen Vorschlag an Karl Theodor, ganz Bayern mit der Pfalz gegen die österreichischen Niederlande und den glanzvollen Titel eines Königs von Burgund einzutauschen. Der Kurfürst war nicht abgeneigt, aber sein Erbe, der Herzog Karl von Zweibrücken, lehnte das Angebot einer Geldsumme und eines Königstitel mit Entrüstung ab; er wußte, daß er auf die starke Hilfe Preußens rechnen konnte. Der zweite Versuch war noch weniger erfolgreich als der erste und wurde ohne jeden Gebietszuwachs für Österreich und ohne Appell an die Waffen abgewiesen. »Mein Gott«, schrieb Friedrich, »wir sind von Feigheit und Käuflichkeit umgeben. Werden wir allein in der Lage sein, die Verfassung des Reiches aufrecht zu erhalten? Wenn der Kaiser, wie man hört, Frankreich dadurch für sich gewinnen will, daß er ihm Luxemburg anbietet, dann würde nur übrig bleiben, die Stimmen von Sachsen, Hannover, Mainz, Trier und anderen Reichsfürsten im Protest gegen alle Übergriffe Österreichs gegen die Reichsverfassung zu vereinigen.« Frankreich weigerte sich wiederum, als Partner Österreichs mitzuspielen, und Friedrich machte sich daran, den Fürstenbund mit fünfzehn Mitgliedstaaten zu begründen. Wie schon 1778, so glaubte der Kaiser auch jetzt, daß Preußen nicht kämpfen würde, aber diesmal wurde es nicht nötig, seine Absichten auf die Probe zu stellen, denn Preußen stand nicht mehr allein. Als Hannover und Sachsen am 23. Juli dem Bunde beitraten, war alles übrige einfach. Der Herzog von Zweibrücken, der Erzbischof von Mainz, der wichtigste der drei geistlichen Kurfürsten, Karl August von Weimar, der Gönner Goethes, Gotha, Braunschweig, Mecklenburg, Baden, Ansbach, Hessen und Anhalt folgten sofort. Die Mitglieder kamen überein, zur Verteidigung des *status quo* in Fragen von gemeinsamem Interesse wie etwa der Kaiserwahl zusammenzuarbeiten. Es war eine gewichtige Front, und zum zweiten Male innerhalb von sieben Jahren wurde Joseph schachmatt gesetzt. Sein Prestigeverlust war ein Gewinn für Friedrich; mehr als je war Preußen die aufgehende Sonne am deutschen Himmel, und Bilder Friedrichs konnte man in den Häusern bayrischer Bauern sehen, die keine österreichischen Untertanen werden wollten. Das Ziel des Fürstenbundes – den Ehrgeiz Österreichs zunichte zu machen – wurde glanzvoll erreicht ohne Blutvergießen und Kosten. Da jedoch die Fürsten nur darin einig waren, daß es galt, den Plänen Josephs zu widerstehen, sonst aber durch nichts miteinander verbunden waren, wandelte der Geist des Heiligen Römischen Reiches noch zwanzig Jahre, bis er infolge der Berührung mit Napoleons Lanze sich in Nichts auflöste.

Daß Friedrich keine Vorstellung eines europäischen Systems oder eines Konzerts der Mächte hatte, braucht für das achtzehnte Jahrhundert kein Erstaunen zu erregen. Der mittelalterliche Begriff einer *respublica christiana* war tot und eine ähnliche Formel der Einheit war nicht gefunden worden; die Vorläufer der Völkerbundsidee wie Penn und St. Pierre waren nur Stimmen von Predigern in der Wüste. Dennoch war Friedrich ebensowenig ein Nationalist wie ein Kosmopolit, denn der Nationalismus im modernen Sinne des Wortes ist ein Kind der Französischen Revolution. Hineingeboren in ein Deutschland, das, wie Metternich von Italien sagte, nur ein geographischer Begriff war, träumte er nie von einem Nationalstaat unter preußischer oder anderer Führung. Deutsche Herrscher bedeuteten ihm nicht mehr als andere Herrscher, und in der Armee, die er bei Roßbach schlug, waren mehr Deutsche als Franzosen. Er wünschte ebenso sehnlich, Sachsen mit seinen Besitzungen zu verbinden, wie er darauf ausgewesen war, Schlesien von den Habsburgern oder Westpreußen von den Polen zu gewinnen. Sein Horizont war begrenzt durch die Interessen seines kleinen Erbes, wie er sie verstand. Er nahm Bismarck vorweg und war überzeugt, daß die Macht Preußens nur durch eine Abnahme der Macht Österreichs wachsen konnte, aber Bismarcks Vorstellung eines Deutschland unter preußischer Führung und eines österreichisch-deutschen Mitteleuropa, das wie eine unangreifbare Festung gegen jeden Angriff von Osten oder Westen feststehen könne, war ganz außerhalb seines Denkens.

Friedrich überlebte seinen letzten Triumph über Österreich um ein Jahr. In diesem letzten Jahre schloß er den ersten Handelsvertrag mit den Vereinigten Staaten ab. Bis zuletzt arbeitete er heroisch, trotz Asthma, Wassersucht, Verdauungsbeschwerden und Gicht; er starb in seinem Stuhl im Alter von 74 Jahren am 17. August 1786. Er hatte sein eigenes Todesurteil unterschrieben, als er während einer Truppenparade in Schlesien im Sommer 1785 stundenlang in strömendem Regen auf dem Pferde aushielt; danach erlangte er seine Gesundheit nicht wieder. Mirabeau, der in der Erwartung des kommenden Regierungswechsels in geheimer Mission von der französischen Regierung entsandt worden war, berichtete, wie in Berlin die Nachricht vom Tode eines Monarchen aufgenommen wurde, den er als den größten Mann seines Jahrhunderts beschrieb. »Jedermann ist bedrückt, niemand trauert. Jedes Gesicht zeigt Erleichterung und Hoffnung; nicht ein Bedauern, nicht ein Seufzer, nicht ein Wort des Lobes. Das also ist das Ergebnis aller seiner Siege und seines Ruhms, einer Regierung von beinahe der Dauer eines halben Jahrhunderts, erfüllt mit großen Ereignissen. Jedermann ersehnte sich ihr Ende und begrüßte es, als es da war.« Der alte General Möllendorf erlitt einen Zusammenbruch, als er eine Ansprache an die Offiziere hielt. »Ihr habt den größten der Könige verloren, den ersten der Helden. Ich verliere meinen Herrn und, wenn ich so sagen darf, meinen Freund.« Jenseits der Grenzen hatte man ein ähnliches Empfinden seiner Größe und ein ähnliches Gefühl der Erleichterung. »Als Soldat«, schrieb Joseph an Kaunitz,

»beklage ich den Verlust eines großen Menschen, der in der Kriegskunst immer eine hervorragende Stellung einnehmen wird. Als Bürger bedauere ich, daß sein Tod nicht dreißig Jahre früher eintrat. Wäre er 1756 gestorben, hätten wir Schlesien zurückgewonnen; jetzt ist es dazu zu spät.« Des Königs Wunsch, im Garten von Sanssouci neben seinen Hunden und seinem Lieblingspferd begraben zu werden, wurde nicht erfüllt, und er liegt neben seinem strengen Vater in der Garnisonkirche von Potsdam*.

Friedrich hatte sich nie etwas aus Volkstümlichkeit gemacht, nie um Dankbarkeit geworben, sich nie um die Gefühle seiner Untertanen ihm und seiner Arbeit gegenüber gekümmert. Er hatte sich damit begnügt, seine Pflicht zu tun, wie er sie verstand, für das Wohl und die Größe seines Staates zu planen und zu arbeiten. Er lebte und starb ohne großes Interesse für das Deutschtum, ohne tiefere Kenntnis der Schätze des deutschen Geistes. Dennoch erstreckte sich seine Wirkung auf die politische Entwicklung Zentraleuropas weit über die Grenzen seines kleinen Königreiches hinaus. Er war die erste führende Gestalt auf der deutschen Bühne seit Karl V. und erhob Preußen zum Rang einer Großmacht, nicht nur durch sein blitzendes Schwert, sondern durch sein unvergleichbar großes Ansehen; er entwickelte die leistungsfähige und gewissenhafte Bürokratie, wie sie sein Vater geschaffen hatte, weiter; er gab das Beispiel eines arbeitenden Herrschers, der stolz darauf war, daß er den Titel des ersten Dieners des Staates verdiente; er führte ein System der religiösen Duldung ein, das nirgends in Europa außer Holland bekannt war; er schützte die Jesuiten, als der Orden in den katholischen Ländern unterdrückt wurde; er ordnete die privaten Interessen dem Wohle der Gemeinschaft unter, wie er es verstand; er hinterließ einen größeren Staatsschatz, als er vorgefunden hatte, und ein Heer von 200000 Mann. »Ein Heldenleben!« ruft der sonst so nüchterne Ranke aus, und Carlyle begrüßt ihn ehrfürchtig als den letzten der Könige. Nach den Worten Mirabeaus konnte er keinen Nachfolger haben.

Alles das hat seine Wahrheit, aber es ist nicht die ganze Wahrheit. Der Engel des Gerichts hat ebenso viel zu tadeln wie zu preisen – viele würden sagen: weit mehr. Auf dem Gebiet der inneren Politik vernachlässigte Friedrich völlig die politische Bildung seiner Untertanen, deren Pflicht seiner Meinung nach darin bestand zu arbeiten, zu kämpfen, zu gehorchen. »Die preußische Monarchie«, schrieb Hugh Elliot, der britische Botschafter während der letzten Jahre seiner Regierung, »erinnert mich an ein riesiges Gefängnis, in dessen Mitte der große Aufseher sitzt, beschäftigt mit der Sorge um seine Gefangenen.« Das Urteil ist zu hart, da es den Grundsatz des Autokraten unbeachtet läßt, daß seine Untertanen sagen könnten, was sie wollten, so-

---

* Beide Sarkophage befinden sich jetzt in der Elisabethkirche in Marburg (Anm. d. Übs.).

lange er tun könne, was er wolle. Ein besserer Vergleich wäre der mit einer Schule, in welcher, nach den Worten J. St. Mills, der Lehrer seinen Schülern ihre Aufgaben macht. In seinem *Lettre Remise à Frédéric Guillaume II. de Prusse le jour de son Avènement,* und in seiner achtbändigen Abhandlung *La Monarchie Prussienne* vom Jahre 1788 verurteilte Mirabeau beinahe jede Einzelheit des friderizianischen Systems – die militärische Sklaverei, den Merkantilismus, die Klassenunterschiede, die Akzise. »Die Freiheit aller Bürger, die Freiheit des Gewerbes, des Handels, der Religion, der Presse, größere Freiheit der Zustände und Menschen: das ist die ganze Kunst des Regierens.« Zu seinem Unglück mußte Preußen auf diese Reformen warten, bis zwanzig Jahre später Stein und Hardenberg kamen. Daß das System nur funktionierte, wenn ein Übermensch es leitete, wußte niemand besser als Friedrich selbst: es brach zusammen, als die Hand des Meisters von ihm abgezogen wurde. Der überzeugendste Einwand gegen das System ist das Bild seines freundlichen, aber bequemen und liederlichen Nachfolgers mit den Stößen unbeantworteter Briefe auf seinem Schreibtisch. Nach den berühmten Worten der Königin Luise schlief Preußen auf den Lorbeeren Friedrichs des Großen ein. Obwohl er Preußens Umfang verdoppelt, die Zahl seiner Einwohner verdreifacht hatte, hinterließ er das Land, wie er es vorgefunden hatte: seinem Wesen nach noch ein Feudalstaat, mit den alten Schranken zwischen den Ständen, mit Bauern, die Leibeigene waren, mit einem Adel, der von den Steuern befreit war. Diese starrsinnige und kurzsichtige Weigerung, mit seinem Volke die Verantwortlichkeit zu teilen, war es, die ihm die Vorwürfe solch handfester Patrioten wie Stein und Arndt zuzog*.

In der Sphäre der hohen Politik hinterließ Friedrich die unheilvolle Tradition vom Vorteil der Angriffskriege, seiner Meinung nach gerechtfertigt durch die Lehre von der Staatsräson. Er würde dem berühmten Bekenntnis Cavours seinen Beifall gegeben haben: »Wenn wir für uns täten, was wir für unser Vaterland tun, was für Schurken wären wir!« »Das nationale Gewerbe Preußens«, klagte Mirabeau, »war der Krieg«, und dieses beißende Wort hat bis in die Gegenwart fortgelebt, obwohl kein Franzose das Recht hat, mit Steinen zu werfen. Mit größerem Recht darf man sagen, daß seit seiner Thronbesteigung im Jahre 1740 nirgendwo sonst der Glaube an die Waffen als das natürliche Mittel der Regelung von Streitigkeiten sich allgemeinerer Achtung erfreut hat, daß nirgendwo sonst die Drohung mit dem Kriege als einem Instrument der Politik so systematisch angewandt worden ist, daß nirgendwo sonst – mit der glänzenden Ausnahme Kants – so

---

* Der Zustand Preußens beim Tode Friedrichs wird beschrieben von Heigel, *Deutsche Geschichte seit dem Tode Friedrichs des Großen*, Bd. I, und Martin Philippson, *Geschichte des deutschen Staatswesens vom Tode Friedrichs des Großen bis zu den Freiheitskriegen* Bd. I.

wenig Gefühl für internationale Gemeinsamkeit oder so wenig Bereitschaft zum Einsatz für eine Welt gegenseitiger Abhängigkeit bestanden hat. Unterhandlungen ohne Waffen, erklärte er in einem denkwürdigen Aphorismus, seien wie Musik ohne Instrumente. Es ist lächerlich, den Eroberer Schlesiens für dieses Evangelium der Anarchie allein verantwortlich zu machen, aber die Herrschaft und lange Lebensdauer dieses Evangeliums dürfen mit Recht als ein Teil des Preises angesehen werden, den Europa für seine Siege und seinen Ruhm zu zahlen hatte. Als Napoleon nach der Schlacht von Jena neben Friedrichs Sarge in der Garnisonkirche von Potsdam stand, bemerkte er zu seinen Generalen: »Wenn er noch am Leben wäre, dann stünden wir nicht hier.« Ist es überraschend, daß sein unzähmbarer Geist als das Symbol nationaler Herrlichkeit und Kraft weiterlebte, ein Quell der Begeisterung in den dunkelsten Stunden, nicht nur, solange Preußen eine Einheit innerhalb einer größeren politischen Struktur bildete, sondern auch, als ein von preußischem Geist beherrschtes Deutschland die gewaltigste militärische Macht in der Welt geworden war?

IV.

DER KRONPRINZ

Maria Theresia pflegte von ihrem furchterregenden Gegenspieler als dem »bösen Menschen« zu sprechen, und ihr Minister Bartenstein sagte von ihm, daß man ebenso gut versuchen könne, einen Schwarzen weiß zu waschen, wie den König von Preußen zu bessern. »Ich hasse diese Helden beide und alle ähnlichen Räuberhauptleute«, schrieb Horace Walpole, als er die Nachricht von seinem Tode erhielt, indem er ihn mit dem Kaiser Joseph zusammenkoppelte. Verdient er solche Titel? Außerhalb seines Vaterlandes ist das allgemeine Urteil scharf gewesen. »Eine abstoßende und schreckenerregende Persönlichkeit«, sagt Lord Rosebery, und Lytton Strachey tut ihn ab als einen genialen Schurken. Selbst seine glühendsten Bewunderer haben nicht gewagt, ihn einen guten Menschen zu nennen. Glücklicherweise braucht der Geschichtsschreiber sich nicht für Verdammung oder Freispruch zu erklären*. Männer der Tat haben ein rauhes Geschäft. Um Omeletten zu machen, sagen die Franzosen, muß man Eier zerschlagen. Für den Raub Schlesiens gibt es ebensowenig eine Entschuldigung wie für die Bartholomäusnacht, die Vertreibung der Hugenotten aus Frankreich oder die drei polnischen Teilungen. Dennoch glaubten die Urheber dieser Verbrechen, daß sie ihrem Staate einen Dienst erwiesen.

Friedrich war einer der dynamischsten und kühnsten Herrscher aller Zeiten, aber er war weit davon entfernt, der schlimmste zu sein. Er hatte einige glänzende Eigenschaften, vor allem eine unermüdliche Hingabe an seinen königlichen Beruf, wie er ihn auffaßte. Während Napoleon, der reinste Typus des vollkommenen Egoisten, sich viel weniger für Frankreich als für seine eigene Laufbahn einsetzte, weihte Friedrich sein Leben dem Dienste Preußens und schuf ein neues Leitbild verantwortungsbewußten Königtums. Er war in einer harten Schule groß geworden, seine sanfteren Neigungen waren in den empfänglichen Jahren des Jünglingsalters erstarrt, und so erschien er seinen Zeitgenossen als ein Übermensch, rücksichtslos und sarkastisch, ihn zu lieben war schwer, ihm Vertrauen zu schenken unmöglich. Er war der niedrigsten Handlungen fähig, und Bismarck klagte ihn der Eitelkeit an; aber er war durchaus nicht ohne zartere Gefühle und er

* Die Hauptquelle für das Studium von Friedrichs Charakter während jeder Phase seiner Laufbahn ist seine Korrespondenz in den *Oeuvres de Frédéric le Grand,* Bd. 16–27, und *Politische Correspondenz.* Die besten Darstellungen seines Lebens vor der Thronbesteigung finden sich bei Koser, *Friedrich der Große als Kronprinz* und Lavisse, *La Jeunesse du Grand Frédéric,* und *Frédéric le Grand avant l'avènement.* Willy Norbert, *Friedrichs des Großen Rheinsberger Jahre* und Otto Gervais, *Die Frauen um Friedrich den Großen,* sind auch nützlich.

zählte Männer und Frauen von hoher Gesinnung zu seinen Freunden. Eine klügere Erziehung würde kaum von Einfluß auf seine Politik gewesen sein, aber sie hätte ihn zu einem glücklicheren und besseren Menschen machen können.

Friedrich der Große war, wie Heinrich VIII. und Karl I., ein jüngerer Sohn; seine zwei älteren Brüder waren in früher Jugend gestorben. Solche Todesfälle im Kinderzimmer und in der Schule haben häufig den Gang der Geschichte verändert. Der erste König von Preußen lebte gerade lange genug, um seine Geburt im Jahre 1712 noch zu erleben, und drei jüngere Brüder folgten ihm im Laufe der nächsten zwanzig Jahre. Obwohl seine Eltern vierzehn Kinder hatten, wurde nur eines von ihnen für sein ganzes Leben von Bedeutung für ihn: »unsere liebe Wilhelmine«, wie Carlyle sie nennt, drei Jahre älter als er, war seine einzige Gespielin. Seine Kindheit war glücklich, denn seine Mutter war liebevoll und klug, und die brutale Abneigung seines Vaters hatte sich noch nicht entwickelt. Der frühreife Knabe hatte Freude am Unterricht; von Mme. de Rocoulle, der hingebungsvollen Gouvernante der königlichen Kinder, und von seinem französischen Hauslehrer Duhan de Jandun, dem Sohn eines hugenottischen Flüchtlings, lernte er die Sprache des kultivierten Europa besser schreiben und sprechen als seine eigene. Deutsch, bekannte er selbst, sprach er wie ein Kutscher. Dies ist sein erster erhaltener Brief an Duhan, den er im Alter von fünfzehn Jahren aus Potsdam schrieb. »Mein lieber Duhan, Ich verspreche, sobald ich mein eigenes Geld in Händen habe, Ihnen jährlich 2400 Taler zu geben und Sie immer noch etwas mehr zu lieben als jetzt, wenn ich es vermag. Friedrich, Kronprinz.« Das Versprechen unveränderlicher Treue gegen den guten Erzieher, der ihn vom vierten bis zum sechzehnten Lebensjahre beaufsichtigte und in die französische Dichtung einführte, wurde getreulich gehalten. Die Literatur und die Musik hatten seine ganze Liebe, und trotz des väterlichen Verbots eignete er sich in heimlichen Stunden einige Kenntnisse des Lateinischen an. Als der königliche Rekrutenfeldwebel in dem Verlangen, sein Erbe solle eine Taschenausgabe seiner selbst werden, das Auseinandergehen der Interessen entdeckte, wandte er sich brutal gegen ihn und verdüsterte viele Jahre lang sein Leben. Die Lebenserinnerungen Wilhelmines gehören zu den unzuverlässigsten einer Gattung von Werken, die stets mit kritischen Augen geprüft werden müssen, aber ihre Darstellung des Zusammenstoßes der Generationen und Weltanschauungen ist lebenswahr. Reibung zwischen Herrscher und Erbe ist ein uraltes historisches Motiv, in Preußen und überall, aber nur in wenigen Fällen gab es so viele Reibungsflächen. Zwei Lebensanschauungen waren im Kampf miteinander. Dieser Kampf hörte nie auf, obwohl in späteren Jahren beide sich ihres gegenseitigen Wertes ein wenig bewußt wurden. Athen stand gegen Sparta, Weimar gegen Potsdam. Friedrichs Vater herrschte über sein Schicksal, aber nicht über seine Seele.

Die Fehler lagen nicht alle auf einer Seite. Wilhelmine schreibt durchweg so, als habe ihr Vater keine anderen Beschäftigungen gekannt als zu jagen, zu trinken und seine Familie zu tyrannisieren. Daß er einer der fleißigsten Männer in Europa, ein erstklassiger Verwaltungsbeamter, ein aufrechter Diener des Staates war, konnte sie nie begreifen. Das Ideal dieses alttestamentlichen Christen, als welchen man ihn beschrieben hat, war es, der Landesvater zu sein, der sparsame Gutsherr, der vorbildliche Soldat, die Verkörperung der Zucht, der Verkünder des rastlos tätigen Lebens; aber da er von unguter Gemütsart war, unkultiviert und ohne Sinn für Verfeinerung, waren seine Fehler bekannter als seine Tugenden. Es mußte einen solchen Mann erregen, wenn er sah, wie sein Erbe als ein verweichlichter Dilettant aufwuchs, der kostbare Zeit mit Dichten und Flötenspielen verschwendete, an der Jagd kein Gefallen fand, die Trinkgelage und ungeschlachten Späße des Tabakkollegiums verabscheute. Und obwohl der junge Mann zu diesem Zeitpunkt seine religiösen Überzeugungen verbarg, wußte der streng kalvinistische Vater, daß sein enger Pietismus keine Gegenliebe fand. Nie war jemand weniger geneigt, sich seine Glaubenssätze vorschreiben zu lassen, als Friedrich. Noch schlimmer war, daß er eine Schwäche für das schöne Geschlecht entwickelte. Der König trank übermäßig, aber als Ehemann war er ebenso treu wie Georg III. Nach einem offiziellen Besuch in Dresden, den der Kronprinz mit seinem Vater im Alter von 16 Jahren machte, erschien es den Beobachtern eine kurze Zeit lang, als ob der Jüngling sich August den Starken, Kurfürsten von Sachsen und König von Polen, den verschwenderischsten und sittenlosesten Herrscher seines Zeitalters, zum Vorbild nehmen wollte. Damals näherte sich ihm, wie es den Anschein hatte, die Versuchung zum ersten Male in der Gestalt der schönen Gräfin Orczelska, die nicht nur Augusts uneheliche Tochter, sondern auch seine Maitresse war. Die Neigung zu Doris Ritter, der Tochter eines Potsdamer Musiklehrers, war unschuldiger, obwohl der König, der das Schlimmste annahm, sie öffentlich auspeitschen und ins Gefängnis werfen ließ. Während seine Mutter, die selbst eine Liebhaberin der schönen Literatur war, ihn in seinen literarischen Neigungen bestärkte, konnte sein Vater von jetzt ab kaum den Anblick seines rebellischen Sohnes ertragen. Selbst wenn wir die nötigen Abstriche von Wilhelmines düsteren Anekdoten von den »Qualen des Fegefeuers« machen, haben wir doch aus dem Munde Friedrichs selbst das Zeugnis dafür, daß sein Leben für eine Reihe von Jahren beinahe unerträglich war.

Die Krise des Herbstes 1730 war für die Formung seines Charakters ebenso entscheidend wie der Raub Schlesiens zehn Jahre später für die Entwicklung seiner Politik. Fluchtgedanken nahmen schon im Alter von 16 Jahren in seinem Geiste Gestalt an, wie der britische und französische Gesandte an ihre Minister meldeten. Er konnte alles ertragen, so erklärte er, nur keine Schläge, denn hier seien seine Ehre und sein Stolz getroffen. Sein Vater, so beklagte er sich, verwechsle den Kronprinzen mit einem preußischen Offizier. Der gefährliche Plan wurde mit zwei jungen Freunden, Keith und Katte, besprochen, und gelangte zur Kenntnis Wilhelmines, die sich vergeblich bemühte, ihren Bruder vor dem Abgrund zu retten. An einen Erfolg war kaum zu denken, denn er wurde sorgfältig überwacht, und alle fürchteten den leidenschaftlichen Charakter des Königs. Der Plan, während einer Reise, auf der er seinen Vater begleitete, über die französische Grenze zu fliehen, wurde entdeckt; Keith entkam, aber Katte war im Netz der Häscher gefangen. Als Wilhelmine Katte wegen seiner unvorsichtigen Reden getadelt hatte, stritt er ab, daß er seinen Herrn zur Flucht ermutigt habe, obwohl er glaubte, daß einem Kronprinzen nichts geschehen könne. »Sie spielen mit einem sehr hohen Einsatz«, entgegnete Wilhelmine; »ich fürchte, ich bin ein guter Prophet.« »Wenn ich meinen Kopf verliere«, war die Antwort Kattes, »dann wird es für eine gute Sache sein«, aber der Kronprinz wird mich nicht im Stich lassen.« Obwohl er ein kultivierter junger Mann war, führte er ein lockeres Leben, und auf einen leicht beeindruckbaren Jüngling von achtzehn Jahren war sein Einfluß nicht wohltätig. Der Thronerbe wurde seines Degens beraubt, geschlagen und von seinem aufgebrachten Vater verhört.

Der König: Warum wolltest Du desertieren?

Friedrich: Weil Sie mich nicht wie Ihren Sohn, sondern als einen jämmerlichen Sklaven behandelt haben.

Der König: Also bist Du nichts anderes als ein feiger Deserteur, der kein Gefühl für Ehre hat?

Friedrich: Ich habe so viel Ehre wie Sie.

Die Begrüßung der Königin durch den König bei seiner Rückkehr nach Berlin war eine unmenschliche Lüge: »Ihr unwürdiger Sohn ist tot.« »Was!«, schrie sie. »Sie sind so unmenschlich gewesen und haben ihn getötet?« »Ja, aber jetzt will ich meine Kassette haben.« Als die Königin ging, um den Kasten mit Briefen zu holen, hörte Wilhelmine, wie sie stöhnte: »Mein Gott, mein Sohn!« Das wutverzerrte Gesicht des Königs war ein schrecklicher Anblick. Obwohl er bald zugab, daß Friedrich noch am Leben sei, stieß er ununterbrochen fürchterliche Todesdrohungen gegen seinen Sohn aus, während er seiner Tochter lebenslängliches Gefängnis in Aussicht stellte. Katte wurde in der Festung Küstrin unter dem Fenster des Kronprinzen enthauptet, der das gräßliche Schauspiel mitansehen mußte und in Ohnmacht fiel. Ob sein Leben nur durch den Einspruch auswärtiger Mächte gerettet wurde, ist nicht feststellbar. Während Ranke und Lavisse der Meinung sind, daß ein Todesurteil nie wirklich erwogen wurde, hält Koser, eine noch größere Autorität, dies durchaus für möglich. Friedrich glaubte jedenfalls, daß sein Schicksal auf des Messers Schneide gestanden hatte. Diese erschütternde Erfahrung, die einen schwächeren Charakter zerbrochen hätte, zwang ihn dazu, das

Leben von einem neuen Blickpunkt aus zu sehen. Da der königliche Autokrat Herr der Lage war, blieb ihm kein anderer Weg übrig, als Reue zu heucheln und Zeit zu gewinnen. Nach kurzer, aber strenger Haft, während der ein Armeegeistlicher Berichte über sein Verhalten nach Potsdam sandte und ihm nur Erbauungsbücher gestattet waren, erhielt er die Erlaubnis, in einem eigenen Hause zu wohnen, und bekam den Befehl, seine Lehrzeit in der Lokalverwaltung des Kreises Küstrin abzuleisten. Geselligen Verkehr fand er dort nur bei der anziehenden Frau von Wreech, der Gattin eines in der Nähe stationierten Offiziers und Mutter von fünf Kindern; sie erweckte in ihm eine tiefe Zuneigung, und einige seiner frühesten Briefe sind an sie gerichtet. Langsam gewann er seine Elastizität wieder, und nach etwas über einem Jahr im Schatten kehrte er nach Berlin zurück. Er war in beständiger Angst vor seinem Vater, wurde kurz bei Kasse gehalten und mußte Geld von Seckendorff, dem österreichischen Gesandten, annehmen, um seine Schulden bezahlen zu können. Aber er hatte gelernt, sich Gedanken zu machen, sich auf sich selbst zu verlassen, seine Gefühle zu verbergen, hart zu arbeiten. Leiden und Nachdenken hatten ihn gereift, und im Alter von neunzehn Jahren schon war er ein Mann. Der Mangel an geistiger Nahrung ließ ihn verschmachten, sein größter Wunsch war die Rückkehr zu seinen Freunden, zu seiner Musik, zu seinen Büchern.

Friedrich Wilhelm I. hatte selbst im Alter von achtzehn Jahren geheiratet, und seiner Meinung nach war damit die Zeit gekommen, für seinen Erben eine Gattin zu suchen. Eine Doppelverbindung mit den englischen Vettern war viele Jahre lang Gegenstand des Gesprächs gewesen; Wilhelmine sollte den »armen Fritz«, den ungeliebten Sohn Georgs II. heiraten, Friedrich dessen Schwester Amalie. Die Königin, eine Schwester Georgs II., sehnte diese Regelung herbei, während ihr mißtrauischer Gatte, der seine reicheren hannoverschen Verwandten verabscheute, sich niemals eine englische Frau für seinen Sohn wünschte. Der Heiratsplan wurde mit allen Kräften vom Wiener Hof bekämpft und im Jahre 1730 nach einem wütenden Auftritt zwischen Hotham, dem Sondergesandten, und dem König fallen gelassen. Wilhelmine mußte sich mit einem entfernten Vetter, einem Sohn des Markrafen von Bayreuth, begnügen, während für den Kronprinzen die farblose Elisabeth Christine von Braunschweig gewählt wurde, die drei Jahre jünger war*. Die Verbindung wurde von Seckendorff und Feldmarschall Grumbkow, dem ersten Minister Friedrich Wilhelms I., geschmiedet, den der Gesandte in der Tasche stecken konnte; man glaubte, daß die Ehe mit einer Nichte des Kaisers Berlin mit Wien gleichschalten werde. Der Gedanke, daß auch die Wünsche seiner Kinder zu berücksichtigen seien, kam dem Vater nicht in den Sinn.

---

* Hahnke, *Elisabeth Christine, Königin von Preußen*, zeichnet ein sympathisches Bild und gibt eine Auswahl aus ihrem Briefwechsel.

»Ihr wißt, mein lieber Sohn«, schrieb der Autokrat, »daß, wenn meine Kinder gehorsam sind, ich sie sehr lieb habe.«

Friedrich hatte die bittere Lehre gelernt, daß nur ein sklavischer Gehorsam das Leben erträglich machte, und so fand er sich mit schwerem Herzen in sein Geschick. »Man will mich mit Stockschlägen zum Liebhaber machen«, beklagte er sich gegenüber Grumbkow. »Ich bemitleide das arme Geschöpf«, schrieb er, noch ehe er seine Dulcinea, wie er sie nannte, sah; »es wird eine unglückliche Fürstin mehr in der Welt geben.« Wenn wir Wilhelmine Glauben schenken, dann streute die Königin voll Erbitterung über das Scheitern ihres mütterlichen Ehrgeizes auch noch Salz in die Wunde. »Dein Bruder ist verzweifelt«, bemerkte sie am Familientisch. »Sie ist ein bloßes Tier. Auf alles antwortet sie mit Ja oder Nein und begleitet alles mit einem leeren Gekicher, das einen krank macht.« Die Prinzessin Charlotte fiel ein und sagte, daß sie einen unerträglichen Geruch von sich gebe. Friedrich wechselte die Farbe, und nach dem Abendessen fragte ihn Wilhelmine nach seiner zukünftigen Braut. Er habe keinen so großen Widerwillen gegen sie, wie es scheine, antwortete er. Sie sehe hübsch aus, aber es fehle ihr an Bildung und sie sei schlecht angezogen; Wilhelmine werde sicher so gut sein, ihr die nötige Politur zu geben. »Ich empfehle sie Dir, meine liebe Schwester, und hoffe, Du wirst sie unter Deine Fittiche nehmen.« Als das verängstigte Mädchen in Berlin ankam und ihrer zukünftigen Schwägerin vorgestellt wurde, stand sie stumm und bewegungslos wie ein Standbild. Aber die beiden Unglücksgefährten waren entschlossen, aus der Not eine Tugend zu machen. Wenn es ihr auch an Persönlichkeit fehlte, so war sie dafür sanft, religiös und zurückhaltend; sie spielte die Harfe und hatte Bücher gern. Sie tat ihr Bestes, um ihrem jungen Mann von 21 Jahren zu gefallen, und für die Dauer der nächsten sieben Jahre waren sie nicht unglücklich. Obwohl eine geistige Kameradschaft nicht im Bereich der Möglichkeiten lag, liebte und bewunderte sie ihn und gewann seine dauernde Hochachtung. »Ich wäre der verächtlichste aller Menschen«, schrieb er, »wenn ich meine Gattin nicht wirklich verehrte; sie ist das sanftmütigste Geschöpf und gibt sich Mühe, mir zu gefallen.« Aber er konnte nicht auf Befehl lieben. Anfänglich wechselten sie Briefe, wenn er verreist war, und nach der auf seine Thronbesteigung folgenden Zeit der Trennung erinnerte sie ihn mit resignierter Trauer an die hellen Tage ihrer jungen Ehe. Obwohl die Paarung von Adler und Taube sich zunächst als glücklicher erwies, als man erwarten durfte, war ihre Kinderlosigkeit eine große Enttäuschung, und der Zwang, eine Frau zu heiraten, die keine seiner Interessen teilte, verbitterte einen Charakter, der durch die Tragödie von Küstrin schon tief verwundet war.

Nachdem Friedrich im Jahre 1732 die ganz von seiner Bewährung abhängende Gunst seines Vaters wiedergewonnen hatte, wurde er zum Obersten eines Regimentes in Neuruppin ernannt, ungefähr 60 Kilometer nördlich von Berlin; und nach seiner Heirat im Jahre darauf erhielt er die Erlaubnis, sein eigenes Heim zu beziehen. Rheinsberg ist ebenso untrennbar mit dem Frühling seines Lebens wie Sanssouci mit seinen mittleren und späten Jahren verbunden. Die Landschaft war flach und reizlos, aber nach seinem Ausbau durch Knobelsdorff und seiner Ausschmückung durch Pesne bot das Haus einen angenehmen und freundlichen Anblick, und der See war entzückend. »Machen Sie sich keine zu großartige Vorstellung von Remusberg«, schrieb er an einen Freund. »Es ist ein Zufluchtsort, ein Ort der Studien, das Heim der Freundschaft und Ruhe. Alles ist ganz einfach; wir meiden alles Außergewöhnliche oder Anspruchsvolle.« Hier konnte er ein Leben nach seinem Geschmack führen und sich dem Blick seines Vaters so viel wie möglich entziehen. »Wir führen ein Landleben«, schrieb er an Graf Manteuffel, nachdem er sich eingerichtet hatte; »es erscheint mir anregender und angenehmer als die glänzendsten Höfe. Welch ein Vergnügen, wenn man sich seinen Neigungen hingeben kann trotz aller Hindernisse!« Die Abende wurden belebt durch Konzerte und Liebhaberaufführungen, an denen der Gastgeber aktiv teilnahm. Wie man sich die Zeit vertrieb, geht aus den Erinnerungen des Barons von Bielfeld hervor.

»Ich bin noch der alte«, versicherte Friedrich seinem alten Lehrer Duhan im Jahre 1734, »aber ich bin wie ein Spiegel, der jeden Gegenstand reflektieren muß. Ich würde mehr sagen, wenn es einem Weisen nicht obläge, seine Lippen zu versiegeln.« Unter diesen Umständen war das Studieren sein einziger Trost, und im Jahre 1738 berichtete er, daß er mehr als je in seinen Büchern begraben sei. Er las gierig, besonders lateinische und französische Literatur und neuere Geschichte, erging sich ein wenig in Philosophie und Naturwissenschaft, baute eine umfassende Bibliothek auf und versammelte einen Kreis gleichgesinnter Geister um sich. »Ich habe ein zärtliches und gefühlvolles Herz«, schrieb er, »und fühle die Sorgen meiner Freunde wie meine eigenen.« Es war fast kein Soldat unter diesen außer dem Baron de la Motte Fouqué, dem Sohn eines hugenottischen Flüchtlings: das Gespräch drehte sich um schöne Literatur und Kunst und vermied Politik oder Krieg. Seine besonderen Günstlinge waren Jordan, ein kluger, hochkultivierter und großherziger Hugenott, der im Jahre 1736 als Sekretär und literarischer Berater in seine Dienste trat und von Voltaire als ein »guter und verschwiegener Junge« beschrieben wurde; Keyserlingk, ein kurländischer Adliger, den er voll Neigung als *le cher Césarion* bezeichnete; und Algarotti, ein junger für die Naturwissenschaften interessierter Venezianer. Die verachtete deutsche Sprache wurde kaum im Hause gehört, und er korrespondierte und schrieb nur Französisch. Sein erstes Buch *Betrachtungen über den gegenwärtigen politischen Zustand Europas* ließ erkennen, wie sorgfältig er die politische Landschaft studiert hatte und wie fähig er war, seine eigene Meinung zu bilden. Der *Antimachiavell*, ein Buch, das er im Jahre seines Regierungsantritts veröffentlichte und das von Voltaire als die beste Schrift aus der Feder eines Fürsten seit Mark Aurel begrüßt wurde, enthielt seine Regierungsgrundsätze, die an manchen Punkten denen des Florentiner Realisten näher kamen, als der Titel verriet. Seine französischen Verse dagegen beschreibt Sainte-Beuve als seine größte Sünde, obwohl er hinzufügt, daß sie nicht schlechter sind als andere Verse der Zeit, die einst bewundert wurden und jetzt nicht mehr lesbar sind. Er schreibe sie nur zur eigenen Befriedigung, erklärte er Wilhelmine, nicht mit dem Ehrgeiz, sich einen Sitz auf dem Parnaß zu sichern. Weder seine deutsche noch seine französische Rechtschreibung waren fehlerlos, und er sah es gern, wenn seine Leistungen in beiden Sprachen überarbeitet wurden.

Seine liebste Beschäftigung in seinen Lehrjahren war sein Briefwechsel mit französischen Intellektuellen – Fontenelle, Rollin, dem Historiker des Altertums, und vor allem Voltaire; mit diesem begann der Austausch im Jahre 1736 und wurde mit einigen Unterbrechungen mehr als vierzig Jahre fortgesetzt. Zuerst war alles eitel Freude. Der eifrige Schüler leistete willige und geschmackvolle Huldigung, indem er dem Orakel seine Vers- und Prosakompositionen zur Kritik und Verbesserung einsandte. Die *Henriade* und die frühen Schauspiele hatten Friedrichs Herz im Sturm gewonnen. Der Dichter fühlte sich geschmeichelt durch die uneingeschränkte und geradezu maßlose Bewunderung eines Thronerben, des einzigen Fürsten seiner Zeit, der wirklich ernsthaft an geistigen Dingen interessiert war, und er antwortete mit einer Flut von Komplimenten. »*Votre Majesté ou Votre Humanité*« war die Anrede seines ersten Briefes an seinen Schüler nach der Thronbesteigung. Einig in ihrem literarischen Geschmack, waren beide zugleich Kinder der Aufklärung, des Zeitalters der Vernunft, und triumphierten in dem Gedanken, daß die Herrschaft des Aberglaubens und der Priesterränke sich dem Ende näherte. Preußen, so hofften sie, werde humanisiert und französische Kultur seiner urwüchsigen Kraft aufgepfropft werden. Wie Voltaire, so glaubte auch Friedrich an ein höchstes Wesen: »Alles, bis zum Wachstum eines Grashalms, ist ein Beweis für die Existenz der Gottheit.« Aber sein frostiger Deismus sah keine Spur einer führenden Hand im Durcheinander der menschlichen Dinge. Zu seinen Lieblingsbüchern auf dem Gebiete der Philosophie gehörten Bayles *Dictionnaire Historique et Critique* und die Schriften Christian Wolffs. Im Jahre 1738 wurde er ein eifriges Mitglied der ersten auf deutschem Boden begründeten Freimaurerloge.

Als Friedrich im Mai 1740 im Alter von 28 Jahren den Thron bestieg, waren sein Charakter und seine Weltanschauung voll ausgebildet. Der neue Herrscher war sich seiner außergewöhnlichen Begabung bewußt und entschlossen, sie ohne Zeitverlust einzusetzen. Die Verwandlung von Prinz Hal* in den Helden von Agincourt vollzog sich kaum weni-

---

* Heinrich V. von England, vgl. Shakespeares *Heinrich IV.* (Anm. d. Übs.)

ger dramatisch als die des jungen Intellektuellen in den Selbstherrscher und Soldaten. »Er wird nie ein Heerführer oder ein Staatsmann werden«, war das Urteil Seckendorffs gewesen, der ihn seit Jahren kannte, dennoch machte er Wien darauf aufmerksam, daß es notwendig sein werde, auf ihn wegen seines hinterhältigen Wesens achtzugeben. Beobachter aus der Nähe allerdings erwarteten von ihm, daß er die Politik der beschränkten Verpflichtungen, wie sie sein Vater für sich gewählt hatte, aufgeben und seinen eigenen Weg gehen würde. Dem sterbenden König fielen die Schuppen von den Augen, und nach den letzten Gesprächen mit seinem Sohn rief er aus: »Ich sterbe zufrieden, da ich einen solch würdigen Sohn und Nachfolger hinterlasse.« Als Fürst Leopold, der Alte Dessauer, im Vertrauen auf sein Alter und seine militärischen Dienste, in den ersten Stunden der neuen Regierung auch für die Zukunft seinen Rat anbot, wurde er energisch daran erinnert, daß in Preußen alle Autorität in den Händen des Königs liege. Die königliche Familie ebenso wie das Volk atmeten nach dem Tode des Despoten auf, der sie alle mit eiserner Rute regiert hatte, aber sie fanden bald heraus, daß sei einen Herrn nur mit einem anderen vertauscht hatten. »Ich wollte hundert Pistolen geben«, seufzte der Hofkämmerer Pöllnitz, »wenn ich den alten Herrn wieder haben könnte.« Die Königin-Mutter, die hinter dem Rücken ihres Gatten ihre Finger gern ein wenig in der Politik gehabt hatte, wurde streng von jeder Teilnahme an den Staatsgeschäften ausgeschlossen, obwohl Friedrich sie stets mit liebevoller Ehrfurcht behandelte.

Friedrich hatte manchmal an eine Lösung seiner Ehe gedacht, sobald er sein eigener Herr wäre, obwohl er dabei keine neue Gattin im Auge hatte, aber seine Thronbesteigung änderte in dieser Beziehung zunächst nichts. Die neue Königin war Gastgeberin in Rheinsberg, als Voltaire im Herbst 1740 seinen ersten Besuch dort machte, und vielleicht hätte sie weiterhin sein Haus geteilt, wenn sie Kinder bekommen und ihr Gatte sich nicht so schnell in den Krieg gestürzt hätte. Die schon geringe Zuneigung, die auf seiner Seite bestanden hatte, schmolz während seiner langen Abwesenheit dahin, und die Ehegemeinschaft hörte auf, obwohl sie nie gesetzlich gelöst wurde. Von nun an trafen sie sich nur bei offiziellen Gelegenheiten und Familienzusammenkünften, und seine wenigen Briefe wurden kalt und unpersönlich. Salomo, bemerkte er schmerzlich, habe einen Harem von tausend Frauen gehabt und gemeint, das sei nicht genug. »Ich habe nur eine, und das ist mir zu viel.« Sie erhielt eine bescheidene Ausstattung und lebte während des Sommers in Schönhausen vor den Toren Berlins, den Rest des Jahres im Schloß in Berlin. Nie hörte sie auf, von einer Wiedergewinnung seiner Gunst zu träumen, aber ohne Erfolg. Von keiner Seite fiel ein Wort des Tadels, aber ihre Entfernung aus seinem Leben und Heim brachen ihr beinahe das Herz. Eine edlere Natur als die Friedrichs würde wenigstens etwas aus dem Schiffbruch gerettet haben. Sie warf nie einen Blick auf Sanssouci oder das Neue

Palais, da sie ohne Einladung nicht die Reise nach Potsdam wagte. Es blieb ihr die Genugtuung zu wissen, daß niemand an ihre Stelle trat, denn die Barberina, eine italienische Tänzerin, die Berlin im Jahre 1744 im Sturm gewann, war nur ein Neuntagewunder. Manch kleinen Trost brachten ihr auch die Sympathie und die Freundlichkeit der königlichen Familie. Selbst die Königin-Mutter, die die Heirat so leidenschaftlich bekämpft hatte, gab nach und lud sie oft nach Monbijou ein.

Ihre Neigung für ihren ihre Liebe ignorierenden Gatten überlebte Jahrzehnte der Hoffnungslosigkeit und Vernachlässigung. Als sie 1747 an ihren Lieblingsbruder Ferdinand von Braunschweig über die Genesung des Königs von einem Schlaganfall schrieb, fügte sie hinzu, daß sie sich schreckliche Sorgen gemacht habe und nach Potsdam gegangen wäre, wenn sie es gewagt hätte. Ein Jahr später schüttete sie ihr Herz aus. »Nach der Beschreibung, die man mir von dem neuen Komödiensaal in Potsdam gemacht hat, muß dieser wundervoll sein. Wie glücklich sind die, die dort sein dürfen, aber es ist nicht die Pracht, die mich dorthin zieht, sondern der liebe Herr, der diesen Ort bewohnt. Warum hat sich denn alles ändern und warum habe ich all die frühere Güte und Gnade verlieren müssen? Ich denke noch mit Freude an die Rheinsberger Zeit zurück, wo ich so vollkommen glücklich war, wohlgelitten von einem Herrn, den ich so liebe, für den ich gern mein Leben hingeben würde. Aber wie sehr bedaure ich jetzt, daß alles anders geworden ist. Nur mein Herz ist unverändert geblieben und wird immer gleich für ihn schlagen, und ich hoffe immer noch, daß alles wieder anders wird. Diese Hoffnung hält mich allein noch aufrecht. Wolle Gott nur den lieben König in vollkommener Gesundheit erhalten.« Ihrem Gatten gegenüber beklagte sie sich nie, obwohl sie gelegentlich ihr blutendes Herz offenbart. Den folgenden herzlichen und sorgenvollen Brief schrieb sie am Vorabend des Siebenjährigen Krieges. »Wolle Gott Sie bewahren und Ihnen bald Frieden und Ruhe schenken, wolle er Ihre schätzenswerte Unternehmung mit Ruhm und Glück krönen und alles zu Ihrer Zufriedenheit wenden. Das sind die aufrichtigen Wünsche, die von einem Ihnen innigst ergebenen Herzen kommen, das voller zärtlicher und aufrichtiger Freundschaft ist, aber von Kummer und Sorge erfüllt wird, wenn ich daran denke, daß wir Sie vielleicht bald von neuem der Gefahr gegenüber sehen; ich wage nicht ohne tiefsten Schmerz daran zu denken. Verzeihen Sie, daß ich Sie mit meinem Klagen und Jammern belästige. Aber mein Geist ist so voll davon und mein Herz davon so durchdrungen, daß dies die Oberhand gewonnen hat über mein Schweigen, das ich mir gelobt hatte; und Ihnen als dem Einzigen, der die Ursache meiner Sorgen ist, wage ich mein Herz auszuschütten. Sie sind zu gnädig, als daß Sie mir die Verzeihung versagen und nicht an meinem echten Schmerz teilnehmen würden.« Der Brief ist wie üblich unterzeichnet: »Ihre sehr ergebene, sehr gehorsame und treue Gattin und Dienerin Elisabeth.«

Die umfangreichen Tagebücher von Lehndorff, ihrem Kammerherrn, zeigen uns die einsame Frau an ihrem verstaubten kleinen Hofe. Kleinigkeiten erlangten im Laufe der Jahre immer größere Bedeutung, denn sie hatte keine ernsthaften Pflichten zu erfüllen und besaß außerhalb ihrer Familie keine vertrauten Freunde. »Über die Königin bin ich aufs höchste erstaunt«, so lautet die Eintragung am 1. August 1758, auf dem Höhepunkt des Siebenjährigen Krieges. »Sie bringt zwei, drei Stunden bei der Tafel zu und behandelt immer die kleinen Zwistigkeiten, die sie mit den Prinzessinnen hat, viel ausführlicher als die großen Angelegenheiten, die das Wohl des Staates betreffen. Noch nie habe ich mich so gelangweilt bei der königlichen Tafel wie heute; es ist doch unmöglich, angesichts der schrecklichen Gefahr an solchen Kleinigkeiten teilzunehmen.« Einige Jahre später sehen wir sie bei der Hochzeit des Thronerben geschäftig hin und her eilen, »wobei sie laut spricht, obwohl sie nichts zu sagen hat.« Ein ähnliches Bild aufreibender Langeweile wird in dem wohlbekannten Tagebuch der Gräfin Voß gegeben, die dreißig Jahre lang eine ihrer Hofdamen war.

Nachdem Wilhelmine geheiratet hatte und nach Bayreuth gegangen war, trafen sich Bruder und Schwester nur in langen Zeitabständen. Er hatte seiner Verlobten ihre zukünftige Schwägerin mit den Worten vorgestellt: »Die Schwester, die ich anbete«, und sie war wirklich die einzige Frau, zu welcher er in seinen reiferen Jahren eine tiefe Neigung hatte. Es war allerdings keine völlig ungetrübte Beziehung, denn beide gaben einander Anlaß zu Klagen. Wilhelmines Denkwürdigkeiten wurden während der Jahre schmerzlichen häuslichen Zwists geschrieben, und sie war so sehr zu Übertreibungen geneigt, daß wir ihr Zeugnis nicht nur über ihren Bruder, sondern auch über alle anderen Personen ›mit einem Korn Salz‹ nehmen müssen. Sie hatte eine tiefe Abneigung gegen lockere Sitten und war deshalb von seinen jugendlichen Seitensprüngen tief enttäuscht, und als diese kurze Übergangszeit beendet war, bemerkte sie an ihm mit Bedauern einen sich verstärkenden Zynismus und eine bissige Zunge. Nach dem Ende seiner Haft fand ihr erstes Zusammentreffen bei ihrer Hochzeit statt, und hier fand sie ihn überraschend kühl. Mit ihrem Gatten konnte er sich nicht recht verstehen, denn dem jungen Markgrafen fehlte es an kulturellen Interessen. Bei seiner Rückkehr von einem kurzen Feldzug berichtete ihr dieser, daß sich sein Schwager sehr verändert habe. Es war nur zu wahr, wie sie bei seiner Durchreise durch Bayreuth auf seinem Wege nach Berlin feststellte. Seine sarkastischen Bemerkungen auf Kosten des »kleinen Fürsten« und des »kleinen Hofes« berührten sie schmerzlich. Sie hatte das Gefühl, daß sie seine Liebe verloren habe und daß er nur an seine Pläne dachte. Während des Schlesischen Krieges trat eine Unterbrechung der freundschaftlichen Beziehungen ein, und einige seiner Briefe waren in einem ungewöhnlich scharfen Ton gehalten; aber nach drei Jahren kehrte die alte Anhänglichkeit zurück und blieb bis zu ihrem Ende bestehen.

Der erste Schlesische Krieg nahm fast die ganze Aufmerksamkeit Friedrichs während der ersten fünf Jahre seiner Regierung in Anspruch, und seinem Charakter prägten sich die Züge des Kampfes auf. Seine Feuertaufe bei Mollwitz enthüllte ihm die Schrecken des Krieges. »Ein Sieg«, schrieb er, »aber Gott bewahre uns vor einer zweiten solch mörderischen Schlacht! Mein Herz blutet.« Seine Einschätzung der menschlichen Natur, die nie sehr schmeichelhaft gewesen war, wurde immer geringer. Als ein Inspektor des Schulwesens sich über den wohltätigen Einfluß der Erziehung verbreitete und darzulegen suchte, daß man jetzt mit Recht der Meinung sei, die menschliche Natur neige eher zum Guten als zum Bösen, wie man früher angenommen habe, antwortete der König bissig: »Mein lieber Sulzer, Sie kennen dieses verfluchte Geschlecht nicht.« Es sei viel wahrscheinlicher, fügte er hinzu, daß wir von bösen Geistern abstammten, wenn es solche Wesen gebe, als von einem Wesen, das seiner Natur nach gut sei. Im Gegensatz zu den meisten Kindern der Aufklärung traute er seinen Mitmenschen nichts zu und verwarf die Lehre von der menschlichen Perfektibilität. Dennoch machte er einen Unterschied zwischen guten und bösen Menschen und hatte eine ursprüngliche Hochachtung für die Tugenden der Guten. Man kann seine frühe Korrespondenz, besonders mit Jordan, dem vertrautesten Freunde seiner frühen Jahre, nicht lesen, ohne das Gefühl zu bekommen, daß sein Herz Wärme und selbst Heiterkeit kannte. Hier ist ein charakteristischer Brief vom 14. Januar 1741, als er zum ersten Male auf dem Kamm der Woge hochgetragen wurde. »Mein lieber Herr Jordan, mein sanfter Herr Jordan, mein frommer Herr Jordan, ich melde Deiner Durchlaucht die Eroberung Schlesiens, ich setze Dich in Kenntnis von der Beschießung Neißes, ich bereite Dich auf noch wichtigere Pläne vor, und ich gebe Dir die glücklichsten Erfolge bekannt, welche je aus dem Leib der Fortuna entsprangen. Sei Du mein Cicero, was das Recht meiner Sache betrifft, ich will für die Ausführung derselben Dein Caesar sein. Adieu! Du weißt, daß ich in herzlichster Freundschaft Dein treuer Freund bin.« Und hier ist sein letzter Brief, den er aus dem Feldlager im Jahre 1745 während des zweiten Schlesischen Krieges schrieb, als er erfuhr, daß sein Freund im Sterben liege. »Mein lieber Jordan, bereite mir keinen Kummer durch Deine Krankheit. Du machst mich schwermütig, ich liebe Dich ja mit ganzem Herzen. Schone Dich und mach Dir meinetwegen keine Sorgen; mir geht es gut. Durch die Zeitungen wirst Du erfahren, daß die Staatsangelegenheiten günstig vorangehen. Adieu! Hab mich ein wenig lieb und werde, wenn irgend möglich, mir zum Troste wieder gesund.« Die Briefe an Duhan, vor und nach seiner Thronbesteigung, waren ebenso herzlich. Er unterschreibt sich als *votre fidèle ami, votre fidèle élève.* Der letzte, den er kurz vor dem Tode seines alten Lehrers im Jahre 1746 schrieb, endete mit den Worten: »Lieber Duhan; seien Sie überzeugt, daß ich Sie von ganzem Herzen liebe.« Sainte-Beuve, einer der wenigen Ausländer, die über ihn in freundlichem Sinne geschrieben haben, nennt ihn einen treuen Freund.

Friedrich pflegte seine Mutter in Monbijou einmal in der Woche zu besuchen und behandelte sie mit liebevoller Rücksichtsnahme, obwohl wenig wirkliche Zärtlichkeit zwischen ihnen bestand. Von seinen Schwestern war ihm immer Wilhelmine am nächsten, aber mit dreien von ihnen verband ihn eine echte Zuneigung. Ulrike*, die Kopf und Temperament hatte, heiratete den Kronprinzen von Schweden, wurde 1751 Königin, strebte nach größerer Macht, als ihr ihre Untertanen zubilligen wollten, lebte mit ihrem begabten Sohn Gustav III. in beständigen Unstimmigkeiten und kam erst wieder nach Berlin in ihrer Witwenschaft, als sie ihrer alten Heimat einen langen und glücklichen Besuch abstattete. Charlotte, Herzogin von Braunschweig, war auch eine Frau von Geist, und Braunschweig war von Berlin aus schnell zu erreichen. Friederike, die in unglücklicher Ehe mit dem »wilden Markgrafen« von Ansbach verheiratet war, war unbedeutend, und Sophie, die vernachlässigte Gattin des »tollen Markgrafen« von Schwedt, eines trunksüchtigen und sittenlosen Grobians, hatte ein noch schwereres Los. Gegen Ende seines Lebens verkehrte der König am meisten mit Amalie, der Äbtissin von Quedlinburg, dem einzigen unverheirateten Familienmitglied, deren unglückliche Liebesgeschichte mit Baron Trenck, einem Adjutanten des Königs, einen abenteuerlichen Zug in die häuslichen Annalen der Hohenzollern brachte, die aber auch ihr Leben für immer verbitterte.

Von den drei Brüdern spielte der farblose Ferdinand, der jüngste der Familie, nie eine Rolle in der Öffentlichkeit, drängte sich auch nicht dazu, obwohl er im Siebenjährigen Krieg tapfer kämpfte. Nicht einmal die Denkwürdigkeiten seiner Tochter Luise können ihn uns lebendig machen. Heinrich war so begabt und empfindlich, daß Reibungen unvermeidlich waren, besonders weil er den König in der Politik und im Kriege für zu voreilig hielt; er war nie ein Mitglied der Tafelrunde, und weder er noch Friedrich fühlten sich in des andern Gesellschaft ganz wohl. Wilhelm, der im Jahre 1722 geboren war, tritt in den ersten Jahren der Regierung hervor. Der ansehnliche und anziehende Thronerbe, der eine Schwester der Königin heiratete und im Jahre 1744 den Titel eines Prinzen von Preußen erhielt, war eine weibische Natur, hatte keinen Ehrgeiz, war ein Liebhaber von Büchern und fühlte sich am wohlsten in den schönen Gärten von Oranienburg, die ihm der König zum Geschenk gemacht hatte. Er war der Liebling seiner Eltern gewesen, und seine Beziehungen zu seinem Bruder waren von einer korrekten Herzlichkeit, bis er mündig wurde und einen Minderwertigkeitskomplex entwickelte. Friedrich verlangte nicht mehr von ihm als

---

* Vgl. Heidenstam, *Une Soeur du Grand Frédéric: Louise Ulrique*. Ihre Briefe an ihre Mutter, Brüder und Schwestern bis zum Jahre 1758 wurden in 2 Bänden von Arnhem im Jahre 1909/1910 veröffentlicht.

Wilhelmine, Markgräfin zu Bayreuth, (1709–1758), Schwester Friedrichs des Großen. Gemälde von Antoine Pesne

François Marie Arouet de Voltaire, (1694–1778)

die Sicherung der Dynastie durch eine große Familie, im Staate gab er ihm keine führende Stellung. Seine Ehe war unglücklich, aber sein Wunsch nach einer Scheidung und einer zweiten Ehe mit Sophie von Pannewitz, der späteren Gräfin Voß, die er anbetete, wurde vom König abgelehnt. Der Briefwechsel zwischen den Brüdern, den Volz im Jahre 1927 herausgab, enthält viele Lobreden auf das Haupt der Familie, »meinen besten Freund«, aber die Schmeichelei hört sich ein wenig gezwungen an. Das auffälligste Versagen des Prinzen im Kriege im Jahre 1757 verschaffte ihm eine grobe und öffentliche Zurechtweisung. »Mein Bruder«, schrieb der König, »hat Geist, Kenntnisse, das beste Gemüt von der Welt, aber keine Entschlußkraft, viel Ängstlichkeit und eine Abneigung gegen kraftvolle Entscheidungen.« Die drei jüngeren Brüder waren unzertrennliche Gefährten, und Friedrich ertrug den wachsenden Einfluß Heinrichs nur mit Unwillen, weil dieser sich weder durch seinen Königstitel noch durch seinen weltweiten Ruhm einschüchtern ließ. Als August Wilhelm ihm berichtete, daß Heinrich tief über eine Rücksichtslosigkeit gekränkt sei, erhielt er eine scharfe Absage. »Du schluckst alles, was er sagt. Er ist Dein Halbgott. Deine unkritische Freundschaft macht Dich blind gegen seine Fehler. Er bildet sich ein, er könne die ganze Familie an der Nase herumführen.«

Die umfassendste Darstellung der Beziehungen innerhalb der königlichen Familie findet sich in den Tagebüchern Lehndorffs, eines Kammerherrn der Königin, die sich über die Jahre 1750 bis 1784 erstrecken*. Er stand in vertrautem Verhältnis zu den Brüdern des Königs, die er das göttliche Trio nennt, aber zu seinem ständigen Bedauern nicht mit Friedrich selbst. »Ich fühle es, es geschieht allein, um mich zu kränken«, schrieb er im Jahre 1756, als sein Nachsuchen um eine Reiseerlaubnis abgelehnt worden war. »Mein Gott, was könnte der König sich Liebe erwerben! Als ich in die Welt trat, war mein Herz von Liebe für meinen Herrn erfüllt, er hat aber von Stunde an nicht gesäumt, mir Schmerz zu bereiten. Er hat sich einer sehr vorteilhaften Heirat widersetzt, er hat mich gegen meinen Willen am Hof der Königin angestellt, kurz alles, was ich mir vornahm, hat er vereitelt. Ich habe immer die Anhänglichkeit eines Sohnes für ihn bewahrt, ich habe immer gehofft, daß er schließlich ein Vater für mich sein würde, nachdem er so lange nur König gewesen ist.« »Ich habe aufgehört, von der Zukunft Großes zu erwarten«, schrieb er einige Monate später; »das ist für die, welche in unserem Lande leben, der einzig richtige Standpunkt, wenn sie sich nicht zu Tode grämen wollen. Sowie man sich ein hohes Ziel steckt oder dem Vaterlande wirklich nützlich sein will, hat man keinen unnötigen Ärger zu gewärtigen. Hier hängt alles vom Glück ab. Der König geruht nicht von den jugen Leuten seines Landes Notiz zu nehmen, noch ihre Talente zu prüfen; er bildet sich

---

* *Dreißig Jahre am Hofe Friedrich des Großen*, 3 Bde., hsg. von Schmidt-Loetzen.

ein Urteil über uns nach dem Bericht von drei oder vier Menschen, zu deren Charaktereigenschaften nicht Anstand oder Ehrlichkeit gehören. So bleiben wir vergessen. Die Kenntnisse, die wir uns erwerben, tragen nur dazu bei, uns unsere Lage noch härter erscheinen zu lassen; das Ende ist völlige Entmutigung. Ich kann mich als Beispiel anführen. Wenn je ein Mensch dem König ergeben gewesen ist, so war ich es; ich habe ihn geliebt wie meinen Vater und würde ihm alles, was ich Teueres besitze, geopfert haben. Aber da man mich stets schroff abgewiesen und gekränkt hat, bleibt mir nur der Respekt vor ihm, während ich ihn von ganzem Herzen lieben möchte.«

Byzantinismus wurde von den Hohenzollern niemals geduldet; erst Bülow verbrannte Weihrauch vor Wilhelm II. Gegenüber der alles überschattenden Persönlichkeit Friedrichs des Großen fanden es die meisten Menschen schwer, ihre Sprache zu finden. Lehndorff beschreibt ein Mittagessen mit vierzig Gästen am Geburtstage des Prinzen von Preußen im Jahre 1753. Alle waren in bester Stimmung, als die Ankunft des Königs die Gesellschaft in vierzig Statuen verwandelte. Gelegentlich eines großen von ihm selbst veranstalteten Abendessens verhöhnte der König einen der weiblichen Gäste, der seinen Zorn erregt hatte, und ging dann dazu über, sich über alle Damen des Hofes lustig zu machen. Die hübschen verheirateten sich, klagte er, und die häßlichen blieben zurück: »Man riecht sie auf zehn Meilen in der Runde.« Alle waren froh, als das Essen vorbei war. Die Gäste eilten von dannen, »als hätte die Erde gebebt und jeder wäre nur auf seine eigene Rettung bedacht«. Dem Übermenschen gelang fast alles, was er wollte, aber er versuchte nur selten, sich beliebt zu machen. Und dennoch war er dankbar für treue und tatkräftige Hilfe. Sein Kabinettsekretär Eichel, den Lehndorff als freundlich, bescheiden und arbeitsam kennzeichnet, war der einzige Mensch, der alle Geheimnisse seines Herrn kannte und sich seines vollen Vertrauens erfreute. Im Laufe der Jahre brachte er es soweit, etwas wie Verehrung für den Menschen zu fühlen, dessen außergewöhnliche Begabung er besser als irgendein anderer beobachten konnte und dem er treu bis an seinen Tod im Jahre 1768 diente.

Die Briefe Friedrichs an Fredersdorff, die sich über die Jahre 1745 bis 1756 erstrecken, enthüllen ein merkwürdiges Verhältnis und die weichere Seite eines sich verhärtenden Herzens*. Er lernte ihn in den dunklen Tagen von Küstrin kennen und nahm ihn mit nach Ruppin und Rheinsberg, zuerst als Lakaien, dann als Kammerdiener, endlich bei seiner Thronbesteigung als Verwalter der Privatschatulle. Voltaire beschrieb ihn als »das große Faktotum des Königs«. Der König schätzte ihn, vertraute ihm, sorgte für ihn wie ein Vater, obwohl Fre-

---

* *Die Briefe Friedrichs des Großen an seinen vormaligen Kammerdiener Fredersdorff*, veröffentlicht 1926, enthüllen Friedrichs völlige Unfähigkeit, mit der deutschen Sprache fertig zu werden.

dersdorff vier Jahre älter war als er; er sprach ihn mit dem familiären Du an, gab ihm einen kleinen Besitz in der Nähe von Rheinsberg und beschäftigte ihn in den verschiedensten vertraulichen Angelegenheiten. In einem am Vorabend der Schlacht von Mollwitz geschriebenen Brief empfiehlt Friedrich der Sorge seines Bruders August Wilhelm die »sechs Freunde, die ich am meisten liebe«, und Fredersdorff ist unter diesen. Der treue Diener litt an schlechter Gesundheit, und seine häufigsten Erkrankungen gaben Anlaß zu Äußerungen zarter und besorgter Sympathie. Einige der Briefe wurden im Jahre 1834 in einer Broschüre veröffentlicht, einige andere in den »Werken«, aber erst das Erscheinen von dreihundert Stücken im Jahre 1926 erweckte die schattenhafte Gestalt des Mannes zu Fleisch und Blut. Er war für geistigen Austausch und schwierigere politische Missionen zu ungebildet, und die Briefe an ihn beschäftigten sich mit der Gesundheit, Nahrung, Kleidung und den anderen kleinen Dingen des täglichen Lebens. Inwieweit der Kammerdiener die Neigung seines Herrn erwiderte, wissen wir nicht, aber an seiner Treue kann kein Zweifel sein. Sein Tod im Jahre 1758 war eine der sich überstürzenden Heimsuchungen des Siebenjährigen Krieges. Friedrich brach in seinem Leben viele Herzen, aber was bitterer Seelenschmerz war, konnte er mitfühlen.

V.

DER PHILOSOPH VON SANSSOUCI

Friedrich schenkte Rheinsberg im Jahre 1744 seinem Bruder Heinrich, weil er selber sich ein Schloß in ländlichem Stil näher bei der Hauptstadt wünschte*. Er hatte sich nie für die großen Paläste in Berlin und Charlottenburg erwärmen können, und das düstere Wusterhausen mit seinen unerfreulichen Erinnerungen konnte einen Mann, der nicht jagte, nicht reizen. 1743 suchte er sich einen passenden Bauplatz in der Nähe von Potsdam, und Sanssouci, das Meisterwerk Knobelsdorffs, zugleich Baumeister des Berliner Opernhauses und Erneuerer des Potsdamer Schlosses, wurde 1747 vollendet. Jede Einzelheit des Bauentwurfs und der Innendekoration, die gesamte gärtnerische Anlage, wurde genau erörtert, und das elegante kleine Gebäude mit seinen vielen Gemälden und Statuen spiegelt die ästhetischen Neigungen von Friedrichs Charakter genau wider. Watteau und Lancret waren als Künstler besonders bevorzugt. Ja, Friedrich drängte so sehr auf die Durchführung seiner eigenen Pläne, daß von seinen Architekten einer nach dem anderen seine Gunst verlor oder das Amt niederlegte. Obwohl in den sonnigen Räumen des königlichen Landhauses hart gearbeitet wurde, sollte es doch hauptsächlich der geistigen Erfrischung und den Ansprüchen der Kultur genügen. Dreimal in seinem Leben – in Rheinsberg zuerst, dann in dem Friedensjahrzehnt, und zuletzt nach dem Siebenjährigen Krieg – sammelte Friedrich einen auserwählten Kreis um sich, in dem er seine eigenen oder andere Gedichte lesen, die französischen Klassiker besprechen, sich über die Übermenschen der Geschichte auslassen oder über die Unsterblichkeit oder den freien Willen streiten konnte. Obwohl Wilhelmine es als ein Kloster mit ihrem Bruder als Abt beschrieb, gab es genug kultivierte Unterhaltung dort. Der Gastgeber, der vollendet die Flöte be-

---

* Berichte über Zusammenkünfte und Eindrücke von diesen sind gesammelt von Volz, *Friedrich der Große im Spiegel seiner Zeit*, 3 Bde. Kritische Charakterstudien seitens der Diplomaten, die ihn am besten kannten, findet man in *Mémoires des Négotiations du Marquis de Valori,* und *Memoirs and Papers of Sir Andrew Mitchell.* Die von Sir Charles Hanbury-Williams, Lord Malmesbury und Hugh Elliot entworfenen Bilder sind von geringerem Wert, weil sie sich auf weniger vertrauliche Kenntnisse stützen. Die lebendigen Unterhaltungen mit de Catt kann man in einer englischen Übersetzung von Lord Rosebery lesen, welcher er eine interessante Einleitung vorausgeschickt hat. Friedrichs Beziehungen zur Preußischen Akademie werden beschrieben von Harnack, *Geschichte der Preußischen Akademie der Wissenschaften*, und Dilthey, *Friedrich der Große und die deutsche Akademie* (Dilthey, Gesammelte Schriften, Bd. VI). Seine Verpflichtung gegenüber der französischen Kultur wird analysiert von Dilthey, *Friedrich der Große und die deutsche Aufklärung* (Ges. Schr., Bd. VI). Zeller, *Friedrich der Große als Philosoph,* behandelt seine Gedanken über metaphysische Probleme.

herrschte, spielte oft seine eigenen Kompositionen, begleitet von einem Sohn Johann Sebastian Bachs am Flügel. Nach einem Besuch im Jahre 1752 erklärte Winckelmann, daß er Sparta und Athen in Potsdam vereinigt gefunden habe. Voltaire schrieb:

> Ein großer Herrscher bis zur Mittagsstunde,
> Am Nachmittag Schriftsteller ersten Ranges,
> Tagsüber Philosoph voll edlen Dranges
> Und abends göttlich bei der Tafelrunde.

Hier, wo »die Vernunft ewigen Festtag hatte und die Seelen zusammenflossen«, nahm man ihn als den Philosophen von Sanssouci, wie er sich selbst in einem dünnen Bändchen von Vers- und Prosastücken nannte, das im Jahre 1750 im Privatdruck erschien, nicht als König von Preußen. Freilich durfte die Fiktion der Gleichheit nicht zu weit getrieben werden. Seine Zunge war scharf wie ein Rasiermesser, und zu Zeiten schien er eine boshafte Freude darin zu finden, wenn er die Gefühle seiner Freunde verwunden konnte. Das Gespräch wurde französisch geführt, und beinahe alle Ritter der Tafelrunde kamen aus Frankreich. Die Preußische Akademie, die von Friedrich I. mit Leibniz als Berater begründet und von seinem wissenschaftsfeindlichen Sohn völlig vernachlässigt worden war, wurde mit dem neuen und umfassenderen Titel »Akademie der Wissenschaften und freien Künste« neu ins Leben gerufen. Maupertuis, berühmt durch seine Entdeckung der Polabflachung, nahm die Einladung auf den Präsidentenposten an und wohnte in Berlin. Euler, der berühmte Schweizer Mathematiker, verlieh der naturwissenschaftlichen Sektion Glanz, und als er nach St. Petersburg übersiedelte, folgte ihm der nicht weniger bedeutende Lagrange. La Mettrie, Mediziner und Schriftsteller, der nacheinander wegen seines extremen Materialismus aus Frankreich und Holland ausgewiesen wurde, fand in Berlin Zuflucht und ein Jahrgeld bis zu seinem frühen Tode. Formey, ein Schweizer Protestant, wurde zum ständigen Sekretär ernannt, und der erste Band der Abhandlungen wurde im Jahre 1745 veröffentlicht. Unter den vielen Beiträgen des Königs waren Gedächtnisreden auf seine Freunde und Auszüge aus seinen historischen Schriften. Die Verhandlungen der Akademie wurden französisch geführt, und der Gedanke, die wenigen deutschen Schriftsteller, die zur Auswahl standen, in die Körperschaft aufzunehmen, tauchte nicht auf. Wolff, des Königs Lieblingsphilosoph, war Mitglied, und Hertzberg, der gelehrte Jurist, der eines Tages Außenminister werden sollte, wurde als Fachmann für preußische Geschichte zugelassen.

Der hellste Stern am Himmel war Voltaire, der zwischen 1740 und 1743 vier Besuche abstattete und sich in seiner neuen Heimat erst 1750 nach dem Tode der »Göttlichen Emilie« niederließ. Die geistige Atmosphäre war so völlig französisch, daß er voll Freude melden konnte, er sei immer noch in Frankreich. Dennoch war es ein gefahrvoller Versuch, der, um erfolgreich zu verlaufen, nicht nur gegenseitige Bewunderung, sondern auch gegenseitige Achtung zur Vorbedingung hatte. Bewunderung war in reichem Maße vorhanden, mindestens auf seiten des Königs, denn je mehr Friedrich sich in den Geist und die Werke Voltaires versteifte, desto mehr erkannte er seine unbestreitbare Überlegenheit an. Der Gast sprach ebenso gut wie er schrieb, und der Gastgeber, selbst ein vollendeter Unterhalter, war hingerissen von dem Feuerwerk der witzigen Aphorismen und dem Blitz von Stoß und Gegenstoß. Ihre Anschauungen unterschieden sich in der Politik ebensowenig wie in der Religion und Philosophie, denn der wählerische Aristokrat der schönen Wissenschaften war, wie sein Gastgeber, nichts weniger als ein Demokrat. Daß der Philanthrop die Barbarei des Krieges lästerte, trübte das gute Verhältnis nicht, denn er wurde daran erinnert, daß er hiervon nichts verstehe. Leider zerfiel die gegenseitige Zuneigung unter der Belastungsprobe des täglichen Zusammenseins. Jeder erkannte mit Schärfe die Schwächen des anderen, und keiner hielt mit seinem Urteil zurück. Nicht daß die Freundschaft in weniger als drei Jahren zusammenbrach, ist das Erstaunliche, sondern daß sie so lange hielt. Den König stießen Voltaires Geldgeschäfte ab, und sein Neid gegenüber anderen Intellektuellen brachte ihn auf. Die Belastungsgrenze war erreicht, als *Docteur Akakia,* eine der funkelndsten Satiren der Weltliteratur, die pseudowissenschaftlichen Ungereimtheiten von Maupertuis an den Pranger stellte. Der beißende Angriff auf den Präsidenten seiner Akademie wurde vom König als dem Ansehen der Krone abträglich angesehen, und die Streitschrift wurde öffentlich verbrannt. Die Zeit zum Abschied war gekommen. In seinem Gepäck nahm Voltaire ein Exemplar des als Privatdruck erschienenen Gedichtbändchens seines Gastgebers mit. Die Vorstellung, daß seine dilettantischen Leistungen in den wählerischen Pariser Salons unter die Lupe genommen werden könnten, beunruhigte den König, und er gab dem preußischen Bevollmächtigten in der Freien Reichsstadt Frankfurt Befehl, das kostbare Werk herbeizuschaffen. Der Befehl wurde von einem tölpischen Beamten ausgeführt, und der Reisende und seine Nichte, die ihm entgegengekommen war, wurden in ihrem Hotel mehrere Tage lang wie Gefangene behandelt. Dichter und Herrscher sahen sich nicht wieder, aber nach einer Unterbrechung wurde die Korrespondenz wieder aufgenommen und in unregelmäßigen Abständen bis ans Ende fortgeführt.

Ein reich ausgeführtes Bild Friedrichs aus dem Friedensjahrzehnt wurde von dem alten Soldaten und Diplomaten Marquis de Valory gezeichnet, der von 1739 bis 1750 französischer Gesandter in Berlin war, ihn auf seinen Feldzügen begleitet und seine Zuneigung und Achtung gewonnen hatte. »Sein Äußeres ist angenehm. Er ist klein und sieht distinguiert aus. Sein Wuchs ist unregelmäßig, seine Hüften sitzen zu hoch, die Beine sind zu lang. Er hat schöne blaue Augen, die ein wenig zu sehr hervortreten, seine Gefühle spiegeln und je nach den Umständen sich sehr verändern. Wenn er ungehalten ist, blicken sie wild, aber wenn er gefallen will, können keine Augen sanfter, herzlicher, gewinnender sein. Mund und Nase sind angenehm. Das Lächeln ist liebenswürdig und klug, wenn auch häufig spöttisch und bitter. Das Liebliche seines Ausdrucks nimmt jedermann für ihn ein, wenn er in gelassener Stimmung ist. Wer wäre nicht angezogen, wenn er es wünscht, oder in Furcht versetzt, wenn er zornig ist? Seine Gesundheit ist schwankend, seine Konstitution ist hitzig, und seine Lebensweise trägt zur Erhitzung seines Blutes bei. Dem Kaffeegenuß gab er sich früher bis zum Übermaß hin. Eines Tages wagte ich ihn darauf hinzuweisen, daß er zuviel davon trinke. Er trinke jetzt nur noch sieben oder acht Tassen am Vormittag und eine Kanne nach dem Essen, war seine Antwort. In allem neigt er zum Extremen. Sein besonderer Fehler ist seine Menschenverachtung. Klugheit läßt er nur bei einigen wenigen gelten; den sogenannten gesunden Menschenverstand, das heißt ein gesundes, gerades Urteilsvermögen ohne ausgesprochene Schlauheit, bewertet er gering. Er spricht viel und ausnehmend klug, aber er hört schlecht zu und begegnet Einwänden mit Spott. Man kann kaum verwegener sein, als er in allem ist, daher kommt seine Menschenverachtung. Laster verdammt er mit erstaunlicher Beredsamkeit. Ein gleiches gilt von der Moral, deren schönste Züge er anscheinend auswendig gelernt hat; aber er ist so wenig folgerichtig und so wenig von seinen eigenen Reden überzeugt, daß er sich innerhalb einer Viertelstunde widersprechen kann.

Dennoch hat er in der Verwaltung und Politik feste Grundsätze, obwohl er in der Politik diese Grundsätze dem Augenblick, der Willkür, unbestätigten Berichten unterordnet. Glücklicherweise sind solche Entscheidungen nicht endgültig, und gewöhnlich kehrt er zum Richtigen zurück. Steht sein Entschluß fest, so nimmt er keine Rücksicht auf die Formen. Er ist mißtrauisch bis zum Übermaß. Wenn sein Mißtrauen geringer wäre, würde er sich damit begnügen, Pläne zu entwerfen und die Ausführung seinen Ministern überlassen, die verständiger, aber nicht einsichtiger als er, allzu große Härten in der Durchführung mildern würden. Er glaubt, alle Menschen müßten ohne Widerwort und ohne Besinnen gehorchen, und das erklärt seine Übertreibungen und erstaunlichen Inkonsequenzen. Ich habe mir immer wieder Mühe gegeben, die eigentlichen Motive seiner Befehle, seiner Zurückweisungen zu enträtseln, ebenso seine Gründe, warum er die, welche sich ihm nähern, kränkt oder streichelt. Ich bin zu dem Schluß gekommen, daß diese Gründe in den meisten Fällen stichhaltig waren, aber die Formen seiner Menschenbehandlung hätten taktvoller sein können. Seine große Lebhaftigkeit führt ihn zur Übereilung. Seiner unbesonnenen Verwegenheit verdankt er die Eroberung Schlesiens. Warum soll ich das nicht offen sagen, da er es mir selbst bekannte? Der hohe Leistungsstand seiner Truppen und Magazine vermehrte seine Kühnheit immer mehr und machte ihn waghalsig, solange ihm nur eine kleine, über ganz Schlesien verteilte Streitmacht gegenüberstand, aber als er sich einem Heer gegenübersah, war er sich aller Gefahren voll bewußt und übertrieb sie sogar. Sein dauerndes Glück gab seinem Selbstvertrauen eine Zeitlang Nahrung, aber spätere Überlegung überzeugte ihn, daß er vieles dem Zufall verdankte. Aus der Ferne verachtete er seine Feinde immer, besonders die Sachsen; im Jahre 1744 bereiteten sie ihm die meisten Sorgen, obwohl er sie im Jahre 1745 dafür bestrafte. In diesem letzteren Feldzug offenbarte er die Gaben eines großen Heerführers. Er glaubte alle Gaben eines solchen genau so gut wie die eines Königs und Schriftstellers zu besitzen, eine merkwürdige Mischung. Die Schöngeistigkeit wurde seine Leidenschaft, genau so wie Riesensoldaten seinem Vater das größte Vergnügen waren. Er hatte den Ehrgeiz, als ein Universalgenie zu gelten; Dichter, Redner, Musiker und zugleich großer König. Seine große Armee machte größte Sparsamkeit notwendig, aber ich glaube, er übertrieb das Sparen. Es gab keinen Menschen mit größerer Wendigkeit des Verstandes, obwohl er besseren Gebrauch davon hätte machen können. Wenn er wollte, konnte niemand gewinnender sein als er, und das war immer der Fall, wenn es um seine Selbstliebe ging. Hatte er jemanden für sich gewonnen, übersah er ihn, und wenn man seinen Launen willfährig gefolgt war, endete es damit, daß man als Sklave angesehen wurde. Gegen seine Brüder ist er streng und gebieterisch und hält sie in einem Zustand der Abhängigkeit, der er sich in den Tagen seines Vaters selbst nicht beugen wollte.« Friedrich schätzte Valory mehr als dieser ihn, aber diese Analyse seines komplizierten Charakters gründet sich auf eine Beobachtung aus nächster Nähe während guter und schlechter Jahre und kann deshalb nicht als unwesentlich abgetan werden.

Dieses französische Bildnis darf verglichen werden mit dem düsteren Gemälde eines anderen Diplomaten, Sir Charles Hanbury-Williams, aus dem Oktober 1750. »Jetzt ein paar Worte über den vollkommensten Tyrannen, den Gott je als Geißel für ein sündiges Volk sandte«, schrieb er an seinen Busenfreund Henry Fox. »Ich möchte lieber ein Postpferd sein als sein erster Minister oder sein Bruder oder seine Gattin. Er hat alle Rangunterschiede beseitigt. Es gibt hier nur mehr einen absoluten Fürsten und das Volk, alle sind gleich unglücklich, alle zittern gleichermaßen vor ihm, und alle verabscheuen in gleicher Weise seine eiserne Regierung. Zwischen Dir und Deinem Diener, oder zwischen einem englischen Soldaten und seinem Hauptmann, oder zwischen einem Hilfsprediger und einem Bischof ist nicht soviel Unterschied wie zwischen dem König von Preußen und seinem unmittelbaren Nachfolger, dem Prinzen von Preußen, der Berlin auch nicht auf eine Meile ohne die Genehmigung des Tyrannen zu verlassen wagt und nicht einmal den Mut hat, einen einzigen Abend das Nachtessen bei seiner Frau Mama zu versäumen. Einen anderen seiner Brüder hat er gerade in die Verbannung in eine Landstadt geschickt; und der dritte schwebt häufig in Gefahr, in Ketten geworfen zu werden, weil er manchmal im Gespräch eine eigene Meinung zu äußern wagt. Man weiß, daß die Prinzessin Amalie gern den Herzog von Zweibrücken heiraten möchte. Aber nein, Nero gab ihr neulich zu verstehen, daß sie nie heiraten dürfe. Er möchte, daß sie Äbtissin von Quedlinburg werden soll, was jährlich ungefähr 5000 Pfund abwirft. Das Geld soll sie dann in Berlin ausgeben. Mit seiner Mutter macht er große Umstände, aber man weiß von Leuten, die ihn gut kennen, daß er sie nicht liebt. Sie ist eine alte Klatschbase mit all dem Geschwätz solcher Leute, und man meint, daß sie eine gute Dosis Bösartigkeit ihr eigen nennt. Man sollte meinen, daß das jämmerliche Leben, das der König und seine Mutter unter dem verstorbenen König von Preußen zu führen hatten, sie Menschenfreundlichkeit gelehrt haben müsse. Statt dessen scheinen sie nur die Kunst gelernt zu haben, ihre Untergebenen so unglücklich zu machen wie sie selbst früher waren. Die geringsten Kleinigkeiten aus dem privaten Familienleben unterliegen der königlichen Aufsicht. Er hält sich mehrere Leute in Berlin, die über alles, was dort vor sich geht, täglich Aufzeichnungen machen und diese nach Potsdam schicken müssen, und an der Spitze dieses Völkchens von Reportern steht ihre Geheiligte Majestät, die Königin-Mutter. Die Königin zu sehen, ist ein trauriger Anblick. Sie ist eine gute Frau und muß einmal sehr hübsch gewesen sein. Man kann sie nicht hassen; und obwohl seine unnatürlichen Neigungen nicht zulassen, daß sie mit ihm zusammenlebt, müßte ihm die einfachste Menschlichkeit gebieten, wenigstens zu gestatten, daß sie ihr einsames Leben in Ruhe führen kann. Aber statt dessen läßt er sich keine Gelegenheit entgehen, diese unschuldige, unterdrückte Königin zu kränken. Und die Königin-Mutter unterstützt ihren heißgeliebten Sohn dabei, so viel sie kann, indem sie ihr nicht einmal die gewöhnliche Höflichkeit erweist oder kaum mit ihr spricht. Er hat überhaupt eine Abneigung gegen glückliche Menschen in seiner Umgebung. Denn seine Herrschaft ist gegründet auf Ärgernis, und auf Unterdrückung ruht sein Thron.« Beim Lesen dieser vernichtenden Anklage müssen wir bedenken, daß der Schreiber nur wenige Monate in der Berliner Gesandtschaft verbrachte und den König nur bei wenigen offiziellen Anlässen sah.

Der Siebenjährige Krieg unterbrach ganz plötzlich Friedrichs geschäftigen Tageslauf und stellte ihn geistig und körperlich auf die denkbar härteste Probe. Er zeigte sich den Anforderungen mit der Biegsamkeit der Toledaner Klinge gewachsen; nur seine unbeugsame Entschiedenheit brachte ihn durch diese Prüfung hindurch. Wie Napoleon sagte, war er am größten, wenn die Verhältnisse am schlimmsten waren. Seine wechselnden Stimmungen spiegeln sich wider in seinem Briefwechsel und in den lebendig schildernden Depeschen von Sir Andrew Mitchell, der ihn auf Wunsch Georgs II. auf seinen Feldzügen begleitete und manchmal mit ihm im Feuer war. Der Gesandte, der fünfzehn Jahre lang auf seinem Posten war, schmeichelte nicht, aber sein Haupteindruck war der einer unvergleichlichen Elastizität und Wendigkeit. »Die Überlegenheit seiner Gaben«, berichtete er im Mai 1759, »die Schnelligkeit und Fruchtbarkeit seiner Erfindungsgabe, erfüllen mich mit Vertrauen. Kaum schlägt ein Plan fehl, so hat er einen anderen bereit; keine Enttäuschung entmutigt ihn, kein Erfolg macht ihn maßlos. Man kann die Anstrengungen des Körpers und Geistes, die dieser Heldenkönig durchmacht und bei denen er äußerlich völlig ruhig erscheint, selbst unter den ungünstigsten und verworrensten Umständen, kaum beschreiben.« Nach dem furchtbaren Unglück von Kunersdorf im Herbst des gleichen Jahres berichtete er an Pitt: »Ich kann nicht verzweifeln, solange der Held lebt.« Beinahe alle verzweifelten außer dem König. »Der König wird alles tun, was ein Mensch überhaupt tun kann«, schrieb der Gesandte im Januar 1760; »aber sein Land ist erschöpft, seine Kampfmittel reichen nicht mehr aus, seine besten Offiziere sind entweder tot oder gefangen; im ganzen preußischen Heere herrscht eine allgemeine Mutlosigkeit, von derem verhängnisvollen Einfluß vielleicht nur der König nicht berührt wird.« Kein Wunder, daß diese eiserne Selbstbeherrschung einen hohen Preis forderte. »Wildheit hat seinen Geist ergriffen und Grausamkeit sein Herz zu Stahl gemacht.« Der Gesandte liebte ihn nie, aber bis zum letzten Tage achtete und bewunderte er ihn.

Glänzende Siege wechselten mit katastrophalen Niederlagen ab; aber während kein einzelner Triumph ihm den Frieden brachte, da er seine volle Kraft nie zugleich gegen alle seine Feinde einsetzen konnte, hing sein völliger Zusammenbruch nur von einer einzigen plötzlichen Drehung des Glücksrades ab. »Ich bin im Fegefeuer«, schrieb er an de Catt im August 1760; »die Last wird oft unerträglich. Nichts deutet auf eine Entscheidung; meine Geduld schwindet; es reicht aus, um einen toll zu machen.« Er schüttete sein Herz in Briefen an d'Argens, Keith und andere Freunde aus, beklagte sich bitterlich über das Hundeleben, das zu führen er gezwungen sei, die körperlichen Entbehrungen, die Einsamkeit, die gewaltige Überlegenheit seiner Feinde, die Hoffnungslosigkeit der militärischen Lage. »Oft möchte ich meine Sorgen im Alkohol ertränken«, vertraute er seiner Schwester Amalie an; »aber da ich nicht trinke, hilft mir nur das Versemachen; dann vergesse ich mein Unglück für eine kleine Weile.« Das Glück, erklärte er wieder und wieder, werde entscheiden, wie es die meisten Dinge entscheide, wenn er auch nicht voraussagen könne, ob zu seinen oder der anderen Gunsten. »Es ist ein Hundeleben«, schrieb er an Mme. Camas im Jahre 1760, »wie es sonst nur noch Don Quixote leben mußte.« 1762 fügte er hinzu, daß er die letzten sechs Jahre lang nicht die Lebenden, sondern die Toten beneidet habe; an die Herzogin von Sachsen-Gotha schrieb er, daß er lieber die Schweineställe des Königs Augias ausmisten möchte. Das Schicksal Preußens hing an dem physischen Fortleben eines einzelnen Menschen, und er wußte genau, daß die Augen der Welt auf ihm ruhten. Nie hatte er sich so einsam gefühlt. Seine Mutter starb im Jahre 1757, Wilhelmine 1758. Ihr letzter Brief galt ihm. »Die herzlichste, die treueste Freundschaft verband den König und seine edle Schwester«, schrieb er in seinen Erinnerungen. »Sie war eine Fürstin von seltenem Wert«, fügte er hinzu, »mit einem feinen Geist, einer besonderen Begabung für die Kunst und einem großen Herzen.« Die Markgräfin hatte ihre Schwächen, aber diese sorgfältig gewählten Worte entsprechen genau der Wahrheit.

Eine andere Tragödie war der heftige Bruch mit dem Prinzen von Preußen, der den Angriff auf Sachsen, mit dem der verzweifelte Kampf begann, nicht gebilligt und daher am Anfang kein Kommando erhalten hatte. Seine weiche Natur war erschüttert durch das rauhe kriegerische Vorgehen, wie es sein Bruder gegen Sachsen anwandte. »Wir leben in einem Jahrhundert, das Preußens Macht ins Leben gerufen hat«, schrieb er an die Prinzessin Heinrich, vor der er keine Geheimnisse hatte, am 15. April 1757. »Glück und weise Regentschaften haben es dahin gebracht, wo wir es jetzt sehen. Möge Gott verhüten, daß Narrheit, Übermut und Willkür dieses schöne Gebäude zerstören. Wenn sich die Vorsehung mit unserem Vorgehen in Dresden befaßt, was müssen wir dann erwarten?« Dann beklagte er sein eigenes Geschick. »Meine Lage ist höchst peinlich. Niemand denkt an mich, und ich habe das Gefühl einer Kälte, die an Verachtung grenzt. Du kennst mich, also wirst Du verstehen, daß mein Herz gebrochen ist.« Er beklagte sich über Vernachlässigung; aber als er nach Schwerins Tod vor dem Feinde 1757 den Oberbefehl einer Armee übernahm, gelang es ihm nicht, Gabel und Zittau vor den Österreichern zu retten, und er mußte sich nach der Niederlage von Kolin nach Bautzen zurückziehen, wo er den König traf. Friedrich war in seiner furchterregendsten Stimmung und verweigerte seinem unglücklichen Bruder sogar eine Unterredung. »Hiernach«, schrieb er, »ist es unmöglich, Dir eine Armee anzuvertrauen. Du wirst immer ein trauriger Soldat bleiben.« Das Urteil war streng, aber nicht ungerecht; August Wilhelm war kein Soldat. Er gab seinen Oberbefehl zurück und zog sich mit Bitterkeit im Herzen nach Oranienburg zurück. Er habe ein gutes Gewissen, erklärte er; der König habe ihn zum Sündenbock für seine eigenen Fehler gemacht. »Unser Großer Mann ist so von sich selbst eingenommen«, schrieb er an die Prinzessin Heinrich, »daß er niemand um Rat fragt, er ist so impulsiv, daß er wahrheitsgetreuen Berichten nicht glaubt, und wenn sich das Glück gegen ihn wendet, schiebt er die Schuld auf die Schuldlosen.« Im Sommer 1758, ein Jahr später, starb August Wilhelm im Alter von 36 Jahren. Obwohl sein Tod nicht die unmittelbare Folge der Ungnade war, trug doch die öffentliche Demütigung zweifellos dazu bei, seine Lebenskraft zu untergraben. Als er gestorben war, bedauerte der König seine Härte, sprach liebevoll von ihm in seinen Erinnerungen und tat seinen Kindern alles Gute an, von denen der älteste, Friedrich Wilhelm, damals ein Knabe von 14 Jahren, Thronfolger wurde. Mit Wilhelmine, die den Prinzen Wilhelm von Oranien heiratete, stand ihr Onkel zwanzig Jahre lang in herzlichem Briefwechsel.

Der nächste Bruder, Prinz Heinrich, der zu jung war, um an den beiden ersten Schlesischen Kriegen teilzunehmen, begann jetzt die Fähigkeiten zu entwickeln, die ihm vom König das Lob eintrugen, daß er der einzige seiner Generale sei, der nie einen Fehler gemacht habe. Aber dieser glänzende Soldat, der im Felde so nützlich war, gab ihm in kritischen Zeiten nur wenig moralische Unterstützung und wurde nie ein wahrer Freund. »Mein angebeteter Prinz Heinrich«, schrieb Lehndorff, der Kammerherr de Königin, »verdient Herr der Welt zu sein.« Aber selbst Lehndorff gab zu, daß Flecken auf der Sonne waren. Er neigte zur Verschwendungssucht, und selbst wenn er mit Geschenken überhäuft wurde, war er unzufrieden. Mitchell, der britische Gesandte, beschrieb ihn als äußerst eitel und eifersüchtig auf die Größe seines Bruders.

Koser Veröffentlichung der Gespräche und Tagebücher Henry de Catts aus den Jahren 1758 bis 1760, die im Jahre 1884 erfolgte, war ein Ereignis in der Geschichte der Fridericusforschung. De Catt hatte die Bekanntschaft Friedrichs auf einem holländischen Kanalschleppkahn gemacht, als der junge Student aus der französischen Schweiz an der Universität Utrecht studierte, während der König von Preußen inkognito als Erster Kapellmeister des Königs von Polen reiste. Der königliche Reisende war angezogen durch seine offenbare Klugheit, seine Liebe zur französischen Literatur und sein gutes Benehmen; er gab sich zu erkennen und bot ihm die freie Stelle eines Vorlesers an. Sein erster Vorleser Darget war nach Frankreich zurückgekehrt, und sein Nachfolger, der Abbé de Prades, war entlassen und ins Gefängnis geworfen worden mit der Begründung, daß er militärische Geheimnisse verraten habe. De Catt nahm mit Freuden an und blieb mehr als zwanzig Jahre in seinen Diensten, aber aus nicht bekannter Ursache umfassen seine Aufzeichnungen nur die ersten zwei Jahre. Er war viel mehr als ein bloßer Vorleser, denn er entwarf, überarbeitete und schrieb französische Briefe, ließ die Verse seines Herrn über sich ergehen und spielte die Rolle eines geneigten Zuhörers, wenn der Übermensch zum Reden aufgelegt war. Die Gemeinschaft begann glücklich, denn sie schätzten und achteten einander. Friedrichs Briefe an ihn sind reizvoll, und wenn er ihn im Briefwechsel mit Voltaire, d'Alembert und anderen Freunden erwähnt, geschieht es immer lobend. Die Neuerwerbung war ein kultivierter und taktvoller Mensch, gleich frei von Zudringlichkeit wie Vertraulichkeit. Er wurde Mitglied der Berliner Akademie und fühlte sich in seiner zweiten Heimat sehr wohl. Auch als er 1780 seine Stelle verlor, offenbar infolge eines nicht erwiesenen Vorwurfs der Bestechung, blieb er bis zu seinem Tode 1795 in Potsdam.

Wie andere französisch sprechende Besucher, die auf kurze oder längere Zeit in Potsdam weilten, lernte er nie die deutsche Sprache. Seine Manuskripte wurden im Jahre 1831 von Friedrich Wilhelm III. erworben und von Preuß für seine erste aus den Quellen geschöpfte Geschichte der Regierungszeit Friedrichs verwandt. Die Tagebucheintragungen, kurz und farblos, sind in der im Jahre 1916 von Lord Rosebery mit einer geistsprühenden Einleitung versehenen englischen Übersetzung ausgelassen; denn die Gespräche bieten viel mehr als die Notizen, denen sie manchmal ein Licht aufsetzen, manchmal widersprechen; häufig fügen sie Material aus anderen Quellen hinzu. Obwohl das endgültige Werk erst nach dem Verlust der königlichen Gnade zusammengestellt oder wenigstens überarbeitet ist, findet sich in ihm keine Spur von Erbitterung. »Je mehr ich diesen Fürsten kennen lerne«, schrieb er schon nach einem Monat des Zusammenlebens, »desto mehr habe ich Grund, ihn zu lieben und zu verehren.« Vierundzwanzig Jahre lang habe ihn der König mit seinem ganzen Vertrauen beehrt, schreibt er in der dreißig Jahre später verfaßten Einleitung, als sein früherer Herr schon im Grabe war. »Die Entfernung aus seiner Nähe, die ich so wenig verdiente, soll mich nicht beeinflussen.« Das Werk ist ganz Bewunderung und Hochachtung. Die Gespräche sind zweifellos Dichtung und Wahrheit, künstlerische Wiedergabe eher als genauer Bericht, auch die Zeitfolge ist höchst wirr; dennoch besteht kein Zweifel daran, daß das Bild im wesentlichen richtig ist. Die Hauptpunkte, so erzählt er uns, wurden Abend für Abend niedergeschrieben.

Der Vorleser begann seinen Dienst in Breslau im März 1758, auf dem Höhepunkt des Siebenjährigen Krieges. Die Aufsehen erregenden Siege von Roßbach und Leuthen im vergangenen Jahre hatten Friedrich zum berühmtesten Mann in Europa gemacht, aber das Schlimmste sollte noch kommen. Der eiserne Krieger erscheint in einem weicheren Lichte, als wir erwarten sollten. Nicht nur von Sorgen, sondern auch von der Gicht, schlechter Verdauung und Schlaflosigkeit geplagt, erleichterte er seine Gefühle durch Tränen, durch dichterisches Schaffen und Rezitieren, durch die nie versagende Gesellschaft seiner Flöte. Indem er eine kleine, an einer Kette befestigte Goldkapsel mit achtzehn Opiumpillen hervorholte, die er auf der Brust trug, bemerkte er: »Das hier, mein Freund, genügt, um dieser Tragödie ein Ende zu bereiten.« Aber die Stimmung tiefer Depression dauerte nie sehr lange. De Catt war nie zur königlichen Tafel geladen und konnte kaum als ein Freund des Königs angesehen werden, aber häufig wurde er für eine Stunde des Gesprächs am späten Nachmittag in den tragischsten Augenblicken des Feldzuges herbeigerufen.

Der König sprach gern von vergangenen Zeiten. Sein Vater, erklärte er, sei ein furchterweckender, aber gerechter Mensch gewesen. »Seine Arbeit machte die meine möglich.« Die Tragödie von Küstrin, als »die Grenadiere meinen Kopf am Fenster festhielten«, war ihm oft im Sinn.

In Rheinsberg, sagte er, habe er Tag und Nacht studiert, Cicero und Plutarch, Lukrez und Tacitus, aber vor allem Racine verschlungen. Voltaire, von dem er beständig sprach, kam weg als »dies Wiesel«: »wenn sein Herz seinem Geist ebenbürtig gewesen wäre, würde er allen turmhoch überlegen gewesen sein.« Maupertuis habe einen graden Sinn; La Mettrie sei humorvoll, aber zu gutgläubig; Algarotti habe einen scharfen Verstand, sei aber sehr selbstisch. »Der gute und würdige Jordan war mein bevorzugter Freund.« Sir Andrew Mitchell wurde beschrieben als »ein ausgezeichneter Mann, mit einem guten Herzen, hochgebildet und mir ergeben«. Maria Theresia wurde stets mit Hochachtung erwähnt. »Sie ist meine Feindin, aber ich muß ihr Gerechtigkeit widerfahren lassen. Fürstinnen wie sie sind selten.« Der Tod Wilhelmines traf ihn am tiefsten. »Sie war mir unendlich teuer. Ihr schulde ich fast alles von dem wenigen, das ich wert bin. Sie drang in mich, zu arbeiten, zu studieren, meine Stellung ernst zu nehmen.« Der Tod des Feldmarschalls Keith im Kampfe erschütterte ihn mehr als der Tod Schwerins. Er sprach voll Sehnsucht von Sanssouci und beklagte, daß das Geschick ihm kein ruhiges Leben gegönnt habe. Einmal bemerkte er, daß der Tod des Prinzen von Preußen den Plan zunichte gemacht habe, zu dessen Gunsten abzudanken und sich dem Genuß der Gesellschaft seiner erwählten Freunde hinzugeben, aber de Catt ließ sich hiervon nicht beeindrucken. Jedermann wußte, daß August Wilhelm für die Last des Regierens ungeeignet war, und niemand glaubte im Ernst daran, daß der fähigste Selbstherrscher des achtzehnten Jahrhunderts dem Beispiel Karls V. folgen würde. Epikur, erklärte der König, habe Reiz für jugendliche Menschen und Glückskinder; ihn selber machten die reiferen Jahre und die Lebenserfahrungen zum Stoiker. Aber der Stoiker behielt in seinem Herzen immer einen warmen Platz für die Freunde seiner Jugend. »Wenn alles ein gutes Ende nimmt«, schrieb er im Jahre 1763 an Mme. Camas, die damals 76 Jahre alt war, »wie sehr will ich es dem Himmel danken, Sie noch einmal zu sehen, ma bonne maman, und zu umarmen. Ja, ich sage umarmen, denn jetzt haben Sie keinen anderen Liebhaber mehr als mich, Sie können mich nicht länger eifersüchtig machen, und ich habe das Recht auf einen Kuß als Lohn meiner Beständigkeit und Liebe. Also bereiten Sie sich darauf vor.«

Als Friedrich aus dem Siebenjährigen Krieg zurückkehrte, schienen die Zeiger der Uhr langsamer vorzurücken. Der Lotse hatte den Sturm überstanden, aber das Feuer der Jugend war ausgebrannt, und auf die Zeit der Abenteuer folgte die Zeit der mühseligen Kleinarbeit. Jeder Pfennig wurde für sein leidendes Land benötigt. »Die Sparsamkeit des Königs«, berichtete Mitchell im Jahre 1764, »ist in der letzten Zeit so gestiegen, daß sie einen anderen Namen verdient; sie erstreckt sich auf die läppischsten Kleinigkeiten. Er ist häufig unhöflich und verstimmt.« Zwei Jahre später schrieb der Gesandte an Chatham: »Große Männer haben ihre Schwächen. Seine Schwäche ist die Eitelkeit und daneben der Wunsch, bei jeder Gelegenheit den Ton anzugeben.« Obwohl er noch voll geistiger und körperlicher Spannkraft war, sah er wie ein alter Mann aus und fühlte sich dementsprechend. Mehr als je war er *le premier domestique de l'Etat,* der Landesvater, der ohne Hast und ohne Rast sich abmühte. Während die Menschen als Einzelne immer weniger für ihn bedeuteten, wurde ihnen die Gestalt des Alten Fritz in ihrer verschossenen blauen, tabakbeschmutzten Uniform und dem Dreispitz immer volkstümlicher, wenn er mit der Regelmäßigkeit der Jahreszeiten seine Provinzen bereiste. Preußen, das war sein Entschluß, sollte beides, ein Rechtsstaat und ein Kulturstaat sein. Er war so ängstlich darauf bedacht, auch seinem ärmsten Untertanen gerechte Behandlung zu sichern, daß er in dem berühmten Fall des Müllers Arnold den Großkanzler zornig entließ und die anderen Richter ins Gefängnis warf, weil er glaubte, sie hätten die wohlhabendere Partei begünstigt, obwohl sie, wie sich herausstellte, nur ihre Pflicht getan hatten und unter der folgenden Regierung wieder in ihre Ämter eingesetzt wurden. Jedermann kennt die Geschichte, wie der König auf eine Menschenmenge stieß, die sich auf der Straße ein Bild ansah. Auf seine Frage wurde ihm gesagt, daß es eine durch die allgemeine Abscheu gegen die französischen Akzisebeamten veranlaßte Karikatur sei, die ihn beim Kaffeemahlen zeigte. »Man hänge es tiefer«, war sein Befehl, »damit sie besser sehen können«, dann fuhr er unter Hochrufen weiter. »Diese Regelung behagt mir sehr«, war sein kurzer Kommentar; »sie sagen, was sie wollen, und ich tue, was ich will.« Während sein Gefolge häufig über seine Stimmung und seine scharfe Zunge zu klagen hatte, neigte der kleine Mann dazu, in ihm seinen Beschützer und Freund zu sehen.

Ein lebendiges und keineswegs nur unsympathisches Bild des Königs kurz nach dem Eintritt des Friedens wird in den wohlbekannten Bänden von Thiébault, *Mes Souvenirs de vingt ans de séjour à la Cour de Berlin* gezeichnet. Als der Professor der Literatur innerhalb der Akademie, den d'Alembert ausgewählt hatte, im Jahre 1765 ankam, wurde er nach Potsdam gerufen.

Der König: Sie sprechen nicht Deutsch?

Thiébault: Nein, Sire, aber ich hoffe, es bald zu meistern.

Der König: Sie haben Glück mit Ihrem Nichtwissen. Geben Sie mir Ihr Ehrenwort, daß Sie unsere Sprache nicht lernen werden.

Das mit Bedauern gegebene Versprechen wurde treulich gehalten. Friedrich lernte ihn schätzen und ließ ihn gelegentlich zu einem Gespräch rufen. Es war nicht immer ein reines Vergnügen, denn der Gastgeber war mißtrauisch, und der Franzose fühlte sich nie ganz ungezwungen. Großer Takt und große Selbstbeherrschung waren nötig, wenn der König sich seiner unangenehmen Neigung zu Sticheleien hingab, auf die begründete Antworten unmöglich waren. In der Unterhaltung mit literarischen Persönlichkeiten, erklärt Thiébault, vergaß er gern, daß er König war, aber er sah es nicht gern, wenn es von seinen Gästen vergessen wurde. Er liebte philosophische Erörterungen und ermunterte seine Gäste zu freier Meinungsäußerung, besonders wenn es sich um die Religion handelte; dann erging er sich in sarkastischen Bemerkungen. Wenn der eingeschüchterte Gast sich ins Schweigen flüchtete, war er ärgerlich. Hatte er ein Herz? fragte sich Thiébault. Eine Zeitlang konnte er diese Frage nicht beantworten, aber das Problem löste sich, als der Tod seines Neffen Prinz Heinrich, eines vielversprechenden Jünglings von 18 Jahren, ihn zu beinahe unbeherrschten Schmerzausbrüchen rührte. Es gehörte zu den Pflichten Thiébaults, die Abhandlungen seines Herrn zu überarbeiten und der Akademie vorzulesen, eine Aufgabe, die viele Fallgruben enthielt. Einmal verlor der königliche Verfasser seinen Gleichmut, als ein grober Schnitzer vermerkt und ein zweiter Versuch als noch fehlerhafter bezeichnet wurde. »Diese neue Kritik war zu viel für ihn. Sein Antlitz rötete sich vor Zorn und bot einen drohenden Anblick. Es war ein gespannter Augenblick, aber die Gefahr ging schnell vorbei.« Die Korrektur wurde anerkannt, denn der königliche Verfasser war stolz auf sein Französisch und fühlte, daß er einen Ruf zu verlieren hatte. De Catt, wird uns berichtet, las trotz seines offiziellen Titels dem König nie vor, weil dieser vorzog, sich selbst lesen zu hören. Als einmal des Königs Augen erkrankt waren, las Thiébault ihm *Figaro* vor, aber Beaumarchais gefiel dem preußischen Selbstherrscher ebensowenig wie er Ludwig XVI. gefiel. Fünf Exemplare wurden von jedem Buch angeschafft, das er lesen wollte, da er gleiche Bibliotheken in Potsdam, Sanssouci, Charlottenburg, Berlin und Breslau besaß. Da er nur oberflächliche Kenntnisse im Lateinischen und gar keine im Griechischen hatte, studierte er die antiken Autoren in französischen Übersetzungen. Von Anfang bis Ende seines Lebens war Frankreich seine geistige Heimat.

VI.

HERBSTSCHATTEN

Die vernachlässigte Königin war völlig aus dem Leben ihres Gatten geschwunden. Obwohl er sie nach außen hin immer mit Rücksicht behandelte und sie auch bei Staatsakten zusammentrafen, langweilte sie ihn, und nichts konnte er weniger ertragen als Langeweile. Sie dagegen bewahrte ihm einen warmen Platz in ihrem Herzen, und ihre Briefe an ihren Bruder Prinz Ferdinand von Braunschweig, den berühmten Feldherrn, sind voll von Anspielungen auf »notre cher roi«. Ein Brief vom 12. Juli 1757 anläßlich des Todes der Königin-Mutter zeigt uns die einsame Frau ganz aus der Nähe. »Nur die Zeit kann helfen. Der Verlust ist zu groß, und ich kann nie die Freundschaft vergessen, die sie mir in den letzten Jahren bezeigte. Sie setzte wirkliches Vertrauen in mich und ließ meiner Haltung gegen sie und den teuren König Gerechtigkeit widerfahren. Wenn etwas mich trösten kann, dann ist es dies, daß ich nie meine Pflicht gegen sie versäumte und daß sie das anerkannte. Sie gab mir oft ihren Segen; und wenn alle ihre Wünsche in Erfüllung gehen, werde ich glücklich sein. Ich werde auch glücklich sein, wenn Gott ihn erhält und alles zum besten wendet, und wenn der König mir ein wenig mehr Gerechtigkeit schenkt, dieser teure Fürst, den ich liebe und bis zum Ende anbeten werde. Welche Genugtuung war es mir, wenn ich mit der lieben Entschlafenen zusammen war und mit ihr über diesen teuren König sprechen und ihm allen Segen wünschen konnte. Keins ihrer Kinder kann sie mehr beklagen als ich.« Ein einziges freundliches Wort von ihrem Gatten, eine gelegentliche Einladung nach Potsdam, wären Balsam für ihr Herz gewesen, aber beides blieb aus. Seine wenigen Briefe sind kurz und unpersönlich, und in seinem Briefwechsel mit Freunden und Verwandten wird sie nie erwähnt. »Madame sind korpulenter geworden«, war seine kühle Begrüßung nach der langen Trennung des Siebenjährigen Krieges. Dennoch hörte sie nie auf, sich seiner Achtung zu erfreuen. In seinem Testament von 1769 bat er seinen Nachfolger, ihr eine angemessene Wohnung im Berliner Schloß anzuweisen und ihr die Achtung zu erzeigen, die der Witwe seines Onkels und einer Fürstin zukam, »deren Tugend nie bestritten wurde«. Aber er brauchte nicht nur Tugend, sondern auch Persönlichkeit, und eine Persönlichkeit war sie nicht. Eine solche fand er in ihrer jüngeren Schwester Juliana, Königin von Dänemark, mit der er entzückende Briefe in den letzten Jahren seiner Regierung austauschte.

Friedrich hatte sich längst mit einem Junggesellendasein abgefunden, aber es war ihm ein unendlicher Schmerz, als er entdeckte, daß sein Neffe und Erbe, der spätere Friedrich Wilhelm II., weder die öffentlichen noch privaten Tugenden besaß, die für seine hohe Stellung nötig waren*. »Dies Tier ist unverbesserlich«, beklagte er sich gegen Prinz Heinrich. Der Prinz von Preußen erfüllte, wie sein Vater vor ihm, die Aufgabe, die Dynastie mit Prinzen zu versorgen, aber für die ernsten Aufgaben der Regierung war er ungeeignet. Man konnte wenig für ihn ins Feld führen, außer daß er gutmütig und musikalisch war. Der König verabscheute seinen lockeren Lebenswandel und seine okkultistischen Liebhabereien unter der Anleitung seines Busenfreundes Bischoffwerder. Prinz Heinrich fühlte sich zu sehr als Führer der Mißvergnügten, Prinz Ferdinand war zu unbedeutend; von beiden war wenig Unterstützung zu erwarten. Seine alten Jugendfreunde Fouqué und Algarotti, die seine Gefährten in den glücklichen Rheinsberger Tagen gewesen waren, sein liebes Mütterchen, die Gräfin Camas, Sir Andrew Mitchell, Schwerin, Winterfeldt und Seydlitz, die Helden des Siebenjährigen Krieges, waren tot. Dennoch war er viel zu sehr beschäftigt und zu sehr Stoiker, als daß er seine Einsamkeit viel beklagt hätte. Obwohl er häufig reizbar war und manchmal seine Selbstbeherrschung verlor, gab sich der Eremit von Sanssouci, wie er sich selbst nannte, selten trüben Stimmungen hin. In einem Brief aus dem ersten Nachkriegssommer 1763 tritt uns ein freundliches Familienbild entgegen. »In einigen Tagen erwarte ich hier eine ganze Schar von Neffen und Nichten. Ich werde allmählich der Onkel von ganz Deutschland.« Vier Jahre später berichtet er, daß er von einer ganzen Brut Neffen und Nichten umgeben sei. »Es sind gute Kinder, und ich habe viel Freude an ihnen. Wenn ich sie um mich habe, fühle ich mich wie eine Henne, die einige Kücken großgezogen hat und sich am Ende einredet, sie seien ihre eigenen.« Seine Lieblinge waren Heinrich und Wilhelmine, die jüngeren Kinder August Wilhelms. »Ich nahm mir vor, ihm zu gefallen«, schreibt Wilhelmine in ihren nicht vollendeten Erinnerungen, »und das gab mir vom ersten Augenblick, da ich ihn sah (nach Friedensschluß), ein Gefühl des Vertrauens, das ich noch nie gegenüber irgendeinem Menschen gehabt hatte, da ich außergewöhnlich scheu bin. Aber seit dem ersten Tag seiner Ankunft beantwortete ich seine Fragen ohne Verlegenheit. Das machte ihm Freude, und er erwies mir tausend Freundlichkeiten. Von diesem Augenblick an, das kann ich wirklich sagen, war er mir ein zweiter Vater, und seine Liebe zu mir dauerte bis zu seinem Tode.«

Es fehlte Friedrich während des langen Abends seiner Regierung nie an ergebenen Freunden. Daß er die Gesellschaft von Frauen verschmäht hat, ist eine Legende: sicher hatte nie eine Frau Einfluß auf seine Politik, aber wenn Frauen einigermaßen klug waren, fand er großes Vergnügen daran, die Bekanntschaft mit ihnen zu pflegen. Der frische Briefwechsel mit der bayrischen Prinzessin Marie Antonie, Kurfürstin von Sachsen und Tochter des Kaisers Karl VII., erstreckt sich vom Ende des Siebenjährigen Krieges bis zu ihrem Tode im Jahre

---

* Gilbert Stanhope, *A Mystic on the Prussian Throne*, ist eine populäre Biographie.

1780 und läßt beide Schreiber in erfreulichem Lichte erscheinen. Obwohl für unsern heutigen Geschmack zu viele Komplimente vorkommen, sind diese doch der Ausdruck einer echten Zuneigung, denn keiner wollte etwas vom anderen. Der König begrüßte sie als die gelehrteste und aufgeklärteste Fürstin in Europa. Sie liebte Literatur und Musik, und ihre zwei Besuche in Potsdam bereiteten beiden Seiten ungeheuchelte Freude. Preußen und Sachsen waren Feinde gewesen, aber Friedrichs Bedarf an Ruhm und Schlachten war gedeckt. »Der Krieg ist eine Geißel«, schrieb er im Jahre 1765. »Er ist ein notwendiges Übel, weil die Menschen schlecht und verderbt sind, weil es ihn immer gegeben hat, und weil vielleicht der Schöpfer Umwälzungen haben will, um uns davon zu überzeugen, daß es unter der Sonne nichts Beständiges gibt. Herrscher sind manchmal gezwungen, ihren offenen oder geheimen Feinden entgegenzutreten, wie in meinem Falle. Wenn ich auch andere unglücklich gemacht habe, so bin ich doch selbst nicht weniger unglücklich gewesen. Aber Gott sei Dank sind diese Kriege vorüber, und es gibt kein Anzeichen für ihre baldige Wiederkehr. Solange die Kassen der Großmächte leer sind, können wir die Wissenschaften in Ruhe pflegen. Der Aderlaß der jüngsten Vergangenheit war so groß, daß ich hoffe, meinen Lauf in Frieden zu vollenden.« Herrscher indes, erläutert er in einem späteren Brief, seien nicht ganz Herren über sich selbst. »Von Natur müßten die Menschen im Einvernehmen leben: die Erde ist groß genug, um sie zu beherbergen, zu ernähren, zu beschäftigen. Zwei unglückselige Worte, ›mein‹ und ›dein‹, haben alles verdorben; aus ihnen entsprangen Eigensucht, Neid, Ungerechtigkeit, Gewalttätigkeit, alle Verbrechen. Wenn ich das Glück gehabt hätte, als Privatmann geboren zu sein, würde ich nie prozessiert haben. Ich würde selbst mein Hemd hergeben und mir meinen Lebensunterhalt mit einem ehrlichen Gewerbe verdient haben. Bei Fürsten ist es anders. Da herrscht die Meinung, daß sie, wenn sie nachgeben, Schwächlinge sind, und wenn sie sich mäßigen, Gimpel oder Feiglinge. Manche leichtgläubigen und gutherzigen Herrscher sind von ihren Untertanen verachtet worden. Ich gebe zu, daß solche falschen Beurteiler Verachtung verdienen. Aber die öffentliche Meinung entscheidet über das Ansehen, und so sehr man auch dahin neigt, den Urteilen dieses Gerichtshofes zu trotzen, manchmal muß man ihm seine Reverenz erweisen.«

Die Franzosen, die den Kreis um den König während der ersten Hälfte seiner Regierung belebt hatten, waren verschwunden. Voltaire war weit entfernt, Maupertuis und La Mettrie waren tot, der exzentrische d'Argens kehrte im Jahre 1768 in sein Heimatland zurück. Obwohl während des Siebenjährigen Krieges Ströme von Blut geflossen waren, blickte Friedrich immer noch nach Frankreich als dem Lande edler Anmut. Er sehnte sich nach einem anderen leuchtenden Stern, aber die meisten Berühmtheiten schieden aus wegen anderer Verpflichtungen, wegen ihres Charakters oder ihrer Weltanschauung.

Die Besuche Grimms waren hochwillkommen, aber dieser französierte Deutsche war Katharina der Großen zu tief verpflichtet. Was Friedrich an Diderot als dessen Anmaßung empfand, war ihm zuwider, obwohl sie einander nie sahen. Den dogmatischen Atheismus von Holbach und Helvétius verabscheute er, obwohl Helvétius ein Jahr sein Gast war, um die Akzise einzurichten. Rousseau, der einzige Mann von Genie neben Voltaire, war aus persönlichen und politischen Gründen unmöglich. »Wir müssen diesem armen Unglücklichen helfen«, schrieb der König an Lordmarschall Keith im Jahre 1762. »Sein einziges Vergehen ist es, wunderliche Meinungen zu haben, von denen er glaubt, daß sie richtig seien. Ich werde Ihnen 100 Taler senden mit der Bitte, ihm davon so viel zu geben, wie er braucht. Ich glaube, er wird Unterstützung lieber *in natura* annehmen als in barem Geld. Wenn wir nicht im Kriege und bankrott wären, würde ich ihm eine Einsiedelei mit einem Garten einrichten, wo er so leben könnte, wie nach seiner Meinung unsere Vorfahren gelebt haben. Ich bekenne, daß meine Ideen von den seinigen sich so sehr unterscheiden wie Endlichkeit und Unendlichkeit. Er könnte mich nie überreden, Gras zu fressen und auf allen Vieren zu laufen. Es ist wohl wahr, daß all dieser asiatische Luxus, dieses Raffinement der Geselligkeit, der Wollust und der Weichlichkeit für unser körperliches Fortleben unwesentlich sind, und daß wir in größerer Einfachheit und Natürlichkeit leben könnten; aber warum sollen wir eigentlich die Annehmlichkeiten des Lebens verwerfen, wenn wir sie genießen können? Wahre Philosophie, meine ich, gestattet uns die Benutzung und verwirft den Mißbrauch; man sollte fähig sein, alles zu entbehren, ohne auf irgend etwas zu verzichten. Ich muß bekennen, daß viele moderne Philosophen mich durch ihre Paradoxien abstoßen. Ich halte mich an Locke, meinen Freund Lukrez, meinen guten Kaiser Mark Aurel. Die haben uns alles gesagt, war wir wissen können, und alles, was uns maßvoll, gut und weise zu machen vermag. Demgegenüber ist es sehr spaßig zu sagen, daß wir alle gleich sind, und daß wir deshalb wie die Wilden leben müssen, ohne Gesetze, ohne Gesellschaft, ohne Verwaltung, daß die Künste unsere Sitten verdorben haben, und ähnliche Paradoxien. Ich meine, Ihr Rousseau hat seinen Beruf verfehlt; er sollte offenbar ein berühmter Anachoret, ein Wüstenvater werden, berühmt für seine Sittenstrenge und Selbstkasteiung, ein Säulenheiliger. Er hätte Wunder getan und wäre heilig gesprochen worden; aber jetzt wird man ihn nur als einen philosophischen Sonderling ansehen, der nach zweitausend Jahren die Sekte des Diogenes neu gründet. Maupertuis erzählte mir eine charakteristische Geschichte von ihm. Während seines ersten Besuches in Frankreich lebte er in Paris und verdiente seinen Lebensunterhalt mit Notenschreiben. Der Herzog von Orléans, der erfuhr, daß er arm und unglücklich war, gab ihm Noten zum Abschreiben und schickte ihm fünfzig Louisdor. Rousseau behielt nur fünf und sagte, seine Arbeit sei nicht mehr wert und der Herzog könne das Geld besser verwenden, indem er es Leuten gebe, die ärmer und fauler seien als er selbst. Diese große Selbstlosigkeit ist sicher die eigentliche Grundlage der Tugend; also schließe ich, daß die Sittlichkeit Ihres Wilden ebenso rein ist wie sein Geist unlogisch.« Eines der ersten Bücher, das er nach Wiederkehr des Friedens las, war der *Émile,* aber er war nicht beeindruckt davon.

Warum sollte er es nicht mit d'Alembert versuchen, dem Mathematiker und Philosophen, dem Verfasser der berühmten Einleitung zur *Encyclopédie,* welche die reife Weisheit des Zeitalters der Vernunft verkörperte? Er war seit 1746 Mitglied der Preußischen Akademie und hatte Friedrich im Jahre 1755 in Wesel getroffen. »Er scheint ein sehr netter Mensch zu sein«, berichtete Friedrich an Wilhelmine, »zugänglich, klug, tiefgelehrt, ohne Anmaßung. Er versprach seinen Besuch für nächstes Jahr auf drei Monate, dann können wir vielleicht einen längeren Aufenthalt mit ihm ausmachen.« Der Siebenjährige Krieg kam dazwischen, aber sofort nach dessen Ende verbrachte er zwei Monate in Potsdam. Die zwei Männer fühlten sich stark zueinander hingezogen. Obwohl niemand den Platz Voltaires ausfüllen konnte, war der Besucher ein großartiger Unterhalter und vereinigte hohe geistige Vorzüge mit einer Größe des Charakters, die dem Patriarchen von Ferney abging. Der Gast mochte sich aber nicht binden lassen, und im gleichen Jahr lehnte er eine Einladung, Lehrer des Großfürsten Paul, des russischen Thronerben, zu werden, ab. In Preußen finde man keine Gesellschaft, klagte er, als nur mit dem König allein. Die Erfahrungen Voltaires konnten nicht außer acht gelassen werden, seine Gesundheit war schlecht, und Paris bedeutete für ihn den Salon der Mme. Geoffrin und das liebende Herz der Mlle. de Lespinasse. Obwohl er an dem Besuch großes Vergnügen fand, lehnte er die schmeichelhafte Einladung, Preußen zu seinem ständigen Wohnsitz zu machen, ab. »Tiefer als je durchdrungen von Bewunderung für Ihre Person und Dankbarkeit für Ihre Güte«, schrieb er, »möchte ich ganz Europa Mitteilung machen von dem, was ich in Ew. Majestät zu erkennen das Glück hatte, einen Fürsten größer als sein Ruhm, einen Helden, der zugleich Philosoph ist und bescheiden, einen König, der Freundschaft würdig und fähig, in einem Wort, einen wahren Weisen auf dem Thron.«

Die Antwort seines Gastgebers war in gleich hochgespanntem Ton. »Ich werde nie das Vergnügen vergessen, einen wirklichen Philosophen gesehen zu haben. Er scheidet, aber ich werde die Stelle eines Präsidenten der Akademie offen halten, die nur er allein füllen kann*. Ein gewisses Vorgefühl sagt mir, daß es so kommen wird, aber wir müssen auf die dafür bestimmte Stunde warten. Ich bin manchmal versucht zu wünschen, daß sich die Verfolgung der Erwählten in gewissen Ländern verdoppeln möge. Ich weiß, daß dieser Wunsch ans

---

* Ein Nachfolger von Maupertuis wurde nicht ernannt.

Verbrecherische streift, da er die Wiederkehr der Unduldsamkeit, der Tyrannei, der Verdummung des Menschengeschlechts bedeutet. So weit ist es mit mir gekommen. Sie haben es in Ihrer Macht, diesen schuldhaften Wünschen, die meinem Zartgefühl widersprechen, ein Ende zu bereiten. Ich kann und will Sie nicht drängen. Ich werde schweigend den Augenblick erwarten, in dem die Undankbarkeit Ihres Vaterlandes sie nötigen wird, sich in einem Lande niederzulassen, in welchem Sie bereits bei allen denen naturalisiert sind, die denken können und genug Kultur haben, um Ihre Verdienste zu würdigen.« Der König schrieb in vollem Ernst, aber seine Schmeicheleien waren ohne Erfolg.

Ein herzlicher Briefwechsel, der dem mit Voltaire geführten an Interesse kaum nachsteht, wurde bis zum Tode d'Alemberts zwanzig Jahre später fortgesetzt, obwohl sie sich nicht wieder sahen. Vom Anfang bis zum Ende dieses faszinierenden Gedankenaustausches gibt es keinen Mißklang. »Ihre Werke werden weiterleben«, schrieb der König, »meine nicht; ich bin nur ein Dilettant.« Er entschuldigte sich für seine schlechten Verse, aber drückte die Hoffnung aus, daß sie seinen Freund einschläfern würden. Obwohl beide an die Herrschaft der Vernunft glaubten, setzte Friedrich viel geringere Hoffnungen in ihren Endsieg: der Durchschnittsmensch, meinte er, könnte nicht viel mit ihr anfangen. In einigen langen und wichtigen Briefen aus dem Jahre 1770 erläuterte er seinen weltanschaulichen Standpunkt im einzelnen. »Ich glaube, daß ein Philosoph, der sich aufmachte, um das Volk eine einfache Religion zu lehren, Gefahr laufen würde gesteinigt zu werden. Die Menschen wollen Ziele haben, die ihre Sinne beeindrucken und sich an ihre Einbildungskraft wenden. Selbst wenn Sie sie von vielen Irrtümern zu befreien vermöchten, ist es zweifelhaft, ob sie der Anstrengung, sie aufzuklären, würdig sind.« Selbst Skeptiker seien nicht über alle Versuchung erhaben, denn der Drang zum Aberglauben sei dem Menschengeschlecht eingeboren. »Wenn man eine Kolonie von Ungläubigen begründete, so würde man im Laufe der Jahre Zeuge der Geburt von abergläubischen Vorstellungen werden. Wunder scheinen für das Volk geschaffen zu sein. Wenn man eine lächerliche Religion abschafft, dann tritt etwas noch Unsinnigeres an ihre Stelle. Ich halte es für gut und nützlich, die Menschen aufzuklären. Den Fanatismus bezwingen heißt das grausamste und blutigste aller Ungeheuer zu entwaffnen. Gegen die Mißbräuche des Mönchtums, gegen Gelübde zu protestieren, die so unvereinbar sind mit den Absichten der Natur und der Vermehrung der Bevölkerung, heißt nur seinem Lande zu dienen. Aber es wäre unklug und sogar gefährlich, die Nährstoffe des Aberglaubens zu unterdrücken, die für Kinder bestimmt sind und mit denen sie nach dem Willen ihrer Väter aufgezogen werden sollen.«

Der alte König fand die Welt ebenso voll des Interessanten wie je, aber er hing nicht am Leben. Als die Königin von Schweden im Jahre

1771 ihren Gatten verlor, erinnerte er sie daran, daß diese Welt nicht die beste aller möglichen Welten sei, wie Leibniz gelehrt habe, sondern die schlechteste. »Wenn wir das siebzigste Lebensjahr anfangen«, schrieb er im Jahre 1781, »dann sollten wir zum Abschied bereit sein, sobald das Signal geblasen wird. Wenn man eine lange Zeit gelebt hat, sollte man die Nichtigkeit der menschlichen Dinge erkennen und, der unaufhörlichen Ebbe und Flut von Glück und Unglück müde, ohne Bedauern von hinnen scheiden. Wenn wir nicht angekränkelt sind, so sollten wir das Ende unserer Narreteien und Qualen begrüßen und uns freuen, daß der Tod uns von den Leidenschaften befreit, die uns vernichten. Nachdem ich lange ernsthaft über diese schwerwiegenden Dinge nachgedacht habe, hoffe ich, meine gute Laune so lange zu behalten, wie diese schwächliche Maschine aushält, und ich rate Ihnen, das gleiche zu tun. Anstatt darüber zu jammern, daß mein Ende nahe ist, sollte ich mich bei der Öffentlichkeit entschuldigen, daß ich die Impertinenz gehabt habe, so lange zu leben, denn ich habe sie gelangweilt und ein dreiviertel Jahrhundert gequält, und das ist wahrhaftig kein Scherz.« D'Alembert war der Jüngere, aber er starb im Jahre 1783, und Friedrichs letzter Brief konstatierte noch einmal die Grundzüge der Mischung von Skeptizismus, Epikuräismus und Stoizismus, die sein Glaubensbekenntnis bildeten. »Der Mensch, so will es mir scheinen, ist eher zum Handeln als zum Erkennen bestimmt; die Erkenntnis des Wesens der Dinge ist jenseits seiner Fähigkeiten. Wir verbringen die Hälfte unseres Lebens damit, die Irrtümer unserer Väter abzulegen, aber gleichzeitig lassen wir die Wahrheit am Grunde des Brunnens liegen, von dem die Nachwelt sie auch nicht heraufholen wird trotz aller unserer Anstrengungen. So wollen wir weise die kleinen Vorteile genießen, die uns zufallen, und uns daran erinnern, daß erkennen lernen oft soviel heißt wie zweifeln lernen.«

Während die Kurfürstin von Sachsen, die Königin Juliana von Dänemark und d'Alembert ihre Strahlen aus der Ferne sandten, war Friedrich nicht ohne angenehme Gesellschaft in größerer Nähe. Die Brüder George und James Keith hatten als Anhänger der Stuarts nach dem Fehlschlag der Unternehmung des älteren Prätendenten im Jahre 1715 Schottland in ihrer Jugend verlassen und nach vielen Irrfahrten in Preußen Wurzel gefaßt. James, der Feldmarschall, fiel im Siebenjährigen Krieg. George, »Milord Marischal«, hatte die Stellung eines preußischen Gesandten in Paris und des Gouverneurs von Neuenburg innegehabt und erhielt ein Haus innerhalb des Parks von Sanssouci. Als der alte Mann, der das Alter von 92 Jahren erreichte, nicht mehr den Hügel hinaufsteigen konnte, begleitete den König ihn in seinem Krankenstuhl. Keith hatte viel von der weiten Welt gesehen, die kennen zu lernen Friedrich sich immer gesehnt hatte, und er war ein Mann hoher Geisteskultur und edlen Charakters; unter den Männern, die die Tafelrunde zierten, war ihm keiner willkommener. Seit dem Tode Jordans und Wilhelminens stand niemand dem Herzen des einsamen Herrschers so nahe, der trotz all seines Stoizismus und seiner Zurückhaltung sich nach ein wenig menschlicher Wärme sehnte. »Ich dachte, Sie wüßten, daß Sie mir immer willkommen sind«, schrieb er im Jahre 1764; »bei Tag und Nacht, zu allen Jahreszeiten, bei jeder Witterung und zu jeder Stunde will ich Sie mit offenen Armen als Ihr treuer Freund empfangen.«

Alte Männer bevorzugen die Freunde ihrer Jugend, aber mit dem Tode von Keith und Pöllnitz, einer unterhaltsamen alten Klatschbase, waren die letzten von Friedrichs älteren Zeitgenossen dahin. Der treue Eichel hinterließ keinen Nachfolger von gleicher Fähigkeit zur Erledigung der vertraulichen Geschäfte in der königlichen Kanzlei, aber Hertzberg war nicht nur ein geschätzter Ratgeber, sondern auch ein gern gesehener Gast in Sanssouci, oft wochenlang hintereinander. Nur eine neue Gestalt überschreitet die sich verdunkelnde Bühne. Lucchesini, ein Marchese im Alter von damals 28 Jahren, der am Anfang seiner glänzenden Laufbahn stand, erregte die Aufmerksamkeit des Königs auf einer Reise durch Frankreich und Deutschland im Jahre 1779 und nahm die Einladung an, sich als Kammerherr niederzulassen. Seit 1780 trafen sie sich beinahe täglich an der Tafelrunde, bei der das Gespräch manchmal stundenlang dauerte. Die Historiker müssen diesem kultivierten Italiener dankbar sein, dessen Tagebuch, das sich vom Mai 1780 bis zum Juni 1782 erstreckt, unsere beste Quelle für Friedrichs spätere Tischreden darstellt*. Daß der Gastgeber das Gespräch monopolisierte und seine Anekdoten häufig wiederholte, war ohne Bedeutung, denn Lucchesini war ein guter Zuhörer und beschreibt ihre Thematik als unermeßlich. Der Fürst von Ligne, der jedermann kannte und selbst einer der witzigsten Männer war, hat uns in seinen Erinnerungen einen lebensvollen Bericht über die Unterhaltung des Königs hinterlassen, als er den Kaiser Joseph zum Zusammentreffen der Monarchen in Neustadt im Jahre 1770 begleitete und im Jahre 1780 eine Woche in Potsdam verbrachte. »Des Königs enzyklopädisches Wissen entzückte mich, Kunst, Krieg, Medizin, Literatur, Religion, Ethik, Geschichte und Gesetzgebung wurden erörtert: die großen Zeitalter des Augustus und Ludwigs XIV.; die feine Gesellschaft bei den Römern, Griechen und Franzosen; die Ritterlichkeit Franz'I.; die Offenheit und die Tapferkeit Heinrichs IV.; die Renaissance der Wissenschaften seit Leo X.; Anekdoten kluger Männer; die Irrtümer Voltaires, die Empfindlichkeit Maupertuis', der Zauber Algarottis, der Witz Jordans, die Hypochondrie d'Argens', den der König für 23 Stunden ins Bett schicken konnte durch die bloße Bemerkung, daß er krank aussehe. Er sprach über alles nur Denkbare mit ziemlich leiser Stimme.«

Eine treffende Analyse des komplizierten Veteranen durch den Nachfolger Sir Andrew Mitchells, Sir James Harris (später Lord Mal-

---

* *Das Tagebuch des Marchese Lucchesini,* herausg. von Oppeln-Bronikowski u. Volz.

mesbury), in einem vom 18. März 1776 datierten Bericht betonte »diese bunte Mischung von Barbarei und Humanität, die seinen Charakter so stark kennzeichnet. Ich habe gesehen, wie er in der Tragödie weint, gewußt, daß er für einen kranken Windhund so sehr sorgte wie eine liebevolle Mutter für ihr Lieblingskind; aber am Tage darauf hat er Befehl zur Verwüstung einer Provinz gegeben oder durch eine willkürliche Steuererhöhung einen ganzen Landstrich unglücklich gemacht. Er ist so wenig blutdürstig, daß er es kaum zuläßt, daß ein Verbrecher mit dem Tode bestraft wird, wenn es sich nicht gerade um ein notorisches Verbrechen handelt; dennoch gab er im letzten Krieg Geheimbefehle an mehrere Feldärzte, lieber den Tod eines verwundeten Soldaten auf sich zu nehmen als durch die Amputation eines Gliedes die Zahl seiner Invaliden und die Unkosten für sie zu erhöhen. So verliert er nie sein Ziel aus dem Auge und läßt im entscheidenden Augenblick alle Gefühle beiseite. Und obwohl er als Individuum oft nicht nur so erscheint, sondern auch wirklich human, wohlwollend und freundlich ist, lassen ihn, wenn er als König handelt, diese Eigenschaften plötzlich im Stich, und Vernichtung, Jammer und Verfolgung begleiten ihn, wohin er geht. Obwohl die Menschen die eiserne Rute spüren, mit der sie regiert werden, sind nur wenige unzufrieden, und zu murren wagt keiner.« Der Gesandte spielt, wie noch verschiedene andere, auf ein unnatürliches Laster an, aber es gibt keinerlei Anhalt für solches Geschwätz.

Während Friedrich die Geschichte seiner Feldzüge schrieb und seine französischen Lieblingsschriftsteller wieder und wieder las, dämmerte das klassische Zeitalter in Deutschland herauf; Lessing und Klopstock, Herder und Wieland, Goethe und Schiller begannen, die Welt mit ihrem Ruhm zu erfüllen. Die romantischen Schöpfungen des Sturms und Drangs, allen voran *Götz* und *Die Räuber*, konnten den Liebhaber der klassischen Tradition kaum ansprechen; der *Messias* lag seiner Weltanschauung fern, und für Herders Kult des Volkes hatte der Selbstherrscher keinen Sinn. Lessing und Wieland dagegen, die Kinder der Aufklärung, sprachen eine Sprache, die er gut hätte verstehen können. Lessing verbrachte mehrere Jahre in Berlin und Breslau und spendete den preußischen Siegen Beifall, wenn er auch ein Sachse war. In *Minna von Barnhelm* predigte er durch den Mund Tellheims das Evangelium der Offiziersehre, und seine erhabene Verteidigungsrede für die Duldsamkeit im *Nathan der Weise* wäre ganz nach dem Herzen des Herrschers gewesen. Aber Friedrich, der Lessings Namen von seiner losen Assoziation mit Voltaire kannte, hatte keine Vorstellung seiner großen Verdienste und wies zweimal eine Anregung seiner Freunde ab, daß er ihn zum königlichen Bibliothekar und zum Aufseher der Gemmen-Sammlung ernennen sollte.

»Seit meiner Jugend habe ich kein deutsches Buch gelesen, und ich spreche die deutsche Sprache schlecht«, bekannte Friedrich gegenüber Gottsched während ihrer Gespräche in Leipzig im Jahre 1757;

»jetzt bin ich ein alter Mann und habe keine Zeit.« Dennoch muß seine Unkenntnis des deutschen Geistesfrühlings, so sehr sie um seiner selbst willen zu bedauern ist, in abwägender Betrachtung vielleicht als ein Segen angesehen werden. Er hatte seine Regierung damit begonnen, daß er der Berliner Presse Zensurfreiheit gewährt hatte, aber dieses Privilegium war schnell aufgehoben worden. »Sagen Sie mir von Ihrer Berlinischen Freiheit zu denken und zu schreiben ja nichts«, schrieb Lessing an Nicolai im Jahre 1769. »Sie reduziert sich einzig und allein auf die Freiheit, gegen die Religion soviel Sottisen zu Markte zu bringen, als man will. Lassen Sie einen in Berlin auftreten, der für die Rechte der Untertanen, der gegen Aussaugung und Despotismus seine Stimme erheben wollte, und Sie werden bald die Erfahrung haben, welches Land bis auf den heutigen Tag das sklavischste Land von Europa ist.« Wieland erklärte, er fühle zwar die größte Bewunderung für den König von Preußen, danke aber dem Himmel dafür, daß er nicht unter seinem Stock oder seinem Szepter lebe. Friedrich hatte immer eine schwere Hand gehabt, und es war für den deutschen Geist viel besser, daß er sich frei entwickeln konnte, als daß er durch das Patronat der Krone verkrüppelt wurde. Das war auch des Königs eigene Ansicht, wie er Mirabeau bei ihrem ersten und letzten Treffen am 17. April 1786 erklärte. Warum, fragte der Besucher, war der Caesar Deutschlands nicht auch sein Augustus? Warum hielt er es nicht für wert, am Ruhme der literarischen Revolution seiner Zeit teilzuhaben, ihr Tempo zu beschleunigen, sie mit dem Feuer seines Genius und seiner Macht zu beflügeln? »Was hätte ich tun können, um die deutschen Autoren zu begünstigen«, antwortete der König, »im Vergleich mit der Wohltat, die ich ihnen erwies, indem ich sie ihre eigenen Wege gehen ließ?« Nach genauerem Nachdenken stimmte Mirabeau mit ihm überein. »Ich betrachte es als ein sehr kleines Unglück«, schrieb er in seinem Buche *Monarchie Prussienne,* »daß die deutsche Literatur sich nicht des Beistandes der Großen erfreute. Es ist mit dem Schreiben genau so wie mit dem Handel: es verabscheut den Zwang, und der Zwang ist der unzertrennliche Gefährte der Großen.«

Die interessante kleine Abhandlung *Über die deutsche Literatur, die Mängel, die man ihr vorwerfen kann, ihre Ursachen und die Mittel zu ihrer Verbessserung,* die im Jahre 1780 erschien, ist die einzige der Schriften Friedrichs, die auch heute noch viel gelesen wird. Die Wurzel des Übels, so argumentiert er, liegt in der Sprache, die, halbbarbarisch wie sie ist, selbst ein Genie nicht wirkungsvoll handhaben kann. »Vergeblich suche ich nach unserem Homer, unserem Anakreon, unserem Horaz, unserem Demosthenes, unserem Cicero, unserem Thukydides, unserem Livius. Ich finde nichts. Wir wollen offen sein und frei bekennen, daß bis jetzt die Schöne Literatur auf unserem Boden nicht geblüht hat.« Deutschland habe Philosophen hervorgebracht, aber keine Dichter oder Historiker. Deutschland sei durch den Dreißigjährigen Krieg zurückgeworfen worden. »Wenn man zeigen will, wie wenig Geschmack es in Deutschland gibt, braucht man nur ins Theater zu gehen. Dort kann man die abscheulichen Stücke Shakespeares sehen, die man ins Deutsche übersetzt hat, und die ganze Zuhörerschaft ist in Verzückung, wenn sie diesen lächerlichen Späßen lauscht, die kanadischer Wilden würdig sind. Ich beschreibe sie so, weil sie sich gegen alle Regeln des Theaters versündigen. Diese Regeln sind keine willkürlichen: man findet sie in der *Poetik* des Aristoteles, in der die Einheit des Ortes, der Zeit und der Handlung als die einzigen Mittel beschrieben sind, um Tagödien rührend zu machen. Man kann Shakespeares absonderliche Verwirrungen verzeihen, denn die Geburt der Künste ist nie die Zeit ihrer Reife. Aber da ist hier ein *Götz von Berlichingen* auf der Bühne, eine abscheuliche Nachahmung dieser schlechten englischen Stücke, und die Zuhörer verlangen die Wiederholung dieser ekelerregenden Plattheiten.« Daß die kritischen Maßstäbe der Öffentlichkeit den seinigen überlegen sein könnten, kam ihm nie in den Sinn. Goethes Name wird nicht erwähnt, und Lessing, der damals in seinem letzten Lebensjahr stand, wird vergessen.

Was könne getan werden? Der königliche Kritiker lehnte es ab, zu verzweifeln, denn Deutschland habe große Männer hervorgebracht, unter ihnen Leibniz, der Europa mit seinem Ruhm erfüllt habe. Die erste Aufgabe sei, die deutsche Sprache zu vervollkommen. Die Klassiker aller alten und neueren Sprachen sollten übersetzt werden, damit die Schriftsteller und Leser von den besten Vorbildern lernen könnten. Frankreich habe der Welt gezeigt, was man leisten könne. Die »rohen und der Anmut entbehrenden« Werke Rabelais' und Montaignes hätten ihn nur gelangweilt und angeekelt, aber im siebzehnten Jahrhundert hätten die französischen Schriftsteller dem ganzen Kontinent die Maßstäbe gegeben. Zweitens seien die Universitätslehrmethoden von Grund auf zu reformieren. Die Philosophie müsse in ihrer historischen Entwicklung von den Griechen bis zu Locke gelehrt werden mit Erläuterungen über die verschiedenenen Schulsysteme. Professoren der Jurisprudenz sollten die Entwicklung ihrer Wissenschaft aufspüren. Geschichtsprofessoren sollten den Geschicken Deutschlands, besonders seit Karl V., ihre Aufmerksamkeit widmen und die Bedeutung des Westfälischen Friedens betonen, »weil er der Grundstein der deutschen Freiheiten wurde und den Ehrgeiz des Reiches auf seine Grenzen beschränkt«.

Nach allen diesen Nörgeleien und der erstaunlichen Offenbarung seines Nichtwissens ist es eine freudige Überraschung, wenn man den alten Mann seine Augen zu den Bergen aufheben sieht. Verschiedene Hemmnisse hätten die Deutschen davon abgehalten, so schnelle Fortschritte wie ihre Nachbarn zu machen, aber Nachzügler könnten den Vorsprung der anderen im Rennen manchmal aufholen. Das könne in Deutschland schneller geschehen, als man zu hoffen wage, wenn die Herrscher einen Geschmack für die Literatur hätten und die besten Schriftsteller durch Lob und Geschenke ermutigen. »Laßt uns erst ein paar Medizeer haben, und wir werden auch einige Genies erblühen sehen. Ein Augustus wird einen Virgil hervorbringen. Wir werden unsere Klassiker haben; jedermann wird sie lesen und von ihnen Nutzen ziehen wollen; unsere Nachbarn werden Deutsch lernen; die Höfe werden es mit Freuden sprechen, und unsere Sprache, verfeinert und vervollkommnet, wird sich dank unserer guten Schriftsteller über ganz Europa verbreiten. Diese hellen Tage unserer Literatur sind noch nicht da, aber sie nahen. Ich sage Ihnen, daß sie kommen werden, wenn ich auch zu alt bin, sie zu erleben. Ich bin wie Moses, der von ferne das Gelobte Land sieht.« Als diese Worte geschrieben wurden, hatten sich Goethe und Karl August schon seit 5 Jahren gefunden, las ganz Europa die *Leiden der jungen Werther*, gab es den *Urfaust* schon im Manuskript; aber beim Tode Friedrichs des Großen waren nur fünf von achtzehn Mitgliedern der Akademie Deutsche. Die beste von mehreren Gegenschriften kam aus der Feder des kräftigen alten Vorkämpfers deutscher Art, Justus Mösers, des Verfassers der *Patriotischen Phantasien* und der *Osnabrückischen Geschichte*.

Friedrichs Stimmung in seinem letzten Lebensjahr war die ruhiger Entsagung. »Ich habe mehr als siebzig Jahre in dieser Welt gelebt«, schrieb er an die Herzogin Charlotte von Braunschweig, die einen Sohn verloren hatte; »und während dieser Zeit habe ich nur die absonderlichen Launen des Glücks gesehen, das viele schmerzlichen Ereignisse mit einigen wenigen günstigen mischt. Ohne Unterlaß werden wir zwischen vielen Kümmernissen und wenigen Augenblicken des Glücks hin- und hergeworfen. Das, meine liebe Schwester, ist das gewöhnliche Los der Menschen. Junge Leute sollten den Verlust ihrer Verwandten und Freunde stärker fühlen als alte; denn die Jungen haben lange Zeit, um über ihren Kümmernissen zu brüten, während Menschen in unserem Alter bald dahin sein werden. Die Toten haben den Vorzug, daß sie vor den Schlägen des Schicksals bewahrt werden, während wir, die wir zurückbleiben, ihnen tagtäglich ausgesetzt sind. Diese Überlegungen, meine gute Schwester, sind nicht eigentlich ein Trost. Zum Glück haben Dir Deine Weisheit und Deine Veranlagung Kraft gegeben, den Schmerz einer Mutter zu tragen. Möge der Himmel Dir weiterhin helfen und mir eine Schwester erhalten, die das Glück meines Lebens ist.«

Wir verdanken Zimmermann, dem berühmten Schweizer Schriftsteller und Arzt, einen letzten Blick auf den alten Herrscher einen Monat vor seinem Ableben*. Friedrich hatte das Vertrauen zu seinen eigenen ärztlichen Ratgebern verloren und bat den Hofarzt von Hannover angelegentlich um einen Besuch. »Vor acht Monaten hatte ich einen heftigen Anfall von Asthma. Die Ärzte hier geben mir alle Arten von Drogen, die mir eher schaden als nützen. Ihr Ruf hat sich über

---

* *Über Friedrich den Großen und meine Unterhaltungen mit ihm kurz vor seinem Tode,* Leipzig 1788.

ganz Nordeuropa verbreitet, wollen Sie für vierzehn Tage kommen? Ich bin sicher, daß es der Herzog von York gestatten wird.« Zimmermann machte seinen ersten Besuch am 24. Juni und sah seinen Patienten mehr als vierzehn Tage zweimal täglich. Er fand ihn in Sanssouci in einem Lehnstuhl, mit einem alten Hut auf dem Kopfe, sein blauer Rock bedeckt mit den gelben und braunen Flecken des Schnupftabaks, ein gewaltig angeschwollenes Bein ausgestreckt auf einer Fußbank. »Aller Geist und alle Größe seiner besten Jahre strahlte noch aus seinen Augen und machte mich oft seinen ganz verfallenen Körper vergessen.« »Sie sehen mich sehr krank«, bemerkte der König, und es war deutlich, daß das Ende nahe war. Trotzdem erwies er sich als ein sehr widerspenstiger Patient, der sich bisweilen einfach weigerte, die vorgeschriebenen Medizinen zu nehmen, und manchmal große Mengen schwerverdaulicher und starkgewürzter Speisen verschlang, die er immer sehr geschätzt hatte. Seine Stimmung schwankte mit seinem Gesundheitszustand, war manchmal weich und gewinnend, seltener furchterregend und abweisend. Die zwei Männer fanden sofort zueinander, und der Arzt war tief bewegt, als die Zeit zum Abschied kam. Friedrich nahm seinen Hut ab und sagte mit unbeschreiblicher Würde und Freundlichkeit in der Stimme: »Adieu, mein guter, mein lieber Herr Zimmermann. Vergessen Sie den guten alten Mann nicht, den Sie hier gesehen haben.« Wir würden gerne einige der realistischen medizinischen Einzelheiten für mehrere der Gespräche eintauschen, die ihre Zusammenkünfte an den Tagen, an denen es ihm besser ging, belebten.

Als Goethe Berlin im Jahre 1778 besuchte, war er angewidert von dem abfälligen Gerede der Untertanen über den Herrscher, das er sich anhören mußte; dennoch bestand allgemein die Auffassung, daß er nicht wie andere Menschen war, und die rohen Soldatenverse des alten Gleim waren in aller Munde. Die Erinnerungen des Generals von der Marwitz enthalten ein erregendes Augenblicksbild Friedrichs aus dem Jahr vor seinem Tode, wie er einem eifrigen Schulknaben erschien. Bei der Rückkehr von einer Truppenparade wurde er von der Prinzessin Amalie vor ihrem Palais empfangen. Die Menge, die ihn mit Hochrufen begleitet hatte, solange er auf seinem Schimmel ritt, stand mit entblößten Häuptern an dem Tor, durch das er das Haus betrat. »Und doch war nichts geschehen! Keine Pracht, kein Feuerwerk, keine Kanonenschüsse, keine Trommeln und Pfeifen, keine Musik, kein vorangegangenes Ereignis! Nein, nur ein dreiundsiebzigjähriger Mann, schlecht gekleidet, staubbedeckt, kehrte von seinem mühsamen Tagewerk zurück. Aber jedermann wußte, daß dieser Alte auch für ihn arbeitete, daß er sein ganzes Leben an diese Arbeit gesetzt und sie seit fünfundvierzig Jahren noch nicht einen einzigen Tag versäumt hatte! Jedermann sah auch die Früchte seiner Arbeiten, nah und fern, rund um sich her, und wenn man auf ihn blickte, so regte sich Ehrfurcht, Bewunderung, Stolz, Vertrauen, kurz alle edleren Gefühle der

Menschen.« Der alte Stoiker hoffte nicht auf ein Nachleben nach dem Tode, noch sehnte er sich danach. Er war zufrieden in dem Wissen, daß er sich bis zum letzten im Dienste seines Landes verzehrt hatte und daß er einen Ruhm gewonnen hatte, der weit über die Visionen seiner glühenden Jugend hinausging.

VII.

VOLTAIRE

Erste Liebe

Friedrich der Große bezeichnete sich selbst als »Philosophen aus Neigung, Politiker aus Zwang«. Schon als junger Mensch hatte er eine erstaunliche Weite der Interessen, und sein Streben nach Wissen ließ nie nach. Während seines ganzen Lebens beschäftigte er sich mit den kulturellen Vorgängen in Europa nicht weniger aufmerksam als mit der politischen Lage, und dies nicht als ein Außenseiter, sondern als ein Mann, der stolz auf seinen Platz als Arbeiter im Weinberg war. Seine Hochachtung für Gelehrte und Denker war ungeheuchelt, und literarische Gaben erregten seine uneingeschränkte Begeisterung. Die alten und neuen Klassiker waren seine vertrauten Gefährten, und seine Elastizität in verzweifelten Situationen läßt sich teilweise darauf zurückführen, daß sich sein Geist in dieser Beschäftigung mit geistigen Dingen immer wieder erfrischte. Es konnte gar nicht anders sein: der Hohenzollernfürst mußte fasziniert sein vom glänzendsten Schriftsteller seines Zeitalters, dem ungekrönten König, der ein halbes Jahrhundert lang die Republik des Geistes beherrschte, dem geistreichsten und vielseitigsten Mann in Europa, der alles in einem war: Dichter, Dramatiker, Romanschriftsteller, Historiker, Philosoph, Naturwissenschaftler, Verfasser von Streitschriften, Soldat in der Armee der Menschlichkeit und Weltbürger. Die Geschichte dieses einzigartigen Verhältnisses ist enthalten in den drei gewichtigen Bänden ihres Briefwechsels, wie er, von Koser und Hans Droysen im Jahre 1908 herausgegeben, die unvollständigen Ausgaben ersetzt, die der Öffentlichkeit seit dem Ende des achtzehnten Jahrhunderts zur Verfügung standen*. Während die Mehrzahl der Briefe Friedrichs jetzt in ihrem ersten Entwurf und ihrer endgültigen Form vorliegt – anfänglich verwandte er auf die Abfassung große Mühe und bat Jordan um Überarbeitung –, ist die Mehrzahl der Briefe Voltaires nach den ersten gedruckten Ausgaben gegeben, da die Originale verlorengegangen sind. Obwohl Lücken im Briefwechsel vorhanden sind, haben sich 654 Stücke aus einer Gesamtdauer von 42 Jahren erhalten. Es gibt nichts

---

* *Briefwechsel Friedrichs des Großen mit Voltaire*, hsg. von Koser und Hans Droysen, 3 Bde., 1908–1911, und *Nachträge zu dem Briefwechsel Friedrichs des Großen mit Maupertuis und Voltaire*, 1917. Diese beiden Werke ersetzen alle vorhergehenden Ausgaben. Die umfassendste Darstellung gibt Desnoiresterres, *Voltaire et Frédéric le Grand;* Duc de Broglie, *Voltaire avant et pendant la Guerre de Sept Ans;* Henriot, *Voltaire et Frédéric le Grand* (1927) und Lytton Stracheys Essay *Frederick the Great and Voltaire* in dem Band *Books and Characters*, sind nützlich, obwohl Strachey nur den Streit behandelt.

Ähnliches in der Literaturgeschichte, denn der Briefwechsel zwischen Grimm und Katharina der Großen spiegelt nicht die Begegnung von Ebenbürtigen, sondern von Schutzherrn und Schützling wider.

Der erste Band enthält das Material aus den vier Jahren, die dem Tode Wilhelms I. im Jahre 1740 vorhergingen; er ist der bei weitem anziehendste. Es ist die Zeit der ersten Liebe: beide sahen sich in einem goldenen Schimmer, denn die persönliche Begegnung hatte noch nicht die Sonnenflecken sichtbar gemacht. Als der erste Brief von Berlin am 8. August 1736 geschrieben wurde, stand der Kronprinz im fünfundzwanzigsten Lebensjahr, während der Verfasser von *Oedipe* und *Zaire*, der *Henriade* und der *Lettres sur les Anglais* zweiundvierzig Jahre alt war. Der Thronerbe, voller Durst nach Geistesfreundschaft, huldigt mit gebeugtem Knie. »Obwohl ich nicht das Vergnügen Ihrer persönlichen Bekanntschaft habe, sind Sie mir darum nicht weniger durch Ihre Werke bekannt. Diese sind Schatzkammern des Geistes, mit solchem Geschmack, solcher Feinheit, solcher Kunst verfaßt, daß man beim Lesen immer wieder neue Schönheiten entdeckt. Ich glaube, sie sind ein Charakterspiegel ihres Verfassers, der unserem Jahrhundert und dem menschlichen Geist zur Ehre gereicht. Wenn je der Streit um die Verdienste der Alten und Modernen wieder erneuert wird, dann werden Sie und Sie ganz allein die Waage auf der Seite der letzteren hinabdrücken. Zu Ihren hervorragenden Fähigkeiten als Dichter fügen Sie unzählige andere Kenntnisse hinzu, die zwar eine gewisse Verwandtschaft mit der Dichtung haben, aber allein durch Ihre Feder dieser zugehören. Sie sind der erste Dichter, der metaphysische Gedanken in Verse gebracht hat. Ihr Wohlwollen gegen alle die, welche sich den Wissenschaften und Künsten widmen, gibt mir die Hoffnung, daß Sie mich nicht aus der Zahl derer ausschließen werden, die Sie als Ihrer Belehrung würdig erachten. Ich wage zu behaupten, daß es niemanden in der Welt gibt, dessen Lehrer Sie nicht sein könnten.« Der Schüler preist dann die *Henriade*, *César* und *Alzire*. »Stände der große Corneille wieder auf, dann würde er mit Erstaunen und vielleicht mit Neid sehen, daß die tragische Göttin Sie mit den Gunstbezeigungen überschüttet hat, die sie ihm so freigiebig nicht schenkte.« Werde Voltaire so freundlich sein, ihm alle seine Werke zu schicken, veröffentlicht oder im Manuskript? »Ich würde mich in ihrem Besitz glücklicher schätzen als im Besitz all der vergänglichen und verächtlichen Gaben des Glücks, die der Zufall gibt und wieder nimmt. Ihre Gedichte verdienen, daß die Edelgesinnten sie lesen. Sie sind eine Schule der Moral, in der man denken und handeln lernt. Die Tugend ist in den glänzendsten Farben gemalt. Die Idee des wahren Ruhms ist bestimmt, und Sie laden zum Genuß der Wissenschaften so kunstvoll ein, daß Ihre Leser sich bewogen fühlen, Ihrer Führung zu folgen. Wenn ich nicht das Glück habe, Sie den meinen zu nennen, so darf ich wenigstens hoffen, eines Tages den zu sehen, den ich aus der Ferne so lange bewunderte.«

Diese überschwengliche Lobpreisung, unterschrieben *Votre très affectionné ami Frédéric, P. R. de Prusse,* und offensichtlich aus Herzensgrunde kommend, bezeichnete Voltaire einem Freunde gegenüber als einen sehr merkwürdigen Brief. »Er lädt mich zu einem Besuch ein, aber ich gebe ihm zu verstehen, daß man um der Fürsten willen nie seine Freunde verlassen solle.« Er hatte sich gerade mit der Marquise du Châtelet in ihrem Schloß Cirey im unabhängigen Herzogtum Lothringen niedergelassen, und zum erstenmal in seinem Wanderleben hatte er ein eigenes Heim. Gelegentliche Besuche des sich damit abfindenden Gatten, von dem sie tatsächlich, wenn auch nicht gesetzlich, geschieden war, konnten nie die Harmonie dieses Verhältnisses stören. »Die göttliche Emilie«, die Abhandlungen über Physik schrieb und Newtons *Principia* übersetzte, war launisch, aber die häufigen Auseinandersetzungen der beiden ließen sich mit wirklicher Herzlichkeit gut vereinbaren. Voltaires Antwort war eine geschickte Mischung von Schmeichelei und Vorsicht. »Sie schmeicheln mir zu sehr; aber es ist ein tausendmal reineres Vergnügen, einen Fürsten zu finden, der wie ein Mensch denkt, einen Philosophenfürsten, der die Menschen glücklich machen wird. Die wirklich guten Könige sind allein die, welche wie Sie damit beginnen, sich zu bilden, ihre Mitmenschen kennen zu lernen, die Wahrheit zu lieben, Verfolgung und Aberglauben zu verabscheuen. Ein Fürst, der so denkt, kann seinem Staat das Goldene Zeitalter zurückbringen. Warum suchen so wenige Könige diesen Ruhm? Weil sie beinahe alle höher vom Königtum als vom Menschentum denken, während bei Ihnen das Gegenteil der Fall ist. Seien Sie versichert, daß, wenn eines Tages nicht die Verwirrung der Ereignisse und die Schlechtigkeit der Menschen einen solch göttlichen Charakter verdirbt, Sie von Ihren Völkern angebetet und von der ganzen Welt verehrt werden. Philosophen, die diesen Namen verdienen, werden sich in Ihren Landen versammeln, und genau wie die berühmten Künstler in das Land eilen, in dem ihre Kunst am meisten gefördert wird, so werden die Denker kommen auf Ihren Thron umgeben.« Während er verspricht, seine Werke zu senden, lehnt Voltaire ein Treffen höflich ab. »Ich würde es als ein großes Glück betrachten, Sie zu besuchen und Ew. Königlichen Hoheit meine Ehrerbietung zu erweisen. Man geht nach Rom, um die Kirchen und die Bilder, die Ruinen und die Reliefs zu sehen. Ein Fürst wie Sie ist viel eher eine Reise wert, denn er ist ein viel wunderbarerer und seltenerer Anblick. Die Freundschaft, die mich an meinen Zufluchtsort bindet, gestattet mir nicht zu reisen. Sie werden sicher mit Julian, diesem großen und verleumdeten Mann, übereinstimmen, der sagte, daß man die Freunde immer den Königen vorziehen solle. Mein Herz wird Ihnen immer untertan sein, Ihr Ruhm wird mir immer teuer bleiben. Ich hoffe, daß Sie sich immer treu bleiben werden und daß andere Könige ihrem Beispiel folgen.« Dem Brief lag ein Gedicht bei über Könige und Königtum.

Friedrichs Entzücken über die Antwort auf seine Annäherungsversuche drückte sich in einem überschwenglichen Brief von unendlicher Länge aus, den er am 4. November 1736 in Rheinsberg schrieb. Obwohl er nicht in der Lage sei, sich in Voltaires Bild des vollkommenen Fürsten wiederzuerkennen, wolle er es als ein Vorbild nehmen und sich bemühen, eines Lehrers würdig zu werden, der auf so göttliche Art lehren könne. »Ich muß diese großherzige Geistesart bewundern, diese Liebe zur Menschheit, welche die Verehrung aller Nationen verdienen. Ich wage zu behaupten, daß die Schuld der Völker Ihnen gegenüber größer ist als die der Griechen gegenüber Solon und Lykurg. Schriftsteller sind in einem gewissen Sinne Männer der Öffentlichkeit; ihre Gedanken verbreiten sich über die Welt. Sie bilden gute Bürger, treue Freunde, Untertanen, die mit Eifer dem öffentlichen Wohl ergeben sind. Betrachten Sie von nun an meine Handlungen als die Frucht Ihrer Lehren. Mein Herz ist gerührt, und ich habe den feierlichen Beschluß gefaßt, diesen Lehren mein ganzes Leben lang zu folgen. Wenn es etwas gibt, das ich mehr als alles andere wünsche, dann ist es, Männer von Gelehrsamkeit und Fähigkeiten um mich zu haben.« Nachdem er sich über die Verdienste der Wolffschen Philosophie, die Unduldsamkeit der Theologen und die Universalität von Voltaires Genie verbreitet hat, beugt sich der Kronprinz dem Unvermeidlichen. »Ich achte die Bande der Freundschaft zu hoch, als daß ich wünschen könnte, Sie den Armen Emiliens zu entreißen. Nur ein hartes und unempfindliches Herz würde auf einem solchen Opfer bestehen. Bitte legen Sie diesem Wunder an Geist und Wissen meine Verehrung zu Füßen. Wie selten gibt es solche Frauen! Es gibt kein Glück, das ich Ihnen nicht wünsche, und keines, dessen Sie unwürdig sind. Cirey wird von nun an mein Delphi sein, und Ihre Briefe, um deren Fortsetzung ich Sie bitte, meine Orakelsprüche.« Dieser Strauß mit seiner Huldigung an Mme. du Châtelet, die, wie Voltaire sagte, »ihm mehr war als Vater, Bruder oder Sohn«, erschien diesem als noch herzlicher als der erste. Ihm folgte drei Tage später ein Gedicht, dessen letzte Verse lauteten:

Und Ihr Name, berühmt durch die kühnen Eroberungen des Geistes,
Soll erscheinen, wo man von Helden und Königen spricht.

Der größte Wert des Gedichtes, erklärte der Verfasser, bestehe darin, daß es mit dem Namen Voltaire geschmückt sei. »Ich weiß, es hat seine Fehler und ist seines Gegenstandes nicht würdig. Ich habe Ihre Werke und die der berühmtesten Verfasser gelesen, und ich versichere Ihnen, daß ich mir des unendlichen Unterschiedes zwischen deren und meinen Versen bewußt bin. Kritisieren Sie, verdammen Sie, mißbilligen Sie, aber lassen Sie die beiden letzten Verse bestehen.«

Die Postverbindungen waren langsam und unregelmäßig, und Voltaires Antwort, die im Ton noch wärmer war als die erste, wurde in

Leiden im Januar 1737 zur Post gegeben. Beim Lesen des Briefes habe er Freudentränen vergossen, denn er habe im Schreiber einen Fürsten erkannt, der der Liebling des Menschengeschlechtes sein werde. »Sie denken wie Trajan, Sie schreiben wie Plinius, Sie sprechen Französisch wie unsere besten Schriftsteller. Ludwig XIV. war ein großer König, und ich ehre sein Andenken; aber seine Stimme war nicht so menschlich. Ich habe seine Briefe gesehen; er beherrschte die Rechtschreibung nicht. Unter Ihrem Schutz wird Berlin das Athen von Deutschland werden, vielleicht von Europa. Ich bekenne, ich würde mich unglücklich schätzen, sollte ich sterben, ohne das Vorbild der Fürsten und das Wunder Deutschlands gesehen zu haben. Ich will Ihnen nicht schmeicheln; das wäre ein Verbrechen. Ich könnte es auch nicht, es ist mein Herz, das spricht. Glücklich ist, wer Ihnen dienen darf, glücklicher, wer Ihrer Gegenwart teilhaftig werden kann. Wenn mir nicht das Glück der Menschheit am Herzen läge, würde ich bedauern, daß Ihre Bestimmung der Thron ist. Ich würde wünschen, daß Sie ein Bürger blieben, damit unsere Seelen sich in voller Freiheit begegnen können; aber meine Wünsche müssen sich dem öffentlichen Wohl fügen.« Friedrichs Wunsch, seinen neuen Freund kennen zu lernen, wurde von Tag zu Tag größer. »Ich gestehe, ich brenne, in Ihrer Person die schönste Schöpfung dieses Jahrhunderts und Frankreichs zu sehen, aber die Philosophie lehrt mich, meinen Eifer zu bändigen. Ich liebe meine Freunde selbstlos, und ich werde ihr Interesse meinem Vergnügen immer voranstellen. Lassen Sie mir wenigstens die Hoffnung, daß ich Sie eines Tages sehen werde. Ihre Briefe werden mir ein Ersatz sein: Holland, das ich nie mochte, wird für mich ein heiliges Land werden, seit Sie dort weilen. Meine vollständige Hochschätzung, die sich nur auf Ihr Verdienst gründet, wird erst mit meinem Leben enden.«

Dieser volltönende Lobgesang wurde mit einem Gedicht erwidert.

»Apolls Lorbeeren welkten dahin auf der Erde,
Die schönen Künste lagen darnieder wie die Tugenden,
Der Betrug mit lügnerischem Auge und der blinde Plutus
Regierten in den Händen der Könige den Donner.
Da erhob voll Entrüstung die Natur ihre Stimme:
Ich will, sprach sie, ein Reich des Glücks und der Gerechtigkeit auf-
[richten,
Ich will, daß ein Held werde und daß er vereinige
Die Gaben Vergils und die Tugenden des Augustus,
Zur Zierde der Welt und zum Vorbild der Herrscher.
So sprach sie; und vom Himmel herabstiegen die Tugenden,
Der ganze Norden zitterte, der Olymp lief zusammen;
Der Ölbaum, der Lorbeer, die Myrthe wurden wieder grün,
Und Friedrich erschien.

Jeder Brief brachte seine glühende Huldigung für den jungen Salomo. Friedrichs kräftiges Eintreten für Wolff gegen die Machenschaften seiner Feinde in Preußen erntet Voltaires höchstes Lob. »Sie machen Ihren Namen unsterblich, indem Sie den aufgeklärten Philosophen gegen alberne und ränkesüchtige Theologen beschützen. Fahren Sie fort, großer Fürst, großer Mensch; vernichten Sie das Ungeheuer des Aberglaubens und des Fanatismus, diesen Feind der göttlichen Vernunft. Seien Sie der König der Philosophen, während andere Fürsten nur Könige der Menschen sind. Ich danke dem Himmel jeden Tag, daß Sie sind.«

Der Kronprinz war nicht nur gefesselt durch das Genie und die Berühmtheit seines Briefpartners, sondern durch seine Übereinstimmung mit ihm in einigen der tiefsten Lebensfragen. Hier ist sein Glaubensbekenntnis. »Metaphysische Fragen übersteigen unsere Kräfte. Wir bemühen uns vergeblich, das zu erraten, was unser Begreifen weit hinter sich läßt, und in dieser Welt des Nichtwissens gilt schon die wahrscheinlichste Annahme als das beste System. Das meine ist es, ein Höchstes Wesen anzubeten, das einzigartig gut, einzigartig barmherzig ist und dadurch allein unsere Huldigung verdient; nach allen meinen Kräften meinen Mitgeschöpfen zu helfen, deren unglückliche Lage ich wohl kenne; im übrigen mich dem Willen meines Schöpfers anzuvertrauen, der mit mir nach seinem Gefallen verfährt und von dem ich, was auch immer geschehen möge, nichts zu fürchten habe. Ich stelle mir vor, daß Ihr Glaubensbekenntnis fast dasselbe ist.« Voltaire antwortete, daß er entzückt sei, in allen Dingen seine Meinung zu teilen, auch seine Anerkennung der Grenzen unserer Erkenntnis. »Ich weiß nicht mehr als dies: Mag die Materie ewig sein (was unbegreiflich ist) oder mag sie in der Zeit geschaffen sein (was große Denkschwierigkeiten bereitet), mag unsere Seele mit unserem Körper vergehen oder mag sie unsterblich sein, in diesen Ungewißheiten kann man keinen klügeren oder weiseren Weg wählen als den Ihren – Ihrer Seele, sei sie nun unsterblich oder nicht, alle Tugenden, alle Freuden, alle Lehren mitzuteilen, deren sie fähig ist, als ein Fürst, ein Mensch, ein Weiser zu leben, glücklich zu sein und andere glücklich zu machen. Ich betrachte Sie als ein Geschenk des Himmels. Ich bewundere die Tatsache, daß in Ihrem Alter die Jagd nach dem Vergnügen Ihrer nicht Herr geworden ist, und ich beglückwünsche Sie, daß Ihnen die Philosophie den Geschmack am Vergnügen gelassen hat. Wir sind nicht nur geboren, um Plato und Leibniz zu lesen, Kurven nachzumessen, Tatsachen in unserem Kopf zu ordnen. Wir sind mit einem Herzen geboren, das voll Leidenschaften sein muß, die befriedigt werden sollen, ohne daß wir uns von ihnen beherrschen lassen. Eine unserer größten Wohltaten an der Menschheit ist es, den Aberglauben und den Fanatismus zu stürzen, die Machthaber von der Verfolgung derer, die anderer Meinung sind als sie, abzuhalten. Sicherlich werden die Philosophen nie den Staat gefährden: warum also die Philosophen beunruhigen? Sie sehen, würdiger Erbe des Geistes Mark Aurels, mit welcher Freiheit ich zu Ihnen spreche. Sie sind fast der einzige Mensch, der solcher Offenheit würdig ist.«

Friedrich bekennt und beklagt die geistige Dürre Deutschlands. »Unsere Universitäten und unsere Akademie der Wissenschaften sind in einem traurigen Zustand; es scheint, als ob die Musen diese Gegenden verlassen wollten.« Friedrich I., der bis zur Verschwendung freigiebig gewesen war und den Glanz liebte, hatte die Kunst gefördert und, indem er Ludwig XIV. zum Vorbild nahm, geglaubt, er werde ähnlichen Preis ernten. Seine begabte Gattin, die Königin Charlotte, berief Leibniz nach Berlin, wo er eine Akademie gründete, aber das war eine falsche Morgendämmerung. »Die Künste verfallen. Tränenden Auges sehe ich das Schwinden des Wissens, während anmaßendes Unwissen und bäuerische Sitten an seine Stelle treten. Die Deutschen sind nicht dumm. Sie haben einen gesunden Menschenverstand, und ihr Charakter ähnelt dem der Engländer. Sie arbeiten fleißig und sind gründlich; wenn sie etwas anfangen, konzentrieren sie sich darauf. Ihre Bücher sind schrecklich weitschweifig. Wenn sie von ihrer Derbheit befreit werden und sich mit den Grazien befreunden könnten, würde ich nicht daran verzweifeln, daß auch meine Nation große Männer hervorbringen kann.« Leider werde immer eine gewisse Schwierigkeit verhindern, daß sie große Bücher in ihrer eigenen Sprache bekämen, denn in Deutschland gebe es viele Fürsten, und es bestehe keine Möglichkeit, sie zu veranlassen, daß sie die deutsche Sprache dem Urteil einer Akademie unterwürfen. »So müssen unsere Gelehrten in fremden Sprachen schreiben; und da es schwer ist, diese zu beherrschen, steht zu befürchten, daß unsere Literatur nie große Fortschritte machen wird.« Und es gebe noch ein anderes Hindernis: Fürsten verachteten gewöhnlich die Gelehrten, und die Höflinge folgten ihrem Beispiel.

Ein Besuch des treuen Keyserlingk in Cirey, bei dem er einen Brief, ein Bild des Kronprinzen und andere Geschenke überbrachte, schien die Freunde einander noch näher zu bringen, und der Abgesandte berichtete, daß Voltaire alle Erwartungen übertreffe. Friedrich nahm Verbesserungen seiner Verse voll Dankbarkeit an, aber in den Fragen der Geschichte und der Philosophie war er nie ein bloßer Schüler. Ein Gedankenaustausch über die Willensfreiheit enthüllte einen Unterschied der Anschauung, obwohl der jüngere Denker, ein überzeugter Determinist, zugab, daß wir nur mutmaßen könnten. »Ich glaube, daß es dem Menschen nicht vergönnt ist, über abstrakte Dinge tief nachzudenken. Gott hat ihm genügend Wissen gegeben, um sich in der Welt durchzuschlagen, aber nicht genug, um seine Wißbegier zu befriedigen. Wir sind zum Handeln geschaffen, nicht zur Betrachtung.« Diese Weltanschauung, so erläuterte er, widerspreche keineswegs einer erhabenen Vorstellung von Gott oder dem Menschen. »Glauben Sie mir, Sie sind selbst der stärkstmögliche Beweis zugunsten des

Menschen. Ich kann leichter an die menschliche Vollkommenheit glauben, wenn ich an Sie denke. Ich fühle, daß nur ein Gott oder etwas Göttliches in einem einzelnen Wesen alle Ihre Vollkommenheiten versammeln konnte. Sie handeln nach einem Grundsatz, nach der erhabenen Vernunft und deshalb nach der Notwendigkeit. Dieses System widerspricht nicht nur nicht der Menschlichkeit und Tugend, sondern begünstigt sie sogar, denn indem wir unser Gefallen, unser Glück und unsere Befriedigung in der Ausübung der Tugend finden, ist es für uns eine Notwendigkeit, immer nach dem Tugendhaften zu streben.« Der Brief enthielt das übliche Angebinde für Mme. du Châtelet. »Wenn ich mich der göttlichen Emilie nähern dürfte, würde ich ihr sagen, wie der Engel der Verkündung: Du bist gebenedeit unter den Weibern, denn Du besitzest einen der größten Männer der Welt.« Die gelehrte Dame schickte ihm ihre Abhandlung über das Feuer und erhielt dafür einen schmeichelhaften Dankesbrief mit der Unterschrift *Votre très affectionné ami et admirateur.* Ein Gedicht mit der Überschrift »*À la divine Émilie*«, im November 1737 verfaßt, häufte Weihrauch auf den Altar der »*sublime Émilie*«, »*charmante Émilie*«. Der Austausch von Komplimenten dauerte bis zu seiner Thronbesteigung; danach kühlte das Ausbleiben einer Einladung, ihren Freund zu begleiten, die Atmosphäre merklich ab.

Während der ersten zwei Jahre des Briefwechsels finden sich keine Hinweise auf Politisches, weder Innen- noch Außenpolitik: Friedrich schreibt an den »Apoll von Frankreich« wie ein Intellektueller, der zufällig der Erbe eines Thrones ist. Es war zu gefährlich, seine Gedanken der Post anzuvertrauen, denn der Blick seines mißtrauischen Vaters ruhte auf ihm. Im April 1738 aber kündigt er die Absendung seiner ersten politischen Abhandlung an, *Considération sur l'etat présent du corps politique de l'Europe,* und bittet zugleich Voltaire, das Geheimnis seiner Verfasserschaft zu wahren. »Ich war erstaunt«, kam die Antwort, »in Ihnen einen so erhabenen Metaphysiker und einen so weisen, so anmutigen Dichter zu finden. Ich bin nicht überrascht, daß Sie wie ein großer Fürst, ein echter Staatsmann schreiben. Wie sollte auch Ew. Königliche Hoheit nicht ein Meister seines Faches sein? Ich glaube, wenn die *Considérations* unter dem Namen eines englischen Parlamentsmitgliedes geschrieben worden wären, hätte ich Ihre Feder erkannt und ausgerufen: ›Da verbirgt sich der große Fürst unter dem großen Bürger!‹ Die Schrift atmet ein wenig vom Geist eines Mitgliedes des Deutschen Reiches, wie ihn kein englischer Bürger besitzt, denn kein englischer Staatsmann würde sich so sehr für die deutschen Freiheiten interessieren. Noch eher aber würde ich den Verfasser an der Seelengröße und der Menschlichkeit erkannt haben, die alle Ihre Schilderungen beherrscht. Mme. du Châtelet und ich haben es mehrmals gelesen, und sie hält es für das beste Ihrer Werke. Ich stimme mit ihr überein, aber die jüngste Ihrer Gunstbezeigungen ist auch immer die geschätzteste.« Dann besprach Voltaire das Werk und regte an, daß angesichts des zu erwartenden Aussterbens der Habsburger im Mannesstamm der Kaisertitel, wie gewisse Bistümer, zwischen Lutheranern und Katholiken abwechseln solle. Alle Fürsten sollten auf ihren Ratstischen und den Klingen ihrer Degen die Worte eingraben lassen: »Es ist eine Schmach, seine Staaten zugrunde zu richten, und eine verbrecherische Raubgier, etwas zu erobern, worauf man keinen rechtlichen Anspruch besitzt.« Dies seien die Worte eines großen Menschen und die Sicherheit für das Glück seines Volkes.

Der Dichter von Beruf und der Verseschmied aus Neigung tauschten Gedichte aus, die miteinander in geistreichen Komplimenten wetteiferten. »*Votre Altesse Royale*«, schrieb Voltaire, »*est plus Frédéric et plus Marc-Aurèle que jamais.*« Nur ein Voltaire fehle noch in Rheinsberg, erwiderte der Kronprinz, um vollkommenes Glück zu genießen; aber er sei immer in seinem Herzen. »Ihr Bild hat den Ehrenplatz in meiner Bibliothek, gleich über Ihren Büchern meinem Stuhl gegenüber, so daß ich Sie immer vor Augen habe.« Neuerscheinungen wurden besprochen, neue Pläne dargelegt. Friedrichs Reichweite wurde immer größer, und im Mai 1739 zeigt er den ehrgeizigsten seiner Pläne an. »Im Augenblick beschäftige ich mich mit Machiavelli. Ich mache mir Notizen zum *Fürsten* und habe eine Arbeit angefangen, die seine Grundsätze völlig widerlegen wird, die die Feinde der Tugend und des wahren Interesses der Fürsten sind. Es genügt nicht, den Menschen den Pfad der Tugend zu zeigen; man muß auch die Hebel der Eigenliebe in Bewegung setzen, ohne die nur wenige geneigt sind, der Vernunft zu folgen. Ich hoffe, ich kann Ihnen das Manuskript in drei Monaten schicken.« Wenn er sich herablasse, gegen Machiavelli zu schreiben, erwiderte Voltaire, dann sei es, als ob Apollo die Schlange Python erschlüge. Das Versprechen, ihm eine Sendung Wein zum Geschenk zu machen, veranlaßte den Weltmann zu der Antwort: »Ich hoffe, ihn auf das Wohl meines teuren Souveräns zu trinken, des eigentlichen Herrn meiner Seele, dessen Untertan ich in Wahrheit viel mehr bin als meines eigenen Königs.« Einen Monat später schrieb Friedrich, daß seine Aufgabe ihn länger in Anspruch nehmen werde, als er erwartet habe. Um alles kennen zu lernen, was über Machiavelli geschrieben worden sei, brauche er unendlich viele Bücher, und wenn er diese verdaut habe, werde er noch einige Zeit benötigen. Sein Angriff werde eine Fortsetzung der *Henriade* sein, dieses furchterweckenden Bildes der Religionskriege, der Ränke der Priester, der tödlichen Folgen falschen Eifers. »Aus den edlen Gefühlen werde ich den Donnerkeil schmieden, der Cesare Borgia vernichten soll.« Das Werk solle aber nur veröffentlicht werden, wenn es Voltaires Billigung gefunden habe.

Ein Bericht aus dem entfernten Insterburg in Ostpreußen vom Sommer 1739 zeigte den Thronerben in einem neuen und anziehenden Lichte. Bis jetzt hatten sich seine Briefe über seine wenn auch geringen öffentlichen Pflichten ebenso ausgeschwiegen wie über seinen eigensinnigen Vater und seine ungeliebte Gattin. Hier endlich spürt man etwas vom ersten Diener des Staates, der es in der Sorge für die materielle Wohlfahrt seiner Untertanen mit Friedrich Wilhelm I. aufnehmen sollte. »Hier sind wir nun, nach einer Reise von drei Wochen, in einem Lande, das ich als das äußerste Ende der zivilisierten Welt ansehe. Man kennt es wenig in Europa, aber es verdient größere Aufmerksamkeit, da es als die Schöpfung des Königs angesehen werden kann.« Das Herzogtum, das er Preußisch-Litauen nennt, sei zu Beginn des Jahrhunderts durch die Pest heimgesucht worden. Die Felder seien nicht bestellt, das Vieh verelendet, und die blühendste aller preußischen Provinzen in eine furchtbare Einöde verwandelt gewesen. Inzwischen sei Friedrich I. gestorben und seine falsche Herrlichkeit mit ihm begraben worden. »Mein Vater, der ihm nachfolgte, war gerührt durch das öffentliche Unglück. Er kam und sah selbst dieses weite verwüstete Land mit all den furchtbaren Spuren der Seuche, des Hungers und der schmutzigen Habsucht der Minister. Zwölf oder fünfzehn entvölkerte Städte, vier- bis fünfhundert verlassene Dörfer waren der traurige Anblick, der sich seinen Augen bot. Weit entfernt, sich von solchen widrigen Bildern zurückgestoßen zu fühlen, fühlte er das lebendigste Mitleid und beschloß, Bevölkerung, Wohlfahrt und Gewerbe wieder herzustellen. Er scheute keine Kosten; er baute alles wieder auf, was die Seuche vernichtet hatte, und brachte tausende von Familien aus allen Teilen Europas hierher. Das Land wurde wieder bestellt, die Bevölkerung wuchs, die Gewerbe blühte auf, und heute ist dieses fruchtbare Land wohlhabender als je zuvor. Es hat mehr als eine halbe Million Einwohner, mehr Städte als vorher, mehr Vieh, und die Fruchtbarkeit ist größer als in irgendeinem anderen Teile Deutschlands. Alles dies ist nur dem König zu verdanken, der nicht nur Befehle gab, sondern auch ihre Ausführung überwachte; der die Pläne machte und sie ganz allein durchführte; der weder Überlegung noch Mühe, weder die ungeheure Ausgabe noch Versprechen und Belohnungen sparte, um das Glück einer halben Million menschlicher Wesen zu ermöglichen. Ich hoffe, Sie werden sich durch diese Einzelheiten nicht gelangweilt fühlen. Ihre Menschlichkeit sollte sich ebenso auf Ihre litauischen wie auf Ihre französischen, englischen und deutschen Brüder erstrecken. Ich sehe etwas Heldenhaftes in der Großherzigkeit des Königs und in der Energie, mit der er diese Wüste wieder bevölkerte und sie fruchtbar und glücklich machte, und ich glaube, Sie würden meine Gefühle teilen.« Dieses Zeugnis kann nicht damit abgetan werden, daß es für das Auge seines Vaters beabsichtigt gewesen sei, denn seine Freundschaft mit Voltaire war ein eifersüchtig gehütetes Geheimnis. Er hatte zu verstehen angefangen, daß der Mann, der sein Leben verdüstert hatte, irgendwie seiner Hochachtung und seiner Nachahmung wert war.

Im November 1739 berichtet Friedrich, daß die Widerlegung Machiavellis vollendet sei, daß die Überarbeitung begonnen habe und daß er das Werk Voltaire zum Ausfeilen sende. »Obwohl ich nicht meinen Namen darunter setzen will, möchte ich nicht, daß es mir schadet, wenn die Verfasserschaft gemutmaßt wird. Daher bitte ich Sie, mir zu sagen, was verbesserungsbedürftig ist. Sie verstehen, daß in diesem Falle Ihre Nachsicht verhängnisvoll für mich wäre.« Er habe geschwiegen, wo die Klugheit Vorsicht geboten habe. Er kenne eine Vielzahl von Anekdoten über die Höfe Europas, die seine Leser amüsiert hätten, aber das hätte eine Satire ergeben, die wegen ihrer Wahrheit nur schaden könne. Das werde er nie tun. Er sei nicht geschaffen, Fürsten zu verärgern. Er ziehe es vor, sie weise und glücklich zu machen. Voltaires Antwort war prompt und schmeichelhaft. »Monseigneur, die Wohlfahrt der Welt fordert die Veröffentlichung dieses Buches; die Menschen müssen sehen, wie das Gegengift von einer königlichen Hand selbst gegeben wird. Es ist merkwürdig, daß Fürsten über diese Gegenstände bisher nicht geschrieben haben. Es war ihre Pflicht, und ihr Schweigen über Machiavelli zeigt ihre stillschweigende Billigung. Dies ist endlich ein eines Fürsten würdiges Buch, und ich habe keinen Zweifel, daß eine Ausgabe des Machiavelli, mit dieser Widerlegung am Ende jedes einzelnen Kapitels, eines der kostbarsten Denkmäler der Literatur sein würde.« Es enthalte nur wenige Fehler im Französischen, fügte er hinzu, und er bitte um die Erlaubnis, ein Vorwort beizusteuern und es herauszugeben, ebenso wie Friedrich einer Ausgabe der *Henriade* Pate gestanden habe. »Meine Aufgabe wird angenehmer sein als die Ihre, denn während die *Henriade* einige Leute interessiert, muß der *Antimachiavell* der Katechismus von Königen und ihren Ministern werden.« Seiner Meinung nach werde es dem Werk zum Vorteil sein, wenn es etwas weniger Angriffe enthalte. »Der Eifer gegen den Lehrer der Thronräuber und Tyrannen hat Ihre großmütige Seele verzehrt und Sie manchmal mit sich fortgerissen. Wenn das ein Fehler ist, so ähnelt er einer Tugend. Wenn man einmal Machiavell ordentlich geschmäht hat, dann kann man sich auf Argumente beschränken.« Da Friedrich kein greifbares Interesse daran hatte, seinem berühmten Briefpartner zu schmeicheln, besteht kein Grund, die Echtheit seines jugendlichen Überschwangs zu bezweifeln. Kann man dasselbe von Voltaire sagen, der in den mittleren Jahren stand und genügend Erfahrungen hatte? Daß er sich vom ungewohnten Schauspiel eines Intellektuellen auf den Stufen des Throns angezogen fühlte und von seinen Huldigungen entzückt war, ist begreiflich genug. Aber bedachte er nicht vielleicht auch, daß Preußen ihm eines Tages zum Zufluchtshafen werden könne, wenn Frankreich für den streitlustigen Ketzer ein zu heißer Boden wurde? Sein ganzes Leben war ein Kampf, und vielleicht war es klug, für die Zukunft zu sorgen.

VIII.

VOLTAIRE

Entzauberung

Der zweite Band des Briefwechsels erstreckt sich über die Jahre von 1740, als die Freunde sich zum ersten Male trafen, bis 1753, als sie für immer voneinander schieden. Ein kurzer Brief vom 6. Juni 1740 gab Bericht von dem lange erwarteten Ereignis. »Mein teurer Freund, mein Los hat sich gewandelt, ich war am Sterbebett eines Königs zugegen. Ich hätte bei der Thronbesteigung nicht dieser Lektion bedurft, um Ekel vor menschlicher Eitelkeit und Größe zu empfinden. Ich hatte eine kleine Arbeit über Metaphysik geplant, aber es wurde eine politische Abhandlung daraus. Ich hatte mit dem freundlichen Voltaire eine Lanze brechen wollen; jetzt muß ich das Schwert mit dem alten Machiavelli im Bischofshut (Cardinal Fleury) kreuzen. So sind wir also nicht, mein teurer Voltaire, die Herren unseres Geschicks. Der Wirbel der Ereignisse reißt uns fort. Denken Sie an mich, ich bitte Sie, nur als an einen eifrigen Bürger, einen etwas skeptischen Philosophen und einen wahrhaft treuen Freund. Schreiben Sie mir in Gottes Namen als ein Mensch an einen Menschen und teilen Sie meine Verachtung für Titel. Wenn ich auch Arbeit genug habe, so habe ich doch immer Zeit, Ihre Werke zu bewundern und Ihnen zu Füßen zu sitzen. Adieu! Wenn ich am Leben bleibe, werde ich Sie dieses Jahr sehen. Behalten Sie mich immer lieb und seien Sie immer offen gegen Ihren Freund Friedrich.« Voltaire erwiderte mit einer Ode, von der er gegenüber einem Freunde äußerte, sei sei ihm von Herzen gekommen. Die erste und letzte Strophe vermitteln eine ausreichende Vorstellung von diesem Akt der Huldigung.

> Herauf kommt endlich der schönste Tag meines Lebens,
> Den die Welt erwartete, den Sie allein fürchteten,
> Der Große Tag, da durch Sie die Erde schöner wird,
>   Der Tag, da Sie regieren.
>
> Was ist des lebendigen Gottes wahrhaftes Ebenbild?
> Sie, der Begabung, der Künste, der Tugenden Hort,
> Sie, der Salomon des Nordens, aber gelehrter und weiser,
>   Und minder schwach als er.

Des Königs zweiter Brief, den er eine Woche später sandte, begann mit einem kurzen Gedicht über seine neuen Aufgaben.

> Meinem Volk, an dem ich hänge,
> Diesem Gotte will ich dienen.

> Lebt denn wohl, ihr heitren Klänge,
> Verse, Flöte, fort mit ihnen!
> Alle Kurzweil, selbst Voltaire,
> Sei verbannt. Die Pflicht allein
> Soll mein Gott, mein höchster, sein!

»Sie sehen, mein teurer Freund«, fügte er hinzu, »daß der Wechsel meines Geschicks mich nicht von meiner Besessenheit für das Versemachen geheilt hat; vielleicht werde ich nie davon geheilt werden. Ich denke zu hoch von der Kunst eines Horaz und Voltaire, um auf sie zu verzichten, und alles im Leben hat seine Zeit.« Er hoffe, im August in Wesel oder vielleicht noch weiter westlich zu sein. »Versprechen Sie mir, mich zu treffen, denn ich kann weder glücklich leben noch in Frieden sterben, wenn ich Sie nicht umarmt habe. Tausend Empfehlungen an die Marquise. Ich arbeite mit beiden Händen, mit der einen für die Armee, mit der anderen für das Volk und die Künste.« Zum ersten Male ließ er Interesse erkennen an Dingen, die sein Vater als den wichtigsten Pfeiler des Staates angesehen hatte.

Voltaires erster Brief, vom 18. Juni datiert, war ein einziger Strom von Komplimenten. »Sire, wenn sich Ihr Los verändert hat, so nicht Ihre edle Seele; aber die meine hat sich verändert. Ich war ein wenig Misanthrop, und die Ungerechtigkeiten der Menschen drückten mich nieder. Jetzt frohlocke ich wie jedermann. Dank dem Himmel, daß Ew. Majestät bereits beinahe alle meine Voraussagen erfüllt hat. Sie werden schon geliebt, nicht nur in Ihrem Staat, sondern in ganz Europa. Sie befehlen mir, weniger dem König als dem Menschen zu schreiben, ein Befehl ganz nach meinem Herzen. Ich weiß nicht, wie man mit einem König umgeht, aber mit einem wirklichen Menschen kann ich unbefangen sein, einem Menschen, dem die Liebe zur Menschheit in Kopf und Herz wohnt.« Hatte sein Vater den vollen Wert von »*mon adorable prince*« erkannt? Wie verbringe er den Tag? Arbeite er auch nicht zu viel? »Im Namen des Menschengeschlechts, das Sie braucht, nehmen Sie Ihre kostbare Gesundheit in acht.« Er sehne sich danach, ihn zu treffen, und die Königin von Saba (Mme. du Châtelet) freue sich darauf, Salomon in seiner Herrlichkeit zu sehen. In wenigen Wochen hoffe er, das beste und nützlichste Buch, das je geschrieben worden sei (den *Antimachiavell*) abzusenden, »würdig Ihrer und Ihrer Regierung«. Er nannte es dem *Fürsten* selbst im Stil überlegen und das einzige eines Königs würdige Buch seit fünfzehnhundert Jahren (seit Mark Aurel). Mme. du Châtelet fügte ihren Beifall für dieses »unvergleichliche Werk« hinzu. Der Verfasser, der jetzt plötzlich im Glashaus saß, bekam Angst vor der Veröffentlichung und beschwor Voltaire, die ganze Auflage aufzukaufen, aber als er die Versicherung erhielt, daß jede gefährliche Stelle gestrichen worden sei, gab er seinem Herausgeber Vollmacht, mit der Veröffentlichung fortzufahren.

Als Antwort auf Voltaires Bitte um persönliche Einzelheiten begann Friedrich mit einer Beschreibung des Sterbelagers des verstorbenen Königs. Er habe ausführlich über Staatsangelegenheiten der Innen- und Außenpolitik mit der größten Deutlichkeit und klaren Sinnen gesprochen; er habe ihm in den letzten Stunden die Zügel in die Hand gegeben; seine Leiden wie ein Stoiker getragen; er habe mit dem Wissensdurst eines Arztes seine Krankheitserfahrungen beobachtet und sei gestorben mit dem Heldenmut eines großen Menschen. Dann beschrieb der neue Herrscher die Maßnahmen der ersten drei Wochen seiner Regierung. Er habe die Armee vergrößert. Er habe die Grundlagen der neuen Akademie gelegt, der anzugehören er Wolff, Maupertuis, Euler und andere Berühmtheiten eingeladen habe. Er habe eine Schule für Handel und Gewerbe begründet. Er habe Maler und Bildhauer verpflichtet. Seine wichtigste Aufgabe sei, einen Getreidevorrat für achtzehn Monate in jeder Provinz anzulegen.

Nach vier Jahren nur literarischer Berührung trafen sich die beiden Freunde im September 1740 in der Nähe von Cleve. »Ich habe diesen Voltaire gesehen, den kennen zu lernen ich so begierig war«, berichtete er an Jordan; »aber ich hatte Fieber, und mein Kopf war so unbotmäßig wie mein Körper schwach war. Wenn man mit Menschen dieser Art zusammen ist, dürfte man nicht krank sein; man sollte ganz auf der Höhe sein, ja wohler als sonst. Er hat die Beredsamkeit eines Cicero, die Anmut eines Plinius und die Weisheit eines Agrippa; mit einem Wort, er vereinigt die Tugenden und Gaben von drei der größten Männer der Antike. Sein Geist arbeitet ohne Unterlaß. Er trug *Mahomet* vor, seine bewundernswerte Tragödie, und hielt uns völlig in Bann; ich konnte nur schweigend bewundern. Die Châtelet kann froh sein, ihn zu haben; ein Mensch mit einem guten Gedächtnis könnte aus seinen hingeworfenen Bemerkungen ein glänzendes Buch verfertigen.« Voltaire war mit dem Treffen ebenso zufrieden. »Ich sah einen der liebenswürdigsten Menschen«, berichtete er einem Freund, »einen Mann, der in der Gesellschaft glänzen würde, der überall in hohem Kurs stünde, selbst wenn er nicht ein König wäre, ein Philosoph ohne Strenge, voll von Sanftmut und Rücksichtnahme, der seinen Rang vergißt, wenn er bei Freunden ist, ja ihn so völlig vergißt, daß er mich ihn beinahe auch vergessen ließ. Es bedurfte einer Anstrengung, um mich zu erinnern, daß der Mann, der am Fußende meines Bettes saß, ein Souverän mit einer Armee von 100000 Mann war.« Einem anderen Freunde wurde berichtet, daß er ebenso gut spreche wie er schreibe. »Ich weiß noch nicht, ob es größere Könige gegeben hat, aber ein liebenswürdiger Mensch hat noch nicht gelebt. Es ist ein Wunder der Natur, daß der Sohn eines gekrönten Menschenfressers, unter Narren erzogen, in seiner Einöde die Feinheit und all die natürliche Anmut sich angeeignet hat, die in Paris die Errungenschaften einer nur kleinen Anzahl sind und dennoch den Ruhm von Paris ausmachen.«

Einige wenige Monate nach seiner Thronbesteigung bekam Friedrich unerwartete, aber keineswegs unwillkommene Nachricht von Wien. »Der Kaiser ist tot«, berichtete er. »Das bringt alle meine friedlichen Pläne in Unordnung, und ich glaube, daß es im Juni eher um Kanonen, Soldaten und Gräben gehen wird als um Schauspielerinnen, Balletts und Theater, so daß ich unserere Verabredung (eine Schauspielergruppe im Juni 1741 nach Berlin zu bringen) absagen muß. Das ist von den größten Folgen für Europa, das Zeichen für eine völlige Umwandlung des alten politischen Systems.« Obwohl der Franzose nichts von dem Plane für den Raub Schlesiens wußte, glaubte man allgemein, daß wichtige Ereignisse bevorstanden, und Kardinal Fleury bat, daß Voltaire soviel wie möglich über die Pläne seines Gastgebers ausfindig mache, eine Aufgabe, die über die Fähigkeiten des französischen Gesandten ging. Sie ging, wie sich herausstellte, auch über Voltaires Fähigkeiten hinaus, obwohl er seine Schmeicheleien verdoppelte. »Die größten Wandlungen folgen Ihrer Krönung schnell. Sie stehen im Begriff, einen Kaiser zu machen oder selbst Kaiser zu werden. Es würde nur gerecht sein, wenn der, welcher die Seele des Titus, Trajan, Antoninus und Julian sein eigen nennt, auch ihren Thron einnähme. Sei Ew. Majestät nun Kaiser oder König, Sie sind geschaffen, nur Gutes zu tun.«

Der langerwartete, eine Woche dauernde Besuch im November 1740 wurde, ungeachtet der Freuden des Gesprächs, von einer kleinen Abkühlung begleitet. Friedrich meinte, daß Voltaire zu viele Änderungen im *Antimachiavell* vorgenommen und übermäßig hohe Ansprüche auf Reisekosten gestellt habe. »Dein Geizhals«, berichtete er an Jordan, »will auch die Hefe seines unersättlichen Verlangens nach Reichtum trinken – er will 1300 Taler haben. Ich schmeichle mir, daß das verführerische Berlin ihn bald zurückbringen wird, um so eher, als die Börse der Marquise nicht immer so voll ist wie meine.« Als ein Gerücht den Weg in die Presse fand, sie hätten sich gezankt, schrieb Voltaire an einen Freund, daß es falsch sei: »er tut mir die Ehre, so oft und mit derselben Freundlichkeit zu schreiben wie zuvor.« Gedichte und Schmeicheleien wurden weiterhin ausgetauscht, und der Ton in den Briefen des Königs ist durchaus freundschaftlich, aber der Frühling der Jüngerschaft ist vorüber. Von nun an traten sie sich, ausgenommen auf dem Gebiet der französischen Dichtung, als gleichwertige Partner gegenüber.

Die erste Schlacht des Schlesischen Krieges erweckte gemischte Gefühle beim Sieger. »An diesem glücklichen und zugleich unglücklichen Tage«, schrieb er aus dem Feldlager bei Mollwitz, »haben wir eine große Zahl guter Untertanen verloren. Ich beklage zärtlich einige Freunde, deren Gedächtnis immer in meinem Herzen wohnen wird. Der Schmerz um gefallene Freunde ist der Wermutsbecher, den die Vorsehung allen Kriegstriumphen beigesellt hat, um die übermäßige Freude am Siege herabzumindern. Meine Lage wird bald erfordern, daß ich neuen Gefahren ins Auge sehe. Wenn man einen Baum gefällt hat, ist es wünschenswert, auch die Wurzeln zu vernichten, damit sie nicht wieder ausschlagen.« Voltaire haßte den Krieg, und der nicht herausgeforderte Angriff auf Österreich ließ ihm seinen jungen Bewunderer in einem neuen Licht erscheinen, aber taktvoll begnügte er sich damit, den König zum Bericht über seine Tätigkeit zu ermuntern. »Es gehört sich für Nachfolger Caesars, ihre Kommentare zu schreiben. Ich sehe voraus, daß Ew. Majestät eines Tages sich damit vergnügen werden, Ihre zwei Feldzüge zu beschreiben. Glücklich wird Ihr Sekretär sein und am glücklichsten Ihre Leser.« Nach seiner Rückkehr nach Berlin Ende 1741 berichtete der König von der Ankunft Eulers und dem erwarteten Kommen anderer Gelehrter. »Sie sehen also, daß der Krieg meine Vorliebe für die Künste nicht getötet hat und daß, wie die Römer in ihren Wagenrennen mehrere Pferde zugleich lenkten, man sich zugleich im Krieg, in den Wissenschaften und im Genuß tummeln kann ohne einen Zusammenstoß.« Daß eine durch Jordan überbrachte Einladung zu einem zweiten Besuch in Berlin, »für den Fall, daß er in Brüssel nichts zu tun habe«, abgelehnt wurde, tat dem Fluß der Briefe und Verse keinen Abbruch. »Ew. Majestät haben viel in kurzer Zeit getan«, schrieb Voltaire am Ende des Jahres 1741. »Ich glaube, kein Lebender ist tätiger oder mit einer größeren Vielfalt von Aufgaben beschäftigt. Aber bei Ihrem alles verschlingenden Genie, das so viele Gebiete umfaßt, werden Sie dennoch immer die Überlegenheit der Vernunft behalten, die Sie über sich selbst und über Ihre Leistungen erhebt. Meine einzige Angst ist, daß Sie dahin kommen werden, die Menschen zu sehr zu verachten. Die Millionen zweifüßiger Tiere ohne Federn, die die Erde bewohnen, stehen an Geist und Stellung in ungeheurer Entfernung von Ihnen. Ich entdecke einen anderen Schatten: Ew. Majestät beschreiben die Schändlichkeit der Politiker und die Selbstsucht der Höflinge so gut, daß Sie am Ende soweit kommen werden, jedem Gefühl der Zuneigung bei den Menschen zu mißtrauen und vielleicht gar zu glauben, daß ein König nie um seiner selbst willen geliebt wird.« Die scharfen Augen hatten den Anfang des Verhärtungsprozesses entdeckt, der eines Tages den Nestor der europäischen Herrscher zu einem einsamen Alter verdammen sollte.

Die Antwort Friedrichs enthüllt, daß Voltaires Ahnungen nicht ganz unbegründet waren. »Ich bin so sehr mit großen Angelegenheiten beschäftigt, welche die Philosophen Bagatellen nennen«, schrieb er zu Anfang des Jahres 1742, »daß ich nicht an mein eigenes Vergnügen denken kann, das einzig beständige Gut im Leben. Hier bin ich also, und streite mich mit einem Dutzend mehr oder weniger gefährlicher Machiavellis. Die Dichtung wartet an der Schwelle vergeblich auf eine Audienz. Der eine spricht mir von Grenzen, andere von Rechten, von Entschädigung, Ehekontrakten, Schulden, Intrigen, Empfehlungen. Öffentlich wird festgestellt, daß man etwas getan hat, woran man selbst nie dachte; die Leute meinen, man ärgert sich über etwas, während man sich darüber freut; eine Stimme aus Mexiko erklärt, man sei im Begriff, jemanden anzugreifen, mit dem sich zu befreunden man sich angelegen sein lassen sollte; man wird verspottet und kritisiert; ein Journalist schreibt eine Satire; ein Nachbar reißt einen in Fetzen; alle wünschen einen zum Teufel, während man mit Freundschaftsbeteuerungen erstickt wird. So ist die Welt und das sind die Dinge, die mich im wesentlichen beschäftigen. Möchten Sie die Dichtung mit der Politik vertauschen? Die einzige Ähnlichkeit besteht darin, daß die Politiker und die Dichter der Spott der Öffentlichkeit sind und der Satire ihrer eigenen Genossen als Zielscheibe dienen.« Beinahe jeder Brief aus dieser Zeit ist voller Klagen. »Ich lese oder vielmehr ich verschlinge Ihr *Siècle de Louis le Grand*. Wenn Sie mich lieben, dann schicken Sie mir die letzten Lieferungen; das Buch ist mein einziger Trost und meine einzige Erholung. Sie, die Sie zu Ihrem Vergnügen schaffen dürfen, sollten einen Praktiker der Politik bemitleiden, der schafft, weil er muß. Hätte jemand voraussehen können, daß ein Kind der Musen bestimmt wäre, zusammen mit einem Dutzend gravitätischer Narren, die sich Staatsmänner nennen, das große Rad der europäischen Ereignisse zu drehen? Und doch ist es so, obwohl es der Vorsehung nicht sehr zum Ruhme gereicht. Leider sind Unehrlichkeit und Doppelzüngigkeit die hervorstechendsten Charakterzüge der meisten führenden Männer, die eigentlich ein gutes Beispiel geben sollten. Das Studium des menschlichen Herzens in diesen Kreisen ist eine einzige Demütigung; es läßt mich tausendmal meine teure Zurückgezogenheit, die Künste, meine Freunde, meine Unabhängigkeit zurückwünschen.«

Die Briefe von der Front, in denen sich Friedrich als einen Überläufer von Apollo zu Bellona beschreibt, sind eine Mischung von Zynismus und Bedauern. »Wenn ich Ihnen erzählte, daß zwei Länder in Deutschland sich in einen halsabschneiderischen Wettbewerb mit anderen Leuten eingelassen haben, die sie gar nicht kennen, und daß diese Völker sich in ein fernes Land begeben haben, weil ihr Herr mit einem anderen Fürsten sich verbunden hat, um einen dritten zu ermorden, dann würden Sie antworten, daß diese Völker Verrückte und Narren sind, wenn sie sich den Launen und der Barbarei ihrer Herren zur Verfügung stellen. Wenn ich Ihnen erzählte, daß wir uns sorgfältig darauf vorbereiten, einige Wände niederzureißen, die unter großen Kosten errichtet wurden, daß wir ernten, wo wir nicht gesät haben, daß wir dort die Herren sind, wo niemand stark genug ist, um uns Widerstand zu leisten, dann würden Sie ausrufen: ›Ihr Barbaren, Ihr Seeräuber, Ihr unmenschlichen Wesen!‹ Ich kenne Ihre Antwort und will nicht von solchen Dingen sprechen. Ich will Ihnen nur berichten, daß der König von Preußen, als er erfuhr, daß die Gebiete seines Verbündeten, des Kaisers, von der Königin von Ungarn verwüstet wurden, zu seiner Hilfe eilte, seine Streitkräfte mit denen des Königs von Polen verband, um in Niederösterreich ein Ablenkungsmanöver durchzuführen, und so erfolgreich war, daß er die Erwartung hegt, bald den Hauptkräften der Königin gegenüberzustehen. Welcher Großmut, werden Sie sagen; welches Heldentum! Und dennoch sind beide Bilder identisch. Es ist dieselbe Frau, die zuerst in ihrer Nachthaube, dann mit ihrem Schminktopf, ihrem Gebiß und ihrem Haarknoten erscheint.« Als der Abbé Saint-Pierre den Versuch machte, ihn für seinen Plan einer Friedensorganisation zu interessieren, bemerkte der König bissig, daß zum Erfolg nur noch die Zustimmung Europas und ein paar andere Kleinigkeiten fehlten. Und doch versicherte er Voltaire, trotz dieser verhärtenden Erfahrungen, daß sein Charakter und seine Weltanschauung unverändert seien. »Ich liebe Remusberg (Rheinsberg) und die Tage der Ruhe, aber man muß seine Stellung hinnehmen und aus der Pflicht ein Vergnügen machen.«

Wenn man Komplimente nach ihrem Wortlaut beurteilt, dann blieb die Freundschaft allerdings unversehrt.

> »Gewohnt, auf Sie zu lauschen,
> Bin ich stets erpicht auf Ihre Werke;
> Lieber Voltaire, enthalten Sie sie uns nicht vor.
> Auswendig möchte ich lernen, was Sie uns zu sagen haben;
> Es gibt kein Heil ohne Sie.«

Die Huldigung war ernst gemeint, wenn auch das Kriegerleben die Qualität der Verse nicht verbessert hatte, und Voltaire zahlte mit gleicher Münze. »Ich hoffe, Ew. Majestät werden Europa ebenso wieder stabilisieren, wie Sie es erschüttert haben, und wünsche, daß meine Mitsterblichen ihre Segenswünsche mit ihrer Bewunderung vereinigen mögen. Sie haben die Würde und die Rechte der Kurfürsten wieder gefestigt. Sie haben einen Kaiser gemacht, und dies ist der einzige Titel, der Ihnen noch fehlt. Sie haben 120000 Mann, kräftig, gut bewaffnet, gut eingekleidet, gut genährt, treu ergeben; Sie haben an ihrer Spitze Schlachten und Städte gewonnen. Ihr Ruhm wird vollkommen sein, wenn Sie die Königin von Ungarn zwingen, den Frieden anzunehmen, und die Deutschen, glücklich zu sein. Sie sind der Held Deutschlands und der Schiedsrichter Europas. Sie werden auch der Friedensbringer sein.«

Als Friedrich im Sommer 1742 nach dem ersten Schlesischen Krieg die Bäder in Aachen gebrauchte, war Voltaire eine glückliche Woche lang sein Gast. Wieder wurde ihm das verführerische Angebot eines Hauses in Berlin bei völlig freier Verfügung über seine Zeit gemacht und abgelehnt; die göttliche Emilie war allerdings nie in die Einladung mit eingeschlossen. Er berichtete an Fleury, daß es nicht so schwer sein sollte, seinen Gastgeber wieder als Verbündeten Frankreichs zu gewinnen, da er sich darüber klar sei, daß Österreich danach streben werde, die verlorene Provinz wiederzugewinnen. Ende des Jahres wurden neue Höhepunkte der Schmeichelei erklommen. »Ew. Humanität ist anbetungswürdiger als je. Es ist nicht länger passend, immer Ew. Majestät zu sagen. Das mag für Reichsfürsten genügen, die in Ihnen nur den König sehen. Aber ich, der ich den Menschen sehe, vergesse in meinen Verzückungen den Monarchen und seine Macht und denke nur an den menschlichen Zauberer.«

Als durch den Tod des Kardinals Fleury im Jahre 1743 ein Platz in der Französischen Akademie frei und nicht mit Voltaire, sondern mit einem Bischof besetzt wurde, kam sofort eine neue Einladung aus Potsdam. »Ich wünschte, Sie würden sich in Berlin niederlassen und Ihr kleines Boot aus den Stürmen retten, die es in Frankreich oft so schlimm zugerichtet haben. Wie könnten Sie es ertragen, schimpflich von der Akademie ausgeschlossen zu sein, während das Theater Ihnen Beifall spendet, sich vom Hof verachten zu lassen, während die Hauptstadt Sie anbetet? Solche verschiedenartige Behandlung würde ich mir nicht gefallen lassen. Außerdem macht ihr Leichtsinn die Franzosen unbeständig in der Huldigung wie in der Verachtung. Kommen Sie hierher zu einem Volke, das sein Urteil nicht ändern wird, und verlassen Sie ein Land, wo die Belle-Isles (der Marschall), die Chauvelins (der Diplomat) und die Voltaires keine Rangerhöhungen erhalten.«

Jetzt endlich war Voltaire geneigt, Preußen wieder zu besuchen, denn ein neuer Beweggrund wirkte mit in Gestalt eines vertraulichen Auftrages der französischen Regierung. Seine Aufgabe war es, die Geheimnisse der preußischen Politik zwischen den zwei ersten Schlesischen Kriegen zu ergründen, indem er als mißvergnügter Emigrant auftrat. Diese interessante Tatsache wurde erst ein Jahrhundert später im Verlauf von Forschungen über die Diplomatie Ludwigs XV. durch den Herzog de Broglie ganz aufgedeckt, und die Vorgänge sind im zweiten Bande seines Werkes *Frédéric II et Louis XV* erzählt. Niemand kannte die Pläne Friedrichs, aber vielleicht konnte sie eine *persona grata* herausbekommen. »Der König ist entschlossen, Sie zu senden«, schrieb der Finanzminister. »Ich gebe Befehl, Ihnen 8000 Franken und den Betrag eines Jahrgeldes auszuzahlen, was, wir mir M. Amelot sagt (der Außenminister), Ihre Forderung ist.« Im Zusammenspiel mit dem Verfasser wurde in der zwölften Stunde die Aufführung seines neuen Dramas *Le Mort de César* verboten, um dem Gerücht eines Bruches mit dem Hofe Anhalt zu geben. Es war ein gefährliches Spiel, und Mme. du Châtelet, die sich einer kleinen Abkühlung in Cirey bewußt war, weinte beim Gedanken, daß ihr Gefährte, wenn er einmal in Berlin Wurzel geschlagen habe, nicht zurückkehren könne. Voltaire seinerseits war Feuer und Flamme, daß er die ungewohnte Rolle spielen durfte, für die ihn, wie er glaubte, sein Ruhm und seine Unterhaltungskunst geeignet machten wie sonst keinen. »Sire«, schrieb er aus Paris im Juni überschwenglich an Friedrich, »trösten Sie mich über alles hinweg, was ich sehen muß. Wenn ich über die Dekadenz der Künste weinen möchte, sage ich mir: Es gibt in Europa einen Monarchen, der sie liebt und pflegt und welcher der Ruhm seines Jahrhunderts ist. Und dann sage ich mir: Bald werde ich ihn sehen, diesen bezaubernden Monarchen, diesen König, der zugleich ein Mensch ist, diesen gekrönten Chaulieu, diesen Tacitus, diesen Xenophon. Ja, ich will reisen. Mme. du Châtelet kann mich nicht halten. Ich will Minerva verlassen, um zu Apollo zu gehen. Sie, Sire, sind meine große Leidenschaft. Ich habe Ew. Majestät viel zu erzählen. Ich will Ihnen mein Herz zu Füßen legen, und Sie sollen entscheiden, ob es mir möglich ist, mein Leben an Ihrer Seite zu verbringen. Sie werden über mein Geschick entscheiden. Wenn Sie mich nur mit einem kleinen Bildnis beehren würden, das Ihnen wie ein Tropfen dem andern gleicht! Vergessen Sie mich nicht, mein anbetungswürdiger Herrscher.« Voltaires Briefe waren schon immer voller Schmeichelei gewesen, aber ihr Ton war jetzt von den sonst üblichen Beteuerungen, daß er die Heimat nicht verlassen könne, so verschieden, daß es Verdacht erregen mußte. Der König antwortete höflich, daß man ihn mit offenen Armen empfangen werde.

Voltaires erste Entdeckung war, daß Friedrich vor kurzem eine Anleihe in Amsterdam aufgenommen hatte. War das ein Zeichen kommender Aktivität? Wenn das zutraf, dann durfte erwartet werden, daß er noch mehr Geld brauchen könnte. Sollte er ihm französisches Geld anbieten? »Ich würde Sorge treffen daß niemand bloßgestellt wird und er nicht Verdacht schöpft, ich sei Ihnen bekannt. Seit ich im Haag bin, hat er mir dreimal geschrieben und mir geraten, mich an seinem Hof niederzulassen und Frankreich zu vergessen.« Amelot betrachtete ein Subsidienangebot als unschädlich, aber er bat darum, daß der Zweck des Besuches sorgfältig verheimlicht werden solle. »Ich hoffe, daß ich Ihnen treu dienen werde und wahrheitsgetreue Berichte schicken kann«, war Voltaires Antwort, »selbst wenn jemand über meine Reise Verdacht schöpfen sollte, was meiner Meinung nach nicht der Fall ist.« Durch Podewils, den preußischen Bevollmächtigten im Haag, einen alten Freund, der jetzt sein Gastgeber war, sollte er dessen Onkel, den preußischen Außenminister, für seinen Zweck einspannen und preußische Hilfe für Frankreich in seinem Zweikampf mit England gewinnen. Zwar hatte der König im Jahre 1742 seinen Verbündeten im Stich gelassen, vielleicht aber würde er das Band erneuern. Trotz aller Vorsichtsmaßnahmen erfuhr Amelot, daß eine Kölner Zeitung den Dingen auf der Spur war. Er war nicht überrascht, denn es war schwierig, die Rollen eines verletzten Unschuldigen und eines offiziellen Gesandten zu verbinden. Aber Friedrich war genau so bereit, ein Doppelspiel zu spielen, und eine unvorsichtige Kritik Voltaires am neuernannten Lehrer des Dauphin gab ihm eine Waffe in die Hand. Voltaire hatte dessen Habsucht und Fanatismus gebrandmarkt und »*l'ancien évêque de Mirepoix*« in »*l'âne évêque*« verwandelt*.

---

* Wortspiel: der frühere Bischof von M. – der Esel von einem Bischof (Anm. d. Übs.).

»Hier ist ein Teil eines Briefes von Voltaire«, schrieb der König an seinen Beauftragten in Paris, »den Sie bitte dem Bischof von Mirepoix auf Umwegen in die Hände spielen wollen, ohne daß Sie oder ich in der Angelegenheit auftreten. Meine Absicht ist es, ihm in Frankreich den Boden so heiß zu machen, daß er nach Berlin kommen muß.« Die beiden Männer waren so glatt wie Aale, aber jeder durchschaute das Spiel des anderen.

Der Sendbote kam am 30. August 1743 vom Haag in Berlin an und überreichte das übliche dichterische Angebinde.

> »Großer König, auf einmal haben die Götter
> Alle ihre Gaben auf Dein Haupt ergossen.«

Nach einigen Bemerkungen über allgemeine Dinge kam er zur Sache selbst mit einem Fragebogen, auf den er Antworten in Gestalt von Randnoten erbat, die dem französischen Hof sicher genügen würden. Zeige Frankreich nicht Kraft und Weisheit? Wenn Friedrich unter den Reichsfürsten die Führung übernehme und eine neutrale Streitmacht bilde, würde er dann nicht das Szepter über Europa den Engländern aus der Hand reißen? Habe er, da Österreich darauf brenne, den Kampf um Schlesien zu erneuern, einen anderen Verbündeten als Frankreich, und sei nicht, selbst wenn er noch so mächtig wäre, ein Verbündeter nützlich? Friedrich ließ sich in seinen Antworten nicht festlegen. »Der Auftrag, der ich Ihnen geben kann«, so schloß er, »ist: Raten Sie Frankreich, sich klüger zu verhalten als bisher.« Ein Brief vom 7. September ließ geschickt einfließen, daß er Voltaires Mission nicht sehr ernst nehme, einmal, weil Voltaire keine Vollmachten besitze, dann aber auch, weil er von Frankreichs Diplomatie und militärischer Kraft keine hohe Meinung habe. »Diese Nation ist die bezauberndste in Europa, und wenn sie auch keine Furcht verdient, so sollte sie doch geliebt werden.« Vielleicht werde Ludwig XV. Frankreich seine alte Stellung wiedergewinnen. »Ich werde alles bewundern, was dieser große Mann tut, und kein Souverän wird ihn um seinen Erfolg weniger beneiden als ich; aber ich möchte mich mit Ihnen nicht über Politik unterhalten, was soviel wäre, als seiner Geliebten ein Glas mit Medizin zu reichen. Wollen wir doch lieber von der Dichtung sprechen.« Später beschrieb er seinen Gast als »den für die Politik am wenigsten begabten aller Menschen« und fügte hinzu, seine Verhandlungskünste seien ein Witz.

Als Voltaire den König auf einem Besuch nach Bayreuth begleitete, drang er insgeheim in den Markgrafen, seinen Schwager zu beeinflussen, aber die Harmonie wurde durch die Entdeckung von Friedrichs kleinem Ränkespiel gestört. »Weil er mich auf andere Art nicht fangen kann«, berichtete Voltaire an Amelot am 5. Oktober, »meint er, es könne ihm dadurch gelingen, daß er mich mit Frankreich verfeindet; aber ich schwöre, ich werde lieber in einem Schweizer Dorf leben, als mich für diesen Preis der gefährlichen Gunst eines Königs zu erfreuen, der fähig ist, Verrat mit Freundschaft zu mischen. Ihm jetzt zu Gefallen sein, würde ein großes Unglück für mich bedeuten.« Friedrich kannte die Gesinnungen seines Gastes zum Teil. »Voltaire hat irgendwie unser kleines Spiel entdeckt und ist sehr verärgert«, schrieb er am 14. Oktober; »ich hoffe, er wird darüber hinwegkommen.« Alle seine Forderungen wurden ihm bewilligt. »Bis jetzt hat Frankreich als die Zufluchtsstätte unglücklicher Könige gegolten«, schrieb der König. »Meine Hauptstadt soll nach meinem Willen ein Tempel großer Menschen werden. Kommen Sie, lieber Voltaire, und nennen Sie Ihre Forderungen. Ich will Ihnen alles zu Gefallen tun. Wählen Sie sich ein Haus und entscheiden Sie, was Sie für Ihr Glück brauchen. Den Rest tue ich. Sie werden immer ganz Ihr eigener Herr sein.« Er werde ein Jahrgeld von 12000 Franken erhalten.

Ehe er Berlin am 12. Oktober 1743 verließ, gab Voltaire das Versprechen, nach Regelung seiner privaten Angelegenheiten zurückzukehren. Er bat, damit er etwas vorweisen könne, um einige eigenhändige Zeilen des Inhaltes, »daß Sie jetzt mit der Einstellung Frankreichs zufrieden sind, daß noch nie zuvor jemand ein so günstiges Bild seines Königs entworfen habe; daß Sie mir umso eher glauben, als ich Sie noch nie getäuscht habe, und daß Sie entschlossen sind, mit einem so weisen und standhaften Fürsten zusammenzuarbeiten. Diese nichtssagenden Worte verpflichten Sie zu nichts, und ich wage zu behaupten, daß sie eine ausgezeichnete Wirkung haben werden. Wenn Sie über den König von Frankreich ungünstige Berichte erhalten haben, so muß ich Ihnen sagen, daß auch Sie ihm in den schwärzesten Farben geschildert worden sind; keinem von beiden ist Gerechtigkeit widerfahren. Vergeben Sie mir also, wenn ich diese Gelegenheit ergreife, um zwei so teure und schätzenswerte Monarchen miteinander zu versöhnen; das wird das Glück meines Lebens sein. Ich werde meinen Brief dem König zeigen und auf diese Weise die Rückgabe eines Teils meines Besitzes erlangen können, dessen mich der Kardinal (Fleury) beraubt hat. Das Geld, das ich Ihnen schulden werde, will ich in Berlin ausgeben. Mein zweitgrößter Tag wird der sein, an dem ich dem König alles sagen kann, was ich über Sie denke. Der größte wird sein, wenn ich mich zu Ihren Füßen niederlasse und ein neues Leben beginne, das ganz Ihnen gehören wird.« Die Bitte war ohne Erfolg; denn der Sonderbotschafter mußte mit leeren Händen gehen und wußte nicht mehr von Friedrichs Plänen, als er bei seiner Ankunft gewußt hatte. Der König hatte sich tatsächlich schon entschlossen, seine Zusammenarbeit mit Frankreich wieder aufzunehmen, und als Voltaire abgereist war, bat er den französischen Gesandten zu sich, um zur Sache zu kommen.

Bei seiner Rückkehr nach Paris berichtete der Amateur-Diplomat, daß seine Mission ein Erfolg gewesen sei; Friedrichs schlechte Eindrücke und Vorurteile hätten sich schnell vermindert. Er habe von Ludwig XV. mit ehrerbietiger Hochachtung gesprochen, was ganz von seiner Haltung gegenüber anderen Herrschern absteche, und jede Gelegenheit ergriffen, um das Lob Frankreichs zu singen. Natürlich habe es schwierige Augenblicke gegeben. »Am Abend seiner Abreise nach Bayreuth wurde ihm gesagt, ich sei gekommen, um sein Verhalten auszuspionieren. Es war auch Pech, daß jemand M. de Valory (dem französischen Gesandten in Berlin) schrieb, ich sei mit der Führung geheimer Unterhandlungen hinter seinem Rücken beauftragt. Das Vertrauen, das ich beim König genoß, zerstreute diese Wolken. Ich erzählte dem König, als er mir Vorwürfe machte, daß ich die Ehre gehabt habe, vor meiner Reise mit Ihnen zu sprechen, und daß Sie mir ganz einfach den Rat gegeben hätten, zwischen den zwei Monarchen ein gutes Einverständnis zu pflegen, ein Rat, der bei meinem Eifer unnötig gewesen sei. Er sagte mir mehrmals, daß ich Beglaubigungsschreiben haben müsse. Ich antwortete, daß ich das nicht für notwendig gehalten hätte; meine einzige Absicht und Pflicht sei es, M. de Valory zu unterstützen. Ich zöge es vor, zum König von Preußen eher als Freund denn als Abgesandter zu sprechen, und ich meine, daß das auch für ihn ein Vorteil sein werde.«

Voltaires Versprechen, nach Regelung seiner privaten Angelegenheiten zurückzukehren, war nicht ernst gemeint, und im April 1744 teilte Friedrich ihm mit, daß die Möbel aus dem für ihn bestimmten Haus in Berlin entfernt würden. Es gab auch keinen patrotischen Grund mehr für eine Umsiedlung, denn im Juni 1744 wurde ein neuer Bündnisvertrag auf die Dauer von zwölf Jahren zwischen Preußen und Frankreich abgeschlossen. Außerdem trauten sich nach ihren letzten Erfahrungen Monarch und Dichter nicht mehr. Der Fluß von Briefen und Gedichten, der während der ersten sieben Jahre der Freundschaft so regelmäßig gewesen war, hörte zwischen 1744 und 1748 beinahe ganz auf. Mme. du Châtelet, die über die Aussicht, daß ihr Gefährte sich in Berlin niederlassen könne, entsetzt gewesen war, bot allen ihren Einfluß auf, um ihn in Cirey zu halten. »Ich war in Lothringen am Hofe des Königs Stanislaus«, berichtete er an Friedrich im Jahre 1749. »Ich weiß, daß jedermann fragen wird, warum ich am Hofe von Lunéville bin und nicht am Hofe von Berlin. Sire, es ist deshalb, weil Lunéville nahe an den Quellen von Plombières liegt, wo ich oft hingehe, um eine unglückliche Maschine einige Tage länger am Leben zu erhalten, die eine Seele enthält, die Ew. Majestät ergeben ist. Und außerdem, könnten Sie es mit mir aushalten? Ich habe eine Krankheit, die mich auf einem Ohr taub macht und mich meine Zähne verlieren läßt. Die Quellen von Plombières haben eine große Müdigkeit zurückgelassen. Das wäre ein schöner Kadaver, der nach Potsdam geschleppt würde! Wenn ich mich diesen Winter ein wenig erhole, dann wird es mir im Sommer ein Vergnügen sein, zu kommen und meine Reverenz zu erweisen.«

Friedrich antwortete im Mai, daß er ihn im Juli erwarte. »Sie werden mich hier vorfinden, einen friedlichen Bürger von Sanssouci, der das

Leben eines Philosophen führt. Wenn Sie Lärm und Prunk lieben, dann rate ich Ihnen, nicht zu kommen; aber wenn Stille und Harmonie Sie anziehen, dann erfüllen Sie Ihr Versprechen.« »Ich brenne danach, Sie zu sehen«, fügte er im Juni hinzu; »es wäre Verrat, wenn Sie ablehnen. Ich möchte mit Ihnen zusammen studieren. Dieses Jahr habe ich Muße, und Gott weiß, wann ich wieder Muße haben werde. Ich werde sehen, ob Sie mich wirklich schätzen oder ob alles nur Worte sind.« Im Juli versprach Voltaire seinen Besuch für September, einerlei, ob als Kranker oder als Gesunder. »Danach werde ich zufrieden sterben und könnte in Ihrer katholischen Kirche begraben werden (der jüngst erbauten Hedwigskirche in Berlin). Ein Engländer schrieb auf seinen Grabstein: hier liegt der Freund Sidneys. Ich werde auf meinen schreiben: Hier liegt der Bewunderer Friedrichs des Großen. Glauben Sie mir, Sire, meine Begeisterung für Sie ist unverändert, und wenn Sie der König Indiens wären, würde ich nach Lahore oder Delhi kommen.« Im August bestimmte er den Oktober als Termin seiner Ankunft. »Glauben Sie«, schrieb er am 17. August, »mein Herz hat häufig die Reise nach Berlin gemacht, während Sie es an einem anderen Ort wähnten. Sie haben meine Furcht, meine Bewunderung, mein Interesse erregt. Gestatten Sie mir zu sagen, daß ich mir immer die Freiheit genommen habe, Sie zu lieben.« Ein Gerücht, daß er die Gunst des Königs verloren habe, gab ihm die Bitte nach dem Orden *Pour le mérite* ein. Diese Beteuerungen der Ergebenheit wurden in Berlin schon lange nicht mehr ernst genommen. »Es ist schade«, schrieb Friedrich an Algarotti am 19. September, »daß eine solche kleine Seele mit einem solchen schönen Genie vermählt ist. Er hat die netten kleinen Possen und die Bosheit eines Affen. Aber ich werde nichts sagen, denn ich brauche ihn für meine französischen Studien.« Die Briefe des Königs wurden immer dringlicher. »Ich fühle, wie notwendig ich Sie und die Hilfe brauche, die Sie mir sein könnten. Die Leidenschaft für die Studien wird mein ganzes Leben lang anhalten. Ich kann mir alle Arten von Wissen erwerben, wenn ich will, aber die Kenntnis der französischen Sprache will ich Ihnen schulden.«

Durch den Tod von Mme. du Châtelet im Kindbett im September 1749 wurde die langgeplante Übersiedlung nach Berlin erleichtert. »Ich habe eine Freundin verloren, die fünfundzwanzig Jahre mit mir verbunden war«, klagte Voltaire, der jetzt nach Carlyles Ausspruch soviel wie ein Witwer war, »einen großen Menschen, dessen einziger Fehler darin bestand, daß er eine Frau war, und der von ganz Paris beweint und geehrt wird. Vielleicht wurde ihr nie zu ihren Lebzeiten Gerechtigkeit getan, und Sie würden Sie anders beurteilt haben, hätte sie die Ehre gehabt, Sie zu kennen. Aber eine Frau, die Newton und Vergil übersetzen konnte und alle Tugenden besaß, wird sicher auch von Ihnen beweint werden. Mein Zustand während der letzten Monate läßt mir keine Hoffnung, Sie wiederzusehen.« Er ließ die Tatsache unerwähnt, die seinen Schmerz milderte: seine alte Gefährtin hatte ihre Neigung auf Saint-Lambert übertragen, den sie am Hofe von Lunéville kennengelernt hatte; er war der Vater ihres ungewünschten Kindes. »Voltaire deklamiert mir zu viel in seinem Kummer«, schrieb Friedrich an Algarotti; »das läßt mich glauben, daß er bald darüber hinweg kommt.«

Nachdem er einen beträchtlichen Geldbetrag für die Reise und das Versprechen eines großzügigen Jahrgeldes für sich und Mme. Denis, seine Nichte, eine kinderlose Witwe, erhalten hatte, machte sich Voltaire auf die Reise nach Berlin zu seinem fünften Zusammentreffen mit dem König. »Die Tage, die ich zusammen mit Friedrich dem Großen verbringe, werden die schönsten meines Lebens sein,« schrieb er von Compiègne, wo er Ludwig XV. um die Erlaubnis zur Übersiedlung bat. Er wurde mit einem mittelmäßigen Vierzeiler Friedrichs begrüßt:

»Das Schicksal hat auf unser Leben
In Fülle seine Gaben ausgestreut;
Ihre Prosa und Ihre Verse, sie sind mein Ambrosia:
Voltaire ist mein einziger Apollo.«

Als er hörte, daß Mme. Denis die Reise für ein gewagtes Unternehmen hielt, überreichte der königliche Gastgeber seinem erwarteten Gast eine Urkunde, die ihm seine Freiheiten bestätigte. »Ich habe den Brief Ihrer Nichte aus Paris gesehen, und ihre Freundschaft für Sie hat meine Achtung. Wäre ich Ihre Nichte, so möchte ich wohl ähnlich denken, aber da ich bin, der ich bin, stimme ich nicht mit ihr überein. Es würde mich bekümmern, meinem Feinde Unglück zu verursachen; wie denn sollte ich es jemandem wünschen, den ich schätze und liebe, der sein Land und alles, was einem Menschen teuer ist, aufopfert? Nein, mein lieber Voltaire, wenn ich voraussähe, daß ihre Verpflanzung vom geringsten Nachteil für Sie wäre, würde ich Ihnen als erster abraten. Ja, ich würde Ihr Glück dem meinen vorziehen. Aber Sie sind ein Philosoph, und ich bin es auch. Was ist natürlicher oder einfacher, als daß Philosophen, die geschaffen sind, zusammen zu leben und durch die gleichen Studien, Neigungen und Gedanken vereinigt zu sein, dieser Befriedigung ihrer Wünsche nachgehen? Ich verehre in Ihnen meinen Lehrer in der Beredsamkeit und im Wissen; ich liebe in Ihnen einen tugendhaften Freund. Welche Unfreiheit, welchen Kummer, welchen Rückschlag des Glücks brauchen Sie zu befürchten in einem Lande, in dem Sie ebenso geehrt sind wie in Ihrem eigenen, und als Gast eines Freundes mit dankbarem Herzen? Ich bin nicht anmaßend genug zu glauben, daß Berlin dasselbe ist wie Paris. Wenn Reichtum und Größe eine Stadt anziehend machen, dann stehen wir an zweiter Stelle. Wenn irgendwo der gute Geschmack zu finden ist, dann, darin stimme ich mit Ihnen überein, ist er dort zu finden, aber bringen Sie den guten Geschmack nicht überallhin mit, wohin Sie gehen? Unsere Mittel reichen aus, um Ihnen Beifall zu spenden, und in unseren Gefühlen geben wir keinem Lande etwas nach. Ich achtete Ihre Freundschaft mit Mme. du Châtelet, aber nach ihr war ich einer Ihrer ältesten Freunde. Wie denn? Weil Sie sich in mein Haus zurückziehen, soll es Ihr Gefängnis geworden sein! Weil ich Ihr Freund bin, soll ich Ihr Tyrann sein! Eine solche Logik verstehe ich nicht. Ich bin überzeugt davon, daß Sie, solange ich lebe, hier sehr glücklich sein werden, daß Sie als der Vater der Wissenschaften und der Leute von Geschmack betrachtet werden, daß Sie in mir all den Trost finden werden, den ein Mann von Ihren Verdiensten von dem erwarten kann, der Sie hochschätzt.« Voltaire sandte diesen Brief seiner Nichte mit dem Auftrag, »dieses kostbare Dokument« aufzuheben, keine Abschriften zuzulassen und es nur einigen wenigen Freunden zu zeigen. In Dichtung und Prosa wurde er willkommen geheißen:

»Hort des Geschmacks, der Künste, der Beredsamkeit,
Sohn Apolls, Frankreichs Homer.«

Das Zusammensein begann unter glücklichen Vorzeichen, und der Gast erhielt Räume in den Schlössern von Potsdam und Berlin zugewiesen. »Der König hat mich zu seinem Kammerherrn gemacht«, ging der Bericht an seine Nichte, »verleiht mir einen seiner Orden (den begehrten *Pour le Mérite),* gibt mir ein Jahrgeld von 20000 Franken und Dir ein solches von 4000 Franken auf Lebenszeit, wenn Du meinen Haushalt in Berlin führen willst.« Vom französischen Hof wurde ihm die Erlaubnis erwirkt, seine Würden als Historiograph und Kammerherr (*Gentilhomme Ordinaire*) aufzugeben. Nach seinen ersten kurzen Briefen zu urteilen, war der Gast zufrieden. »Mein Gesundheitszustand ist hier nicht schlechter als woanders auch«, schrieb er im Oktober, »und ich fühle mich viel glücklicher. Sie, Sire, und Arbeit: das ist alles, was ein denkendes Geschöpf braucht. Ich werfe mich vor Ihnen in den Staub, vor Ihrem Szepter, Ihrer Leier, Ihrer Feder, Ihrem Schwert, Ihrer Phantasie, Ihrem universalen Wissen. Ich habe alles aufgegeben, um mich allein an Sie zu binden. Sie machen mich glücklich. Ich rechne damit, daß ich den kurzen Rest meines Lebens zu Ihren Füßen verbringen werde.« Das sah wie eine Verpflanzung auf Dauer aus, und in Paris wurde ein Bild mit der Unterschrift *Voltaire le Prussien* öffentlich verkauft. Sanssouci beschrieb er als sein philosophisches Paradies. »Nur der Teufel selbst kann mich davon abhalten, die letzten Jahre meines Lebens glücklich mit einem Fürsten zu verbringen, dessen Gedanken die meinen sind und der die Güte hat, mich zu lieben, soweit ein König der Liebe fähig ist.« Bald aber tauchten Wolken am Himmel auf, und die Gefühle des Gastes werden in den funkelnden Briefen an seine Nichte viel genauer geschildert. »Die Abendessen beim König sind entzückend«, schrieb er am 6. November: »da plaudert man Vernunft, Geist, Wissenschaft; da herrscht die Freiheit; er ist die Seele des Ganzen; keine schlechte Laune, keine Wolken, wenigstens keine Gewitter. Mein Leben ist frei und zugleich ausgefüllt; aber ... aber ... Oper, Komödie, Ringelspiele, Abendessen in Sanssouci, Truppenübungen, Konzerte, Studien, Vorlesen; aber ... aber ... Die Stadt Berlin, großartig, viel besser angelegt als Paris, Paläste, Theatersaal, leutselige Königinnen, reizende Prinzessinnen, schöne und zierliche Ehrenjungfrauen: aber ... aber ..., mein liebes Kind, das Wetter macht sich nachgerade etwas kalt.« Eitel und eifersüchtig, begehrlich und zänkisch wie er war, beklagte er sich beim König über Unruhestifter, aber er selbst war sein ärgster Feind.

Einige Monate nach seiner Ankunft vereinbarte Voltaire mit einem zweifelhaften Berliner Juden namens Hirsch den Kauf von sächsischen Steuerkassenscheinen im Werte von 40 000 Talern, die durch den kürzlich abgeschlossenen Vertrag von Dresden preußischen Untertanen zum Nennwert honoriert werden mußten. Da sie in Sachsen viel an Wert verloren hatten, konnte er so mit einem beträchtlichen Gewinn rechnen; aber Voltaire war kein Preuße, und das Geschäft war daher gesetzwidrig. Andere Komplikationen kamen hinzu. Er gab Hirsch einen auf Paris beziehbaren Wechsel, und dieser händigte ihm dafür einige Juwelen aus, die als Bürgschaft gelten sollten, bis die Steuerkassenscheine selbst geliefert waren. Hirsch konnte diese aber nicht beschaffen; Voltaire veranlaßte, daß sein Pariser Wechsel nicht eingelöst wurde; Hirsch verlangte die Rückgabe der Juwelen und beschuldigte seinen Kunden, daß er einige derselben ausgetauscht habe; Voltaire wandte sich ans Gericht, und Hirsch konnte nicht den Beweis erbringen, daß die Juwelen ausgetauscht worden waren. Der Gast blieb vor Gericht in fast allen Punkten siegreich, aber sein Ruf konnte sich von dieser gerichtlichen Erörterung seiner schmutzigen Geldgeschäfte nicht erholen. Die Moral der Sache, erklärte Lessing, sei die, daß es schwer sei, einen Streit zu entscheiden, wenn beide Parteien Schurken seien, und er sprach aus genauer Kenntnis, denn Voltaire hatte ihn im Zusammenhang mit seinem Gerichtsverfahren als Übersetzer verwandt. »Seine Habsucht war während meiner Anwesenheit in Berlin stadtbekannt«, schrieb Wilhelmine an ihren Bruder, »aber ich hätte nie geglaubt, daß er zum Betrügen fähig war. Es sollte mir leid tun, wenn sein schlechtes Verhalten Dich eines Möbelstücks beraubt, das für Deine Unterhaltung und Dein Vergnügen so nützlich ist. Welchen Wert haben Geist und Gaben, wenn man sie so schlecht anwendet? Ich hoffe, er wird Deine Verzeihung durch klügeres Benehmen gewinnen, denn er ist unersetzlich.« Die Antwort des Königs war in dem gleichen kritischen Ton. »Der Prozeß zwischen Voltaire und dem Juden wird bald stattfinden, und soweit ich erfahre, handelt es sich darum, daß ein Schelm versucht, einen Schwindler zu täuschen. Es ist sehr schade, daß der Geist so wenig Einfluß auf die Moral hat, und daß eine Berühmtheit in der Republik der Wissenschaften einen so verächtlichen Charakter hat.«

Da eine ursprüngliche Zuneigung nie bestanden hatte und nun auch die Achtung geschwunden war, ist es kaum überraschend, daß das Zusammensein nicht einmal drei Jahre dauerte. Während des ersten Winters trafen sie sich selten, denn der Gast lebte in Berlin und der Gastgeber in Potsdam. Klagen über Verfolgung und Bitten um Schutz verursachten eine erkältende Antwort am 24. Februar 1751. »Ich war froh, Sie als meinen Gast zu empfangen. Ich achtete Ihren Geist, Ihre Gaben, Ihr Wissen. Ich glaubte natürlich, daß ein Mann Ihres Alters, welcher der literarischen Fehden und der Stürme müde war, hierher kam, um in einem stillen Hafen Zuflucht zu finden.« Dann beklagte sich der König über seine Einmischungen in Dinge, die ihn unmittelbar nichts angingen, und vor allem über seine Sache mit dem Juden. »Ich hatte in meinem Hause Frieden, bis Sie ankamen, und ich riet Ihnen, Intrigen und Kabalen zu vermeiden. Ich liebe sanfte und friedliche Menschen, die nicht die Leidenschaften der Tragödie in ihr Betragen übernehmen. Wenn Sie sich entschließen können, wie ein Philosoph zu leben, werde ich mich glücklich schätzen, Sie hier zu sehen, wenn Sie aber Ihren Leidenschaften die Zügel schießen lassen und sich mit jedem verfeinden, dann können Sie ebenso gut in Berlin bleiben.«

Zwei reumütige Briefe von Voltaire führten zu einer geringen Entspannung. Er könne nach Potsdam kommen, antwortete sein Gastgeber, aber über den Prozeß dürfe nicht gesprochen werden. »Da Sie gewonnen haben, gratuliere ich Ihnen zu Ihrem Sieg, und ich bin froh, daß diese unglückselige Geschichte vorbei ist. Ich hoffe, Sie werden keine weiteren Händel mehr haben, weder mit dem Alten noch mit dem Neuen Testament. Selbst der feinste Geist Frankreichs kann nicht die Flecken verbergen, die, auf die Dauer gesehen, Ihr Benehmen auf Ihrem Ansehen zurücklassen würde. Ich schreibe diesen Brief mit dem kräftigen gesunden Menschenverstand eines Deutschen, der sagt, was er denkt; Ihre Sache ist es, Nutzen daraus zu ziehen.« Die Antwort hierauf war beinahe kriecherisch. »Ew. Majestät haben vollkommen recht. Ich habe mich nie von der verwünschten Neigung heilen können, vorschnell zu sein; und obwohl ich durchaus einsehe, daß es tausend Anlässe gibt, bei denen man seinen Mund halten sollte, drängte es mich, mich einem Mann gegenüber zu rechtfertigen, der selbst der Niederlage unwürdig war. Glauben Sie mir, ich bin ganz verzweifelt und habe noch nie ein so bitteres und tiefes Leid gefühlt. Ich habe mich gedankenlos des einzigen Zwecks meines Kommens beraubt; ich habe mich um die Gespräche gebracht, die mir Aufklärung und Eingebung schenken; ich habe dem einzigen Menschen mißfallen, dem ich zu gefallen wünschte. Wäre die Königin von Saba bei Salomo in Ungnade gefallen, sie könnte nicht mehr gelitten haben. Ich versichere dem neuen Salomo, daß all sein Genie mich meinen Fehler nicht so scharf fühlen lassen kann wie mein eigenes Herz. Ich leide an einer grausamen Krankheit, aber sie ist nichts im Vergleich zu meinem Kummer.« Voltaire, schrieb Friedrich an seinen Bruder, sei jetzt so sanft wie ein Lamm und so belustigend wie ein Harlekin.

Der Gast schien seine Lektion gelernt zu haben; jedenfalls hielten sich seine Briefe zunächst in Moll. »Ich schmeichle Ihnen nicht«, schrieb er im Mai 1751, »und Sie wissen aus meinen Freimütigkeiten, ob ich die Wahrheit liebe und sage. Ich bewundere Sie als den größten Menschen in Europa und bin kühn genug, Sie als den liebenswürdigsten im Herzen zu hegen. Glauben Sie nicht, daß ich aus anderen Gründen hier bin. Sie wissen, ich bin empfindlich. Lassen Sie sich versichern, daß ich Ihre Freundlichkeiten herzlich empfinde und daß Ihre Person das Glück meines Lebens ist. Nach Ihnen liebe ich meine Arbeit und ein ruhiges Leben. Niemand hier beklagt sich über mich. Ich erbitte nur eine Gunst von Ew. Majestät, nämlich, mir meine Wohnung in Berlin zu lassen, bis ich nach Paris reise. Wenn ich sie verließe, würden die Zeitungen sagen, ich hätte Ihre Gunst verloren, und das würde mir eine neue Bitterkeit sein. Ich werde ausziehen, wenn irgendein Fürst eintrifft und Wohnung braucht, und dann wird alles normal ausehen.« Der Brief schloß mit der Bitte, daß der König die Akten seines Prozesses einsehen möge. »Ew. Majestät würde dann sehen, daß ich wie ein Mann handelte, der Ihres Schutzes und Ihrer Gastfreundschaft würdig ist.« Er wußte genau, was das Urteil der Welt sein würde, wenn er Preußen verließe, nachdem eben erst seine Ankunft mit Pauken und Trompeten verkündet worden war.

Daß der Briefwechsel während des Sommers 1751 sehr stark zurückging, hat zweifellos seine Ursache darin, daß der Gast nach Potsdam übergesiedelt war. Seine Hauptaufgabe war es, die Erzeugnisse der fleißigen Feder seines Schutzherrn zu überarbeiten, und jedesmal ergab sich Gelegenheit zu überschwenglichsten Lobpreisungen. *Die Geschichte des Hauses Brandenburg*, erklärt er, hätte dem Verfasser einen hervorragenden Namen gemacht, selbst wenn er außerdem nichts anders vollbracht hätte. »Aber dieses in seiner Art einzigartige Werk, im Verein mit den anderen, von Ihren fünf Siegen ganz zu schweigen, macht Sie zum außergewöhnlichsten Menschen, der je lebte. Grand Dieu! Wie klar, elegant, treffend und, vor allem, wie philosophisch ist alles! Hier ist ein Genie, das immer Herr seines Gegenstandes ist. Die Geschichte der Gesellschaft, der Regierung und der Religion ist ein Meisterwerk. Sire, Sie sind anbetungswürdig. Ich will meine Tage zu Ihren Füßen verbringen. Schmeicheln Sie mir nicht zu sehr. Wenn das die Könige von Dänemark, Portugal, Spanien usw. täten, würde es mir nichts bedeuten: sie sind nur Könige. Aber Sie sind vielleicht der größte Mensch, der je auf einem Thron gesessen hat.« Solch grobe Schmeichelei kann ihrem Empfänger kaum ein großes Vergnügen bereitet haben, der außerdem Gedichte vorzog, von denen er wenigstens die Kunst lernte, französische Verse zu schmieden.

Voltaire, der nie sehr leicht zufriedenzustellen war, fühlte sich jetzt alles andere als glücklich; der Zauber war gebrochen, sein Gesundheitszustand kläglich, und in des Königs Abwesenheit gab es wenig Gesellschaft. »Ich bin völlig allein vom Morgen bis zum Abend; mein einziger Trost ist das notwendige Vergnügen, frische Luft zu schnappen. Ich möchte in Ihrem Garten spazieren gehen und arbeiten. Ich nehme natürlich an, es ist gestattet, aber ich stoße auf einige große Grenadiere, die mir ihre Bajonette auf die Brust halten. So fliehe ich vor ihnen wie die Österreicher und Sachsen. Haben Sie je gelesen, daß ein armer Teufel von einem Dichter, den Ihre gnädigen Majestäten eingeladen hatten, auf der Spitze der Bajonette aus den Gärten des Titus und Mark Aurel verjagt worden wäre?« Er bat um ein sonnigeres Zimmer. »Es ist vielleicht nur die Zwangsvorstellung eines Kranken, aber auch so wird Ew. Majestät Mitleid haben. Sie versprachen, mich glücklich zu machen.« Friedrich beschränkte seine Mitteilungen auf das Gebiet der Literatur, auf dem sein Gast unübertrefflich war. »Ich erzähle Ihnen nichts von meiner Beschäftigung«, schrieb er Anfang September aus Schlesien, »weil das Dinge sind, an denen Sie kein Interesse haben. Feldlager, Soldaten, Festungen, Finanzen, Prozesse findet man in allen Ländern, und die Zeitungen sind voll von diesem Jammer. Ich hoffe, daß ich Sie am sechzehnten sehen werde, und wünschen Ihnen Gesundheit, Ruhe und Zufriedenheit.« Komplimente gab es jetzt nur noch in Gestalt von Versen.

»Welche Zukunft erwartet Dich, göttlicher Voltaire!
Wenn Deine Seele die Erde verlassen hat,
So sieh die Nachwelt zu Deinen Füßen.
   Die Zeit, die sich überstürzt,
   Verspricht Dir im voraus
   Die Unsterblichkeit.«

Ein Gespräch mit dem Zauberer blieb immer ein reines Vergnügen. »Voltaire brachte uns beim Abendessen zum Lachen«, berichtete er seinem Bruder im November; »er war origineller als je zuvor.«

Durfte man erwarten, daß solche Freuden andauern würden? Im September 1751 erhielt Voltaire einen lähmenden Schlag. Der König hatte, wie ihm La Mettrie mitteilte, gesagt: »Ich werde ihn noch ein Jahr benötigen. Man drückt die Apfelsine aus und wirft die Schale weg.« War es wirklich wahr? Er durfte kaum fragen und wurde von Zweifeln geplagt. Aber die schärfste Zunge in Europa war um eine Antwort nicht verlegen, und man hörte, er habe sich entsprechend revanchiert. Maupertuis, so beklagte er sich gegenüber seiner Nichte, habe von ihm den Ausspruch zitiert, der König schicke ihm seine schmutzige Wäsche zum Waschen. Natürlich erreichte diese Geschichte das Ohr des Königs, der aus Erfahrung wußte, daß Voltaires Leugnen nicht immer ernst genommen werden könne. Diese beiden berühmten Aussprüche waren so charakteristisch für ihre mutmaßlichen Verfasser, daß man sie beide für echt halten kann, wenn sie auch nicht verbürgt sind. Das Kleid der Freundschaft wurde vom Tragen dünn, und der Gast war um seine Zukunft um so besorgter, als er in Frankreich kein Heim mehr hatte. Alle Hoffnungen, die er auf Ausübung politischen Einflusses oder auf die Rolle eines Amateurdiplomaten am preußischen Hofe gesetzt hatte, waren schon längst entschwunden, denn Friedrichs Scharfblick hatte ihn völlig durchschaut. Als er nach einer langen Abwesenheit nach Sanssouci zurückkehrte, fand er sein Zimmer in gelbem Anstrich wieder, der Farbe der Ungnade, und die Möbel waren mit bestickten Decken belegt, auf denen Fuchsfabeln zu sehen waren.

Das Jahr des Zerwürfnisses (1752) begann damit, daß Voltaire vor der Veröffentlichung ein Probeexemplar seines *Siècle de Louis XIV* nach Potsdam schickte. Der Verfasser erklärte, daß er es selbst überbracht hätte, wenn ihm seine Gesundheit das erlaubt hätte. »Ich habe nur eine Sehnsucht, Sie zu sehen und sprechen zu hören. Sie wissen, daß dies mein einziger Trost ist, der einzige Beweggrund, der mich auf mein Land, meinen König, meine Ehrenstellungen, meine Familie, meine Freundschaften von vierzigjähriger Dauer verzichten ließ. Mir sind nur Ihre feierlichen Versprechen geblieben, die mich trotz aller Furcht vor Ihrer Ungnade aufrecht erhalten. Da mir von Paris gemeldet wird, daß ich in Ungnade gefallen bin, flehe ich Sie an, mir zu sagen, ob ich irgendwie Ihr Mißfallen errregt habe. Ich mag aus Unwissenheit oder Übereifer einen Fehler begangen haben, aber mein Herz wird Sie nie kränken. Ich lebe in völliger Einsamkeit und widme die Zeit, die mir meine bösartigen Krankheiten lassen, nur den Studien. Ich korrespondiere nur mit meiner Nichte, sonst mit niemandem. Meine Familie und meine Freunde lassen sich, entgegen ihren eigenen Prophezeiungen, nur durch Ihre Versicherungen stärken. Meiner Nichte gegenüber spreche ich nur von Ihrer Freundlichkeit, von meiner Bewunderung für Ihr Genie, von dem Glück meines Zusammenlebens mit Ihnen. Es ist grausam, daß die Pariser Gerüchte meine Nichte von dem Plane abgebracht haben, hierher zu kommen und Zeuge meiner letzten Stunden zu werden. Noch einmal, Sire, geruhen Sie, es mir zu sagen, wenn Sie an mir etwas zu tadeln haben. Das würde ich als Ihre größte Gunstbeweisung ansehen. Ich habe Anspruch darauf, nachdem ich mich Ihnen ohne Vorbehalt zur Verfügung gestellt habe. Das Glück, mich Ihrer weniger unwürdig zu fühlen, wird mich befähigen, mit Geduld die Leiden zu tragen, von denen ich überwältigt werde.« Das Briefchen enthielt zu viel Schmeicheleien, um Eindruck zu machen, und die Darstellung der Lage entsprach nicht völlig der Wahrheit. Mme. de Denis war keineswegs sein einziger Briefpartner, und sie hatte nie daran gedacht, die Freuden von Paris mit der Langeweile von Berlin zu vertauschen. Die Antworten des Königs ließen Voltaires Bitte um ein gutes Führungszeugnis unbeachtet und beschränkten sich auf literarische Dinge, auf seine Freude am *Siècle de Louis XIV* und der ersten Lieferung des *Dictionnaire Philosophique*.

»Ihre Flamme, ähnlich der der Vestalinnen, geht nie aus. Das kleine Feuerchen, das mir vergönnt ist, muß immer wieder angefacht werden und ist häufig dem Verlöschen unter der Asche nahe.« Das war keine bloße Pose, denn Friedrich bezeichnete sich selbst als einen Dilettanten in jeder literarischen Gattung. Aber literarische Komplimente bedeuteten keinen Ersatz für den Verlust der königlichen Gnade. »Voltaire ist isoliert«, berichtete der alte Pöllnitz an Wilhelmine; »müde an Geist und Körper, man kann ihn kaum wiedererkennen. Gestern verbrachte er zwei Stunden mit mir, aber die Unterhaltung war schleppend. Er war schweigsam aus schlechter Laune, ich aus Scheu vor seinem Genie.«

Der Mann mit der stärksten satirischen Begabung seines Zeitalters war beinahe vom Augenblick seiner Ankunft im Herbst 1750 an auf zu dünnem Eise Schlittschuh gelaufen, und zwei Jahre später brach er ein. Wie Lytton Strachey in seinem sprühenden Essay *Voltaire and Frederick* vermerkt, war er rastlos, rücksichtslos, streitlustig. Er und Maupertuis, die einzigen Sterne erster Größe am friderizianischen Himmel, waren früher Freunde gewesen, aber allmählich waren sie sich gegenseitig auf die Nerven gefallen. Die passende Gelegenheit für den glänzendsten Verfasser von Streitschriften in Europa bot sich, als ein holländischer Naturwissenschaftler mit Namen König höflich dem Anspruch Maupertuis' entgegentrat, den mathematischen Grundsatz des kleinsten Kraftmaßes entdeckt zu haben, und zur Stützung seiner Kritik einen nicht veröffentlichten Brief von Leibniz ins Feld führte. Maupertuis war rasend vor Zorn und überredete die Akademie, König, der ebenfalls Mitglied der Akademie war, einer Fälschung für schuldig zu erklären und ihn auszustoßen. Obwohl der Originalbrief Leibnizens nicht mehr auffindbar war, bestand an seiner Echtheit kein Zweifel, und ein Vorgehen von dieser Schärfe forderte Repressalien geradezu heraus. Voltaire war mit König befreundet, und obwohl er kein Mathematiker war, ließ er sich frischfröhlich in den Streit ein mit einer Darlegung von Königs Standpunkt und einer Anprangerung des Vorgehens von Maupertuis. *Lettre à un Académicien de Paris* erschien anonym, aber die Verfasserschaft war ebenso leicht erkennbar wie die Macaulays in der *Edinburgh Review*. Erbittert darüber, daß der Präsident der Akademie bloßgestellt wurde, antwortete der König in einer anonymen Schrift, in welcher er Maupertuis in den Himmel erhob und seinen Angreifer in maßlosen Ausdrücken geißelte. Als die zweite Ausgabe dieser Schrift auf dem Titelblatt eine Krone, ein Szepter und den preußischen Adler trug, war das Geheimnis enthüllt. »Die ganze Welt wird wissen, daß keiner unserer Söhne so unnatürlich ist, die Hände gegen seinen Vater zu erheben, und daß keines unserer Akademiemitglieder Schändlichkeit genug hat, das käufliche Werkzeug eifersüchtiger Wut zu werden. Nein, mein Herr, wir alle schenken unserem Präsidenten die Bewunderung, die seiner Gelehrsamkeit und seinem Charakter zukommt; wir wagen sogar, ihn als den Unseren zu erklären, ihn von Frankreich für uns zu fordern. Hier erfreut er sich schon zu seinen Lebzeiten des Ruhms, den Homer erst lange nach seinem Tode erwarb. Berlin und Saint-Malo streiten sich um seine Geburt. Wir betrachten sein Verdienst als das unsrige, sein Wissen als größten Glanz für unsere Akademie, seine Schriften als Werke, deren Nutzen uns zufällt, sein Ansehen als das der Akademie, seinen Charakter als Vorbild eines Ehrenmannes und wahren Philosophen.« Der König hatte recht, wenn er seinen Präsidenten schützte, aber sein Loblied war zu laut, um überzeugen zu können. Das Opfer war ebenso eitel wie sein Angreifer und hatte die ganze Verwirrung dadurch ausgelöst, daß es in unglaublicher Weise gegen König vorgegangen war.

Voltaire war nicht der Mann, der seine andere Backe gereicht hätte; er habe zwar kein Szepter, schrieb er seiner Nichte, aber eine Feder. Diesmal ließ er den ursprünglichen Anlaß weit hinter sich und verriß einen Band von Maupertuis' pseudowissenschaftlichen Miszellen in seiner witzigen *Diatribe du Docteur Akakia, Médecin du Pape,* in welcher der fiktive Arzt einige groteske Schlußfolgerungen mit kritischem Kommentar der Inquisition vorlegt. Die Schrift wurde Friedrich gezeigt, und er freute sich am unvergleichlichen Witz derselben, verbot aber ihre Veröffentlichung. Der Verfasser gab sein Versprechen, ließ die Satire aber gleichzeitig in Leipzig und in Paris unter einer für ein anderes Werk bewilligten Lizenz erscheinen. Der König gab den Befehl, daß das Werk öffentlich zu verbrennen und die Asche an Maupertuis zu senden sei; alle Exemplare sollten aufgekauft werden. Aber es war schon zu spät, und nach kurzer Zeit lachte ganz Europa. Eine strenge königliche Vermahnung hatte die üblichen Versicherungen auf dem Papier zur Folge, sonst nichts. »Ich verspreche Ew. Majestät«, schrieb der Übeltäter am 27. November, »daß ich, solange ich Ihr Gast bin, gegen niemanden schreiben werde, weder gegen die französische Regierung, noch die Minister, noch andere Souveräne oder literarische Berühmtheiten, die ich alle mit gebührender Achtung behandeln will. Ich will die Briefe Ew. Majestät nicht mißbrauchen und mich so verhalten, wie es sich für einen Schriftsteller gehört, der die Ehre hat, ein Kammerherr Ew. Majestät zu sein. Ich werde alle Ihre Befehle ausführen, und mein Gehorsam wird mir nicht schwer fallen. Ich bitte Sie noch einmal, zu berücksichtigen, daß ich gegen keine Regierung geschrieben habe, am wenigsten gegen die von Frankreich, das ich nur verließ, um mein Leben zu Ihren Füßen zu beendigen. Bitte gehen Sie dem Streitfall um Maupertuis auf den Grund und glauben Sie mir, daß ich ihn vergesse, wenn das Ihr Befehl ist. Ich beuge mich ganz Ihren Wünschen. Hätte Ew. Majestät mir befohlen, mich nicht zu verteidigen und nicht an dieser literarischen Fehde teilzunehmen, dann hätte ich gehorcht. Bitte schonen Sie einen alten Mann, der durch Krankheit und Kummer zu Boden gedrückt ist, und glauben Sie mir, daß ich in der gleichen Anhänglichkeit Ihnen gegenüber sterben werde, wie ich sie am Tage meiner Ankunft an Ihrem Hof fühlte.«

Der König war zu aufgebracht, um sich durch trügerische Versprechungen der Besserung und des Gehorsams besänftigen zu lassen. Voltaire hatte sich wie ein Irrsinniger verhalten, schrieb er an Wilhelmine. »Er hat Maupertuis schonungslos angegriffen und mir so viele Streiche gespielt, daß ich, wenn mich nicht immer noch sein Geist verführte, ehrenhalber verpflichtet gewesen wäre, ihn hinauszusetzen.« Seine Antwort an seinen aufreibenden Gast war kurz und scharf. »Ihre Unverschämtheit setzt mich in Erstaunen. Obwohl, was Sie getan haben, ganz klar zutage liegt, bleiben Sie auf Ihrem Standpunkt, anstatt Ihre Schuld einzugestehen. Bilden Sie sich nicht ein, daß Sie die Leute glauben machen können, schwarz sei weiß; wenn Sie das nicht einsehen können, dann darum nicht, weil Sie nicht wollen. Wenn Sie die Angelegenheit weiter verfolgen, werde ich alles veröffentlichen lassen, und die Welt wird urteilen, daß Ihre Werke zwar Denkmäler, Ihr Benehmen aber Ketten verdient.« Des Übeltäters Antwort auf den Donnerkeil Jupiters bestand nur aus vier qualvollen Zeilen. »Ach! Mein Gott, Sire, und dies in meinem gegenwärtigen Zustand! Ich schwöre Ihnen bei meinem Leben, auf das ich ohne Schmerz verzichte, daß es eine schändliche Verleumdung ist. Ich beschwöre Sie, alle meine Bediensteten gegenüberzustellen zu lassen. Wie? Sie wollen mich richten, ohne mich zu hören. Ich verlange Gerechtigkeit und Tod.«

Die Zeit für Erklärungen war vorüber, und der Monarch ersuchte um Rückgabe des Ordens *Pour le Mérite* und des Kammerherrnschlüssels. Beide wurden am Neujahrstag 1753 mit wehmütigen Klagen in Vers und Prosa abgeschickt.

> Als ich sie einst empfing, voll Freude war mein Herz,
> Wie groß ist nun mein Kummer, da ich sie geb' zurück!
> Gerade so entschwindet dem Liebenden sein Glück,
> Gibt er zurück das Bild der Liebsten, tief bewegt von Schmerz.

Der Brief war ein lauter Klageruf. »Mir bleibt nichts übrig, als mich für immer zu verstecken und mein Unglück in der Einsamkeit zu bejammern. Wie soll ich leben? Ich weiß es nicht. Ich müßte vor Kummer sterben. Was wünschen Sie, daß ich tue? Ich weiß es nicht. Ich weiß nur, daß Sie meine Anhänglichkeit seit sechzehn Jahren besitzen. Verfügen Sie über ein Leben, das ich Ihnen geweiht habe und dessen Ende Sie so bitter gemacht haben. Sie sind freundlich und zum Vergeben geneigt; ich bin der unglücklichste Mensch in Ihren Landen. Entscheiden Sie über mein Schicksal.« Der König wollte den Skandal in der Öffentlichkeit verringern und gestattete seinem im Ansehen gesunkenen Gast, den Orden und den Schlüssel zu behalten und bis Ende März in Berlin zu bleiben. Trotz einiger freundlicher Gespräche bei Mahlzeiten, die er als »Damokles-Soupers« beschrieb, war Voltaire entschlossen, davonzugehen und nie zurückzukehren. Er erhielt die

Erlaubnis, Preußen zu verlassen, um die Quellen in Plombières zu benutzen, und am 26. März reiste er nach Leipzig. Daß der Versuch eines Zusammenlebens scheiterte, war fast ganz seine Schuld. Dem Urteil, das seine zu ihm voll Verehrung aufschauende Nichte unmittelbar nach dem Bruch fällte, ist nichts hinzuzufügen. »Mein Onkel ist nicht dafür geschaffen, mit Königen zu leben. Er ist zu lebhaft, zu inkonsequent, zu selbstwillig. Ich habe dies alles vor Jahren vorausgesehen.« Friedrich war schon ein schwieriger Charakter, aber Voltaire war einfach unmöglich.

IX.

VOLTAIRE

Das Nachspiel

Der dritte Band des Briefwechsels erstreckt sich über die letzten fünfundzwanzig Jahre von Voltaires Leben. Die zwei Männer hatten sich nur zu genau kennengelernt, und es war ihnen selbst wie auch jedem anderen klar, daß es für ihr Verhältnis am besten war, wenn sie getrennt blieben. Voltaires Gesinnung war eine Mischung von Bewunderung und Furcht, die Friedrichs eine Mischung von Bewunderung und Verachtung. Auf keiner Seite war auch nur die geringste Spur von Zuneigung. Trotz seiner Versprechen veröffentlichte der unverbesserliche Übeltäter weitere Ausgaben des *Docteur Akakia*, die noch giftiger waren als die erste. Maupertuis, der alles heraufbeschworen hatte, erlitt einen Zusammenbruch, verließ Berlin, brachte keine Entgegnungen an seinen unbarmherzigen Feind zustande und starb einige Jahre später in der Schweiz.

»Voltaire ist der boshafteste Irre, den ich je getroffen habe«, schrieb der zornige Herrscher an Darget, »er ist nur gut zu lesen. Sie können sich all seine Doppelzüngigkeiten, Schurkereien und Schändlichkeiten hier nicht vorstellen. Ich bin ernüchtert, daß so viel Geist und Gelehrsamkeit die Menschen nicht bessern können. Ich stellte mich auf die Seite von Maupertuis, weil er ein durchaus anständiger Mensch ist und weil Voltaire den Versuch machte, ihn zu ruinieren. Ein bißchen zuviel an Eigenliebe machte ihn zu verwundbar für die Angriffe eines Affen, der außer Prügel noch Verachtung verdiente.«

Friedrichs erster Brief an seinen Gast nach dessen Abreise, vom 19. April 1753 datiert, war noch in Galle getaucht. »Ich hörte von Ihrem neuen Plan, nach Leipzig zu gehen, um von dort aus neue Beleidigungen auf die Menschheit loszulassen. Sie sollten besser wissen als irgend jemand, daß ich mich für Beschimpfungen nicht räche. Ich erkenne die schlechte Tat und bemitleide die, welche niedrig genug sind, sie zu begehen. Über Ihren ohnmächtigen Zorn lache ich. Ich weiß nicht, ob Sie mit Bedauern an Potsdam denken; nach Ihrer schnellen Abreise zu urteilen, müssen Sie gute Gründe für Ihren Weggang gehabt haben. Ich will diesen Gründen nicht nachgehen und appelliere an Ihr Gewissen, wenn Sie eins haben. Bekennen Sie nur, daß Sie dazu geschaffen sind, der Premierminister Caesar Borgias zu sein. Ich bin nur ein guter Deutscher und schäme mich des Rufes der Offenheit nicht, den man dieser Nation zuerkennt; deshalb schreibe ich Ihnen nicht eigenhändig, weil ich nicht Übung genug habe, einen Brief zu verfassen, der nicht mißbraucht werden kann. Sie besitzen die Kunst, Daten zu verbessern und Ereignisse ganz nach Ihrem Geschmack zu verschieben, und Sie koppeln Sätze zusammen, um sie Ihrem Zweck dienstbar zu machen. Alle Ihre großen Gaben, die ich so gut kenne, zwingen mich zur Vorsicht, und Sie werden nicht überrascht sein, wenn ich Sie durch die Hand meines Sekretärs dem Wohlwollen Gottes empfehle, nachdem Sie von den Menschen aufgegeben sind.« Ein Nachsatz, der Voltaire ironisch zur Veröffentlichung ermächtigte, enthält seine Warnung vor eigenmächtigem Umgang mit dem Text, da dieser im Original in beglaubigter Form vorliege.

Dieser verletzende Brief kreuzte sich mit einem Schreiben Voltaires aus Gotha, das von höchster Selbstgerechtigkeit diktiert war. »Ich habe Ihnen stets die Wahrheit gesagt und werde es auch stets tun. Ich werde Ihnen stets zärtlich ergeben sein. Ich habe Sie nie im Stich gelassen und werde es auch nie. Ich werde im Oktober zu Ihren Füßen zurückkehren. Mein Herz ist noch das Ihre. Sie kennen die Begeisterung, die mich zu Ihnen führte und die mich wieder zu Ihnen führen wird. Als ich Sie bat, mich nicht durch Jahrgelder an Sie zu binden, geschah es, wie Sie selbst wissen, weil ich Ihre Person Ihren Gunstbezeigungen vorzog. Sie befahlen mir, sie anzunehmen, aber der einzige Anziehungspunkt für mich sind Sie selbst. Ich schwöre Ihnen in die Hände der Markgräfin von Bayreuth, die ich bitte, diesen Brief zu verschicken, daß ich die Gefühle mit ins Grab nehmen werde, die mich zu Ihren Füßen führten, als ich alles hinter mir ließ, was mir am liebsten war, und als Sie mir ewige Freundschaft schworen.« Solche Versicherungen ewiger Hingebung erregten nur Lächeln. »Unser Schuft von Dichter«, schrieb der König an Wilhelmine, »ist immer noch in Gotha, wo er den Versuch macht, die Herzogin zu angeln. Wenn er lange dort bleibt, werden seine Ränke ihn bald unmöglich machen. Es ist nicht das Autorengezänk, an dem ich Anstoß nehme, das hätte wenig Bedeutung. Es ist die Erbitterung, mit welcher er Maupertuis verfolgt, es ist sein abscheulicher Charakter, seine Falschheiten, seine Betrügereien, und all seine Unarten, die ihn mich verabscheuen lassen. Ich habe ihn nie für einen sehr ehrlichen Menschen gehalten, aber ich bildete mir ein, daß er wenigstens den Schein wahren würde. Nach allem, was vor sich gegangen ist und was ich mit meinen eigenen Augen gesehen habe, danke ich meinen Sternen, daß ich ihn losgeworden bin, und er wird mich sicher nicht noch einmal fangen.« Seine zornige Entrüstung machte sich Luft in einem Gedicht, das Voltaire mit einer gemeinen Giftmörderin am Hofe Ludwigs XIV. in eine Reihe stellte.

»Keiner, dem die Musen mehr,
All die Schwestern neun, gewogen,
Keiner, der unwürdger wär:
Endlich wurde dem Voltaire
Seine Maske abgezogen!
Sein Paris verabscheut ihn,

> Rom hat ihn verflucht, gebannt;
> Schmählich hat man ihn verbrannt
>   in Berlin.
> Wenn es, um in beiden Welten
> Als ein großer Mann zu gelten,
>   Schon genügt,
> Daß man sich als Schuft erweist,
> Als ein Mensch, der schamlos dreist
>   Lügt und trügt —
> Nun, dann ist er auf derselben Höh'
> Wie Madame de Brinvilliers.

Der Höhepunkt des Streits wurde einige Wochen später erreicht. Voltaire kam mit seinem italienischen Sekretär Collini am 30. März in Frankfurt an. Am nächsten Tag betrat Freytag, der preußische Resident in der Freien Reichsstadt, auf Grund von Befehlen, die er aus Berlin erhalten hatte, seinen Gasthof, um die Herausgabe des Ordens, des Kammerherrn-Schlüssels und vor allen der privatgedruckten Ausgabe von Friedrichs Gedichten zu verlangen, von der nur zwölf Exemplare existierten. Bei seiner Abreise war dem Gast gestattet worden, das kleine Bändchen mitzunehmen, das ihm in glücklicheren Zeiten überreicht worden war, aber nach der Wiederholung des Angriffs auf Maupertuis fürchtete der König, daß seine dichterischen Ergüsse die Öffentlichkeit ohne seine Billigung erreichen würden. Der Reisende versprach, in Frankfurt zu bleiben, bis sein Gepäck aus Leipzig angekommen sei, und als zwei Wochen später die gewünschten Gegenstände ausgehändigt waren, erwartete er selbstverständlich die Genehmigung zur Weiterreise. Zum Unglück aber entschloß sich Freytag, bis zum Eintreffen neuer Befehle den Reisenden zurückzuhalten, und zwei Tage später verhinderte er einen Reiseversuch. Dieser Vorfall, den Voltaire als eine Beleidigung seines Souveräns deutete, wurde nach Berlin berichtet, und inzwischen wurde der Reisende trotz Eintreffens der Erlaubnis zur Abreise weiterhin festgehalten. Die Angelegenheit wurde noch verwickelter dadurch, daß Mme. Denis sich mit ihrem Onkel getroffen hatte und von Feytag gezwungen wurde, sein Los zu teilen. Ein kurzer Brief vom 26. Juni enthielt einen mitleiderregenden Appell. »Sire, wenn, wie ich fürchte, meine Briefe Sie nicht erreicht haben, dann lassen Sie sich wenigstens herbei, diesen zu lesen. Geruhen Sie, die schreckliche Lage einer angesehenen Frau in Berücksichtigung zu ziehen, die nichts auf dem Gewissen hat und die mit der größten Roheit und Schmach behandelt worden ist. Welch trauriges Nachspiel nach fünfzehn Jahren der Freundlichkeit! Sire, wenn ich gefehlt habe, so bitte ich tausendmal um Verzeihung. Ich will Maupertuis vergessen. Aber im Namen Ihrer Menschlichkeit retten Sie das Leben einer Frau, die zweihundert Meilen gereist ist, um sich eines unglücklichen Kranken anzunehmen, und lassen sie dessen schrecklichen Tod nicht den Preis ihrer edlen Tat sein. Verzeihen Sie mir, Sire, ich bitte Sie darum.« Ein stark auftragender Bericht über die Mißhandlung seiner selbst und seiner Nichte wurde von Mainz aus abgesandt, nachdem den beiden gestattet worden war abzureisen. Voltaire erhielt keine Antwort vom König, aber dieser teilte Mme. Denis mit, daß die Strenge seines Bevollmächtigten nicht seine Billigung gehabt habe. Obwohl die beiden Opfer vollauf berechtigt waren, sich über fünf Wochen Festhaltung in der freien Reichsstadt zu beklagen, über die dem König keine gerichtlichen Gerechtsame zustanden, war Friedrich nicht ernstlich berührt. Nachdem er den Befehl gegeben hatte, die Gedichte sicherzustellen, war er nach Schlesien gereist und wußte so nichts von Freytags Mißgriffen, ehe es zu spät war. »Voltaires Nichte«, schrieb er an Wilhelmine, »stellt die Krankheit ihres Onkels als so gefährlich dar, weil ich um die Rückgabe des Ordens, des Schlüssels und des Gedichtbandes ersuchte, die ich ihm anvertraut hatte. Er spielt Komödie – ich kenne diese Krankheiten genau. Abgesehen von einem kleinen Magenkrampf und einer kleinen Hautkrankheit ist alles bloß eine Grimasse.«

Nach acht Monaten des Schweigens schrieb Voltaire im März 1754 und leugnete die Verfasserschaft einer Schmähschrift. Er fügte hinzu, daß der grausame Feind, der den Bruch verursacht habe (Maupertuis), die Gefühle der Achtung bei ihm nicht zerstören könne. Friedrich antwortete in einem langen und versöhnlichen Briefe. »Ich habe nie geglaubt, daß Sie der Verfasser dieser Schmähungen seien; ich kenne Ihren Stil und ihre Gedanken zu gut. Selbst wenn Sie es wären, würde ich Ihnen mit Freuden vergeben. Sie werden sich erinnern, daß ich, als Sie nach Potsdam kamen, um mir Lebewohl zu sagen, Ihnen die Versicherung gab, ich wolle alles vergessen, wenn Sie mir versprächen, Maupertuis ungeschoren zu lassen. Hätten Sie dieses Versprechen gehalten, hätte ich Sie mit Vergnügen wieder bei mir gesehen; Sie hätten in Ruhe Ihre Tage bei mir verbringen können und wären glücklich gewesen, indem Sie Ihren Ärger vergessen hätten. Aber Ihr Aufenthalt in Leipzig rief in mir die Erinnerung wach an diejenigen Ihrer Züge, die ich auslöschen wollte. Ich hielt es für unrecht, daß Sie, trotz Ihres Versprechens, fortfuhren, ihn anzugreifen, und daß Sie, ungeachtet meiner Schutzherrschaft über die Akademie, diese der gleichen Lächerlichkeit preisgeben wollten wie ihren Präsidenten. Dies sind alle meine Beschwerden, denn was mich betrifft, habe ich keine. Ihre Angriffe auf Maupertuis werde ich immer mißbilligen, aber ich werde nichtsdestoweniger Ihre literarischen Verdienste anerkennen und Ihre Gaben bewundern, wie ich es stets getan habe. Sie ehren die Menschheit zu sehr durch Ihr Genie, als daß ich gegen Ihr Geschick gleichgültig sein könnte. Es wäre mein Wunsch, daß Sie diese Streiterein beiseite ließen und daß Sie, wieder ganz der alte, das Entzücken jeder Gesellschaft wären, wie früher.« Trotzdem hatte Friedrich genug von ihm. »Würden Sie es für möglich halten«, schrieb er an Darget im Frühjahr 1754, »daß Voltaire nach all den Possen, die er mir gespielt hat, sich mir wieder nähert mit der Absicht einer Rückkehr? Der Himmel schütze mich! Er ist gut zu lesen, aber es ist gefährlich, mit ihm zusammenzutreffen. Trotz Ihrer schlechten Laune werden Sie lachen, wenn ich Ihnen erzähle, daß ich an demselben Tage Briefe von Maupertuis und Voltaire erhielt, die beide voller Vorwürfe sind. Sie halten mich für eine Kloake, in die sie beide ihren Schmutz gießen können. Gott sei Dank habe ich nicht solch erregbare Leidenschaften, sonst führte ich mein ganzes Leben lang Krieg.«

Im August 1754 übersandte Voltaire von seinem neuen Heim in der Nähe von Genf die abschließenden Bände seiner *Annales de l'Empire*, seines langweiligsten Werkes, aber er hatte nicht die Absicht Buße zu tun. »Das Buch wird Ihnen zeigen, daß mein Leben der Arbeit und der Wahrheit geweiht ist. Das Leben hier, das immer zurückgezogen und trotz meiner Krankheiten tätig ist, und mein Verhalten bis an meinen Tod wird Ihnen beweisen, daß mein Charakter nicht der Gunstbezeigungen unwürdig ist, mit denen Sie mich fünfzehn Jahre lang ehrten. Ich appelliere an die Großmut Ihres Herzens, meine letzten Tage nicht mit Bitterkeit zu erfüllen. Ich bitte Sie, sich zu erinnern, daß ich meine Stellungen aufgab, um die Ehre zu haben, bei Ihnen zu sein, und daß ich ihnen keine Träne nachweine; daß ich meine Zeit und mein Denken Ihnen drei Jahre lang widmete; und daß ich alles für Sie aufgab und immer zu Ihrer Verfügung stand. Meine Nichte, die allein durch Sie, sicherlich ohne eigene Schuld, unglücklich gemacht wurde und meinem Alter ein Trost ist, hat wenigstens Anspruch auf Ihre Güte und Gerechtigkeit. Sie leidet immer noch an den Folgen der schrecklichen Behandlung, der sie in Ihrem Namen unterworfen war. Ich bin sicher, daß Sie geruhen werden, durch ein paar freundliche Worte Geschehenes wieder gut zu machen, das Ihrer Menschlichkeit und Ihrem Ruhm so sehr widerspricht. Ich flehe Sie bei meiner aufrichtigen Achtung für Sie an. Lassen Sie sich herab, eher auf Ihren Charakter zu hören als auf die Bitten eines Mannes, der Sie immer um Ihrer selbst willen geliebt hat und der nur unglücklich ist, weil er Sie so sehr liebte, daß er Ihnen sein Vaterland opferte. Ich brauche nichts auf Erden als Ihre Gunst. Glauben Sie mir, daß die Nachwelt, deren Bewunderung Sie wünschen und verdienen, an einem Akt der Menschlichkeit und Gerechtigkeit nichts zu tadeln finden wird. Wahrlich, wenn Sie sich mein Verhalten während unserer langen Verbindung ins Gedächtnis zurückrufen, werden Sie erkennen, wie wunderlich es ist, daß Sie die Ursache meines Unglückes sein sollten.«

Jede Mitteilung wurde jetzt so sorgfältig überlegt wie ein Schachzug. Voltaire schrieb Brief auf Brief in der Hoffnung, dadurch eine Antwort zu erhalten, die er für sich verwenden könne, aber Friedrich ließ sich nicht fangen und antwortete in der dritten Person durch seinen Sekretär, den Abbé de Prades. Wilhelmine, die Voltaire zufällig auf einer Reise in Frankreich im Herbst 1754 traf, war betroffen von der Veränderung, die mit ihm vorgegangen war. »Er weinte, als er mich sah. Er sagte, daß er Dich anbete, daß er zu tadeln sei, daß er seine Irrtümer einsehe, daß er der unglücklichste Mensch in der Welt sei. Sein Zustand, sein Reden und seine Haltung erregten mein Mitleid. Ich machte ihm Vorhaltungen wegen seines Benehmens, aber ich hatte nicht den Mut, ihn noch mehr daraufzustoßen.« Ein Jahr später, im August 1755, begleitete Voltaire die Übersendung eines neuen Dramas mit den stereotypen Formeln der Huldigung, ohne allerdings, soweit uns bekannt ist, eine Antwort hervorzulocken. Er erzählte seinen Freunden, daß er Angebote auf eine Wiederherstellung der königlichen Gunst abgelehnt habe, aber eine Bestätigung seiner Behauptung hat sich nicht gefunden. Daß der König keineswegs erweicht war, geht aus einem Brief an Keith im Juni 1756 hervor. »Ich habe nicht an Voltaire geschrieben, wie Sie anzunehmen scheinen. Der Abbé de Prades ist mit meiner Korrespondenz an ihn beauftragt. Ich kenne den Wahnsinnigen und hüte mich, mich auch nur im geringsten festzulegen.« Dennoch blieb Friedrichs Entzücken an seinen Schriften unvermindert. *La Pucelle*, die er im Manuskript kannte, erschien im Jahre 1755, das berühmte Gedicht über das Lissaboner Erdbeben im Jahre 1756, *Candide*, das charakteristischste und lebenskräftigste seiner Werke, im Jahre 1759. Es gab nur einen Voltaire in der Welt.

Obwohl Frankreich und Preußen jetzt Feinde waren, nahm der König bei Ausbruch des Siebenjährigen Krieges die Gewohnheit eigenhändigen Schreibens wieder auf. Nach der Niederlage von Kolin im September 1757 beschreibt er seine Notlage. »Wenn das Glück mir den Rücken kehrt und mich vernichtet, wird mein Fall Ihnen nicht nur einen guten Vorwurf für eine Tragödie liefern. Dieses tödliche Ereignis wird nur die Liste der Schändlichkeiten und Treulosigkeiten jener Sorte von Männern und Frauen verlängern, welche die zivilisierten Völker Europas in einem Jahrhundert regieren, in dem ein einfacher Bürger für ein hundertstel des Bösen auf das Rad geflochten würde, das Minister ohne Strafe tun dürfen. Ich würde zuviel sagen, wenn ich mich gehen ließe. Adieu! Sie werden bald Neuigkeiten von mir erfahren, gute oder schlechte.« Die alte Unterschrift Frederic taucht wieder auf, und eine Nachschrift fügt einen Zweizeiler aus *Mérope* bei:

»Wenn man alles verliert und die Hoffnung zerbricht,
Wird das Leben zur Schmach und der Tod eine Pflicht.«

Voltaire war entzückt und antwortete in einem langen Brief der Huldigung und des Trostes. »Mit der Tapferkeit eines Karl XII. und einem besseren Kopf begabt, haben Sie mehr Feinde gegen sich als er. Ihr Ruf wird größer sein, denn Sie haben ebensoviele Siege über besser ausgebildete Feinde gewonnen und Wohltaten auf Ihre Untertanen gehäuft, indem Sie die Künste neu belebt, Siedlungen geplant, Städte verschönert haben. Ich lasse andere Gaben unerwähnt, die ausgereicht hätten, Ihren Namen unsterblich zu machen. Ihre schlimmsten Feinde können Sie dieser Verdienste nicht berauben; Ihr Ruhm steht fest. Selbst wenn das Glück gegen Sie entscheidet, wird Ihr Herrschaftsgebiet ausreichen, um Ihnen eine hervorragende Stellung in Europa zu sichern. Der Große Kurfürst war nicht weniger angesehen, weil er einige seiner Eroberungen herausgab.« Selbstmord, fügte er hinzu, lasse sich nicht billigen. »Ihre Anhänger würden ihn verdammen, und Ihre Feinde würden triumphieren. Denken Sie an die Beleidigungen, welche die Frömmler auf Ihr Andenken häufen würden. Zum Glück sind wir aber weit davon entfernt, Sie zu diesem Äußersten getrieben zu sehen, und ich setzte große Hoffnung in Ihren Mut und Ihre Findigkeit. Auf meinem Sterbebett wird es mir ein Trost sein, einen Philosophenkönig hinter mir zu lassen.« Wie die meisten Beobachter erwartete der Schreiber den Untergang Preußens, aber das Reden von Selbstmord betrachtete er als eine Posse.

Die militärische Lage veränderte sich jetzt mit dramatischer Geschwindigkeit. »Sire«, schrieb Voltaire nach Erhalt der Nachricht von Roßbach, »ich muß meine Pflichten als Bürger und auch die Befehle eines Herzens erfüllen, das Ew. Majestät immer ergeben war, indem ich das Unglück der Franzosen beklage und Ihren bewundernswerten Taten Beifall spende, die Unterlegenen bemitleide und Ihnen gratuliere. Ich bin kein Prophet, aber ich sage Ihnen Ihr Glück voraus, das Sie so verdienen.« Nach dem zweiten Triumph, dem von Leuthen einen Monat später, schrieb Friedrich aus Breslau im Januar 1758, um seinem alten Gefährten für sein Interesse an einem Feldzug zu danken, in dem alles verloren schien. »Leben Sie ruhig und glücklich in Genf; darauf allein kommt es an. Und hoffen Sie, daß das hohe heldische Fieber Europas bald geheilt wird, daß das Triumvirat (Österreich, Frankreich, Rußland) zusammenbricht, und daß die Tyrannen der Welt nicht die Fesseln auferlegen können, die sie schmieden. Oh, Ihr Österreicher! Euer Ehrgeiz, Eure Herrschsucht werden bald andere Feinde auf den Plan rufen, und die Freiheiten Europas und Deutschlands werden nie ohne Verteidiger sein.« Der nächste Brief ermunterte Voltaire in heiterer Weise, die unglückstiftenden Politiker zu beißen, wenn ihm noch ein Zahn im Munde verblieben sei. Die Herzogin von Gotha, die mit beiden auf dem besten Fuße stand, schrieb Voltaire und drückte ihm ihre Freude über die Versöhnung aus. »Ich bin nicht überrascht, daß der König von Preußen den Briefwechsel wieder aufgenommen hat, denn er erzählte mir hier, daß er eine schwache Stelle für Sie in seinem Herzen habe.«

Der Herbst 1758 war ebenso kritisch wie der 1757. »Ich bin dem Eremiten von Les Délices«, schrieb Friedrich im Oktober nach dem Gemetzel von Zorndorf, »für sein Interesse an den Abenteuern des Don Quixote des Nordens sehr verbunden. Dieser Don Quixote führt das Leben eines wandernden Komödianten, der jetzt in diesem, dann in jenem Theater spielt, manchmal ausgepfiffen, manchmal mit Beifall überschüttet wird. Seine letzte Aufführung brachte die *Thébaide* (Racines Tragödie, in der alle Hauptdarsteller sterben); es war kaum jemand übrig, um die Kerzen zu löschen. Ich weiß nicht, wie es ausgehen wird, aber mit unsern guten Epikuräern glaube ich, daß die Zuschauer am besten ausgehen. Obwohl ich ständig auf dem Marsche bin, kommen mir Ereignisse aus der Republik der Wissenschaft zur Kenntnis, und das Gerücht erzählt nichts von dem, was Sie tun. Ich fühle mich geneigt, auszurufen: *Du schläfst, Brutus*! Seit drei Jahren sind keine neuen Ausgaben Ihrer Werke erschienen. Was tun Sie also? Wenn Sie etwas geschrieben haben, dann senden Sie es mir zu. Inzwischen wünsche ich Ihnen die Seelenruhe und die Erholung, die mir fehlen.«

Ende 1758 wandte sich Friedrich an Voltaire mit der Bitte um eine Huldigung für Wilhelmine. »Vergessen Sie sie nie, und nehmen Sie alle Ihre Kräfte zusammen, um ihr zu Ehren ein Denkmal zu errichten. Sie brauchen ihr nur Gerechtigkeit widerfahren zu lassen. Auch ohne sich von der Wahrheit zu entfernen, werden Sie glänzendes Material finden.« Als der Dichter mit einigen beredten Versen reagierte, erklärte der König, daß er an etwas für die Öffentlichkeit gedacht habe. »Ganz Europa muß an meinem Leid teilhaben, obwohl ich an der Huldigung keinen Anteil haben darf. Jedermann muß wissen, daß sie der Unsterblichkeit würdig ist, und Ihre Aufgabe ist es, ihr diese zu verleihen.« Er selbst habe nicht genug Phantasie; sein Französisch sei für gute Verse nicht gut genug, und schlechte seien abscheulich. Prosa oder auch Dichtung seien gleich geeignet. »Da Sie der erste Mann Ihres Jahrhunderts sind, kann ich mich nur an Sie wenden.« Er war mit der überarbeiteten Version der Ode zufrieden und erklärte, daß sie ihm seit seinem Verlust den ersten Trost schenke. »Veröffentlichen Sie sie und verbreiten Sie sie in aller Welt.«

Obwohl der Briefwechsel seine alte Herzlichkeit wiedergewonnen zu haben schien, war die Vergangenheit nicht vergeben. Die Rückgabe des Ordens *Pour le Mérite* und seines Kammerherrnschlüssels nagten in Voltaires Brust, wie er dem König offen eingestand. »Ich bekenne, daß ich sehr wohlhabend, sehr unabhängig, sehr glücklich bin«, berichtete er aus Genf im Jahre 1759. »Aber Sie fehlen mir zu meinem Glück, und ich werde bald sterben, ohne Sie zu sehen. Ihnen liegt nichts daran, und ich versuche, es Ihnen nachzumachen. Ich liebe Ihre Dichtung, Ihre Prosa, Ihren Geist, Ihre kühne und starke Philosophie. Ich bin nicht fähig gewesen, ohne Sie oder mit Ihnen zu leben. Ich spreche nicht zum König, zum Helden; ich spreche zu dem, der mich bezauberte, den ich immer geliebt habe und gegen den ich immer noch eine Beschwerde habe.« Briefe an andere Freunde lassen erkennen, daß er immer noch auf der Hut war, aus politischen wie auch aus persönlichen Gründen. »Der König schickt mir mehr Verse, als er Bataillone und Schwadronen hat«, klagte er. »Der Verkehr mit ihm ist heute, wo die Engländer seine Verbündeten sind, nicht ungefährlich; er verschont uns so wenig mit seiner Feder wie mit seinen Bajonetten. Er versucht alles, um mich wiederzugewinnen. Er ist ein ungewöhnlicher Mensch, sehr anziehend aus der Ferne.« »Ich liebe Luc (Friedrich) keineswegs«, schrieb er an einen anderen Freund. »Ich kann ihm nie die schändliche Behandlung meiner Nichte noch seine Dreistigkeit vergeben, mir zweimal im Monat Schmeicheleien zu schreiben, ohne seine Fehler wieder gutzumachen. Ich wünsche von Herzen seine tiefe Demütigung, die Bestrafung des Sünders; ich weiß allerdings nicht, ob ich seine ewige Verdammnis wünsche.« Friedrichs Gefühle waren weniger unfreundlich. »Um Ihres Genies willen verzeihe ich Ihnen alle Erbärmlichkeiten Ihrer Berliner Zeit, alle Schmähschriften aus Leipzig, alle die Dinge, die Sie gegen mich gesagt oder veröffentlicht haben, so übel abstoßend und zahlreich sie waren, und ich behalte keinen Groll zurück. Ich weiß, ich vergötterte Sie, als ich glaubte, Sie seien weder lästig noch bösartig, aber Sie haben mir so viele Possen gespielt. Wir wollen nicht mehr davon sprechen; ich habe Ihnen alles in christlichem Geist vergeben. Alles in allem: Sie haben mir mehr Vergnügen als Böses getan.«

Friedrichs Briefe während des ganzen Siebenjährigen Krieges enthalten mehr Politisches als je zuvor oder danach. Der Ton ist hart, denn die Last eines Kampfes gegen halb Europa lag auf seinen Schultern. Seine Schreiben, erklärte er, würden immer in den Zeiten zwischen den Schlachten verfaßt. »Ich lasse alle meine Waffen gegen meine Feinde spielen, wie ein Stachelschwein, das sich nach allen Seiten verteidigt. Ich behaupte nicht, daß alle meine Waffen gut sind, aber man muß eben alle seine Fähigkeiten ausnutzen. In diesem Kampf sind alle Regeln der Billigkeit und des Anstandes vergessen. Die zivilisiertesten Nationen kämpfen wie wilde Tiere. Ich schäme mich der Menschheit und erröte für mein Jahrhundert. Lassen Sie uns offen sein: die Künste und die Philosophie gehören nur den wenigen. Die große Masse des Volkes und die gewöhnliche Herde des Adels bleiben, wozu die Natur sie gemacht hat, bloß bösartige Tiere. Glauben Sie etwa, daß ich dieses Hundeleben genieße, in dem ich das Gemetzel unbekannter Menschen ansehen und anordnen muß, tagtäglich Freunde und Bekannte verliere, mein Ansehen der Laune des Zufalls aussetze, das ganze Jahr in Angst lebe, ohne Unterlaß mein Leben und Glück aufs Spiel setze? Trotz der Philosophenschulen wird der Mensch das böseste der Tiere bleiben; der Aberglauben, die Eigenliebe, die Rachsucht, der Verrat, die Undankbarkeit werden immer blutige und tragische Szenen hervorrufen, denn die Leidenschaften regieren uns, nur selten die Vernunft. Kriege, Prozesse, Verwüstungen, Epidemien, Erdbeben, Bankrotte hat es immer gegeben und wird es immer geben. Das sind die großen Themen der Weltgeschichte. Ich glaube, es muß so sein. Pangloss wird Ihnen den Grund angeben. Ich, der ich nicht die Ehre habe, ein Doktor zu sein, bekenne meine Unwissenheit. Dennoch scheint es mir, wenn ein wohlwollendes Wesen die

Welt geschaffen hätte, würde es uns glücklicher gemacht haben als wir sind.«

Nach dem vernichtenden Schlag von Kunersdorf erwartete Voltaire, wie die meisten anderen, daß sein alter Schutzherr zusammenbrechen werde. »Ich glaube, der ist sehr in die Enge getrieben«, schrieb er an Mme. du Deffand am 15. September 1759. »Wenn kein Wunder geschieht, wird er ein Beispiel für die bösen Folgen des Ehrgeizes sein; wenn er unterliegt, wird er die Schuld nicht den Franzosen geben können.« Der alte Haudegen indessen dachte nicht an Kapitulieren. »Meine Lage«, schrieb er am 22. September, »ist nicht so verzweifelt, wie meine Feinde glauben. Ich werde meinen Feldzug noch gut beenden. Ich bin nicht entmutigt, aber ich sehe ein, daß Frieden notwendig ist. Ich kann nur sagen, daß ich Ehre für zehn habe, und daß, wie schlimm auch immer meine Lage sein mag, ich einer eines tapferen Ritters unwürdigen Handlung unfähig bin, so kleinlich das auch den schändlichen Politikern mit ihrem Krämergeist vorkommen mag. Zwei unausweichliche Bedingungen sind die Voraussetzungen für einen Friedensschluß: erstens, übereinstimmendes Vorgehen mit meinen treuen Bundesgenossen; zweitens, daß der Friede ehrenhaft und ruhmvoll sei. Sie sehen, ich habe nichts mehr als meine Ehre, und die will ich bewahren, auch wenn es mein Leben kostet. Wenn man Frieden wünscht, dann soll man keine Vorschläge machen, die meine Gefühle beleidigen. Ich bin mitten im Wirbel militärischer Operationen, wie ein unglücklicher Spieler, der sich mit Fortuna mißt. Mehr als einmal habe ich sie gezwungen, zu mir zurückzukehren wie eine flüchtige Geliebte. Ich habe es mit solchen Narren zu tun, daß ich am Ende über sie triumphieren muß, aber ich mache mir keine Kopfschmerzen darüber, was S. heilige Majestät der Zufall entscheidet. Bisher ist mein Gewissen unbelastet, was mein Unglück angeht. Ich will nichts mehr als Frieden, aber keinen Frieden der Demütigung. Nachdem ich gegen ganz Europa mit Erfolg Krieg geführt habe, wäre es eine Schande, durch einen Federstrich zu verlieren, was ich durch das Schwert behauptet habe. Wäre ich ein einfacher Bürger, so würde ich für den Frieden alles geben, aber man muß sich nach seinem Stande richten.« Diese Verlautbarung wurde, ebenso wie alle anderen politische Fragen berührenden Briefe, an Choiseul, den Außenminister Ludwigs XV., weitergegeben.

Obwohl Voltaire seinen königlichen Briefpartner nie wissen ließ, wie gering er von seinen Versen dachte, ließ er sich über die alten Meinungsverschiedenheiten mit bemerkenswertem Freimut aus. In einem Brief vom April 1760 zahlte er es ihm heftig heim, indem er einen der häufigen Vorwürfe des Königs wegen seines Rachefeldzuges gegen Maupertuis als Text wählte. »Ich denke nur an den Tod, und meine Stunde kommt, aber machen Sie sie nicht durch ungerechte Vorwürfe schwer. Sie haben mir genug Unbill angetan; Sie haben mich für immer mit dem König von Frankreich auseinandergebracht;

Sie sind schuld daran, daß ich meine Hofstellen und Jahrgelder verloren habe; Sie haben mich in Frankfurt mißhandelt, mich und eine unschuldige und angesehene Frau, die man durch den Schmutz stieß und einkerkerte; und jetzt, wo Sie mich mit Ihren Briefen beehren, verderben Sie die Süßung dieses Trostes mit bitteren Vorwürfen. Die schlimmste Wirkung Ihrer Schriften ist die, daß in ganz Europa die Feinde der Philosophie sagen werden: ›Die Philosophen können nicht im Frieden, geschweige denn miteinander leben. Da ist ein König, der nicht an Christus glaubt. Er beruft an seinen Hof einen Mann, der auch nicht glaubt, und mißhandelt ihn. In diesen angeblichen Philosophen lebt keine Humanität, und Gott läßt sie sich gegenseitig peinigen.‹ Das sagen und schreiben die Leute überall; während die Fanatiker einig sind, sind die Philosophen miteinander zerfallen und unglücklich. Während man mir am Hofe von Versailles und anderswo den Vorwurf macht, ich ermutige Sie, in Schriften gegen die christliche Religion aufzutreten, tadeln Sie mich und fügen diesen Triumph den Beleidigungen der Fanatiker hinzu. Es verleidet mir die Welt, aber glücklicherweise lebe ich zurückgezogen auf meinen eigenen Besitzungen. Ich segne den Tag, an dem der Tod meine Leiden beendet, Leiden, die Sie vor allen anderen mir zufügen; aber ich wünsche Ihnen Glück, das ja in Ihrer Stellung kaum in Ihrer Reichweite liegt und das Ihnen in Ihrem stürmischen Leben allein die Philosophie schenken kann. Verzeihen Sie einem alten Manne, dessen Tage gezählt sind, die Äußerung dieser Wahrheiten. Er spricht mit um so größerem Freimut, weil er überzeugt ist, daß seine eigenen Schwächen unendlich viel größer sind als die Ihrigen.«

Friedrichs Antwort war eine Mischung von Reue und Strenge. »Ich weiß, ich habe Schwächen, große Schwächen. Seien Sie versichert, daß ich mich nicht schone. Aber diese Selbstzüchtigung würde größeren Erfolg haben, wenn ich nicht solchen Stößen und Aufregungen ausgesetzt wäre. Ich will die Vergangenheit nicht wieder lebendig machen. Ihre Kränkungen gegen mich sind schwerwiegend. Kein Philosoph hätte sich solches Verhalten gefallen lassen. Ich habe alles vergessen und will alles vergessen, aber wenn Sie es nicht mit einem Narren zu tun gehabt hätten, der in Ihr Genie verliebt ist, wären Sie nicht so leicht davongekommen. Lassen Sie sich gesagt sein, daß ich nichts mehr hören will über Ihre Nichte, die mich langweilt und außerdem weniger Verdienste hat als ihr Onkel, um ihre Schwächen zu verhüllen. Molières Dienstmagd ist uns ein Begriff, aber von Voltaires Nichte wird niemand reden. Leben Sie wohl! Lassen Sie es sich in Ihrer Zurückgezogenheit gut gehen und sprechen Sie nicht vom Sterben. Sie sind erst zweiundsechzig Jahre alt (Voltaire war sechsundsechzig), und Ihre Seele ist noch voll des Feuers, das den Körper aufrecht erhält. Sie werden bei meinem Begräbnis dabei sein und über meinem Grabmal einen bösartigen Zweizeiler verfassen. Mich wird das nicht kümmern, und meine Absolution haben Sie im voraus.«

Trotz des milderen Tones des Briefwechsels blieb das Urteil des Königs über Voltaire das gleiche. Der britische Gesandte berichtet: »So oft der Name Voltaires erwähnt wird, sagt er, er habe das schlechteste Herz und sei der größte Schurke, der lebt.«

Ein Brief Friedrichs vom 31. Oktober 1760 spiegelt die sich verdüsternde Gesamtlage wider. Die Russen und Österreicher hatten Berlin besetzt, und zwei weitere Monate seines schwierigsten Feldzuges lagen noch vor ihm. Seine Gesundheit und seine Stimmungen sanken ab, und seine Urteile über die Menschen würden die Billigung von Hobbes gefunden haben. »Ihr Eifer entfacht sich gegen die Jesuiten und den Aberglauben. Sie tun recht daran, gegen den Irrtum anzukämpfen, aber glauben Sie, daß sich die Welt ändern wird? Der Menschengeist ist schwach. Mehr als drei Viertel der Menschheit sind dazu geschaffen, die Sklaven des widersinnigsten Fanatismus zu sein. Die Furcht vor dem Teufel und der Hölle hält sie im Bann, und den Weisen, der sie aufklären will, verabscheuen sie. Die Mehrzahl unserer Gattung ist dumm und böse. Ich suche vergeblich nach dem Ebenbild Gottes, von dem die Theologen sprechen. Jeder Mensch trägt ein wildes Tier in sich, und nur wenige wissen, wie sie es an Ketten legen sollen. Die Mehrzahl läßt ihm die Zügel schießen, solange sie nicht durch die Angst vor dem Gesetz zurückgehalten wird. Vielleicht meinen Sie, ich sei zu sehr Menschenhasser. Ich bin krank, ich leide, und ich habe es mit einem halben Dutzend von Schurken beiderlei Geschlechts zu tun, die einen Sokrates oder einen Antoninus außer sich bringen könnten. Sie sind zu Ihrem Glück in der Lage, dem Ratschlag Candidas zu folgen und Ihren Garten zu bauen. Nicht jeder kann Ihnen das nachmachen. Der Ochse muß pflügen, die Nachtigall singen, der Delphin schwimmen, und ich muß Krieg führen. Je mehr ich diesem Gewerbe folge, desto mehr habe ich das Gefühl, daß das Glück die Hauptrolle spielt. Ich glaube nicht, daß ich noch lange so fortfahren werde. Meine Gesundheit verschlechtert sich zusehends. Bald werde ich mich mit Vergil über die *Henriade* unterhalten und in jenes Land hinabsteigen, wohin uns die Sorgen, die Freuden und die Hoffnungen nicht folgen, wo Ihr schöner Geist und der eines Knechtes auf der gleichen Stufe stehen, mit einem Wort, wo wir wieder das werden, was wir vor unserer Geburt waren. Vielleicht werden Sie sich bald mit der Abfassung meiner Grabinschrift belustigen können. Sie werden sagen, daß ich gute Verse liebte und schlechte machte; daß ich nicht zu dumm war, um Ihre Gaben zu erkennen. Leben Sie wohl! Lassen Sie es sich gut gehen, und sagen Sie ein kurzes Gebet für arme Philosophen im Fegefeuer.« Im Februar 1761 vertraute Voltaire seiner Freundin, der Herzogin von Gotha, an, daß er nicht mehr an Friedrich schreibe, und fügte trotzig hinzu: »Ich sage mich von ihm los.« Aus diesem Jahre haben wir nur einen kurzen Brief des Königs, der mit den Worten schließt: »Beten Sie für einen Don Quichote, der unablässig Krieg führen muß und keine Hoffnung auf Ruhe hat, solange ihn die Wut seiner Feinde verfolgt.« Voltaire war nie bereit, über das widrige Los des Königs von Preußen Tränen zu vergießen, am allerwenigsten während des Siebenjährigen Krieges, in dem seine Sympathien ganz auf seiten Frankreichs waren.

Soweit wir wissen, wurde der Briefwechsel erst beinahe zwei Jahre nach dem Frieden von Hubertusburg wieder aufgenommen, nach einer Unterbrechung von mehr als drei Jahren. Ende 1764 schrieb Voltaire anläßlich einer Krankheit einen Beileidsbrief, der leider verloren ist. Eine freundliche, aber einigermaßen kühle Antwort vom 1. Januar 1765 schrieb der König in aufgelockerter Stimmung. »Ich meinte, Sie seien so sehr damit beschäftigt, *l'infâme** auszurotten, daß ich mir nicht vorstellen konnte, Sie dächten an etwas anderes. Ihre harten Schläge würden es längst zu Boden gebracht haben, erneuerte sich nicht die Hydra immer wieder von dem Vorrat an Aberglauben, der über die ganze Erde verbreitet ist. Was mich betrifft, der ich schon lange nicht mehr an die Wunderkuren glaube, welche die Menschheit irreführen, so gehören für mich der Theologe, der Astrologe, der Schwarzkünstler und der Arzt in dieselbe Kategorie. Ich habe Gebrechen und Krankheiten, aber ich kuriere mich durch eine gesunde Lebensweise und Geduld. Sie können also Europa über den bedeutsamsten Verlust meiner Person hinwegtrösten, den es erwartete, obwohl ich ihn nicht für so wichtig halte; denn wenn meine Gesundheit auch schwach ist, so bin ich doch am Leben. Ich weiß Ihr Interesse an meiner Gesundheit zu würdigen und danke Ihnen für Ihre schmeichelhaften Bemerkungen; und ich bedaure, daß Ihr Lebensalter mich befürchten läßt, daß mit Ihnen die Pflanzschule großer Männer und Genies enden wird, die das Zeitalter Ludwigs XIV. zierte.«

Die Antwort Friedrichs auf einen anderen verlorengegangenen Brief läßt erkennen, daß, wenigstens bei Voltaire, die alten Wunden noch nicht vernarbt waren. »Weil ich den Frieden in meinem Hause aufrecht erhalten wollte, tat ich alles, was in meiner Macht stand, um Sie am Ausschlagen zu hindern. Aber Sie schlugen meine Ermahnungen in den Wind, verfaßten beinahe unter meinen Augen eine Schmähschrift (den Angriff gegen Maupertuis) und benutzten meine Druckgenehmigung für eine andere Schrift, um diese Schmähschrift zu veröffentlichen. Mit einem Wort, Sie haben mir Böses zugefügt, wo Sie nur konnten; ich habe alles ertragen, was ich ertragen konnte, und ich unterdrücke alle gerechtfertigten Klagen, weil ich mich fähig fühle, Ihnen zu vergeben.« Der Rest des Briefes war in dem gewohnten freundschaftlichen und witzigen Stil des Königs geschrieben. »Sie haben nichts verloren, indem Sie dieses Land verließen. Da leben Sie in Ferney, mit Ihrer Nichte und Ihren Lieblingsbeschäftigungen, geehrt als die Gottheit der schönen Künste, als der Patriarch der Kirchenfeinde, mit Ruhm bedeckt, und genießen Ihr Ansehen noch bei Leb-

---

* Voltaires Deckwort für das gesamte christliche Kirchentum. (Anm. d. Übs.)

zeiten, wobei es Ihnen zustatten kommt, daß man Sie hundert Meilen von Paris für tot hält und Ihnen Gerechtigkeit widerfahren läßt. Ein Engländer, der Sie gesehen hatte, erzählte mir, Sie seien ein wenig gebeugt, aber das prometheische Feuer brenne noch in Ihnen. Das ist das Öl in der Lampe, es wird Sie aufrecht erhalten. Sie werden das Alter Fontenelles (99 Jahre) erreichen und anläßlich Ihres eigenen hundertsten Geburtstages ein Epigramm schreiben. Zu guter Letzt sehe ich Sie, wie Sie, reif an Jahren, mit Ruhm gesättigt, als der Sieger über *l'infâme* den Olymp hinansteigen, gestützt von Lukretius und Sophokles, Virgil und Locke, und zwischen Newton und Epikur auf einer weißen Wolke sitzen.«

Voltaires verlorene Antwort muß einige verspätete Äußerungen des Bedauerns enthalten haben. »Wenn Sie das, was Sie am Ende Ihres Briefes sagen, mir vor zehn Jahren gesagt hätten«, schrieb der König im Januar 1766 von Berlin, »dann wären Sie noch hier. Sterbliche haben natürlich ihre Schwächen; Vollkommenheit ist nicht ihr Teil. Ich weiß es von mir selbst, und ich bin mir bewußt, wie ungerecht es ist, von anderen Leuten mehr zu verlangen. Ich würde Sie mit Ihren Fehlern geliebt haben, weil Sie genug große Gaben besitzen, um sie zu verdecken. Nur das Talent unterscheidet die Großen von der Menge. Es ist Ihre besondere Aufgabe, *l'infâme* zu vernichten mit Ihrer gewaltigen Keule, denn der Spott, den Sie darüber ausgießen, trifft schwerer als alle Vernunftsgründe. Wenige können argumentieren, aber jedermann fürchtet die Lächerlichkeit. Die anständigen Menschen in allen Ländern beginnen nachzudenken. Im abergläubischen Böhmen, in Österreich, dem alten Zufluchtsort des Fanatismus, beginnen die Oberklassen ihre Augen zu öffnen. Die Heiligenbilder kommen aus der Mode. Trotz der Schranken, die der Hof gegen die Einfuhr guter Bücher aufrichtet, findet die Wahrheit ihren Weg. Wenn auch der Fortschritt langsam ist, so ist es doch eine große Sache, mitansehen zu dürfen, wie gewisse Kreise sich die Binde des Aberglaubens von den Augen reißen. In unseren protestantischen Ländern hat dieser Vorgang eine größere Geschwindigkeit. Vom großen Bereich des Fanatismus bleiben nur Polen, Portugal, Spanien und Bayern übrig, wo krasse Unwissenheit und Erstarrung den Aberglauben am Leben erhalten. Was Ihre Genfer anlangt, so sind sie, seit Sie dort sind, nicht nur Ungläubige, sondern sogar alle Schöngeister geworden. Man spricht dort jetzt in Antithesen und Epigrammen. Sie haben ein Wunder gewirkt. Was ist die Totenerweckung im Vergleich zur Weckung der Phantasie bei denen, welche ihrer mangeln? In Frankreich gelten die Schweizer als grobe Klötze, und in Deutschland machen wir unsere Witze über sie, obwohl wir selbst keine Geistesathleten sind. Sie haben alles gewandelt. Sie sind der Prometheus von Genf. Wären Sie hier geblieben, dann wären wir jetzt etwas. Das Schicksal hat uns eine solche Wohltat nicht vergönnt. Sie hatten kaum Ihr Land verlassen, als die schönen Künste welkten. In Rom wurde der gute Geschmack in den

Gräbern Vergils, Ovids und Horazens begraben. Ich fürchte, daß durch Ihren Weggang Frankreich das gleiche Schicksal leiden wird. Geschehe was wolle, ich bin Ihr Zeitgenosse gewesen. Sie werden so lange leben wie ich, und ich beschwere mich nicht mit Sorgen um den Geschmack, die Unfruchtbarkeit oder den Überfluß der Nachwelt.«

Voltaires Eintreten für den Grundsatz religiöser Duldung in den berühmten Fällen von Calas, Sirven und La Barre brachte die alten Gladiatoren wieder näher zusammen. Der Schlachtruf *Écrasez l'infâme* bedeutete nicht die Vernichtung einer Kirche oder eines Bekenntnisses, sondern des Systems der Unduldsamkeit in den Regierungen. Der Briefwechsel des Jahres 1766 beschäftigt sich mit den Unmenschlichkeiten der französischen Justiz. »Ihr Alter« schrieb der König, »ist wie die Jugend des Herkules. Dieser Gott vernichtete Schlangen in der Wiege; Sie, von Jahren gebeugt, vernichten *l'infâme*. Der Fortschritt der Menschenvernunft ist langsamer als man meint, und dies ist der Grund. Beinahe jedermann gibt sich mit vagen Vorstellungen zufrieden; nur wenige haben Zeit, sie sorgfältig zu prüfen. Einige, die von den Ketten des Aberglaubens seit ihrer Jugend gewürgt werden, wollen oder können sie nicht zerbrechen. Andere, die im Leichtsinn versinken, genießen ihr Leben, ohne daß auch nur ein Augenblick des Nachdenkens ihre Vergnügungen unterbricht. Nehmen Sie die Hasenherzen und die furchtsamen Weiber dazu, und Sie haben die menschliche Gesellschaft. Es ist schon viel, wenn man unter tausend einen Mann findet: Sie und Ihresgleichen schreiben für ihn. Die anderen sind entrüstet und fluchen Ihnen.«

Der König sandte einen Beitrag zur Unterstützung der Familie Sirven, aber der Fall La Barre, der wegen Beschädigung eines Kruzifixes und Verweigerung des Kniefalls vor einer Prozession hingerichtet wurde, erregte nicht nur sein Mitgefühl, sondern auch seine Kritik. »Es ist tragisch, aber ist es nicht auch teilweise die Schuld der Opfer? Ist es notwendig, auf Vorurteile, die durch die Zeit geheiligt sind, einen Frontalangriff zu machen? Und muß man, wenn man Gedankenfreiheit genießen will, einen anerkannten Glauben beleidigen? Menschen, die sich ruhig verhalten, werden selten gerichtlich verfolgt. Denken Sie an das Wort Fontenelles: Wenn meine Hand voller Wahrheiten wäre, so würde ich es mir zweimal überlegen, ehe ich sie öffnete. Die Masse verdient es nicht, aufgeklärt zu werden. Wenn Sie mich fragen, ob ich ein Urteil von dieser Strenge verkündet haben würde, so ist meine Antwort: Nein. Ich hätte gesagt: Du hast die Statue zerbrochen, also mußt Du sie wieder aufrichten. Du hast den Hut vor dem Dorfgeistlichen nicht abgenommen, der den bekannten Gegenstand trug, also mußt Du vierzehn Tage lang ohne Hut in der Kirche erscheinen. Du hast die Werke Voltaires gelesen, also mußt Du die *Summa* des Hl. Thomas unter der Anleitung des Geistlichen studieren. Der leichtsinnige Bursche wäre auf diese Art viel härter bestraft gewesen, als er von seinen Richtern bestraft wurde, denn die Langeweile wärt ein Jahrhundert, und der Tod nur einen Augenblick.«

Das Motiv der Grenzen der Duldung wurde in weiteren Briefen verfolgt, die nicht nur eine Darlegung seiner Politik, sondern auch ein persönliches Glaubensbekenntnis sind. Da Calas unschuldig war, stellte seine Hinrichtung eine Ungerechtigkeit dar, aber bei La Barre lag der Fall anders. »Sie werden zugeben, daß alle Bürger dem Gesetz gehorchen müssen, und für die, welche den nationalen Kultus stören, sind Strafen festgelegt. Der Takt, der Anstand, vor allem aber die Ehrfurcht vor dem Gesetz verbieten Beleidigungen und Ärgernis. Diese Blutgesetze müssen reformiert und dem Verbrechen angepaßt werden, aber solange sie gelten, müssen die Behörden sie durchführen. Ich, ein kühles Kind der Vernunft, habe den Wunsch, daß die Menschen vernünftig sind, und ich ahne, daß sie friedlich leben. Wir kennen die Verbrechen des religiösen Fanatismus. Hüten wir uns davor, diesen Fanatismus in die Philosophie einzuführen, deren Charakter Milde und Mäßigung sein sollte. Die Philosophie hat das tragische Ende eines jungen Mannes zu beklagen, der eine Überspanntheit beging, und auf die übertriebene Strenge des Gesetzes hinzuweisen, das in einem barbarischen und unwissenden Zeitalter geschaffen wurde, aber sie darf nicht ähnliche Handlungen ermutigen oder Richter verspotten, die keine andere Wahl hatten. Die Duldung sollte jedem die Freiheit zusichern, das zu glauben, was er will, aber sie sollte nicht jungen Hitzköpfen das Recht geben, Dinge, die anderen Leuten heilig sind, zu beleidigen. Das ist mein Standpunkt, der das Ziel verfolgt, Freiheit und öffentliche Sicherheit zu gewährleisten, den ersten Zweck aller Gesetzgebung. Ich wette, Sie werden denken: das ist echt deutsch und drückt so recht das Phlegma einer Nation mit gemäßigten Leidenschaften aus. Ja, im Vergleich mit den Franzosen sind wir nur lau. Wir erkennen selbst in den am meisten gebildeten Nationen noch Überreste früherer Wildheit. Es ist sehr schwer, die Menschheit gut zu machen, dieses Tier, das wildeste von allen, vollständig zu zähmen. Das bestärkt meine Ansicht, daß Meinungen nur wenig Einfluß auf Taten haben, denn ich beobachte, wie überall die Leidenschaft über die Vernunft triumphiert. Wenn es Ihnen gelänge, eine Revolution der Weltanschauung durchzuführen, dann wäre die Sekte, die Sie bilden könnten, nur klein, denn es gibt nur wenige denkende Menschen. Und Sie vergessen alle die, welche den Strahlen des Lichtes widerstehen, weil sie ihre Schande an den Tag bringen; und die Fürsten, die man lehrte, daß sie ihre Throne nur solange halten können, wie die Menschen der Religion anhängen; und die Menschen, die nur Vorurteile haben, das Neue verabscheuen und diejenigen, die metaphysische Köpfe um sich haben wollen, nicht verstehen. Hier liegen große Schwierigkeiten, die ich Ihnen unterbreite und die, wie ich glaube, immer denen entgegentreten werden, die eine einfache und vernünftige Religion verkünden möchten. Der Aberglaube ist eine dem menschlichen Geist innewohnende Schwäche; es hat ihn immer gegeben, und es wird ihn immer geben. Die Gegenstände der Anbetung können wechseln wie Ihre französischen Moden, aber welchen Unterschied macht es, ob man sich vor einem Stück ungesäuerten Brotes, oder dem Stier Apis, oder der Bundeslade, oder einer Statue niederwirft?« Voltaire ließ sich endlich erweichen. »Ich habe hinreißende Briefe erhalten, wahrhaft philosophische Briefe«, schrieb er im Oktober 1766 einem Freunde; »ich vergebe ihm alles.«

Obwohl Friedrich jetzt in der freundschaftlichsten Weise an den »Patriarchen von Ferney« schrieb und obwohl sich seine Bewunderung für dessen Genie nicht verminderte, gewann er nie die Hochachtung vor seinem Charakter wieder, die er in den Tagen seiner Jugend gefühlt hatte. »Du hast recht, wenn Du sagst, daß der Tod Voltaires ein Verlust für die Republik der Wissenschaften wäre«, schrieb er an seine Schwester Ulrike, die Königin von Schweden. »Er ist das feinste Genie seit Cicero und Vergil, und es ist schade, daß sein Herz nicht seinem Kopf entspricht, daß ein Mann mit so glänzenden Gaben so wenige Tugenden sein eigen nennt. Aber unsere Gattung kann nicht zur Vollkommenheit gelangen, und wenn seine Seele nicht pervers gewesen wäre, wäre er vollkommen gewesen.« Eine Unterbrechung im Briefwechsel zwischen 1767 und 1769 gab dem König Anlaß, gegen d'Alembert die Klage zu äußern, daß Voltaire nicht mehr schreibe. »Er kann mir nicht vergeben, daß ich der Freund von Maupertuis gewesen bin – ein unentschuldbares Verbrechen.« 1769 wurde der Briefwechsel wieder aufgenommen und von jetzt ab ohne Unterbrechung weitergeführt. Voltaires Gesundheit war noch nie gut gewesen, und der erste Brief meldete, daß er mehr als ein Jahr das Bett gehütet habe. »Sie sind zu bescheiden«, antwortete der König, »wenn Sie glauben konnten, daß ich Ihre zwei Schweigejahre geduldig ertragen hätte. Jeder Liebhaber der Literatur muß an Ihrer Erhaltung interessiert und froh sein, wenn Sie ihm Neuigkeiten melden. Mich interessiert es zu wissen, was der Held der Vernunft tut, dieser moderne Prometheus, der das Licht vom Himmel bringt, um die Blinden von ihren Irrtümern und Vorurteilen zu heilen. Ich bete die Literatur an; sie allein entzückt unsere Mußestunden und schenkt uns wahres Vergnügen. Ich würde Philosophie ebensosehr lieben, wenn unsere schwache Vernunft verborgene Wahrheiten entdecken könnte. So verbringe ich mein Alter in Ruhe und versuche, mir alle Broschüren des ›Neffen des Abbé Bazin‹ (ein Pseudonym für Voltaire) zu verschaffen; nur seine Bücher kann man lesen.«

Als im Jahre 1770 Voltaire sechsundsiebzig Jahre alt wurde, gaben eine Zahl seiner französischen Bewunderer eine Büste bei Pigalle in Auftrag. Die Anregung stammte von d'Alembert, der seinem Freunde den Plan mitteilte. »Es wäre richtig, wenn Friedrich einer der Subskribenten wäre«, kam die Antwort. »Er hat an mir etwas gut zu machen als König, als Philosoph und als Schriftsteller.« Die Einladung stieß auf freudige Zustimmung. Friedrich schrieb an Grimm, daß Griechenland Voltaire zum Gott gemacht oder ihm einen Tempel errichtet hätte. »Sein schönstes Denkmal hat er sich in seinen eigenen Werken errichtet, die länger dauern werden als St. Peter, der Louvre, und alle Gebäude, die menschliche Eitelkeit der Ewigkeit geweiht hat. Sie brauchen mir nur mitzuteilen, was man von mir erwartet.« D' Alemberts Antwort war, daß ein Taler und sein Name genügten. »Marschall Richelieu hat zwanzig Louisdors gegeben, und Subskriptionen laufen ein, aber ohne die Ihrige wären sie ein Nichts.« Der König gab großzügig zweihundert Louisdors und erhielt einen warmen Dankbrief aus Ferney. »Sire, der Philosoph d'Alembert sagt mir, daß der große Philosoph von der Schule und Art Mark Aurels, der Pfleger und Beschützer der Künste, die Güte gehabt hat, die Wissenschaft der Anatomie zu fördern, indem er sich herabgelassen hat, an die Spitze einer Subskriptionsliste für ein Skelett zu treten. Dieses Skelett hat ein sehr empfindsames altes Herz, das tief von der Ehre durchdrungen ist, die ihm Ew. Majestät erweist. Ich glaube, daß der Gedanke, solche Karikatur darzustellen, ein Witz sei; wo aber jetzt der Meißel des berühmten Pigalle beschäftigt werden soll und der Name des größten Mannes von Europa das Unternehmen meiner Mitbürger schmückt, nehme ich diesen Gedanken sehr ernst. Ich fühle, wie unwert ich dieser Ehre bin, und gleichzeitig bin ich von tiefem Dank erfüllt.« Und dennoch; obwohl seit dem Streit mit Maupertuis beinahe zwanzig Jahre vergangen waren, fraß die Erinnerung an den bösen Zwischenfall weiter. »Ich fühle immer noch das nicht wieder gutzumachende Unrecht, das er mir angetan hat. Ich werde nie an das böse Wort von der schmutzigen Wäsche, das ebenso töricht wie tödlich war, und alles, was darauf folgte, denken können, ohne dabei einen Schmerz zu leiden, der meine letzten Tage vergiften wird. Und doch ist alles, was mir d'Alembert von der Freundlichkeit Ew. Majestät erzählt, ein solcher Balsam auf meine Wunden, daß ich mich meiner Beschwerden schäme. Verzeihen sie diese einem Manne, dessen einziger Ehrgeiz es war, in Ihrer Nähe zu leben und zu sterben, und der Ihnen dreißig Jahre lang ergeben war. Geruhen Sie, die zärtliche Hochachtung des alten Eremiten anzunehmen.«

Die Antwort des Königs war zwar weniger gefühlvoll, aber ebenso freundlich. »Ich bedaure es nicht, daß meine Ansichten über Ihre Statue an die Öffentlichkeit gedrungen sind. Sie entsprechen der Wahrheit; ich bin von ihnen immer überzeugt gewesen und weder Maupertuis noch ein anderer haben sie in meinem Geist auslöschen können. Es war durchaus angebracht, daß Sie noch zu Ihren Lebzeiten eine öffentliche Bekundung der Dankbarkeit bekamen, und daß ich an dieser Kundgebung meinen Anteil hatte, wo Ihre Werke mir soviel Freude gegeben haben. Die Kleinigkeiten, die ich schreibe, sind von ganz anderer Art: sie sind mein Zeitvertreib. Meine Hauptbeschäftigung besteht darin, die Unwissenheit und das Vorurteil in den Gebieten zu bekämpfen, in denen der Zufall der Geburt mich zum Herrscher gemacht hat, die Geister aufzuklären, die Sitten zu verbessern, die Menschen so glücklich zu machen, wie es die menschliche Natur und meine Mittel gestatten.« Er sei gerade von einer zweiten Zusammenkunft mit dem Kaiser Joseph zurückgekehrt, der sich darauf vorbereite, eine große Rolle in Europa zu spielen. »Er ist an einem frömmlerischen Hofe geboren und hat doch den Aberglauben abgeschüttelt; er ist im Überfluß erzogen und hat doch eine einfache Lebensart gewählt; er ist mit Weihrauch gefüttert worden und ist doch bescheiden; ihn verzehrt das Verlangen nach Ruhm, aber er opfert seinen Ehrgeiz seiner Kindespflicht, die er gewissenhaft erfüllt; er hat endlich nur Pedanten als Lehrer gehabt, und doch hat er den Geschmack, Voltaire zu lesen und sein Verdienst zu würdigen. Außerdem kennt er die italienische Literatur gut. Mit der muß man beginnen. Nach der schönen Literatur kommt die Philosophie; und wenn wir diese sorgfältig studiert haben, dann müssen wir uns wie Montaigne fragen: Was weiß ich denn? Nun, ich weiß bestimmt, daß ich einen Abguß von Pigalles Büste bekommen werde. Das ist wenig genug, wenn ich daran denke, daß ich einst dieses göttliche Genie selbst mein eigen nannte. Die Jugend ist die Zeit der Abenteuer; die Alten und Schwachen müssen auf die Schöngeister und die Geliebten verzichten. Achten Sie auf Ihre Gesundheit, damit Sie in Ihrem Alter noch das Ende des Jahrhunderts erleuchten können, welches stolz ist, Sie zu besitzen, und den Wert seines Reichtums kennt.« Noch einmal wurden Verse ausgetauscht, ein Bildnis ging nach Ferney ab, und der alte Mann dort trank seinen Morgenkaffee aus einer Tasse der Königlichen Porzellan-Manufaktur in Berlin.

Die Meinungsverschiedenheiten blieben, aber die Funken sprangen nicht mehr über. Der König war verdrossen, als er in den *Questions sur l'Encyclopédie* einen neuen Angriff auf Maupertuis fand, und bat d'Alembert, Voltaire auf die Ungehörigkeit seiner Rache an einem Toten hinzuweisen. D'Alembert antwortete, daß er das getan habe und wieder tun werde, aber sich keinen Erfolg verspreche. »Ich ziehe aus Voltaires Verhalten den Schluß«, ließ sich Friedrich dazu vernehmen, »daß er, wäre er der Herrscher eines Landes, mit allen seinen Nachbarn wie Katze und Hund stände. Seine Regierungszeit wäre ein ewiger Krieg, und der liebe Gott weiß, welche Gründe er anführen würde, um zu beweisen, daß der Krieg die natürliche Beschaffenheit der Gesellschaft sei.« Dennoch wurde der achtzigjährige Sünder sanfter angefaßt als früher. »Dieser Maupertuis, den Sie immer noch hassen, hatte gute Eigenschaften. Er war ein anständiger Mensch; er besaß Gaben und Wissen. Ich gebe zu, daß er brüsk war; das war auch die Ursache Ihres Bruchs mit ihm. Ich weiß nicht, warum es das Schicksal so eingerichtet hat, daß zwei Franzosen nie Freunde sein können, sobald sie im Ausland sind; in ihrer Heimat kommen sie millionenweise miteinander aus, aber sobald sie die Pyrenäen, den Rhein und die Alpen überschreiten, sind sie verändert. Nun, man muß Fehler vergessen, wenn diejenigen, die sie begingen, nicht mehr am Leben sind. Sie werden Maupertuis erst im Tale Josophat wiedersehen, und dorthin zu kommen, haben Sie noch keine Eile. Erfreuen Sie sich noch lange Zeit Ihres Ruhmes auf dieser Erde, wo Sie über Rivalität und Neid triumphieren. Lassen Sie Ihre untergehende Sonne jene Strahlen des Geschmacks und des Genies verbreiten, die allein Sie aus dem Zeitalter Ludwigs XIV. in Ihr eigenes herüberleuchten lassen können. Lenken Sie diese Strahlen auf die Literatur, halten Sie deren Untergang auf, versuchen Sie, den Geschmack für die Wissenschaften und die Literatur neu zu beleben, der aus der Mode zu kommen scheint. Ihre Laufbahn wird die Fontenelles übertreffen, denn Sie haben zu viel Lebensfeuer in sich, als daß Sie so früh sterben könnten. Wir haben hier unseren Mylord Marschall (Keith), der fünfundachtzig Jahre alt und so frisch wie ein Jüngling ist; wir haben Pöllnitz, der noch mit zehn weiteren Jahren rechnet. Warum sollte der Verfasser der *Henriade, Mérope* und *Sémiramis* nicht ebenso lange leben? Viel Öl in der Lampe hält das Licht am Brennen, und wer hätte mehr davon als Sie? Außerdem hat mir Apollo mitgeteilt, daß wir Sie bei uns behalten werden. Ich habe ein demütiges Gebet zu ihm gesandt und ihm gesagt: ›O Du meine einzige Gottheit, erhalte Deinen Sohn in Ferney noch viele Jahre zum Nutzen der Wissenschaft und zur Genugtuung des Einsiedlers von Sanssouci!‹«

Voltaire ließ sich mit Komplimenten nicht übertreffen. »Leben Sie lange, Sire, nicht zu Ihrem Ruhm, der keiner Vermehrung bedarf, sondern zum Glück Ihres Staates, und fahren Sie fort in den Gunstbeweisen, die mich über alle meine Kümmernisse trösten.« Als er im Januar 1776 eine Porzellanbüste aus Berlin mit der Inschrift *Immortalis* erhielt, verfaßte der Patriarch das anmutigste und geschliffenste aller seiner Preisgedichte.

»Epiktet hat am Rande des Grabes
Dies Geschenk von Mark Aurel empfangen.
Er hat gesagt: mein Geschick ist zu schön;
Für ihn werde ich gelebt haben, ihm treu werde ich sterben.

Wir haben beide die gleichen Künste gepflegt
Und die gleiche Philosophie;
Ich als Untertan, er als Monarch und Günstling des Mars,
Und dennoch beide bisweilen ein wenig beneidet.

Er machte mehr als einen König auf seine Taten neidisch;
Ich werde von den Lumpenkerlen des Parnaß gequält.
Er hatte Feinde, er zerstreut sie alle;
Meiner Feinde Schwarm quakt im Schlamm.

Mich haben die Frömmler verfolgt;
Zu seinen Füßen zitterten sie schweigend.
Er auf dem Throne, ich in der Dunkelheit,
Predigten wir beide die Toleranz.

Wir verehrten beide den Gott der Welten,
(Denn ihn gab es, was immer man sage),
Aber wir begingen nicht die Narrheit
Ihn durch unnatürliche Kulte herabzuwürdigen.

Wir werden beide in die himmlischen Sphären eingehen,
Er sehr spät, ich schon bald. Er erhält, glaube ich,
Einen Thron nahe Achill und auch nahe Homer;
Und ich will dort um einen Schemel für mich bitten.«

Die zwei letzten uns erhaltenen Briefe könnten beinahe mit dem Bewußtsein geschrieben sein, daß der lange Briefwechsel seinem Ende entgegenging. Nachdem »Mark Aurel« »Epiktet« für seine letzte Broschüre gedankt hat, geht er auf den letzten Windstoß auf dem stürmischen Meer der europäischen Politik ein. »Der Tod des Kurfürsten von Bayern«, schrieb er am 25. Januar 1778, »kann heftige Erschütterungen zur Folge haben. Noch nie ist der Friedensvertrag von Westfalen so eifrig untersucht und besprochen worden. Ein Nebel, der dicker ist als sonst bei unserem Rauhreif, verbirgt die Zukunft, und die Ungewißheit über das Geschehen verdoppelt die Neugier der Öffentlichkeit. Diese großen Ereignisse haben mich nicht davon abhalten können, für das Leben des Patriarchen von Ferney zu zittern. Herzlose Zeitungsschreiber haben Ihren Tod angezeigt. Die ganze literarische Bruderschaft, einschließlich meiner Wenigkeit, ist entsetzt gewesen. Doch sie haben den Helden des Christentums übertroffen: er kehrte am dritten Tage zum Leben zurück, aber Sie sind gar nicht gestorben. Setzen Sie ihre glänzende Laufbahn zu meiner und aller denkenden Menschen Genugtuung fort. Das sind die Hoffnungen des Eremiten von Sanssouci, *Vale.*«

Voltaires Antwort trug das Datum des 1. April 1778 und war von Paris geschrieben, das er achtundzwanzig Jahre nicht besucht hatte, wo er seine letzte große Ehrung empfing und wo er seinem Ende entgegenging. Er erklärte, daß sein jüngstes Schweigen darauf zurückgehe, daß er versucht habe, den Mißfallenskundgebungen der Zuschauer und dem Tode aus dem Wege zu gehen. »Es ist erfreulich, im Alter von vierundachtzig Jahren zwei tödlichen Krankheiten zu entrinnen. Das kommt davon, wenn man Ihnen geweiht ist; ich bin von Ihnen wieder in meine Ehren eingesetzt worden, und das hat mich gerettet. Es wäre mir eine Überraschung und Genugtuung, daß bei der Aufführung einer neuen Tragödie *(Irène)* das Publikum, das vor dreißig Jahren Constantin und Theodosius als vorbildliche Fürsten und sogar als Heilige auffaßte, jetzt Verse mit rasendem Beifall begrüßt hat, in denen sie als abergläubische Tyrannen dargestellt werden. Ich habe noch zwanzig andere Beweise für den Fortschritt der Philosophie in allen Richtungen. Ich fürchte mich nicht, innerhalb eines Monats ein Preislied auf den Kaiser Julian zu singen; und wahrlich, wenn die Pariser daran denken, daß er Gerechtigkeit übte wie Cato und Krieg führte wie Caesar, dann schulden sie ihm ewigen Dank. Es ist also wahr, Sire, daß auf die Dauer die Menschen das Licht erkennen, und diejenigen, die glauben, sie würden bezahlt, um die Menschen zu blenden, können sie nicht für immer ihrer Augen berauben. Ew. Majestät sei Dank! Sie haben die Vorurteile genau wie Ihre anderen Feinde besiegt, Sie dürfen sich Ihrer Schöpfungen freuen. Sie sind nicht nur der Besieger des Aberglaubens, sondern auch das Bollwerk der deutschen Freiheit. Überleben Sie mich, um alle Ihre Herrschaftsbereiche zu befestigen. Möge Friedrich der Große Friedrich der Unsterbliche werden.« Zwei Monate später kam das alte Skelett mit den durchdringenden Augen zur Ruhe. Noch kurz vor seinem Tode hatte er für die in Vorbereitung befindliche Kehler Ausgabe von Friedrichs Werken eine den König lobende Besprechung verfaßt. »Er geruhte, Männer des Geistes in seinen engsten Kreis aufzunehmen«, sind ihre Schlußworte. »Wenn in diesem vertraulichen Verhältnis sich manchmal Wolken zusammenballten, folgte ihnen bald das heiterste und freundlichste Wetter.« Vierzig Jahre Sonnenschein und Sturm hatten in einem Nachsommer geendet.

»Welch ein unwiderbringlicher Verlust für die Literatur!« schrieb Friedrich an d'Alembert. »Vielleicht werden Jahrhunderte vergehen, ehe ein solches Genie wiederkommt. Durch seinen Geist und seine Werke wird er ewig leben, aber ich wünschte, er hätte seinen Ruhm ein wenig länger beobachten können. Die Berliner Akademie und ich beabsichtigen, dem großen Mann und seiner Asche die geziemenden Ehren zu erweisen.« Der erste Entwurf wurde während des Bayerischen Erbfolgekrieges ganz ohne Zuhilfenahme einer Bibliothek im Feldlager verfaßt. Die vollendete Gedenkrede wurde von Thiébault in einer Sondersitzung der Akademie am 26. November 1778 verlesen und unmittelbar darauf veröffentlicht. Sie ist eine wohlerwogene Äußerung, ihres Anlasses würdig und ohne jeden Mißton. Von dem häßlichen Streit des Jahres 1753 findet sich keine Spur: die Schwächen eines großen Menschen wurden mit ihm begraben, und nur sein Ruhm blieb zurück. Die Rede ist ein Preislied von Anfang bis Ende, ihr reifer und würdiger Ton erhöht ihren Eindruck. Der Verfasser berichtet das Erscheinen der Tragödien, der in der Bastille begonnenen und in London vollendeten *Henriade*, die Wahl in die *Académie Française*, seine Ernennung zum Historiographen von Frankreich, »jene schöne Verbindung« mit der gefeierten Marquise du Châtelet. Der König, der ihn 1740 gesehen hatte, hegte den Wunsch, dieses hervorragende Genie sein eigen zu nennen, und so ließ er sich 1750 in Berlin nieder. »Sein Wissen war enzyklopädisch, seine Unterhaltung ebenso lehrreich wie angenehm, seine Einbildungskraft ebenso glänzend wie mannigfaltig, sein Geist schnell und immer schlagfertig. Er war das Entzücken jeder Gesellschaft. Ein unglückseliger Streit zwischen ihm und Maupertuis entfremdete diese Gelehrten einander, die sich zu lieben, nicht zu hassen geschaffen waren.«

Von der Lebensdarstellung geht Friedrich zur literarischen Kritik über und stellt die *Henriade* über die *Aeneis*, in manchen Hinsichten sogar über Racine. Dieser sei natürlicher, seine Handlungen seien wahrscheinlicher, und seine Verse seien an Leichtigkeit und Eleganz unübertroffen, aber die Tragödien Voltaires enthielten einige glänzende Stellen. In *La Pucelle*, dem Meisterwerk einer glänzenden Phantasie, trete er gegen Ariost in die Schranken; *Charles XII* sei ein Epos; das *Siècle de Louis XIV* sei einzigartig; der *Essai sur l'histoire universelle* zeige einen feinen Sinn für Proportionen. Selbst seine Romane seien originell, denn hinter ihrer äußerlichen Oberflächlichkeit lägen moralische Allegorien oder Kritiken der modernen Systeme, in denen das Nützliche und das Angenehme miteinander verbunden seien. So viele Gaben und die Vereinigung so vieler Wissenszweige in einem einzigen Menschen erregten Erstaunen: nur Cicero könne man mit ihm vergleichen. Er sei eine ganze Akademie wert. »Einige seiner Werke erinnern an die Dialektik Bayles, andere an Thukydides, hier treffen wir den Physiker, der die Geheimnisse der Natur entdeckt, dort den Metaphysiker, der mit der Analogie und Erfahrung arbeitet und in den Fußstapfen Lockes schreitet. In anderen Werken findet man den Nebenbuhler des Sophokles. Hier sieht man ihn Blumen streuen, dort legt er den Kothurn des Komödianten an. Aber es scheint, daß sein hochfliegender Geist sich nicht begnügt, es mit Terenz oder Molière aufzunehmen; bald sieht man ihn den Pegasus besteigen, und dieser trägt ihn, seine Flügel breitend, auf den Gipfel des Helikon, wo ihm die Götter seinen Platz zwischen Homer und Vergil anweisen.« Wenn der Panegyriker sich auch irrte, indem er seinen alten Freund unter die Unsterblichen der Literatur einreihte, wenn er auch insbesondere das Verdienst der *Henriade* weit überschätzte, so befand er sich damit doch in der Gesellschaft der meisten seiner Zeitgenossen, für die Shakespeare ein Außenseiter war und denen die drei Einheiten das letzte Wort der klassischen Tragödie bedeuteten.

Die Gedenkrede endet mit einer Huldigung an den unvergleichlichen Fahnenträger der Aufklärung; die bleibende Bedeutung dieser Lebensarbeit konnte selbst Friedrich gar nicht überschätzen. »Er war für den Beifall ebenso empfindlich wie für die Stiche der literarischen Insekten. Weit entfernt, sie zu züchtigen, machte er sie unsterblich, indem er ihre obskuren Namen in seinen Werken erwähnte. Diese Anwürfe waren jedoch leicht im Vergleich zu der viel heftigeren Anfeindung durch die Geistlichen. Diese suchten ihn, durch falschen Eifer blind und durch Fanatismus gefühllos gemacht, durch Schmähung zu vernichten, zum Beispiel durch eine derartige Anklage, daß er, der alle Gaben seines Geistes einsetzte, um das Vorhandensein eines Gottes zu beweisen, sich zu seinem Erstaunen des Atheismus beschuldigt sah. Sein wahres Verbrechen bestand darin, daß er die Laster so vieler Päpste nicht verheimlicht hatte, daß er abscheuliche Metzeleien gebrandmarkt hatte, daß er seiner Verachtung Ausdruck gab für die unverständlichen und nichtigen Streitigkeiten, denen die Theologen aller Sekten so hohe Bedeutung zumessen. Er machte immer einen Unterschied zwischen der Religion und denen, die ihr Unehre machen. Er ließ den Geistlichen, deren Tugend zur wahren Zier der Kirche gereichte, volle Gerechtigkeit widerfahren und tadelte nur die, deren Sittenverderbnis sie zum Abscheu der Öffentlichkeit machte. Hätte er nicht mehr getan, als in den Fällen Calas, Sirven und La Barre für die Sache der Gerechtigkeit und Duldsamkeit einzutreten, dann würde er schon einen Platz in der kleinen Zahl der wahrhaften Wohltäter der Menschheit verdienen.« Bei diesem Anlaß war dem Gedenkredner jedes seiner Worte ernst, und die Wärme seiner letzten Huldigung ist ein Maßstab für die Größe seines unwiderbringlichen Verlustes. Die zwei hervorragendsten Gestalten im Leben Europas waren in Frieden auseinandergegangen.

X.

WILHELMINE

Von Friedrichs drei Brüdern und sechs Schwestern bedeutete eigentlich nur Wilhelmine etwas in seinem Leben*. Wenn er kein Herz gehabt hätte, hätte er sie nie so lieben können, wie er sie liebte, und hätte sie keinen Geist gehabt, dann hätte keine geistige Kameradschaft zwischen ihnen bestehen können. Während er mit seinem Vater eine so unglückliche Erfahrung machte, hatte er das einzigartige Glück, eine Schwester zu besitzen, die sich so ganz von anderen Fürstinnen des achtzehnten Jahrhunderts unterschied und die so empfänglich für geistige Dinge war. Nach dem Tode Jordans hatte sie keinen Rivalen in seiner Zuneigung, und sie war die einzige Frau, die er je liebte. Einer bedauerlichen Entfremdung während seiner ersten Regierungsjahre, für die hauptsächlich sie verantwortlich war, folgte eine vollständige Wiederherstellung der Harmonie und des Verstehens, die dann bis zu ihrem Tode im Alter von neunundvierzig Jahren andauerte. Wie sich Karl II. in seinen Briefen an seine Schwester Henriette von seiner besten Seite zeigt, so entfaltet sich Friedrichs gemüthaftes Wesen am deutlichsten in der reichen Korrespondenz mit der Markgräfin von Bayreuth.

Beim Versuch, dieses Verhältnis richtig zu sehen, dürfen wir uns nicht von ihren berühmten Denkwürdigkeiten in die Irre führen lassen; sie wurden während der Jahre gegenseitigen Mißverstehens geschrieben, die für sie zugleich Jahre lähmenden häuslichen Kummers waren. Ihre Unzuverlässigkeit in den Tatsachen wurde von Ranke schon vor hundert Jahren bewiesen, und einige Jahre danach sprach ihnen Droysen nach einer der erschöpfendsten kritischen Analysen, denen sie je unterworfen wurden, jeden historischen Wert ab. Dieses Urteil ist zu summarisch, denn die Darstellung des Zusammenstoßes der Temperamente und Generationen am Hofe Friedrich Wilhelms I. ist wahrheitsgetreu, und es besteht kein Grund, das Bild glücklicher

---

* Eine kritische Ausgabe der Denkwürdigkeiten, die mit dem Jahre 1742 abbrechen, ist dringend erwünscht. Ihre historische Zuverlässigkeit wurde erstmalig von Ranke in einem Vortrag vor der Preußischen Akademie im Jahre 1894 untersucht, der in der Akademie-Ausgabe der *Zwölf Bücher Preußischer Geschichte*, Bd. 3, wiederabgedruckt ist, noch mehr ins einzelne gehend von Droysen *(Geschichte der Preußischen Politik)*, der ihnen jeden historischen Wert absprach. Für eine Würdigung siehe Sainte-Beuve, *Causeries du Lundi*, Bd. XII, und Gooch, *Courts and Cabinets*, Kap. IX und X. Ihr Briefwechsel mit Friedrich wurde veröffentlicht in seinen Oeuvres Bd. 27. Eine deutsche Übersetzung, mit beinahe 200 neuen Briefen, wurde von Volz und Oppeln-Bronikowski in zwei Bänden 1924 herausgegeben. Die Korrespondenz mit Voltaire wurde von Horn in *Voltaire und die Markgräfin von Bayreuth*, 1865 veröffentlicht. Gute Biographien sind Edith Cuthell, 2 Bde., und Fester, *Die Bayreuther Schwester Friedrichs des Großen*.

Kameradschaft zwischen dem Kronprinzen und seiner Lieblingsschwester bei Spiel und Arbeit als falsch zurückzuweisen. Dennoch befinden wir uns mit der Korrespondenz, wie sie Preuß im Jahre 1856 mit 347 Stücken veröffentlichte, zu denen im Jahre 1924 in einer deutschen Übersetzung noch 181 hinzukamen, auf sicherem Grunde. Alle Briefe sind französisch geschrieben, die Mehrzahl ist eigenhändig.

Der vorhandene Brief des Kronprinzen, der die Unterschrift *Frédéric le Philosophe* trägt und kurz nach seinem sechzehnten Geburtstag während des Staatsbesuches mit seinem Vater in Dresden im Januar 1728 geschrieben wurde, beschreibt seine Vergnügungen und Eindrücke am verschwenderischsten Hofe Deutschlands. Der zweite Brief, der mit Bleistift aus Küstrin geschrieben ist und die Unterschrift *Le Prisonnier* trägt, ist vom 1. November 1730 datiert, entstammt also dem Ende des achtzehnten Jahres, als das Fehlschlagen seines Fluchtplanes aus Preußen und die unmenschliche Hinrichtung seines Freundes Katte den Knaben zum Manne machte. »Nach dem Kriegsgericht, das jetzt stattfinden soll, wird man mich verketzern; denn um für einen Erzketzer zu gelten, braucht man nur nicht in allem eines Sinnes mit seinem Herrn und Gebieter zu sein. Aber was frage ich nach allen Verdammungsurteilen, wenn nur meine liebe Schwester sie für ungerecht erklärt! Zu meiner Freude können weder Riegel noch Gitter mich hindern, Dir meine innige Freundschaft zu bezeigen. Ja, liebe Schwester, es gibt in diesem verderbten Zeitalter noch redliche Menschen, die der Hand dazu bieten. Und weiß ich Dich nur glücklich, so wird mir auch der Kerker zur Stätte des Glücks und der Zufriedenheit. Chi a tempo, a vita! – das sei unser Trost! Sehnlich wünsche ich, keines Mittlers zwischen mir und Dir zu bedürfen und die Wiederkehr der glücklichen Tage zu sehen, wo Dein Principe und meine Principessa sich wieder küssen.« Wilhelmine veröffentlichte einen Teil dieses Briefes in ihren Lebenserinnerungen und erklärte dabei, daß Principe und Principessa die Namen der Flöte ihres Bruders und ihrer eigenen Laute seien.

Als Friedrich am Anfang des Jahres 1732 aus Küstrin auftauchte, berichtete er seiner Schwester von dem untadeligen, aber so wenig einnehmenden Braunschweiger Mädchen, das ihm sein furchteinflößender Vater ausgesucht hatte. »Die Person ist weder schön noch häßlich, nicht ohne Geist, aber sehr schlecht erzogen, schüchtern und ohne Lebensart. Das ist das wahrheitsgetreue Bild dieser Prinzessin. Daraus, liebste Schwester, kannst Du entnehmen, ob sie nach meinem Geschmack ist oder nicht. Ihr größtes Verdienst besteht darin, daß sie mir die Freiheit verschafft hat, an Dich zu schreiben, was in Deiner Abwesenheit mein einziger Trost ist. Du kannst Dir nicht vorstellen, meine anbetungswürdige Schwester, wie oft ich mit herzlichen Wünschen für Dein Wohlergehen an Dich denke und wie ich nach wie vor jene herzliche Freundschaft für Dich hege, die unsere Herzen seit zartester Jugend verband. Sieh wenigstens ein, daß Du mir schwer Unrecht tust, wenn Du mir Leichtfertigkeit Dir gegenüber vorwirfst, und den falschen Berichten glaubst, daß ich leichtgläubig sei. Ich liebe Dich allein, und weder Trennung noch falsche Berichte können daran etwas ändern. Glaube wenigstens nicht dergleichen mehr von mir, und mißtraue mir erst, wenn Du bündige Beweise hast, daß ich von Gott verlassen und verdreht geworden bin.« Vierzehn Tage später wandte er sich wiederum dem unerfreulichen Thema von seiner Braut zu. In Beantwortung einer Anfrage Wilhelmines berichtet er, daß die Königin befohlen habe, seine Braut solle nicht als Hoheit angesprochen und in Briefen wie eine gewöhnliche Prinzessin angeredet werden. »Was den Handkuß angeht, so versichere ich Dir, daß ich ihre Hände nicht geküßt habe und dies auch nicht tun werde, denn sie sind nicht hübsch genug, um den Appetit anzuregen. Glaube mir, nie liebte je ein Bruder so zärtlich eine Schwester, die so reizend ist wie die meinige.«

Wilhelminens Bitte an Friedrich, der Pate ihres ersten und einzigen Kindes zu sein, wurde mit Freude angenommen. »Du konntest Dir niemand aussuchen, der mehr Ehrerbietung und Anhänglichkeit für die Mutter und noch mehr Freundschaft für die Tochter hegt. Alles, was von Euch kommt und Euch gehört, ist mir lieb und wert. Ich habe in den letzten vierzehn Tagen alles erduldet, was der Mensch leiden kann. Ich schwebte stets zwischen der Furcht und der Hoffnung vor dem Verlust oder der Erhaltung des Teuersten, was ich auf Erden habe.« Dann gibt der zwanzigjährige Schreiber allen seinen Kümmernissen freien Lauf. »Du wünschst, daß ich Dir über meine Verhältnisse schreibe. Da ich auf Erden keinen besseren Freund als Dich habe, kannst Du sicher sein, daß ich Dir mein Herz öffne wie Gott allein. Der König setzt mir wegen meiner Heirat zu. Ich liebe die Prinzessin nicht, im Gegenteil, ich hege Abneigung gegen sie, und zwischen uns kann es weder Freundschaft noch Übereinstimmung geben. Davon abgesehen, behandelt mich der König nicht schlecht. Aber er mißtraut mir, und so ist die verwünschte Heirat die einzige Ursache meines Kummers. Sehr gut stehe ich mich mit der Königin, die Dich zärtlich liebt. Ich lebe hier (Ruppin) in Ruhe und Frieden bei meinem Regiment, und ich wäre vollkommen glücklich, könnte ich Dich täglich sehen, und brauchte ich nie zu heiraten. Der König ist sehr gut auf Dich zu sprechen und singt Dein Lob. Grumbkow und Seckendorff sind sehr nett zu mir; ich bin sehr selten in Berlin, Potsdam oder Wusterhausen. Der König will mich zwingen, meine Schöne zu lieben, aber ich fürchte sehr, er wird damit kein Glück haben. Mein Herz läßt sich nun einmal nicht zwingen. Wenn es liebt, liebt es aufrichtig.«

Friedrich Wilhelm I. hing wie ein dunkler Schatten über dem Leben seines Sohnes. Während Wilhelmine durch ihre Heirat vom Joche ihres Vaters befreit worden war, mußte Friedrich sich weiterhin im väterlichen Kreise bewegen. Die Erwartung eines königlichen Besuches in Ruppin wird im November 1733 in lebhaften Farben beschrieben. »Wie Du weißt, liebste Schwester, bringt der Empfang eines solchen

Gastes keine geringe Verlegenheit mit sich. Ich habe den Kopf so voll von Vorbereitungen, daß ich selbst nicht weiß, was ich schreibe.« Im darauffolgenden Jahr wurde ein Besuch in Bayreuth, den er auf der Reise zur Teilnahme an einem Feldzug im Rheinland plante, dadurch zunichte gemacht, daß sein Vater nicht schnell genug zur Front kommen konnte; er erhielt nur die Erlaubnis, auf der Rückreise in Bayreuth Halt zu machen. »Nie habe ich so sehr das Unglück beklagt, nicht mein eigener Herr zu sein«, schrieb er auf der Reise. »Gern würde ich um alles auf der Welt Dich sehen, doch dieses Mal geht es nicht; denn der König sieht mich schief an, und so kann ich es nicht wagen, zumal da er Montag über acht Tage bei der Armee sein will. Du kannst Dir vorstellen, wie es mir gehen würde, wollte ich seinem Befehl zuwider handeln.« Die Königin, fügte er hinzu, sende tausend Grüße. »Deine Krankheit rührt sie sehr – ob wirklich oder nur scheinbar kann ich nicht sagen; denn sie ist von Grund aus verwandelt; ich kenne sie nicht wieder. Das geht so weit, daß sie mir nach Kräften beim König geschadet hat. Doch ist sie jetzt wieder ausgesöhnt. Auch Sophie ist nicht mehr die alte; denn sie sagt zu allem Ja und Amen, was die Königin sagt und tut. Sie ist in ihren großen Tölpel ganz vernarrt (ihren Vetter und Gatten, den Markgrafen von Schwedt). Der König ist schwieriger denn je, mit nichts zufrieden, ja er dankt einem nicht mehr, was man ihm auch zur Freude tun mag. Mit seiner Gesundheit geht es bald besser, bald schlechter; doch sind seine Beine stets geschwollen. Du kannst Dir also lebhaft meine Freude vorstellen, aus all diesem Jammer herauszukommen; denn der König bleibt höchstens vierzehn Tage im Lager.«

Noch der hellste Fleck am dunkeln Himmel war das Abnehmen der körperlichen Kräfte des Familientyrannen. »Die Nachrichten vom König sind sehr schlecht. Man prophezeit ihm kein langes Leben. Doch ich habe beschlossen, mich über alles, was geschehen mag, zu trösten; denn schließlich bin ich fest überzeugt, daß ich bei seinen Lebzeiten keine guten Tage haben werde. Ich werde ihn bald vergessen. Was Dich an ihm rührt, meine liebe Schwester, ist, daß Du ihn lange nicht gesehen hast. Sähest Du ihn wieder, ich glaube, Du ließest ihn in Frieden ruhn, ohne Dich zu grämen.« Der nächste Brief von Ende September 1734 brachte die Nachricht, daß er kaum das Jahr überleben werde, da er Brustwassersucht habe, an Atemnot und Schlaflosigkeit leide, ohne Appetit sei, während die Beine bis über die Knie geschwollen, gerötet und gefühllos seien. »Man muß sich auf alles gefaßt machen, meine liebste Schwester, und obwohl es meinem Herzen wehtut, bin ich doch andererseits froh, Dir dann dienlich sein zu können. Mein Glück und mein Leben liegen in Deinen Händen. Laß mich Dich also kniefällig anflehen, daß Du mich in diesem Fall besuchst. Du wirst einen Bruder finden, der Dich über alles liebt, der Dich auf Händen trägt und Dich vor allem Kummer, der Dir zustoßen könnte, behüten wird. Kurz, liebste Schwester, schlägst Du mir diese

Bitte ab, so verlaß Dich drauf, daß ich vor Kummer sterbe. Du hast in meinem Hause ganz zu befehlen und wirst geehrt werden wie die Königin.« In allen diesen herzlichen Briefen findet sich kaum ein Hinweis auf seine Gattin, die als »die Prinzessin« bezeichnet wird.

Ein langer Antwortbrief zeigt, daß die Zuneigung Wilhelmines der seinigen ebenbürtig war. »Deine Freundschaft ist das einzige, nach dem ich strebe. Meine Freundschaft für Dich ist nicht eine Sache des Interesses, sondern beruht auf viel höheren Grundlagen, nämlich auf der stärksten Anhänglichkeit und der Erkenntnis Deiner seltenen Gaben. Deshalb ist Dein Vorschlag, daß ich im Falle einer Veränderung zu Dir kommen darf, mir hochwillkommen.« Die letzten Nachrichten vom Könige, fügte sie hinzu, seien besser und sie riet ihrem Bruder, solche Überlegungen fallen zu lassen. »Ich fürchte mich vor seiner Erbitterung und glaube nicht, daß sein Tod so nahe ist.« Die Königin, fügte sie hinzu, müsse verzweifelt sein. Sein Tod werde für sie einen schweren Schlag bedeuten, obwohl sie, um es offen zu sagen, sich im ganzen glücklicher fühlen werde. Eine Woche später stattete Friedrich einen Besuch von vier glücklichen Tagen in Bayreuth ab. Wie unzuverlässig Wilhelmines Gedächtnis ist, läßt sich erkennen, wenn man die wenig schmeichelhafte Beschreibung ihres Bruders in den Erinnerungen mit ihrem Brief vom Tage nach seiner Abreise vergleicht. »Nachdem die glücklichste Zeit meines Lebens hinter mir liegt, bleibt mir nichts als der Kummer über Dein Scheiden und die kurze Dauer meines Glücks. Aber kein Unglück ist so groß, daß es nicht irgendeinen Trost bärge. Der meine besteht jetzt in der Erinnerung an all die Güte, mit der Du mich während Deines hiesigen Aufenthaltes überhäuft hast. Ich werde sie bis an mein Lebensende nicht vergessen. Mein Herz ist so dankerfüllt und so tief gerührt, daß keine Worte stark genug sind, um diese Gefühle auszudrücken. Kurz, die Worte ›lieber Bruder‹ und ›reizender Kronprinz‹ sind in aller Munde.«

Nach seiner Rückkehr berichtete Friedrich, daß sich die Wassersucht des Königs verschlimmert habe und daß ihm die Ärzte nur noch vierzehn Tage Leben gäben. »Ich suche mich nach Kräften auf das schicksalsvolle Ereignis vorzubereiten. Ich bin bis auf den Grund der Seele gerührt.« Drei Monate später, anfangs 1735, berichtete er, daß der Kranke in Potsdam sich vollkommen erholt habe und zu gehen beginne. »Gestern habe ich bei ihm gespeist. Ich kann Dir versichern, er ißt und trinkt für drei. In acht Tagen geht er nach Berlin, und ich bin sicher, in zwei Wochen kann er wieder reiten. Das ist ein Wunder sondergleichen; denn nach mehr als drei tödlichen Krankheiten auf einmal wieder völlig zu genesen, ist etwas Übermenschliches. Der liebe Gott muß wohl sehr gute Gründe haben, daß er ihm das Leben wiedergibt.« Die Erholung war allerdings weniger vollständig als es schien, obwohl Friedrich glaubte, der Halbinvalide verstelle sich. »Die Krankheit des Königs ist rein politisch«, berichtete er im Juni 1735. »Wenn er will, geht es ihm gut; er wird kränker, wenn es ihm so paßt.

Anfangs ließ ich mich dadurch irreführen, aber jetzt weiß ich Bescheid. Du kannst es mir glauben, liebste Schwester, er hat Gott sei Dank eine Bärennatur und wird das künftige Geschlecht überleben, wenn er sich ein bißchen schont. Was die Königin betrifft, so kennst Du ihr gutes Herz. Selbst wenn es den Anschein hat, daß falsche Freunde uns bisweilen schlechte Dienste leisten, bringt ihre Güte und Liebe zu ihren Kindern sie doch gleich wieder auf den rechten Weg. Ich habe nicht über sie zu klagen. Im Gegenteil, wenn ich sie nicht aufs höchste lobte, wäre ich undankbar und unwürdig.«

Die Stimmung Friedrichs wechselte ebenso schnell wie die Gesundheit seines Vaters. »Allerseits von der Welt angewidert, überlasse ich mich ganz der stillen Betrachtung. Sie zeigt mir mehr und mehr, daß es hienieden kein dauerndes und beständiges Glück gibt, und daß man der Welt um so überdrüssiger wird, je mehr man sie kennt. Man findet in ihr mehr Kummer und Unglück als Anlässe zu Freude und Glück.« Eine Woche später schrieb er, daß er nach Wusterhausen bestellt sei, dem Schauplatz bitterer Erinnerungen. »Bete für das Entkommen einer Seele im Fegefeuer.« »Ich bemitleide Dich aus ganzem Herzen«, antwortete Wilhelmine; »denn meine Zuneigung zu Dir ist so groß, daß ich gern an jenem reizenden Ort wäre, nur um das Vergnügen zu haben, Dich zu sehen.« Der nächste Befehl des Vaters war etwas weniger erfreulich. »Zum Trost will er mich eine Reise nach Ostpreußen machen lassen; das ist etwas besser als nach Sibirien, aber nicht viel.« Friedrichs Stimmung hob sich regelmäßig, wenn er in sein geliebtes Rheinsberg zurückkehren konnte. »Wir haben hier ziemlich zahlreiche Gesellschaft«, berichtete er im Februar 1737; »wenn wir alle beisammen sind, besteht unsere Tafel gewöhnlich aus zwei- bis vierundzwanzig Gedecken. Wir unterhalten uns mit Nichtigkeiten und kümmern uns nicht um Dinge, die einem das Leben verleiden. Wir spielen Tragödie und Komödie, haben Bälle, Maskenfeste und Musik jeder Art. Dabei geht die Philosophie stets ihren Gang; sie ist doch die sicherste Quelle unseres Glücks.« Zu den Anfechtungen seiner seltenen Besuche in Potsdam gehörten die Sonntagspredigten. Als sich Wilhelmine über ihre Langeweile während der Osterpredigten in Bayreuth beklagte, war seine Antwort, daß sie nicht der einzige Dulder sei. »Ich habe zehn oder zwölf dieser Predigten in Potsdam abgesessen. Allerdings war ich nicht so aufmerksam wie Du, und selbst wenn ich dadurch mein Leben retten könnte, kann ich Dir nicht sagen, wovon sie handelten. Die Geistlichen werden dafür bezahlt, daß sie ein oder zwei Stunden jeden Sonntag predigen, und wenn sie ihre Zeit ausgefüllt haben und dabei Gefahr gelaufen sind, die Schwindsucht zu bekommen, halten sie ihre Pflicht für getan. Ich mache diesen Herren keine Arbeit; ich weiß alles, was sie mir zu sagen haben, und glaube, man kann auch ohne ihre Hilfe ein Leben der Tugend führen.«

Die Beziehungen zwischen Vater und Sohn wechselten von Monat zu Monat, wurden aber nie wirklich herzlich. »Sechs Wochen lang«, berichtete Friedrich von Berlin im Januar 1739, »war ich die Zielscheibe der bitteren Spötteleien des Königs und der Prügelknabe seines Zorns. Es ist recht unmenschlich, seinen Zorn auszulassen an Leuten, die sich aus Furcht und Ehrerbietung nicht verteidigen oder beschweren können.« Sechs Monate später berichtete er, daß seit dem Tode Grumbkows ihre Beziehungen die denkbar besten seien. Im Frühjahr 1740, als es nicht mehr länger zweifelhaft war, daß die Tage des Königs gezählt seien, war Wilhelmines Herz getroffen. »Die Natur regt sich in mir, und er hat mir letzthin so viel Gutes erwiesen. Wie gern hätte ich ihn vor seinem Tode noch einmal gesehen! Aber da dies nicht geht, muß ich mich fügen. Es ist mir ein Trost, daß er meiner in seinem traurigen Zustand noch gedacht hat. Was die Philosophen auch immer sagen mögen: aus dieser Welt zu scheiden, ist hart. Möge Gott ihm beistehen, seine Leiden abkürzen und der Königin Kraft geben, die trotz ihrer Standhaftigkeit tief erschüttert sein muß.« Friedrichs Antwort zeigt, daß ihm die letzte Krankheit seines Vaters nicht sehr nahe ging. »Ich begreife nicht, wie Du unter den jetzigen Umständen ein so lebhaftes Verlangen hast, hierher zu kommen. Dem König geht es zwar sehr schlecht, meine liebste Schwester, aber das Leben in Berlin ist nichts für Dich. Handle ganz nach Deinem Ermessen, aber wenn Du Deine Wahl bedauerst, dann tadle nicht mich. Ich werde Dich auf dem Laufenden halten. Du bist seit acht Jahren nicht hier gewesen, und so hast Du vielleicht die hunderttausend Kleinigkeiten vergessen, an welche Dich zwei Tage in Berlin erinnern werden. Außerdem scheint sich die Krankheit lange hinziehen zu wollen, so daß Du auch später noch kommen kannst. Fürchte nichts, weder für die Standhaftigkeit der Königin noch für meinen Stoizismus.« Einen Monat später schrieb er, daß es dem König schlechter gehe und daß sein Tod nur noch eine Sache von Wochen, nicht Monaten sei.

Wenige Zeilen vom 1. Juni 1740 berichteten das Ende des Dramas. »Er starb mit engelhafter Geduld und ohne viel zu leiden. Ich kann Dir Deinen Verlust nur durch meine Freundschaft ersetzen.« Nach Wilhelmines Denkwürdigkeiten wurde das Versprechen gebrochen, kaum daß es gemacht war. »Ich schrieb ihm mit jeder Post, immer von Herzensgrund. Sechs Wochen vergingen ohne eine Antwort. Der erste Brief dann trug nur die Unterschrift des Königs und war sehr kühl. Sein Schweigen hielt an. Ich wußte nicht, was ich denken sollte, und war durch diese betonte Gleichgültigkeit sehr bekümmert. Endlich, nach drei Monaten, erhielt ich von Berlin geheime Nachricht, daß er mir einen Überraschungsbesuch in der Eremitage abstatten wolle.« Als Gegenbeweis ihrer Wahrheitsliebe haben wir ein halbes Dutzend Briefe in seiner eigenen Handschrift, die aus der angeblichen Zeit des Schweigens stammen und die gleiche Zuneigung atmen wie vorher. Ihr erster Brief an den neuen Herrscher, der mit »*Sire*« anstatt mit »*mon très cher frère*« begann und mit »*De votre Majesté la très-humble et très-obéissante soeur et servante Wilhelmina*« endete, entsprach gar nicht seinem Geschmack. »Der Titel Bruder«, entgegnete er, »ist mir ruhmvoller als alle die Titel *très chrétiens, très catholiques* oder *défenseurs de la foi*, und Deine Freundschaft ist kostbarer als die knechtische Unterwürfigkeit von Untertanen. Ich bitte Dich, meine liebe Schwester, mich immer nur als Deinen Bruder und nichts mehr zu betrachten.« Die Kürze seiner Briefe in diesem Augenblick erklärte er mit dem Druck der Arbeit, nicht mit Mangel an Zuneigung. Wilhelmine ließ die zeremonielle Anrede fallen und kehrte zum gewohnten »Mon très cher frère« zurück.

Ihr Gedächtnis ließ sie ebenso in dem Bericht über sein Verhalten während eines Besuches im August im Stich. Zwei Tage nach seiner Abreise schrieb sie, daß sie keine Worte finden könne, um ihren Gefühlen Ausdruck zu geben. »Seit Deiner Abreise fühle ich mich ganz einsam. ich komme mir vor wie in einer Wüste; mein einziges Vergnügen ist die Erinnerung an all Deine Freundlichkeiten und die glücklichen Augenblicke, die ich mit einem so lieben Bruder verbrachte, dessen Bild mir tief ins Herz gegraben ist.« Friedrich antwortete mit einer Einladung nach Berlin für den Anfang Oktober und versprach, für die Reisekosten selbst aufzukommen. »Du wirst einen Tisch und die beste Wohnung finden, die ich auftreiben kann, und alle Zärtlichkeit und Freundschaft für Deine Aufnahme. *Adieu, mon adorable soeur, aimez-moi toujours.*« Ihre Mutter, fügte er hinzu, werde sie mit offenen Armen empfangen. »Der liebe Markgraf« war in die Einladung nach Rheinsberg eingeschlossen. »Sage ihm, daß ich ihn von Herzen liebe und daß es mir ein Vergnügen sein wird, seinen Aufenthalt so angenehm wie möglich zu machen.« Für die Feststellung in den Denkwürdigkeiten, daß der Empfang kühl gewesen sei, gibt es keinerlei Anhaltspunkte, nur ein Fieberanfall hielt den Gastgeber einige Tage im Bett fest. Ihr Dankesbrief ist nicht erhalten, aber seine Antwort darauf läßt kein Nachlassen der Anhänglichkeit erkennen. »Du verstehst Dich auf die Kunst der Unterhaltung und des Briefeschreibens. Du bauschst die kleinen Dienste, die ich für Dich tat, so schmeichelhaft auf, daß es Dir beinahe gelingt, mich davon zu überzeugen, daß ich meine Pflichten als Bruder und Gastgeber erfüllt habe. Ich weiß trotz Deiner Nachsicht, daß ich hinter den Erwartungen zurückgeblieben bin; Du mußt das aber auf Rechnung meiner Krankheit setzen und nicht meinem Herzen zuschreiben.« Ihr war der Besuch denkwürdig als der Anfang einer hochgeschätzten Freundschaft mit Voltaire, die bis an ihr Lebensende anhielt. Drei Jahre später stattete er seinen ersten und letzten Besuch in Bayreuth ab, wo er zwei glückliche Wochen verbrachte.

Während Wilhelmine über die Weihnachtsfeiertage in Berlin blieb, schrieb ihr der König muntere Briefe aus seinem ersten Feldzug. »Wir werden bald gegen Breslau vorrücken«, berichtete er aus der Nähe von Glogau am 23. Dezember. »Ich hoffe, ungefähr am 10. Januar dort zu sein. Die Tore werden sich mir öffnen, und wir werden auf zu wenig

Widerstand stoßen, um Anspruch auf echten Ruhm erheben zu können. Die Truppen und die ganze Organisation sind in bester Verfassung; wenn uns die mährischen Berge nicht aufhielten, könnten wir, glaube ich, bald vor Wien stehen.« Sie beglückwünschte ihn zu den ausgezeichneten Nachrichten. »Du hast geradezu wunderbar aus den Lektionen von Maupertuis gelernt: er hat die Erde abgerundet, Du Dein Land.« Die Einnahme Glogaus mit dem Verlust von nur einem Leutnant und ungefähr dreißig Mann wurde frohlockend mitgeteilt. »Die Tapferkeit unserer Truppen ist unbeschreiblich, und ich habe die Überzeugung, daß ihnen niemand gleichkommt. Es kann kein Zweifel sein, daß die Dinge den besten Verlauf nehmen.« Einen Monat danach, am 12. April 1741, verkündete er seinen Sieg von Mollwitz und beschreibt ihn als eine der heftigsten Schlachten seit Menschengedenken, in der seine Truppen Wunder vollbracht hätten. Ein Jahr später konnte er ihr einen zweiten Sieg und Preußens Sonderfrieden mitteilen. »Der Mangel an gutem Willen bei den Franzosen, die Treulosigkeit der Sachsen und eine Unmenge von Gründen zwangen mich dazu.« Er hatte die vertragliche Abtretung Schlesiens erlangt, aber er wußte, daß es sich nur um einen Waffenstillstand handeln konnte. Für die Dauer der nächsten zwei Jahre hat der Briefwechsel nur wenig Interesse. Der König schreibt von seinen Reisen, von Familienneuigkeiten, italienischen Sängern für die Oper, während sich die Markgräfin über die Verlobung ihrer Tochter mit dem Herzog von Württemberg verbreitet. Auf die Dinge, die beide Briefschreiber am meisten bewegten, fehlen alle Hinweise – bei ihm war es der Entschluß, sich wieder am Österreichischen Erbfolgekrieg zu beteiligen, bei ihr der Schiffbruch ihrer Ehe.

Wilhelmines Ehe hatte sich zunächst glücklicher angelassen, als sie zu hoffen gewagt hatte; aber der junge Fürst hatte wenig Substanz; es fehlten ihm völlig die geistigen Interessen, und so dauerte der Sonnenschein nur wenige Jahre. Die Ursache des Kummers war das hübsche Gesicht einer ihrer Hofdamen, einer Tochter des Generals Marwitz; und die Untreue ihres Gatten und die Treulosigkeit ihrer liebsten Freundin brachen ihr das Herz. Ihr Versuch, die Verführerin zu entfernen, kostete ihr nicht nur die Liebe ihres Gatten, sondern führte auch zu einer ernstlichen längeren Entfremdung von ihrem Bruder. Da ihre Vorstellungen bei dem schuldigen Paar nichts fruchteten, blieb nur die Lösung, für den weiblichen Partner einen Gatten fern vom Hofe ausfindig zu machen. Zum Unglück fiel die Wahl auf einen Mann, der im Dienste Österreichs war, und gerade in einem Augenblick, als Friedrich im Begriff stand, den Krieg gegen den österreichischen Feind neu zu beginnen. Seine Reaktion war heftig, denn Wilhelmine hatte ihm nichts von den Qualen erzählt, die sie durchgemacht hatte, und er witterte Verrat an einer Stelle, wo er nicht damit gerechnet hatte.

»Zu meinem größten Befremden«, schrieb Friedrich am 6. April 1744 von Potsdam, »erfahre ich von General Marwitz, daß Du an einer

Ehe zwischen seiner ältesten Tochter und dem Grafen Burghauß arbeitest und dazu die Einwilligung ihres Vaters forderst. Mein Erstaunen ist um so größer, weil Du Dich sicherlich des ausdrücklichen Willens des verstorbenen Königs erinnerst, der, als er Dir die Fräulein von Marwitz mitgab, den Wunsch äußerte, daß sie nicht außerhalb des Landes heiraten und im Laufe der Zeit zurückkehren sollten. Ich hoffe also, daß Du in Deiner Klugheit und Freundschaft für mich keine weiteren Schritte in dieser Angelegenheit tun und Dich offen dieser Heirat widersetzen wirst, die mir aufs höchste mißfällt. Der General Marwitz könnte sie nie gutheißen und würde über alle Maßen darunter leiden – ja, der Kummer könnte diesen tapferen und würdigen General töten. Aus diesen Gründen glaube ich, daß Du zuviel Herzensgüte und Zuneigung für mich hast, um dieses verhängnisvolle Unternehmen weiter zu verfolgen, das ich stets mißbilligen werde. Könnte sie aber ihren Vater so sehr verblenden, daß sie gegen meinen ausdrücklichen Willen den Grafen Burghauß heiraten will, dann muß sie damit rechnen, daß ich sie für unfähig erkläre, die beträchtliche Erbschaft ihres Vaters anzutreten, was aus dem gleichen Grunde schon bei der jüngeren Tochter eingetreten ist. Ich wäre untröstlich, wenn diese unglückselige Angelegenheit zwischen uns, die wir durch Blut und Zuneigung so eng miteinander verbunden sind, einen Mißklang entstehen ließe, aber denke bitte daran, daß ich diese Heiraten außer Landes nicht dulden kann. Sage ihr also bitte in meinem Namen, daß sie nicht an diese Heirat denken darf, durch die sie sich meiner Ungnade und dem Fluch ihres Vaters aussetzen würde. Jedenfalls tu mir den Gefallen und sende mir die Dame hierher, damit ich ihre Versorgung übernehmen kann.«
Bis jetzt hatte er als der liebevolle Bruder geschrieben, jetzt sprach er als König. Drei Tage später schrieb er wiederum und legte einen Brief von General Marwitz bei. »Du erkennst darin eine getreue Spiegelung seines Kummers und seiner Wünsche. Ich bin sicher, daß Dein gutes Herz tief gerührt werden wird und daß Du dich dafür einsetzen wirst, seinen Sorgen ein Ende zu machen. Du weißt, daß es die erste und hauptsächlichste Pflicht der Kinder ist, ihren Eltern zu gehorchen, die das Recht haben, über ihr Schicksal zu bestimmen. Jetzt, wo Du weißt, wie dringend dieser brave Vater die Rückkehr seiner Töchter wünscht, wirst Du ihm hoffentlich keine Absage schicken, sondern ihn vom Rande des Grabes retten, indem Du sie schleunigst zurückschickst.«
Am 9. April 1744, also am gleichen Tage, an dem Friedrich ihr seinen zweiten Brief geschrieben hatte, antwortete Wilhelmine auf den ersten Brief in keineswegs bußfertiger Stimmung. »Ich sehe, daß General Marwitz Dir von der Heirat erzählt hat, die ich für seine älteste Tochter plante. Es überraschte mich, mein liebster Bruder, daß Du mich an die Wünsche des verstorbenen Königs erinnerst. Ich hielt mein Wort, das ich ihm betreffs der Fräulein von Marwitz gab; sie haben nicht zu seinen Lebzeiten geheiratet. Aber sein Tod hat mich von allen Versprechen ihm gegenüber entbunden, also kannst Du mir in dieser

Hinsicht nichts vorwerfen. Du hast auch nie über diesen Gegenstand geschrieben oder mir davon gesprochen. Ich habe also kein Unrecht getan, um so weniger, als Du mich auf meine eindringliche Bitte, mir die Älteste zu überlassen, die auf das Heiraten verzichtet hatte, nicht einmal einer Antwort gewürdigt hast, obwohl dies die einzige Gnade war, die ich mir seit Deiner Thronbesteigung erbeten habe. Ich wußte nicht, mein liebster Bruder, daß Du am Geschick dieses Mädchens solchen Anteil nimmst. Wir beide sehen die Dinge mit den gleichen Augen an, und ich habe mich vieler Vorurteile entschlagen, vor allem der Ansicht, daß ein Mädchen von siebenundzwanzig Jahren sich durch die Ehe mit einem ihr unbekannten Mann unglücklich machen sollte, nur um ihrem Vater zu gefallen. Da der Kurier, den ich geschickt hatte, aufgehalten wurde, habe ich sie überredet, gestern zu heiraten. Dein Bote kam zu spät hier an. Ich kann also nur Deine Gnade für dieses arme Geschöpf anflehen, dessen Anhänglichkeit an mich der einzige Grund für ihren Schritt ist. Ich kann nicht glauben, daß Du so hartherzig bist, sie ihres Geldes zu berauben oder einer Schwester zu zürnen, die Dir so viele Beweise ihrer Freundschaft gegeben hat. Ich flehe Dich an, mich nicht dadurch zur Verzweiflung zu treiben, daß Du mir Deine Freundschaft entziehst. Sicherlich wird sie nicht durch eine solche Bagatelle schwinden. Ich erwarte eine günstige Nachricht von Dir, zumal dies alles nicht geschehen wäre, wenn mir Deine Wünsche früher bekannt gewesen wären.«

Dieser Appell war vergeblich, denn Friedrich war tief erzürnt. Seine Antwort war kurz und scharf. »Ein altes Sprichwort sagt, man solle die Leute nach ihren Taten und nicht nach ihren Worten beurteilen. Wenn dem so ist, dann kannst Du Dir leicht denken, was ich von Deinen Taten halte. Auf Einzelheiten gehe ich nicht ein.« Die nächsten Briefe sind von der gleichen geringschätzigen Kürze. »Meine Gesundheit ist zu belanglos, um Dein Interesse zu verdienen. Ich bin Dir sehr verbunden, daß Du die Güte hast, Deine Vergnügungen zu unterbrechen, um meiner zu gedenken.« Erst nach vier Monaten kam er auf die Heirat zurück, die seinen Zorn erregt hatte, diesmal in milderer Tonart. »Obwohl ich ernstlichen Anlaß zur Klage habe, und obwohl uns die geliebten Menschen schlimmer wehtun können als Fremde, will ich das Vergangene auslöschen und nicht im einzelnen eingehen auf die verletzende Art, mit der Du mich behandelt hast, noch auf die harten Worte, die Du dem General Marwitz geschrieben hast, noch auf die Ehe seiner Tochter mit einem Österreicher, die Du gestiftet hast. Ich will denken, daß ich Dein Bruder bin, und alles andere vergessen.« Das war der Ölzweig, nach dem sie sich sehnte. Ihre Antwort ist nicht erhalten, aber schon sein nächster Brief aus dem Feldlager im Oktober 1744 zu Beginn des Zweiten Schlesischen Krieges kehrt zur alten vertraulichen Anrede *»Ma très chère sœur«* zurück.

Die Wunde war mit einem Pflaster zugedeckt worden, aber keineswegs verheilt. Er beklagte sich zum Beispiel über das Erscheinen eines

»boshaften Artikels« gegen Preußen in einer Zeitung, die in Erlangen, der zweitgrößten Stadt des kleinen Fürstentums Bayreuth, gedruckt wurde. Außerdem wurde seine Mutmaßung, daß seine Schwester im Grunde ihres Herzens eine Schwäche für Maria Theresia habe, dadurch bestätigt, daß Wilhelmine dieser gelegentlich ihres Besuches in Frankfurt aus Anlaß der Kaiserkrönung ihres Gatten ihre Aufwartung machte. Als er ihr gegen Ende 1745 den Abschluß des Zweiten Schlesischen Krieges mitteilte, konnte er sich den Hinweis auf diesen Besuch nicht versagen. »Der Anteil, den Du an allem nimmst, was die Königin von Ungarn betrifft, gibt mir den Anlaß, Dir mitzuteilen, daß wir Frieden geschlossen haben. Ich schmeichle mir, daß Dir dies um so angenehmer sein wird, als Deine Vorliebe für diese Fürstin nicht mehr durch die alte Freundschaft belastet wird, die Du mir vielleicht bewahrt hast.« Der Vorwurf wurde von Wilhelmine energisch zurückgewiesen. »Der Friede ist eine frohe Nachricht, und ich bezweifle, ob all Deine Siege Dir mehr Ehre machen als Deine Mäßigung zu einer Zeit, wo Du diktieren könntest. Was die Königin von Ungarn angeht, so habe ich nie eine Vorliebe oder eine besondere Neigung für ihre Interessen gehabt. Ich lasse ihren Verdiensten Gerechtigkeit widerfahren und glaube, daß man Menschen, die Verdienste haben, schätzen darf; darum sind meine Freundschaft und meine Anhänglichkeit an Dich, mein liebster Bruder, nicht minder aufrichtig. Wenn Du mich auch fühlen läßt, wie wenig Du an meine Neigung glaubst, so habe ich doch wenigstens den Trost zu wissen, daß ich alle meine Pflichten Dir gegenüber erfüllt habe.«

In seiner Antwort nahm Friedrich zum ersten Male Bezug auf die unglückliche Ehe seiner Schwester, von der sie ihm, soweit der veröffentlichte Briefwechsel Auskunft gibt, kein Wort mitgeteilt hatte, von der er aber wie alle anderen inzwischen genug wußte. »Ich habe nie den Verdacht gehegt, daß Dein Herz beteiligt war an all den Widerwärtigkeiten, die Du mir in den letzten drei Jahren bereitet hast. Dazu kenne ich Dich zu gut, und ich gebe alle Schuld den Unseligen, die Dein Vertrauen mißbrauchen und eine boshafte Freude daran finden, Dich den Menschen zu entfremden, die Dich immer so zärtlich geliebt haben. Ich bemitleide Dich von ganzem Herzen, daß Du Deine Freundschaft einer Unwürdigen geschenkt hast. Jedermann kennt den niedrigen Charakter des Geschöpfes, das ich nicht nennen will, um nicht meine Feder zu beschmutzen. Du allein warst blind. Du erinnerst mich an die Hahnreie, die stets zuletzt erfahren, was unter ihrem Dache vorgeht, während die ganze Stadt voll der Neuigkeiten ist. Verzeihe mir, wenn ich Dich kränke, aber nach Deinem letzten Brief konnte ich nicht länger schweigen.«

Wilhelmine begrüßte die Versicherung, daß ihr Bruder nie ihre Zuneigung bezweifelt habe, aber sonst war der Brief nicht dazu angetan, ihre Kümmernisse zu lindern. »Du warst mir immer teurer als das Leben«, war ihre Antwort, »und je mehr ich Dich liebte, desto tiefer fühlte ich die Entfremdung. Verzeih mir, wenn ich Dir sage, wie ich fühle: seit einigen Jahren fand ich in Dir nicht mehr den Bruder, den ich anbetete und so zärtlich liebte. Ich hielt seine Freundschaft für ganz erloschen; ich habe darunter gelitten und vergeblich versucht, sein Herz wiederzugewinnen. Vielleicht habe ich in meinem Kummer Fehler begangen, aber ich wußte immer, daß ich die alte blieb, daß ich an allen Deinen Angelegenheiten warmen Anteil nahm und besonders an Deinem unsterblichen Ruhm. Ich entschuldige Dich, mein liebster Bruder, in vielem. Ich kenne alle die Gerüchte über mich und meinen Hof und bin gegen Verleumdungen schon lange gleichgültig. Vor einigen Jahren sollte Superville hier alles lenken, dann du Châtelet, jetzt die Burghauß, und wenn sie ginge, dann wäre es jemand anders. Da mir viele meiner Freunde erzählen, was die Leute sagen, müßte ich ein Einfaltspinsel sein, wenn ich nicht die Wahrheit in Erfahrung gebracht hätte. Ich weiß, man wirft mir Schwachheit, Anmaßung, Ränkesucht, Vergnügungslust vor. Während meines Aufenthaltes in Berlin ließen sich die Leute schon so vernehmen, und es überrascht mich nicht, daß ein so schönes Porträt Dich gegen mich eingenommen hat. Die mich kennen, können beurteilen, ob es auch nur im geringsten mit dem Original übereinstimmt. Ich will Dir also meine Lebens- und Denkweise erläutern. In meinem Alter liegt einem nichts mehr an lauten Vergnügungen; meine Gesundheit, die sich von Tag zu Tag verschlechtert, gestattet mir keine großen Vergnügungen mehr. Ich ziehe die Gesellschaft geistvoller Leute diesem Taumel der Ablenkungen vor. Herrscher und Ränke gehören nicht zu unserem Gesprächsstoff. Die Dummköpfe, die nicht zugelassen werden und auf die begabten Leute eifersüchtig sind, mögen vielleicht versuchen, sich an unserem kleinen Kreise durch böswilliges Geschwätz zu rächen. Ich hoffe, dieser Brief wird alle Deine falschen Vorstellungen zerstreuen.«

Die Verteidigung traf auf taube Ohren, und Friedrichs Antwort war eine neue Abweisung. »Wenn es zu einer Entfremdung zwischen uns gekommen ist, so liegt die Schuld nicht an mir. Es war die anstoßerregende Heirat dieser niedrigen Geschöpfe, die den Streitapfel zwischen sich zärtlich liebende Verwandte warf. Dann hast Du es mit angesehen, daß ein schuftiger Zeitungsschreiber in Erlangen mich zweimal wöchentlich in Fetzen reißen durfte, und anstatt ihn zur Rechenschaft zu ziehen, hast Du ihn entkommen lassen. Der Markgraf hat eine ausgesprochene Neigung für alles Österreichische gehabt, und Du hast immer wieder meiner größten Feindin, der Königin von Ungarn, Unterwürfigkeit gezeigt zu einer Zeit, als sie auf meinen Untergang aus war. Jenes Geschöpf, das ich nicht nennen kann, ohne daß mir das Blut gerinnt, diese Medea, wurde allen anderen vorgezogen, und da sie Rache schnob, bekehrte sie Dich zu ihren Ansichten. Wärest Du nicht Partei, so würdest Du Dich nicht wundern, daß so viele unglaubliche Handlungen mein Herz erkältet haben. Jeder andere als ich hätte offenen Streit gewählt, aber ich vergaß nie, daß Du meine Schwester bist und daß ich Dich immer zärtlich geliebt habe. Ich habe mich bei niemandem über Dich beklagt. Ganz Deutschland war Zeuge des Unrechts, das Du mir angetan hast, aber auch Zeuge meiner sorgfältig geübten Mäßigung. Wer vor mir unehrerbietig über Dich sprechen würde, dem könnte es teuer zu stehen kommen. Niemand verurteilt Deine Vergnügungen; im Gegenteil wir wünschen Dir alle Annehmlichkeiten des Lebens, die Du Dir nur wünschen magst, wie etwa geistvolle Leute, die Deiner Gesellschaft würdig sind. Aber wir wünschen auch, daß Du alle die verwünschten Pestbeulen zum Teufel schickst, die Dich mit Deinen Verwandten auseinanderbringen, und die ich, obwohl ich wahrlich nicht grausam bin, ohne Bedenken schinden könnte. Man hält Dich nicht für ehrgeizig oder ränkevoll, aber wenn Du weder Freundschaft noch die geringste Rücksichtnahme zeigst, ist es kein Wunder, wenn man abkühlt. Wir können nur Menschen lieben, die uns lieben, und wir fühlen am schärfsten den Schmerz, den uns geliebte Angehörige bereiten. Ich habe Dich nicht gekränkt, ich brauche mir nichts vorzuwerfen, und trotz allem, was geschehen ist, liebe ich Dich immer noch.«

Eine nicht erhaltene Antwort von Wilhelmine führte zu einer Atempause in dem schmerzlichen Hin und Her der Vorwürfe. »Ich fühle, man ist leicht überzeugt, wenn man überzeugt sein möchte«, schrieb Friedrich »und mein Herz, das Dich verteidigt, würde Dich selbst dann unschuldig finden, wenn meine Vernunft Dich für schuldig erklärte. Deine Anstrengungen, Dich zu rechtfertigen, genügen mir, und ich bin entzückt, eine Schwester an Stelle einer Feindin wiederzugewinnen. Dies ist das letztemal, daß ich Dir über einen Gegenstand schreibe, der mir so widerwärtig ist, daß ich ihn mit Freuden vergesse.« Das Einvernehmen zwischen Bruder und Schwester wurde nie wieder gestört. Überblickt man die Zeit der Mißstimmung, so läßt sich sagen, daß Wilhelmine einen schweren Fehler damit beging, das schuldige Mädchen an einen Österreicher zu verheiraten, ohne vorher den König um Rat zu fragen, und daß Friedrichs Vorwurf, sie hege Sympathien für Österreich, völlig aus der Luft gegriffen war.

Die nächsten zwei Jahre sind die Briefe gefüllt mit Familienangelegenheiten, dem Austausch von Geschenken, Neuigkeiten von der Oper und Bühne, dem Erwerb von Kunstwerken, Nachfragen über die Gesundheit, mit allem außer Politik. »Wir erheben uns langsam aus der Barbarei«, schrieb Friedrich, »und sind immer noch in der Wiege. Die Franzosen haben einigen Fortschritt gemacht und haben einen Vorsprung von mehr als einem Jahrhundert.« Wie seine anderen Briefpartner, so wurde auch Wilhelmine mit Betrachtungen über die Lebenskunst regaliert. »Die Geschichte der Menschheit ist ein Gewebe von Segnungen und Leiden; man muß sich nur wundern, daß wir, die wir tausenden von Krankheiten, Zufällen und Widerwärtigkeiten ausgesetzt sind, nicht noch schlechter bestellt sind. Ein Augenblick des Vergnügens, ein schwacher Hauch der Munterkeit genügt, um einen Unglücksfall vergessen zu lassen; unsere Unbeständigkeit und unser Leichtsinn machen unser Glück möglich. Wir sind nur, was der Schöpfer der Natur aus uns gemacht hat. Die Technik des Glücks fordert, daß wir mit unserem Zustand zufrieden sind und die Gegenwart genießen, ohne in die Zukunft zu starren, um so mehr, als der Kummer unsere Leiden nicht bessert und als die Unmöglichkeit, sie zu ändern, uns Geduld und Verzicht lehren sollte. Zu jedem Unglück, dem wir entgehen, sollten wir uns beglückwünschen, die Annehmlichkeiten, die uns zufallen, genießen und dem Trübsinn, der unsere Vergnügungen zerstört, Widerstand leisten. Montaigne sagte, daß alles zwei Handgriffe habe, einen guten und einen schlechten; so müssen wir die Dinge von ihrer guten Seite nehmen und die trübe Stimmung im Zaum halten, die das Beste am Leben vergiftet.«

Zu Anfang des Jahres 1748 kam Wilhelmine wieder auf das Thema ihrer früheren Entfremdung zurück und bekannte, daß die Schuld ganz auf ihrer Seite gelegen habe; sie hatte damit eine feste Absicht im Auge. »Alle Deine Freundlichkeit ermutigt mich, mein liebster Bruder, auf Einzelheiten einzugehen, die ich stets zu vermeiden gehofft hatte. Gestatte mir, Dir gegenüber mein Herz auszuschütten über ein Thema, das mir mehrere Jahre lang den tiefsten Kummer bereitet hat! Wie oft habe ich mir Vorwürfe wegen meines unrechten Benehmens gegen Dich gemacht! Meine letzte Erkrankung und die Nähe des Todes haben mich in meinen Gedanken bestärkt. Reifliche Selbstprüfung hat mich davon überzeugt, daß ich während meines Lebens nur gegen einen Bruder falsch gehandelt habe, den mir tausend Gründe teuer machen und dem mein Herz seit frühester Jugend durch vollkommenste und unlösbare Freundschaft verbunden war. Deine Großmut hat dich meine früheren Fehler vergessen lassen, aber das kann mich nicht daran hindern, unausgesetzt an sie zu denken. Ein falsch angebrachtes Mitleid und eine übergroße Schwäche für einen Menschen, den ich mir ganz ergeben glaubte, haben mich in die Irre geführt. Zu meiner Rechtfertigung kann ich nichts anführen, und ohne ein schrankenloses Vertrauen zu Deiner Güte würde ich nicht wagen, Dich zu bitten, mich aus dem Labyrinth zu retten, in das ich so närrisch hineingeraten bin. Ich habe die gleiche Erfahrung gemacht wie viele große Herren: Ich bildete mir ein, eine wirkliche Freundin gefunden zu haben, einen unbezahlbaren Schatz für Fürsten. Mein Lohn war aller erdenkliche Undank. Mein Stolz bäumt sich auf, daß ich hintergangen wurde, und mein Herz leidet, weil es des Einzigen beraubt ist, das Glück bringen kann. Ich habe die verhängnisvolle Heirat der Burghauß gestiftet, welche die Ursache aller Wirrungen ist. Sie hat ihren ganzen Besitz verloren und lebt jetzt in tiefstem Elend; ihr Gatte hat seit zwei Jahren keine Einkünfte aus seinem Regiment gehabt und ist ohne eigenes Vermögen. Das wenige, das ich ihr geben kann, reicht kaum aus, und wir kommen nicht mehr miteinander aus. Urteile selbst, ob ich sie in ihrer gegenwärtigen Lage fallen lassen und am Bettelstab fortschicken kann, nachdem ich so viel Aufregung verursacht habe. Dir als meinem geliebten Bruder, einem wahren Freund und einem aufgeklärten Richter, überlasse ich die Entscheidung und stelle meine Ehre und mein Ansehen Dir anheim. Nur Du kannst mir meine Seelenruhe wiedergeben, indem Du ihr auszahlst, was ihr ihr Vater vermacht hat; in diesem Falle ist sie bereit, das Land auf immer zu verlassen. Ich bitte Dich mit gefalteten Händen, mir diese Gunst zu gewähren.«

Die mit Ungeduld erwartete Antwort Friedrichs erwies sich als so freundlich, wie sie zu hoffen gewagt hatte. »Mein Herz kommt Dir ganz entgegen. Unsere Meinungsverschiedenheiten waren in ihrem Anlaß so gering, daß sie einen ernstlichen Streit gar nicht wert waren. Dein gutes Herz urteilte über andere zu sehr nach seinen eigenen Maßstäben. Wenn Du getäuscht wurdest, so ist die Treulosigkeit um so ärger, und Du brauchst Dir keine Vorwürfe zu machen. Du verdienst, Herzen zu finden, die dem Deinen ähnlich sind, aber solche Herzen sind selten. Je mehr man die Welt kennt, desto mehr sieht man ein, daß es Tugend nur in den Romanen gibt, daß die meisten Menschen sie nicht kennen, und daß die Liebe, die Eigensucht und der Ehrgeiz die Tyrannen sind, die das Menschengeschlecht beherrschen. Aber bereue Deine Hochherzigkeit nicht. Dein Leben ist so rein, und Du hast Dir mir gegenüber nichts vorzuwerfen. Du kannst versichert sein, daß ich Dein Vertrauen nicht mißbrauchen, sondern alles tun werde, um Dich wegen dieser undankbaren Person zu beruhigen. Denke an Deine Gesundheit, meine liebe Schwester, und verbanne alle kummervollen Gedanken, die ihr schaden. Verachte eine Person, die wegen ihrer Undankbarkeit verächtlich ist, und nimm Dir widerwärtige Dinge, die außerdem zu nebensächlich sind, als daß sie unsere Seelenruhe stören könnten, nicht zu sehr zu Herzen.« Die vertrauliche Kameradschaft wurde völlig wiederhergestellt durch einen glücklichen Besuch in Sanssouci im Jahre 1750. Wilhelmine ließ sich sogar zur Abfassung eines Gedichtes bewegen, das, wie sie bescheiden bekannte, ihr nicht die Götter eingaben, sondern ihr Herz. Die Briefe, die dem neuen Abschied folgen, sind voll warmer Neigung. »Ich habe tausendfach Deinen lieben Brief geküßt«, schrieb der dankbare Gast. »Mein Herz spricht eine Sprache, die ich nicht in Worte kleiden kann. Es ist voll von Dir, dankt Dir alles, ist ganz Dein.« »Ich habe Dir nicht die Hälfte von dem gesagt, was ich bei Deiner Abreise empfunden habe«, entgegnete der Gastgeber; »Dein Altar ist in meinem Herzen wieder aufgerichtet worden; mein Herz gehört Dir ganz.« Diese einsamen Menschen bedurften mit Schmerzen ihrer gegenseitigen Liebe.

Der Hauptgegenstand von Wilhelmines Briefen während der nächsten drei Jahre ist der Aufenthalt Voltaires in Berlin, wo sich die Freunde zum dritten Male im Herbst 1750 trafen und sich mehr als je ihrer Gesellschaft freuten. Sie war eine der wenigen Berühmtheiten aus seiner Bekanntschaft, die zu verachten er nie in Versuchung kam.

Ihr erster Brief nach ihrer Rückkehr in ihre muffige kleine Hauptstadt enthüllt, daß sie ihr Herz in Berlin gelassen hatte. »Ich habe Ihnen zu schreiben versprochen, und ich halte mein Wort. Unser Briefwechsel wird hoffentlich nicht so mager werden wie unsere Personen, und voraussichtlich werden Sie mir einen Anlaß geben, Ihnen zu antworten. Ich will heute nicht von meinem Schmerz sprechen, denn das würde ihn erneuern. Im Geiste versetze ich mich immer in Ihre Abtei, und Sie können sich wohl vorstellen, daß der Abt mich unaufhörlich beschäftigt. Denken Sie während Ihrer Soupers bisweilen an mich.« Voltaires Antwort drückte galant sein Bedauern aus, daß er nicht die drei Wintermonate in Bayreuth zubringen könne, da der König doch genug Gäste um sich habe. »Ich käme von Osten nach Bayreuth, meine Nichte käme vom Westen, und dann Opern und neue Tragödien! Wäre das nicht eher der Mühe wert als eine Reise nach Italien? Ich würde Ihnen den Vorzug geben vor St. Peter, den Katakomben oder dem Papst. Wäre das auszuführen so völlig unmöglich?« Dann beschrieb er seine neue glückliche Umgebung. »Tag und Nacht arbeite ich am *Siècle de Louis XIV*: vielleicht würde es Sie in Ihren Mußestunden unterhalten. Ich schreibe unter dem Wirbel der Trommeln, dem Schmettern von Trompeten und unter dem Lärmen von tausend Kolbenschlägen, die meine friedlichen Ohren fast taub machen. Das ist recht passend für Friedrich den Großen, der vormittags Armeen und nachmittags Apollo kultiviert. Jeder von uns Mönchen lebt friedlich in seiner Zelle. Ich bin immer kränklich, immer tätig, immer der Mönch, sei es in Berlin oder in Potsdam. Ich kenne nur meine Zelle und den ehrwürdigen Vater Abt, bei dem ich leben und sterben will, und der mich darüber hinwegtröstet, daß ich nicht in Ihrer Nähe leben kann. Ihre und seine Abtei sind die einzigen, wo eine Seele wie die meine Rettung finden kann.«

Die Antwort der Äbtissin von Bayreuth, wie er sie nannte, ist am Weihnachtstag 1750 geschrieben und zeigt sie immer noch im Banne des Zaubers von Berlin. »Schwester Wilhelmine bietet Bruder Voltaire ihren Gruß. Diese Worte mögen Ihnen beweisen, daß ich mich immer noch unter die glücklichen Bewohner Ihrer Abtei rechne, obwohl ich nicht mehr dort bin. Ich hoffe aber stark, daß ich, wenn Gott mir ein langes und glückliches Leben gibt, eines Tages dorthin zurückkehre und meinen Platz einnehme. Ich habe Ihren tröstlichen Brief erhalten und ich schwöre Ihnen, daß er mich mehr erbaut hat als die Epistel des Apostels Paulus: diese machte mich schläfrig wie Opium, aber die Ihrige machte mich munter. Wenn Sie Ihre Pariser Reise aufgegeben haben, so hoffe ich, daß Sie Ihr Wort halten und mich hier besuchen werden. Apollo pflog ja einst auch Umgang mit Sterblichen und hielt es, um sie belehren, nicht unter seiner Würde, ein Hirt zu werden. Folgen Sie seinem glänzenden Beispiel.« Voltaire antwortete, daß er Bayreuth in einigen Wochen auf seiner Reise nach Paris zu besuchen hoffe, wo er sich um seine geschäftlichen Angelegenheiten kümmern müsse, die er im Dienste des Königs von Preußen vernachlässigt habe. Obwohl sie sich bis zu einem gewissen Grade als seine Schülerin fühlte, hatte sie doch ihre eigenen Meinungen, und sie weigerte sich, den Enthusiasmus zu teilen, den Voltaire als Verfasser der *Henriade* für Heinrich IV. hatte.

Die ersten Monate nach Voltaires Aufenthalt in Berlin waren sehr glücklich gewesen, aber bald türmten sich Wolken am Himmel auf. Daß das Klima dem Kränkelnden nicht bekam, war schon schlimm, aber Schlimmeres stellte sich ein. Am 30. Januar 1751 schrieb Voltaire: »Bruder Voltaire tut hier Buße. Er hat einen nichtswürdigen Prozeß mit einem Juden, und nach dem alttestamentarischen Gesetz wird er dafür, daß er bestohlen worden ist, auch noch bezahlen müssen.« Einen Monat danach berichtete er den Ausgang. »Der Herzog von Sully hatte oft Prozesse mit jüdischen Armeelieferanten. Also werden Sie mir schon verzeihen müssen, wenn ich auch einen Prozeß gegen einen nichtswürdigen Juden gewonnen habe, den ich selbst nach seiner Verurteilung noch zu sanft angefaßt habe. Die ganze Geschichte war mir unendlich peinlich, weil, wie Ew. Königliche Hoheit bemerken, die Leute von der Feder die Aufgabe haben, zu schreiben, und nicht, Diamanten zu verkaufen.« Daß dies nicht die ganze Wahrheit des anrüchigen Handels war, wußte sie bereits von ihrem Bruder. »Hier ist alles in Ordnung«, berichtete Friedrich am letzten Tage des Jahres 1750. »Die Königin hält heute Cour, meine Brüder schauspielern, ich politisiere, und Voltaire betrügt die Juden.« Nachdem sie ihn um Auskunft über den Prozeß gegen Hirsch gefragt hatte, antwortete er am 22. Januar 1751 und geißelt mit harten Worten den Gast, an den sich zu fesseln er so eifrig gewesen war. »Es ist der Handel eines Schurken mit einem Gauner. Die Sache ist in den Händen der Justiz, und in ein paar Tagen werden wir durch das Urteil erfahren, wer von beiden der größere Lump ist. Voltaire ist aus dem Häuschen geraten und dem Juden ins Gesicht gesprungen. Es fehlte nicht viel, und er hätte Cocceji beschimpft; kurz, er hat sich wie ein Narr aufgeführt. Ich warte nur das Urteil ab, um ihm den Kopf zu waschen und zu sehen, ob man ihn bei seinen sechsundfünfzig Jahren wo nicht vernünftiger, so doch weniger schurkisch machen kann.« Am 2. Februar fügte er hinzu, daß der Prozeß noch nicht zu Ende sei. »Ich glaube, er wird sich mit einem Purzelbaum herausziehen. Sein Geist wird derselbe sein, aber sein Charakter wird weniger geachtet sein als vorher. Ich werde ihn wiedersehen, wenn alles vorüber ist. Auf die Dauer möchte ich lieber mit Maupertuis zusammenleben, der zuverlässig und ein besserer Unterhalter ist als der Dichter, der dauernd schulmeistert.«

Der wilde und nicht herausgeforderte Angriff auf Maupertuis vollendete die Entfremdung seines Schutzherrn, die mit dem Prozeß gegen Hirsch angefangen hatte, und Wilhelmine hielt ihrem Bruder zu sehr die Treue, als daß sie nicht selbst von dem Schuldigen fortstrebte. Als Voltaire im März 1753 Berlin endgültig verlassen hatte, faßte der aufgebrachte Herrscher die unerfreuliche Geschichte seines Besuches zusammen. »Du fragst mich nach Nachrichten von Voltaire: hier hast Du die Wahrheit. Er hat sich wie ein Erzlump benommen. Er fing damit an, alle Welt durch Lügen und schändliche Verleumdungen, über die er nicht errötete, miteinander zu verfeinden. Darauf schrieb er Schmähschriften gegen Maupertuis und nahm die Partei von König, den er ebenso haßte wie Maupertuis, nur um diesen zu kränken, ihn lächerlich zu machen und Präsident unserer Akademie zu werden. Das alles geschah mit vielen Ränken, die seine Schlechtigkeit und Falschheit offenbart haben. Er veröffentlichte hier in Potsdam seinen *Akakia* unter Mißbrauch einer Druckgenehmigung, die ich ihm für die *Verteidigung des Lord Bolingbroke* gegeben hatte. Ich erfahre es, lasse die Auflage beschlagnahmen und verbrennen und verbiete ihm, diese Schmähschrift anderweitig zu veröffentlichen. Kaum bin ich in Berlin, als dort der *Akakia* verkauft wird, worauf ich ihn sofort durch den Henker verbrennen lasse. Statt es dabei bewenden zu lassen, verdoppelt und verdreifacht Voltaire die Dosis, indem er gegen jedermann schreibt. Ich war so gutmütig, ihn ziehen zu lassen. Jetzt ist er in Leipzig, wo er neue Gifttränke zusammenbraut und sich als krank hinstellt, um ein schreckliches Machwerk, das er schreibt, zu überarbeiten. Du siehst also, ich bin weit davon entfernt, den Elenden wieder sehen zu wollen, sondern werde völlig mit ihm brechen. Ich hätte nichts dagegen, wenn er nach Bayreuth ginge, denn mit Deiner Erlaubnis würde ich jemanden hinschicken, der ihm den Kammerherrnschlüssel und den Orden abnimmt, vor allem aber eine Ausgabe meiner Gedichte, die er nach Frankfurt geschickt hat, und die ich ihm unter keinen Umständen lassen will, da er schlechten Gebrauch davon machen kann. Ich rate Dir, ihm nicht eigenhändig zu schreiben: ich bin auf diese Weise auf ihn hereingefallen. Er ist der schlimmste Schurke auf der Welt. Du wirst staunen, was er hier alles an fragwürdigen Machenschaften, Doppelzüngigkeiten und Bosheiten verübt hat. Viele Verbrecher, die aufs Rad geflochten werden, verdienen ihr Geschick weniger als er. Verzeih diese widerwärtigen Einzelheiten, aber es ist gut, wenn dieser schlechte Charakter endlich vor Dir entlarvt wird.«

Wilhelmine hatte nie so schlecht von Voltaire gedacht wie ihr Bruder, aber sie hatte ihn auch nicht so genau gekannt. »Seine Briefe an seine hiesigen Freunde sprechen sehr ehrerbietig von Dir. Er gibt Dir mit Recht den Titel eines großen Mannes. Er beklagt Deine Vorliebe für Maupertuis und Deine Voreingenommenheit gegen ihn selbst. Sein Spott über Maupertuis ist sehr unterhaltsam, und ich bekenne, daß ich beim Lesen seines Artikels lachen mußte. Ich werde Dir alles schreiben, was ich über ihn höre.« Friedrich war aufgebracht über seine letzten Zusammenstöße mit ihm und kam wieder auf seine Anklagen zurück. »Glaube ja nicht, ich hätte Dir auch nur den hundertsten Teil seiner Schurkenstreiche erzählt: sie würden einen Band von der Größe von Bayles Wörterbuch füllen. Es ist ein Jammer, daß seine große Begabung durch die schwärzeste und treuloseste Seele getrübt wird, die seinen Geist verdirbt.« Mme. du Deffand, fügte Friedrich hinzu, habe ihn nie kennenzulernen gewünscht; sie habe gesagt, sie könne ihn für zwei Gulden kaufen und seine Werke genießen, ohne sich seinen Bosheiten auszusetzen.

Selbst in der Stunde der Ungnade erriet Voltaire, daß die Markgräfin, die nach geistiger Kameradschaft dürstete, für ihn einen Platz in ihrem Herzen behielt; sie allein, das fühlte er, konnte mit einiger Aussicht auf Erfolg für ihn eintreten. »Ich nehme mir die Freiheit, Ew. Königliche Hoheit zu bitten, beiliegendes Bittgesuch in die Hände Seiner Majestät gelangen zu lassen«, schrieb er aus seinem Arrest in Frankfurt am 21. Juni 1753. »Unsere einzige Hoffnung beruht auf Ihrer Fürsprache. Der fürchterliche Zustand, in dem ich mich befinde, muß diese wenigen Zeilen entschuldigen, die mit meinen Tränen geschrieben sind. Ich werfe mich Ihnen zu Füßen.« Der Auftrag wurde in einem sorgfältig formulierten Begleitbrief an den zornigen König ausgeführt. »Ich habe soeben ein ganzes Paket Briefe von Voltaire und Mme. Denis bekommen«, berichtete sie. »Ich bedaure, daß sie an mich schreiben, aber aus Furcht, in dieses häßliche Geschäft verwickelt zu werden, schicke ich es weiter. Ihr Brief ist taktvoll und klug; offenbar weiß sie nicht, warum Du ihren Onkel in Frankfurt anhalten ließest. Wenn er ihrem Rat gefolgt wäre, hätte er klüger gehandelt. Wenn er es an Ehrfurcht gegen Dich in Wort und Schrift hat fehlen lassen, dann ist er in meinen Augen der niedrigste und jämmerlichste Mensch: eine solche Handlungsweise kann ihm nur die Verachtung aller redlichen Menschen einbringen. Ein so lebhafter und galliger Mensch wie er stürzt, wenn er einmal damit anfängt, von einer Torheit in die andere. Dennoch erfüllen mich seine Gebrechlichkeit und sein Ansehen, wie sehr es auch durch diese Katastrophe beschmutzt ist, mit einem gewissen Mitleid. Ein verzweifelter Mensch ist aller Dinge fähig. Vielleicht meinst Du, liebster Bruder, daß ich angesichts seines Geistes zu mild bin; aber Du wirst mich nicht dafür tadeln, daß ich für ihn das Mitleid fühle, das wir selbst Schuldigen gegenüber haben müssen, wenn sie im Unglück sind und sogar Strafe verdienen. Er hat das gleiche Schicksal wie Tasso und Milton, die ihr Leben in der Vergessenheit endeten, was auch ihm leicht geschehen kann.« Friedrich sandte die Briefe Voltaires und seiner Nichte zurück mit der Bemerkung, daß sie beide Lügner seien, daß ihre Anschuldigungen keine Grundlage hätten und daß die Schilderung ihrer Erlebnisse sich von den Tatsachen sehr unterscheide. »Trotz all ihrer Vergehen gab ich vor vierzehn Tagen Befehl, sie weiterreisen zu lassen. Du kannst Dir nicht vorstellen, in welchem Maße diese Leute Komödie spielen: alle diese Krämpfe, Krankheiten und Verzweiflungsausbrüche sind nur gemacht. Anfangs bin ich auch darauf hereingefallen, aber später nicht mehr. Voltaire wagt nicht, nach Frankreich zurückzukehren; er wird nach der Schweiz gehen oder von Land zu Land irren. Aus seinem Versuch, mir Böses anzutun, mache ich mir nichts, aber ich habe verhindert, daß er es wieder tun kann; deshalb habe ich ihn gezwungen, mir meine Verse und Briefe herauszugeben.«

Gegen Ende des Unglücksjahres 1753 flehte Voltaire Wilhelmine an, sich wenigstens für die Bergung der Reste des Schiffbruchs einzusetzen. »Das Unglück ist nun einmal geschehen, aber ist es denn gar nicht mehr wieder gut zu machen? Wird die Philosophie des Königs, Ihre Humanität, werden Ihre Ratschläge und Bitten denn nichts ausrichten können? Wer soll denn dem großen Manne die Wahrheit sagen, wenn nicht Sie es tun, Madame? Ich habe es dem König schriftlich und mündlich gesagt, und ich werde immer bedauern, daß mein Betragen falsch war.« Nach dieser kurzen Entschuldigung geht der Schreiber jedoch zur Offensive über. »Aber ich bitte Sie, Madame, ist es denn eine so wichtige Staatsangelegenheit? Nein, es ist nur eine literarische Kinderei, ein algebraischer Streit, eine Bagatelle, und dafür wurde ich sechs Wochen lang in Frankfurt gefangen gehalten, habe die ganze Saison aus dem Gebrauch der Bäder gegen ein hartnäckiges Leiden verloren; dafür ist meine Nichte von Soldaten durch die Straßen Frankfurts geschleppt worden; dafür versuchte sie ein Nichtswürdiger, der über Nacht allein mit ihr war und ihre Dienerin entfernt hatte, zu beleidigen. Diese Gewalttätigkeiten wurden von einem gewissen Freytag ausgeführt, welcher als Gesandter des Königs auftritt. Zweifellos weiß nur der König nicht, daß dieses Geschöpf in Dresden im Gefängnis gesessen hat. Und in welchem Zustand befinde ich mich? Ich bin alt und gebrechlich, ich opferte die letzten Jahre meines Lebens, drei Jahre lang habe ich nur für ihn gelebt, alle meine Zeit war zwischen ihm und meiner Arbeit geteilt, was er selbst weiß. Sollte er deshalb einen unglückseligen literarischen Streit nicht vergessen können? Das ganze Unglück kommt von einem Briefe, den Ihr Königlicher Bruder gegen König und mich veröffentlichen ließ zu einem Zeitpunkt, wo er über die Einzelheiten nicht voll unterrichtet war. Ich sage das nicht, um alle Schuld von mir zu weisen, denn ich gebe zu, es war sehr unrecht von mir, meinen Mund nicht zu halten. Aber fünfzehn Jahre der zärtlichsten Anhänglichkeit müßten ausreichen, um mir für die Laune eines Augenblicks Verzeihung zu verschaffen. Darüber sollen Ew. Königliche Hoheit entscheiden, aber ich frage Sie, ob es nicht auch für einen so großen Mann lobenswert ist, einen Fehler zu vergessen und an geleistete Dienste zu denken? Muß denn unser ganzer unvergeßliche Briefwechsel und die grenzenlose Hochachtung, die ich ihm immer erzeigt habe, plötzlich aufhören, damit die Nachwelt sagen kann: Dies alles endete mit dem Kerker und mit der Beleidigung einer unschuldigen Frau? Ach, Madame, gibt denn der Besitz einer großen Armee allein ein Anrecht auf Ruhm? Ihr königlicher Bruder liebt und verdient den wahren Ruhm. Er liebt Sie auch und muß Ihnen glauben. Madame, zeigen Sie Ihre Großherzigkeit und versuchen Sie, sein Herz zu rühren; tun Sie alles, was Ihnen zweckdienlich erscheint. Ich lege mein Geschick ganz in Ihre verehrungswürdigen Hände. Ich spreche Ihnen nicht davon, was man in Versailles, Wien, Paris und London sagt. Der König soll nur auf Ihr Herz hören; appellieren Sie an das seinige und Sie werden es bestimmt rühren, denn Sie kennen es.« Einen solchen Brief konnte man nur an einen Menschen schreiben, den man als einen treuen Freund betrachtete.

Voltaires Behauptung, daß sein Angriff auf Maupertuis der einzige Anlaß des Zerwürfnisses sei, war grotesk; er war vielmehr der letzte Tropfen, der das Maß voll machte, denn Friedrich hatte schon vorher alle Achtung vor seinem Charakter verloren. Wie es scheint, hat Wilhelmine sich ganz für ihn eingesetzt, aber ihre Versuche waren erfolglos. Friedrich war nicht herzlos, aber er konnte hart sein wie Stahl. Auf seine Bitte, die einem Befehl ähnelte, enthielt sie sich während der drei nächsten Jahre jedes brieflichen Austausches mit Voltaire, aber es bot sich ihr etwas Besseres als Briefe. Als sie ihrer Gesundheit wegen für den Winter 1754 nach Italien reiste, traf sie ihren alten Freund in Colmar, wo sie sich acht Stunden hintereinander unterhielten. Das war Balsam für seinen verwundeten Stolz, denn sie übergab ihm ein Geschenk und bat darum, Mme. Denis vorgestellt zu werden, für welche der König jedes Interesse ablehnte. »Es schien wie ein Traum«, berichtete er, »Frauen sind besser als Männer.« Eine andere frohe Begegnung fand in Lyon statt, und die alte Freundschaft, die beiden so kostbar war, wurde ganz wieder hergestellt. »Sie sind eines der höheren Wesen«, schrieb er, »die dafür da sind, überall Glück und Freude zu verbreiten«. Er beherrschte die Satire nicht weniger als das Preislied, aber diesmal klingt der Ton rein. In ihrem letzten Lebensjahre begann sie aufs neue den ihr so lieben Briefwechsel und schüttete ihr Herz über die Tragödien des Siebenjährigen Krieges und ihrer schnell abnehmenden Gesundheit aus. »Mehr als je Ihre Freundin«, schrieb sie in ihrem ersten Brief. »Wenn ich meine Freundschaft schenke, dann tue ich es nicht halb«, fügte sie in ihrem zweiten Briefe hinzu. Voltaire hatte große Fehler, Wilhelmine einige Schwächen, aber in ihren Beziehungen über achtzehn Jahre hinweg gibt es nichts, auf das wir verzichten möchten.

Nachdem Voltaire seinen Lebenskreis verlassen hatte, wurde die Liebe zur Schwester in Friedrichs Herzen immer stärker. »Ich reise von hier ab, von Deiner Güte überhäuft«, schrieb er nach einem Besuch in Bayreuth im Juni 1754. »Ich tausche nun wieder Unruhe und Sorgen für Frieden und Freundschaft. Hab acht auf Deine Gesundheit, von der das Glück meines Lebens abhängt. Ich werde diese glücklichen Tage nie vergessen, die ich mit Dir verbrachte. Es fehlte ihnen nichts, als daß ich Dich nicht bei völliger Gesundheit sah.« »Du hast mein Herz, meine Freude und meine Gesundheit mit Dir fortgenommen«, antwortete die Gastgeberin. »Seit mein guter Stern verschwunden ist, ist es mir, als ob ich nur noch dahinsiechte. Ich bin in tiefster Schwermut.

Kann man sich denn an Deine Abwesenheit gewöhnen, wenn man Dich kennt und so zärtlich liebt, wie ich es tue? Nein, das ist ganz unmöglich. Mein einziger Trost ist es, den ganzen Tag das Lob meines Helden singen zu hören und selbst in unserem rauhen Klima Herzen zu finden, die ihm ergeben sind.« Als sie in einer langen Reise nach Frankreich und Italien Ablenkung fand, beschrieb er sein Leben als das eines Karthäusers in seiner Zelle. Auch seine anderen Schwestern hingen an ihm, aber für ihn gab es nur eine Wilhelmine.

Im September 1755 versuchte Friedrich, ihre Sorge über die europäische Lage zu zerstreuen. »Du schreibst, Du seiest in Sorge wegen des Krieges, aber, meine liebe Schwester, es ist ein weiter Weg vom Ohio bis zu den Ufern der Spree. Außerdem hat das Leben so viele Gefahren, daß der Krieg nur noch ein kleiner Zusatz dazu ist.« Zu Beginn des schicksalsvollen Jahres 1756 ließ er die Maske der Sorglosigkeit fallen. »Du kannst Dir wohl eine Vorstellung davon machen, ob ich zu tun habe oder nicht. Weil ich mich mit so unzähligen Dingen beschäftigen muß, die mich eigentlich nichts angehen, bin ich jetzt in sehr feine und dornenvolle Verhandlungen verwickelt: ich fürchte, ich ermüde Dich, wenn ich mich auf Einzelheiten einlasse.« Fünf Monate später, am 12. Juli, wurde er ein wenig deutlicher; er bereite sich für alle Möglichkeiten vor, ohne denen, die auf eine Herausforderung warteten, diese zu verschaffen. Am 28. Juli gab er zu, daß der Krieg bevorstehe. »Ich sehe mich von den Schiffbrüchen des Ehrgeizes umgeben und versuche, mein Vorgehen durch die Grundsätze meines Lebensalters zu regeln: statt den ersten Gefühlen nachzugeben, schlage ich einen sicheren Weg ein. Ich habe mit meinen Feinden Verhandlungen begonnen in der Hoffnung, daß sie ihre Absichten erklären und daß dadurch mein Verhalten in den Augen der Welt gerechtfertigt wird. Wenn sie nach diesen Versuchen sich als unzugänglich erweisen, wenn sie in ihrem Taumel gegen die Stimme der Vernunft taub sind, dann werde ich so handeln, wie es auch jeder andere an meiner Stelle täte, mit gutem Gewissen und mit vollem Vertrauen auf meine gerechte Sache. Laß Dich durch die Zukunft nicht erschrecken: zu unserem Glück ist sie unseren Augen verschleiert. Weder unsere Hoffnungen noch unsere Befürchtungen werden die Ereignisse gestalten; da wir für Glück und Unglück geboren sind, müssen wir bereit sein, mit gleicher Gelassenheit das Naß zu empfangen, das Jupiter aus seinen zwei Schalen über unsere Schicksale ausleert. Es ist deshalb ganz falsch, nur mit Unglück zu rechnen; unsere Schicksale sind gemischt, und wir haben mehr Gutes als Schlimmes zu erwarten.« Der letzte Brief vor dem Sprung in den Krieg, vom 23. August, berichtete, daß er das Antwortschreiben der Königin von Ungarn erwarte, das über Krieg oder Frieden entscheide. »Ich wollte, es wäre schon da, damit ich wüßte, wo ich stehe; nichts ist beunruhigender als die Ungewißheit.« Tatsächlich bestand keine Ungewißheit mehr. Er wußte, daß die große Koalition nicht nur die Wiedergewinnung Schlesiens, sondern die endgültige

Vernichtung Preußens zum Ziel hatte, und er war entschlossen, seinen Hieb zuerst zu führen.

Während der letzten Leidensjahre Wilhelmines beschäftigt sich der Briefwechsel fast ausschließlich mit dem verzweifelten Kampf; die Briefe folgen einander schneller und sind vertraulicher. Der Feldzug begann verheißungsvoll am 26. August 1756 mit dem auf fast keinen Widerstand stoßenden Einmarsch in Sachsen und der Niederlage der Österreicher bei Lobositz. »Gebe der Himmel, daß die Tapferkeit meines Heeres uns einen dauerhaften Frieden gewinnen läßt«, schrieb der König am 4. Oktober; »das muß unser Kriegsziel sein.« Der Anfang des Jahres 1757 sah ihn in guter Stimmung. »Ich befürchte nichts von all den großen Plänen meiner Feinde«, meldete er am 5. Februar aus Dresden. »Ich schmeichle mir, bei Beginn des Feldzuges den Leuten, die jetzt eine so große Sprache führen, etwas zu tun zu geben. Auf den Reichstag und alle seine Beschlüsse pfeife ich; vielleicht werde ich ihn zwingen, einige Beschlüsse zu schlucken, an die er im Augenblick noch nicht denkt. Im Frühjahr wird man sehen, welche Bewandtnis es mit Preußen hat, und daß wir mit unserer Kraft und vor allem unserer Zucht mit den Zahlen der Österreicher, dem Ungestüm der Franzosen, der Wildheit der Russen, den Massen der Ungarn und all unserer Gegner fertig werden. Sobald sie ihre Karte ausspielen, werden wir das freche Geschwätz dieser ganzen Canaille, der französischen wie auch der russischen, zum Schweigen bringen. Verzeihe diesen Ausdruck, manchmal verliere ich die Geduld, und ich nehme an, daß man in Schönbrunn in noch weniger schmeichelhaften Ausdrücken von mir spricht.« Die Hochstimmung hielt nicht lange an, denn Friedrich mußte die Belagerung von Prag aufheben und erlitt die erste militärische Niederlage seines Lebens bei Kolin. Über Nacht veränderte sich die ganze Lage. Sein erster Gedanke war, daß vielleicht mit den Franzosen, gegen die er noch nicht im Felde gestanden hatte, ein militärischer Zusammenstoß vermeidbar sei. »Wenn Du sie dahin bringen könntest, sich zu Dir über die Friedensbedingungen zu äußern«, schrieb er am 28. Juni, »damit man ihre Absichten beurteilen und sehen kann, ob sich mit ihnen etwas anfangen läßt, wobei Du ihnen gegenüber für meine guten Absichten einstehen könntest, ließe sich vielleicht herausfinden, ob ihr angeblicher Vertrag mit den Österreichern wirklich besteht. Auf jeden Fall könnte man aus ihren Vorschlägen erkennen, wessen man sich zu versehen hat. Wenn mir der Friede aus Deinen Händen zufiele, wäre er mir doppelt lieb, und Du hättest die Ehre, Deutschland befriedet zu haben.«

Wilhelmines Sorge um die Sicherheit ihres Bruders ließ ihn antworten, daß es nutzlos sei, sich zu grämen. »Du brauchst für mich nicht zu fürchten. Wir sind immer in der Hand dessen, was man Schicksal nennt. Vielen Leuten stößt etwas auf ihren Spaziergängen, zu Hause, im Bett zu; viele überleben die Kriegsgefahren, die für einen kommandierenden General viel weniger häufig sind als für seine Offiziere. Ich werde viel Arbeit haben, aber davor habe ich keine Angst; ich werde Entbehrungen zu leiden haben, aber die Ärzte sagen, daß körperliche Bewegung gut für die Gesundheit sei. So wird alles seinen Lauf nehmen, wie es dem Himmel gefällt. Deutschland steht jetzt in einer furchtbaren Krise. Ich muß ganz allein seine Freiheiten, seine Vorrechte, seine Religion verteidigen; unterliege ich, so sind sie verloren. Aber ich bin hoffnungsvoll, und mögen meine Feinde auch noch so zahlreich sein, ich verlasse mich auf meine gerechte Sache, auf die wunderbare Tapferkeit der Truppen, auf ihren Kampfgeist vom Feldmarschall herab bis zum Gemeinen.«

Am 7. Juli, also zehn Tage nach seinem Appell an Wilhelmine, Friedensfühler nach Paris auszustrecken, kam er auf seinen Plan zurück. »Da Du das große Friedenswerk auf Dich nehmen willst, bitte ich Dich, diesen Herrn de Mirabeau nach Frankreich zu schicken. Ich will seine Unkosten bezahlen. Er kann der Favoritin (Mme. de Pompadour) bis zu 500000 Franken für den Frieden bieten, und noch mehr, wenn man dafür andere Vorteile erlangen kann. Du begreifst, daß ich sehr vorsichtig vorgehen muß und wie wenig ich hervortreten darf; alles wäre verdorben, wenn man in England auch nur das geringste davon erführe. Dein Sendbote könnte sich auch an seinen Gesandten wenden, der Minister geworden ist und dessen Ansehen täglich steigt. Das überlasse ich Dir. Wem könnte ich eher die Interessen eines Landes anvertrauen, das ich glücklich machen muß, als einer Schwester, die ich anbete, und die, wenn sie auch so viel mehr Vorzüge hat, mein zweites Ich ist?«

Der Kriegsmann, der in den zwei ersten Schlesischen Kriegen seiner Schwester nichts anvertraut hatte, ließ sie jetzt alles wissen. »Ich werde von so vielen Schlägen getroffen«, schrieb er am 13. Juli, »daß ich beinahe betäubt bin. Die Franzosen haben Friesland besetzt und wollen die Weser überschreiten; die Schweden, die sie gegen mich aufgestachelt haben, setzen 17000 Mann gegen Pommern in Marsch; die Russen belagern Memel; auch die Reichstruppen stehen im Begriff, sich in Marsch zu setzen. Das alles wird mich dazu zwingen, Böhmen zu räumen, sobald alle diese Feinde in Bewegung kommen. Ich werde alles aufbieten, um mein Land zu retten; wir werden sehen, ob Fortuna sich eines besseren besinnt oder mir ganz den Rücken kehrt. Hier liegen Möglichkeiten vor, über welche menschliche Voraussicht keine Gewalt hat. Es war ein glücklicher Augenblick, als ich die Bekanntschaft der Philosophie machte. Sie allein kann das Herz in einer Lage wie der meinen fest machen. Ginge es nur um mich, so machte es mir keine Sorgen, aber ich muß über die Sicherheit und das Glück meines Volkes wachen. Ich müßte mir über den kleinsten Fehler Vorwürfe machen, wenn ich durch Langsamkeit oder durch Übereilung das kleinste Unglück hervorriefe, um so mehr, als gerade jetzt alle Fehler tödlich auslaufen können. Die deutsche Freiheit und die Sache des Protestantismus, für die so viel Blut geflossen ist, stehen auf dem

Spiel. Die Krise ist so akut, daß eine unglückliche Viertelstunde die tyrannische Herrschaft des Hauses Österreich über das Reich für immer aufrichten kann. Ich bin wie ein Reisender, der von einer Verbrecherhorde umgeben ist, die sich seine Habe teilen will, und der nahe daran ist, von ihnen ermordet zu werden. Seit der Liga von Cambrai hat es keine so schändliche Verschwörung gegeben wie die dieses Triumvirates. Das ist schrecklich, eine Schande für die Menschheit und die Moral. Hat man es je gesehen, daß drei große Fürsten eine Verschwörung anzetteln, um einen vierten, der ihnen nichts zu leide getan hat, zu vernichten? Ich hatte keinen Streit mit Frankreich oder Rußland, noch weniger mit Schweden. Wenn sich im bürgerlichen Leben drei Bürger zusammentäten, um ihren lieben Nachbar auszuplündern, so würden sie nach dem Gesetz gerädert werden. Welch empörendes Beispiel geben diese Herrscher ihren Untertanen! Die, welche der Welt Gesetze geben sollten, lehren sie Verbrechen. Man kann ebenso gut mit Tigern, Leoparden und Lüchsen zusammenleben wie in einem Jahrhundert, das als zivilisiert gilt, unter diesen Mördern, Räubern und treulosen Menschen, die diese arme Welt regieren. Glücklich, meine liebe Schwester, der Mann, der als Unbekannter dahinlebt und von Jugend an auf jeden Ruhm verzichtet hat, der keinen Neid erregt, weil er im Dunkel lebt, dessen Glück nicht die Habgier der Schurken reizt. Aber meine Betrachtungen sind unnütz. Der Zufall der Geburt entscheidet. Ich glaube, daß, da ich einmal König bin, ich auch königlich denken muß, und es war mein Grundsatz, daß der Ruf eines Fürsten ihm teurer sein soll als das Leben. Sie haben sich gegen mich verschworen, und meine Ehre verbietet mir, das zu dulden. Abhilfe ist schwer; bei heftigen Erkrankungen helfen nur Gewaltmittel.« Diese laute Schmähung wäre eindrucksvoller, könnte man vergessen, daß der Schreiber durch seine schicksalsvolle Tat von 1740 selbst die Lawine in Bewegung gebracht hatte.

Der Brief vom 22. Juli war von gleicher Bitterkeit und Schwermut erfüllt. »Die schlechte Kriegführung meines Bruders (August Wilhelm) hat mich genötigt, Leitmeritz aufzugeben, aber ich hoffe, seine Torheiten wieder gutzumachen, wenn das menschenmöglich ist. Da ich über die sekundären Ursachen keine Macht habe, erhebe ich nicht den Anspruch, mein Schicksal zu gestalten. Ich beschränke mich darauf, klug zu handeln und alle Gelegenheiten zu ergreifen, und ich bin entschlossen, jedem Schicksalsschlag eine eherne Stirn zu bieten. Wenn ein Pferd einmal das Gebiß zwischen den Zähnen hat, sieht es keine Gefahren mehr. Ich verachte die Reichstruppen, die Franzosen, die Schweden, die Österreicher, wenn sie nacheinander kommen; aber wenn ich so viele Arme wie Briareus hätte, so würde ich mir doch die Hydra nicht vom Leibe halten können, die mit jedem Tage wächst und mich von allen Seiten angreift. Bin ich erst einmal umgebracht, dann macht es keinen großen Unterschied, daß zwei Kaiserinnen, ein allerchristlichster König und ich weiß nicht wie viele große Herrscher, die alle höchst ungerecht und religiös sind, mir diese Ehre erwiesen haben. Ich wette, daß Frankreich früher oder später seine Torheit bereut, aber das ist jetzt kein Trost. Frau Justitia läßt sich manchmal täuschen. Menschen sind übereilt gehängt worden, deren Unschuld sich später herausgestellt hat, und bei der Witwe und den Kindern hat man sich danach höflichst entschuldigt; aber das hat dem Toten das Leben nicht wiedergegeben, und das Opfer hat nicht einmal den Trost, von dem Bedauern Kenntnis zu erhalten.«

Es bedeutete für den vielgeprüften Herrscher eine Erleichterung, sein Herz ausschütten zu können. »Mir bleibt nichts übrig«, schrieb er am 9. September, »als mich durch die Philosophie zu stärken. Bisher hat mich das Unglück eher gestählt als niedergebeugt. Meine Prüfungen sind hart, aber nahe gehen mir nur die Leiden eines Volkes, das glücklich zu machen meine Pflicht ist. Man muß Geduld haben und solange gegen den Strom schwimmen, wie man vermag. Bitte beruhige Dich. Ich ehre Deine Sorgen und sehe in Dir das einzige Beispiel einer vollkommenen Freundschaft in diesem verderbten Jahrhundert; aber mit Sorgen läßt sich das Schicksal nicht ändern, und wir müssen auf alles gefaßt sein. Das läuft, wenn Du willst, darauf hinaus, daß man sich mit der Notwendigkeit des Übels und der Nutzlosigkeit von Gegenmitteln tröstet, aber was soll man denn sonst tun? Mein Herz ist voller Zärtlichkeit und Dankbarkeit für Dich; die Erinnerung an soviel Tugend wird mir bleiben, solange ich lebe. Ich kann nicht allen meinen Gefühlen Ausdruck geben, aber wenn ich Dich nicht leidenschaftlich als ein Bruder liebte, würde ich Dich als das Wunder unserer Zeit anbeten.« Wilhelmines Antwort vom 15. September war noch gefühlvoller. »Ach, mein lieber Bruder, Du sagst, Du liebst mich, aber Du stößt mir einen Dolch ins Herz. Deine ›*Epistel*‹* entlockte mir einen Strom von Tränen; ich schäme mich solcher Schwäche. Dein Schicksal wird auch über meines entscheiden; ich werde Dein Unglück und das meines Hauses nicht überleben. Das ist mein fester Entschluß. Aber das Glück kann sich noch wieder ändern. Ein großes Genie wie Deines deckt Hilfsquellen auf, wenn schon alles verloren ist, und diese Raserei kann nicht andauern. Mein Herz blutet, wenn ich an die unglücklichen Preußen denke. Welch entsetzliche Grausamkeiten werden begangen! Ich leide tausendmal mehr, als ich sagen kann, aber ich bin nicht ohne Hoffnung.«

Friedrichs Brief vom September, der längste des ganzen Briefwechsels, gestand ein, daß sich die Lage verschlechtert hatte. »Es scheint, als wolle das Schicksal alle seine Wut gegen meinen armen Staat loslassen. Die Schweden sind in Pommern einmarschiert; die Franzosen rücken gegen Halberstadt und Magdeburg vor; aus Ostpreußen, wo

---

* Die Epistel endigte: Ainsi mon seul asile et mon unique port
Se trouve, chère sœur, dans le bras de la mort.
»So, liebste Schwester, seh ich meiner Not
Beschluß und die Erlösung nur im Tod.«

sich die Truppen im Verhältnis von 25000 zu 80000 gegenüberstehen, erwarte ich täglich Nachricht von einer Schlacht; die Österreicher stehen in Schlesien. Ich werde mich auf jeden meiner Feinde werfen, der sich mir nähert, mag geschehen, was wolle, und werde den Himmel segnen, wenn er mir die Gnade erweist, mit dem Degen in der Hand zu fallen. Wird mir das verweigert, dann wäre es, das wirst Du mir zugeben, zu hart für mich, vor einer Bande von Verrätern im Staube zu kriechen, denen der Erfolg ihrer Verbrechen gestattet, mir ihren Willen aufzuzwingen. Wie könnte ich, meine unvergleichliche Schwester, die Gefühle der Rachsucht gegen alle meine Nachbarn unterdrücken, von denen jeder einzelne meinen Fall beschleunigt und sich an der Beute beteiligt hätte? Wie kann ein Fürst seinen Staat, das Ansehen seines Volkes, seinen eigenen Ruhm überleben? Wäre ich meiner Neigung gefolgt, dann hätte ich sofort nach der verlorenen Schlacht (Kolin) ein Ende mit mir gemacht, aber ich empfand das als Schwäche und hielt es für meine Pflicht, die Lage wiederherzustellen. Im Augenblick kann ich nichts ausrichten; der Feinde sind zuviel. Selbst wenn ich zwei Heere schlüge, würde mich das dritte erdrücken. Ich werde weiter gegen das Mißgeschick ankämpfen, aber ich werde nie einen entehrenden Frieden unterzeichnen. Du bist der einzige Mensch, der mir noch verbunden ist; meine Freunde sind tot; ich habe alles verloren. Wenn Du die gleichen Entschlüsse gefaßt hast wie ich, werden wir gemeinsam unser Mißgeschick enden. Das sind traurige Betrachtungen, aber niemand wird sagen dürfen, daß ich die Freiheit meines Landes und die Größe meines Hauses überlebte. Mein Tod wird den Beginn der Tyrannei des Hauses Österreich bezeichnen, aber mein Gedächtnis wird nicht mit dem Unglück belastet sein, das nach meinem Tode eintritt. Zu spät wird man erkennen, daß ich bis zuletzt mich der Unterdrückung und der Knechtung meines Vaterlandes widersetzt habe und daß ich nur der Feigheit derjenigen unterlegen bin, die, anstatt sich mit ihren Verteidigern zu verbinden, der Sache ihrer Tyrannen zum Siege verholfen haben.«

Der Spätherbst des Jahres 1757 brachte eine dramatische Veränderung, die Bruder und Schwester ihrer düsteren Verzweiflung entriß. »Nach so vielen Sorgen«, berichtete der Sieger von Roßbach, »dank dem Himmel ein günstiges Ereignis, und man wird berichten, daß 20000 Preußen 50000 Franzosen und Deutsche geschlagen haben. Nun kann ich in Frieden sterben, nachdem der Ruf und die Ehre meines Volkes gerettet sind. Wir können wohl unglücklich sein, aber nicht ehrlos. Du, meine liebe, meine gute, göttliche und zärtliche Schwester, die Du so freundlich am Geschick eines Bruders, der Dich anbetet, Anteil nimmst, geruhe nun auch, an meiner Freude teilzunehmen.« Einen Monat später kam der Triumph von Leuthen. »Gerade haben wir die Österreicher völlig geschlagen. Morgen marschiere ich auf Breslau. Wir haben nur 2000 Tote und Verwundete verloren, der Feind, schätze ich, über 10000.« Die Dinge hätten einen besseren Verlauf genommen, als er erwartet hätte, fügte er hinzu, aber das würde kaum ausreichen, um einen günstigen Frieden zu erzielen.

Wilhelmines Gesundheit war nie gut gewesen, aber im Sommer 1758 wurde es offenbar, daß sie ihrem Ende entgegenging. Als Friedrich am 20. Juli nach dem Tode ihres Bruders August Wilhelm an sie schrieb, flehte der besorgte Herrscher sie an, am Leben zu bleiben. »Du, die Du mir die liebste aus der Familie bist, mein liebster Mensch auf der Welt, bleibe am Leben, damit ich wenigstens den Trost habe, mich an Deiner Brust auszuweinen. Fürchte nichts für uns: wir werden uns schon durchhelfen. Da ich schon sehr lange ohne Nachricht von Dir bin, zittere ich für Dein Leben. Bei Gott, laß durch irgend jemand schreiben: ›Der Markgräfin geht es gut,‹ oder, ›die Markgräfin fühlt sich unwohl.‹ Das wäre besser als meine grausame Ungewißheit. Befreie mich durch ein einziges Wort und sei versichert, daß mein Leben von Deinem untrennbar ist.« »Was Du mir von meiner Bayreuther Schwester schreibst, läßt mich erzittern«, schrieb er an Heinrich am 3. August. »Nach unserer guten Mutter ist sie der Mensch, den ich am zärtlichsten liebte, eine Schwester, die mein ganzes Herz und mein ganzes Vertrauen besitzt und deren Charakter an Wert alle Kronen der Welt übertrifft.«

Ihr letzter eigenhändiger Brief, vom 18. Juli datiert, war kaum lesbar und erfüllt ihren Bruder mit bösen Ahnungen. »Ich war mehr tot als lebendig, als ich Deinen Brief erhielt«, antwortete er am 9. August. »Mein Gott, welche Schrift! Du mußt aus dem Grabe zurückgekehrt sein, denn sicherlich warst Du viel kränker, als ich dachte. Ich danke dem Himmel, daß ich davon nichts wußte, und ich bitte Dich, mir durch jemand anderes zu schreiben. Ohne Dich gibt es keine Freude in meinem Leben; es liegt in Deiner Hand, es zu verkürzen oder zu verlängern.« Ein von der Sterbenden am 10. August diktierter Brief, der sich mit diesem Notruf kreuzte, ließ wenig Hoffnung. »Ich bin in der Hölle gewesen – mehr geistig als körperlich. Um mir unseren Verlust (den Tod August Wilhelms) zu verheimlichen, hat der Markgraf alle Deine Briefe aufgehalten, und ich hielt alles für verloren; nun habe ich sie erhalten. Seit sechs Monaten liege ich zu Bett. Ich leide an einem heftigen trockenen Husten, meine Beine, Hände und Gesicht sind geschwollen. Ich habe mich in mein Schicksal ergeben; ich werde zufrieden leben oder sterben, wenn Du nur glücklich bist. Mein Herz sagt mir, daß der Himmel noch Wunder für Dich tun wird. Deine Feinde sind dem Untergang nahe; wenn sie einen kleinen Erfolg erringen, dann macht ihr Dünkel sie anmaßend und verführt sie zu den größten Torheiten. Meine Brust ist so schwach, daß ich kaum sprechen kann.«

Am 30. August berichtete Friedrich den teuer erkauften Sieg über die Russen bei Zorndorf, aber nichts konnte ihn mit Freude erfüllen, solange seine Schwester zwischen Tod und Leben schwebte. »Wenn Du mich lieb hast, so gib mir einige Hoffnung auf Deine Wiederherstellung. Ohne Dich wäre mir das Leben unerträglich. Das sind keine Redensarten, sondern die Wahrheit. Bedenke, was aus mir würde, wenn ich Dich verlöre. O meine liebe, meine göttliche Schwester, tue das Unmögliche und werde wieder gesund. Mein Leben, mein Glück, mein Dasein liegen in Deinen Händen.« Ihr letzter Brief, vom 25. September, beglückwünschte ihn zu seinem Siege und sagte ihm weitere Triumphe voraus. Sein letzter, vom 12. Oktober, brachte ihr ein Gedicht und neue Versicherungen seiner Liebe. »Ich bin so voll von Dir, von Deinen Gefahren und meiner Dankbarkeit, daß, ob ich nun wache oder träume, ob ich Prosa oder Verse schreibe, Dein Bild in meinem Herzen herrscht und alle meine Gedanken festhält. Möge der Himmel mein Flehen um Deine Gesundung hören! Cothenius (sein Arzt) ist unterwegs. Ich werde ihn vergöttern, wenn er den Menschen, der mir das liebste auf der Erde ist, rettet.« Zwei Tage später, am 14. Oktober, dem Tage seiner Niederlage von Hochkirch, starb die unglückliche Frau nach langem Leiden im Alter von neunundvierzig Jahren, und der letzte Schimmer einer romantischen Verklärung schwand aus dem stürmischen Leben ihres Bruders.

XI.

PRINZ HEINRICH

Von Friedrichs drei Brüdern galt eigentlich nur Heinrich* etwas. August Wilhelm, der älteste, starb im Alter von sechsunddreißig Jahren, aber ein längeres Leben oder gar die Thronfolge würden es kaum vermocht haben, seine geschichtliche Bedeutung zu vergrößern. Ferdinand, der jüngste, war eine gutherzige Mittelmäßigkeit; kein Teil der Familienkorrespondenz des Königs ist weniger interessant als die mit diesem langweiligen und untadelhaften Menschen, der zurückgezogen im Palais Bellevue in Berlin lebte und dessen einzige Bedeutung darin besteht, daß er der Vater des Prinzen Louis Ferdinand, des Helden im Feldzug von Jena, ist. Heinrich dagegen hätte sich einen Namen gemacht, auch wenn er nicht ein Prinz des königlichen Hauses gewesen wäre. Eine so kluge Beurteilerin wie Katharina die Große beschrieb ihn als eine der hervorragenden Persönlichkeiten des Jahrhunderts; der englische Reisende Wraxall machte die Entdeckung, daß einige Berliner ihn für einen fähigeren Menschen als seinen Bruder hielten; und Mirabeau erklärte schmeichelhaft, daß er den Geist eines Helden, den Kopf eines Weisen und das Vertrauen Europas besitze. Obwohl seine Vorsicht im Kriege günstige Gelegenheiten wahrscheinlich nicht ausgenutzt hätte, wäre er oberster Befehlshaber gewesen, so erlitt er auch keine ernstliche Niederlage; er zählt zu Preußens größten Soldaten und erntete das Lob Napoleons. Sein diplomatisches Talent entfaltete sich in wichtigen Missionen nach Rußland, wie überhaupt die Politik größere Anziehung für ihn besaß als der Krieg. Wie er für die Literatur und die Künste eine große Neigung hatte, so sprach ihn die französische Kultur nicht weniger an als seinen Bruder, und wie der König genoß er die antiken Schriftsteller in französischen Übersetzungen. Seine Violine liebte er beinahe so sehr wie sein Bruder die Flöte. Er konnte höchst anziehend sein, wenn

* Die beste Biographie schrieb Chester V. Easum, 1942. Sie enthält eine umfassende Bibliographie. Krauel, *Prinz Heinrich von Preußen als Politiker*, ist für seine späteren Jahre von Nutzen. *Rococo: The Life and Times of Prince Henry of Prussia*, von A. E. Grantham, ist eine lebendig geschriebene Skizze. Die Militärische Korrespondenz mit Friedrich erschien in 4 Bänden 1851–54, eine Auswahl seiner persönlichen und politischen Briefe in *Oeuvres de Frédéric le Grand*, Bd. 26, und in der *Politischen Correspondenz*, passim. Das Tagebuch der Prinzessin Heinrich ist veröffentlicht in *Quellen und Untersuchungen zur Geschichte des Hauses Hohenzollern*, Bd. 9. Der Briefwechsel mit Katharina der Großen ist abgedruckt bei Krauel, *Briefwechsel zwischen Heinrich Prinz von Preußen und Katharina von Rußland*. Kurze Würdigungen finden sich in den Tagebüchern Lehndorffs und in *Quarante-cinq années de ma vie* von seiner Nichte, Prinzessin Luise von Preußen, Fürstin Anton Radziwill. Der Artikel in der Allgemeinen Deutschen Biographie ist zu überschwenglich in seinem Lob. Eine Auswahl seiner umfangreichen Korrespondenz mit seinem Bruder Ferdinand, dem er immer sein Herz ausschüttete, wäre wünschenswert.

er wollte, und Voltaire berichtete an Wilhelmine, nachdem er ihn auf der Bühne gesehen hatte, daß er in allem, was er sage und tue, anmutig sei. Von einem Menschen mit solch hervorragenden Eigenschaften konnte man kaum erwarten, daß er sich mit dem genau umschriebenen Einfluß begnügen werde, den in einem von einem Übermenschen regierten Staate auszuüben einem Prinzen oder selbst einem Thronerben übrig blieb. Als einziges Glied der königlichen Familie weigerte er sich, die unermeßliche Überlegenheit ihres Hauptes zuzugestehen, und betrachtete sich als den besseren Soldaten. Eine krankhafte Empfindlichkeit und das ihn stets begleitende Gefühl, mit seinen Kräften nicht zur Entfaltung zu kommen, vergiftete das Verhältnis der beiden Brüder; hinter ihrem Austausch konventioneller Höflichkeiten stand keine innere Zuneigung. Er litt unter seiner Ohnmacht, und die Tragödie seines Lebens war das Wissen darum, daß er in der Geschichte nur als »der Bruder Friedrichs des Großen« auftreten werde. Seine Verschwendungssucht und die aus ihr entstehenden finanziellen Schwierigkeiten waren eine weitere Quelle beständiger Reibungen. Dennoch ist der Briefwechsel der Brüder, der sich über ein halbes Jahrhundert erstreckt und fünfzig Handschriftenbände füllt, für die späteren Jahrzehnte Friedrichs historisch von gleichem Werte wie dessen Briefwechsel mit Wilhelmine für die ersten Jahrzehnte; wir begegnen ihm unablässig.

Obwohl Heinrich, das dreizehnte Kind seiner Eltern, beim Tode seines Vaters erst vierzehn Jahre alt war, wurde er sofort zum Obersten ernannt, da er für die militärische Laufbahn bestimmt war. Die ersten Briefe des neuen Herrschers zeigen diesen als den großen Bruder, der die ersten Schritte eines unerfahrenen Knaben lenkt. Nach Empfang eines günstigen Berichts von dem Offizier, der seine Ausbildung leitet, drückt Friedrich seine Genugtuung aus; aber einige Wochen später bedauert er in einem Brief aus seinem Hauptquartier während des ersten Schlesischen Feldzuges, daß der Knabe das Vergnügen den Studien vorzuziehen beginne. »Wenn Du mir Freude machen willst, dann mußt Du der schönen Literatur mehr Aufmerksamkeit widmen, was für Dich unendlich viel nützlicher sein wird als alles übrige. Willst Du in der Welt etwas werden, dann mußt Du lernen, das Nützliche vom Angenehmen, das Beständige vom Oberflächlichen zu unterscheiden, und mußt darauf achten, daß das Vergnügen Dich nicht von den wichtigen Dingen ablenke.« Eine unterwürfige Antwort brachte ihm das Lob ein, daß diese Haltung eines Prinzen aus dem königlichen Hause würdig sei. Im ersten Schlesischen Krieg war Heinrich bei der Erstürmung Glogaus und der Schlacht von Mollwitz dabei, und im Alter von sechzehn Jahren empfing er die Feuertaufe bei Chotusitz. Im zweiten Schlesischen Krieg erntete er Lorbeeren durch seine Tapferkeit bei Hohenfriedberg und wurde im Alter von neunzehn Jahren Generalmajor. »Mein Bruder Heinrich«, schrieb der König am 24. Oktober 1745, »zeichnete sich sehr auf unserem Marsch am 16. aus, und die

Armee beginnt, seine Gaben zu erkennen.« Im Alter von achtzehn Jahren erhielt er Rheinsberg zum Geschenk; es wurde sein geliebter Landsitz für den Rest seines Lebens.

Als sich Heinrich seiner Fähigkeiten bewußt wurde, begann er, sich seinem Bruder gegenüber selbständig zu machen. Undatierte Briefe aus dem Jahre 1746 lassen erkennen, daß zwischen den Brüdern ernste Verstimmung bestand. »Die dürftige Freundschaft, die Du mir bei allen Anlässen zeigst«, schrieb Friedrich, »gibt mir keinen Mut zu neuen Annäherungsversuchen an einen Bruder, der so wenig Gegenliebe zeigt.« Eine nicht mehr vorhandene Antwort verbesserte die Lage nicht. »Wenn Du mich liebst, dann muß Deine Liebe metaphysischer Art sein, denn in dieser Form habe ich die Menschen noch nicht lieben sehen – ohne einen Blick, ohne ein Wort, ohne ein Zeichen der Zuneigung. Glücklich sind die, die Du liebst – das will ich gern glauben. Sollte ich einer von diesen sein, dann lebe ich, das muß ich sagen, in völliger Unkenntnis Deiner Gefühle. Ich kenne nur Deine Zurückhaltung, Deine Lauheit, Deine völlige Gleichgültigkeit.« Ein zweiter Brief von Heinrich erbat und erwirkte eine Erklärung des königlichen Mißvergnügens. »Du weißt, welche Mühe ich mir gab, Deine Freundschaft zu gewinnen; ich habe es nicht an Liebesbeweisen und Annäherungsversuchen fehlen lassen, um Dein Herz zu gewinnen; ich habe alles nur Mögliche für die Einrichtung Deiner Hofhaltung getan. Dennoch ist es mir trotz all meiner Herzlichkeit und aller Beweise der Zuneigung nicht gelungen, Deine Freundschaft zu gewinnen. Du zeigtest mir nur dann Vertrauen, wenn Deine Liebschaften meiner Hilfe bedurften. Ich habe an Dir nur äußerste Kälte bemerkt, und Du hast mit mir nicht wie ein Bruder sondern wie ein Fremder gelebt. Endlich habe ich die Geduld verloren und mich in meinem Benehmen nach dem Deinigen gerichtet. Wie kannst Du von mir Wärme erwarten, wenn Du selbst so kalt wie Eis bist? Das habe ich um so schmerzlicher gefühlt, weil ich mich zu Dir durch Neigung ebenso wie durch Familienbande hingezogen fühle. Du kannst mein Verhalten nicht verurteilen, ohne gleichzeitig das Deinige zu tadeln; es ist nur ein Spiegel, der Deine große Kälte zurückwirft. Es hängt ganz allein von Dir ab, ob eine Änderung eintritt. Um Dir zu zeigen, daß ich nicht mehr fordere als Deine Freundschaft und Dein Vertrauen, komme ich Dir gern einen Schritt entgegen und sende Dir die Pläne, um welche Du bittest, und ich gebe Dir die Versicherung, daß ich trotz Deiner Zurückhaltung mich als Deinen Bruder fühle und daß Du in meinem Herzen einen unendlich größeren Platz einnimmst als ich in dem Deinigen.«

Wir wissen nicht, was diesen Zusammenstoß herbeiführte, aber der letzte Brief des Jahres 1746 läßt erkennen, daß die Entfremdung anhielt und sich sogar dadurch vergrößerte, daß ein Plan, fremde Heere zu studieren, auf das Veto des Königs stieß. »Ich habe wahrscheinlich keinen Brief von Dir erwartet. Sechs Monate lang hat es Dir gefallen zu schmollen; obwohl Du in demselben Hause lebtest wie ich, hast Du mir keinen Blick gegönnt und nur dann zu mir gesprochen, wenn es der Schein erforderte; mich kann also nichts überraschen. Noch weniger erwartete ich einen Vorschlag, wie Du ihn im Sinne hast. Ich verurteile Deinen Wunsch, Kenntnisse zu sammeln, keineswegs, aber die geringe Aufmerksamkeit, die Du unserem Heere schenktest, läßt keine großen Leistungen im Kriege von Dir erwarten. Fremde Armeen unterscheiden sich so sehr von unserer, daß Du nichts lernen würdest. Außerdem kann ich Dich in der gegenwärtigen Lage zu keiner der zwei Armeen (der französischen und österreichischen) schicken, ohne eine Bevorzugung an den Tag zu legen, die nicht wünschenswert ist. All diesen Gründen möchte ich noch einen anderen hinzufügen, der aber vielleicht der wichtigste von allen ist, nämlich den, daß ich trotz Deiner übergroßen Kälte mir gegenüber immer daran denke, daß Du mein Bruder bist, und daß deshalb Dein Leben nur dann der Gefahr ausgesetzt werden sollte, wenn es das Wohl unseres Landes erfordert. Obwohl ich also Deinem Vorschlag nicht zustimmen kann, bitte ich Dich, mir Deine Freunschaft wieder zu gewähren.«

Der nächste veröffentlichte Brief, dessen Datum drei Jahre später liegt, zeigt, daß die königlichen Brüder einander immer noch fernstanden. Wie August Wilhelm dem König berichtete, fühlte Heinrich sich schwer getroffen, daß der König einen Obersten damit beauftragte, die Ordnung in seinem Regiment wieder herzustellen. Die kalte und schneidende Antwort Friedrichs ist so kurz, daß sie in vollem Wortlaut gegeben werden kann. »Monsieur, da Ihr Regiment in vollem Zerfall war, hielt ich es für nötig, die Mannszucht in ihm wieder herzustellen; ich habe mich Ihnen gegenüber für meine Handlungen nicht zu verantworten. Wo ich Veränderungen anordnete, waren sie notwendig. Sie haben allen Grund, manches in Ihrem Benehmen zu ändern, aber darüber werde ich mich zu anderer Zeit auslassen. Mehr habe ich im Augenblick nicht zu sagen.« Der nächste Brief, einige Wochen später geschrieben, ist beinahe ebenso scharf. »Nach Deinen jüngsten Seitensprüngen wäre es unklug von mir, Dich nicht im Auge zu behalten; ich sage Dir ganz offen, daß ich Dich nicht Dir selbst überlassen kann, ehe sich Dein Charakter gefestigt hat. Steht es Dir zu, Dich über Dein Regiment zu beklagen? Siehst Du nicht, daß ich ihm eine Menge Landeskinder zuweise und daß es in der Zucht der Garnison ebenso gut werden wird wie ein altes Regiment? Wenn Du den Dienst liebst, dann wirst Du es als eine Ehrensache ansehen, das Regiment auf volle Leistungshöhe zu bringen; aber wie mir scheint, benutzt Du den Namen eines Offiziers nur dazu, um Deine eigenen kleinen Pläne zu fördern. Was das Haus angeht, das ich in Berlin für Dich bauen lasse, so ist es noch nicht fertig, und es wird erst dann Dein Eigentum werden, wenn Du einen vernünftigen Gebrauch davon zu machen verstehst. Ich fürchte, mein Brief wird Dich verärgern, aber ich ziehe die Offenheit der Heuchelei vor. Ich liebe Dich darum nicht weniger, aber solche Auftritte dürfen nicht wieder vorkommen. Wenn Du mein Vertrauen haben willst, dann muß ich mich darauf verlassen können, daß Du Dich richtig benimmst.« Da Heinrich empfindlich und eitel war und den Versuchungen, mit denen junge Fürstlichkeiten umgeben sind, nachgegeben hatte, mußten solche Ermahnungen Narben hinterlassen.

Als sich, nach einer langen Unterbrechung im Briefwechsel, im Jahre 1752 der Vorhang wieder hebt, steht Heinrich, jetzt im Alter von 26 Jahren, im Begriff, eine hessische Prinzessin mit großer Mitgift zu heiraten. Der König, der die Wahl getroffen hatte, war unangenehm überrascht, als Heinrich den Vorschlag machte, mit einem Teil des Segens seine Schulden zu bezahlen. »Ich bildete mir ein, daß sie erst kürzlich alle bezahlt seien und daß deshalb alles erledigt sei. Meine aufrichtige Freundschaft für Dich läßt es mir zweckmäßig erscheinen, Dir den Rat zu geben, daß Du die Summe nicht angreifst und lieber versuchst, mit Deinen Mitteln auszukommen; wenn Du einmal anfängst, dieses Geld anzugreifen, dann wird es bald ausgegeben sein. Du solltest es anlegen und neue Schulden vermeiden, was bei Deinem Einkommen durchaus möglich ist.« Der Brief war diktiert, aber der König fügte eine kleine eigenhändige Nachschrift hinzu. »Du wirst bald im Armenhaus sein, mein lieber Bruder, wenn Du fortfährst, Dein Kapital auszugeben und Schulden zu machen. Nach Bezahlung Deiner laufenden Ausgaben müßtest Du 27000 Taler haben, die Dir für außergewöhnliche Unkosten zur Verfügung stehen.« Friedrichs Hand ruhte nie sehr leicht auf seinen Untertanen, und mit fortschreitendem Alter wurde er immer strenger. Aber auch der Prinz hatte seine Fehler. Er beklagte sich, daß der König niemanden liebe, aber seine eigene Anhänglichkeit war noch geringer entwickelt.

Obwohl Heinrich nicht im geringsten an Heiraten dachte und obwohl im achtzehnten Jahrhundert überhaupt nur geringe Möglichkeiten für eine Liebesheirat bestanden, war die Prinzessin Wilhelmine von Hessen-Kassel eine Frau, der man zutrauen konnte, das Herz eines Gatten zu gewinnen und zu fesseln. Heinrich fügte sich widerwillig in die Wahl seines Bruders, genau wie dieser die Wahl seines Vaters hatte hinnehmen müssen, einmal, weil jeder Widerstand gegen den königlichen Willen in einem solchen Fall undenkbar war, dann aber auch, weil diese Wahl ihm die größere Unabhängigkeit verschaffte, nach der er sich sehnte, indem sie ihn zum Eigentümer eines Wohnsitzes machte. Seine Frau liebte er nie und schätzte sie offenbar nicht einmal so sehr, wie sein älterer Bruder seine viel weniger anziehende Braunschweigerin während der ersten Rheinsberger Jahre geschätzt hatte. Dennoch beschrieb der König sie gegenüber Wilhelmine als die anziehendste Person in der Welt, und August Wilhelm schüttete sein Herz in Briefen an seine Schwägerin aus, nachdem ihm der König seinen Oberbefehl im Jahr 1757 abgenommen hatte. Die meisten Zeitgenossen, auch die Königin-Mutter, schätzten das hübsche und kultivierte Mädchen hoch. Die ersten Jahre der Ehe waren nicht unglücklich, aber ihre Kinderlosigkeit und die lange Trennung während des Siebenjährigen Krieges ließen jedes noch bei Heinrich vorhandene Gefühl schwinden. Von ihrem Kummer berichtet ihr Tagebuch aus den Jahren 1756 bis 1762, das 1908 veröffentlicht wurde*. Sie war verletzt durch seine Kälte während eines kurzen Besuches in Berlin nach zweijähriger Abwesenheit, und ein endgültiger Bruch trat im Jahre 1761 ein, als sie sich wegen finanzieller Schwierigkeiten an ihn wenden mußte. »Ich habe eine höchst unfreundliche und unangenehme Antwort vom Prinzen bekommen«, schrieb sie in ihr Tagebuch. »Ich bin tief betroffen und versuche, meinen Kummer zu verbergen, damit ich für andere nicht unerträglich werde. Die ganze Nacht verbrachte ich mit den trübsten Gedanken über mein Schicksal. Mein Gewissen ist rein, aber ich bin verletzt durch das Benehmen des Prinzen gegen mich, um so mehr, als ich ihn zu meinem Unglück so aufrichtig liebe.« Dennoch lag die Schuld nicht nur bei ihm. »Wir sind in der Familie alle einig«, berichtete die gutherzige Königin ihrem Bruder im Jahre 1759; »nur die Prinzessin Heinrich kann mit niemandem auskommen und ist immer grundlos unzufrieden. Ihr Stolz ist unerträglich. Nach dem Tode der Königin begann sie sich aufzuspielen, und nach dem Tode des Prinzen von Preußen hat sich das verstärkt. Anstatt sich Freunde zu gewinnen, macht sie sich Feinde. Ich glaube nicht, daß Prinz Heinrich das billigt, und ich hoffe in ihren Gunsten, daß sie sich ändert; sie würde sonst Schwierigkeiten haben, sie, die so glücklich sein könnte, denn wir haben alle guten Willen gegen sie bewiesen, während sie mir nichts dergleichen gezeigt hat.«

Wie seine anderen Brüder, so war auch Heinrich nicht mit der Politik des Königs im Entscheidungsjahr 1756 einverstanden; er glaubte, daß dem König diese Politik von Winterfeldt aufgeschwatzt worden sei, aber da er so wenig Kenntnis von den Vorgängen hinter der Bühne hatte, fehlte es seinem Urteil an Gewicht. Seine Vorliebe für französische Sprache und Literatur, die von allen französischen Gesandten nacheinander bemerkt und nach Hause gemeldet wurde, erweiterte sich zu der Überzeugung, daß Frankreich der natürliche Verbündete Preußens sei. Er war der Ansicht daß das Bündnis von 1744, welches kurz vor seinem Ablauf stand, erneuert werden könne und solle, und daher sah er in der Konvention von Westminster die unnötige Provokation eines loyalen Freundes. Daß der Hof von Versailles sich stetig auf die »Umkehrung der Allianzen« hinbewegte und daß der König sich mit der Hoffnung trug, ein russisches Zusammengehen mit Österreich und Frankreich durch die freundliche Haltung Englands verhindern zu können, war ihm wohl bekannt; aber diese Tatsachen konnten seine Einstellung nicht ändern. Sein Rat, von Frankreich eine Garantie für die Aufrechterhaltung des Friedens anzustreben, war

---

* *Aus der Zeit des Siebenjährigen Krieges: Tagebuchblätter und Briefe der Prinzessin Heinrich und des Königlichen Hauses.*

utopisch, und seine Überzeugung, daß der Einmarsch in Sachsen dem Verlangen nach persönlichem Ruhm entspringe, war völlig ungerechtfertigt. Die Brüder des Königs wurden nie um ihren Rat gefragt, und sie lehnten sich innerlich gegen den Einfluß Winterfeldts auf, des einzigen Soldaten, dem ein Wort in der hohen Politik gestattet wurde.

Nachdem der König den entscheidenden Schritt getan hatte, ließ ihn ein in vorsichtigen Worten abgefaßter Brief wissen, daß Heinrich der Aufforderung, sich in Potsdam einzufinden, Folge leisten werde. »Ich glaube an Deine Voraussicht, und meine Erfahrung sagt mir, daß Du für alle Möglichkeiten gerüstet bist. Vergib mir diese Überlegung, *mon très cher frère*. Ich maße mir nicht an, Deine Pläne zu durchschauen, aber ich wage Dir zu versichern, daß, mögen Deine Pläne sein was sie wollen, niemand ein solch großes Interesse an ihrem Erfolg hat wie ich.« Der Briefschreiber war jetzt dreißig Jahre alt, und der Ausbruch des Siebenjährigen Krieges gab ihm seine große Chance. Er wurde zum Generalleutnant ernannt, und seine militärischen Fähigkeiten offenbarten sich alsbald. »Heinrich hat Wundertaten vollbracht«, schrieb der König an Lord-Marschall Keith nach der Schlacht von Prag im Mai 1757, dem ersten Sieg über die Österreicher, in dem der Prinz hervorragende Tapferkeit zeigte. »Ich zittere für meine würdigen Brüder; sie sind zu tapfer.« »Mein Bruder Heinrich«, lautete der Bericht an Wilhelmine, »hat sich hohes Lob gewonnen. Als Soldat verhielt er sich wie ein Engel, und auch als Bruder war er hervorragend.« In den trüben Tagen nach Kolin – Heinrich nahm an dieser Schlacht nicht teil – gab Friedrich seiner Dankbarkeit und seinem Vertrauen in einem längeren Gedicht Ausdruck.

> »Bruder, hör: Der Blick der Jugend
> Hängt an Deiner Hochgestalt.
> Künftig tätger Mannestugend
> Hehres Vorbild, Zier und Halt;
> Hilf dem Staat in unsrem Streite,
> Eh' sein Ruhmesglanz erblindet,
> Eh' er ganz in Nacht verschwindet,
> Bruder, stehe uns zur Seite!«

Obwohl der König die militärischen Fähigkeiten Heinrichs bewunderte, lehnte er seine politischen Ratschläge ab, und sein Vorschlag, sich Frankreich in die Arme zu werfen, wurde verachtungsvoll beiseite geschoben. Heinrich war ein ebenso entschiedener preußischer Patriot wie Friedrich, aber dessen stählerne Nerven fehlten ihm. Obwohl Mitchell, der britische Gesandte, ihn als »seinem Herzen nach ein völliger Franzose« beschrieb, war der erfahrene Diplomat selbst davon überzeugt, daß Preußen nur mit französischer Hilfe gerettet werden könne, das heißt auf Kosten von Gebietsabtretungen, die der König auch nur in Betracht zu ziehen sich weigerte.

Die Briefe des Königs wurden jetzt lang und herzlich; Heinrich wird endlich als vertrauter Mitarbeiter behandelt. ›*Mon cher cœur*‹, schrieb Friedrich am 5. Dezember 1757, am Abend seines Sieges von Leuthen, »heute, genau einen Monat nach Deinem Ehrentage (von Roßbach, wo Heinrich am Arm verwundet wurde), hatte ich das Vergnügen, die Österreicher in ähnlicher Weise zu schlagen. Morgen marschiere ich auf Breslau. *Adieu, mon cœur; je vous embrasse.*« Solcher Worte hatte er sich noch nie bedient, und seine Überschwenglichkeit geht zum Teil auf seine Erregung über den Sieg zurück. »*Mon très cher frère*«, antwortete Heinrich, »Du hast unsere stolzesten Feinde besiegt, Du kannst Dir meine unermeßliche Freude vorstellen. Die Ehre unserer Truppen, die Wohlfahrt des Staates, Dein Ruhm, das liegt mir am meisten am Herzen.« Obwohl er so endlich die ihm gebührende Stellung einnahm, nagten bittere Erinnerungen an seinem Herzen. »Ich habe einigen Verdacht gehabt«, berichtete Sir Andrew Mitchell am 19. Dezember 1757 nach London, »daß Prinz Heinrich den Weg zu Verhandlungen mit Frankreich ohne Wissen des Königs vorbereitet. Er ist sehr eitel und haßt seinen Bruder, auf dessen Größe er eifersüchtig ist; dabei hat er Fähigkeiten, aber mehr Verschlagenheit als wirkliche Kenntnisse, und ist französisch gesinnt bis ins Mark. Ich komme gut mit ihm aus, aber ich beobachte ihn sorgfältig; ich kenne die Richtung seines Denkens; Ehrgeiz ist sein erster Grundsatz. Er bildete sich ein (da er die Gesamtlage für verzweifelt ansah), daß er die Möglichkeit, Frieden zu schließen, haben müsse.« Tatsächlich hatte Heinrich den Grafen Mailly, einen bei Roßbach in Gefangenschaft geratenen französischen Offizier, mit Friedensfühlern abgesandt; aber Friedrich bemühte sich ebenso eifrig um eine Herauslösung Frankreichs aus dem gegnerischen Bündnis, wenn er auch einen Erfolg dieser Bemühungen weniger optimistisch beurteilte. Im Jahre 1758 erhielt Heinrich den Oberbefehl über die Armee in Sachsen und wurde zum General der Infanterie befördert, aber er betrachtete seinen wachsenden Einfluß als sein gutes Recht. Daß August Wilhelm, dem er in großer Anhänglichkeit nahe stand, in Ungnade fiel, erregte seine leidenschaftliche Erbitterung; er vergaß dem König nie sein Vorgehen, weil er glaubte, daß es ungerecht sei. Seine neue Stellung als zweiter Mann im Staate wurde öffentlich dadurch anerkannt, daß er zum Erzieher seines Neffen Friedrich Wilhelm, des fünfzehnjährigen Thronfolgers, ernannt wurde, und während des weiteren Verlaufs des Krieges betrachtete der König ihn als denjenigen, der, wenn er im Kampf fiele, das Steuer zu ergreifen habe; er gehörte aber zu jener unglücklichen Menschenart, die nie völlig zufrieden sein kann.

Friedrich war sich der Gegnerschaft Heinrichs teilweise bewußt, und beim Tode August Wilhelms im Juni 1758 machte er den Versuch, sich Klarheit zu verschaffen. »Ich habe aus Berlin eine traurige und mir völlig unerwartete Nachricht erhalten – die vom Tode meines Bruders. Ich bin um so tiefer beeindruckt, als ich ihn zärtlich liebte, und ich führte allen Ärger, den er mir verursachte, auf schlechten Rat und sein cholerisches Temperament zurück, das er nicht immer in der Gewalt hatte. Im Gedanken an seine Herzensgüte und seine anderen Vorzüge ließ ich ihm vieles in seinem Lebenswandel mit Gleichmut hingehen, was höchst regellos war. Ich kenne Deine Liebe für ihn. Ich hoffe, daß Du nach dem ersten Schmerz alles tun wirst, was eine starke Seele tun kann, nicht um einen Bruder, der immer einen Platz in unserem Herzen haben wird, zu vergessen, sondern um das Übermaß an Kummer zu mäßigen, das Dir verhängnisvoll werden könnte. Denke bitte daran, daß ich in weniger als einem Jahr eine Mutter verloren habe, die ich anbetete, und einen Bruder, den ich zärtlich liebte. Bereite mir angesichts meiner kritischen Lage keinen neuen Gram, indem Du Dich dem Kummer überläßt. Benutze Deine Vernunft und Deine Philosophie als die einzigen Mittel, durch die Leiden erträglich werden, für die es keine Heilung gibt. Denke an den Staat und an unser Land, die vielleicht noch dem größten Unglück ausgesetzt werden. Denke auch daran, daß die Menschen sterblich sind, daß auch unsere zärtlichsten Bande vom gemeinsamen Schicksal unserer Gattung nicht ausgenommen sind, daß in jedem Fall unser Leben zu kurz ist, um uns Zeit zum Trauern zu lassen, und daß wir, wenn wir um andere weinen, wissen, daß bald andere um uns weinen werden. Ich kann nicht mehr über den traurigen Anlaß dieses Briefes sagen. Ich mache mir Sorge Deinetwegen. Ich wünsche Dir ein langes Leben und gute Gesundheit, und ich hoffe, daß die Vielzahl Deiner Beschäftigungen und der Ruhm, den Du gewinnst, Dir eine Ablenkung von Dingen verschaffen, die Dir nur das Herz brechen und Dich niederwerfen können.«

Heinrichs Antwort zeigt, wie tief seine Erschütterung war. »Meine Gefühle sind stärker als meine Vernunft. Der Anblick eines zärtlich geliebten Bruders, seiner letzten Tage, seines Todes, ist mir beständig vor Augen. Obwohl das Leben schon voller Schicksalsschläge ist und mir meinen Anteil an ihnen gegeben hat, bedeutet dies den schwersten Schlag für mich.« Einsiedler, fügte er hinzu, seien glücklicher als Fürsten, und sein einziger Trost werde die Erfüllung der ihm anvertrauten Pflichten sein. Friedrichs Entgegnung war ein neuer Appell sich zusammenzunehmen. »Du hast einen Bruder verloren, aber es gibt noch eine Familie, die Dich liebt, und für sie mußt Du Dich erhalten. Ich mache mir große Sorgen um Dich, und ich fürchte, daß dieser Kummer Deine schwache Gesundheit untergraben kann.« Solche Ermahnungen schadeten mehr, als daß sie nutzten, und als Heinrich über das Testament seines Bruders schreiben mußte, erwähnte er zum erstenmal die Angelegenheit, die ihn dauernd verfolgte. »Ich bin tief bekümmert wegen des Mißverständnisses, das zwischen Dir und meinem Bruder bestand, aber Achtung und Trauer legen mir Schweigen über diesen Gegenstand auf. Ich muß weiterleiden, während mein Bruder vor allem Unglück in Sicherheit ist. Wenn er noch am Leben wäre, dann würde ich mit Freuden meine Tage verkürzen, um Dein

Mißfallen auszulöschen. Aber das ist nicht mehr möglich, und ich will meinen Kummer mit Geduld tragen.« Friedrich antwortete kurz, daß sie gerade genug Feinde hätten, um sich auch noch Familiengezänk zu leisten. »Ich hoffe, Du wirst mir Gerechtigkeit widerfahren lassen und mich nicht als einen entarteten Bruder und Verwandten betrachten. Die Aufgabe des Augenblicks ist es, den Staat zu erhalten und alle unsere Hilfsmittel dafür einzusetzen, daß wir uns gegen unsere Feinde verteidigen.«

Kurz vor dem großen Zusammenstoß mit den Russen, welcher während des ganzen Sommers 1758 gedroht hatte, schrieb Friedrich am 10. August einen Brief, in dem er Heinrichs Stellung im Staate so vorbehaltlos anerkannte, wie es ein junger Prinz nur wünschen konnte. »Behalte, was dieser Brief enthält, als ein unbedingtes Geheimnis für Dich. Morgen marschiere ich gegen die Russen. Da der Krieg viele Zufälle kennt und ich leicht getötet werden kann, sehe ich es als meine Pflicht an, Dir meine Maßnahmen zu erklären, um so mehr als Du als Erzieher meines Neffen unbeschränkte Autorität hast. Wenn ich falle, müssen ihm sofort alle Armeen die Treue schwören, und der Feind darf im Oberbefehl keine Veränderung erkennen.« Dann legte er den Feldzugsplan gegen die Russen und Schweden dar. »Was das Geldliche angeht, so muß ich Dir mitteilen, daß unsere gegenwärtigen und zukünftigen Schwierigkeiten mich gezwungen haben, englische Hilfsgelder anzunehmen, deren Auszahlung erst im Oktober erfolgen wird. In der Politik ist es sicher, daß bei einem guten Ausgang dieses Feldzuges der durch den Krieg erschöpfte Feind als erster Frieden wünschen wird, wahrscheinlich schon während des kommenden Winters. Mehr kann ich Dir nicht sagen: was die Einzelheiten angeht, so mußt Du Dich sofort mit der ganzen Lage vertraut machen. Wenn sofort nach meinem Tode ein übertriebenes Friedensstreben zur Schau gestellt wird, dann ist das der sicherste Weg, einen schlechten Frieden zu bekommen und Befehle von denen entgegenzunehmen, die wir geschlagen haben.«

Das Treffen fand am 25. August bei Zorndorf statt, und am gleichen Abend berichtete der Sieger kurz von seinem Erfolg, noch ehe er die Verluste auf beiden Seiten kannte. »Adieu, lieber Bruder«, schloß er, »ich bin erschöpft; ich umarme Dich von ganzem Herzen.« Wenige Tage später fügte er hinzu, daß die Vorteile des Sieges viel größer seien, als er gedacht habe. »Du mußt ein Tedeum in Deiner Armee singen lassen.« Die Russen hatten seinen 37000 Mann in Stärke von 80000 gegenübergestanden und 26000 Gefallene auf dem Schlachtfeld gelassen. »In wenigen Tagen wird es keine Russen mehr im Lande geben. Von allen unseren Feinden verstehen die Österreicher das meiste vom Kriege, die Russen sind die wildesten Kämpfer, die Franzosen die leichtesten Gegner. Du kannst Dir all die Greuel, die diese Teufel begehen, nicht vorstellen; mir stehen die Haare zu Berge. Sie metzeln Frauen und Kinder nieder, verstümmeln die Gefangenen, sengen und

brennen. Wenn ich nicht so große Geländeschwierigkeiten gehabt
hätte, hätte ich schnell diesem Elend ein Ende machen können; aber
ich habe Gründe, die mich zurückhalten, und bilde mir ein, daß die Zeit
unserer Unglücksschläge ihrem Ende entgegengeht.«

Einem Zusammentreffen der Brüder folgte ein kurzer Brief vom
König, dessen Herzlichkeit ungewohnt war. »Tausend Dank für einen
erfreulichen Tag. Wenn ich den Augenblick ausnehme, in dem ich
meine Schwester Amalie sah, so hat mir im Laufe der sechs Monate
nichts so großes Vergnügen bereitet.« Diese kleine Entspannung war
eine Art Entschädigung für den Doppelschlag des Herbstes 1758, die
Niederlage von Hochkirch und den Tod Wilhelmines. Wenn Heinrich
auf seinen älteren Bruder eifersüchtig war, so ließ es Friedrich nie an
Lob fehlen, wo es gebührte. »Meine Glückwünsche zu Deinen Erfolgen«, schrieb er im Mai 1759. »Europa wird Dich nicht nur als einen
liebenswürdigen Fürsten, sondern auch als einen Meister des Krieges
kennenlernen. Trotz aller meiner Sorgen macht mir das aufrichtig
Freude, und es ist auch zum Vorteil der armen Waisen (der Söhne
August Wilhelms), die mir anvertraut sind. Fahre so fort, mein lieber
Bruder, wie Du begonnen hast. Du kannst die Achtung und Freundschaft, die ich für Dich empfinde, nur vergrößern. Wäre ich auch nur
ein einfacher Bürger, so würde ich Dir meine Dankbarkeit für Deine
hervorragenden Verdienste um das Vaterland ausdrücken.«

Der erste Brief Friedrichs, der Heinrich die Katastrophe von
Kunersdorf im August 1759 mitteilt, ist verloren, aber der zweite offenbart seine verzweifelte Lage. »Als ich Dir von unserem Unglück berichtete, schien alles am Ende. Die Gefahr ist noch groß, aber Du weißt,
daß ich die Fahne hochhalten werde, solange ich lebe. Eine Dose in
meiner Tasche rettete mir das Bein. Wir sind nur noch in Lumpen gekleidet. Kaum einer kam ohne zwei oder drei Kugeln in seinen Kleidern oder seinem Hut davon. Stelle Dir alle meine Leiden in dieser
grausamen Krise vor, und Du wirst einsehen, daß sie die Qualen der
Verdammten übersteigen.« Die Briefe Heinrichs während des Herbstes 1759 bleiben ehrerbietig und zurückhaltend; aber sein Herz war
voll Zorn, und die entehrende Kapitulation eines preußischen Korps
bei Maxen, die er auf Friedrichs übereilte Strategie zurückführte, legte
ihm den Gedanken nahe, unter Hinweis auf seine angegriffene
Gesundheit seinen Oberbefehl niederzulegen, wenn sich der König
nicht zum Frieden mit dem einen oder anderen seiner Feinde bequemte. Eine Randbemerkung auf einem Brief vom Dezember 1759
zeigt, daß er den soldatischen und staatsmännischen Fähigkeiten seines Bruders so kritisch wie immer gegenüberstand. »Ich setze große
Zweifel in die Wahrheit dieser Nachricht. Seine Nachrichten sind immer so widerspruchsvoll und ungewiß wie sein Charakter. Er hat uns
in diesen fürchterlichen Krieg gestürzt, aus dem uns nur die Tapferkeit
unserer Generale und Soldaten heraushelfen kann. Seit er sich meiner
Armee anschloß, hat es nur Unordnung und Unglück gegeben. Alle

meine Anstrengungen in diesem Feldzug, das Glück, das mir zur Seite stand – er hat alles ruiniert.« »Was den Staat angeht«, klagte er seinem Bruder Ferdinand am 20. Dezember, »so ist das ein Wort, das man verwendet, wenn man die Öffentlichkeit belustigen will.« Die Entschlossenheit des Königs, den verzweifelten Kampf fortzuführen, schob er auf Halsstarrigkeit und Kriegslust.

Zu Beginn des Jahres 1760 erhielt Heinrich eine wohlverdiente Beförderung. »Ich freue mich, daß er den Befehl über eine eigene und unabhängig operierende Armee an der russischen Front bekommen soll; er ist einer solchen Aufgabe in jeder Beziehung gewachsen«, schrieb der britische Gesandte. »Aber ich gebe auch zu, daß ich die beiden Brüder niemals bei derselben Armee sehen möchte. Mein Grund ist der, daß es am gleichen Himmel nicht zwei Sonnen geben kann.« Die wiederholten Aufforderungen des Königs zum Handeln erregten den vorsichtigen Prinzen, der sich für einen weit besseren Strategen hielt, und die Beziehungen der Brüder waren beinahe bis zum Zerreißen gespannt. Heinrich hatte weder Anteil an dem Siege von Liegnitz im August noch an dem blutigen Treffen von Torgau im November, die beide den Frieden nicht näher brachten. In der Überzeugung, daß eine vorsichtige Defensive für den schwächeren Teil die einzig mögliche Strategie sei, betrachtete er des Königs Art, mit hohen Einsätzen zu spielen, voller Verachtung. Die Briefe an seinen Bruder Ferdinand sind angefüllt mit Klagen über Friedrichs Strategie und sein Verhalten ihm gegenüber. Als sich der Krieg in die Länge zog, verengerte sich die Kluft zwischen den beiden Befehlshabern wieder, denn der König sah ein, wie gefährlich der Angriff mit seinen zusammengeschmolzenen und schlecht ausgebildeten Truppen war. Daß das Jahr 1761 ohne neue Katastrophen vorüberging, war nicht zum geringsten die Folge von Heinrichs Geschicklichkeit und Vorsicht. Er übertreffe sich selbst, schrieb Friedrich an Amalie. »Ich darf sagen, daß ich ihn wirklich liebe und ihm für sein Verständnis dankbar bin. Ich stütze mich auf ihn. Er ist klug und fähig, und das sind in diesen Zeiten zwei kostbare Eigenschaften.«

Als das Jahr 1762 begann, zeigte sich noch kein Stück Blau am Himmel, und Heinrich bat um Eröffnung der Pläne für den nächsten Feldzug. Komme keine Hilfe, war Friedrichs Antwort, so sehe er keine Rettung. »Da Du indessen wissen möchtest, was ich in einer solch aussichtslosen Lage für das beste Vorgehen halte, so laß Dir gesagt sein, daß es darin besteht, alle unsere Kräfte zusammenzufassen und mit ganzer Wucht gegen den Feind zu werfen. Das reicht nicht aus, und ich höre Deine Kritik schon im voraus. Aber leg Dir einmal die Frage vor: welcher Unterschied besteht zwischen dem Sterben *en masse* und *en détail*? Abgesehen davon, wenn wir mit geballter Kraft eine der drei Armeen vernichten könnten, wären wir eher in der Lage, mit den zwei andern fertig zu werden und unsere Kräfte zu teilen. Laß Dir meinen Plan durch den Kopf gehen. Dies ist der einzige Weg, den ich zu erkennen vermag, und er ist nur für Deine Ohren.« Diesmal nahm Heinrich seinen Mut zusammen und bekannte frei, was er von diesem Plan hielt. »Das scheint mir ein Rat der Verzweiflung zu sein. Wenn Du alle Deine Kräfte zusammenballst, kannst Du den Krieg nicht überleben. Der Feind wird die nichtverteidigten Provinzen besetzen und die Magazine aufteilen. Wenn wir, selbst vorausgesetzt wir hätten einige Erfolge, in diese oder jene Provinz zurückkehrten, so würde doch das Elend des ganzen Landes jede Hilfe unmöglich machen, die Magazine wären verloren, und wir müßten uns wieder zurückziehen. Außerdem hat uns die Erfahrung gelehrt, daß ein Feind nicht mit einem Schlag vernichtet ist. Und die Armee, die wir für den Angriff ausgewählt haben, wird sich in eine der unangreifbaren Stellungen zurückziehen, deren es so viele auf dem Kriegsschauplatz gibt. Ich sehe durchaus die Schwierigkeiten, die entstehen, wenn man allen Feinden Armeen gegenüberstellt, aber wenn wir schon untergehen sollen, dann müssen wir den langsamsten Tod wählen; wenn es lange dauert, dann besteht immer die Möglichkeit, daß irgendwo etwas Unerwartetes auftaucht. Ich glaube ganz fest, daß wir uns unsere Feinde eher vom Leibe halten können, indem wir ihnen einigen Widerstand leisten, als indem wir ihnen die Freiheit des Handelns überlassen.« Friedrich antwortete kurz, aber zeigte keine Spur von Verärgerung. »Ich habe ein heftiges Fieber zu behandeln; im äußersten Fall verschreibe ich ein Brechmittel, Du verschreibst Linderungsmittel. Aber wir sind noch nicht beim äußersten Fall angelangt.« Als dieser sorgenvolle Briefwechsel stattfand, war die Zarin schon tot, obwohl die Nachricht erst vierzehn Tage später nach Breslau gelangte, wo Friedrich den Winter verbrachte. Ganz plötzlich war die Gesamtlage völlig umgewandelt, und der gejagte Herrscher konnte wieder lächeln. »Ich sende Dir die gute Nachricht, daß Tschernitschew mit seinen Russen nach Polen zurückgeht. Im Augenblick brauchen wir von den Herren Russen nichts mehr zu befürchten. Jetzt ist, Gott sei Dank, unsere Flanke frei. Es können also alle Korps, die Berlin decken, an anderer Stelle verwandt werden, wenn Du sie brauchen kannst. Dieses große Ereignis wird auch die Schweden aus dem Kriege lösen und so werden alle Truppen in Pommern und Mecklenburg zu meiner Verfügung stehen. Wir wollen den Himmel für dieses Ereignis segnen, das uns noch bessere Ergebnisse verspricht.«

In diesem Augenblick, in dem wider alles Erwarten Preußen vom Rande des Abgrundes gerettet wurde, offenbarte Heinrich die krankhafte Gereiztheit, die ihm sein Leben lang Schlaflosigkeit verursachte. Instruktionen, die eine Kritik an seinen militärischen Dispositionen zu enthalten schienen, verärgerten ihn so sehr, daß er am 26. März an den Kabinettssekretär des Königs, den guten alten Eichel, wie sein Herr ihn nannte, schrieb und ihm mitteilte, er werde sich gezwungen sehen, seine Stellung zur Verfügung zu stellen. »Meine untergrabene Gesundheit, meine Sorgen, die Strapazen des Krieges, lassen mir die

Aufgabe, die der König mir anvertraut hat, als eine Last erscheinen. Wenn ich ihn hiervon eines Tages in Kenntnis setze, so erwarte ich von Ihnen, daß Sie mir die ehrenvolle Behandlung verschaffen, die man in anderen Staaten denen angedeihen läßt, die Dienste geleistet haben. Ich schätze diese Dienste nicht hoch ein, aber es würde dem Ansehen des Königs mehr schaden als mir, wenn er mich nach meinem Ausscheiden schlecht behandelte.« Vier Tage später enthüllte ein kurzer Brief an Friedrich die Bitterkeit, die seine Seele erfüllte. »Deine vorhergehenden Briefe, über die ich schweigen will, und dieser letzte Mangel an Anhänglichkeit lassen mich deutlich erkennen, was ich während dieser sechs Kriegsjahre geopfert habe.« Des Königs Antwort war ebenso kurz. »Sparen Sie sich Ihren Zorn, Monseigneur. Da Sie Nachsicht predigen, so bewahren Sie sich ein wenig davon für diejenigen, die keine Absicht haben, Sie zu kränken oder Ihnen die Achtung zu versagen, und geruhen Sie, mit größerem Wohlwollen die untertänigen Vorstellungen zu empfangen, die zu machen mich die Umstände manchmal zwingen.«

Ein weiterer Brief Heinrichs vom 11. April gab dem König Anlaß, seine Autorität zu gebrauchen. »Die einzige Antwort, die Du erwarten kannst, ist die, daß ich niemals Deinem Plan zustimmen werde, von dem Dich Deine Ehre, Dein Ansehen und Deine Pflicht gegenüber dem Staat abhalten sollten, und dies um so mehr, als die gegenwärtige Lage es nicht duldet, daß Du die Deiner Sorge anvertraute Armee verläßt. Ich werde also fortfahren, Dir meine Nachrichten zu übermitteln, aber andere Fragen nicht berühren.« Das war offen gesprochen, aber der aufgebrachte Prinz kehrte zu seiner Anklage zurück. »Ich bin zu empfindlich, als daß ich Deine Freundschaft ungerührt zu einer Zeit vergessen könnte, wo ich ihrer so sehr bedarf. Glaubst Du, man stellt den Befehl über eine Armee ohne guten Grund zur Verfügung? Könnte ich mir für den Rest meines Lebens etwas Besseres wünschen? Welche Laufbahn kann ich erwarten, welche Annehmlichkeiten, welches Glück? Keines. Die Mittelmäßigkeit wird mein Los sein. Es wird Dir überlassen bleiben, durch Deine Gunstbeweise mein Geschick zu mildern und daran zu denken, daß ich mein Bestes getan habe, sie zu verdienen. Das ist das wenige, das mir bleibt und die Quelle meines Ruhmes in den Augen der Welt darstellt.« Friedrich legte noch einmal in größerer Ausführlichkeit dar, weshalb er ihm seinen Wunsch nicht erfüllen konnte. »Dein Brief bekümmert mich. Niemand kennt meine Lage besser als Du selbst. In einem anderen Augenblick würde ich mich Deinen Wünschen nicht widersetzen, aber gegenwärtig, wo ich so große Schwierigkeiten habe, vergrößerst Du sie auch noch. Ich bitte Dich, Dir zu überlegen: wenn ich nach Deinem Wunsch handle und General Seydlitz den Befehl über Deine Armee übergebe, welche Einhelligkeit kann dann unter den Generalen herrschen, von denen einige dem Dienstalter nach älter sind als er, ganz abgesehen von anderen Schwierigkeiten. Ich kann außerdem nicht einsehen, wieso die

Strapazen des Feldzuges Deine Gesundheit so sehr geschwächt haben sollten, daß Du Deine Armee aufgeben willst, wenn ich bedenke, daß an Deiner Front die Lage ziemlich ruhig gewesen ist. Ich möchte eher annehmen, daß Deine Truppen eine Gelegenheit finden könnten, im kommenden Feldzug eine aktive Rolle zu spielen. Es sieht doch so aus, als ob Du eine bessere Gelegenheit haben wirst, Dich auszuzeichnen, als zu jedem früheren Zeitpunkt des Krieges.«

Die Ermordung des preußenfreundlichen Zaren setzte das Glücksrad in eine rückläufige Bewegung. »Du kannst Dir meine tödliche Verlegenheit vorstellen«, schrieb Friedrich, »in einem Augenblick, wo meine Operationen eine gute Wendung zu nehmen schienen.« Die Haltung Katharinas war undurchsichtig, aber einige Tage später konnte er mit besseren Nachrichten aufwarten. »Gott sei Dank, die Drohung ist beseitigt. Die Kaiserin gibt mir die Versicherung, daß der Wechsel auf den kürzlich abgeschlossenen Frieden ohne jeden Einfluß bleiben wird, und daß die Truppen den Befehl bekommen haben abzumarschieren. Du kannst mit der Aufrechterhaltung des Friedens und der Dauer guter Beziehungen zu diesem Hofe rechnen. Berlin wird nichts zu befürchten haben.« Eine Woche später teilte er mit, daß mit den Türken ein Vertrag unterzeichnet sei, der den Krieg nach Ungarn tragen müsse, was, wie er hoffe, einen starken Eindruck auf Wien machen werde. Heinrich werde sicher in der Lage sein, Dresden und vielleicht Prag einzunehmen. »Das wird uns den Frieden bringen, mein lieber Bruder, aber nicht vor dem Frühjahr.« Zu einer Intervention der Türken, mit der Heinrich immer gerechnet hatte, kam es nicht, aber im Oktober konnte er seinen Sieg über die Österreicher und Reichstruppen bei Freiberg in der letzten offenen Feldschlacht des Krieges melden. Selbst Maria Theresia war überzeugt, daß es keinen Sinn habe, den Kampf fortzusetzen, und am 24. November wurde ein Waffenstillstand unterzeichnet. Die freudigen Nachrichten veranlaßten den König zu Ausdrücken ungewöhnlicher Wärme. »Dein Brief, mein lieber Bruder, hat mich zwanzig Jahre jünger gemacht. Gestern noch war ich sechzig Jahre alt, heute bin ich vierzig. Ich segne den Himmel für die Erhaltung Deiner Gesundheit und für diese glücklichen Ereignisse. Du hattest ganz recht, dem Angriff zuvorzukommen, und durch Deine kluge Taktik hast Du alle Schwierigkeiten einer festen Stellung und eines kraftvollen Widerstandes überwunden. Dieser Dienst ist für den Staat von solcher Wichtigkeit, daß ich Dir meine Dankbarkeit nur ungenügend übermitteln kann und darauf hoffe, sie Dir persönlich ausdrücken zu können. Es ist mir die größte Genugtuung, daß Du nur so geringe Verluste hattest. Das nennt man die Dinge in einem großen Stil tun, und Deine Lorbeeren sind nicht durch unsere Tränen gefeuchtet.« Man nimmt an, daß dies der Zeitpunkt war, in welchem der König ihn als den General bezeichnete, der nie einen Fehler gemacht habe. Nach dem Besuch des Schlachtfeldes von Freiberg schenkte der dankbare König seinem Bruder mehrere Besitzungen im Fürstentum

Halberstadt. »Könnte ich meinen Gefühlen folgen«, antwortete Heinrich, »so würde ich sofort kommen und Dir selbst danken. Es ist ein höchst wertvolles Geschenk. Ich leugne nicht, daß meine schwierigen wirtschaftlichen Verhältnisse es mir höchst annehmenswert machen, aber meine größte Freude besteht darin, daß ich einen so sichtbaren Beweis Deiner Zufriedenheit erhalte.«

Zu Beginn des Jahres 1763 war, wie Friedrich vorausgesagt hatte, das Ende in Sicht. »Ende Februar oder Anfang März werden wir wieder dort stehen, wo wir 1756 standen. Adieu, mein lieber Bruder, und vergiß nicht Deinen alten Bruder, den der Krieg, die Politik und die Finanzen ins Grab bringen.« Als er das Niedergehen des Vorhangs meldete, fügte er hinzu: »Du kennst mich zu gut, um zu glauben, daß ich irgend etwas für unsere Nachkommen Nachteiliges unterschrieben habe. Ich glaube, wir haben den unter den gegenwärtigen Umständen günstigsten Frieden erzielt. Unsere Währung wird bis Juni wieder sicher dastehen, und ich werde alle Staatsschulden vor diesem Termin abtragen. Danach kann ich sterben, wann ich will. Ich habe eine Unzahl von Maßnahmen für die Wohlfahrt der Provinzen getroffen und hoffe, daß in zwei Jahren keine sichtbaren Spuren des Krieges mehr erkennbar sein werden. Ich bedaure nicht, daß der Frieden nicht anders ausgefallen ist. Es wäre natürlich ein Vorteil gewesen, wenn wir eine Provinz erworben hätten; da das aber vom Glück und nicht von mir abhing, macht es mir nicht den geringsten Kopfschmerz. Wenn ich die Schäden des Krieges wieder gutmache, werde ich einiges geleistet haben, und das ist die Grenze meines Ehrgeizes. Ich kann die Zukunft nicht voraussagen, aber ich nehme doch an, daß dieser Frieden die kurze Spanne meines Lebens dauern wird. Kaunitz und seine Herrin sind des Krieges müde. Soweit ich es beurteilen kann, glaube ich, daß sie zunächst einmal den Wunsch haben, mit uns auf gutem Fuße zu stehen. Immerhin dürfen wir die Fabel von der Katze und den Mäusen nicht vergessen; eine Katze bleibt bei allem, was sie tut, eine Katze.« Obwohl der König mit der Friedensregelung zufrieden war, betrachtete Heinrich die Wiederherstellung des gebietsmäßigen *status quo* als die Bestätigung seiner Meinung, daß der Krieg umsonst geführt worden war.

Nach Rückkehr des Friedens zog sich Heinrich auf sein ruhiges Rheinsberg zurück; die Strapazen und Sorgen des langen Kampfes hatten ihn erschöpft. Anläßlich einer großen Truppenparade, die im folgenden Jahr in Berlin stattfand, stellte der König vor der Öffentlichkeit seine militärische Laufbahn als Vorbild hin, aber Heinrich war sich klar darüber, daß seine Dienste nicht länger benötigt wurden. Friedrich ließ für ihn das stattliche Palais Unter den Linden erbauen, das später für die Berliner Universität verwandt wurde; hier verbrachte er, obwohl er die Hauptstadt nie liebte, gewöhnlich die Wintermonate. Man schenkte sich gegenseitig Obst, und der Prinz lieferte Material für Friedrichs Darstellung des Krieges. Friedrichs Testament, das im

Jahre 1769 formuliert wurde, sah für ihn als Legat Geld, Wein, Gläser, »den grünen Diamanten, den ich trage«, Pferde und einen Wagen vor. Der Briefwechsel ist einigermaßen freundlich, aber die Brüder sahen sich nur selten. Als gewisse polnische Kreise eine Kandidatur Heinrichs für den polnischen Thron nach dem Tode Augusts III. im Jahre 1763 anregten, wurde der Plan vom König mit der Begründung verworfen, daß er für Wien und St. Petersburg gleich unannehmbar sei.

Heinrich hatte kein glückliches Temperament, und seine kinderlose Ehe war gescheitert. Es scheint, daß er drei Jahre nach Kriegsende einmal an die Untreue seiner Gattin geglaubt hat, und man war in weiten Kreisen der Meinung, daß nur das Dazwischentreten des Königs eine Scheidung verhinderte. Die Prinzessin Heinrich besuchte Rheinsberg zum letzten Male im Jahre 1765. Seitdem bewohnte das Paar getrennte Flügel in Heinrichs großem Berliner Palais und traf sich nur gelegentlich bei Hoffunktionen, ohne miteinander ein Wort zu wechseln. Versöhnungsversuche, für die sich mehrere Glieder der königlichen Familie einsetzten, waren erfolglos; wie eines von ihnen bemerkte, war er »ein großer Prinz, aber er vergab nicht«. Ob für ihn überhaupt ein Anlaß zum Vergeben bestand, läßt sich nicht mit Sicherheit sagen, und zudem lag die Ursache des Zwistes in seiner offen gezeigten Gleichgültigkeit gegen seine Frau, die alle Eigenschaften hatte, geliebt zu werden. »Seit drei Jahren«, schrieb er im Jahre 1769, »habe ich völlig mit ihr gebrochen; es gibt niemanden, dem ich so sehr mißtraue. Sie wird nie eine Gelegenheit versäumen, mir ein Unrecht zuzufügen. Ihre vertrauten Freunde können nicht die meinen sein.«

Heinrichs Mitgefühl für des Königs leidenschaftliche Trauer beim Tode seines Lieblingsneffen Heinrich, des jüngeren Bruders des Thronerben im Jahre 1769, machte auf Friedrich tiefen Eindruck. »Ich danke Dir von ganzem Herzen. Diese Nachricht ist wie ein Blitz über mich gekommen. Ich liebte dieses Kind wie meinen eigenen Sohn. Es bedeutet einen großen Verlust für den Staat. Das ist das Leben – das Leid, unsere liebsten Angehörigen begraben zu müssen. Ich umarme Dich, mein lieber Bruder. Gebe der Himmel, daß er der letzte ist, für den ich diese traurige Pflicht zu erfüllen habe.« Die letzten Zeilen dieses Briefes tragen Spuren von Tränen, die der Schreiber vergossen hat. Der Tod des vielversprechenden Knaben war sein größter Kummer seit dem Verlust Wilhelmines. »Ich habe mich bemüht, in den Aufgaben, die Pflicht und Notwendigkeit von mir fordern, Ablenkung zu finden, aber es ist sehr schwer, diese tiefen Gefühle auszulöschen. Mein Kind hatte mein Herz durch viele gute Eigenschaften, denen kein einziger Fehler gegenüberstand, gewonnen. Ich freute mich an den Hoffnungen, die er erregte. Er verband die Weisheit eines fertigen Mannes mit dem Feuer der Jugend. Sein Herz war edel und voll Eifer. Er brauchte nicht angefeuert zu werden und lernte mit Leidenschaft. Seine Bildung war über dem Durchschnitt. Mit einem Wort, mein lieber Bruder, ich sah in ihm einen Prinzen, der den Ruhm unserer Familie aufrecht erhalten würde. Ich hatte eine Heirat geplant, die zur Sicherung der Nachfolge beitragen sollte. Wenn ich daran denke, daß dies Kind das beste Herz in der Welt hatte, daß ihm das Wohltun angeboren war, daß er an mir hing, dann kann ich meine Tränen nicht zurückhalten. Ich bin nie Vater gewesen, aber ich bin überzeugt, daß kein Vater seinen einzigen Sohn mehr beklagen kann als ich dieses liebenswerte Kind.« Weder vorher noch nachher öffnete der einsame Monarch sein Herz einem seiner Brüder mit dieser Aufrichtigkeit. Als der Kaiser Joseph Friedrich im Jahre 1769 in Neiße besuchte, fielen ihm nicht nur die Fähigkeiten des Prinzen Heinrich als Unterhalter, sondern auch sein Schweigen in Gegenwart des Königs als bemerkenswert auf.

Die wichtigste Lehre, die Friedrich aus dem Siebenjährigen Krieg mitnahm, war die, daß er sich mit Rußland gut stellen müsse, nicht allein, um eine neue Koalition zu verhindern, sondern auch, um ein Gegengewicht gegen die habsburgischen Ziele zu haben. Der gegenseitige Beistandspakt, der im Jahre 1764 abgeschlossen wurde, schien eher die Kaiserin zu begünstigen, die darauf aus war, sich auf Kosten der Türken auszudehnen und ihren alten Liebhaber Stanislaus Poniatowski auf den polnischen Thron zu setzen, als den König, dessen Bedarf an Krieg gedeckt war; aber es war schon eine kaum abschätzbare Erleichterung für ihn, an seiner Ostgrenze nichts befürchten zu müssen. »Im Augenblick, mein lieber Bruder«, schrieb er im Jahre 1769, »bin ich mit den Russen im besten Einvernehmen, und sie betrachten es als vorteilhafter, unser Geld zu nehmen als unsere Soldaten. Möge der Himmel sie in dieser glücklichen Stimmung bewahren, die uns den Krieg erspart. Sie vergrößern ihre Armee um 50000 Mann, die sie im Frieden und im Kriege bereitstehen haben wollen. Rußland ist eine gewaltige Macht, die in einem halben Jahrhundert ganz Europa erzittern lassen wird. Abkömmlinge der Hunnen und Gepiden, die das oströmische Reich vernichteten, werden sie bald die Hand nach dem Westen ausstrecken und den Österreichern Kummer bereiten, die durch ihre kurzsichtige Politik dieses barbarische Volk nach Deutschland riefen und sie die Kriegskunst lehrten. Aber der giftige Haß, den die Österreicher gegen uns fühlten, hat sie gegen die Folgen ihres eigenen Handelns blind gemacht, und ich kann ein Heilmittel nur in der langsamen Bildung einer Liga der großen Herrscher erkennen, die sich diesem gefährlichen Strom entgegenstellt.« Trotz seiner Verachtung für eine niedrigere Kultur lag es nicht in der Absicht des Königs, die russische Dampfwalze herauszufordern oder der Zarin Anlaß zur Klage zu geben. Einige russenfeindliche Polen hätten Heinrich gern als Nachfolger Augusts III. gesehen, und er selbst hätte gern eine Krone angenommen, aber die Frage wurde offiziell nie erörtert, weil an die Zustimmung Katharinas nie zu denken war. Als im Jahre 1767 Graf Guines aus Paris eintraf, um wieder diplomatische Beziehungen aufzunehmen und die Bande zwischen Berlin und St. Petersburg zu lockern, empfing Friedrich ihn kühl, und Heinrich schien der einzige Freund Frankreichs in einflußreicher Stellung zu sein. Der Prinz begrüßte den Abgesandten sehr herzlich, aber bedauerte, daß er ihn auf Befehl seines Bruders nicht öfter sehen könne. »Seine Neigung zu Frankreich«, berichtete der Diplomat, »läßt mich glauben, daß er der einzige Mensch ist, von dem man Informationen bekommen könnte, wenn er sprechen dürfte.« Heinrichs Ansichten zählten nicht, und als er den Vorschlag machte, Friedrich und Joseph sollten angesichts der Tatsache, daß Rußland vollauf mit Polen und der Türkei zu tun habe, wie Octavian und Antonius Deutschland zwischen sich aufteilen, antwortete der König, er sei für solche großen Unternehmungen zu alt.

So sehr Friedrich Rußland gegenüber Abneigung und Mißtrauen empfand, ebensosehr war er bereit, Rußlands Kraft für seine eigenen Zwecke einzuspannen. Er hatte immer schon ein Auge auf Westpreußen geworfen, obwohl er nicht die Absicht hatte, darum zu kämpfen, und sich wenig Hoffnungen auf eine baldige Erwerbung machte; aber er erstrebte eifrig eine Beendigung des türkisch-russischen Krieges, der im Jahre 1768 ausbrach und ihn nicht nur zur Zahlung »dieser verwünschten Subsidien« verpflichtete, sondern ihn auch dem tödlichen Risiko aussetzte, in einen österreichisch-russischen Konflikt verwickelt zu werden.

Im Sommer 1770 ersuchte Katharina Friedrich um die Erlaubnis für Prinz Heinrich, einen Besuch seiner Schwester, der Königin von Schweden, mit einem kurzen Besuch in St. Petersburg zu verbinden. Ihren Grund hatte diese Einladung in Katharinas Wunsch, zu erfahren, was sich zwischen Preußen und Österreich abspielte und welche Ratschläge Friedrich in Stockholm gab. »Anbei die Abschrift eines Briefes, den ich gerade von der russischen Kaiserin erhalten habe«, schrieb Friedrich im August. »Sie bittet mit solchem Eifer um Dich, daß ich glaube, Du kannst nicht ablehnen. Die Reise wird Dich wahrscheinlich wenig reizen, aber du mußt aus der Not eine Tugend machen. Wenn du Geld brauchst, so könnte ich Dir achttausend Taler in St. Petersburg zur Verfügung stellen. Du siehst ja ein, mein lieber Bruder, wie vorsichtig wir mit dieser Frau umgehen müssen. Wenn Du sie mit meiner Schwester in Schweden aussöhnen kannst, so wäre ich entzückt. Im allgemeinen wirst Du dich um alles zu kümmern haben, was unsere Interessen angeht. Du wirst eine große Zahl von Menschen treffen, deren wir bedürfen. Bitte überbringe der Kaiserin meine schmeichelhaftesten Komplimente und erzähle ihr, soviel Du kannst, von der allgemeinen Bewunderung, die sie erregt. Während Deiner Reise kannst Du Dir ja einen Vorrat von Lobsprüchen anlegen, die Du dann bei passender Gelegenheit anbringen kannst. Ich verlasse mich auf Deine Geschicklichkeit, günstige Gelegenheiten, wenn sie kommen, auszunutzen.« Er werde für die Strapazen der Reise durch den Anblick einer der größten Fürstinnen der Welt entschädigt werden.

»Du wirst vieles in St. Petersburg finden, was Deine Bewunderung verdient, aber was sind Schlösser und ein prunkvoller Hof im Vergleich zu einer Fürstin, die dieses Land mit so großem Ruhm regiert? Das ist das einzige Erlebnis, um das ich Dich beneide – die Bekanntschaft mit diesem kraftvollen Genie, das beinahe Peter den Großen übertrifft. Es würde die Kaiserin langweilen, wenn ich sie zu jedem Erfolg ihrer Waffen beglückwünschte, und indem ich also an ihren Siegen in Bessarabien, am Pruth und bei Bender Anteil nehme, bewundere ich mit Stillschweigen. Die jetzt regierende Kaiserin setzt den Schlußstein auf die Arbeit ihrer Vorgänger.« Andere Briefe beschrieben ihren Geist als dem Peters des Großen weit überlegen und sagten voraus, daß, wenn all ihre großartigen Pläne ausgeführt würden, Rußland bald die erste Nation der Welt sein werde. Solch duftende Blumensträuße sollten natürlich die Augen der Dame erreichen.

Nachdem des Königs Zustimmung eingegangen, sandte Katharina eine schmeichelhafte Einladung an seinen Bruder in Stockholm und erhielt eine herzliche Antwort. Die Initiative war im Frühjahr von Heinrich selbst ausgegangen, als er eine vertrauliche Botschaft nach Petersburg geschickt hatte, daß er eine Einladung begrüßen werde, vorausgesetzt, daß Friedrich über diesen Schritt nicht unterrichtet werde; seine unausgesprochene Absicht war es, den Boden für die Erwerbung Westpreußens auf Kosten Polens vorzubereiten. In Begleitung eines großen Gefolges erreichte Heinrich St. Petersburg am 12. Oktober 1770 auf dem Landwege über Finnland und machte am folgenden Tage der Kaiserin seinen ersten Besuch. Sie hatten einander als Kinder gekannt und hätten sich vielleicht sogar heiraten können, wenn sie nicht für den russischen Erben bestimmt gewesen wäre. Seit sechsundzwanzig Jahren hatten sie einander nicht gesehen, aber der Prinz verlor sehr schnell seine Steifheit. Er sei nur nach außen kühl, schrieb sie einem Freunde, aber es zeige sich bald, daß er sehr klug und ein vollendeter Gesprächspartner sei. Nach einigen Tagen standen sie schon so gut miteinander, daß er eingeladen wurde, sie in ihren Mußestunden aufzusuchen und ihre Mahlzeiten mit ihr zu teilen, wann immer er wolle. So kamen sie beinahe jeden Tag zusammen und besprachen nicht nur die Politik, sondern auch Literatur, Wissenschaft und Kunst, denn beide waren Schöngeister und Kinder der Aufklärung. »Dieser Held«, schrieb die Gastgeberin eine Woche nach seiner Ankunft, »steht auf der Höhe seines Ruhmes und ist ein Mann ersten Ranges, ganz abgesehen von seiner Geburt.« Ihre Bewunderung wuchs stetig, und nach drei Monaten des Zusammenseins mit ihm schrieb sie einem Freund, sie habe nie jemanden getroffen, mit dessen Gedankengängen sie so völlig übereinstimme. »Oft öffnen wir den Mund im gleichen Augenblick, um dasselbe zu sagen. Vielleicht ist das eine Erklärung dafür, daß er meine Gesellschaft so schätzt. Ich gestehe, daß mir kein fürstlicher Gast willkommener sein konnte. Nichts entgeht ihm, und man muß ihn wirklich sehr bewundern. Er ist immer heiter, sein Charakter ist aufrichtig und menschlich, sein Geist erhaben und edel, mit einem Wort: er ist ein Held, der mir seine reiche Freundschaft geschenkt hat.« Er war nicht weniger beeindruckt von der Lebendigkeit und Vielseitigkeit seiner Gastgeberin und von der Buntheit ihres glanzvollen Hofes.

Während Heinrichs Depeschen auf ihrem langen Wege nach Berlin waren, schrieb Friedrich in herzlichen Worten an seinen Bruder im Januar 1771. »Ich betrachte Dich als Pythagoras oder Plato, die unter den Skythen und den barbarischen Völkern reisten, um die Geheimnisse der Natur kennenzulernen und Kenntnisse zu sammeln. Ich bin bereit, alles, was Du an Bewundernswertem gesehen hast, zu bewundern, aber um die Schätze der Welt würde ich nicht dorthin reisen, wo Du gewesen bist. Ich danke Dir tausendmal dafür, daß Du meinen alten Geburtstag im Gedächtnis behalten hast. Ich gestehe, mein lieber Bruder, daß ich Dich viel lieber hier wüßte als unter den Barbaren. Selbst die zahmsten Löwen zeigen oft Spuren ihrer angeborenen Wildheit, und ich glaube, mit den Russen ist es ebenso. Bereite Dich darauf vor, viele Fragen beantworten zu müssen – das ist ein Tribut, den jeder Reisende seinem Landsmann nach seiner Rückkehr bezahlen muß. Ich aß heute Abend mit meiner Schwester Amalie, und wir sprachen viel von Dir; aber Du warst in guten Händen, und so brauchst Du Dich nicht um Deinen Ruf zu sorgen.« Als sich Heinrich am 30. Januar 1771 nach einem Besuch von dreieinhalb Monaten von seiner Gastgeberin verabschiedete, wußte er, daß er ihr Vertrauen gewonnen und Preußen einen wertvollen Dienst geleistet hatte. Der Versuch, den russisch-türkischen Krieg zu beenden, war fehlgeschlagen, aber für die Erwerbung Westpreußens war ein wichtiger Anfang gemacht worden, für den Plan also, dem er sich verschrieben hatte. Der preußische Gesandte in St. Petersburg berichtete, daß der Prinz sich allgemein beliebt gemacht habe und daß die Kaiserin von ihm in den schmeichelhaftesten Ausdrücken spreche; seine Abreise habe geradezu einen Leerraum gelassen, den sie nicht ausfüllen könne. An Friedrich schrieb sie, wie sie weder vorher noch nachher schrieb. Jeder, der seine Bekanntschaft gemacht habe, vermisse ihn: »Uns ist nur die unvergängliche Erinnerung an einen schönen Traum geblieben.«

Nach seiner Rückkehr Mitte Februar 1771 verbrachte Heinrich eine Woche in Potsdam, um über seine Reise zu berichten und das weitere Vorgehen zu besprechen. Friedrich war nicht weniger auf die Erwerbung Westpreußens bedacht, aber der Siebenjährige Krieg hatte ihn Vorsicht gelehrt, und nur sein Bruder konnte seine Bedenken beseitigen. Heinrich wirkte beim Entwurf eines Briefes vom König an die Kaiserin und einer Denkschrift mit, die dem preußischen Gesandten in St. Petersburg Anweisungen für sein Vorgehen gab, und er wurde aufgefordert, Friedrichs Antwort auf das Handschreiben der Kaiserin zu überarbeiten, welches er überbracht hatte. Nie davor und danach war sein politischer Rat so sehr berücksichtigt worden. Dies war tatsächlich der Höhepunkt seiner Laufbahn; er fühlte, daß er Geschichte machte. Aber bei allem Einverständnis im Grundsätzlichen ging die Meinung der Brüder auseinander, was das taktische Vorgehen anging. Heinrich riet zu einem Abkommen mit Österreich, welches die beiden Mächte dann Rußland aufdrängen sollten, während Friedrich ein Abkommen mit Rußland vorzog in der Überzeugung, daß in einem solchen Falle Österreich ganz automatisch sich beteiligen würde. Als der Prinz im Sommer 1770 Berlin verlassen hatte, war dem König noch sehr an einer Beendigung des russisch-türkischen Krieges gelegen gewesen: jetzt wünschte er seine Fortsetzung, bis die Teilung Polens unter Dach und Fach gekommen war.

Nachdem er dem König berichtet hatte, dankte Heinrich seiner Gastgeberin für die gastliche Aufnahme. »Mein Herz ist erfüllt von Dankbarkeit, wenn ich mir die Freundschaft ins Gedächtnis rufe, mit der Sie mich geehrt haben. Ich denke ohne Unterlaß an die Zeit, die so schnell dahinging und in der ich täglich neue Beweise Ihrer Aufmerksamkeit empfing.« Katharina antwortete, daß er ihrer Freundschaft sicher sein dürfe und daß die Erinnerung an seinen Besuch nie schwinden werde. »Hohe Geburt ist ein Vorteil in den Augen der Welt, aber Verdienst und Geist übertreffen sie und lassen sie erst hervortreten. Hätten mich alle Könige der Erde besucht, mit Ausnahme Ihres Bruders, so hätte ich mich gelangweilt und nicht die Befriedigung fühlen können, die mir aus Ihrem kurzen Besuch erwuchs. Ihre Freundschaft ist mir kostbar, denn einer Ihrer schönen Vorzüge ist die Aufrichtigkeit.« Als ein geheimer russisch-preußischer Vertrag über die Teilung Polens am 17. Februar 1772 unterzeichnet wurde, drückte sie ihre Dankbarkeit aus für seinen Anteil an »dem wichtigen Geschäft, das eben zwischen Ihrem Bruder und mir zum Abschluß gekommen ist. Dank Ihrer Anstrengungen werden eine Anzahl Völker sich für lange Zeit süßer Ruhe erfreuen«. Nachdem sie die Gebiete Weißrußlands, die ihren Anteil darstellten, in Besitz genommen hatte, erneuerte sie ihren Dank für seine Hilfe »in dieser großen Sache, in der Sie als der Hauptanreger angesehen werden müssen«. Heinrich betrachtete seinen Anteil an der Teilung deshalb immer mit Stolz, weil die Polen in der preußischen Zone unter der neuen Regierung weit besser fuhren als unter der alten. Aber es gab einen noch viel wichtigeren Grund für seine Befriedigung. »Ich möchte Dich als Herrn der Ostsee sehen«, hatte er im Frühjahr 1770 an Friedrich geschrieben, und er hatte ihm zu dieser Stellung verholfen.

Kaum war der Teilungsvertrag unterschrieben, als ein neuer Sturm losbrach. Am 19. August 1772 stellte Friedrichs Neffe Gustav III. die absolute Herrschaft der Krone in Schweden wieder her, eine Entscheidung, die Katharina dem Einfluß Frankreichs und rußlandfeindlicher Kreise in Stockholm zuschrieb. Einen Augenblick lang dachte die erregte Zarin an Krieg, und auf Anregung seines Bruders trat Heinrich in St. Petersburg und Stockholm für Mäßigung ein, nicht nur um seiner verwitweten Schwester willen, sondern weil im Fall von Feindseligkeiten Preußen verpflichtet war, seinem russischen Verbündeten Truppen zur Verfügung zu stellen. Seine Intervention erregte in St. Petersburg kein Mißfallen, obwohl eher das Fortdauern des türkischen Krieges als das Drängen ihres Freundes in Rheinsberg Katharina veranlaßte, sich ruhig zu verhalten.

Wenige Monate später, zu Beginn des Jahres 1773, diente Heinrich wiederum der Sache der russisch-preußischen Freundschaft, indem er Friedrichs Plan einer Heirat zwischen dem Großfürsten Paul und einer Prinzessin von Hessen-Darmstadt, einer Verwandten des preußischen Königshauses, unterstützte. Er stand noch immer in hoher Gunst, und Anfang 1774 wurde eine Einladung zu einem zweiten Besuch bei Katharina mit überschwenglicher Dankbarkeit angenommen. Aus verschiedenen von der Kaiserin geltend gemachten Gründen wurde das Zusammentreffen um zwei Jahre verschoben. »Ich glaube mich einem Lebensalter zu nähern, in dem die Empfindungen der Freude gemäßigter sind«, schrieb er im November 1775, »aber der Brief Ew. Majestät hat mich eine solche Freude und Genugtuung fühlen lassen, daß ich zu glauben beginne, ich sei noch Jüngling. Es fehlen mir die Worte, um die Befriedigung zu beschreiben, als ich las, daß Sie die Stunde meines Glücks bestimmt haben.« Die folgenden Ostern seien ihm sehr gelegen. In all diesen überschwenglichen Komplimenten lag eine politische Absicht, denn solange Österreich feindselig war, blieb der gute Wille der Selbstherrscherin Rußlands unentbehrlich. Friedrichs Reaktion auf die Einladung drückte sich in weniger schmeichelhaften Worten aus. »Sie behandelt Dich als Freund. Ablehnen heißt soviel wie mit ihr brechen, und wie Du weißt, sagen die Indianer, man müsse den Teufel verehren, um zu verhindern, daß er einem schade.«

Der im Frühjahr 1776 stattfindende Besuch war überschattet vom Tode der Gattin des Großfürsten Paul. Er war das einzige Kind der Kaiserin, und diese entschuldigte sich für die dadurch nötig werdende Unterbrechung der üblichen Festlichkeiten. »Prinz Heinrich, fürchte ich, stirbt vor Langeweile«, schrieb die Gastgeberin an Grimm, »obwohl er zu höflich ist, es zuzugeben. Wir schwatzen gelegentlich miteinander, aber ich fühle mich nicht ganz der Aufgabe gewachsen, ihn gerade jetzt zu unterhalten. Er wird Ihnen sagen, daß er hier nicht gelangweilt sei, aber glauben Sie es ihm nicht. Er liebt Festlichkeiten, und ich konnte keine für ihn veranstalten. Es ist infolge der Hoftrauer alles langweilig gewesen.« Wenn auch der Schimmer von 1770 geschwunden war, blieb der Besuch doch nicht ohne Ergebnis, denn die Freundschaft des Thronerben, so ohnmächtig dieser auch während der Lebenszeit seiner Mutter blieb, war durchaus erstrebenswert. Als die Großfürstin an der Geburt eines toten Sohnes starb, erbat Katharina die Unterstützung ihres Gastes für ihre Bitte um die Hand der württembergischen Prinzessin, die ebenfalls eine Verwandte des preußischen Königshauses war. »Ew. Königliche Hoheit ist bestimmt ein einzigartiger Unterhändler. Möge diese Angelegenheit die Bande, die unsere beiden Häuser vereinigen, noch dauerhafter gestalten.« Heinrich erfüllte seinen Auftrag mit Eifer, Friedrich gab seine Zustimmung, der Heiratsplan wurde schnell geregelt, und der Großfürst Paul reiste mit Heinrich nach Berlin ab, um die für ihn gewählte Braut zu treffen. »Ich bin dankbarer als ich sagen kann für alle die Sorge und Aufmerksamkeit, die dem Großfürsten während seiner Reise zu bezeigen Sie die Güte hatten. Mein Sohn hat sie mir in einem Briefe voller Dankbarkeit beschrieben, und Sie haben meine Schuld noch dadurch vergrößert, daß Sie mir die sichere Ankunft meines Telemach unter der Ägide Ew. königlichen Hoheit vermeldeten. Der Empfang durch den König, die königliche Familie und die Öffentlichkeit hat alle meine Wünsche erfüllt. Sie wissen, daß mir die Worte versagt sind, wenn meine Gefühle mich am stärksten bewegen. In diesem Augenblick ist meine Feder in der gleichen mißlichen Lage, aber Sie wissen, daß ich immer die lebendigste Erinnerung behalte. Vom Erfolg des Unternehmens bin ich deshalb fest überzeugt, weil die Angelegenheit in Ihren Händen liegt.« Die Briefe Pauls an Heinrich atmen nicht weniger Dankbarkeit für seine Güte und seinen Rat in der Zeit häuslicher Trauer und neugefundenen Glücks. Die neue Großfürstin gewann in St. Petersburg alle Herzen und bildete ein neues Bindeglied zwischen den beiden Ländern.

Die Beziehungen der beiden Höfe waren nie freundschaftlicher gewesen. »Ich betrachte diese Verbindung«, schrieb die Zarin an Friedrich, »als eine Verstärkung der Bande der Freundschaft zwischen unseren Häusern. Ich kann nicht umhin zu erwähnen, wie dankbar ich dem Prinzen, Ihrem Bruder, bin, der alle meine Gefühle geteilt und mir tausend Zeichen seiner Freundschaft gegeben hat.« Andererseits war die warme Anhänglichkeit ihres Sohnes an Heinrich nicht ganz nach dem Geschmack der Zarin, die ihren Erben rücksichtslos von allem politischen Einfluß ausschloß und wenig Gefallen an dem Gedanken hatte, daß er ein Mittel besaß, unmittelbar mit dem preußischen Hof zu verkehren. Infolge ihrer wachsenden Entfremdung von ihrem Sohn wurde auch ihre Haltung gegenüber Prinz Heinrich zurückhaltender; und als sie sich 1780 von Berlin ab- und Wien zuwandte, hörte der Briefwechsel auf. Im Jahre 1781 versuchte Heinrich, durch Grimm wieder Beziehungen aufzunehmen, und ein Geschenk wurde durch denselben Vermittler kühl bestätigt. Jedes noch vorhandene freundschaftliche Gefühl schwand, als in seinen letzten Lebensjahren die Vorliebe Heinrichs für Frankreich und seine Sympathie mit gewissen Seiten der Französischen Revolution ihren Zorn erregten und ihr Scheltworte wie »*le citoyen Henri de Rheinsberg*« und »*l'oncle Jacobin*« eingaben.

Friedrich kannte nicht nur den Wert der Dienste seines Bruders, sondern sah auch ein, daß niemand sonst ihm diese Dienste hätte leisten können. Das Bündnis, das im Jahre 1764 abgeschlossen und im Jahre 1769 erneuert worden war, wurde 1777 auf weitere acht Jahre verlängert. Die Erhaltung dieser Freundschaft war um so lebenswichtiger, als er sich über den Ehrgeiz des Kaisers Joseph an anderer Stelle zu beunruhigen begann. »Er kann eines Tages jeden Fürsten, der die deutsche Unabhängigkeit und Freiheit liebt, zwingen, sich gegen ihn zu verbünden. Wahrscheinlich bereitet er einen blutigen Krieg vor, der ebenso erbittert sein wird wie der vergangene. Wenn der Kurfürst von Bayern vor mir stirbt, wenn die Trompete bläst, dann müssen wir noch einmal unsere Pferde besteigen. Ganz zweifellos aber bleibt das für meine Nachfolger, genau wie mein Vater oft sagte, daß ich seine Rechte in Jülich und Berg wahrzunehmen hätte. Große Begebenheiten fordern unsere Kräfte in ihrer Blütezeit; wenn Körper und Geist versagen, dann sollten vernünftige Menschen ans Grab denken. Du magst solches Moralisieren für zu streng halten, mein lieber Bruder; zum Glück bist Du noch nicht alt genug, um das nötig zu haben. Für einen Veteranen wie mich ist das notwendig. Alles trennt einen von der Welt. Man verliert seine Freunde und Bekannten, ist einsam, wird sich des fortschreitenden Abnehmens der Kräfte bewußt, und die Natur fordert uns auf, uns auf die Reise vorzubereiten, von der es keine Rückkehr gibt. Das ist keine große Sache, und man tut gut, ein Ende zu machen, ehe die Altersschwäche voll einsetzt und man sich selbst und anderen eine Last wird.«

Da der Gedanke Friedrich nicht losließ, daß sein Vater und Großvater in mittleren Jahren gestorben seien und daß der Thronerbe, ein träger Sinnenmensch, in nichts den Erwartungen entsprach, die man auf einen König von Preußen setzte, wandten sich seine Gedanken immer mehr dem Soldaten und Diplomaten Heinrich zu. Als ihm im Frühjahr 1776 gesteigerte militärische Tätigkeit in Böhmen zu Ohren kam, bat Heinrich um Aufklärung. »Was Du über die Österreicher erfahren hast«, antwortete Friedrich, »hat einige Grundlagen. Sie bilden sich ein, daß mein Ende bevorsteht, und verstärken ihre Truppen in Böhmen, um Sachsen zu besetzen und bei uns einzumarschieren. Das wird auch eintreten, wenn ich sterbe; und meinem dicken Tölpel von Neffen wird es schlecht ergehen, wenn er sich nicht anstrengt. Aber nichts vermag gegen seine Trägheit, und so muß ich die Zukunft Deiner Klugheit anheimstellen.« Wenige Tage später wurde er noch deutlicher. »Ich kann Dir Mitteilungen über Dinge machen, die nicht einmal die Minister wissen, und das wird Dich so unentbehrlich machen, daß jedermann sich an Dich um Aufklärung und Hilfe wenden muß.« Ein dritter Brief enthielt eine Einladung nach Potsdam. »Ich werde nicht in Ruhe über den Staat sterben können, wenn ich Dich nicht in irgendeiner Form als seinen Vormund betrachten kann. Ich sehe in Dir den einzigen Menschen, der das Ansehen unseres Hauses aufrechterhalten und die Stütze unseres Vaterlandes werden kann. Ich kann meine Gedanken leichter mündlich entwickeln.« Die Gespräche

*Friedrich II. der Große, König von Preußen.
Kupferstich von Rambach*

*Elisabeth Christine von Preußen,
geb. Prinzessin von Braunschweig, (1715–1797),
Gemahlin Friedrichs des Großen.*

scheinen ihn befriedigt zu haben, denn nach dem Besuch schrieb Friedrich einen dankbaren Brief. »Ich würde einen unverzeihlichen Fehler machen, wenn ich nicht versuchte, Vorsorge zu treffen, daß ein Mensch von Deiner Klugheit einen Anteil an den Regierungsgeschäften erhält, damit Dein guter Rat einen Ausgleich schafft für die Nachlässigkeit, Kümmerlichkeit und Schwäche einer Kreatur, die nicht fähig ist, sich selbst, geschweige denn andere zu regieren. Ich bin von Deiner Freundschaft zu mir überzeugt und habe Dir mein Herz in einer Sache geöffnet, die mich lange beschäftigt hat. Ich danke Dir tausendmal für Deine Bereitwilligkeit gegenüber meinen Wünschen, und wenn der Himmel sich durch unsere Gebete bewegen ließe, würde ich ihn bitten, seinen reichsten Segen auf dich auszugießen.« Noch im gleichen Jahre kam er wieder auf seine Befürchtungen zu sprechen. »Die Österreicher versuchen, uns mit den Russen zu vereinigen, damit sie, wenn sie in unserer Richtung durch meinen Tod freie Hand bekommen haben, um so erfolgreicher über unseren langen Narren (den Thronerben) herfallen können. Was soll geschehen, wenn der gute Gott Dein Leben und Deine Gesundheit nicht bewahrt?« Der Plan einer zwar nicht legalisierten, aber tatsächlichen Regentschaft seines Bruders tröstete ihn eine Zeitlang, wurde aber schnell fallen gelassen, als der Thronerbe mündig wurde; seine eigene Erfahrung bei der Thronbesteigung hatte ihn gelehrt, daß in einem autokratisch regierten Staatswesen die Autorität des Herrschers mit seinem Tode endet.

Heinrichs Dienste wurden noch einmal benötigt, als der Tod des kinderlosen Kurfürsten von Bayern zu Anfang des Jahres 1778 Kaiser Joseph auf den Kriegspfad führte. Wie Maria Theresia sah er ein, daß es keinen Sinn hatte, die Wiedereroberung Schlesiens zu versuchen, aber im Gegensatz zu seiner Mutter war er entschlossen, einen brauchbaren Ersatz zu finden. Bayern war ein appetitanregender Bissen, und das Aussterben der bayrischen Linie der Wittelsbacher schien eine vom Himmel gesandte Gelegenheit, einen Teil, wenn nicht das Ganze zu erwerben. Friedrichs Bedarf an Kriegen war gedeckt, aber er mußte mit der Bedrohung rechnen, die auf lange Sicht für die Sicherheit Preußens mit einer solchen Machtverstärkung des Hauses Österreich gegeben war. Seine Entscheidung, der Herausforderung des Kaisers entgegenzutreten, wurde von Heinrich bedauert, der in der Politik nicht weniger als im Kriege vor größeren Einsätzen zurückschreckte. Er lehnte alle politische Verantwortlichkeit ab und nahm das Angebot, eine der zwei preußischen Armeen zu führen, an. Er erntete das warme Lob des Königs für seine geschickten Truppenbewegungen in einem Krieg mit begrenztem Einsatz, ebenso dessen Dankbarkeit für seine Anstrengungen, die moralische Unterstützung Katharinas zu sichern. Aber sein Herz blieb unbeteiligt, da er keinen Augenblick glauben konnte, daß die Existenz seines Vaterlandes auf dem Spiel stand.

Bei Beendigung des beinahe unblutigen Feldzuges von 1778, in dem sich militärische Meinungsverschiedenheiten herausgestellt hatten, stellte Heinrich zum zweiten Male seinen Oberbefehl zur Verfügung. »In meinem Verlangen, Dir zu dienen, mein sehr lieber Bruder«, schrieb er aus Dresden, »dachte ich nicht an meine Gesundheit, als ich den Befehl über die mir anvertraute Armee übernahm; ich glaubte, ich könne all meine Pflichten erfüllen. Der Feldzug ist sehr anstrengend gewesen, wenn auch nicht so sehr wie einige andere; er hat auch nicht lange gedauert; dennoch ist es mir unmöglich, Dir alle die seelischen und körperlichen Leiden zu beschreiben und die Anstrengungen, die es mich kostete, um meine Arbeit weiter zu tun. Ich leide nicht an einer eigentlichen Krankheit, aber meine körperliche Verfassung ist so geschwächt, meine Nerven sind so zerrüttet, wie ich es ohne eigene Erfahrung kaum hätte glauben können. Das hat mich auch daran gehindert, so häufig, wie ich es gewünscht hätte, bei den Truppen zu sein. Die Augen laufen mir; wenn ich lange im Sattel bin, werde ich schrecklich durstig und schwindelig; meine Verdauung ist nicht in Ordnung. Jede Art von Nachricht bringt eine Erregung hervor, wie ich sie nie kannte, und das verursacht mir dann Depressionen. In dieser Lage, für die ich kein Heilmittel kenne, muß ich Dich um Erlaubnis bitten, meine Entlassung zu nehmen, sobald Du meinen Nachfolger im Oberbefehl gewählt hast. Meine unglückliche Lage ist mir nur zu gut bekannt. Ich kehre in das Dunkel zurück und verliere alle Ehren eines Befehlshabers. Ich habe immer versucht, mich nützlich zu machen. All dieser Ehren und Hoffnungen bin ich beraubt. Daß man meine Dienste vergißt, ist mein größter Kummer, aber ich kann nichts daran ändern. Es ist demütigend, eine so schwache Gesundheit zu haben, aber es wäre unehrenhaft, das zu verbergen und eine Last zu übernehmen, die über meine Kraft geht. Wenn elf Feldzüge, in denen ich Briefe und schmeichelhafte Versprechen von Dir erhalten habe, und Dienste in Friedenszeiten, für die ich auch Beweise Deiner Zufriedenheit und Versicherungen zukünftiger Gunstbezeigungen bekam; wenn diese Dienste, wiederhole ich, in Deiner Erinnerung bleiben, dann wird mir das in meinem Unglück der einzige Trost sein. Aber auch ohne das würde ich mich damit trösten, daß ich an alle meine Aufgaben uneigennützig herangegangen bin und sie, wenn auch nicht mit all dem Geschick anderer, so doch mit strengster Redlichkeit erfüllt habe, und daß mir wenigstens bei einigen Gelegenheiten Deine Billigung und die der Öffentlichkeit zuteil geworden sind. In meiner völligen Zurückgezogenheit werde ich den Tod wunsch- und furchtlos erwarten.«

Friedrich drückte seine Sympathie aus, aber wies darauf hin, daß seine Ablösung ihn vor eine schwierige Lage stellen werde, da sich Befehlshaber von seinem Format nicht leicht finden ließen. Nur der Herzog von Braunschweig sei der Aufgabe gewachsen, aber ihn könne er in Oberschlesien nicht entbehren. »Der Krieg kann aufhören, braucht es aber nicht; und deshalb bitte ich Dich, Deine Absicht zu verschieben, bis wir genau wissen, woran wir sind. Deine Worte, daß man Dich allgemein vergesse, würden sinnvoll sein im Munde eines Mannes, der sich nie ausgezeichnet hat. In Deinem Falle ist eine solche Sprache nicht anwendbar, falls Du nicht der Meinung bist, daß die Öffentlichkeit ungerecht ist und daß ich der undankbarste aller Menschen bin, und das, hoffe ich, glaubst Du nicht von mir.« Dieser gnädige Brief, antwortete Heinrich, sei ein wirklicher Trost. »Das Glück, Dir zu dienen, dem Du so freundliche Worte widmest, läßt mich bedauern, daß ich nicht zu tun vermag, was ich wünschen möchte; aber ich werde nie, nicht einmal in den kleinsten Dingen, diesem Wunsch entsagen. Ich habe Dir meine traurige Lage dargelegt: ich mußte es tun, ganz ohne Rücksicht auf Frieden oder Krieg. Ich lege alle meine Interessen in Deine Hände: Du wirst entscheiden. Könnte ich Dir auch nur im geringsten nützlich sein, so würde ich mich beglückwünschen, denn das würde der Öffentlichkeit zeigen, nicht nur, daß ich Dir ergeben bin, sondern auch, daß ich es nicht verdient habe, Dein Vertrauen zu verlieren.« Sein Wunsch wurde gewährt, und am 13. Dezember übernahm der Herzog von Braunschweig den Befehl über die Armee. »Es ist richtig«, schrieb Friedrich, »daß der Krieg eine kräftige körperliche Verfassung fordert und daß sich körperliche Schwächen nur schlecht mit den Schlägen vertragen, denen man an Körper und Geist ununterbrochen ausgesetzt ist. Ein guter Wille reicht nicht aus, die Maschine muß auch arbeiten. Dieser gegenwärtige Krieg wird sicherlich mein letzter sein; ich hoffe einzig, daß sein Ende für unser Land und für Deutschland so glücklich sei, wie ich es ersehne.« Heinrichs Rücktritt war tatsächlich ohne Bedeutung, denn Friedensgespräche standen durch die Vermittlung Frankreichs und Rußlands, der Verbündeten der zwei kriegführenden Mächte, in Aussicht.

Friedrichs engbegrenztes Kriegsziel im Bayrischen Erbfolgekrieg wurde mit ganz unbeträchtlichem Blutvergießen erreicht, und er beendete den Krieg gern. Heinrich hatte sich energisch gegen den Appell an die Waffen ausgesprochen mit der Begründung, daß eine annehmbare Regelung mit Österreich auch auf dem Verhandlungswege hätte erreicht werden können, aber nachdem nun einmal gekämpft worden war, glaubte er, daß Preußen einen Anspruch auf eine Gebietserweiterung habe. Seine Klagen veranlaßten den realistischen Herrscher zu einer Darlegung seiner Gründe. »Du wirst Dich daran erinnern, mein lieber Bruder«, schrieb er am 4. März 1779, »daß ich Dir in Berlin sagte, wir könnten nicht mehr verlangen, als daß die Österreicher ihren Raub herausgeben. Das ist deshalb wichtig, weil, wenn ihnen dieser gewalttätige Akt straflos hingegangen wäre, sie im Reich eine despotische Macht hätten errichten können, deren tödliche Wirkungen wir früher oder später zu spüren bekommen hätten. Obwohl jetzt die Wiederherstellung nicht so völlig ist, wie man hätte wünschen können, ist zunächst einmal das erste Ziel des wilden kaiserlichen Ehrgeizes gescheitert, und wir gewinnen den großen Vorteil, daß wir im Reich als ein nützliches Gegengewicht gegen den österreichischen Despotismus angesehen werden. Mich hat diese ganze österreichische Brut so erzürnt, daß ich mein Leben gern meiner Rache zum Opfer bringen würde. Es ist der Geldmangel, der diese Elenden zum Frieden zwingt, aber es wird nur ein Waffenstillstand sein.« Im April gab er bekannt, daß der Frieden so gut wie abgeschlossen sei – »nicht, indem wir unsere Verbündeten opfern, sondern ein Friede, der mit der Ehre und Würde Preußens vereinbar ist. Der Kurfürst von Sachsen wird vier Millionen Bargeld bekommen, der Herzog von Zweibrücken seine Rechte aufrechterhalten, und Bayern wird vor der Zerstückelung durch Österreich bewahrt werden.« Der Angreifer hatte nicht mehr als das sogenannte Innviertel bekommen.

Friedrichs Entschuldigung traf auf taube Ohren, denn Heinrich war völlig verärgert. »Ich werde nie wieder, im Frieden oder im Kriege, das Schwert für ihn ziehen,« schrieb er seinem Bruder Ferdinand am 9. März, als das Ende des Krieges bevorstand; »meine Laufbahn ist zu Ende und ich nähere mich dem Ziele, das uns von allen menschlichen Übeln freimacht.« Er habe in den vergangenen neununddreißig Jahren so viel Ungerechtigkeit erlebt, vertraute er Grimm an, daß er eigentlich gelernt haben sollte, sie ohne Entrüstung zu tragen, aber er könne das nicht. Solange Friedrich lebe, könne er für sich nichts anderes erhoffen als *otium cum dignitate*, und nur eine schwere Krise könnte ihn aus seiner Zurückgezogenheit herausgebracht haben. Im Herbst 1779 lehnte er eine Einladung nach Stockholm ab, wo seine Schwester, die verwitwete Ulrike, um seine Vermittlungsdienste gegenüber ihrem schwer zu behandelnden Sohn Gustav III. gebeten hatte. Er habe nicht den Wunsch, mit seinem Neffen aneinander zu geraten, antwortete er, oder sich dem neuen Hofzeremoniell zu unterwerfen, das am schwedischen Hofe eingeführt worden war. Als im darauffolgenden Jahr ein Abgesandter nach Rußland benötigt wurde, fiel die Wahl des Königs auf den Prinzen von Preußen, der sich mit Briefen von Heinrich an Katharina und den Großfürsten Paul bewaffnete. Der preußische Thronerbe erschien der Zarin, wie sie Grimm mitteilte, als jeder Anziehung bar. »Wie völlig verschieden von seinen Onkeln!« Trotzdem hätte auch Heinrich kaum mit Erfolg der russisch-österreichischen Wiederannäherung entgegenarbeiten können, die abzuwenden der Hauptzweck der Mission war.

Nach der Unterzeichnung des Vertrages von Teschen am 13. Mai 1779 wurde der Briefwechsel der zwei Brüder, der während des Bayrischen Erbfolgekrieges beinahe so kräftig geflossen war wie während des Siebenjährigen Krieges, ein kleines Rinnsal, und Heinrich kehrte im Gespräch mit Fremden seine Abneigung gegen den König ostentativ hervor. Höfliche Nachfragen über die Gesundheit des anderen werden ausgetauscht, und nur gelegentlich noch wird ein herzlicher Ton angeschlagen. Ihre Weltanschauung war im Grunde die gleiche, denn beide waren Kinder des Zeitalters der Vernunft. »Es ist den Menschen immer als sehr leicht erschienen, religiöse Dogmen zu bekämpfen«, schrieb Heinrich am Vorabend des siebzigsten Geburtstages des Königs; »die meisten von ihnen sind nur Menschenwerk, und es ist leicht, ihre Nichtigkeit zu beweisen. Jeder vernünftige Mensch muß die Religion von zwei Gesichtspunkten aus betrachten, von dem der Wahrheit und dem des Nutzens für die Gesellschaft. Es ist richtig, alle Dogmen zu bekämpfen, die eine Gefahr für die Gesellschaft bilden, also die Herrschaft der Priester, den Widersinn, Gott zu essen usw. Aber der wahre Philosoph wird zum Nutzen der Gesellschaft dort einhalten, wo sich die Religion mit den Staatsgesetzen berührt und wo das Dogma, ohne Schaden anzurichten, nur noch ein Irrtum ist, der der Gesellschaft nützt. Ein Beispiel dafür ist die Lehre vom jenseitigen Leben; wer an diese glaubt, mag sie nun wahr oder irrig sein, hat zweifellos einen zusätzlichen Beweggrund dafür, als guter Staatsbürger zu leben. Von der gleichen Art sind auch die meisten Moralgrundsätze, die für die Menschen, die an eine Religion glauben, eine stärkere Geltung haben. Mit einem Wort, das Dogma ist ein zusätzlicher Zügel, dessen völliger Ausfall vielleicht eines Tages Ergebnisse haben könnte, die ebenso tödlich sind wie die schrecklichen Religionskriege. Diese Zeit liegt noch in weiter Ferne, denn die Völker lassen sich durch Vernunftgründe noch nicht beeinflussen; aber ich glaube, daß das Auge eines scharfen Beobachters schon den Keim erkennen kann, den diese Neuerungen des Denkens vorbereiten.«

Friedrichs Antwort erinnert uns an die philosophischen Erörterungen, die er mit Voltaire und d'Alembert auszutauschen pflegte. »Was die Religionen angeht, so teile ich die Meinung Fontenelles; er sagte, daß, wäre seine Hand voller Wahrheiten, er sie nicht öffnen würde, da das Volk nicht verdiene, aufgeklärt zu werden. Hätte ich unter allen christlichen Sekten die Auswahl, so würde ich die protestantische wählen, weil sie die harmloseste ist. Ich hege die Überzeugung, daß jedermann die Freiheit haben sollte zu glauben, was er kann; schließt das die Unsterblichkeit ein, so erhebe ich keinen Widerspruch, solange man sich darum nicht verfolgt. Was die Moral angeht, so brauchen wir nur die Annalen aller Zeitalter, Nationen und Religionen durchzugehen, um die gleiche Verderbnis zu finden, denn Meinungen vermögen nicht, die Menschen zu ändern, und die Leidenschaften sind in allen Ländern und Sekten die gleichen. Sieh Dich überall um: Du wirst feststellen, daß nur Androhungen von Strafen und die Angst vor Schande böses Handeln verhindern können. Nur das hält die Menschen im Zaum und verhindert, daß sie der Gesellschaft schaden. Die Augenblicksvorteile des Eigennutzes, des Ehrgeizes und der Wollust werden immer stärkere Beweggründe sein als die Bestrafung in einem anderen Leben, weil die Gegenwart stärker wiegt als alle Gefahren nach dem Tode, die man in weiter Ferne glaubt. So werden Religionen und Philosophien immer versagen, wenn sie nicht gestützt werden durch die Angst vor dem Galgen oder vor der Verachtung der Öffentlichkeit. Die

Religion hilft den Ehrsüchtigen nur in Augenblicken der Schwärmerei wie während der Regierung Konstantins, der Kreuzzüge, der Reformen Luthers und Calvins; sobald die Gärung vorüber ist, löst die Lauheit den Fanatismus ab. Man mag erfinden, was man will, man mag die Grundsätze des Stoizismus, die Uneigennützigkeit und Demut der frühen Christen erneuern: die Menschen werden sich diese schönen Erörterungen ohne Verständnis anhören, der Mensch wird sich rächen, wenn er gekränkt ist, aufbrausen, wenn er zuviel Galle hat. Unsere Gattung ist nun einmal so beschaffen. Ich hätte sie gern edler gezeichnet, wenn ich gekonnt hätte; das hätte meiner Eitelkeit geschmeichelt. Aber wenn man die Dinge sorgfältig erwägt, und besonders, wenn man die Kriminalakten durchgeht, um Gerichtsurteile zu bestätigen, dann muß man wie ich einsehen, daß, solange die Welt von menschlichen Wesen bewohnt wird, die Moral sie niemals stärker zügeln wird als heute auch. Vielleicht ist ein uns unbekannter Stern von Engeln bewohnt oder von Weisen, wie sie sich die Stoiker vorstellen, oder von einer uns überlegenen Gattung: dort mögen vielleicht Religion und Moral eine größere Wirkung haben als hier.«

Obwohl Heinrichs angespannte Beziehungen zum König allen Höfen und Kabinetten bekannt waren, blieb er eine hervorstehende Figur auf dem europäischen Schachbrett. Auf einer seiner Reisen in die österreichischen Niederlande im Jahre 1781 besuchte ihn der Kaiser in Spa, wo er oft die Quellen benutzte. Der Prinz, berichtete Joseph an Kaunitz, verhehle seine Meinungsverschiedenheiten mit dem König nicht: er hoffe, daß seine Regierung nicht mehr viel länger dauern werde und daß die Beziehungen zu Österreich sich unter seinem Nachfolger bessern würden, den er, wie er glaube, in dieser Richtung beeinflussen könne. Der Kaiser ließ sich nicht beeindrucken; er glaubte, die Meinungsverschiedenheiten zwischen den beiden Brüdern seien für die Öffentlichkeit inszeniert und Heinrichs Indiskretionen hätten den Zweck, ihn zu ähnlichen Indiskretionen zu reizen. Das Zusammentreffen hatte kein Ergebnis, denn der Besucher sah ein, daß Heinrich ein zu guter Preuße war, um Österreich aufrichtig zu lieben, während der Prinz seinem Bruder erzählte, er bezweifle den Wert von Josephs Freundschaftsversicherungen.

Heinrichs inoffizieller Besuch in Paris im Jahre 1784 war die Erfüllung seines lebenslänglichen Wunsches, »die Stadt des Lichts« zu sehen. Auf seiner Reise traf er Goethe in Weimar, Necker in Genf und Gibbon in Lausanne. Als er die Schweizer Grenze nach Frankreich überschritt, erhielt Graf Oels, wie er sich nannte, eine Einladung von Ludwig XVI. in die Hauptstadt; dort verbrachte er zwei ausgefüllte Monate, für die Grimm eine Unzahl von Begegnungen vorgesehen hatte. Friedrich gab bereitwillig seine Genehmigung und verfolgte die ganze Reise, die er in früheren Tagen gern selbst gemacht hätte, mit lebendigstem Interesse, aber seine Befriedigung hatte auch einen politischen Beweggrund. Hier, so schien es ihm, bot sich eine Gelegenheit, Frankreich für den Plan des Widerstandes gegen die kaiserlichen Absichten zu gewinnen. Trotz der Erinnerung an Roßbach wurde Heinrich sowohl vom König als auch den Schöngeistern mit größter Zuvorkommenheit behandelt; seine Schwärmerei für Frankreich war ja bekannt. Er nahm an Akademiesitzungen teil, patronisierte die Oper und die Comédie Française, traf Beaumarchais, Mme. Lebrun, Condorcet, Boufflers, Mme. de Sabran und andere Berühmtheiten und amüsierte sich vortrefflich. »Du kannst Dir nicht vorstellen, wie die Franzosen sind«, schrieb er seinem Bruder Ferdinand. »Du weißt, ich liebe sie immer, und jetzt wäre ich bereit, für sie zu sterben. Hier ist alles entzückend und voller Anmut.« Frankreich, so erklärte er begeistert, sei ein Land der Götter. Er dinierte gelegentlich in Versailles und war beeindruckt von der Güte des Königs und der Schönheit der Königin, aber seine Berührungen mit dem Hof waren nur oberflächlich. »Sie schicken den König auf die Jagd«, schrieb Friedrich, »um ihn vor Deinem Einfluß zu bewahren und aus Rücksicht für den Wiener Hof.« Schließlich war Marie Antoinette die Schwester des Kaisers, und der Besucher war kein Freund Österreichs.

Friedrich wollte herausfinden, ob Frankreich, dessen Beziehungen zu Österreich sich seit dem Ende des Siebenjährigen Krieges abgekühlt hatten und seit dem Bayrischen Erbfolgekrieg nur noch eine bloße Erinnerung waren, Neigung zu einer Wiederannäherung an Preußen hatte. Preußen war nicht länger an Rußland gebunden, und die französische Regierung stand dem Versuch des Kaisers, die Holländer zur Öffnung der Schelde zu zwingen, mit Mißtrauen gegenüber. Calonne, der französische Finanzminister, ließ Heinrich wissen, daß die französische Regierung eine Unterdrückung der Holländer nicht dulden werde und bereit sei, ihre Maßnahmen mit denen des Königs von Preußen zu koordinieren. Die Drohung eines französisch-preußischen Zusammengehens genügte, um Joseph zum Fallenlassen seiner Pläne gegen die Holländer zu bewegen. Heinrich fühlte sich durch diese Zeichen des Vertrauens geschmeichelt, weil sie auf eine Wiederannäherung hindeuteten, für die er seit dem Siebenjährigen Krieg ununterbrochen eingetreten war. Friedrich, dessen Anregung eines Defensivbündnisses man im vorhergehenden Jahre höflich abgelehnt hatte, warnte ihn davor, die freundlichen Worte seiner Gastgeber zu ernst zu nehmen, da der Einfluß Marie Antoinettes ungeschmälert sei und Frankreich ein schwacher und unzuverlässiger Bundesgenosse sein werde. Er hoffte außerdem auf eine Änderung der russischen Politik, sobald Paul seiner Mutter in der Regierung folgte, eine Möglichkeit, an die der Reisende nicht glauben wollte. Heinrich fand Frankreich nicht bereit, unbestimmte Verpflichtungen einzugehen, und Friedrich, der keine großen Erwartungen hegte, war nicht enttäuscht. »Es wird nichts geschehen, wenn nicht der Kaiser die Fenster einwirft oder die Türken oder einen anderen Verbündeten Frankreichs angreift, und das Ansehen der Königin wird stark genug sein, um die

Nerven der Minister zu beeinflussen, selbst wenn einer von ihnen zufällig die richtigen Vorstellungen haben sollte. Wir müssen uns also darauf beschränken, den Hof gegenüber den Preußen bei guter Laune zu erhalten; sich auf sie zu verlassen, wäre ein Fehler.« Da es allgemein bekannt war, daß Friedrichs Gesundheit nachließ, schätzte man Heinrichs möglichen Einfluß auf seinen Erben so hoch ein, daß Ludwig XVI. für eine beträchtliche Anleihe an den hohen Besucher seitens einer französischen Bank eintrat.

Sonst aber zeigte der alte Herrscher das lebendigste Interesse an dem Besuch seines Bruders. »Kennt man Paris gut, so kennt man das ganze Königreich. Es ist der Wohnort des ganzen Hochadels, die Heimat der Wissenschaften, der Mittelpunkt der Regierung, ich möchte sagen, die Zirbeldrüse dieses großen Reiches. Die einzige passende Reise für mich ist die zu den elysischen Gefilden; aber da der Kurierdienst zwischen diesem unbekannten Land und uns nicht so gut organisiert ist wie der zwischen Paris und Berlin, möchten Berichte, die ich schicken würde, ihre Adresse nicht erreichen. Welch ein Abstieg wird es für Dich sein, Paris mit Potsdam zu vertauschen, wo Du nur einen kindischen Greis antreffen wirst, der schon einen Teil seines schweren Gepäcks vorausgeschickt hat! Dort hast Du Bildwerke gesehen, Opern gehört, berühmten Akademiemitgliedern gelauscht. Hier wirst Du einen ausgemergelten Körper finden, der beinahe sein Gedächtnis verloren hat und dich mit seinem ungereimten Geschwätz langweilen wird. Aber vergiß nicht, daß dieser Greis mehr für Dich übrig hat als alle die Schöngeister von Paris.« Doch Heinrich hatte die Abwechslung gegenüber seinem Einsiedlerleben in Rheinsberg tief genossen. »Ich habe die Hälfte meines Lebens damit verbracht, mich nach einem Besuch Frankreichs zu sehnen«, schrieb er einem alten französischen Freund, »und jetzt werde ich die andere Hälfte damit verbringen, voller Bedauern auf diesen Besuch zurückzuschauen.« Der Reisende schenkte seinen Brüdern Abgüsse der schönen Bronzebüste, die Houdon während seines Aufenthaltes in der Hauptstadt angefertigt hatte.

Das letzte Regierungsjahr Friedrichs wurde beunruhigt durch den neuerlichen Versuch des Kaisers, Bayern seinen Besitzungen im Austausch gegen die österreichischen Niederlande mit dem Titel des Königs zu Burgund an den Kurfürsten einzuverleiben. Beim ersten Versuch hatte die Zarin, die damals noch die Verbündete Preußens war, seinem Ehrgeiz Widerstand geleistet; jetzt war ihr Bündnis mit Preußen nur noch eine Erinnerung der Vergangenheit, und sie begünstigte die Pläne Wiens. Als Friedrich sich darüber beklagte, daß Frankreich, als Garant des Westfälischen Friedens, seine Pflichten vernachlässigte, zeigte Heinrich wieder seine bekannte Abneigung gegen das Eingehen von Risiken. Joseph, erklärte er, werde für Bayern nicht kämpfen; Frankreich werde dem Tausch seine Zustimmung nicht geben, wenn nicht der Herzog von Zweibrücken einen ausreichenden Ersatz erhalte und Preußen und die anderen Reichsfürsten mit ihm einverstanden seien. Da Preußen zu schwach sei, um Österreich und Rußland herauszufordern, sei es lebenswichtig, Frankreich auf seine Seite zu bringen. Der französische Hof, gab er zu, sei lau, aber er müsse auch die Lage erkennen. »Man muß Frankreich mit großer Rücksicht behandeln, wie der Arzt einen Patienten behandelt, dessen schwache Nerven er schont, bis passende Medizinen seine Kraft wiederhergestellt haben.« Er kritisierte den Fürstenbund mit der Begründung, daß er unnötig sei, daß er den Franzosen mißfalle, daß ein Bündnis mit Frankreich viel nützlicher wäre, daß Preußen nicht länger an Rußland gebunden sei und daß Frankreich die Haltung des Kaisers gegenüber den Holländern und den Türken mißbillige. Ein anderer Grund spielte bei ihm noch mit. Er hoffte, daß früher oder später Preußen nicht nur in den Besitz des Südufers der Ostsee von der Elbe bis zur Weichsel, sondern auch der deutschen Anliegerstaaten der Elbe kommen werde, und aus diesem Grunde war er gegen den Gedanken eines ewigen Fürstenbundes, dem auch Staaten angehörten, die er als zukünftigen Besitz Preußens ansah.

Die Briefe der Brüder während der zwei letzten Lebensjahre des Königs beschäftigten sich zum größten Teil mit seinen körperlichen Gebrechen. Ihr Ton ist zwar freundlich, aber die herbstliche Luft hat wenig Wärme. Man kann es Heinrich nicht zum Vorwurf machen, daß er seinen Bruder nicht liebte, oder daß er eine längere Lebensdauer desselben nicht herbeiwünschte, aber ein edlerer Geist hätte mehr Großherzigkeit gezeigt. Seine feindseligen Fußnoten zur *Geschichte des Siebenjährigen Krieges* waren nicht für das Auge der Öffentlichkeit bestimmt; aber im Jahre 1791, fünf Jahre nach dem Tode des Königs, errichtete er in Rheinsberg ein Kriegsgedächtnismal zu Ehren seines Bruders August Wilhelm und der Offiziere, die sich in den drei Schlesischen Kriegen auszeichneten, und dieses Denkmal erzählt seine eigene Geschichte. Der Name des ersten Helden dieses kämpferischen Epos fehlt, und die Namen seiner Freunde Winterfeldt und la Motte Fouqué glänzen durch Abwesenheit. »Ich habe die Namen derer verzeichnet, die der große Friedrich in seinen lügenhaften Erinnerungen nicht erwähnt«, erklärte er. Es ist hier nicht der Ort, von seiner frankreichfreundlichen Tätigkeit während der Regierung Friedrich Wilhelms II. und Friedrich Wilhelms III. und von seinen erfolglosen Versuchen zu sprechen, durch die er später den politischen Einfluß zu gewinnen versuchte, den ihm sein Bruder versagt hatte. Er starb im Jahre 1802 im Alter von sechsundsiebzig Jahren und ist in Rheinsberg begraben, das ihm zeit seines Lebens näher gewesen war als Potsdam oder Berlin. Trotz großer Gaben der Geburt und des Glücks war er sein Leben lang zu empfindlich, zu selbstisch, zu eifersüchtig auf seinen älteren Bruder, zu unzufrieden mit seinen Möglichkeiten und seinen Erfolgen, um als beneidenswerter oder auch nur als glücklicher Mensch gelten zu können.

XII.

DER ANTIMACHIAVELL

Während seines bis ins Letzte ausgefüllten Lebens fand Friedrich Zeit, nicht nur ausführliche Geschichtswerke, Essays und Gedichte, sondern auch gewichtige Abhandlungen über Regierungsfragen zu verfassen. Sein frühestes politisches Glaubensbekenntnis, der bemerkenswerte »*Brief*« aus dem Februar 1731 an Natzmer, seinen Kammerjunker, enthüllt nicht nur die Frühreife, sondern auch den Ehrgeiz des erst neunzehnjährigen Gefangenen von Küstrin. Sein System, erklärt er, sieht Friede und freundliche Beziehungen zwischen dem König von Preußen und seinen Nachbarn vor. Da sich seine Gebiete quer über Europa ausbreiten, muß er natürlicherweise mit allen Königen, dem Kaiser und den führenden Kurfürsten auf gutem Fuße stehen. Der Krieg könne ihm keine Vorteile verschaffen; er sei zu sehr eingezwängt, seine Besitzungen seien zu verstreut, er könne von mehr als einer Seite angegriffen werden, und seine Bemühungen, sich auf allen Seiten zu verteidigen, ließen ihm keine Kräfte zum Angriff übrig. Diese Überlegung aber schließt eine Politik der Ausdehnung keineswegs aus; im Gegenteil, Zerrissenheit des Gebiets regt zur Abrundung an. Die Wiedergewinnung von Polnisch-Preußen, früher im Besitz des Deutschordens, werde Pommern mit Ostpreußen verbinden und einen Druck auf die Polen dadurch ausüben, daß man ihre Exporte nach den Ostseeländern kontrollieren könne. Als nächstes steht Vorpommern auf der Liste, das eine höchstwillkommene Erwerbung sei. Wenn man es mit dem bereits in preußischem Besitz befindlichen Teil Pommerns verbinde, werde es die Staatseinkünfte beträchtlich vermehren, ein Bollwerk gegen schwedische Übergriffe bilden, eine beträchtliche Streitmacht, die jetzt zur Abschirmung der Peene-Front benötigt werde, entbehrlich machen und den Weg zur Besetzung Mecklenburgs öffnen, sobald dort die herzogliche Linie aussterbe. »Ich schreite immer von Land zu Land, von Eroberung zu Eroberung, und wähle, wie Alexander, neue Welten zur Unterwerfung aus.« Der nächste Punkt auf seiner Liste ist Jülich und Berg, die benötigt werden, damit die Isolierung von Kleve und Mark ein Ende hat. Der Zusammenschluß dieser kleinen westlichen Staaten werde eine ständige Garnison von 30 000 Mann tragbar machen und ihren Beherrscher in den Stand setzen, den Übergriffen gegen Kleve entgegenzutreten, welches Preußen eigentlich nur infolge der Duldung Frankreichs gehöre. Nach ihrer Vereinigung seien diese Länder in der Lage, sich selbst zu verteidigen. Schlesien wird, was bemerkenswert ist, in diesem jugendlichen Programm nicht erwähnt.

Der Kronprinz fügt hinzu, daß er in der Darstellung seiner Pläne weder auf die Rechtsansprüche des Hauses Brandenburg auf diese

Provinzen noch auf die Mittel eingehe, die zur Erwerbung nötig seien. Er wolle nur die politische Notwendigkeit und die Pflicht jedes klugen Ministers beweisen, diese Ziele zu verfolgen. »Ich hoffe auch, daß alles, was ich gesagt habe, als vernünftig erscheinen wird, denn in absehbarer Zeit könnte der König von Preußen unter den großen Potentaten der Erde eine gute Figur machen, indem er Frieden gewährte und aufrecht erhielte allein aus Liebe zur Gerechtigkeit, nicht aus Furcht, und wenn er, sobald die Ehre seines Hauses oder Landes den Krieg forderten, ihn kraftvoll führen könnte, ohne einen Feind fürchten zu müssen außer dem Zorn des Himmels, den aber brauchte er nicht zu fürchten, solange Frömmigkeit und Gerechtigkeitsliebe im Lande über Unglauben und Parteihader, Habgier und Selbstsucht herrschen. Ich hoffe, daß dieses Haus Preußen sich hoch über den Staub erheben wird, in dem es bis jetzt gelegen hat, damit es die protestantische Religion in Europa und im Reich zur Blüte führen kann, damit es eine Zuflucht werde für die Unterdrückten, ein Hort der Witwen und Waisen, ein Freund der Armen, der Feind der Ungerechten. Sollte es sich ändern, sollten Ungerechtigkeit, religiöse Gleichgültigkeit, Parteiwesen oder Laster über die Tugend die Oberhand gewinnen, was Gott verhüten möge, dann wünsche ich, daß sein Fall schneller sei als seine Erhebung.«

Friedrichs erste politische Abhandlung, *Betrachtungen über den gegenwärtigen politischen Zustand Europas,* die er im Jahre 1738 im Alter von sechsundzwanzig Jahren schrieb, die aber erst nach seinem Tode veröffentlicht wurde, geht von der Voraussetzung aus, daß sich Fürsten bis an die Grenzen ihrer Macht zu vergrößern suchen. Seine Beurteilung der menschlichen Natur ist nicht schmeichelhaft. Die Menschen sind zu allen Zeiten und in allen Ländern die gleichen; dieselben Leidenschaften und Neigungen führen unvermeidlich zu den gleichen Ergebnissen. Die Fürsten haben zwei allen gemeinsame Schwächen: Ehrgeiz und Trägheit. »Die Politik der großen Monarchien hat sich nie geändert. Ihr Hauptgrundsatz ist unablässige Vergrößerung gewesen; ihre Klugheit hat darin bestanden, den Anschlägen ihrer Feinde zuvorzukommen und den Wettstreit der Klugheit zu gewinnen.« Der Friede Europas, der auf dem Gleichgewicht der führenden Mächte beruht, wird fortwährend durch diesen ausschweifenden Ehrgeiz bedroht. Die meisten Fürsten glauben, daß ihre Untertanen eigens für ihren Ruhm und ihren Stolz geschaffen sind und bloße Werkzeuge ihrer unbeherrschten Leidenschaften darstellen. Daher die Verherrlichung des falschen Ruhms, die Neigung zum Angriff, die Strenge der Besteuerung, die Trägheit, der Hochmut, die Ungerechtigkeit, die Unmenschlichkeit, die Tyrannei des Herrschers. Würde ein Herrscher die Amtsvollmacht seines Hauses bis zu ihren Quellen zurückverfolgen, so würde er erkennen, daß die Erhebung des ersten Gliedes seines Hauses die Tat des Volkes war, und daß die Tausende, die seiner Sorge anvertraut sind, sich nicht einem Einzelnen unterworfen haben, um seine Macht zu steigern oder die Opfer seiner Laune zu werden. Im Gegenteil, sie haben den Mann gewählt, den sie für den gerechtesten, den väterlichsten, den menschlichsten hielten, den, der am fähigsten war, sie gegen ihre Feinde zu verteidigen, der mörderische Kriege mit größter Klugheit vermied. Werde dieser Grundsatz allgemein angenommen, dann würden Fürsten die zwei Untiefen vermeiden, die jederzeit den Schiffbruch der Reiche verursachten – unmäßigen Ehrgeiz und die feige Vernachlässigung ihrer Pflichten. Das ist das Evangelium des Gesellschaftsvertrages, obwohl weder diese noch irgendeine andere politische Abhandlung Friedrichs das Widerstandsrecht des Volkes zuläßt, wenn der Herrscher die Geißel seines Volkes wird, anstatt sein Vater zu sein. Die sittliche Verpflichtung, seine Pflicht zu erfüllen, ist ausdrücklich anerkannt, aber sie schwebt in der Luft, weil keine Sanktion eingeführt wird. Diese Auslegung ist um so bedeutsamer, als er erbarmungslos die Leistungen von Fürsten der Vergangenheit und Gegenwart kritisiert.

Über diese akademischen Überlegungen und Gemeinplätze hinaus beschäftigt sich der Essay mit konkreten Fragen im Geiste der praktischen Politik, und hier liegt seine eigentliche Veranlassung*. Ein Brief an Voltaire aus dem April 1738 legt dar, daß Friedrich ursprünglich die Absicht hatte, ihn anonym in England als die Arbeit eines Engländers zu veröffentlichen, um die britische öffentliche Meinung gegen Frankreich zu mobilisieren; denn Frankreich ist der Schurke des Stückes. Sein Landhunger auf Kosten Deutschlands und der Niederlande wird scharf abgekanzelt; es wird ihm vorgeworfen, nach der Universalmonarchie zu streben. Dieses Streben sei um so gefährlicher für Deutschland, als Österreich das Ziel verfolge, dem Reich seine Wahlfreiheit zu nehmen, indem es die Kaiserkrone im Hause Habsburg erblich mache. Während der Ehrgeiz Ludwigs XIV. so provozierend gewesen sei, daß er weitverbreiteten Widerstand hervorgerufen habe, schläfere Fleury das Mißtrauen durch einen Anstrich von Milde ein. Dennoch habe er Lothringen an sich gerissen und werde bald noch mehr bekommen. Wie das alte Rom, so mische sich Frankreich überall ein, und die Uneinigkeit seiner möglichen Gegner, einschließlich der Reichsfürsten, mache es zum Schiedsrichter in allen europäischen Streitigkeiten. Auf wen könne man also als Verteidiger des europäischen Gleichgewichts im Widerstand gegen Frankreichs Macht rechnen? Auf England und Holland, lautet die Antwort, womöglich unterstützt von den norddeutschen Staaten. Es findet sich keine unmittelbare Kritik an der Politik des Vaters, aber ganz offenbar mißbilligt der Verfasser die Zusammenarbeit mit Österreich und die Unterstellung der preußischen unter die österreichische Politik, wie sie von den zwei ersten Preußenkönigen gehandhabt worden war. Preu-

* Vgl. *Eine Flugschrift des Kronprinzen Friedrich*, in Duncker, *Aus der Zeit Friedrichs des Großen und Friedrich Wilhelms III.*

ßen habe seine Hoffnungen auf die Erbfolge in den Herzogtümern Jülich und Berg gesetzt, aber Österreich habe sein Wort gebrochen. Nachdem es zunächst versprochen habe, die preußischen Ansprüche als Preis der preußischen Anerkennung der Pragmatischen Sanktion zu unterstützen, habe der Kaiser im Laufe der Zeit seine Verpflichtungen immer mehr verringert, nicht nur, indem er zunächst das Herzogtum Jülich und danach Düsseldorf, die Hauptstadt des Herzogtums Berg, davon ausgenommen, sondern auch dadurch, daß er die rivalisierenden Ansprüche der Sulzbacher Linie der Kurfürsten von der Pfalz auf beide Herzogtümer unterstützt habe. Der eigentliche Grund war nach Ansicht des Verfassers der, daß weder Frankreich noch Österreich die Machtverstärkung eines protestantischen Staates wünschten. Aus eben diesem Grunde, so argumentiert er, sollten England und Holland als protestantische Staaten die Ansprüche Preußens unterstützen. Aber auch hier seien Schwierigkeiten vorhanden, denn der Kurfürst von Hannover sei auf den Kurfürsten von Brandenburg eifersüchtig, und Holland könne sich nicht mit der Aussicht befreunden, daß Ostfriesland mit seiner Hafenstadt Emden in preußische Hände komme. Trotz dieser örtlich begrenzten Reibungsflächen berief sich der Verfasser auf die auf dem Spiel stehenden größeren Interessen, und sein Eintreten für eine englisch-preußische Zusammenarbeit gegen die Pläne Frankreichs und Österreichs nimmt die Gruppierung des Siebenjährigen Krieges vorweg.

Ein Jahr später, 1739, teilte Friedrich Voltaire mit, daß er eine Abhandlung über den »*Fürsten*« im Auge habe. Der *Antimachiavell* wurde im Jahre 1740 vollendet, Voltaire zur Überarbeitung eingesandt und anonym im September 1740 im Haag veröffentlicht, bald nach seiner Thronbesteigung und kurz vor seinem Einmarsch in Schlesien*. Die erste Fassung, die sich in vielen Einzelheiten von der veröffentlichten unterscheidet, wurde ein Jahrhundert später in den 8. Band der »Werke« aufgenommen. Das Vorwort schlägt den hohen moralischen Ton an, der das ganze Werk bestimmt. Machiavelli, der Verderber der Politik und der Feind einer gesunden Sittlichkeit, sei von vielen Moralisten angegriffen worden, aber sein Ansehen unerschüttert geblieben. »Ich wage es, die Verteidigung der Menschlichkeit aufzunehmen wider ein Ungeheuer, das sie verderben will, die Vernunft und die Gerechtigkeit der Sophisterei und dem Verbrechen entgegenzusetzen. Ich habe immer den ›*Fürsten*‹ für eines der gefährlichsten Bücher der Welt angesehen, denn ein ehrgeiziger junger Mensch, der noch zu unreif ist, um Gut und Böse zu unterscheiden, kann nur zu leicht von Grundsätzen in die Irre geführt werden, die seinen Leidenschaften

---

* Friedrichs Anschauungen über die Beziehungen zwischen Politik und Moral werden erschöpfend analysiert in Meineckes klassischem Werk *Die Idee der Staatsraison*. Seine Theorie und seine Praxis werden erläutert bei Paul Dubois, *Frédéric le Grand d'après sa Correspondance Politique*.

schmeicheln. Das ist schon schlimm genug bei einem einfachen Bürger; es ist weit schlimmer bei regierenden Fürsten, die ihren Untertanen ein Vorbild setzen und durch ihre Seelengüte, ihre Großherzigkeit und ihre Milde lebendige Ebenbilder der Gottheit sein sollten. Die Leidenschaften der Könige sind gefährlicher als Überschwemmungen, Pest und Feuersbrunst, denn ihre Folgen sind von längerer Wirkung.« Auf den Einwand, daß der florentinische Verführer beschrieben habe, was die Fürsten tun, nicht, was sie tun sollten, entgegnete Friedrich, daß es auch genug gute Fürsten gegeben habe.

Der Kritiker erinnert zunächst an die Zwecke, zu denen das Institut der Herrschaft begründet wurde, den Schutz und die Wohlfahrt der Gemeinschaft. Angesichts dieses Vertrages ist der Souverän keineswegs der absolute Herr, sondern nur der erste Diener – *le premier domestique* – des Volkes. In der Feststellung seiner einzelnen Verpflichtungen gegenüber seinen Untertanen geht Friedrich mit Locke gegen Hobbes, aber in einer Frage von viel größerer Wichtigkeit trennt er sich von Locke. Der Philosoph der Glorreichen Revolution billigte den Widerstand, wenn der Bruch des Vertrages beabsichtigt und offenkundig war. Hobbes verneinte ihn selbst bei schwerster Herausforderung. Friedrich, dem die lange Tradition des kontinentalen Absolutismus in Fleisch und Blut übergegangen ist, tritt weder für das Widerstandsrecht noch den duldenden Gehorsam ein, sondern setzt stillschweigend die Übereinstimmung mit dem Willen des Herrschers voraus. Preußen hatte keine Einrichtungen der Volksvertretung und keine politische Erfahrung, und die Presse brachte nie die grundsätzlichen Fragen vor die Öffentlichkeit. Kein deutscher Publizist hißte in der ersten Hälfte des achtzehnten Jahrhunderts die Fahne der politischen Selbstbestimmung, und hätte er es getan, so wäre ihm niemand gefolgt. Friedrich kennt drei legitime Verfahrensweisen, durch die ein Herrscher die Macht übernehmen kann – durch Erbfolge, Wahl oder Ergebnis eines gerechten Krieges. Usurpatoren sind Verbrecher und haben keine Rechte. Die Erbmonarchie ist das Herrschaftssystem, das am leichtesten arbeitet, denn die Bande zwischen Herrscher und Volk sind in ihr am zahlreichsten. »Ein zufriedenes Volk wird niemals an Aufruhr denken, denn sein Herrscher ist sein Wohltäter, und der Souverän braucht keine Einschränkung seiner Macht zu befürchten. Die Holländer hätten sich nie gegen die Spanier erhoben, hätte deren Gewaltherrschaft nicht so sehr das Maß überschritten.« Daß es Grenzen der menschlichen Ausdauer gibt, wird hier wie auch an anderen Stellen gesehen, aber die logischen Folgerungen aus diesem Einwand werden außer Acht gelassen.

Machiavelli, wird uns gesagt, lebte in einem halbbarbarischen Zeitalter, in welchem Eroberungen als Heldentaten galten, aber in seinen Ratschlägen über die Methoden der Behauptung des Eroberten war er bedenkenloser als seine Zeitgenossen: er empfahl sogar die Ausrottung der besiegten Dynastie. Seit jener Zeit hätten sich die Verhältnisse gebessert. Wenn es jetzt unter christlichen Völkern weniger Revolutionen gebe, dann deshalb, weil die Grundsätze einer gesunden Moral sich zu verbreiten begännen. Die Menschen seien an Geistesbildung gewachsen und hätten ihre Wildheit verloren, vielleicht dank der Schriftsteller, die Europa verfeinert hätten. Die Temperamente der Völker unterscheiden sich natürlich weitgehend, und die ruhelose Oberflächlichkeit der Franzosen macht sie besonders zu Revolutionen geneigt. Die Größe eines Staates ist viel weniger wichtig als die Zahl und der Unternehmungsgeist seiner Bewohner, wie sich am Gegensatz zwischen Rußland und Holland zeigt. Caesar Borgia, das Vorbild Machiavellis, war nicht nur ein Eroberer, sondern ein Attentäter und Giftmörder, »das scheußlichste Ungeheuer, das je die Hölle von sich spie«. Obwohl die Herrschaft solcher Teufel in Menschengestalt das schlimmste aller politischen Systeme darstellt, leiden die Republiken an anderen, aber ebenso tödlichen Mängeln. Übermäßig bedacht auf seine Freiheit, widerstrebt der Republikaner allen Beschränkungen und empört sich schon gegen die bloße Idee eines Herrschers. Viele Republiken sind in den Despotismus zurückgesunken, und dies scheint ihrer aller Schicksal zu sein. »Wie sollte ein Freistaat auch auf ewige Dauer den Kräften Widerstand leisten, die seine Freiheit untergraben? Wie vermöchte er auf die Dauer das Emporstreben der Großen niederzuhalten, das er selbst in seinem Schoße gedeihen läßt? Wie vermöchte er auf die Dauer die Ränke seiner Nachbarn und den sittlichen Verfall seiner Glieder zu überwachen, solange nur die Selbstsucht unter ihnen zählt? Freistaaten bilden sich, blühen etliche Jahrhunderte und gehen zugrunde durch die Verwegenheit eines Bürgers oder die Waffen ihrer Feinde.« Auch Reiche und große Monarchien zählen ihre Tage; aber Republiken dürfen nie ihre Gebrechlichkeit vergessen, und sie betrachten jede mächtige Familie als den Krankheitskeim, der sie eines Tages zu Fall bringt.

Friedrichs Bewertung der Natur des Menschen war nie optimistisch, aber in seiner Jugend schätzt er den Menschen höher ein als in seinen Reifejahren. Auf Machiavellis Beweisführung, daß in dieser verderbten Welt die Güte den Untergang herbeiführe, antwortete er, daß man zur Vermeidung des Unglücks sowohl gut wie klug sein müsse. Er anerkennt die Übermacht der Selbstsucht, gibt ihr aber eine andere Deutung. In der Regel sind die Menschen weder alle gut noch alle böse, aber einen mächtigen, gerechten und geschickten Fürsten erkennen sie meistens an: »Einem guten König dient man gern.« In England sei noch kein guter Herrscher selbst durch große Armeen entthront worden, die schlechten Herrscher aber seien von Rivalen gestürzt worden, die nur mit einer kleinen Streitmacht begonnen hätten. »Sei also nicht böse gegen die Bösen, sondern sei tugendhaft und unerschrocken gegen sie. Du wirst Dein Volk ebenso tugendhaft machen wie Du selbst bist, Deine Nachbarn werden Dich nachahmen, und die Bösen werden zittern.« Manneszucht ist unumgänglich für ein Heer, aber Strenge sollte nie zur Grausamkeit werden. »Ich möchte am Tage der Schlacht lieber von meinen Soldaten geliebt als gefürchtet werden.« Die Sitte der Revolutionen scheine ausgestorben zu sein. Nur in England müsse der König mit Revolutionen rechnen, aber selbst dort habe er nichts zu fürchten, wenn er nicht selbst den Sturm heraufbeschwöre. Ein grausamer Fürst werde mit größter Wahrscheinlichkeit durch Verrat fallen, denn Grausamkeit sei unerträglich. Auch der Treubruch, ein anderes Mittel, welches vom Orakel der Tyrannei empfohlen worden war, sei unklug, denn die Menschen ließen sich nicht mehr als einmal täuschen.

Hier verläßt der Prediger die Kanzel. Es gibt traurige Zwangslagen, gibt er zu, in denen es ein Fürst nicht vermeiden kann, Verträge und Bündnisse zu brechen. Aber auch in solchen bedauerlichen Ausnahmefällen muß er »als Ehrenmann« handeln, seinen Verbündeten die Verträge aufkündigen, vor allem aber zu diesen äußersten Mitteln nie greifen, wenn ihn nicht die Sicherheit seiner Völker und die grausame Notwendigkeit dazu zwingt. Diese dehnbaren Bedingungen würden auch dem Verfasser des *Fürsten* genügt haben, der das Evangelium der Staatsraison nicht als ein bloßer Zyniker verkündigte, der sich über die Tugend lustig macht, sondern als ein Historiker und Publizist, der zutiefst davon überzeugt war, daß hier die einzige Möglichkeit für den Staat liege, sich am Leben zu erhalten. Nach dieser für den Beweisgang abträglichen Zulassung von Ausnahmen kann der Leser nur zu dem Ergebnis kommen, daß der Verfasser des *Antimachiavell,* trotz seines lauten Eintretens für eine hohe Sittlichkeit, in Wirklichkeit ein Scheingefecht vorführt.

Das letzte Kapitel, das sich mit der Frage der gerechten und ungerechten Kriege auseinandersetzt, entfernt sich noch weiter von den Grundsätzen des Konfirmandenunterrichts. »Der Krieg ist ein Notbehelf, der nur in verzweifelten Fällen und erst dann angewandt werden darf, wenn man sorgfältig geprüft hat, ob einen Hochmut oder ein gewichtiger Grund dazu bewegen.« Es gibt Verteidigungskriege, Interessenkriege und Vorbeugungskriege. Die erste Kategorie ist natürlich die gerechteste. Kriege der zweiten Kategorie müssen unternommen werden, wenn Könige umstrittene Rechte zu wahren haben; dann plädieren sie mit den Waffen, und die Schlachten geben das Urteil ab. Vorbeugungskriege sind Angriffskriege, aber darum nicht im geringsten ungerecht. »Wenn die außergewöhnliche Größe einer Macht alle Dämme zu sprengen scheint und die Welt zu verschlingen droht, dann ist es die Art der Klugheit, Deiche zu errichten und den reißenden Strom zum Stehen zu bringen, solange man ihn noch unter Kontrolle hat. Man sieht die sich zusammenballenden Wolken und das Blitzen, das dem Sturm vorausgeht. Der Herrscher, den diese Gefahr bedroht und der das Unwetter allein nicht abwenden kann, sollte alle die zusammenbringen, die von der gleichen Gefahr bedroht sind. Da man das geringere Übel vorziehen muß, tut ein Fürst besser daran, in einen

Angriffskrieg einzutreten, solange er noch zwischen Krieg und Frieden wählen kann, als zu warten, bis die Lage verzweifelt ist und eine Kriegserklärung seine Versklavung und seinen Untergang nur noch um Augenblicke hinausschieben kann. Also sind alle Kriege gerecht, die das Ziel haben, einem Usurpator zu widerstehen, verbriefte Rechte aufrecht zu erhalten, die Freiheit der Welt zu bewahren und die Unterdrückung und Gewalttat von Ehrgeizigen abzuwehren. Fürsten, die solche Kriege unternehmen, brauchen sich das Blutvergießen nicht zum Vorwurf zu machen. Die Zwangslage nötigt sie zum Handeln, und unter solchen Umständen ist der Krieg ein geringeres Übel als der Friede.« Der König hätte kein Wort in dieser Rechtfertigung der hypothetischen Rechte und Pflichten der Fürsten für den Beginn eines Angriffskrieges ändern brauchen, hätte er den Wunsch gehabt, den Raub Schlesiens im Jahre 1740 oder seinen Entschluß von 1756 zu rechtfertigen, als er den Siebenjährigen Krieg begann, um als erster zuzuschlagen.

Zwischen dem Herrscher und dem Publizisten war ein weltanschaulicher Unterschied: der Herrscher proklamierte das Recht, alles um des Staates willen zu tun; der Publizist ermutigte den Fürsten, zuerst an sich selbst zu denken. Aber Friedrich behandelte Machiavelli ungerecht: dieser war kein Ungeheuer, das sich am Bösen berauschte, sondern ein nachdenklicher Patriot. Seine politische Lehre reifte in einem Italien, das in zerbrechliche kleine Staaten aufgeteilt war, in denen die Fürsten vielfach die Macht aus den Händen verschlagener Nebenbuhler an sich gerissen hatten und sich nur auf ihre Gewandtheit verlassen durften. Ihr Leben war ein unablässiger Kampf nicht nur gegen neidische Rivalen von außen, sondern auch gegen Feinde von innen. Der Verfasser des *Antimachiavell* hatte einen unbestrittenen Rechtstitel und ein an Gehorsam gewöhntes, literarisch wenig gebildetes und vorwiegend landwirtschaftliches Volk im Erbgang übernommen: er war nicht in der Lage, sich das Fieberklima der Stadtstaaten der italienischen Renaissance vorzustellen. Da es in seinen Gebieten keine revolutionäre Tradition gab, da niemand an Aufruhr dachte, konnte sich der Herrscher, gestärkt durch das Gefühl persönlicher Sicherheit, ganz der Hebung der Volkswohlfahrt widmen. Die laute Kampfschrift verliert ihre Wirkung, wenn man sich klar macht, daß sie weitgehend auf einem Mißverständnis beruht. Auf dem Gebiet der Außenpolitik herrscht außerdem nur ein geringer Unterschied zwischen beiden, denn der Kronprinz, der seine Abhandlung als rigoroser Moralist beginnt, endet damit, dem Herrscher den Krieg zu jeder ihm richtig dünkenden Zeit nahezulegen.

XIII.

DIE POLITISCHEN TESTAMENTE

Die zwei Politischen Testamente, von denen das erste aus dem Jahre 1752, das zweite aus dem Jahre 1768 stammt, wurden zum ersten Male 1920 in ihrem vollen Wortlaut von Volz veröffentlicht, als dynastische Geheimnisse endlich ungescheut enthüllt werden konnten. Den Titel entnahm Friedrich offenbar einer ähnlichen Darlegung, die man Richelieu zuschreibt und von der ein Exemplar in der Bibliothek von Sanssouci vorhanden war. Die Testamente enthalten eine umfassende Übersicht über den Apparat und die Pflichten der Regierung und gründen sich auf Friedrichs Erfahrungen als Herrscher über einen kleinen, armen und zerstückelten Staat. Mit Genugtuung hätte sie sein Vater gelesen, dessen eigenes Politisches Testament, wie es im dritten Bande der *Acta Borussica* veröffentlicht ist, sie nicht nur im Geist, sondern häufig auch in der Formulierung vorwegnimmt. Obwohl Friedrich Wilhelm I. große Körperkraft besaß und ein unermüdlicher Arbeiter war, litt er an gefährlichen Krankheiten, und im Jahre 1722 bewog der Gedanke an den Tod den Dreiunddreißigjährigen, eine bedeutsame Ermahnung an seinen Nachfolger, damals ein zartes Kind von zehn Jahren, zu entwerfen. Der calvinistische Monarch beginnt mit einem Glaubensbekenntnis: »Mit Gott dem allerhöchsten stehe ich wohll, und habe vom 20ten jahre meines alters mein gantzen vertrauen auf Gott feste gesetzet, den ich stehts umb genedige erhörung angerufen habe und hat auch mein Gebeht bestendigst erhöret.« Herrscher, die Gott vor Augen haben und keine Mätressen halten, werden reichlich gesegnet werden. Schauspiele und Opern, Ballette und Maskeraden, Saufen und Fressen werden energisch abgelehnt, obwohl auf diesem Gebiet der König, der selbst eine Schwäche für Hanswurstiaden und Alkohol hatte, häufig seinen eigenen Vorschriften nicht ganz genügte.

Der königliche Verfasser behandelt zunächst die Armee und droht seinem Nachfolger mit dem Entzug des väterlichen Segens, wenn er die Ausgaben für das Heer einschränke. Nachdem er es an Schlagkraft den Streitkräften viel größerer Mächte gewachsen gemacht habe, ermahnt er ihn, die Qualität und Manneszucht der Armee aufrechtzuerhalten. Deshalb soll er die gleiche Aufmerksamkeit den Staatsfinanzen widmen. »Euer finanzen müsset Ihr selber und allein tracktieren und das Komando der Armeé selber und allein bestellen und die zwei hauptsachen allein disponieren dadurch werdet Ihr die ottoritet in der Armeé durchs Komando und die liebe wehgen das Ihr den Knop auf den Beuttell allein habet von eure offizier und ciwillbedinte haben.« Unmittelbar nach seinem Thronantritt solle der Erbe alle Beamtengehälter um ungefähr 25 Prozent kürzen, aber nicht die für die Armee bestimmte Summe: nach einem Jahr könne er die Gehälter derjenigen, die ihre Pflicht tun, wieder auf ihre alte Höhe bringen. Wichtiger als alles andere ist das Beispiel des Monarchen selbst. »Arbeitten müsset Ihr so wie ich bestendigst getahn den(n) ein Regente der mit honneur in die weldt Regiren will mus seine affehren alles selbst tuhn, also sein die Regenten zur arbeit erkohren und nicht zum flascken faullen weiberlehben ... leider die meisten Grohssen herren seins nicht.« Auf dem Gebiet der Wirtschaft ist Friedrich Wilhelm natürlich ein Merkantilist. Bevölkerung ist Reichtum. Städte müssen gegründet, Textil- und andere Industrien eingerichtet werden. »Denn ein landt sonder Manifactuhren ist ein Menschlichen Körper sonder lehben ergo ein totes landt das bestendigst Power und elendig ist und nicht zum flohr sein dage nicht gellangen kahn dehrowehgen mein bitte ich euch mein lieben Successor conserviret die Manifatturen Protegiret sie und flantzet sie fordt und fordt breittet sie weitter in eure lender.«

Dem Erben wird dringend ans Herz gelegt, keine Anleihen aufzunehmen, sondern jedes Jahr eine feste Summe beiseite zu legen. Er soll jedes Jahr einmal jede Provinz bereisen, um sich zu vergewissern, daß alles in Ordnung ist. Er soll Kirchen und Schulen bauen. Zwischen Calvinisten und Lutheranern darf kein Zank geduldet werden, die Katholiken soll er mit Ausnahme der Jesuiten dulden, aber auswärtigen Juden soll er die Niederlassung in seinem Lande verwehren. Das Dokument schließt mit einer stolzen Bestandsaufnahme. »Da mein sehliger Vatter gestorben 1713. (fand) ich (daß) das landt Preußen von der menschen Pest und viehe Pest fast ausgestorben ist alle Domenen im gantzen lande (oder die) meisten verpfendet und in Erbpacht wahren die ich alle wieder ausgelöhsen habe und die finnance in solchen schlegten stande wahren das ein Banckruht nahe wahr die Armeé in solchen schlegten (Zustand) und Kleine Zahll wahr das ich alle gewehsene unrichtigkeit nicht genug Kan beschreiben ist gewiß ein recht Meisterstück (daß) in 9 Jahr biss anno 1722 ich die afferen alles wieder so in eine guhte ordre und verfassung gebracht. An euch mein lieber Successor ist was eure vorfahren angefangen zu sutteniren und eure Pretensionen und lender darbeyschaffen die unsserm hausse von Gott und rechtswehgen zugehören bettet zu Gott und fanget niemahlen ein ungerechten Krig an aber wozu Ihr recht habet da lasset nicht ab.« Zu welchem Zeitpunkt diese Grundsätze seinem Sohn in die Hand kamen, läßt sich nicht feststellen, aber man darf ruhig annehmen, daß er sich sorgfältig mit ihnen beschäftigte und sie auf sich wirken ließ.

Die erste Bürgerpflicht, so erklärt Friedrich in der Einleitung zu seinem Politischen Testament von 1752, ist es, seinem Vaterland zu dienen. Er habe sie zu erfüllen versucht und als erster Beamter die Gelegenheit und die Mittel gehabt, sich seinen Mitbürgern nützlich zu erweisen. Seine Liebe zu ihnen lasse ihn wünschen, ihnen nach seinem Tode noch zu dienen. Er sei nicht so anmaßend zu glauben, daß seine Lehren oder sein Beispiel seine Nachfolger binden könnten; der Tod vernichte den Menschen und seine Pläne, und alles unterliege dem Gesetz des Wechsels. Seine einzige Absicht sei, einem Piloten gleich der Nachwelt seine Erfahrungen auf den stürmischen Meeren mitzuteilen, die Untiefen anzugeben, die sie zu meiden habe, und die Häfen, in denen sie Zuflucht finden könne. Die Regierung befasse sich mit vier Hauptaufgaben – der Rechtspflege, der Finanzwirtschaft, dem Heere und der Politik. In der Rechtspflege habe er vieles reformbedürftig vorgefunden, und in Coccejiner, seinem Großkanzler, besitze er einen bewundernswerten Mitarbeiter, der, wie er, davon überzeugt sei, daß alle Gesetze auf der natürlichen Billigkeit beruhen müßten. Daher sei die Rechtlosigkeit seltener geworden, das Berufsethos der Richter habe sich gehoben, die Prozeßdauer sei abgekürzt worden, es gebe wenige Rückstände. Herrscher sollten den größten Wert darauf legen, Männer wie Cocceji als Aufsichtsbehörde einzusetzen, denn ihnen sei ein Teil der Autorität des Herrschers anvertraut und sie seien Schiedsrichter über das Hab und Gut ihrer Mitbürger. Der Verfasser verkündet seinen Entschluß, niemals in den Gang gerichtlicher Verfahren einzugreifen: »In den Gerichtshöfen sollen die Gesetze sprechen, und der Herrscher soll schweigen.« Dies Stillschweigen befreie ihn jedoch nicht von der Pflicht, über die Aufführung der Richter zu wachen und gegen sie vorzugehen, wenn sie in der Erfüllung ihrer Pflichten versagten. In solchen Fällen sei strengste Bestrafung am Platze, da der Herrscher gewissermaßen zum Mitschuldigen an den Verbrechen werde, die er unbestraft lasse.

Die Erörterung der Finanzwirtschaft ist viel eingehender, denn hier hat der Herrscher die Pflicht, nicht nur zu überwachen, sondern selbst handelnd einzugreifen. Soll das Land glücklich sein und sein Fürst sich Achtung verschaffen, dann muß er seinen Haushalt in Ordnung haben. Eine arme Regierung kann sich nie durchsetzen. Der Kaiser Maximilian, den die Italiener *Massimiliano senza denari** nannten, war für Europa ein Gegenstand des Gelächters. Erst jüngst ließ der Kaiser Karl VI. seinen Staat in solcher Unordnung zurück, daß Maria Theresia gezwungen war, englische Subsidien anzunehmen, was sie zur Sklavin König Georgs machte und sie die Abtretung schöner Provinzen an Preußen und den König von Sardinien kostete. Die kluge Fürstin ist daher jetzt eifrig mit der Reform dieser Mißwirtschaft beschäftigt. Wenn Frankreich in seiner törichten Wirtschaftsgebarung fortfährt, wird es bald in Verfall geraten und seinen Nebenbuhlern verächtlich werden. Was für andere Länder gilt, ist besonders auf Preußen anwendbar, das weder Kolonien noch reiche Handelskompanien, weder eine Bank noch so viele andere Hilfsquellen hat, wie sie Frankreich, England und Spanien zur Verfügung stehen. Selbst im nur eine kleine innere Anleihe aufgebracht werden. Der

---

* Maximilian ohne Geld.

Fürst kann seine Einkünfte vermehren, nicht durch die Auferlegung neuer Steuern, sondern indem er zur Verbesserung des Ackerbodens ermutigt und Industrien entwickelt. Die jährliche Staatseinnahme soll nicht ganz ausgegeben werden, und das Schatzamt muß jederzeit in der Lage sein, einen Krieg von vier Jahren Dauer zu finanzieren und jedem Notfall zu begegnen. Die Erörterung schließt mit Gedanken über die Pflichten des Herrschers. Er soll seine Liebe und Sorge für sein Volk durch Steuernachlässe und Milderung harter Steuern zeigen, die Privilegien des Adels und der Städte aufrechterhalten, Beamte, die ihre Stellung mißbrauchen, bestrafen. Gegen Projektenmacher muß er auf der Hut sein. Es gibt keinen Herrscher in Europa, der nicht durch diese Schurken hinters Licht geführt worden ist, am schlimmsten der König von Polen.

Die Erörterung der Politik, der dritten der vier großen Staatsobliegenheiten, beginnt mit der Erklärung, daß der Herrscher seine Völker kennen muß – ob Milde oder Strenge anzuwenden ist, ob sie rebellisch sind oder zu Intrigen neigen und worin ihre Talente bestehen. »Allgemein gesprochen sind die Einwohner von Ostpreußen intelligent und gewandt. Man beschuldigt sie der Falschheit, aber ich glaube nicht, daß sie falscher sind als andere. Viele haben gedient und dienen noch mit Auszeichnung, aber ich kann keinen, den ich kennengelernt habe, der Falschheit bezichtigen.« Die Pommern sind die besten Untertanen im Heer und in der Verwaltung, aber für schwierige Unterhandlungen sind sie zu freimütig. Der Adel der Kurmark ist vergnügungssüchtig, und es fehlt ihm die Klugheit der Ostpreußen und die Solidität der Pommern. Die Schlesier sind an Bildung zurück, der Tätigkeit abgeneigt, stehen der Regierung unfreundlich gegenüber, da sie Katholiken sind und die Mehrzahl ihrer Verwandten unter österreichischer Herrschaft stehen. Der klevische Adel steht an letzter Stelle – »dumm, wirr, im Rausche gezeugt, ohne angeborene oder erworbene Talente«. Im ganzen könne der Adel auf gute Leistungen im Staatsdienst zurückblicken; seine Treue und seine Verdienste haben ein Anrecht auf den Schutz des Herrschers. »In diesem Staate sind keine Parteiungen und Empörungen zu befürchten. Milde Behandlung reicht aus, und nur in Schlesien arbeiten einige Adlige und geistliche Herren als Spione für den Feind. Strenge ist selten geboten, wenn die Auswahl der Menschen sorgfältig geschieht. Nur wenige sind ohne Talent geboren.«

Eines der schwierigsten Probleme für den Herrscher sind die Kirchen. Friedrich bemerkt mit Genugtuung, daß Katholiken, Lutheraner, Calvinisten, Juden und andere Sekten in seinen Gebieten friedlich nebeneinander wohnen. Wenn er aus falschem Eifer die eine oder die andere zu sehr begünstige, so werde er schnell Streitigkeiten, Verfolgungen und die Auswanderung nützlicher Bürger hervorrufen. »Für die Politik ist es völlig belanglos, ob ein Herrscher religiös ist oder nicht. Geht man allen Religionen auf den Grund, so beruhen sie auf einem mehr oder weniger widersinnigen System von Fabeln.« Niemand mit gesundem Verstand, der die Dinge untersucht, kann verfehlen, diese Irrtümer zu erkennen, doch muß man diese Vorurteile mit Achtung behandeln, um die Gläubigen nicht zu verletzen. Die Juden sind von allen Sekten die gefährlichste, weil sie den Handel der Christen schädigen und für den Staat nicht zu gebrauchen sind. Man benötigt sie für gewisse Arten von Geschäft in Polen, aber man muß eine Vermehrung ihrer Zahl verhindern und sie vom Großhandel fernhalten. Die Katholiken in Schlesien erfreuen sich religiöser Duldung, aber damit durch die Klöster die Vermehrung der Bevölkerung nicht gefährdet wird, darf niemand die Weihen nehmen, ehe er volljährig ist. Die Priester sind ganz brave Leute, die Mönche neigen mehr nach Österreich. Sie zahlen 30 Prozent ihrer Einnahmen an den Staat, damit sie zu etwas nützlich sind. Die schlesischen Jesuiten, die gefährlichste Gattung der Geistlichkeit, sind fanatisch österreichisch gesinnt. »Ich bin gewissermaßen der Papst der Lutheraner und das kirchliche Haupt der Reformierten. Alle anderen christlichen Sekten werden in Preußen geduldet. Dem ersten, der einen Bürgerkrieg entzünden will, schließt man den Mund. Ich bin neutral zwischen Rom und Genf. Auf diese Weise kann ich dem religiösen Haß steuern, indem ich allen Parteien Mäßigung predige. Ich suche aber auch Einigkeit unter ihnen zu stiften, indem ich ihnen vorhalte, daß sie Mitbürger eines Staates sind.« Während er sich bemühe, mit dem Papste gute Freundschaft zu halten, rate er seinen Nachfolgern, dem katholischen Klerus ohne Beweise seiner Treue nicht zu trauen.

Die Prinzen von Geblüt – »eine Art Zwitterwesen, die weder Herrscher noch Untertanen sind und sich bisweilen schwer regieren lassen« – werden mit Verachtung abgetan. Ihre hohe Geburt flößt ihnen einen Hochmut ein, der ihnen den Gehorsam unerträglich und alle Bindungen hassenswert macht. Sind Intrigen im Gange, dann sind sie wahrscheinlich hier zu suchen. In Preußen ist ihre Macht geringer als irgendwo sonst. Das beste Verfahren ihnen gegenüber besteht darin, den ersten, der die Fahne der Unabhängigkeit erhebt, rücksichtslos in seine Schranken zu weisen, alle mit der ihrer Abkunft gebührenden Auszeichnung zu behandeln, sie mit äußeren Ehren zu überhäufen, aber von Staatsgeschäften fernzuhalten und ihnen ein militärisches Kommando nur anzuvertrauen, wenn sie talentiert und zuverlässig sind. »Was ich von den Prinzen sage, gilt ebenso von den Prinzessinnen, die sich nie und unter keinerlei Vorwand in die Regierung einmischen dürfen.« Friedrich hatte von keiner Frau eine hohe Meinung, außer von Wilhelmine.

Die Übersicht über die innere Politik endet mit einer Verteidigung des aufgeklärten Absolutismus. In einem Staate wie Preußen muß der Fürst selbst die Geschäfte führen. Ist er klug, dann wird er nur dem Staatsinteresse folgen, das auch das seine ist. Während ein Minister sich leicht von egoistischen Überlegungen leiten läßt und seine

Schützlinge bevorzugt, wird der Herrscher den Adel stützen, die Geistlichkeit in die gebührenden Schranken weisen, verhindern, daß die Prinzen von Geblüt Ränke spinnen, und das wahre Verdienst belohnen. Noch wichtiger ist es, daß er die äußere Politik selbst leitet, Bündnisse schließt, wenn es notwendig wird, seine Pläne entwirft und in schwierigen Lagen seine Entschlüsse ganz nach den jeweiligen Erfordernissen faßt. Das Finanzwesen, die innere Verwaltung, die Außenpolitik und das Heerwesen sind so eng miteinander verknüpft, daß keiner dieser Zweige ohne Rücksicht auf die anderen behandelt werden kann. Sobald dies vergessen wird, fährt der Fürst schlecht. In Frankreich zum Beispiel führen vier Minister die ganze Regierung – der Finanzminister, der Kriegsminister, der Marineminister und der Außenminister. Diese vier Könige arbeiten nie zusammen, daher die Widersprüche, die sich beobachten lassen. »Eifersüchtig stößt der eine um, was der andere mit Geschick aufbaut; da gibt es kein System, keinen Plan, der Zufall herrscht. Alles wird von Umtrieben am Hofe entschieden. Die Engländer erfahren alles, was in Versailles besprochen wird; es gibt kein Geheimnis und also auch keine Politik. Eine gut geleitete Staatsregierung muß ein ebenso fest gefügtes System haben wie ein philosophisches Lehrgebäude, so daß die Finanzen, die Politik und das Heerwesen auf ein gemeinsames Ziel zugeordnet sind, nämlich die Stärkung des Staates und das Wachstum seiner Macht. Ein solches System kann aber nur aus einem Kopf entspringen, dem des Herrschers. Trägheit, Vergnügungssucht und Dummheit sind die Ursachen, welche die Fürsten von ihrem edlen Beruf, für das Glück der Völker zu wirken, zurückhalten. Der Herrscher ist der erste Diener des Staates.«

Die eindrucksvolle Erörterung der Außenpolitik, die ausgelassen worden war, als der Rest des Werkes in den *Acta Borussica* im Jahre 1907 veröffentlicht wurde, beginnt mit der Erinnerung daran, daß der preußische Staat kein zusammenhängendes Ganze sei. Der Kern des Staates und die Quelle seiner Kraft sind die Kurmark, Pommern, Magdeburg, Halberstadt und Schlesien. Ostpreußen, das von Pommern durch polnisches Gebiet getrennt ist, grenzt an Polen und Rußland. Das Herzogtum Cleve und Ostfriesland berühren sich mit Holland. Schlesien stößt an Böhmen, Mähren und Ungarn an. Kurbrandenburg und Magdeburg umgeben Sachsen teilweise. Pommern grenzt an die deutschen Besitzungen Schwedens. Preußen ist Nachbar der größten Herrscher Europas, die alle geheime Feinde oder Neider sind. Da er kurz nach der Beendigung des Österreichischen Erbfolgekrieges schreibt, erklärt Friedrich das Haus Österreich für den ehrgeizigsten Nachbarn. »Der kaiserliche Hochmut vererbt sich in dem Herrscherhause vom Vater auf den Sohn. Alle seine Pläne wurzeln in dem Bestreben, Deutschland zu unterwerfen, die Grenzen seiner Herrschaft zu erweitern und seine Familienmitglieder zu versorgen. Von allen Mächten haben wir Österreich am tiefsten verletzt, es wird nie den Verlust Schlesiens verschmerzen oder vergessen, daß es sein Ansehen in Deutschland mit uns teilen muß.« Im Augenblick gehe seine Politik darauf aus, das Heer und die Finanzen zu reorganisieren, Verbündete zu werben und so lange Frieden zu halten, bis alle Maßnahmen für einen neuen Waffengang vollendet seien. Österreich war für Friedrich, was Frankreich für Bismarck und Bülow war – der unversöhnliche Feind.

Andere Mächte werden kaum weniger streng beurteilt. Der König von England sieht Europa nur aus dem Blickwinkel seines Kurfürstentums. Sein Preußenhaß entstamme zum Teil alten Reibereien zwischen den Ministerien von Hannover und Berlin, zum Teil seinem Neid auf die wachsende Macht seines Nachbarn. Diese Gereiztheit zwischen den beiden Dynastien werde aber mit dem Tode Georgs II. enden; denn sein Enkel, der in England geboren und erzogen sei, werde sich weniger um sein deutsches Erbe kümmern und wahrscheinlich den Rat seiner englischen Ratgeber vorziehen. Rußland dürfe man nicht unter die Zahl der wirklichen Feinde Preußens rechnen: es sei nur aus Zufall ein Feind, denn zwischen Preußen und Rußland habe es noch keine Streitfragen gegeben. Rußlands Politik gehe dahin, seinen Einfluß in Polen zu wahren, mit Österreich tragbare Beziehungen zu unterhalten, um sich dessen Hilfe gegen einen plötzlichen türkischen Angriff zu sichern, und soviel Einfluß wie möglich in den nordischen Staaten auszuüben. Frankreich dagegen sei einer der mächtigsten Bundesgenossen Preußens. Ein schwacher König halte sich für Frankreichs Herrscher, während ihm seine Minister nur dem Namen nach die Macht ließen. Eine geizige Mätresse (die Pompadour) und diebische Beamte steigerten die Staatsschuld ins Ungemessene. Die Staatsgeschäfte würden vernachlässigt, das Vergnügen sei der Gott des Landes. Die lebhaften Franzosen handelten nur sprunghaft. Wollten sie etwas, so wünschten sie es eifrig, aber ebenso schnell kühlten sie wieder ab und verfielen in die entgegengesetzte Ansicht. Trotz aller dieser Mißstände sei Frankreich das mächtigste Königreich Europas. Sein dauerndes Interesse bestehe darin, das Haus Österreich zu erniedrigen, die Rechte der deutschen Reichsfürsten zu unterstützen, Englands Handel zu schmälern, die spanischen Interessen zu fördern. Es träume davon, seine Grenzen bis an den Rhein vorzuverlegen. Bei Verhandlungen mit ihm müsse man auf der Hut sein, denn es sei sein Streben, die schwersten Lasten den Verbündeten aufzubürden und sich selbst die leichteste Last zu sichern. Polen habe noch die alte Feudalverfassung, die alle anderen Mächte abgeschafft hätten. Seine Nachbarn, die ein Interesse daran hätten, diese republikanische Monarchie in ihrem Schwächezustand zu erhalten, unterstützten die Unabhängigkeit der Großen gegen den Ehrgeiz ihrer Könige. Im Innern in zwei mächtige Parteien gespalten, bedeute Polen für niemanden eine Gefahr, und seine Nachbarn seien fast vor jedem Angriff geschützt, da nichts leichter sei, als den Reichstag zu sprengen.

Das Heilige Römische Reich, fährt Friedrich fort, sei uneiniger denn je. Der Kaiser genieße nur ein sehr beschränktes Ansehen. Die geistlichen Fürsten seien dem Hause Österreich ergeben, dem sie ihre Wahl dankten, aber die weltlichen Fürsten schauten nach Frankreich. »Zur Schande meiner Nation muß ich gestehen, daß das öffentliche Wohl nie so sehr wie heute dem persönlichen Interesse geopfert worden ist. Ein König von England kommt mit einem Sack Guineen übers Meer, und die mächtigsten Reichsfürsten lassen sich mit mäßigen Summen bestechen. Sie sind Kaufleute geworden; sie verschachern das Blut ihrer Untertanen; sie verkaufen ihre Stimmen. Ich glaube, sie würden ihre eigene Person verhandeln, wenn sie einen Käufer fänden.« Preußen habe sich nie herabgewürdigt, Subsidien anzunehmen, außer unter Friedrich I. »Die Macht, die im Solde einer anderen steht, bindet sich die Hände und spielt nur eine Nebenrolle. Sie befindet sich stets in Abhängigkeit von der zahlenden Macht und muß beim Friedensschluß ganz ihrer Leitung folgen.« Von den kleineren Mächten, auf die ganz kurz eingegangen wird, erfährt der Papst die wenigste Hochachtung. »Der Papst ist ein altes Götzenbild, das in seinem Winkel verstaubt ist. Heute ist er nur noch der erste Beichtvater der Könige. Seine Bannstrahlen sind erloschen. Seine Politik ist bekannt: statt Völker in den Bann zu tun und Herrscher zu entthronen wie einst, ist er zufrieden, wenn ihn niemand absetzt und er ruhig seine Messe in St. Peter lesen kann.«

In einem so tief gespaltenen Europa könne Preußen immer Bundesgenossen finden, und bei ihrer Wahl dürfe es sich nicht von Gefühlen der Neigung oder des Hasses leiten lassen: allein das Staatsinteresse müsse entscheiden. Zumal seit der Erwerbung Schlesiens verlange sein gegenwärtiges Interesse die Zusammenarbeit mit Frankreich und den anderen Feinden des Hauses Österreich. Preußen müsse dafür eintreten, daß Frankreich Elsaß und Lothringen behalte, während Frankreich nicht dulden könne, daß Österreich Schlesien wiedererlange, was die Schwächung eines wertvollen Verbündeten bedeuten würde. Dieses französisch-preußische Bündnis sei natürlich, denn es sei immer die Politik beider Staaten gewesen, dem Machtzuwachs der Kaiser entgegenzutreten. Aber selbst wenn Schweden und viele andere deutsche Fürsten dieser Allianz beiträten, baue er doch nicht auf ihre Hilfe, sondern rechne nur mit seinen eigenen Kräften. »Welchen Gewinn wir uns aber auch von einem Kriege versprechen mögen, mein jetziges System beruht auf der Erhaltung des Friedens, solange es möglich ist, ohne die Majestät des Staates zu verletzen, besonders da sich Frankreich in völliger Erschlaffung befindet und seine Finanzen zu sehr in Unordnung sind, um sich auf Feindseligkeiten einlassen zu können.« Außerdem sei auch kein Grund vorhanden, den Krieg zu erneuern. Ein Handstreich wie die Eroberung Schlesiens gleiche gewissen Büchern – die Originalwerke hätten Erfolg, die Nachahmungen fielen ab. »Durch die Eroberung dieses schönen Herzogtums haben wir den Neid ganz Europas erregt und alle unsere Nachbarn aufgeschreckt. Es gibt keinen unter ihnen, der uns nicht mißtraut.« Wäre außerdem ein Krieg für Preußen ratsam, solange Rußland stark gerüstet an seinen Grenzen stehe und auf den Augenblick des Losschlagens warte, selbst wenn das nur mit englischen Subsidien möglich sei? Es werde Zeit für Preußen sein, sich in Bewegung zu setzen, wenn die europäische Konstellation günstiger wäre, und auch dann sei es besser abzuwarten, bis die anderen erschöpft seien. Seine Finanzen könnten nur drei bis vier Jahre Krieg aushalten. Man müsse den Grundsatz des Kardinals Fleury im Gedächtnis behalten, daß derjenige der Sieger sei, der den letzten Taler in der Tasche habe.

Ein erfahrener Staatsmann müsse eine elastische Politik betreiben. Bleibt sich ein Herrscher in seinem Vorgehen immer gleich, so können seine Feinde seinen Kurs voraussagen; wechselt er sein Verhalten, so müssen sie raten. Die große Kunst ist es, seine Pläne zu verheimlichen. Hat man viele Feinde, so muß man sie trennen, alle Aufmerksamkeit auf den unversöhnlichsten konzentrieren, mit den anderen verhandeln, sie einschläfern und selbst unter Nachteilen einen Sonderfrieden schließen. Ist erst der Hauptfeind vernichtet, so bleibt immer noch Zeit, auf die anderen zurückzukommen und über sie herzufallen unter dem Vorwand, daß sie ihre Verpflichtungen gebrochen haben. Neben seinen Spionen benutzt der Herrscher Gesandte, um Verdacht einzuschläfern, Feinde zu bestechen, die Pläne der Nachbarn zu ergründen, Einflüsterungen anzubringen, Verträge und Bündnisse abzuschließen. Hierzu benötigt er geschmeidige, schweigsame, unbestechliche Männer, die der größten Verstellung fähig sind. Verschiedene Diplomatentypen sind für die verschiedenen Hauptstädte zu wählen. Ein Beispiel: »Stehen wir uns mit dem Londoner Hof schlecht, so genügt ein Spion; stehen wir uns gut, so müssen wir einen liebenswürdigen Genußmenschen hinschicken, der den Wein besser verträgt als die Engländer und seinen Mund halten kann.«

Darauf wendet sich Friedrich einem Abschnitt zu, den er *Politische Träumereien* überschreibt, und erörtert hier Möglichkeiten des Landerwerbs. Die kleinen Staaten Bayreuth und Ansbach, in denen Seitenlinien der Familie Hohenzollern regierten, würden bei deren Erlöschen Preußen zufallen.* Wichtiger seien Sachsen, Polnisch-Preußen und Schwedisch-Pommern. Das erste sei am wertvollsten, und selbst ein Teil davon sei willkommen. »Ihr werdet denken, es genüge nicht, unsere Wünsche zu bezeichnen, man müsse auch die Mittel angeben. Es sind folgende: Man muß seinen Plan geheimhalten, günstige Lagen ausnutzen und, wenn sie gekommen sind, kraftvoll handeln.« Die Eroberung Sachsens könne erleichtert werden, wenn es im Bündnis mit der Königin von Ungarn stehe und mit Preußen breche. Das sei ein Vorwand, um einzumarschieren und seine Truppen zu entwaffnen.

---

* Das trat 1791 ein.

Frankreich lasse sich beschwichtigen, wenn man ihm vorstelle, daß es unklug sei, einen so mächtigen Gegner in der Flanke zu lassen. Solle Preußen mit Aussicht auf Erfolg gegen Österreich und Sachsen kämpfen, dann müsse Rußland mit der Türkei im Kriege liegen, und es werde notwendig werden, so viele Feinde Wiens auf die Beine zu bringen wie möglich, damit Preußen nicht gegen die gesamten Kräfte Österreichs kämpfen müsse. Nach Unterwerfung Sachsens müsse Mähren besetzt werden. Im darauffolgenden Feldzug müsse man einen Aufstand in Ungarn unterstützen, und dann lasse sich Böhmen leicht erobern. Erweise England sich als Störenfried, so könnten französische Truppen Hannover in Schach halten. Beim Friedensschluß würde Frankreich Flandern bekommen, Preußen Mähren an die Königin von Ungarn zurückgeben und Böhmen an den König von Polen gegen Sachsen austauschen. »Ich gestehe, daß das Gelingen dieses Plans viel Glück voraussetzt. Mißlingt er aber, so ist keine Schande dabei, solange das Geheimnis gewahrt bleibt; jedenfalls wäre es durchaus möglich, einen Teil Sachsens abzusprengen.« Die Hauptsache sei, daß Rußland und die Königin von Ungarn mit der Türkei, Frankreich und Sardinien im Kriege lägen. Wir haben hier eine interessante Vorwegnahme des Feldzuges von 1756 vor uns. Österreich war der Hauptfeind, Sachsen die glitzernde Beute, Frankreich der natürliche Bundesgenosse. Daß gerade Frankreich seine Melodie wechseln und dadurch den Besitzer Schlesiens in tödliche Gefahr bringen würde, war im Jahre 1752 jenseits seiner Vorstellungskraft.

Nächst Sachsen sei Polnisch-Preußen die vorteilhafteste Beute, denn werde Ostpreußen von Rußland angegriffen, so könne es nicht gerettet werden. »Ich halte es nicht für angebracht, diese Provinz mit Waffengewalt zu gewinnen, vielmehr bin ich versucht, ein Wort des Königs von Sardinien anzuführen: ›Mein Sohn, die Lombardei muß man Blatt für Blatt verspeisen wie eine Artischocke.‹« Polen sei ein Wahlreich und wenn der König sterbe, nützten dies die Parteien aus: hier liege Preußens Gelegenheit. Um den Preis seiner begehrten Neutralität könne es bald eine Stadt, bald ein anderes Gebiet erwerben, bis alles geschluckt sei. Feste Plätze an der Weichsel würden Rußland in gehöriger Entfernung halten. Erwerbungen mit der Feder seien solchen mit dem Schwert allemal vorzuziehen. Sie setzten den Herrscher weniger dem Zufall aus und ruinierten weder die Finanzen noch die Armee. Bei dieser friedlichen Erwerbung werde Danzig bis zuletzt aufgespart werden müssen, denn seine Eroberung werde die Polen zu sehr erregen, die ihr Getreide über Danzig ausführten und mit Recht den Verlust ihrer wirtschaftlichen Unabhängigkeit durch preußische Exportzölle fürchten würden. Schwedisch-Pommern, das ein noch schwierigeres Problem darstelle, lasse sich nur auf diplomatischem Wege erwerben, vielleicht dadurch, daß man Schweden in einem Krieg mit Rußland Gefälligkeiten erweise. Diese *Politischen Träumereien* waren mehr als nur Träume, denn innerhalb eines Menschenalters nach dem Tode des Verfassers waren alle drei Ziele erreicht. »Bringt unser Haus große Fürsten hervor, bewahrt das Heer seine jetzige Kriegszucht, legen die Herrscher im Frieden zurück, um im Kriege Geld zu haben, benutzen sie die Ereignisse mit Geschick und Besonnenheit, so zweifle ich nicht, daß der Staat allmählich wächst und sich vergrößert, und daß Preußen mit der Zeit zu einer der bedeutendsten Mächte Europas wird.« Den Gedanken, daß der König von Preußen eines Tages selbst nach der Kaiserkrone streben solle, lehnt er damit ab, daß es wichtiger sei, eine Provinz zu gewinnen, als sich mit einem leeren Titel zu schmücken.

Nach einer technischen Erörterung der Heeresorganisation schließt Friedrich mit einem Abschnitt über die Erziehung des Thronfolgers, die stark durch seine eigenen unglücklichen Erfahrungen gefärbt ist. Der Thronfolger, klagt er, hat in der Regel eine schlechte Erziehung genossen, teilweise deswegen, weil die Minister ihn in ihrer Abhängigkeit erhalten wollen. Man lehrt ihn, sich wie eine Art Gottheit zu betrachten, deren Wille Gesetz ist und deren hohe Stellung ihr verbietet, sich auf die Stufe gewöhnlicher Sterblicher herabzulassen. Es wird ihm versichert, daß Einzelheiten seiner Aufmerksamkeit nicht würdig sind: in glücklichem Nichtstun wird er ermutigt, in zeitenthobener Seelenruhe zu leben wie die Götter Epikurs. Durch die Etikette ist er eingezirkelt, und man hat ihn gelehrt, in jeder Kleinigkeit nach dem Rat seines Erziehers zu fragen. So wächst er auf, voller Verlegenheit in einer Welt, die er nicht kennt, mißtrauisch gegen seine eigenen Kräfte, furchtsam, durch die Geschäfte gelangweilt, in einem Wort: ein Sklave, kein Herr. Die Geistlichen versuchen, ihn abergläubisch und bigott zu machen, rechnen ihm seine geringfügigsten Handlungen als Verbrechen an, damit sein Gewissen, in steter Angst vor den ewigen Strafen, sich willig ihrer Führung anvertraut. Man flößt ihm eine tiefe Verehrung vor dem Priesterstand ein, einen heiligen Haß gegen jede andere Religion als die seiner Erzieher. Zu den ehrgeizigen und selbstsüchtigen Plänen der Minister und Geistlichen kommen die guten Absichten seiner Eltern. »Sie wollen ihren Sohn zum Musterbild machen und begreifen nicht, daß er ein Trottel wäre, wenn er keine Leidenschaften hätte.« Sie stopfen ihn wahllos mit Gelehrsamkeit voll, wodurch sie ihm entweder alle Wissenschaft verekeln oder ihn zum Pedanten machen. Um seinen Charakter zu bessern, unterdrücken sie seine kleinsten Wünsche. Wenn er fünfzehn Jahre alt ist, so erwarten sie, daß sein Geist völlig ausgebildet sei. Sie bilden sich sogar ein, daß er sich in dem Augenblick verliebt, den sein Vater dafür ansetzt, und in das Mädchen, das er aussucht. Aus einem solchen Erziehungsgang geht der Schüler als eine banale Mittelmäßigkeit hervor, und bei seinem Regierungsantritt wird er von der Last der Staatsgeschäfte erdrückt. »Dergleichen habe ich in meinem Leben gesehen, ja, mit Ausnahme der Königin von Ungarn und des Königs von Sardinien, sind alle Fürsten Europas nur erlauchte Trottel.«

Nach diesen bitteren Erwägungen zeigt Friedrich einen besseren Weg. Handelt es sich um ein normales Kind, so muß ein Erzieher ausgesucht werden, der fest und mild zugleich ist und den vorgeschriebenen Erziehungsplan genau durchführt. Auch alle anderen Mitglieder seiner Umgebung müssen mit der gleichen Sorgfalt ausgewählt werden, damit er die angemessenen Eindrücke bekommt. Zwischen seinem sechsten und zwölften Lebensjahr sollten ihm die Grundtatsachen der alten Geschichte und der modernen Geschichte seit Karl V. vermittelt werden. Der Lehrer darf nicht nur sein Gedächtnis vollpfropfen, sondern muß auch zu seinem Verstand sprechen, ihm den edlen Ehrgeiz einflößen, es den großen Männern der Geschichte gleichzutun, und dazu Abscheu gegen träge und verbrecherische Fürsten. Da das Heerwesen die Grundlage des Staates bildet, muß in dem Knaben die Liebe zum Waffenhandwerk geweckt werden. Vom Militär soll in der Gegenwart des Knaben nur mit jener heiligen Ehrfurcht gesprochen werden, mit der Priester von ihrer eingebildeten Offenbarung sprechen.

Da offenbar jeder Sterbliche sein Teil Torheiten begehen muß, soll der Knabe nicht erst nach der Thronbesteigung, wo er seinem Volk ein Beispiel an Weisheit geben muß, sondern schon vor der Thronbesteigung seinen kleinen Tribut an Torheiten bezahlen und dafür bestraft werden. »Deshalb wünschte ich, daß man dem Knaben die Freiheit ließe, alles zu tun, was er will; daß sein Gouverneur ihm nicht überall nachfolgte, sondern seine Streiche tadelte oder streng bestrafte, damit er lerne, sich selbst in Zucht zu halten.« Liebt er Jagd, Tanz, Musik, Kartenspiel, so soll er davon so viel kosten, wie er braucht, um es satt zu bekommen. »Die Hauptsorge seiner Umgebung muß darin bestehen, sein Herz zu bilden, ihn dankbar zu machen für geleistete Dienste, zärtlich gegen seine Freunde, mitleidig gegen das Elend, erfüllt mit erhabener Gesinnung und edlem Ehrgeiz, wie er die edlen Geister treibt, ihresgleichen an Tugend zu überbieten. Vor allem aber wünschte ich, daß er human, mild, der Gnade zugänglich und duldsam würde.« Wäre dem Verfasser selbst eine mildere Erziehung zuteil geworden, so hätte er sich vielleicht dem hier seinen Nachfolgern in so beredten Worten empfohlenen Idealbild ein wenig mehr annähern können.

Auf dem Gebiet der Religion muß der Prinz sich zum reformierten Glauben seiner Väter bekennen und so viel von Theologie verstehen, um den katholischen Kult für den lächerlichsten von allen zu halten. Im Alter von dreizehn Jahren beginnt der Unterricht in Moral, Physik, Metaphysik, Mathematik und Befestigungslehre. Dann soll er alle Dienstgrade des Heeres durchlaufen. Die ganze Erziehung soll die eines Privatmannes ohne Eitelkeit und Prunk sein; aus seinem Umgang mit den Offizieren soll er das Gefühl für Ehre und Redlichkeit mitnehmen, das besonders dem Waffenhandwerk eigen ist. Eine kleine Summe Geld soll ihm zur Verfügung stehen, über die er Buch führt. »Die Menschen handeln im kleinen fast immer so, wie sie im großen handeln würden, wenn sie ihre eigenen Herren wären.« Fließendes Französisch ist unumgänglich, Latein und Polnisch nützlich, aber sonst soll der Schüler mit Sprachen nicht unmäßig belastet werden. Er soll mit Menschen aller Art verkehren und sich Menschenkenntnis erwerben, aber schlechte Gesellschaft soll man ihm fernhalten. Andererseits treten bei allen jungen Leuten die Leidenschaften heftig auf, alle neigen zu Ausschweifungen. Man sollte sie daher mit Nachsicht und sogar mit Mitleid behandeln angesichts der Heftigkeit der Leidenschaften, von denen sie beherrscht werden. »Hätte ich einen Sohn, so verziehe ich ihm hundert kurze Abenteuer eher als eine feste Neigung. Die Abenteuer vergehen schnell, aber Neigungen, die sich auf das Gefühl gründen, bleiben bestehen, wenn die körperliche Anziehung schwindet. Alle Fehler Heinrichs IV. kamen nur von seiner außerordentlichen Schwäche gegen seine Geliebten.« Mit zwanzig Jahren soll der Prinz sein eigener Herr werden und nun anfangen, sich mit den Regierungsformen, der Verwaltung, der Kriegskunst, der europäischen Politik, der Diplomatie, den Finanzen, dem Gewerbe, dem Handel, der Justiz zu beschäftigen. Das höchste Ziel ist erreicht, wenn es gelingt, ihm einen Geschmack an der Lektüre zu geben, denn an guten Büchern über Politik, Philosophie, Geschichte, Krieg, Literatur kann er sich bilden und die Kenntnisse erwerben, die er braucht. Durch das Studium historischer Werke kann er zur Einsicht darüber kommen, welches Urteil die Nachwelt eines Tages über ihn selbst fällen wird. Er soll den Befehl über ein Regiment bekommen, jeden Teil seiner Gebiete bereisen, jede Kleinigkeit selbst kennen. Er soll nicht zu früh heiraten. Bei zu frühen Heiraten wird der Fürst seiner Frau überdrüssig, und der Thronerbe, der schon zum Erwachsenen wird, während sein Vater noch jung ist, wird des langen Wartens auf die Thronfolge müde. Ein Heiratsalter von fünfundzwanzig Jahren genügt. Reisen ins Ausland sind nicht erwünscht, nicht nur deshalb, weil der Thronfolger leicht Vorurteile mitbringt und Geschmack an Verschwendung bekommt, sondern weil die Beobachter im Ausland seine Schwächen zur Kenntnis nehmen und in den Folgejahren gegen ihn ausnutzen können.

Das Zweite Politische Testament, das im Jahre 1768 verfaßt wurde und die gleichen Gegenstände behandelt wie das erste, läßt die schweren Erfahrungen des Siebenjährigen Krieges erkennen. In seiner neuen Übersicht über die Hilfsquellen des Staates beklagt Friedrich die Verwüstung der Wälder während des jüngstvergangenen Krieges; Preußen überlebte den Krieg dank seiner Armee. »Preußen ist eine Festlandmacht. Es braucht ein gutes Heer, aber keine Flotte.« Seine Ostseehäfen seien für Welthandel ungeeignet. »Wenn wir keine Kolonien in Afrika und Amerika haben, so beglückwünsche ich meine Nachfolger dazu. Solche fernen Besitzungen entvölkern die Staaten, denen sie gehören; ihr Schutz erfordert große Flotten, und sie bilden fortwährend neue Anlässe zu Kriegen, als ob wir nicht schon genug mit unseren Nachbarn zu tun hätten.« Worte, die ein Jahrhundert später Bismarck hätte schreiben können, als das Verlangen nach Kolonien so stark wurde, daß er ihm nicht mehr widerstehen konnte.

Die neue Charakterisierung der verschiedenen Provinzen ist bereichert um die allerletzten Eindrücke des Verfassers. Der ostpreußische Adel habe ihn während des Krieges enttäuscht; er sei mehr russisch als preußisch gesinnt gewesen und sei aller Schlechtigkeiten fähig, deren man die Polen bezichtige. Dagegen hätten die Bürger von Magdeburg Geldsammlungen für die Pommern veranstaltet, die von den Russen heimgesucht und ausgeplündert worden seien. In dem kleinen Fürstentum Minden hätten sich die Bauern freiwillig gestellt, um das Vaterland zu verteidigen; hätten die alten Römer Schöneres getan? Die Einwohner Schlesiens kommen 1768 genau so schlecht weg wie 1752. Auf den Adel sei kein Verlaß, da seine meisten Glieder mit Österreichern verschwägert seien; ebensowenig könne man sich auf die Geistlichkeit und die Mönche verlassen. Wenn ein neuer Krieg drohe, so solle man die Verdächtigen festnehmen und während der Dauer des Krieges nach Magdeburg oder Stettin schicken, um Verrat zu verhindern und die Notwendigkeit strengerer Maßnahmen auszuschalten. Die Österreicher hätten Leute in Schlesien als Spione angesiedelt, die Verdächtigen müßten überwacht werden. Die furchtbaren Schäden des Dreißigjährigen Krieges seien von seinen Vorgängern noch nicht ganz wieder gutgemacht worden, und der Siebenjährige Krieg habe eine beinahe ebensogroße Verwüstung zur Folge gehabt; aber er sei in die Bresche gesprungen und habe unter Aufbietung aller Kräfte alles wiederhergestellt.

Der Abschnitt über Religion ist noch verachtungsvoller als der im Ersten Politischen Testament. »Ein altes metaphysisches Märchen voller Wundergeschichten, Widersprüche und Widersinn, aus der glühenden Einbildungskraft des Orients entsprungen, hat sich über Europa verbreitet. Schwärmer haben es ins Volk getragen, Ehrgeizige sich zum Schein davon überzeugen lassen, Einfältige es geglaubt. Die Quacksalber sind Herrscher geworden, und es hat eine Zeit gegeben, wo Europa von ihnen regiert wurde. Der Theologenhochmut und die Herrschsucht, die sich in dieser Frühzeit bildeten, haben sich in der Priesterschaft aller Sekten erhalten, aber die Zeit, in der sie sich in alle Staatsangelegenheiten mischten, ist vorüber.« Die lutherische und reformierte Kirche in Preußen könnten dem Staate nie schaden, solange ihre Geistlichkeit in den jetzigen Schranken gehalten werde. Sie könnten unbeschränkt Gutes tun, müßten aber zurechtgewiesen werden, wenn sie ihren Einflußraum zu überschreiten suchten. Die Katholiken von Schlesien und Kleve solle man nicht nur dulden, sondern auch gegen alle Verfolgungen und Ungerechtigkeiten schützen. Die metaphysischen Vorstellungen des einzelnen gingen den Staat nichts an: ihm genüge es, wenn sich jedermann als guter Staatsbürger und Patriot benehme. Diese drei Bekenntnisse könnten im Frieden miteinander leben, solange keines bevorzugt werde. Die Übersicht über die Innenpolitik schließt mit hohem Lob für den Großen Kurfürsten, »der mit Recht der Große genannt wird, nicht nur, weil er selbst regierte, sondern weil er den Staat wiederherstellte und die festen Grundlagen seiner Größe schuf«, und für Friedrich Wilhelm I., »der einsah, daß er sich zum Wiederaufbau des Staates auch mit den kleinsten Einzelheiten abgeben mußte«.

Dann geht der Verfasser zur Außenpolitik über und wiederholt, daß genaueste Kenntnisse erforderlich seien. Er beginnt mit Rußland, dem größten Reiche der Welt, das einen Krieg hinter sich habe, in welchem es den Ausschlag für die Partei gab, die es unterstützte. Gegenwärtig sei seine Bevölkerungszahl nur 9 Millionen, aber es werde die gefährlichste Macht in Europa sein, wenn es seine natürlichen Hilfsquellen entwickle. Die Türkei besitze eine starke Armee, sei aber nicht zum Kriege geneigt; seine Versuche, sie im letzten Kriege zum Losschlagen gegen Österreich zu veranlassen, seien vergeblich gewesen. Die Bevölkerung sei in Unwissenheit und Trägheit versunken, während sonst jedes andere europäische Volk Fortschritte gemacht habe. Polen zähle kaum, da es nur dünn besiedelt sei, die Grundeigentümer ihre Untertanen wie Sklaven behandelten, die Finanzwirtschaft sich in Unordnung befinde und die Armee nur 13000 Mann zähle. Alle Sünden des Feudalsystems hätten sich erhalten, die Wahlmonarchie habe Bürgerkriege, stürmische Reichstage, das Ausbleiben einer Gesetzgebung, das Fehlen der Rechtspflege zur Folge, mit einem Worte, die Anarchie. Ohne die Eifersucht seiner Nachbarn wäre Polen schon längst unter fremde Herrschaft gekommen. Von Parteiungen zerrissen, sei es immer schwach. Der Adel sei im Glück hochfahrend, im Unglück feige, käuflich, zu kräftigem Handeln unfähig. »Kurz, nach meiner Ansicht steht es unter den Völkern Europas am tiefsten.« Diese schnelle Abfertigung, die kurz vor der ersten polnischen Teilung geschrieben wurde, zeigt, wie der Wind wehte.

Von Maria Theresia sprach Friedrich immer mit bemerkenswerter Hochachtung. Das Haus Österreich sei seit Karl V. im Niedergang, aber unter Karl VI. habe es neues Leben gezeigt. Nachdem dieser ohne männlichen Erben gestorben sei, habe Europa geglaubt, Österreich sei am Ende. »Eine Frau richtete es wieder auf und erhielt es aufrecht. Sie wurde zum Abgott eines noch vor kurzem aufsässigen Volkes (der Ungarn), das sie zum Kampf für ihre Sache entflammte.« Sie habe in ihre Finanzen Ordnung gebracht; sie habe eine große Armee und kluge Minister; ihr Ministerrat übertreffe an Klugheit und planmäßigem Arbeiten diejenigen aller anderen Herrscher. Sie tue alles selbst. Wie alle anderen großen Fürsten habe sie zweifellos den Wunsch, ihre Herrschaft auszudehnen. Der Kaiser Joseph, ihr Sohn und politischer Schüler, habe große Neigung zur Sparsamkeit, aber man wolle von ihm wissen, daß er sich mit Erweiterungsplänen trage, besonders der

Eroberung Bayerns, wenn dort das Kurhaus aussterbe. »Man muß abwarten, bis er die Erbschaft seiner Mutter angetreten hat, um seinen Charakter und seine Pläne zu beurteilen.«

Frankreich sei im Augenblick zum Frieden geneigt, da bei der Unordnung seiner Finanzen ein neuer Feldzug den Staatsbankrott bedeuten würde. Spanien sei völlig von Frankreich abhängig. Auch England stehe am Rande des Bankrotts, da seine Staatsschuld den Wert seines Reiches übersteige. Im jüngsten Kriege sei es die Herrin der Meere gewesen, seine Truppen hätten überall gesiegt, wo sie eingesetzt worden seien; diese Vorteile seien aber durch den Abschluß eines voreiligen Friedens verlorengegangen. »Bute, der Erzieher des Königs, ein bis dahin in ganz Europa unbekannter Mann, wurde Minister seines Schülers. Er bildete sich ein, der Abgott der Nation zu werden, wenn er den Frieden schleunigst herbeiführe, aber er tat es, indem er alle Bundesgenossen Englands preisgab. Gegen mich war sein Verhalten schändlich. Dieser Mann warf alle Vorteile weg, die England durch seine Tüchtigkeit gewonnen hatte, und ließ Parteien entstehen, die das Ansehen vernichten, das England im Auslande genießen müßte.« Die wahre Ursache all dieser Wirren sei die Mutter des Königs, die Bute unterstütze und im Fall seines Todes ihren ersten Liebhaber an die Spitze der Geschäfte stellen würde. Wenn sie auch nicht sehr begabt sei, werde sie doch ihrer Neigung zu Intrigen bis zum Tode nachgeben. England habe kein System und werde keins haben, bis die Nation das Ministerium zwinge, mit Frankreich und Spanien zu brechen. »Man darf jedoch nicht leichtfertig annehmen, daß England im Niedergang ist. Bricht der Krieg aus, so wird eine Anzahl von Ministern entlassen werden, bis ein genialer Mann erscheint. Die Tories, die gegenwärtig an der Macht sind, denken grundsätzlich nur an Handelsvorteile und vermeiden Landkriege und Festlandsbündnisse.«

Nach einem Überblick über die anderen Staaten Europas kehrt Friedrich zur Stellung und zu den Aussichten seines eigenen Staates zurück. Frankreich, England, Österreich und Rußland seien die vier Großmächte. Das Ziel Frankreichs sei, im Verein mit Spanien Englands Handel zu untergraben und bei der ersten Gelegenheit seine Waffen mit ihm zu messen. Das Haus Österreich hoffe, nach Wiederherstellung seiner Finanzen den Kampf um Schlesien zu erneuern. Rußland habe Pläne gegen Polen. Da Österreich ein unversöhnlicher Feind und Frankreich gegenwärtig sein Bundesgenosse sei, da England Preußen nicht nur preisgegeben, sondern verraten habe, könne das letztere sich nur mit Rußland verbünden. »Die erste Sorge eines Herrschers muß darin bestehen, sich zu behaupten; dann erst kommt die Frage der Vergrößerung. Das erfordert Schmiegsamkeit und die Ausnutzung aller Gelegenheiten. Was nicht auf den ersten Anhieb gelingt, bringt die Zeit zur Reife, und das beste Mittel, seinen geheimen Ehrgeiz zu verbergen, ist, daß man friedliche Gesinnungen zur Schau trägt, bis der günstige Augenblick sich einstellt. So haben alle großen Staatsmänner gehandelt, denn jeder andere Kurs würde anderen Völkern Zeit geben, den eigenen Plänen zuvorzukommen. Ein Problem ist es, zu entscheiden, wann man die sogenannten großen Streiche ausführen darf, was nur ein gelinder Ausdruck dafür ist, wann man die anderen betrügen darf. Wer dieses Verfahren für rechtmäßig hält, führt dafür an, daß man im Verkehr mit Gaunern keine eigentliche Wahl habe, während andere behaupten, daß die Gauner sich selbst um ihr Ansehen bringen. Nach meiner Meinung soll man so wenig wie möglich vom geraden Wege abirren. Sieht man, daß ein anderer Herrscher nicht ehrlich verfährt, so ist es zweifellos erlaubt, ihm in gleicher Münze zurückzuzahlen; auch gibt es Fälle, wo der Bruch der eigenen Verpflichtungen entschuldbar ist, wenn nämlich die Sicherheit oder das höchste Interesse des Staates es erfordern.« Solche peinlichen Lagen lassen sich aber vermeiden, wenn man vor Abschluß eines Bündnisvertrages seine Bedingungen genau prüft. Aber auch dann hat man die Verbündeten sorgfältig zu beobachten, und man solle sich weniger auf sie, als auf seine eigene Stärke verlassen. Mancher werde fragen: warum dann überhaupt Bündnisse? Sie haben auf jeden Fall negativen Wert, denn es will schon viel heißen, wenn man weiß, daß man bei einem schwierigen Unternehmen vor dieser oder jener Großmacht nicht mehr in Sorge zu sein braucht. Auch das diplomatische Korps sei immer scharf zu beobachten. »Mißtrauen ist die Mutter der Sicherheit; wer die Menschen kennt, darf ihnen nie Vertrauen schenken.«

Ein kurzer Versuch *Über Regierungsformen und Herrscherpflichten,* der im Jahre 1777 für Voltaire und einige andere Freunde* als Privatdruck erschien, fügt zu den Lehren der Politischen Testamente nichts Neues hinzu, enthält aber Stellen, die ein Licht auf den Verfasser werfen. Je älter er wurde, desto geringer dachte Friedrich von seinen Mitmenschen. »Die Menschen sind böse; man muß sich besonders vor Überraschungen wahren. Die europäische Politik ist so trügerisch, daß der Scharfsichtigste betrogen werden kann, wenn er nicht stets regsam und auf seiner Hut ist.« Wiederum betont er die moralische Verantwortlichkeit des Herrschers. »Er muß sich oft ins Gedächtnis zurückrufen, daß er ein Mensch ist wie der geringste seiner Untertanen – der erste Richter, der erste Feldherr, der erste Finanzbeamte, der erste Minister. Er ist nur der erste Diener des Staates und verpflichtet, mit Redlichkeit, Einsicht und völliger Uneigennützigkeit zu handeln, als habe er jeden Augenblick seinen Bürgern Rechenschaft über seine Verwaltung abzulegen. Da er das Oberhaupt einer Familie ist, muß er immer die letzte Zuflucht der Unglücklichen, ein Vater der Waisen, der Hort der Witwen sein und ebenso für den letzten Armen wie für den ersten Höfling ein Herz haben.«

* Œuvres IX, 195–210

Wende man dagegen ein, daß ein solcher Herrscher nie gelebt habe, obwohl Mark Aurel dem Ideal am nächsten gekommen sei, so sei seine Antwort, daß er von seiner kleinen Schrift erwarte, sie werde zur Bildung solcher Männer beitragen. Er gibt zu, daß nicht einmal der redlichste Arbeiter Vollkommenheit erreichen könne. »Mit dem besten Willen in der Welt kann er sich in der Auswahl seiner ausführenden Organe täuschen; man kann ihm die Dinge in falschem Licht darstellen; seine Befehle können unpünktlich ausgeführt werden; Ungerechtigkeiten können nicht zu seiner Kenntnis kommen; seine Beamten können zu streng sein; mit einem Wort: der Herrscher eines großen Landes kann nicht überall sein. So ist und bleibt es denn das Los der Dinge auf Erden, daß der Mensch nie den Zustand der Vollkommenheit erreicht, der zum Glück der Völker nötig wäre, und also müssen wir uns in der Regierung wie auch sonst überall mit dem begnügen, was am wenigsten fehlerhaft ist.« Dieser Schlußabsatz ist nicht nur bemerkenswert, weil er die unvermeidlichen Grenzen des Absolutismus anerkennt, sondern auch, weil er die erstaunliche Blindheit Friedrichs gegenüber der Möglichkeit von Alternativen zeigt, wie sie die konstitutionelle Monarchie oder die volle Demokratie darstellen. Friedrich war der größte Herrscher des Zeitalters der Aufklärung, aber ferne Horizonte waren jenseits seines Blickfeldes. Er hatte von seinen Untertanen etwa die gleiche Vorstellung wie Lord Curzon von den Völkern Indiens.

Im Jahre 1782, vier Jahre vor seinem Tode, schrieb der unermüdliche Herrscher eine Denkschrift von vier Seiten unter dem Titel *Betrachtungen über den politischen Zustand Europas;* sie offenbart eine Beunruhigung, die ihm, je näher er sein Ende herankommen fühlt, zu schaffen macht. Sein Erbe, Friedrich Wilhelm, erschien nicht nur ihm, sondern jedermann als ebenso ungeeignet für den Thron, wie er selbst seinem Vater vor einem halben Jahrhundert erschienen war. »Wenn nach meinem Tode mein Neffe ganz verweichlicht; wenn er sich für die Geschäfte nicht interessiert; wenn er in seiner Verschwendungssucht das Staatsvermögen vergeudet; wenn er seine geistigen Kräfte nicht zusammennimmt, dann sage ich ihm voraus, daß Monsieur Joseph ihn zu Fall bringen und es in zehn Jahren weder ein Preußen noch ein Haus Brandenburg mehr geben wird; daß der Kaiser, nachdem er alles geschluckt hat, zuletzt ganz Deutschland beherrschen, alle souveränen Fürsten berauben und eine Monarchie nach französischem Muster einrichten wird. Ich spreche tausend Gebete, daß sich meine Vorhersage nicht erfüllen möge, daß meine Nachfolger ihre Pflicht tun möchten wie vernünftige Wesen, und daß das Glück den größeren Teil des Unheils, mit dem wir bedroht sind, von uns abwenden möge.« Keine vernichtendere Kritik seines Einmannsystems hätte niedergeschrieben werden können als der Notschrei des Siebzigjährigen.

Die politischen Schriften Friedrichs des Großen sind die klassische

Darstellung der Lehre des aufgeklärten Absolutismus, wie er von den sogenannten philosophischen Selbstherrschern gepflegt wurde. In aller Klarheit und Überzeugung verkünden sie das Evangelium der Arbeit in den Worten eines Mannes, der das Vergnügen verachtete und ein Leben der Arbeit lebte. Die Lenkung eines Staates wird als die großartigste und mühseligste aller menschlichen Pflichten geschildert. Der Fürst muß alles wissen und alles überwachen. Vom Gottesgnadentum der Könige wird nicht nur nicht geschwatzt, es ist auch kein unmäßiger dynastischer Hochmut spürbar. In seiner *Geschichte des Hauses Brandenburg* spendet er dem Großen Kurfürsten und seinem eigenen Vater besonderes Lob, aber einige seiner Vorfahren, besonders sein Großvater, kommen schlecht weg. Nicht ihrer Abkunft, sondern ihrer Arbeit wird gehuldigt. Jeder Herrscher muß sich durch seine Regierungshandlungen rechtfertigen. Das war die Grundanschauung der Kameralisten, deren Schriften das politische Denken in Deutschland von der Mitte des siebzehnten bis zur Mitte des achtzehnten Jahrhunderts beherrschten. Justi und seine Schule nahmen den absolutistischen Staat als axiomatisch an und erörterten, wie seine finanziellen Bedürfnisse am besten erfüllt werden konnten. Der Kameralismus war Verwaltungswissenschaft, nicht politische oder Gesellschaftswissenschaft. Selbst die schärfsten Kritiker der Mißbräuche des Feudalismus und der Selbstherrschaft wie Schlözer und Moser schauten nicht über eine Reform des Systems hinaus, welches ohne ernstliche Infragestellung weiterlebte, bis der Amerikanische Unabhängigkeitskrieg und die Französische Revolution deutsche Publizisten ermutigten, in kühneren Vorstellungen zu denken.

Das Leitwort des Herrschers muß nach Friedrich *L'état c'est moi* sein, und der Gedanke muß ihn anspornen, aber nicht selbstzufrieden machen. Seine höchste Pflicht ist es, die Lebenskraft des Staates durch die maximale Entwicklung seiner Hilfsquellen, die sparsamste Verwaltung, die Aufrechterhaltung der Rechtspflege, die Vergrößerung seiner Streitkräfte zu erhalten; nur eine männliche, zuchtvolle und so weit als möglich autarke Gemeinschaft kann hoffen, in einer Welt, deren Gesetz der Kampf ist, am Leben zu bleiben. Er muß der vorbildliche Bürger sein, der diese Lehren nicht durch Worte, sondern durch sein Beispiel verkündet. Das friderizianische System war besser als jede andere Regierung in Europa mit Ausnahme der Länder, in denen konstitutionell regiert wurde, und es bildete das Zwischenglied zwischen dem Lehnsstaat und dem modernen demokratischen Staat. Friedrichs echte und hingebende Sorge für das Wohlergehen seiner Untertanen ist in jeder seiner Schriften zu erkennen, und in der gewissenhaften Erfüllung seiner Verwaltungspflichten stand er turmhoch über allen seinen Zeitgenossen. Wenn die friderizianische Monarchie auch klein war, so verschaffte sie sich doch ein Ansehen, wie es das Frankreich Ludwigs XIV. im siebzehnten Jahrhundert besessen hatte.

Die Schwäche des aufgeklärten Absolutismus beruht wie die aller anderen Diktaturen dynastischen oder anderen Ursprungs darauf, daß er für sein erfolgreiches Funktionieren die ununterbrochene Aufeinanderfolge von Übermenschen voraussetzt; aber Friedrich II. war in der Familie der Hohenzollern das erste und letzte Beispiel eines solchen. Der Bogen des Odysseus ist nutzlos, wenn niemand ihn spannen kann, und was in einem kleinen Staate gerade noch durchführbar ist, wird in einem großen Staate unmöglich. Friedrich regierte noch selbstherrlicher als Ludwig XIV., denn er war zugleich Oberbefehlshaber wie Oberhaupt des Staates und Spitze der Regierung, und keiner seiner Minister erfreute sich solcher Gewalt wie Colbert und Louvois. Wie schnell das imposante Gebäude zerfiel, sobald die Hand des Baumeisters nicht mehr tätig war, zeigte sich zwanzig Jahre nach seinem Tode auf dem Schlachtfeld von Jena. Daß die Zusammenballung der Macht zu weit getrieben werden konnte, daß das Wort »Alles für das Volk, nichts durch das Volk« eine kurzsichtige Devise sei, sahen Stein, Hardenberg und Humboldt ein, nachdem die Französische Revolution die geistigen Energien einer großen Nation entbunden hatte. Daß zu vieles vom Herrscher abhing und daß das Volk ein Teilhaber, wenn auch nur ein Junior-Teilhaber, werden könne, entzog sich seinem Blick, denn es fehlte ihm am Glauben an den Menschen, durch den die Nationen innerlich wachsen. Bei einer Gelegenheit sprach er in seinem letzten Lebensjahre von der Canaille. »Die Sie gestern bei Ihrem Einzug in Breslau begrüßten, waren keine Canaille«, widersprach Garve. »Setzen Sie einen alten Affen auf ein Pferd und führen Sie ihn durch die Straßen«, entgegnete der König, »und sie werden genau so zusammenströmen, um ihn zu sehen.« Er hatte durchaus eine entfernte Vorstellung vom Rechtsstaat, aber es schwebten ihm keine Mittel vor, wie man ihn schaffen könne, wenn er noch nicht bestand, oder wie man ihn in seinem Bestand zu sichern vermöchte. Herrscher kommen und gehen, und selbst ein wohlmeinender Monarch kann entarten. Selbstherrschaft und die Herrschaft des Rechts können nicht zusammen bestehen. Alles hängt von dem Fürsten ab, und wenn der versagt, ist nichts zu machen. »Wenn je ein törichter Fürst diesen Thron besteigt«, erklärte Mirabeau, »dann werden wir sehen, wie der furchteinflößende Riese plötzlich zusammenbricht und wie Preußen gleich Schweden seinen Niedergang erlebt.« Friedrich dachte von den meisten Herrschern ebenso gering wie von ihren Untertanen und spürte die Brüchigkeit seines Baus, aber er weigerte sich, die nötigen Folgerungen zu ziehen. Der überragende Vertreter der Lehre und der Praxis des wohlwollenden Despotismus war im innersten Wesen ein unschöpferischer Mensch. Die in ihrer äußeren Erscheinung so starke Staatsmaschine zerbrach in den Händen Unwürdiger so leicht wie Glas.

Im Bereich der auswärtigen Beziehungen sind die Grundsätze Friedrichs unglücklicherweise viel weniger überholt. Er würde Palmerstons Ausspruch, daß England keine ewigen Freunde und keine ewigen

Feinde, sondern nur ewige Interessen habe, gebilligt haben. Ein Land muß immer zum Kriege gerüstet sein, sei es zum Angriff oder zur Verteidigung, und seine Kriegsbereitschaft hängt vom Zustand seiner Armee und seines Finanzwesens ab. Eine Diplomatie ohne Waffen, erklärte er, ist wie Musik ohne Instrumente. Die schwierigste aller Aufgaben des Herrschers ist, die Beziehungen seines Landes zu anderen Staaten zu lenken, denn es ist von eifersüchtigen und habgierigen Nachbarn umgeben. Ewige Wachsamkeit ist die Vorbedingung des Weiterlebens. Umfassende und allerneueste Kenntnis der Hilfsquellen jeder politischen Einheit in Europa, der Eigenarten der Völker, des Charakters der Herrscher, der politischen Traditionen und der beherrschenden Ziele ist nötig. Nur ganz wenige Staaten, wenn überhaupt einer, sind mit ihrem Geschick zufrieden: entweder wollen sie ihr Gebiet erweitern oder verlorenes Gebiet wiedergewinnen. Da der Mensch ein streitlustiges Tier ist, ist für Friedrich der Friede nicht die normale Erfahrung und damit der Lebenssinn einer Gemeinschaft, sondern eine gefährdete Zwischenzeit, in der man sich vom letzten Waffengang erholt und auf den nächsten vorbereitet.

XIV.

DIE HISTORISCHEN SCHRIFTEN

Friedrichs politische und militärische Leistungen treten so stark in den Vordergrund, daß sein Platz unter den deutschen Geschichtsschreibern häufig übersehen wird. Unter allen modernen Herrschern ist er der einzige, der bis ins Einzelne gehende Darstellungen aller seiner Feldzüge geschrieben und mit weitgehender Offenheit die am meisten umstrittenen Seiten seiner Politik erörtert hat. Seine historischen Schriften sind viel mehr als nur eine eingehende Verteidigungsschrift oder ein nüchterner Tatsachenbericht. Niemand könne seine innere Wahrhaftigkeit bezweifeln, erklärt Koser, der urteilsfähigste Kenner der Geschichte Friedrichs. Er war sicherlich nicht unparteiisch, denn niemand, der selbst Geschichte macht, kann in der Behandlung seiner eigenen Taten völlig von sich absehen und sich von sich selbst freimachen; aber er ist offener als Caesar oder Napoleon. Seine Bücher enthalten viele Einzelirrtümer, denn er klagte selbst über sein schlechtes Gedächtnis; er verließ sich zu sehr auf seine Berichte vom Kriegsschauplatz, die oft in höchster Geschwindigkeit niedergeschrieben und zu einem bestimmten Zweck verfaßt waren, auch auf die Depeschen seiner Diplomaten, die häufig auf unvollständigen Kenntnissen beruhten. Niemand aber, der sich mit seiner Persönlichkeit beschäftigt, möchte die Charakterporträts, die individuellen Züge und Überlegungen gegen eine genauere und leblose Übersicht eintauschen.

Sein erster historischer Versuch, *Denkwürdigkeiten zur Geschichte des Hauses Brandenburg,* der im Jahre 1751 veröffentlicht wurde, verarbeitet Material aus den Archiven; seine späteren Kapitel sind von großem Interesse. Nach dem Ersten Schlesischen Krieg verfaßte er eine Darstellung des Ringens, die fast völlig verlorengegangen ist. Nach dem Zweiten Schlesischen Krieg überarbeitete er das Werk, schickte eine lange Vorrede voraus und nannte das Ganze *Geschichte Brandenburgs.* Nur die *Denkwürdigkeiten* wurden der Öffentlichkeit übergeben, »zum Nutzen unserer Jugend«, nachdem Teile von ihnen in der Akademie der Wissenschaften in der Reihenfolge ihrer Fertigstellung vorgelegt worden waren. Die bändereiche *Geschichte meiner Zeit,* die mit langen Unterbrechungen zu Papier gebracht wurde und seine ganze Regierungszeit umfaßte, war nicht zur Veröffentlichung während seiner Lebenszeit bestimmt.

Die Absicht der Geschichte der Hohenzollern wird in den drei vorausgehenden Abhandlungen erläutert. Die Widmung an den Bruder und Erben August Wilhelm versichert, daß er nichts verschwiegen habe. »Wie sie gewesen sind, so habe ich die Fürsten Deines Hauses dargestellt. Mit dem gleichen Pinsel habe ich die Tugenden des Großen Kurfürsten im Frieden wie im Felde gemalt, aber auch die Fehler des ersten Königs von Preußen. Frei habe ich mich über alle Vorurteile erhoben. Fürsten, Könige, Verwandte habe ich als Menschen gewöhnlichen Schlages betrachtet. Da durfte mich keine gebietende Stellung beirren; meine Vorfahren habe ich nicht vergöttert. Freimütig habe ich Fehler und Laster an ihnen getadelt: der Thron darf dafür keine Freistatt sein. Der Tugend gab ich die Ehre, wo ich sie fand, hütete mich aber, mich vom Enthusiasmus hinreißen zu lassen, damit die schlichte und lautere Wahrheit allein in dieser Darstellung das Wort habe.« Nach dieser Zurschaustellung seiner Unparteilichkeit findet man dann eine merkwürdig übertriebene Lobrede auf den mittelmäßigen Thronfolger. Sein Bruder, erklärt er, sei seiner hohen Stellung würdig. Er habe kaltblütig sein Leben in der Schlacht aufs Spiel gesetzt und alle seine persönlichen Interessen dem Wohle des Staates untergeordnet. Die Milde und Menschlichkeit seines Charakters seien sichere Bürgschaften für das Glück seiner zukünftigen Untertanen. Die Vorrede und die Einführung setzen auseinander, daß trotz der Vielzahl von Geschichtswerken, die auf dem Büchermarkt seien, die Geschichte Brandenburgs noch nie erzählt worden sei. Nachdem er diesen Mangel erkannt habe, sei es sein Bestreben gewesen, ihm abzuhelfen. Er habe die königlichen Archive benutzt und versucht, die Wahrheit zu erzählen. Das Studium der Geschichte sei für die Untertanen ebenso wichtig wie für die Fürsten. Die frühen Herrscher habe er sehr kurz abgehandelt, denn der Geschichtsverlauf werde erst mit Johann Sigismund wichtig, unter dessen Regierung Ostpreußen und Kleve dem Staate einverleibt worden seien. Der Dreißigjährige Krieg könne von keinem Deutschen oder Preußen außer acht gelassen werden, denn er beeinflusse die Ereignisse immer noch. Der Plan des Hauses Österreich, die Zwangsherrschaft im Reiche aufzurichten, sei gescheitert, und der Westfälische Friede habe das Gleichgewicht zwischen dem Ehrgeiz der Kaiser und dem Kurfürstenkolleg wiederhergestellt.

Nach einigen dürren Seiten über die zwei ersten Jahrhunderte der Herrschaft der Hohenzollern beginnt der Historiker seine eingehende Darstellung mit Georg Wilhelm, dessen Regierungszeit er als das dunkelste Kapitel in den Annalen der Dynastie beschreibt. »Seine Staaten wurden im Verlauf des Dreißigjährigen Krieges verwüstet, und die Spuren waren so tief, daß man ihre Merkmale noch jetzt wahrnimmt. Alle Plagen der Erde stürzten mit einem Male auf die unglückliche Kurmark herab – an der Spitze ein unfähiger Fürst, der einen Vaterlandsverräter zu seinem Minister gewählt hatte, ein Krieg oder vielmehr ein allgemeiner Umsturz, der Einfall befreundeter und feindlicher Heere, die gleichermaßen barbarisch hausten. Wie sturmgepeitschte Wogen überschwemmten sie das Land, und endlich vollendeten Seuchen die Vernichtung.« Die Plünderung Magdeburgs, die er lebendig beschreibt, war nur der schlimmste einer großen Reihe von Schrecken. »Obwohl Georg Wilhelm nicht die Schuld für das ganze Unglück aufgebürdet werden kann, das über seine Gebiete kam, waren seine Irrtümer doch zahlreich und folgenschwer. Er schenkte Schwartzenberg sein Vertrauen, der ihn verriet. Ein Heer von 20 000 Mann, das er leicht hätte unterhalten können, wäre in der Lage gewesen, das Land gegen die Verletzungen seiner Neutralität zu verteidigen. Es würde ihm die Rücksicht des Kaisers verschafft haben, und er hätte selbst wählen können, ob er der Verbündete oder der Feind der Schweden werden wollte, während er in Wirklichkeit der Sklave des ersten besten wurde. Seine Schwäche ließ ihm nur die Wahl zwischen Fehlern. Er wurde gezwungen, zwischen den Kaiserlichen und den Schweden zu wählen, und seine Verbündeten waren stets seine Herren. Bald, wenn die Härte Ferdinands II. ihn empörte, warf er sich wie aus Verzweiflung in die Arme Gustav Adolfs. Bald, wenn die Entwürfe Oxenstiernas ihn zum äußersten trieben, suchte er einen Halt am Wiener Hofe. Fortwährend schwankend, was er tun sollte, kraft- und machtlos, schlug er sich jedesmal auf die Seite des Stärkeren; aber er konnte seinen Verbündeten zu wenig bieten, um ihren Schutz gegen die gemeinsamen Feinde zu erlangen.« Die traurige Lage seines Ur-Urgroßvaters, die er, abgesehen von der Darstellung Schwartzenbergs als eines Verräters, wahrheitsgetreu beschreibt, bestärkte die Überzeugung des Verfassers, daß sein Land stark sein müsse, wenn es nicht wieder mit Füßen getreten werden solle.

Friedrich Wilhelm, der den Namen des Großen Kurfürsten mit Recht trägt, wird in Ausdrücken eines schwärmerischen Enthusiasmus eingeführt. »Der Himmel hatte ihn eigens dafür geschaffen, durch seine Tatkraft die Ordnung in seinem Lande wiederherzustellen, das durch die Mißwirtschaft der vorangegangenen Regierung völlig zerrüttet war. Er wurde zum Schützer und Neubegründer seines Vaterlandes, zum Ruhm und zur Ehre seines Hauses. Die Talente eines großen Königs waren bei ihm an das bescheidene Los eines Kurfürsten gebunden. Über seinen Rang hinausragend, entfaltete er während seiner Regierung die Vorzüge einer starken Seele und eines überlegenen Geistes. Bald zügelte er seinen Heldenmut durch seine Klugheit, bald gab er sich ganz der schönen Begeisterung hin, die uns zur Bewunderung fortreißt. Durch weise Fürsorge richtete er seine alten Staaten wieder auf und erwarb durch seine Politik neue hinzu. Er entwarf Pläne und brachte sie selber zur Ausführung. Infolge seiner Redlichkeit stand er seinen Verbündeten bei; dank seiner Kühnheit beschützte er sein Volk. In unvermuteter Gefahr fand er ungeahnte Hilfsmittel. In Kleinigkeiten wie in bedeutenden Dingen, immer erschien er gleich groß. Die Vernichtung der Schweden bei Fehrbellin war die krönende Tat seines Lebens. Seine Feinde rühmten, seine Untertanen segneten ihn, und seine Nachkommen datieren von diesem ruhmreichen Tage den hohen Aufschwung des Hauses Brandenburg.«

Der Verteidiger seiner Völker im Kriege ließ sich von dem edlen

Ehrgeiz leiten, im Frieden ihr Vater zu sein. »Er half den Familien, die durch die Feinde zugrunde gerichtet waren; er ließ die Dörfer wieder aufbauen; die Wüsteneien verwandelten sich in wohlbestellte Felder; Wälder wurden zu Dörfern; Siedler weideten ihre Herden in Gegenden, die infolge der Kriegsverwüstungen eine Heimstätte der Raubtiere geworden waren; die Landwirtschaft wurde von ihm gefördert; jeder Tag sah neue Schöpfungen. Er war durch seine Herzensgüte und seinen Eifer für das Gemeinwohl noch größer als durch seine Feldherrngaben. Kühnheit macht den großen Helden, Menschlichkeit den guten Fürsten.« Die Tugenden des »Orakels von Deutschland« waren weit und breit anerkannt. »Seine edlen Eigenschaften gewannen ihm das Vertrauen der Nachbarn. Seine billige Denkweise erhob ihn gleichsam zur Würde eines obersten Richters, der über die Grenzen seines Landes hinaus wirkte, der über Könige und Fürsten urteilte oder sie zur Einigung bewog.« Die Aufnahme von 20000 gewerbefleißigen Hugenotten in sein Land war eine seiner weisesten Handlungen; die religiöse Duldung wurde einer der Grundsätze des Staates.

Das Kapitel schließt mit einem lauten Fanfarenstoß. »Er besaß alle Vorzüge, die einen großen Mann ausmachen, und die Vorsehung bot ihm jede Gelegenheit, sie zur Entfaltung zu bringen. Im jugendlichen Lebensalter, das sich in der Regel nur durch Verwirrungen kennzeichnet, gab er Proben kluger Umsicht. Er kämpfte nur, um seine Staaten zu verteidigen oder seinen Verbündeten beizustehen. Durch weiten Blick und tiefe Einsicht wurde er ein großer Staatsmann; durch arbeitsames und menschenfreundliches Wesen wurde er ein guter Fürst. Den gefährlichen Verlockungen der Liebe war er nicht zugänglich; zärtliche Schwäche kannte er nur gegenüber der eigenen Gattin. Wein und Geselligkeit liebte er, doch gab er sich niemals der Schlemmerei hin. Sein aufbrausendes Temperament konnte ihn manchmal fortreißen; aber wenn er der ersten Aufwallung nicht Herr wurde, so meisterte er doch sicher die zweite, und sein Herz machte überreichlich wieder gut, was sein hitziges Blut verschuldet hatte. Glück vermochte ihn nicht zu Überheblichkeit zu verleiten, Schicksalsschläge konnten ihn nicht niederdrücken. Sein hochherziger, gütiger, edler, menschlicher Charakter verleugnete sich niemals. Er wurde der Neubegründer und Verteidiger seines Vaterlandes, der Schöpfer von Brandenburgs Macht, der Schiedsrichter für seinesgleichen, der Stolz seines Volkes. Mit einem Wort: sein Leben bedeutet seinen Ruhm.« Er überragte Ludwig XIV. zwar nicht an Macht und Glanz, aber an Verdienst, denn er hatte keinen Richelieu, der ihm den Weg ebnete, keinen Condé, der seine Schlachten gewann, keinen Colbert oder Louvois, die ihm bei seinen Anstrengungen zur Seite standen. Während so die Größe des einen das Werk seiner Minister und Generale war, lag das Heldentum des anderen einzig bei ihm selbst. Sein höchster Ruhm war, daß er nie an seinem Vaterlande verzweifelte. Beide brachen Verträge, aber der eine aus Ehrsucht, der andere aus Notwendigkeit. »Mächtige Fürsten setzen sich freien, unabhängigen Willens darüber hinweg, Sklaven ihres Wortes zu sein; Fürsten mit geringen Kräften kommen ihren Verpflichtungen nicht nach, weil sie sich oft den Zeitumständen fügen müssen. Beide gingen mit stoischem Gleichmut dem Tode entgegen, regierten bis zur Stunde ihres Todes, gaben ihre letzten Gedanken ihrem Volk, das sie mit väterlicher Liebe ihren Nachfolgern ans Herz legten.« Hier haben wir mehr als nur ein Kapitel in der vaterländischen Geschichte des Verfassers: es ist die Darstellung seines staatsmännischen Ideals. In diesen begeisterten Seiten spüren wir seinen Wunsch, daß ihm die Geschichte einst ein gleiches Lob zollen möge.

Wir sollen die Erkenntnis vermittelt bekommen, daß alles von dem Charakter und der Fähigkeit des Herrschers abhängt. Der Chronist findet wenig Bewundernswertes an Friedrich, dem ersten König, am wenigsten in seiner Liebedienerei vor dem Hause Österreich. Sein Haß gegen Frankreich wurde von Wien mit dem Phantom einer Weltmonarchie genährt an die halb Europa, von Wien überredet, glaubte. »Durch dies kindische Treiben wurde Deutschland oftmals aufgeregt und in Kriege gestürzt, die ihm völlig fern lagen. Da aber die Schneide der besten Waffen schließlich einmal stumpf wird, so verlor auch dieses Argument allmählich seine Kraft, und die deutschen Fürsten begriffen: wenn sie ein despotisches Regiment zu fürchten hatten, so war es nicht das Ludwigs XIV.« Da ihm an Äußerlichkeiten mehr lag als an der wirklichen Macht, an höfischem Wesen mehr als an den Geschäften, an der Schmeichelei mehr als an der Wahrheit, reizte ihn der Königstitel, den der Kurfürst von Sachsen in Polen und der Prinz von Oranien in England gewonnen hatten. »Aber der Erwerb der Krone, der ursprünglich aus Eitelkeit angestrebt wurde, erwies sich in der Folge als ein Meisterstück der Staatskunst. Durch die Königswürde entzog sich das Haus Brandenburg dem Joch der Knechtschaft, unter dem der Wiener Hof damals alle deutschen Fürsten hielt. Ich habe euch einen Titel erworben, schien er seinen Nachfolgern zu sagen; zeigt euch seiner wert. Ich habe die Fundamente eurer Größe geschaffen; nun ist es an euch, das Werk zu vollenden.« Um seine Beute zu gewinnen, wendete er alle Hilfsmittel der Intrige an und war zu beinahe jedem Opfer bereit. Die Unterstützung des Kaisers, die von entscheidender Bedeutung war, gewann er durch die Rückgabe des Kreises Schwiebus und durch die Stellung von Truppen für den Kampf des Kaisers gegen Frankreich. Seine Erhebung zum König wurde im In- und Ausland von vielen getadelt und kostete das Leben von 30 000 Soldaten. »Er begehrte die Königswürde deshalb so heiß, weil er seinen Hang für das Zeremonienwesen befriedigen und seinen verschwenderischen Prunk durch Scheingründe rechtfertigen wollte. Das Volk begünstigt die Prachtliebe der Fürsten, aber ein Herrscher sollte eingedenk sein, daß er der erste Diener und Beamte des Staates ist. Er bedrückte die Armen, um die Reichen zu mästen. Seine Günstlinge erhielten hohe Gnadengehälter, während sein Volk im Elend schmachtete. Seine Marställe waren von asiatischem Prunk. Er war groß im Kleinen und klein im Großen.« Die einzigen Vorzüge, die ihm sein Enkel geringschätzig zubilligte, waren sein gutes Herz und seine eheliche Treue. Voltaire, der die Aufgabe hatte, das Werk vor der Veröffentlichung zu überarbeiten, meinte, daß er den Angriff zu weit getrieben habe, aber sein Einwand drang nicht durch.

Das Schlußkapitel war am schwersten zu schreiben, denn die Qualen seiner Jugend lebten noch frisch im Gedächtnis des Verfassers, aber geschickt gleitet er über die gefährlichen Stellen hin und schreibt mit kindlicher Ehrfurcht: »Friedrich Wilhelm I. besaß eine arbeitsame Seele in einem kraftvollen Körper. Es hat nie einen Mann gegeben, der für die Behandlung von Einzelheiten so begabt gewesen wäre. Wenn er sich mit den kleinsten Dingen abgab, so tat er das in der Überzeugung, daß ihre Vielheit die großen zuwege bringt. Alles, was er tat, geschah im Hinblick auf das Gesamtbild seiner Politik; er strebte nach höchster Vervollkommnung der Teile, um das Ganze zu vervollkommnen. Er gab das Beispiel einer Sittenstrenge und Einfachheit, die der ersten Zeiten der römischen Republik würdig waren.« Das Ziel seiner inneren Reformen und Einsparungen war es, sich seinen Nachbarn durch ein großes Heer furchterregend zu machen. Das Schicksal Georg Wilhelms hatte ihn gelehrt, wie gefährlich es ist, wenn sich ein Prinz nicht verteidigen kann: die Spuren seiner Weisheit würden solange bestehen, wie Preußen ein Staat sei.

Der auffallendste Zug des ganzen Kapitels über seinen Vater ist die Abscheu des Verfassers vor Österreich. Der böse Geist seiner Regierungszeit war der österreichische Agent Seckendorf, von dem er mit Zorn und Verachtung spricht. Die Lüge war ihm so zur Gewohnheit geworden, daß er darüber den Gebrauch der Wahrheit verlernt hatte. Eine Wuchererseele offenbarte sich bald in dem Soldaten, bald in dem Diplomaten. Er redete dem König ein, daß der Kaiser ein besserer Verbündeter sei als der König von England, und versprach seine Unterstützung für die Nachfolge im Herzogtum Berg. Er nahm den König mit solcher Geschicklichkeit für sich ein, daß er ihn überreden konnte, den Vertrag von Wusterhausen zu unterzeichnen, er hatte den Ehrgeiz, den ganzen Hof zu beherrschen. Der König, der in der Politik ebenso ehrlich war wie in seinem Privatleben, war dem bedenkenlosen Intriganten nicht gewachsen. »Sein Beispiel zeigt, daß Treu und Glaube und andere Tugenden in unserem verderbten Jahrhundert nicht aufkommen können.« Die Schuppen fielen von seinen Augen, als die Garantien der bergischen Erbschaft nicht erfüllt wurden. Ein Besuch, den er dem Kaiser in Prag abstattete, beendete die Freundschaft der beiden Höfe, denn der König war voller Verachtung für die Treulosigkeit und den Hochmut, auf die er in Prag stieß. Trotz dieser Enttäuschung verheiratete er seinen ältesten Sohn mit der Nichte der Kaiserin, um Wien einen Gefallen zu tun. Von Kriegen hielt er sich fern, und seine schwere Krankheit im Jahre 1734 vergrößerte seine

Abneigung gegen alle Risiken. In seinen letzten Lebensjahren wurde er nur durch die Kunst der Ärzte aufrecht gehalten; er starb mit der Festigkeit eines Philosophen und der Ergebung eines Christen. »Seine Politik hatte ihre Wurzeln in seiner Gerechtigkeit. Er war stets zu seiner Verteidigung gerüstet, aber niemals zum Unheil Europas, und zog das Nützliche dem Angenehmen vor. Er baute im Überfluß für seine Untertanen und wandte nur die bescheidenste Summe an seine eigene Wohnung. Er war bedachtsam im Eingehen von Verbindlichkeiten, treu in seinen Versprechungen, streng von Sitten, streng auch gegen die Sitten der anderen. Unnachsichtig wachte er über die militärische Disziplin, und den Staat regierte er nach denselben Grundsätzen wie sein Heer. Von der Menschheit hatte er eine so hohe Meinung, daß er von seinen Untertanen den gleichen Stoizismus verlangte wie von sich selbst. Bei seinem Tode hinterließ er ein Heer von 66000 Mann, gesteigerte Staatseinkünfte, einen wohlgefüllten Staatsschatz und in allen seinen Geschäften eine wunderbare Ordnung. Die ganze Welt wird darin übereinstimmen, daß in dem arbeitsreichen Leben dieses Fürsten und in der Weisheit seines Wirkens die Urquellen des glücklichen Gedeihens zu erkennen sind, dessen sich das königliche Haus nach seinem Tode erfreut hat.« Die dunklen Schatten seiner Regierung sind in einem einzigen Satz voller Zurückhaltung angedeutet. »Wir haben die häuslichen Kümmernisse dieses großen Fürsten mit Stillschweigen übergangen: um der Tugenden eines solchen Vaters willen muß man einige Nachsicht mit den Fehlern seiner Kinder haben.«

Friedrichs größtes und wichtigstes historisches Werk, die *Geschichte meiner Zeit,* das mit seiner Thronbesteigung einsetzt, wurde nach dem Ende des Ersten Schlesischen Krieges begonnen, nach dem Zweiten Schlesischen Krieg überarbeitet und fortgesetzt und gegen Ende seines Lebens noch einmal überarbeitet und fortgeführt. »Meine Werke verlohnen kaum das Lesen«, schrieb er seinem Bruder im Jahre 1746. »Ich schreibe zum Teil zu meinem Vergnügen, zum Teil, um der Nachwelt meine Taten und Beweggründe darzulegen. Ich will weder Lob noch Tadel damit gewinnen. Nur mir selbst möchte ich keine Vorwürfe zu machen brauchen. Wir wissen alle, daß man nicht jedermann gerecht werden kann.« Wie Caesar, so schreibt er durchweg in der dritten Person. Das Vorwort von 1746 verurteilt die Geschichtsschreibung anderer und macht hohen Anspruch auf seine eigene Unparteilichkeit. Viele haben bisher Geschichte geschrieben, erklärt er, aber nur wenige haben die Wahrheit erzählt. Einige haben nur Materialien, Gerüchte und volkstümliche Vorstellungen abergläubischer Art zusammengestellt; noch andere haben leichtfertige und weitschweifige Tagebücher aus Feldzügen veröffentlicht. In diesen Romanen lassen sich die Haupttatsachen kaum wiedererkennen. Die Helden denken, sprechen und handeln ganz nach den Anweisungen des Verfassers. Dessen Träume bekommen wir vorgesetzt, nicht ihre

Taten. Solche Bücher sind nicht wert, daß sie weiterleben, und dennoch ist Europa mit ihnen überschwemmt, und die Menschen sind töricht genug, ihren Erzählungen zu glauben. Mit der Ausnahme des weisen de Thou, Rapins und einiger anderer gibt es nur schwache Geschichtsschreiber, die mit besonders kritischen Augen gelesen werden müssen. Die Wahrheitstreue der berichteten Tatsachen ist wichtig, reicht aber nicht aus. Der Historiker muß objektiv sein, muß Unterscheidungsvermögen haben, muß vor allem die Dinge mit dem Auge des Philosophen betrachten.

Friedrichs Absicht ist es, die Erfahrungen und Gedanken eines Mitspielers in den von ihm beschriebenen Szenen zu berichten. »Ich widme Dir, Nachwelt, dieses Werk, in welchem ich den Versuch mache, die Angelegenheiten anderer Mächte und ausführlicher die Preußens, die unmittelbar mein Haus angehen, zu umreißen, das die Erwerbung Schlesiens als den Beginn seines Wachstums ansehen kann.« Der Teilausschnitt der Geschichte, den zu schreiben er sich vorgenommen habe, sei besonders anziehend, da er erfüllt sei mit hervorragenden Ereignissen. »Ja, ich wage zu behaupten, daß seit dem Untergang des Römischen Reiches keine Epoche größere Beachtung verdient als die Zeit des Todes Kaiser Karls VI., des letzten männlichen Erben des Hauses Habsburg, die zu jener berühmten Liga oder eher zu jener berühmten Verschwörung so vieler Könige führte, die sich zum Sturz des Hauses Habsburg feierlich zusammentaten.« Nichts solle ohne Beweise aus den Archiven und das Zeugnis zuverlässiger Augenzeugen niedergelegt werden; der Bericht über die Feldzüge werde den unsterblichen Ruhm der Offiziere überliefern und der Dankbarkeit des Verfassers Ausdruck geben. Er werde versuchen, die Gegenwart mit der Vergangenheit zu vergleichen, Europa als ein Ganzes zu überschauen, auch Kleinigkeiten mit erwähnen, die zu großen Ereignissen geführt hätten. Da sein Buch für die Nachwelt bestimmt sei, lasse er sich nicht durch den Gedanken an die Aufnahme in der Öffentlichkeit bestimmen. »Ich werde laut aussprechen, was viele Menschen heimlich denken, die Fürsten abbilden wie sie sind, ohne Vorurteil gegen meine Feinde oder Vorliebe für meine Verbündeten. Ich werde von mir nur sprechen, wo es nötig ist; niemand ist der Aufmerksamkeit zukünftiger Jahrhunderte würdig. Während seiner Lebenszeit ist ein König der Abgott seines Hofes; die Großen verbrennen Weihrauch, die Dichter singen seinen Preis, das Volk fürchtet ihn oder liebt ihn lau. Wenn er tot ist, dann erscheint die Wahrheit und nimmt oft übermäßige Rache für geschmacklose Schmeichelei. Die Nachwelt wird uns nach unserem Tode beurteilen, wir müssen uns schon während unseres Lebens beurteilen. Uns sollte es genügen, daß unsere Absichten rein sind, daß wir die Tugend lieben, daß unser Herz nicht der Mitschuldige an den Irrtümern unseres Kopfes ist, daß wir das Gefühl haben dürfen, unseren Völkern alles Gute getan zu haben, dessen wir fähig waren.«

Danach erörtert Friedrich das umstrittenste Ereignis seiner Laufbahn. »Hier wird man von geschlossenen und gebrochenen Bündnissen lesen. Ich muß darauf hinweisen, daß wir von unseren Hilfsquellen und Fähigkeiten abhängig sind, und wenn unsere Vorteile sich verändern, dann müssen wir uns mit ihnen ändern. Unsere Aufgabe ist es, über das Glück unserer Völker zu wachen. Finden wir, daß eins unserer Bündnisse sie gefährdet, dann müssen wir es brechen; der Herrscher opfert sich dann ihrem Wohl. Die Geschichte hat viele solcher Beispiele, es gibt keine andere Wahl. Die strengen Kritiker, welche dieses Verhalten verurteilen, sind Menschen, die ein Versprechen als etwas Heiliges ansehen. Sie haben recht, und als Privatmann stimme ich mit ihnen überein; die Ehre steht über den Eigeninteressen. Aber ein Fürst, der Verpflichtungen übernimmt, setzt seinen Staat tausenden von Unglücksfällen aus; deshalb ist es besser, wenn der Herrscher sein Wort bricht, als wenn das Volk zugrunde geht. Was sollte man von einem bis zur Lächerlichkeit gewissenhaften Chirurgen sagen, der sich weigert, einen brandigen Arm zu amputieren, wenn es sich um die Rettung eines Lebens handelt? Taten sollte man als gut oder schlecht beurteilen nur in Betracht der Umstände und Erfolge. Und doch, wie wenige können aus Kenntnis der Ursachen urteilen? Die Menschen sind wie die Schafe, die ihrem Hirten folgen. Was ein Kluger sagt, wird von tausend Toren nachgesprochen.«

Das weitschweifige Vorwort endet mit Betrachtungen, wie sie ihm die dargestellten Ereignisse eingegeben haben. Fürsten, die zu weit jenseits ihrer Grenzen kämpfen, sind immer vom Unglück verfolgt, weil sie die exponierten Truppen weder versorgen noch entsetzen können. Völker zeigen mehr Tapferkeit, wenn sie ihre Heimat verteidigen, als wenn sie ihre Nachbarn angreifen. »Der Krieg, der in Schlesien begann, wird zur Seuche und wächst, je mehr er sich ausbreitet, an Bösartigkeit. Das Glück ist unbeständig. Keine Macht erfreut sich ununterbrochener Erfolge. Die schlimmste Begleiterscheinung des Krieges ist das schreckliche Blutvergießen. Europa war wie ein Schlachthaus, überall blutige Schlachten. Man möchte meinen, daß die Könige entschlossen seien, die Welt zu entvölkern. Die Wirkungen setzen sich fort, auch wenn die Beweggründe sich geändert haben. Es ist, als sähe man Spieler, die in der Hitze des Spieles sich nicht von ihm trennen können, bis sie alles verloren oder ihre Gegner zugrunde gerichtet haben. Die Geschichte der Begehrlichkeit ist die Schule der Tugend.« Das Vorwort von 1775 wiederholt und ergänzt die Begründungen und Erwägungen von 1746, ohne irgend etwas von Interesse hinzuzufügen.

Die lange Einleitung enthält eine lebendige und wertvolle Übersicht der Hilfsquellen, Herrscher und kulturellen Zustände der führenden europäischen Staaten zum Zeitpunkt der Thronbesteigung des Verfassers. Die Hauptschwäche Preußens war das Fehlen von Industrie. Das Ansehen Österreichs war durch die Siege des Prinzen Eugen gestiegen, aber nach seinem Tode gesunken, denn der Kaiser Karl VI. war eine gutmütige Mittelmäßigkeit, ein guter Sprachkenner, ein guter Vater, ein guter Gatte, aber bigott und abergläubisch wie alle Fürsten seines Hauses. Unter der klugen, sparsamen und friedliebenden Führung des Kardinals Fleury hatte sich Frankreich weitgehend von den Mißgeschicken der letzten Jahre Ludwigs XIV. erholt. Dennoch litt der »Schiedsrichter Europas« an bedenklichen Schwächen. Das Volk war arm, obwohl die Verschwendungssucht von Paris an das Rom des Lukull erinnerte. Das sittliche Niveau war niedrig, und die Franzosen, besonders die Pariser, waren durch ihre Vergnügungen entnervt. Spanien war mit einem schwermütigen König und einer ehrgeizigen Königin im Absteigen begriffen. Seine Bevölkerung war zu klein, um das Land zu bebauen, und der Aberglaube stellte es mit halbbarbarischen Nationen auf eine Stufe. Das Bild von Georg II., dem Onkel des Verfassers, wird mit einigen kräftigen Pinselstrichen gemalt. Er hatte Tugenden und Gaben, aber seine Leidenschaften waren übermächtig. »Er war fest in seinen Entschlüssen, sparsam bis zum Geiz, fleißig, aber ungeduldig, heftig und tapfer. Aber er regierte England nach den Interessen Hannovers und besaß zu wenig Selbstbeherrschung, um eine Nation zu leiten, deren Abgott die Freiheit ist.« Peter der Große hatte Rußland zum Schiedsrichter des Nordens gemacht; der Mißerfolg Karls XII. habe bewiesen, daß man durch den Angriff auf einen solchen Riesen nichts gewinnen, aber alles verlieren könne.

Das Urteil über Polen ist besonders hart. »Dieses Königreich ist beständig in Anarchie. Die großen Familien sind sämtlich durch Interessengegensätze zersplittert; sie ziehen ihren Privatvorteil dem öffentlichen Wohle vor und sind nur einig in der harten Bedrückung ihrer Untertanen, die sie mehr als Lasttiere denn als Menschen behandeln. Die Polen sind eitel, hochfahrend im Glück, kriechend im Unglück; der größten Niedertracht fähig, um Geld zusammenzuscharren, das sie aber sofort wieder verschwenden; leichtfertig, urteilslos, stets bereit, grundlos Pläne zu machen und fallen zu lassen und sich selbst durch ihre Planlosigkeit zugrunde zu richten. Gesetze bestehen, werden aber nicht befolgt, da kein Zwang hinter ihnen steht. Der König verkauft die Ämter. Ein einziges Mitglied des Reichstages kann dessen Beschlüsse zu Fall bringen. Die Frauen spinnen Ränke und schalten über alles, während sich ihre Männer betrinken.« In Sachsen, einem Lande mit besserem Boden, herrschte Brühl, der verschwenderische und verächtliche Günstling. »Er kannte nur die Listen und Ränke, von denen die Staatskunst kleiner Fürsten lebt; er war doppelzüngig, falsch und zu den niedrigsten Handlungen bereit, wenn es um seine Stellung ging. Er war in seinem Zeitalter der Mann, der die meisten Kleider, Uhren, Gürtel, Spitzen, Schuhe und Pantoffeln besaß. Es gehörte ein Fürst wie August III. dazu, wenn ein Mensch vom Schlage Brühls die Rolle des Premierministers spielen konnte.« Bayern,

Deutschlands fruchtbarstes, war auch sein unwissendstes Land – ein irdisches Paradies, von Tieren bewohnt.

Die Beschreibung, die Friedrich vom Reich gibt, ist wenig schmeichelhaft, aber nicht ungerecht. Nach der Zahl der Könige, Kurfürsten und Fürsten beurteilt, ist es mächtig; aber wegen derer widerstreitenden Interessen ist es schwach. Der Reichstag von Regensburg ist nur ein Schatten, eine Versammlung von Rechtsgelehrten, denen es mehr auf die Form als auf die Wirklichkeit ankommt. Soll ein Krieg beschlossen werden, dann setzt der kaiserliche Hof seine Privatstreitigkeiten geschickt mit den Reichsinteressen in eins, um die deutsche Macht zum Werkzeug seiner ehrgeizigen Absichten zu benutzen. Die verschiedenen Konfessionen bestehen noch, doch ist ihr Eifer gesunken. Viele Staatsmänner sind verwundert, daß eine solch einzigartige Staatsverfassung so lange bestanden hat, und schreiben das dem nationalen Phlegma zu. Das ist aber nicht der Fall. Die Kaiser werden gewählt, und seit dem Erlöschen der Karolinger sind verschiedene Familien zur Kaiserwürde emporgestiegen, Streitigkeiten mit den Nachbarn und den Päpsten machten es ihnen unmöglich, die unumschränkte Herrschaft im Reich aufzurichten. Die Kurfürsten, einige Fürsten und Bischöfe sind, wenn sie zusammenhielten, stark genug, um dem Ehrgeiz des Kaisers entgegenzutreten, aber nicht, um die Reichsverfassung zu ändern. Seit das Haus Österreich die Kaiserkrone trägt, ist die Gefahr der Gewaltherrschaft immer deutlicher geworden. Karl V. konnte sich nach der Schlacht von Mühlberg zum absoluten Herrn machen, verpaßte aber den Augenblick. Als Ferdinand II. und Ferdinand III. den gleichen Versuch machen, ist dieser Plan durch die Eifersucht Frankreichs und Schwedens vereitelt worden. Die Fürsten werden durch gegenseitigen Neid verhindert, sich zu vergrößern.

Nach all dieser scharfen Kritik an Staaten und Staatsmännern Europas bedeutet es eine Abwechslung, auch ein wenig Lob zu finden. Seit der Zeit Caesars hat die Schweiz ihre Freiheit bewahrt, den kurzen Zeitraum ausgenommen, da das Haus Habsburg sie unterjochte; dessen spätere Versuche, sein Joch wieder aufzurichten, sind vergeblich gewesen. »Die Freiheitsliebe und die steilen Berge schützten die Schweizer vor dem Ehrgeiz der Nachbarn.« Trotz der rassischen, sprachlichen und konfessionellen Unterschiede hat sich das Volk niemals von den Grundsätzen der Mäßigung abbringen lassen und seinen Lohn dafür geerntet. Ihr einziger Fehler ist die barbarische Sitte, ihre eigenen Söhne als Söldner zu verkaufen. Ein geringschätziger Hinweis auf das Papsttum beschließt die Übersicht über die europäische Bühne. Im Jahre 1740 war der Papst nicht mehr als der erste Bischof der Christenheit. Der Bereich des Glaubens war ihm geblieben, aber sein politischer Einfluß war im Schwinden. Die Renaissance und die Reformation haben dem Aberglauben einen tödlichen Streich versetzt. Hin und wieder wird ein Heiliger kanonisiert, um die Tradition aufrecht zu halten, hätte aber im achtzehnten Jahrhundert ein Papst

Kreuzzüge predigen wollen, so hätte er nicht zwanzig Gassenjungen zusammengebracht. Er ist darauf beschränkt, seine priesterlichen Funktionen auszurichten und seine Neffen zu bereichern.

Mit sichtbarer Erleichterung wendet sich dann der Verfasser von den »Trotteln und Gauklern« der politischen Bühne den bleibenden Triumphen des menschlichen Geistes in Wissenschaft und Philosophie, Literatur und Kunst zu. Als dankbares Kind der Aufklärung begrüßt er den englischen Weisen, der die Erfahrung zu seinem einzigen Führer gemacht habe. Locke habe die Binde des Irrtums ganz gelöst, die sein Vorläufer, der skeptische Bayle, schon teilweise gelockert habe. Fontenelle und Voltaire seien in Frankreich, Thomasius in Deutschland, Hobbes, Collins, Shaftesbury und Bolingbroke in England erschienen. »Diese großen Manner und ihre Schüler versetzten der Religion einen tödlichen Schlag. Die Menschen fingen an zu untersuchen, was sie bisher stumpf angebetet hatten; die Vernunft stürzte den Aberglauben; man empfand Ekel über die Märchen, die man geglaubt hatte, und Abscheu gegen die Gotteslästerungen, denen man in frommem Wahne angehangen hatte. Der Deismus, die schlichte Verehrung des höchsten Wesens, gewann zahlreiche Anhänger. Mit dieser Vernunftreligion kehrte die Toleranz ein, und man feindete die Andersdenkenden nicht mehr an. Wie der Epikuräismus im Heidentum der Abgötterei Abbruch tat, so der Deismus nicht minder in unseren Tagen den jüdischen Hirngespinsten, die unsere Vorfahren gläubig angenommen hatten.«

Während England, wo die Freiheit der Meinungsäußerung herrsche, in der Philosophie die Führung habe, sei Frankreich mit seiner Veranlagung für methodisches Denken und für Geschmack in der Literatur führend. Ein Mann von Urteil ziehe die *Henriade* dem Homer vor, denn Heinrich IV. und Gabrielle d'Estrées seien wirkliche Menschen. Boileau sei mit Juvenal und Horaz vergleichbar; Racine habe alle seine Wettbewerber im Altertum übertroffen; Bossuet reiche in der Beredsamkeit an Demosthenes heran; Montesquieus *Persische Briefe* und *Größe und Verfall des römischen Reiches* seien Meisterwerke. Warum hinke die deutsche Kultur so weit nach? Zuallererst wegen der Kriege: die Völker waren verelendet, die Fürsten arm. Die dringendste Aufgabe war es gewesen, den Acker zu bauen. Eine Hauptstadt wie Rom und Florenz, Paris und London gebe es nicht. Es bestünden Universitäten, an denen gelehrte Pedanten lehrten, aber die Studentenzahlen seien gering. Nur Leibniz und Thomasius hätten der Nation zur Ehre gereicht. Während deutsche Gelehrte meist Handwerker gewesen seien, waren die französischen Künstler. Das war der Grund, warum die französischen Werke so allgemein Verbreitung fanden und das Französische die lateinische Sprache verdrängte. Der Gebrauch dieser Fremdsprache tat der Muttersprache noch mehr Abbruch, die, weil sie nur vom gemeinen Volk gebraucht wurde, den feinen Ton nicht erlangen konnte, den eine Sprache nur in der guten

Gesellschaft gewinnt. Der Hauptfehler des Deutschen ist der Wortschwall; man muß ihn eindämmen und die Wörter, die zu schwierig auszusprechen sind, mildern. »Unsere Armut zwang uns, bei dem Überfluß der Franzosen Hilfe zu suchen, und an den meisten Höfen sah man französische Schauspielertruppen die Meisterwerke Molières und Racines aufführen.« Andererseits hatte die deutsche Baukunst große Fortschritte gemacht. Die schönsten Gebäude, wie das Schloß in Berlin, waren zwar den Bauten Roms und Athens unterlegen, übertrafen aber die gotische Baukunst des Mittelalters.

Am Schluß dieser wahrhaft enzyklopädischen Übersicht über den Geist und das Aussehen Europas kehrt der Verfasser zu seinem Ausgangspunkt Preußen zurück. Friedrich Wilhelm I. hatte Ersparnisse hinterlassen, die zwar unbedeutend waren, jedoch für eine günstige Gelegenheit ausreichten; aber Klugheit war gefordert, und wenn Kriege unternommen werden sollten, dann mußten sie kurz sein. Preußens Hauptnachteil war seine unregelmäßige Gestalt, denn kleine und unzusammenhängende Provinzen lagen verstreut von Kurland bis Brabant, was die Zahl der Nachbarn und möglichen Feinde vermehrte. Preußen konnte nur handeln, wenn es sich entweder an Frankreich oder an England anlehnte. Frankreich war darauf aus, das Haus Österreich zu erniedrigen, und England gab Subsidien nur zur Unterstützung seiner eigenen Vorteile. Ganz Europa war an der österreichischen Erbfolge interessiert, wenn der Tod des Kaisers eintrat. Friedrich Wilhelm I. hatte die Pragmatische Sanktion unter der Bedingung garantiert, daß ihm der Wiener Hof die Erbfolge in Jülich und Berg zusichere. Der Kaiser brach sein Versprechen und machte dadurch diese Verpflichtung ungültig. Weil er sich seinem Ende nahe fühlte, schloß Friedrich Wilhelm keine Bündnisse ab, sondern ließ seinem Nachfolger alle Freiheit, Beziehungen zu suchen, wie Zeit und Umstände es geboten. Der neue Herrscher erfuhr, daß niemandem daran lag, ob er oder ein anderer Fürst das Herzogtum Berg erhielt. Frankreich willigte ein, ihm einen Streifen zu überlassen, aber das war zu wenig, um einem ehrgeizigen jungen König, der alles oder nichts wollte, zu genügen. Der Kaiser hatte das Herzogtum nicht nur Preußen, sondern auch dem Kurfürsten von Sachsen und dem Pfalzgrafen von Sulzbach, dem Erben des Kurfürsten von der Pfalz, versprochen. »Sollte man sich zum Opfer der Falschheit des Wiener Hofes machen? Sollte man sich mit dem Streifen des Herzogtums Berg begnügen? Oder sollte man zu den Waffen greifen, um sein Recht selbst zu verfechten? In dieser Krisis beschloß der König, mit Aufbietung aller seiner Hilfsmittel seine Stellung zu stärken. Mit weiser Sparsamkeit errichtete er fünfzehn neue Bataillone und wartete die Entwicklungen ab, um sich selbst das Recht zu verschaffen, das andere ihm verweigerten.«

Das zweite Kapitel entwickelt den Beweisgang, daß der Raub Schlesiens in jeder Weise gerechtfertigt war. Er hatte nur ein Heer von

60 000 Mann und den Staatsschatz, den ihm sein Vater hinterlassen hatte. Um das Herzogtum Berg zu erobern, hätte er seine ganze Armee einsetzen müssen, da das den Krieg gegen Frankreich bedeutet haben würde. Noch andere Gründe gegen diesen Plan waren der Konkurrenzanspruch Sachsens und die Eifersucht Hannovers, die im Kriegsfalle in die Kerngebiete seiner Besitzungen einfallen konnten, während seine ganze Armee im Westen stand. »Wenn auch so triftige Gründe die Ruhmbegierde des Königs zügelten, so reizten ihn andere, nicht minder starke Beweggründe, beim Antritt seiner Regierung Beweise von Kraft und Entschlossenheit zu geben, um seinem Volke Achtung in Europa zu verschaffen. Allen guten Patrioten blutete das Herz wegen der geringen Rücksicht, welche die Mächte dem verstorbenen König besonders in seinen letzten Regierungsjahren bezeigt hatten, und wegen der Kränkungen, denen der preußische Name in der Welt ausgesetzt war.« Seine weise Zurückhaltung hatte seinen Nachbarn den Schluß nahegelegt, daß sie ihn ungestraft beleidigen konnten. Seine untergrabene Gesundheit war ein weiterer Beweggrund zum Frieden, denn man konnte nicht annehmen, daß er je den Oberbefehl über seine Truppen anderen Händen anvertraut hätte.

Diese Erfahrungen lehrten den neuen König, daß sich ein Fürst Achtung für sich und sein Volk verschaffen muß, daß Mäßigung eine Tugend ist, die Staatsmänner in dieser verderbten Zeit nicht immer ausüben können, und daß es beim Thronwechsel wichtiger war, Beweise von Entschlossenheit als von Sanftmut zu geben. Außerdem hatte Friedrich I., als er Preußen zum Königreich erhob, unbewußt einen Keim des Ehrgeizes in seine Nachkommen gelegt, der früher oder später Früchte tragen mußte. »Er hinterließ ein Zwitterwesen, eher ein Kurfürstentum als ein Königreich. Es war ehrenvoll, diesem Zwitterzustand ein Ende zu machen, und ein Beweggrund, der den König in seinem großen Unternehmen bestärkte, zu dem ihn so vieles reizte.« Auch wenn eine Eroberung des Herzogtums Berg leicht durchführbar gewesen wäre, hätte sie dem Haus Brandenburg nur wenig Zuwachs an Gebiet gebracht. Daher lenkte der König seine Blicke auf das Haus Österreich, wo eine größere Beute zu gewinnen war.

Die Nachricht vom Tode des Kaisers erreichte Rheinsberg am 26. Oktober 1740. Der König lag zu Bett mit Fieber, aber gegen den Rat seiner Ärzte nahm er eine kräftige Medizin, da er an andere Dinge als an seine Gesundheit zu denken hatte. »Unverzüglich entschloß er sich, die schlesischen Fürstentümer, auf die sein Haus unbestreitbare Anrechte hatte, zu fordern, und rüstete sich, seine Ansprüche im Notfalle mit Waffengewalt durchzusetzen. Dieser Plan beherrschte seine Politik; es war der Weg, sich Ruhm zu erwerben, die Macht des Staates zu vergrößern und die strittige Erbfolge im Herzogtum Berg zu erledigen. Jedoch, bevor er sich völlig entschloß, wog er erst die Gefahren eines Krieges gegen die Vorteile ab, die davon zu erhoffen waren.« Auf der einen Seite stand das mächtige Haus Österreich mit den Hilfsquellen seiner großen Provinzen, eine Kaisertochter, die, wenn sie angegriffen wurde, im König von England, in Holland und in den meisten Reichsfürsten, die sich alle für die Pragmatische Sanktion verbürgt hatten, Verbündete finden mußte. Der Herzog von Kurland, der damals Rußland beherrschte, stand im Solde des Wiener Hofes, und die junge Königin von Ungarn konnte Sachsen durch die Abtretung einiger Teile Böhmens an sich fesseln. Außerdem mußte die Mißernte des Jahres 1740 die Verpflegung der Truppen erschweren. Die Gefahren waren groß, der Appell an die Waffen durchaus ungewiß; eine verlorene Schlacht konnte alles entscheiden. Der König hatte keine Bundesgenossen und konnte nur ungeübte Truppen den in den Waffen ergrauten österreichischen Soldaten entgegenstellen. Auf der anderen Seite gab es viele Gründe zur Hoffnung. Die Lage des österreichischen Hofes war beklagenswert; die Finanzen waren in Unordnung, das Heer vernachlässigt und durch die Mißerfolge im Türkenkrieg mutlos, das Ministerium uneins, eine unerfahrene Fürstin sollte eine strittige Erbschaft verteidigen. Außerdem konnte der König sicher sein, daß er Verbündete finden werde. Die Eifersucht zwischen Frankreich und England sicherte dem König die Unterstützung des einen oder des anderen, und die Interessen der Bewerber um die Nachfolge des Hauses Österreich mußten mit denen Preußens zusammenfallen. Den letzten Entschluß brachte der Tod der Kaiserin Anna von Rußland, der kurz nach dem Tode des Kaisers erfolgte und die Krone dem jungen Sohn eines Schwagers des Königs überließ. »Hierzu kam ein schlagfertiges Heer, ein wohlgefüllter Staatsschatz und vielleicht auch der Drang, sich einen Namen zu machen. Das waren die Ursachen des Krieges.«

Der kühne schlesische Plan verursachte Gärung in den Gemütern. Furchtsame Seelen prophezeiten den Untergang des Staates, und andere glaubten, daß der König nach dem Vorbild Karls XII. alles auf eine Karte setze; aber die Offiziere hofften auf Glück und Beförderung. Der Fürst Leopold von Anhalt (der Alte Dessauer) war wütend, weil er den Plan nicht selbst entworfen hatte und nicht das erste Werkzeug bei dessen Ausführung war; wie Jonas prophezeite er Unheil, das aber so wenig über Preußen kam wie einstmals über Ninive. Er betrachtete das kaiserliche Heer als seine Wiege und fürchtete, daß das wachsende Ansehen des Königs seine Stellung herabdrücken werde. So säte er Mißtrauen und Furcht in die Gemüter und hätte selbst den König gern eingeschüchtert, wenn das möglich gewesen wäre. Um aber allen üblen Einflüssen, die er ausüben konnte, entgegenzutreten, hielt der König am Abend seiner Abreise eine Ansprache an die Offiziere der Berliner Garnison. »Meine Herren, ich unternehme einen Krieg, für den ich keine anderen Bundesgenossen habe als Ihre Tapferkeit und Ihren guten Willen. Meine Sache ist gerecht, und ich vertraue auf mein Glück. Bleiben Sie stets des Ruhms eingedenk, den sich Ihre Vorfahren erworben haben. Ihr Schicksal ruht in Ihren eigenen Händen; Auszeichnungen und Belohnungen warten nur darauf, daß Sie sie sich verdienen. Aber ich brauche Sie nicht erst zum Ruhme anzufeuern; er steht Ihnen immer vor Augen, nur er ist das würdige Ziel Ihres Strebens. Wir werden Truppen gegenübertreten, die unter dem Prinzen Eugen die Bewunderung der Welt errungen haben. Die Ehre wird um so größer sein, sich mit tapferen Soldaten zu messen. Leben Sie wohl! Brechen Sie auf zum Rendezvous des Ruhms, wohin ich Ihnen ungesäumt folgen werde.« Die Besetzung Schlesiens wurde dadurch erleichtert, daß zwei Drittel der Bevölkerung Protestanten waren, die den König nach langer Unterdrückung durch den österreichischen Fanatismus als einen vom Himmel gesandten Erlöser betrachteten. Die Schlacht von Mollwitz nennt der Verfasser einen der denkwürdigsten Tage des Jahrhunderts, weil zwei kleine Armeen das Schicksal Schlesiens entschieden und preußische Truppen einen Ruhm gewannen, den weder die Zeit noch der Neid schmälern konnten. Das Reich war erstaunt zu vernehmen, daß die erprobten österreichischen Streitkräfte von Soldaten mit geringer Kampferfahrung geschlagen wurden, und Frankreich, das eine Möglichkeit sah, das Haus Österreich zu vernichten, bot ein Bündnis an. Des Verfassers Flucht vom Schlachtfeld zu einem Zeitpunkt, in dem die Niederlage unvermeidlich schien, wird mit Schweigen übergangen.

Die Eroberung und Sicherung Schlesiens erforderten politisches nicht weniger als militärisches Geschick, und Friedrich rechtfertigt zunächst den geheimen Waffenstillstand von Kleinschnellendorf im Herbst 1741. Frankreich und Bayern waren zwar seine Verbündeten, aber ihre Kriegsziele waren sehr verschieden von den seinigen. Frankreich glaubte, daß Österreichs Tage gezählt seien, und wollte auf seinen Trümmern vier selbständige Fürsten erheben, für die es dann die Rolle eines Schiedsrichters spielen konnte, da sie sich nie vertragen würden. Maria Theresia sollte Ungarn und den Kern der habsburgischen Besitzungen behalten; Bayern sollte Böhmen und Tirol gewinnen; Preußen sollte Niederschlesien, und Sachsen Oberschlesien und Mähren bekommen. Dieser Teilungsplan war gar nicht im Sinne des Königs, der nach der Machtstellung seines Hauses strebte und nicht die Absicht hatte, seine Truppen zu opfern, um seine Nebenbuhler zu stärken. Wäre er das Werkzeug der französischen Politik geworden, so hätte er Frankreichs Spiel gespielt, und Ludwig XV. hätte den Traum des Weltreiches verwirklichen können, den man Karl V. zuschrieb. Ja, hätte er die französischen Truppen zu eifrig unterstützt, so würden deren Erfolge ihn aus einem Verbündeten in einen Untergebenen verwandelt haben, er wäre weiter fortgerissen worden als er wollte und hätte jedem Wunsche Frankreichs nachkommen müssen, weil er selbst zum Widerstand zu schwach war und keine Bundesgenossen finden konnte, die ihn aus einer solchen Knechtschaft befreiten. Die Klugheit erforderte eine Politik der Vorsicht, durch die er das Gleichgewicht zwischen den Habsburgern und den Bourbonen halten konnte. Die Königin von Ungarn stand am Rande des Abgrundes. Ein

Waffenstillstand erlaubte ihr aufzuatmen, und der König konnte ihn brechen, sobald er dies für richtig hielt. Außerdem hatte er geheime Beziehungen zwischen Fleury und Wien entdeckt, aus denen Fleurys Bereitschaft hervorging, Preußen gegen die Rückgabe Luxemburgs und eines Teiles von Brabant zu opfern. Der Hauptvorteil des Waffenstillstandes mit Österreich bestand darin, daß inzwischen die preußische Armee mit Hilfe der Einkünfte aus Schlesien verstärkt werden konnte.

Friedrich schließt seinen Bericht über seinen ersten Krieg und den Frieden von Breslau, der ihn endete, mit einem Ton reinster Genugtuung. »So kam Schlesien an den preußischen Staat. Zwei Kriegsjahre – er hätte zwei Schlachten sagen können – hatten zur Eroberung dieser wichtigen Provinz genügt. Der vom verstorbenen König hinterlassene Schatz war fast erschöpft. Aber Staaten sind billig, wenn sie nur sieben bis acht Millionen Taler kosten. Ein Zusammentreffen glücklicher Umstände erleichterte das Unternehmen. Frankreich mußte sich in den Krieg hineinziehen lassen, Rußland von Schweden angegriffen werden, die Hannoveraner und Sachsen mußten sich aus Ängstlichkeit untätig verhalten, die Kette der Erfolge mußte ununterbrochen sein, und der König von England, Preußens Feind, mußte das Werkzeug zur Vergrößerung Preußens werden. Was aber zum glücklichen Gelingen am meisten beitrug, war ein Heer, das in zweiundzwanzigjähriger Arbeit zu bewundernswerter Manneszucht herangebildet worden war und alle Truppen Europas in den Schatten stellte; das waren wahrhaft patriotische Offiziere, erfahrene und unbestechliche Staatsdiener; das war schließlich ein gewisses Glück, wie es so oft mit der Jugend ist, aber das Alter im Stich läßt. Wäre das große Unternehmen mißlungen, so hätte man den König einen leichtfertigen Fürsten gescholten, der Dinge unternimmt, die seine Kräfte übersteigen. Da es gelang, sah man ihn als Glückskind an. In Wahrheit entscheidet allein das Glück über den Ruf. Wer vom Glück begünstigt wird, erntet Beifall; wen es verschmäht, der wird getadelt.«

Friedrich rechtfertigt sein häufig kritisiertes Ausscheiden aus dem Kampf im Jahre 1742 damit, daß Frankreich versäumt habe, die ihm zugedachte Rolle zu spielen. »Der ganze Verlauf dieses Krieges«, schrieb er, als er Fleury seine Entscheidung mitteilte, »ist ein fortlaufendes Gespinst von Beweisen meines guten Willens gegen meine Bundesgenossen.« Frankreich dagegen habe in dem Kampf nicht seinen Anteil auf sich genommen, und er habe an die Verteidigung seines Landes gegen österreichische und vielleicht sogar gegen sächsische Truppen zu denken. »Ich sehe sehr schwarz in die Zukunft. In dieser kritischen Lage sehe ich mich gezwungen, mir den Schiffbruch fernzuhalten. Haben mich aber widrige Umstände gezwungen, einen Entschluß zu fassen, den die Notwendigkeit rechtfertigt, so werden Sie mich stets treu in der Erfüllung meiner Pflichten finden, wo es von mir allein abhängt.« »So«, damit schließt der Verfasser, »endete dieses

Bündnis, bei dem alle Teilnehmer sich zu überlisten suchten, bei dem die Truppen gegen ihre Heerführer ungehorsam waren, bei dem die Feldlager Staaten ohne Obrigkeit glichen, bei dem alle Entwürfe der Generale der Entscheidung eines alten Priesters unterworfen wurden, der weder den Krieg noch den Kriegsschauplatz kannte.« Nur durch ein Wunder wurde das Haus Österreich gerettet, ein klügeres Vorgehen hätte seine Vernichtung sicher herbeigeführt. Er war froh, daß er sich zurückgezogen hatte. Je länger der Krieg dauerte, desto mehr wurden Österreichs Hilfsquellen verringert, während Preußen um so mächtiger wurde, je länger es Frieden haben konnte. Das schwierigste Problem war es, zwischen den Kriegführenden das Gleichgewicht zu halten, damit keine Seite zu mächtig wurde. Der Kaiser konnte auf keinen Fall gerettet werden. Die französischen Generale hatten den Kopf verloren, und die Reichsfürsten waren durch die österreichischen Drohungen eingeschüchtert. Preußen benutzte die Ruhepause, um seine Finanzen zu verbessern, die schlesischen Festungen zu verstärken, das Heer zu vergrößern, Kanäle zu bauen und die Seidenindustrie zu fördern. »Man dachte also nicht daran, die Ruhe zu weichlichem Genußleben zu benutzen. Vielmehr ward der Friede für die preußischen Truppen zur Schule des Krieges.«

Wenn Zutrauen zu einem versöhnten Feinde als ein Kardinalfehler in der Politik gilt, erklärt Friedrich, dann ist es ein noch schlimmerer Fehler, wenn eine schwache Macht auf die Dauer gegen eine mächtige Monarchie kämpft, die ihr an Hilfsquellen überlegen ist. »Das mußte gesagt werden, um im voraus den Tadlern des Königs zu begegnen. Warum, fragte man, stellte er sich an die Spitze eines Bundes zur Unterdrückung des neuen Hauses Österreich und ließ doch eben dieses Haus Österreich wieder hochkommen und die Franzosen und Bayern vertreiben? Aber was war des Königs Ziel? Die Eroberung Schlesiens. Wie hätte er sie durch einen endlosen Krieg erreichen können, für dessen große Kosten ihm die Mittel fehlten? Der Friede gab ihm Zeit, sich zu erholen und zu rüsten. Zudem war die Erbitterung zwischen Frankreich und Österreich so groß und ihre Interessen standen sich so schroff entgegen, daß eine Versöhnung zwischen ihnen noch in weitem Felde schien. Man kann nicht alles voraussehen.« Der Erfolg der österreichischen Heere verstärkte ihren Ehrgeiz, und die Österreicher wollten den Kaiser entthronen. Die Schwäche Karls VII. und die maßlosen Ansprüche der Königin von Ungarn öffneten den Reichsfürsten die Augen darüber, daß sie nicht mehr lange Zuschauer in einem Krieg bleiben könnten, in dem ihr Vorteil und ihre Ehre ihnen zum Widerstand gegen die alten Feinde der deutschen Freiheit rieten. Diese Erwägungen waren besonders zwingend für den König von Preußen. Weder die Königin von Ungarn noch der König von England verbargen ihre Feindseligkeit. »Da dem König von seinen Feinden, mit denen er Frieden geschlossen hatte, nie Vertrauen geschenkt worden war, mußte er für jede Eventualität bereit sein. Die

Schäden des letzten Krieges waren zum Teil ausgeglichen, und es war so viel Geld zurückgelegt, daß man zwei Feldzüge bestreiten konnte. Die Festungen standen zwar mehr noch auf dem Papier, als daß sie fertig waren, aber das Heer war vermehrt worden, Munition und Proviant waren für einen Feldzug bereitgestellt. Kurz, die Erwerbung Schlesiens hatte dem Staat neue Kräfte zugeführt, Preußen war imstande, die Absichten seines Herrschers mit Nachdruck durchzuführen.« Es blieb nichts zu tun übrig, als Sicherheitsmaßnahmen gegen die Nachbarn zu treffen. Von diesen verdiente das Russische Reich als der gefährlichste die größte Aufmerksamkeit. »Auch die zukünftigen Herrscher Preußens müssen die Freundschaft mit jenen Barbaren pflegen.« Besonders fürchtete er die Schwärme wilder Kosaken und Tartaren, die das Land, in das sie einfallen, völlig zugrunde richten. Bei anderen Ländern kann man Böses mit Bösem vergelten, aber bei Rußland ist das unmöglich, wenn man nicht eine starke Flotte besitzt, mit der man Operationen gegen St. Petersburg decken kann.

Als er merkte, daß Österreich bald stark genug sein würde, um an die Zurückgewinnung Schlesiens zu denken, wenn es nicht schleunigst daran gehindert werde, entschloß sich Friedrich, wieder in den Krieg einzutreten, und unterzeichnete einen neuen Vertrag mit Frankreich im Juni 1744. Er hatte wenig Vertrauen zu seinem alten Verbündeten, an dessen Hofe die Intrigen alles beherrschten und dessen Heere von furchtsamen Generalen geführt wurden. Frankreich, erklärte er, sei in Belagerungen erfolgreicher als in Schlachten, denn es habe die besten Pioniere in Europa. Prag wurde schnell genommen, konnte aber nicht gehalten werden. Der hohe Adel und die Geistlichkeit Böhmens waren dem Hause Österreich eng verbunden, während die Bauern, die alle Leibeigene waren, den Befehl bekommen hatten, ihr Getreide zu vergraben und sich in den Wäldern zu verbergen. Die preußische Armee fand leere Dörfer und wenig Nahrungsmittel vor und war gezwungen, sich zurückzuziehen. Nirgends war die Kriegsführung so schwierig wie in Böhmen mit seinen hohen Grenzgebirgen, in denen die Nachschublinien leicht abgeschnitten werden konnten. Kein General beging mehr Fehler in dem Feldzug von 1744 als er, schreibt der Verfasser mit sympathischer Offenheit. Der allererste war, daß er es unterließ, in Böhmen wenigstens für sechs Monate Vorräte anzulegen; eine Armee hängt von ihrem Magen ab. Außerdem war seine strategische Planung fehlerhaft, während Trauns, des österreichischen Feldherrn, Feldzugsplan musterhaft war. »Wie der König selbst zugestehen mußte, hat er diesen Feldzug als seine Schule des Krieges und Traun als seinen Lehrmeister angesehen. Glück ist den Fürsten oft verhängnisvoller als Unglück. Jenes berauscht und verblendet sie; dieses lehrt sie Vorsicht und Bescheidenheit.«

Die Enttäuschungen des Jahres 1745 lenkten die Gedanken Friedrichs wiederum auf den Frieden. Frankreich hatte kraftvolle Hilfe versprochen, und er erinnerte Ludwig XV. an dieses Versprechen; aber dessen Antwort war kühl, obwohl der Krieg in Böhmen nur unternommen worden war, um das Elsaß zu retten. Der Tod des Kaisers Anfang des Jahres 1745 verstärkte noch seinen Wunsch, sich vom Kampfe zurückzuziehen. Der Name des Kaisers hatte das Bindemittel für den Bund der Fürsten gebildet, die sich zu seiner Verteidigung zusammengefunden hatten, und alle ihre Schritte waren in Übereinstimmung mit den Reichsgesetzen erfolgt; mit dem Tode des Kaisers schwand für die Bundesgenossen ihr gemeinsames Ziel. Es stand zu erwarten, daß das neue Haus Österreich alles daransetzen würde, die Kaiserkrone wiederzugewinnen. Die Franzosen begrüßten im geheimen seinen Tod als das Mittel, das sie aus ihrer Verlegenheit befreite. Sie waren es müde, große Subsidien zu bezahlen, und meinten, daß sie auf Kosten der Kaiserkrone einen guten Frieden erreichen könnten. Welchen Kandidaten konnte man außerdem gegen den Großherzog von Toskana finden, der nicht nur von der Königin von Ungarn, sondern auch von englischem Geld und den Ränken der Geistlichkeit unterstützt wurde? Der einzige Hoffnungsstrahl war, daß England begann, sich nach Berlin umzuorientieren. Preußens Aussichten zu Anfang des Jahres 1745 waren dunkel, denn seine Finanzen waren so gut wie erschöpft. Der König versuchte, seinem französischen Verbündeten klarzumachen, daß er den Krieg nicht mehr lange führen könne, dessen ganze Last auf seinen Schultern ruhe. Er drängte Ludwig XV., entweder Subsidien zu zahlen oder ein wirkungsvolles Entlastungsmanöver durchzuführen. Das Drängen war vergeblich, aber es gelang Friedrich, durch seine Siege von Hohenfriedberg und Soor den verlorengegangenen Boden wiederzugewinnen. Endlich hatte er das Gefühl, daß er den Frieden nicht nur erstreben mußte, sondern auch konnte.

Die Nachwelt, so schreibt der König in einem Überblick über den Feldzug von 1745, werde zweifellos fragen, warum er nach zwei Siegen sein Heer aus Böhmen zurückgeführt habe. Gründe waren genug vorhanden: der Gebirgsring, der das Land umgab, die tiefen Waldtäler, die Böhmen von Schlesien trennten, die Schwierigkeit der Verproviantierung der Truppen, die Überlegenheit des Feindes an leichten Truppen, endlich die Verluste. Die drängendste Sorge aber war der Geldmangel, und außerdem die schlechte Ernte. Von Frankreich war nichts zu erwarten, außerdem bestand die Gefahr, daß Rußland sich einmischte. »Das einzige Mittel gegen all diese Mißstände war der Friede. Man wundert sich vielleicht, daß der König so mäßige Friedensbedingungen stellte. Aber man muß bedenken, daß seine Lage ihn dazu zwang, keine leichtsinnigen Wagnisse zu unternehmen. Nötigte er dem König von Polen jetzt Konzessionen ab, so trieb er ihn in die Arme Österreichs. Ferner war Europa schon eifersüchtig genug auf die Erwerbung Schlesiens. Die Erinnerung daran mußte also verwischt, aber nicht aufgefrischt werden. Schließlich war der einfachste Weg zum Frieden die Wiederherstellung des Besitzstandes vor dem letzten Kriege. Da die vorgeschlagenen Bedingungen mild waren, durfte man auf einen dauerhaften Frieden hoffen. Das waren die Grundsätze, nach denen der König handelte, und trotz seiner Waffenerfolge wich er nicht von ihnen ab.« Den Frieden wollen, hieß aber noch nicht, ihn erreichen, denn Brühl, der sich russischer Unterstützung und der großen Hilfsmittel Sachsens rühmte, bestand auf Bedingungen, die Friedrich nicht annehmen konnte. »Der König von Preußen sah ein, daß die Unterhandlungen nur durch einen Sieg zum glücklichen Abschluß zu bringen waren.« Durch die Niederlage der Sachsen bei Kesselsdorf wurde das letzte Hindernis aus dem Wege geräumt. Am Ende des Jahres 1745 war Preußen wieder im Zustande des Friedens.

»So endete der Zweite Schlesische Krieg, der im ganzen sechzehn Monate gewährt hatte. Er war von beiden Seiten mit äußerster Erbitterung geführt worden. Die Sachsen hatten dabei ihren ganzen Haß gegen Preußen und ihren Neid über die Vergrößerung des Nachbarstaates offen gezeigt. Die Österreicher fochten um die Kaiserkrone und um ihr Übergewicht im Reich. Die Russen wollten sich einmischen, um Einfluß auf die deutschen Angelegenheiten zu erlangen. Frankreich sollte sich an dem Kriege beteiligen, tat es aber nicht. Preußen sah sich drohenden Gefahren ausgesetzt und bestand sie durch die Manneszucht und den Heldenmut seiner Truppen. Der unerwartete Tod Karls VII. machte den Plan, die Kaiserwürde dem Hause Österreich für immer zu entreißen, zunichte. Es ist also zuzugeben, daß der Krieg ein in mancher Hinsicht sehr unnützes Blutvergießen war, und daß Preußen durch eine Kette von Siegen weiter nichts erreichte als die Bestätigung des Besitzes von Schlesien. Der Krieg kostete Preußen acht Millionen Taler, an seinem Ende waren nur noch 15 000 Taler zur Verfügung.« Oberschlesien litt am meisten, noch mehr als Böhmen und Sachsen. Des Königs erste Sorge war die Wiederherstellung seiner Armee, die er größtenteils aus österreichischen und sächsischen Gefangenen ergänzte; nur 7000 Preußen wurden benötigt, um durch so viele blutige Schlachten gerissene Lücke zu füllen. Dennoch konnte die Bilanz keine Begeisterung erregen. »Seitdem in Europa zwischen den Herrschern ein gewisses Gleichgewicht besteht, haben die größten Unternehmungen nur selten den erwarteten Erfolg. Bei gleichen Kräften auf beiden Seiten und bei wechselnden Verlusten und Erfolgen stehen sich die Gegner auch am Ende des erbittertsten Krieges tin in dem gleichen Machtverhältnis gegenüber wie vorher. Die Erschöpfung der Finanzen führt endlich den Frieden herbei, der das Werk der Menschenliebe und nicht der Notwendigkeit sein sollte. Kurz, wenn Ansehen und Ruhm der Heere so großer Anstrengungen und Opfer wert sind, so hat Preußen das erreicht und ist für den Zweiten Schlesischen Krieg belohnt worden. Aber das war auch alles, und selbst dieser ideelle Gewinn erweckte noch Neid.«

Die *Geschichte des Siebenjährigen Krieges* füllt wie die der zwei ersten Schlesischen Kriege zwei Bände. Sie wurde im ersten Friedensjahre verfaßt, ihr Vorwort stammt aus dem Jahre 1764. Ihre schnelle Vollendung wurde dadurch ermöglicht, daß der Verfasser auf die ausführlichen Berichte zurückgreifen konnte, die er am Ende jedes Feldzuges ausgearbeitet hatte. »Ich habe dabei mein Augenmerk besonders auf zweierlei gerichtet: einmal, der Nachwelt klar zu beweisen, daß die Vermeidung des Krieges nicht von mir abhing und daß Ehre und Wohlfahrt des Staates mir die Annahme anderer Friedensbedingungen verboten als solcher, unter denen der Friede zustande gekommen ist. Zweitens wollte ich alle militärischen Operationen so klar und genau schildern, als ich irgend vermochte. Ich habe mir strenge Wahrhaftigkeit und Unparteilichkeit zur Regel gemacht, denn durch Bissigkeit und Gehässigkeit kann ein Autor niemanden belehren. Auch ist es ein Zeichen von Schwäche, ja von niedriger Gesinnung, von seinen Feinden nichts Gutes zu reden und ihnen die verdiente Gerechtigkeit schuldig zu bleiben.« Seinen Anspruch auf Wahrhaftigkeit und Unparteilichkeit macht das Werk in seinen militärischen Teilen eher wahr als auf politischem Gebiet, aber in der Rechtfertigung seiner Politik vergißt Friedrich nie, wie groß die Zahl der Kräfte ist, aus denen Geschichte wird. »Diese Erinnerungen«, schrieb er an den älteren Keith, »überzeugen mich mehr als je, daß Geschichte schreiben so viel heißt wie die Torheiten der Menschen und die Schläge des Schicksals zusammenzustellen. Alles dreht sich um diese zwei Dinge, und so ist es immer gewesen. Wir sind ein trauriges Geschlecht, solange wir auf diesem kleinen Atom Schmutz vegetieren, das wir die Welt nennen. Ich muß mich wie ein Mühlrad weiterdrehen, denn wir werden durch unser Geschick getrieben.«

Das Schauspiel wird eröffnet mit einem Prolog über das Friedensjahrzehnt zwischen dem Zweiten und dem Dritten Schlesischen Krieg. Kurz, aber voll Stolz beschreibt der Verfasser die Reformen im Heerwesen, in der Verwaltung, in den Finanzen, in der Landwirtschaft und im Gewerbe, die er durchgeführt hat. Das Rechtswesen, so erklärt er, das unter der vorhergehenden Regierung schlecht verwaltet gewesen war, erforderte seine besondere Aufmerksamkeit. »Wer reich war, gewann seine Sache, und der Arme verlor sie.« Die Aufgabe wurde Cocceji anvertraut, einem Beamten, der der besten Tage der Römischen Republik würdig gewesen wäre. Das ganze innere Reformprogramm war ein Wettrennen mit der Zeit. Mit seinen weit verstreuten Provinzen mußte Preußen immer für den Notfall gerüstet sein; jetzt stand ihm eine ehrgeizige und rachsüchtige Feindin in der Kaiserin gegenüber, und, was die Gefahr erhöhte, sie war eine Frau, starrköpfig und unversöhnlich. »Der stolzen, vom Ehrgeiz verzehrten Frau war jeder Weg recht, der zum Ruhme führte. Sie schuf in ihren Finanzen eine ihren Vorfahren unbekannte Ordnung und brachte nicht nur wieder ein, was sie durch die Abtretung mehrerer Provinzen an die Könige von Preußen und Sardinien verloren hatte, sondern vermehrte ihre

Einkünfte auch noch um ein beträchtliches. Derart rüsteten Preußen und Österreich während des Friedens zum Kriege, wie zwei Fechter, die ihre Waffen schärfen und vor Ungeduld brennen, sie zu kreuzen. Mit dem Frieden von Dresden ging es wie mit den meisten politischen Verträgen: er tat zwar den Feindseligkeiten Einhalt, ließ aber die Keime der Zwietracht bestehen. So sehr sich der Wiener Hof auch verstellte, der Verlust Schlesiens hatte ihn zu tief getroffen, als daß er seine Verbitterung verbergen konnte. Intrigen und Listen, Lug und Trug waren seine Waffen, um Preußen mit allen europäischen Höfen zu entzweien.« Der Haupthelfer und das Hauptwerkzeug der Kaiserin war Kaunitz, »so oberflächlich in seinem Geschmack, so tiefgründig in seinen Entscheidungen«.

In dem Kapitel, das den Ausbruch des Krieges im Jahre 1756 behandelt, enthüllt Friedrich zwei seiner Informationsquellen über die Pläne seiner Feinde – einen Sekretär des österreichischen Gesandten in Berlin und einen Kanzlisten des sächsischen Außenministeriums in Dresden. Trotz dieser Geheiminformationen entspricht seine Feststellung, daß Rußland den Angriff bis 1757 habe verschieben wollen, nicht der Wirklichkeit: Rußland war 1756 bereit, aber Österreich wünschte die Verzögerung. Der König mußte entscheiden, ob es vorteilhafter war, dem Hieb zuvorzukommen oder zu warten, bis seine Feinde ihre Vorbereitungen abgeschlossen hatten. Auf jeden Fall war der Krieg unvermeidlich. Eine sehr wichtige Erwägung war die, daß die kleine sächsische Armee, die im Augenblick nur 17000 Mann stark war, während des folgenden Winters auf eine Stärke von 40000 Mann gebracht werden sollte. Noch länger zu zögern hieß so viel, wie dem Feind den Einfall nahezulegen, anstatt auf seinem Gebiet zu kämpfen. Unter diesen Umständen wäre jede Rücksichtnahme fehl am Platze gewesen. »Was den bösen Namen eines Angreifers betrifft, so war das ein leeres Schreckbild, das nur auf ängstliche Gemüter Eindruck machen konnte. In einer so kritischen Lage, wo es sich um Sein oder Nichtsein des Vaterlandes handelte, brauchte man auf so etwas keine Rücksicht zu nehmen. Der wirkliche Angreifer ist zweifellos der, den andern zwingt, zu den Waffen zu greifen. Der Mensch muß von zwei Übeln stets das kleinere wählen.«

Die Geschichte der einzelnen Feldzüge geht so ins Einzelne, daß sie für den Nichtspezialisten ohne wesentliches Interesse ist. Friedrich rühmt seine besten Generale, Ferdinand von Braunschweig und Prinz Heinrich, und selbst in der Beschreibung seiner aufsehenerregendsten Siege vermeidet er jede Selbstverherrlichung. Roßbach beispielsweise, der leichteste seiner Siege, der mit einem Kampf von nur anderthalb Stunden erkauft wurde, »gab dem König nur die Freiheit, in Schlesien neue Gefahren aufzusuchen«. Der Feldzug von 1759 war der schlimmste von allen, und Preußen wäre am Ende gewesen, hätten seine Feinde es verstanden, ihre Siege auszunutzen. Nach Kunersdorf – »die Russen gewannen die Schlacht, allein sie kam ihnen teuer zu stehen«

– war die Lage verzweifelt, wenn er auch die Tatsache unterdrückt, daß er an Selbstmord dachte. Für kurze Zeit wurde die Gesamtlage besser, als er zu hoffen gewagt hatte, aber es wurde immer schwieriger, den Krieg durchzuhalten, und die Gefahren wuchsen mit jedem Tage. Für den Feldzug von 1760 machte er sich noch geringere Hoffnungen als 1759, aber wiederum wurde er durch den teuer erkauften Sieg von Torgau gerettet. Jedoch keiner seiner Erfolge zwang den Frieden herbei. Ende 1761 waren die Aussichten trüber als je. Nichts konnte verhindern, daß die Russen im kommenden Frühjahr Stettin belagerten und Berlin und die ganze Kurmark besetzten. Der König hatte nur eine Armee von 30000 Mann in Schlesien; Prinz Heinrich hatte nicht viel mehr, und von den Streitkräften, die Pommern gegen die Russen verteidigt hatten, war kaum noch die Hälfte vorhanden. Die Mehrzahl seiner Provinzen war besetzt oder verwüstet. Er wußte nicht mehr, wo er Rekruten, Pferde, Nachschub, Proviant hernehmen oder wie er die Armee mit Munition versorgen sollte.

Persönliches Leid kam zum öffentlichen Notstand. Im Jahre 1757 starb die Mutter des Königs im Alter von siebzig Jahren. »Der König erhielt die Trauerkunde nach der Schlacht von Kolin, gerade zu einer Zeit, wo sich das Glück am deutlichsten gegen Preußen erklärt hatte. Die Nachricht traf ihn schwer, denn er hatte die Königin stets als zärtliche Mutter verehrt. Ihre Tugenden und großen Eigenschaften wurden von allen bewundert, die das Glück hatten, ihr näherzutreten. Die Großen verloren in ihr einen gefälligen und huldreichen Umgang, die Geringen entbehrten ihre milde Güte, die Armen ihre Zuflucht, die Gelehrten ihre Beschützerin, und alle Familienmitglieder, die die Ehre hatten, ihr näherzustehen, glaubten einen Teil ihrer selbst verloren zu haben.« Hier sagt Friedrich vielleicht einmal ein wenig mehr, als er wirklich fühlte. Die Ehrung Wilhelmines, die ein Jahr später starb, dagegen klingt ganz ehrlich, denn sie waren vertraute Freunde. »Sie war eine Fürstin von seltenen Eigenschaften; sie besaß einen feingebildeten Geist, ausgebreitete Kenntnisse, Begabung zu allem und hervorragenden Kunstsinn. Aber diese glücklichen Anlagen bildeten nur den kleinsten Teil dessen, was man zu ihrem Lobe sagen kann. Ihre Herzensgüte, ihre Neigung zu Großmut und Wohltätigkeit, ihre hohe und edle Seele und ihr sanfter Charakter fügten zu den leuchtenden Vorzügen ihres Geistes einen Schatz echter Tugenden. Oft hatte sie die Undankbarkeit derer erfahren, die sie mit Wohltätigkeiten überhäufte. Sie dagegen hatte es nie gegen jemanden fehlen lassen. Die zärtlichste, die festeste Freundschaft verband den König mit seiner würdigen Schwester. Ihre Bande hatten sich schon in zarter Kindheit geknüpft. Gleiche Erziehung und gleiche Anschauungen hatten sie gefestigt. Eine Treue, die jeder Probe standhielt, machte sie unauflöslich. Die Fürstin war von zarter Gesundheit und nahm sich die Gefahren, die ihrer Familie drohten, so sehr zu Herzen, daß der Kummer ihre Gesundheit zerrüttete.« In einem sonst ziemlich farblos geschriebenen Werk ist dies wohl die einzige Stelle, die mit dem Herzen geschrieben ist. Der Tod seines Bruders und Erben im gleichen Jahre wird in einem einzigen beiläufigen Satz abgetan. »Man betrauerte ihn wegen seines guten Herzens und seiner Kenntnisse; wäre er auf den Thron gelangt, so wäre seine Regierung milde und glücklich verlaufen.« Daß der Prinz von Preußen in tiefster Ungnade und vielleicht, wie manche Beobachter glaubten, an gebrochenem Herzen starb, wird vom Oberbefehlshaber nicht erwähnt, der ihm wegen eines militärischen Fehlers sein Kommando abgesprochen hatte.

Nach dem Blutbad von Torgau waren die heftigsten Kämpfe vorüber, und in den späteren Kapiteln verlagert sich das Schwergewicht der Darstellung vom Schlachtfeld in die Höfe und Kabinette. Britische Subsidien waren für Friedrich nützlicher gewesen als britische Waffen, die ja an den entferntesten Orten der Erde benötigt wurden. Er beklagt sich, daß man sein Ersuchen um ein kleines Geschwader Schiffe zur Verteidigung seiner durch die russische und schwedische Flotte bedrohten Ostseehäfen unbeachtet gelassen habe. »Diese stolze und glückliche Nation, die nur an ihre Handelsvorteile denkt, verachtete ihre Verbündeten, die sie nur als ihre Soldempfänger ansah. So wurden der Krieg in Deutschland und die Interessen des Königs nie wirklich vom Parlament oder vom Volke in Erwägung gezogen, das ohnehin auf alles, was nicht englisch ist, mit Verachtung blickt.« Sie waren so schlechte Verbündete, daß sie seine Anstrengungen, die Türken gegen Österreich ins Feld zu rufen, durchkreuzten. Von dieser Anklage wird ausdrücklich Pitt ausgenommen, »ein hoher Geist, zu großen Entwürfen fähig, voller Stetigkeit in ihrer Ausführung, unbeugsam in seinen Ansichten; denn er glaubte, damit nur dem Wohle seines geliebten Vaterlandes zu dienen.« Dagegen wird Bute, der die Zahlung der Subsidien abbrach, mit einer Leidenschaft gegeißelt, wie sie an keiner anderen Stelle des Werkes sich bemerkbar macht. Mehr ehrgeizig als geschickt, wollte er unter dem Deckmantel der königlichen Autorität herrschen. Nach seinem Grundsatz mußte bei jedem Staatsmann das Kleid der Ehre von grobem Gewebe sein. »Dieser Engländer glaubte, mit Geld ließe sich alles machen und nur in England gäbe es Geld.« Indem er seinem Volke den Frieden um jeden Preis verschaffte, glaubte er, zum Abgott seiner Nation zu werden. Er irrte sich jedoch; denn er wurde zum Abscheu des Volkes. »Einem Verbündeten die Treue brechen, Komplotte gegen ihn schmieden, wie sie kaum seine Feinde ersinnen könnten, mit Eifer auf seinen Untergang hinarbeiten, ihn verraten, ihn verkaufen, ihn sozusagen meucheln, solche Freveltaten, so schwarze und verwerfliche Handlungen müssen in ihrer ganzen Scheußlichkeit gebrandmarkt werden, damit das Urteil der Nachwelt alle abschreckt, die ähnlicher Verbrechen fähig sind.«

Der Abfall Englands wurde mehr als wettgemacht durch den plötzlichen Tod der Zarin Elisabeth am 5. Januar 1762. Der Staat, der verloren schien, das ist Friedrichs Kommentar, wurde durch ein glückliches

Ereignis gerettet, das alle seine Verluste wieder einbrachte – ein Beispiel dafür, wie sehr der Schein täuscht, und daß wir nur durch Ausdauer den Gefahren, die uns umgeben, begegnen können. Der neue Zar Peter III. ist der einzige Herrscher, der über seine Verdienste gelobt wird. Wer die Erinnerungen Katharinas der Großen kennt, wird nur über das Urteil lächeln können, daß ihr trunksüchtiger, langweiliger und halb wahnsinniger Gatte ein großes Herz und edlere Gesinnung besessen habe, als man sonst bei Herrschern zu finden pflege. Der folgende Satz erklärt dieses Lob. »Er kam nicht nur allen Wünschen des Königs nach, sondern ging noch weit über sie hinaus.« Er berief die russischen Truppen ab, beschleunigte die Friedensverhandlungen, verlangte keine Gebietsabtretung und bat allein um die Freundschaft des Königs und ein Bündnis mit ihm. »Ein so edles, hochherziges und ungewöhnliches Verhalten soll nicht nur der Nachwelt überliefert werden, es müßte auch mit goldenen Lettern in den Kabinetten aller Könige prangen.« Zu seinem Unglück schufen dem Zaren seine Irrtümer und seine Ungeduld Feinde, und bald schwebte sein Leben in Gefahr durch die Erbitterung seiner Untertanen. Der König warnte ihn vor der Bedrohung, aber ohne Erfolg, und die Nachricht von seiner Ermordung traf ihn wie ein Blitzschlag. Die akute Sorge ging vorüber, denn Katharina, die neue Herrscherin Rußlands, beabsichtigte nicht, als Gegnerin Berlins sich von neuem am Kampfe zu beteiligen, und inzwischen hatte selbst Maria Theresia genug von dem nutzlosen Kriege. Der König war in zwölfter Stunde vor der völligen Vernichtung bewahrt worden und war nur zu froh, daß er gegen bescheidene und maßvolle Bedingungen, wie er sie nennt, Frieden erlangen konnte. Entschädigungen hätte er nur durch neue Siege gewinnen können, und hierfür war sein Heer zu sehr zerrüttet. An guten Generalen herrschte Mangel; die alten Offiziere waren auf dem Schlachtfeld geblieben; die jungen zu unerfahren, um mitzuzählen. Viele Soldaten im Mannschaftsstand waren Überläufer oder jünger als achtzehn Jahre alt. Preußen hatte keine Bundesgenossen. Die Pest bedrohte das vom Hunger gequälte Volk. Sechzehn offene Feldschlachten waren geschlagen worden, und der Gesamtverlust hatte 180 000 Mann betragen, ungerechnet die Verluste der Zivilbevölkerung.

Friedrich beschließt seinen Bericht des Siebenjährigen Krieges mit einigen allgemeinen Gedanken. Ist es nicht deutlich, daß das Glück mit den Plänen der Menschen spielt? Wer konnte voraussehen, daß Preußen dem Angriff jener furchtbaren Liga von Österreich, Rußland, Frankreich, Schweden und dem ganzen Heiligen Römischen Reiche widerstehen und aus dem Kriege ohne den Verlust einer einzigen seiner Besitzungen hervorgehen würde? Wer konnte ahnen, daß Frankreich, mit seinen gewaltigen Hilfsmitteln und seinen starken Bündnissen, seine wichtigsten Besitzungen in Übersee verlieren würde? Preußen wurde gerettet durch die politische Zwietracht seiner Feinde,

Maria Theresia von Habsburg

Elisabeth I., Zarin von Rußland

den Mangel an militärischer Zusammenarbeit zwischen den österreichischen und russischen Heerführern, die, wenn sie tatkräftig gehandelt hätten, Preußen vernichten konnten, und durch den Tod der Kaiserin Elisabeth. »Die Zeit, welche alle Übel heilt und tilgt, wird gewiß auch bald den preußischen Provinzen ihren Wohlstand, ihr Gedeihen und ihren früheren Glanz wiedergeben. Auch die anderen Mächte werden sich wieder erholen. Dann werden andere Ehrgeizige neue Kriege heraufbeschwören und neues Unheil verbreiten. Denn es ist eine Eigenschaft des menschlichen Geistes, daß Beispiele keinen bessern. Die Torheiten der Väter sind für ihre Kinder verloren; jede Generation muß ihre eigenen machen.« In der Meinung des Verfassers war eine solche Philosophie nicht Zynismus, sondern die deutliche Lehre der Geschichte.

Die Darstellung der zweiten Hälfte seiner Regierungszeit ist natürlich viel weniger dramatisch, und die zwei Teile, in die sie zerfällt, bilden nur einen Band. Im Vorwort zu dem Teile, der die Jahre von 1763 bis 1774 behandelt, erklärt der König, daß er zunächst nicht die Absicht hatte, seine Erzählung über das Ende des Siebenjährigen Krieges hinaus weiterzuführen. »Sieben mühselige Feldzüge hatten meine Lebenskraft verbraucht, und mein zunehmendes Alter ließ mich alle von ihm unzertrennlichen Gebrechen fühlen. Alles zeigte mir das baldige Ende meiner Laufbahn und ließ mich voraussehen, daß ich dem Staat keine anderen Dienste mehr leisten könnte, als durch weise und tatkräftige Verwaltung die zahlreichen Wunden zu heilen, die der Krieg allen preußischen Landen geschlagen hatte.« Preußen glich einem von Wunden bedeckten, von Blutverlust geschwächten Kämpfer, der unter der Bürde seiner Leiden fast zusammenbrach. Es bedurfte stärkender Mittel, um sich zu erholen, und Balsams, um seine Wunden zu heilen. Die Aufgabe der Regierung bestand darin, sich wie ein guter Arzt zu verhalten, der mit Hilfe der Zeit und lindernder Mittel dem Körper wieder emporhilft. »Diese Gründe waren so zwingend, daß die innere Verwaltung des Staates meine ganze Aufmerksamkeit beanspruchte. Der Adel war erschöpft, das niedere Volk ruiniert, viele Dörfer und Städte in Asche gelegt oder durch Belagerungen zerstört. An Stelle geordneter Verwaltung in Stadt und Land war völlige Anarchie getreten; die Finanzen waren in der größten Verwirrung; kurz, das Elend war allgemein. Viele der alten Räte waren während des Krieges gestorben. Die Armee mußte in allen Teilen neu aufgebaut werden. Die Politik bot einen ebenso unerfreulichen Anblick, denn der Abfall Englands hatte Preußen keinen Verbündeten gelassen.« Das Vorwort schließt mit dem üblichen Anspruch auf Wahrheitstreue und Klarheit, ohne das Geringste zu übertreiben oder zu fälschen. »Ich habe zeitlebens keinen Menschen betrogen; noch weniger will ich die Nachwelt betrügen.«

Der Verfasser beginnt seine Übersicht über die europäische Politik nach dem Friedensschluß, die er im Jahre 1775 niedergeschrieben hat, indem er die finanzielle Erschöpfung Frankreichs und Österreichs betont. Nur der König von Preußen hatte noch bares Geld, weil er stets für ein Jahr im voraus zurücklegte. Mit dem Sturz von Choiseul, seinem Prügelknaben, tritt Frankreich ganz in den Hintergrund, und die Geschichte bewegt sich nur noch im Bereich der Beziehungen Preußens zu den östlichen Reichen Europas. Die diplomatische Spannung wurde durch den mit Katharina im Jahre 1764 abgeschlossenen Vertrag vermindert, der die Gefahr beseitigte, daß Österreich einen neuen Versuch zur Wiedergewinnung Schlesiens machte; dennoch war die wachsende Stärke Rußlands, wie sie sich in seinen Türkensiegen äußerte, nicht ohne ihre eigenen Gefahren. Warum sollten die beiden alten Widersacher, Österreich und Preußen, sich nicht wieder einander nähern für den Fall, daß sich der slawische Riese versucht fühlen sollte, seine Macht zu mißbrauchen? Friedrich schlug ein Zusammentreffen mit Joseph vor, kurz nachdem dieser seinem Vater als Kaiser im Jahre 1765 gefolgt war, aber zu seinem Ärger wurde der Vorschlag von Maria Theresia und Kaunitz abgelehnt. Vier Jahre später, 1769, trafen die beiden Philosophenkönige einander in Neiße. »Der junge Monarch«, schreibt der König, »zeigte eine Freimütigkeit, die natürlich schien; sein liebenswürdiger Charakter zeichnete sich durch Heiterkeit im Verein mit großer Lebhaftigkeit aus. Bei dem Wunsche zu lernen, hatte er nicht die Geduld, sich zu unterrichten; seine hohe Stellung machte ihn oberflächlich. Was aber seinen Charakter mehr als alles Angeführte kennzeichnete, das waren Äußerungen, die ihm wider Willen entschlüpften: sie verrieten den maßlosen Ehrgeiz, der ihn verzehrte. Das alles hinderte nicht, daß ein Band der Freundschaft und Achtung sich zwischen beiden Monarchen anknüpfte. Der König sagte zum Kaiser, er betrachte diesen Tag als den schönsten seines Lebens; denn er sei der Markstein für die Einigung zweier Häuser, die sich zu lange befehdet hätten, deren gegenseitiger Vorteil aber darin bestände, einander beizustehen, statt sich zu vernichten. Der Kaiser erwiderte, es gebe keine schlesische Frage mehr für Österreich, wobei er aber durchblicken ließ, daß er bei Lebzeiten seiner Mutter nicht allein zu bestimmen habe.« Während eines zweiten Treffens im folgenden Jahre, das in Neustadt in Mähren stattfand, war Kaunitz zugegen. »Ihn unterbrechen, wenn er sprach, hieß ihn beleidigen; anstatt sich zu unterhalten, trug er vor und hörte lieber sich selbst reden, als daß er auf das hörte, was andere ihm antworteten.« Rußland, so führte er aus, sei jetzt die Hauptgefahr, und nur das Bündnis zwischen Preußen und Österreich könne den über seine Ufer getretenen Strom eindämmen, der ganz Europa zu überschwemmen drohe. Der König goß Wasser in seinen Wein, indem er ihn an das Bündnis zwischen Preußen und Rußland erinnerte, obwohl er sich gern erbiete, die zwei Kaiserhöfe auszusöhnen und eine Ausdehnung des russisch-türkischen Krieges zu verhindern.

Die preußisch-russische Entente nahm praktische Gestalt an in der ersten Polnischen Teilung. Friedrich verringert seinen Anteil an den politischen Vorgängen auf ein Minimum und sieht als ihren Ausgangspunkt die Besetzung der Grafschaft Zips durch Österreich an. Er kennt auch keinerlei Gefühl der Scham wegen einer Politik, die seinem Lande eine wertvolle Provinz einverleibte, einen sonst unvermeidlichen Krieg zwischen den Nachbarn des Opfers abwendete und durch eine gerechte Gebietsverteilung das Gleichgewicht aufrechterhielt. »Das ist in der Geschichte das erste Beispiel einer Teilung, die zwischen drei Mächten friedlich geregelt und beendet ward.« Er vergießt keine Träne über das Schicksal der Polen, »das oberflächlichste und leichtsinnigste Volk Europas«. Ob es rechtlich vertretbar war, ein lebendiges Volk, nur weil es schwach war, aufzuteilen, das ist eine Frage, die ihn unberührt läßt, da er, genau wie seine Vertragspartner, allein von der Staatsräson gelenkt wurde. Obwohl damit eine Gefahrenzone durchlaufen war, machte er sich über die kommenden Jahre keine Illusionen. In einem Abschnitt, der im Jahre 1775, kurz nach der Teilung, niedergeschrieben wurde, beklagt er, daß Europa nicht im Gleichgewichtszustande war: überall glühten die Flammen unter der Asche weiter. Die größte Gefahr drohte von dem ungezügelten Ehrgeiz des jungen Kaisers, dem ein ränkesüchtiger und treuloser Minister (Kaunitz) zur Seite stand, der sich eine Ehre daraus machte, diejenigen zu betrügen, mit denen er unterhandelte. Alle diese Erwägungen nötigten die vorsichtigen Herrscher, auf ihrer Hut zu sein, gut gerüstet zu bleiben und den Blick nicht von den Dingen zu wenden, die plötzlich eine Explosion verursachen konnten, wo sie am wenigsten erwartet wurde. »Durchläuft man die Geschichte, so scheint es, als ob Umwälzungen und Veränderungen ein ständiges Naturgesetz seien.«

Der Angriff auf Kaiser Joseph wird fortgesetzt in einem Abriß des Zeitraums von 1774 bis 1778, den er im Jahre 1779 niederschrieb und der den letzten Abschnitt der Darstellung seiner Regierungszeit bildet. Wien wird als Herd der europäischen Intrigen beschrieben, obwohl Maria Theresia jetzt als die ohnmächtige Vertreterin einer Friedenspolitik geschildert wird. »Dieser hochmütige Hof richtete seine Blicke überall hin, um seine Grenzen zu erweitern und die Staaten, die ihm bequem lagen, seiner Monarchie einzuverleiben. Der Kaiser war noch zu unreif, um seine weitschauenden Pläne zu verbergen. Seine Lebhaftigkeit verriet ihn häufig; er wußte nicht, wie notwendig Verstellungskunst in der Politik ist.« Als zum Beispiel Friedrich im Jahre 1775 einige heftige Gichtanfälle hatte und der kaiserliche Gesandte in Berlin nach Hause berichtete, daß man seinen Tod erwarte, setzte der Kaiser seine Truppen in Bewegung und wartete voll Ungeduld auf die Freudennachricht, um dann sofort nach Sachsen vorzurücken und von dort den neuen preußischen König vor die Wahl zu stellen, entweder Schlesien herauszugeben oder sich von der Übermacht erdrücken zu lassen. Der König gewann bald seine Gesundheit wieder, aber der junge Kaiser, der, von Ehrgeiz verzehrt, nach Ruhm dürstete und nur auf die Gelegenheit wartete, um den Frieden Europas zu stören, warf begehrliche Augen auf Bayern. Sein Heer war in besserer Verfassung als je, und Österreich war mächtiger geworden als unter jedem seiner früheren Herrscher mit Einschluß Karls V. Der Tod des Kurfürsten von Bayern im Jahre 1777 ohne Hinterlassung legitimer Erben gab dem Kaiser seine Gelegenheit, und der Bayrische Erbfolgekrieg brach aus. Friedrich äußerte sich über Joseph ebenso streng wie eine frühere Generation über ihn selber. »Die Kriegsbegeisterung des jungen Kaisers kam von den falschen Begriffen, die er sich vom Ruhm gemacht hatte. Er wähnte, es genüge, Lärm in der Welt zu machen, Provinzen an sich zu reißen, seine Herrschaft auszudehnen und Heere zu befehligen, um Ruhm zu erwerben. Den Wert der Gerechtigkeit, Billigkeit und Besonnenheit empfand er nicht. Ebenso falsch waren seine militärischen Anschauungen. Er meinte, die bloße Anwesenheit des Kaisers beim Heere genüge, damit es reiche Lorbeeren ernte. Die Erfahrung hatte ihn noch nicht lehren können, wieviel Arbeit und Mühe man auf sich nehmen muß, um nur ein kleines Lorbeerreis zu pflücken.« Das ganze bayrische Unternehmen stellte ihn als einen Pfuscher und Dilettanten bloß. Sein erster Schritt hätte es sein müssen, mit Frankreich oder Rußland zu einem Abkommen zu gelangen. So aber kam es, daß, als sich Frankreich zurückhielt und Preußen für die Sache der bayrischen Unabhängigkeit eintrat, Österreich ganz allein stand und nachgeben mußte, und das, obwohl die preußischen Heerführer, den König eingeschlossen, ihre militärischen Möglichkeiten nicht einmal voll ausnutzten.

Als der Veteran von Potsdam im Sommer 1779, also am Ende seines durch den Teschener Frieden abgeschlossenen letzten Krieges, den Bericht über sein stürmisches Leben abschließt, endet er mit einem Ton der Entsagung. »Es ist das Schicksal aller menschlichen Dinge, daß nichts vollkommen gelingt. Es ist der Menschheit verhängt, sich mit dem Ungefähr zu begnügen. Was war also das Ergebnis dieses Krieges, der beinahe ganz Europa in Bewegung setzte. Für diesmal war Deutschland vor dem kaiserlichen Despotismus gerettet. Der Kaiser hatte eine Art von Schlappe erlitten; denn er mußte das zurückgeben, was er an sich gerissen hatte. Aber welche Wirkungen wird dieser Krieg für die Zukunft haben? Wird der Kaiser vorsichtiger werden? Wir können auf diese Fragen nur skeptisch antworten. In der Zukunft ist kein Ding unmöglich. Unsere Augen sind zu kurzsichtig, um die künftigen Zufälle zu durchschauen. Es bleibt uns nichts, als uns in die Vorsehung oder besser in das Schicksal zu fügen. Sie werden die Zukunft bestimmen, so gut wie sie die Vergangenheit und den unendlichen Zeitraum bestimmt haben, der vor unserer Geburt liegt.«

XV.

IN DEUTSCHER SICHT

Als Lord Rosebery Friedrich II. als den Schutzheiligen Deutschlands bezeichnete, beabsichtigte er hiermit kein Kompliment für den König oder sein Volk. Denn als 1916 dieses Wort gemünzt wurde, da betrachtete man fast allgemein den Größten der Hohenzollern als den Vater des aggressiven Militarismus, unter dem Europa seit seiner Zeit gelitten hatte. Preußen, fügte Rosebery hinzu, sei wie der Hecht im Karpfenteich gewesen, mit scharfen Zähnen und von unendlicher Gefräßigkeit und immer sprungbereit, sobald sich eine lohnende Beute zeigte. Die meisten seiner deutschen Landsleute dagegen dürften Roseberys Kennzeichnung annehmen und ihr allerdings eine sehr verschiedene Deutung geben. Friedrich der Einzige, so würden sie sagen, war nicht nur der Schutzheilige Deutschlands, sondern der größte Monarch der neueren Geschichte, der in der deutschen Walhalla seinen Ehrenplatz neben Luther und Goethe, Kant, Beethoven und Bismarck hat. In dem Maße, wie das Wissen um seine Arbeit und ihre Ergebnisse wuchs, ist auch sein Ruhm stetig gewachsen. Das Meisterwerk Schinkels und Rauchs, das Unter den Linden den Ehrenplatz einnimmt, wurde mit Lorbeeren und Blumen geschmückt, als die Nachricht von Königgrätz und Sedan einlief. Menzels begeisternde Illustrationen zu Kuglers volkstümlicher Lebensbeschreibung machten den Alten Fritz und seinen Kreis der großen Masse vertraut. Das Dritte Reich wurde 1933 von Hitler und Hindenburg in der Garnisonkirche von Potsdam aus der Taufe gehoben. Theaterstücke und Gedichte, Geschichtswerke und Lebensbeschreibungen, Monographien und Romane sind in nie versiegendem Strom entstanden. *Toujours lui, lui partout!* rief Victor Hugo aus, als er zu der überragenden Gestalt Napoleons aufsah. Was ein großes Volk von seinen berühmten Männern denkt, welche von ihnen es besonderer Bewunderung wert hält, welchen es ihrer Eigenschaften wegen seine besondere Achtung widmet, das sind Dinge, die die ganze Welt angehen. Was die Deutschen – vor allem die deutschen Historiker – über Friedrich II. gedacht haben, ist von besonderer Bedeutung, wenn man ihren Anspruch auf Führerschaft, ihren politischen Romantizismus, ihre Verbeugungen vor der Leistung, ihre vergeistigende Verherrlichung des Krieges betrachtet. Vom allgemeinen Standpunkt der europäischen Geschichte aus ist sein unvergleichlicher Nimbus nicht der kleinste Aspekt seines Wirkens.

Die systematische Erforschung des Menschen und seiner Regierung beginnt mit der offiziellen Veröffentlichung seiner Schriften in der Mitte des neunzehnten Jahrhunderts. Von den dreißig Bänden der *Oeuvres*, die zwischen 1846 und 1857 erschienen, waren sieben für die

Geschichtswerke, sechs für die Dichtungen, zwei für die philosophischen Schriften, drei für die militärischen Schriften und zwölf für den Briefwechsel bestimmt*. Die *Denkwürdigkeiten zur Geschichte des Hauses Brandenburg,* der *Antimachiavell* und einige wenige seiner Jugendschriften und Gedichte waren während seines Lebens erschienen. Eine Menge neuen Materials und große Teile des Briefwechsels waren in den *Oeuvres Posthumes* enthalten, die kurz nach seinem Tod auf Befehl seines Neffen und Nachfolgers Friedrich Wilhelms II. veröffentlicht wurden; allerdings war die herausgeberische Arbeit so schlecht, die Verstümmelungen und Auslassungen so zahlreich, daß ganz allgemein die Notwendigkeit einer Ausgabe anerkannt wurde, die seines Ruhmes würdig wäre. Den Entschluß, seine historischen Schriften zu veröffentlichen, faßte sein Großneffe Friedrich Wilhelm III., und als der gelehrte Friedrich Wilhelm IV. den Thron im Jahre 1840, dem Jahrhundertjahr, bestieg, wurde der Plan auch auf die anderen Werke ausgedehnt. Die Aufgabe wurde der Preußischen Akademie anvertraut, Mittel bereitgestellt, und Preuß, der Geschichtsschreiber des Hauses Brandenburg, zum Herausgeber ernannt. Er war der gegebene Mann für diese Aufgabe, denn er hatte den ersten aus den Quellen gearbeiteten Bericht über die Regierungszeit in vier Bänden in den Jahren 1832 bis 1834 veröffentlicht, und seine Bewunderung für seinen Helden kannte keine Grenzen. Alles sei von Wichtigkeit, erklärte er, das sich auf den Charakter eines Herrschers bezöge, der so voller Weisheit, voller Heiterkeit, voller Herz gewesen sei. Wenn die zwei umfangreichen Politischen Testamente von 1752 und 1768 nicht mit veröffentlicht wurden, so lag das nicht an Preuß. Von den *Oeuvres de Frédéric le Grand* wurden zwei Ausgaben veranstaltet; eine davon war eine reichillustrierte Quartausgabe in zweihundert Stücken, die nur auf Anweisung des Königs zur Verteilung kam. Die *Politische Correspondenz,* welche die Geheimnisse seiner Diplomatie enthüllt, mußte für ihre Veröffentlichung auf spätere Zeit warten und ist auch jetzt noch nicht abgeschlossen.

Der erste große deutsche Gelehrte, der sich mit Friedrich beschäftigte, war der Mann, den man mit Recht als den Goethe der deutschen Geschichtsschreibung bezeichnet hat. Nachdem er weltweiten Ruhm durch seine *Geschichte der Päpste* und durch seine *Deutsche Geschichte im Zeitalter der Reformation* erlangt hatte, veröffentlichte Ranke seine *Neun Bücher Preußischer Geschichte* in den Jahren 1847 und 1848, in denen er die Geschichte bis zum Ausbruch des Siebenjährigen Krieges erzählte. Das Werk wurde sorgfältig überarbeitet und bedeutend erweitert in den *Zwölf Büchern Preußischer Geschichte,* die in die Gesamtausgabe seiner Werke 1874 aufgenommen wurden; jetzt kann es in der mit Anmerkungen versehen Akademie-Ausgabe von

---

* Einen kurzen Abriß der Friedrich-Forschung unter dem Titel *Some Interpretations of Frederick the Great* gibt Veit Valentin in *History,* Sept. 1934.

1930 gelesen werden. Obwohl es weniger volkstümlich als seine früheren Meisterwerke war, bedeutete es in der Entwicklung der Geschichtsschreibung keinen kleineren Einschnitt als diese, denn Ranke war der erste, dem die Benutzung der Archive gestattet wurde. Ranke war nie durch die reine Biographie angezogen. Obwohl er in seiner riesigen Porträtsammlung einige aufsehenerregende Bildnisse hat, gilt sein wirkliches Interesse eher den Staaten als den Individuen. Sein erster Plan war eine Geschichte der Regierungszeit Friedrichs, und die Anregung dafür hatte ihm die Arbeit an den Depeschen des französischen Gesandten in den Pariser Archiven im Jahre 1843 gegeben. Das überraschende Bild des Königs, wie er es nennt, das in diesen Depeschen gezeichnet wird, ließ ihm weiteres archivalisches Studium notwendig erscheinen, und er ging nach England, um dort einen anderen Blickwinkel zu gewinnen. Die Diplomatie reichte indessen nicht aus, denn er hatte das Gefühl, daß er die Struktur und die Bedeutung des preußischen Staates kennenlernen müsse: die eigentliche Leistung Friedrichs II. konnte nur im Licht des heroischen Wirkens seines Vaters erklärt werden. So plante er eine Zeitlang eine Studie der Schlesischen Kriege mit einer langen Einleitung. Die Einleitung, die sich zu einer umfassenden Übersicht der Entstehung des preußischen Staates erweiterte, bot eine neue und gerechtere Vorstellung von Friedrich Wilhelm I. und stellte ihn an den Ehrenplatz, den er seitdem in preußischen Herzen einnahm. Die glänzende Figur des Großen Kurfürsten hatte nie einen besonderen Sockel gebraucht, aber sein Enkel, der Begründer des militärisch-bürokratischen Systems, verdiente und erhielt endlich die Aufmerksamkeit, die ihm gebührte.

Die Hälfte der drei umfänglichen Bände der *Preußischen Geschichte* in ihrer endgültigen Form behandelt allein die ersten sechzehn Jahre der Regierungszeit Friedrichs II. Obwohl Ranke von Geburt Sachse war und immer ein Gefühl der Neigung zu Österreich hatte, ist seine Bewunderung des Königs unverhohlen. Der Raub Schlesiens wird damit gerechtfertigt, daß sich Österreich unfair verhalten habe. »Niemand wird behaupten, daß eine Macht an einen Vertrag gebunden bleibe, wenn die andere, mit der sie denselben eingegangen ist, aus welchem Anlaß auch immer, davon abweicht.« Friedrich Wilhelm I. hatte die Pragmatische Sanktion unter der Voraussetzung angenommen, daß Wien ihm zum Herzogtum Berg verhelfen würde, und diese Bedingung wurde nicht erfüllt. »Von Haß und persönlicher Rachsucht ist nicht die Rede, aber den Ehrgeiz hatten der Vater und der Sohn im höchsten Grade und mußten ihn haben, sich nicht vernachlässigen und mißachten zu lassen. Da die bisherige Freundschaft aufhörte, so gab es wenigstens kein Hindernis mehr, die alten Ansprüche zur Sprache zu bringen. Niemand aber dürfte leugnen, daß das Haus Brandenburg in gutem Glauben handelte und einen wohlbegründeten Anspruch für sich hatte. Überhaupt hatte sich in dem Hause die lebendige Überzeugung fortgepflanzt, daß ihm ein großer Teil Schlesiens von Rechts wegen gehörte. Denken wir uns den Fürsten, in welchem sich ein gereiztes Nachgefühl der jüngsten Irrungen mit dem vielleicht unentwickelten, aber um so kräftigeren Bewußtsein uralter, seinem Hause entrissener Rechte durchdrang, deren Durchführung ihn erst zu einem wahrhaft mächtigen König machen konnte, einen jungen Mann, der nach Taten dürstete. Er fühlte es gleichsam als eine Pflicht der Ehre, sein Recht geltend zu machen.« Selbst wenn es kein Preußen oder keinen Friedrich gegeben hätte, würde das Aussterben der männlichen Linie im Hause Habsburg einen Erbfolgekrieg verursacht haben. Frankreich würde den alten Kampf wieder aufgenommen, die Wittelsbacher ihre Ansprüche angemeldet haben. »Es war ein Glück, daß hier wenigstens ein Staat war, der für sein eigenes Recht kämpfte und der handelte, ohne sich um fremden Rat zu kümmern. Preußen wünschte für sich weder den Kaisertitel noch eine Trennung vom Reich; aber es konnte nicht wünschen, daß die höchste Autorität in feindlichen Händen liege, und deshalb unterstützte es die Kandidatur des Kurfürsten von Bayern als Kaiser.« Das zwölfte und das letzte Buch der *Preußischen Geschichte,* das die Überschrift »*Friedensjahre*« trägt, schildert Friedrich als einen Herrscher, der im Frieden nicht weniger hervorragend und preiswürdig war als im Kriege. Es ist ungerecht, erklärt Ranke, ihn mit Karl XII. zu vergleichen, denn dieser bekannte, daß er schon beim Friedensschluß an den nächsten Krieg denke, weil er nicht ruhig daheim leben könne. Friedrich dagegen machte eine Eroberung, von der er glaubte, daß sie für die Sicherheit und Würde Preußens notwendig sei; nachdem das einmal geschehen war, zog er das Schwert nur noch, um diese Eroberung zu verteidigen.

Die Geschichte der Regierungszeit wurde unter Wiederholung der grundsätzlichen Wertungen in dem umfassenden Artikel endgültig zusammengefaßt, den Ranke als Achtzigjähriger zu der *Allgemeinen Deutschen Biographie* beisteuerte. »Ein Heldenleben, von großen Gedanken durchzogen, voll von Waffenstreit, Anstrengungen und schicksalsvollem Wechsel der Ereignisse, unsterblich durch die Erhebung des preußischen Staates zu einer Macht, unschätzbar durch das, was er begründete für die deutsche Nation und die Welt.« Kein tadelndes Wort trifft den Raub Schlesiens. »Vergegenwärtigen wir uns einen jungen Fürsten, voll von Geist und Ehrgeiz, in den Besitz von Rechten gelangt, die seine Vorfahren niemals hatten durchführen können, aber auch in den Besitz der Macht, dieselben durchzuführen. Lag es nicht in der Natur der Sache, daß er den Entschluß faßte, sie zur Geltung zu bringen? Er machte der Tochter des Kaisers ihre Erbfolge nicht streitig, aber er meinte, daß die schlesischen Fürstentümer gar nicht das wahre Eigentum ihres Vaters gewesen seien; er vindizierte seinem Hause ein unverjährbares Recht an dieselben, für dessen Ausführung nun die Zeit gekommen sei. Niemals war eine Erwerbung für irgendeinen Staat opportuner und wichtiger. Daran darf heute niemand zweifeln, daß die Unternehmung mit gutem Gewissen gewagt werden konnte; in der Natur der Sache liegt, daß ihr Widerstand geleistet war; Angriff und Verteidigung waren beide gerechtfertigt. Preußen hatte die Pragmatische Sanktion förmlich angenommen. Österreich selbst hatte die Verbindlichkeiten gebrochen, an welche die Versicherung der Nachfolge Maria Theresias geknüpft war. Nicht eigentlich Haß war dadurch in dem Hause Brandenburg entstanden, aber es fühlte sich von den Verpflichtungen frei, die es eingegangen hatte, und Friedrich faßte nun bei dem Schwanken aller großen Verhältnisse sein eigenes Interesse ins Auge.« Unter den Spätwerken des Nestors der deutschen Geschichtsschreiber war eine eingehende Untersuchung über den *Fürstenbund,* den letzten und keineswegs geringsten der Versuche Friedrichs, das Haus Habsburgs schachmatt zu setzen.

Trotz dieser aufrichtigen und eindrucksvollen Lobpreisungen hielt der Gründer der Preußischen Schule, der die Geschichtswissenschaft an den Patriotismus kettete und verkündete, daß Arbeit für Preußen Arbeit für Deutschland sei, Ranke für zu akademisch und österreichfreundlich. Droysen hatte sich die Sporen mit gehaltvollen Arbeiten über das hellenistische Zeitalter verdient; aber in den mittleren Jahren seines Lebens wandte er sich der neueren Geschichte zu und schrieb und las mit vaterländischer Begeisterung über den Befreiungskrieg. In den düsteren Jahren, die auf die enttäuschten Hoffnungen des Frankfurter Parlaments folgten, als die Hand Schwarzenbergs schwer auf dem Deutschen Bunde lag und der Vorherrschaft Österreichs widerspruchlos von Friedrich Wilhelm IV. anerkannt wurde, kam er in den Vordergrund als der beredteste Vorkämpfer preußischer Rechte und preußischer Pflicht, den Nationalstaat zu begründen. Die Schlacht zwischen den Groß- und Kleindeutschen wurde in den Vorlesungssälen der Universitäten ebenso ausgefochten wie im Frankfurter Bundestag und endlich auf dem Schlachtfeld von Königgrätz. Droysen hatte den Ehrgeiz, den Beweis dafür anzutreten, daß Preußens ganze geschichtliche Vergangenheit diesen Staat zur Lösung der weltgeschichtlichen Aufgaben des neuen Zeitalters vorbereitet habe; in seinem Protestantismus und in seinem natürlichen Willen zur Vertretung gesamtdeutscher Interessen sah er die Voraussetzungen dazu.

Seine Leitidee von der preußischen Sendung, wie er sie in den vierzehn gewichtigen Bänden der *Geschichte der preußischen Politik* entwickelte, vermochte nicht einmal so gewogene Kritiker wie Sybel und Koser zu bekehren; aber die Gewalt und Gelehrsamkeit dieser gewaltigen und aus den Dokumenten geschriebenen Verteidigungsschrift machten sie zu einer der hervorragendsten Leistungen moderner deutscher Wissenschaft, obwohl der Verfasser nie in ausländischen Archiven gearbeitet hatte. Preußen, ruft er uns ins Gedächtnis, hatte keine natürlichen Grenzen; und doch zeigt die vierhundertjährige Geschichte dieses Staates eine Stetigkeit des Wachsens, eine Bestimmtheit der Richtungen, einen geschichtlichen Charakter, wie immer nur die lebensvollsten staatlichen Bildungen haben; Vorzüge, die in dem Glück und Geschick ausgezeichneter Regenten mehr ihren Ausdruck als ihre Erklärung finden. »Was diesen Staat gegründet hat, was ihn trägt und leitet, ist, wenn ich so sagen darf, eine geschichtliche Notwendigkeit. Zum Wesen dieses Staates gehört jener Beruf für das Ganze. In diesem Beruf hat er seine Rechtfertigung und seine Stärke. Er würde aufhören, notwendig zu sein, wenn er ihn vergessen könnte; wenn er ihn zeitweise vergaß, war er schwach, verfallend, mehr als einmal dem Untergange nahe.« Daß Preußen nicht überall beliebt war, ist nebensächlich, denn eine hohe Bestimmung wurde erfüllt. Der Große Kurfürst wird als der zweite Gründer des Staates gefeiert, »der von dem an, trotz Kaiser und Papst, unter der stets regen Mißgunst aller außerdeutschen und undeutschen Politik, nicht aufgehört hat, tief und tiefer in Deutschland hineinzuwachsen und das wieder erwachende, wieder schöpferische Leben der Nation um sich her und in sich zu sammeln«. Droysen hatte in Berlin zu Hegels Füßen gesessen, und seine Vorstellung einer nationalen Idee, die sich die Jahrhunderte hindurch über die Köpfe der Menschen hinweg realisiert, war durch und durch hegelisch.

Angesichts dieser Deutung der historischen Rolle Preußens bedeutet es keine Überraschung, daß die vier umfangreichen Bände, welche die Regierungszeit Friedrichs bis zum Anfang des Siebenjährigen Krieges behandeln und zwischen 1874 und 1886 veröffentlicht wurden, ein einziger Lobeshymnus sind. Daß sein Urgroßvater und sein Vater ihm den Weg ebneten, wird dankbar anerkannt. Eine historische Einleitung erinnert daran, daß nach dem Ende des Mittelalters allgemein das Streben nach starken Staaten, nach der Unterdrückung der Kräfte bestand, die ihrer Bildung im Wege waren – Feudalismus, Standesprivilegien, Kirche und Landstände. Die Armen, die keine Schutzmächte über sich hatten, waren schutzlos. Der Westfälische Friede schien die Zersplitterung und damit die Ohnmacht Deutschlands, eines lebenden Leichnams inmitten von Europa, verewigen zu wollen. Gab es keine Hoffnung mehr? Der Große Kurfürst bewies, daß noch Hoffnung war. Indem er die Macht der Stände brach, indem er die Söldner durch langdienende Soldaten ersetzte, indem er völlige religiöse Duldung gewährte, verhalf er dem Prinzip des Allgemeinwohls zur Geltung und widerlegte den zu seiner Zeit noch vorherrschenden Gedanken, daß das Land Privateigentum des Fürsten sei.

Friedrich Wilhelm I., ein noch größeres Verwaltungsgenie, war von Nachbarn umgeben, die darauf aus waren, ihn niederzuhalten und ihn seiner wohlverdienten Erfolge zu berauben. »Nicht offen und mit dem Degen in der Hand – da würde er sich zur Wehr gesetzt haben –, aber mit diplomatischen Künsten, mit Reichskompetenzen und Geheimnisverträgen, mit Konferenzbeschlüssen der großen Mächte war er aus einer Stellung nach der anderen gedrängt, war er matt gesetzt worden. Dies Preußen, das inmitten der Mißregierung und Erschlaffung der übrigen Staatenwelt innerlich straff und rüstig, in neuer wohlgefügter Ordnung, militärisch und finanziell in voller Spannkraft dastand, schien durch den Wust der trägen Wucherbildungen, die unter dem Namen Völkerrecht, Gleichgewicht der Macht, europäisches Gemeininteresse als ebensoviele Rettungen der Menschheit gepriesen wurden, langsam erdrückt werden zu sollen. Immer die österreichische Politik voraus: bei so großen Diensten, die ihr Friedrich Wilhelm geleistet, bei seiner ehrlichen Hingebung für sie, nur um so erfinderischer, die reichsoberhauptliche Autorität, den Reichshofrat, den Reichstag gegen ihn zu mißbrauchen.« Unter einem solchen Herrscher, der, zugleich kaisertreu und friedliebend, von den kleinen Fürsten nicht länger gefürchtet und von den großen verachtet wurde, verlor Preußen immer mehr an Ansehen. Der Welt stand es fest, daß Preußen nicht zählte.

Angesichts dieser Sachlage kann es nicht überraschen, daß Friedrichs Thronbesteigung von Droysen mit lyrischer Begeisterung begrüßt wird. Die Tragödie von Küstrin hatte seinen Leichtsinn getötet und ihn die Notwendigkeit der Selbstzucht und harter Arbeit gelehrt. »Man fühlte den belebenden Hauch des freien Geistes, der Humanität, wahrer Toleranz, ein Erwachen, wie wenn der Frühling beginnt. Nun gilt es nicht mehr allein strammen Gehorsam und starre Pflicht; die Freudigkeit des Dienstes, der Wetteifer der Ehre, der Ehrgeiz, unter des jungen Monarchen Augen das Höchste zu leisten, entflammt alles um ihn her. In weiten und immer weiteren Kreisen verbreitete sich der rasche Pulsschlag dieses neuen Lebens; bis in die entlegenen Garnisonen, bis in die Dörfer der Provinzen dringt es hinab; die Nachbarländer horchen hoch auf; die unterdrückten Evangelischen Schlesiens gedenken alter Prophezeiungen, daß ihnen in ihren höchsten Nöten geholfen werden solle: jetzt, meinten sie, sei diese Zeit gekommen.« Friedrich besaß den Fleiß, die Kenntnisse, die geistige Statur, um alle staatlichen Aufgaben zu umfassen und zu lenken. Wilhelmines Kritik an ihrem Bruder wird zornig als eine böswillige Karikatur abgetan. Von nun an, schrieb der neue Herrscher, solle sein Volk, das er liebe, der einzige Gott sein, dem er diene. »*Mon devoir est mon Dieu suprême.*«

Seine erste Aufgabe bestand darin, für Preußen den ihm gebührenden Platz zu gewinnen. Sein erstes Auftreten war eine große politische Tat, welche in den Augen Droysens Dankbarkeit, nicht Entschuldigung verdient. Der Held hatte eine gute Sache, aber er handelte »sicher nicht, ohne zugleich voller Stolz nach Sieg und Ruhm zu streben, sicherlich nicht ausschließlich für seine Rechtsansprüche. Kaum hatte er den Thron bestiegen, als er die Gelegenheit suchte und fand, um zum Schwerte zu greifen. Nie verteidigte sich ein Fürst mit besseren Gründen. Es wurde höchste Zeit zu handeln, wenn der preußische Staat innerlich nicht verkommen und unter dem Druck von außen ersticken sollte.« Im *Antimachiavell* hatte Friedrich den Angriffskrieg zugelassen, wenn es sich darum handelte, einem drohenden Angriff zuvorzukommen, und während seiner ganzen Regierungszeit stand es für ihn fest, daß die Initiative in seiner Hand liegen müsse. In den Verhältnissen der anderen Staaten, in den unwahrhaftigen Machtgruppierungen, in der sich nähernden Krise des europäischen Staatensystems erkannte er die Möglichkeit, die eigentliche Bedeutung Preußens zu verwirklichen. »In den fünf Monaten seit dem Thronwechsel in Preußen hatte sich die Szene der politischen Welt außerordentlich verändert, und man konnte sich nicht darüber täuschen, woher die Veränderung komme. Dies Preußen, das so lange gebückt, kleinlaut, mißachtet seines einsamen Weges gegangen war, es richtete sich auf, reckte die gelösten Glieder, setzte durch die innere Kraft, die es entwickelte, durch die muskulöse Art, mit der es sich bewegte, die Welt in wachsende Spannung.«

Schon als Kronprinz hatte Friedrich den Entschluß gefaßt, um Jülich und Berg eines Tages zu kämpfen, aber der Tod Karls VI. stellte ihm eine viel erstrebenswertere Beute in Aussicht. In dem Geheimvertrag von 1728 hatte der Kaiser die Nachfolge in Jülich-Berg Preußen zugesichert, 1739 aber erkannte er den Anspruch von Pfalz-Sulzbach an. Nach diesem Treubruch war die österreichische Erbfolge für Preußen eine völlig offene Frage. Während der Unterhandlungen über die Anerkennung der Pragmatischen Sanktion versprach Österreich Entschädigungen in Schlesien, falls Preußen sich Berg nicht sichern könne. Stand aber zu erwarten, daß Österreich sein Versprechen halten werde? Schlesien war der Zugang zur Mark Brandenburg, ein Verteidigungswerk im Norden, und Wien war der Gedanke, daß Schlesien in protestantischem Besitz sein solle, verhaßt. Konnte Friedrich überhaupt zögern? Er sah, wie das alte System in seinen Grundlagen wankte, wie eine neue Ordnung im Entstehen war, in der Preußen seinen Platz einnehmen mußte. Österreich hatte die Wahl, Preußens Hand zu ergreifen und dafür Preußens Preis zu zahlen oder sich entweder Frankreich oder England in die Arme zu werfen. In diesem Falle würde der Verschmähte versuchen, mit Preußen ins Bündnis zu kommen. Preußen hatte das allerbeste Anrecht auf Schlesien als Entschädigung für einen noch nie dagewesenen Betrug. Im Jahre 1686 hatte der Große Kurfürst seine schlesischen Rechte für die Rückkehr des Kreises Schwiebus an Preußen abgetreten. »Ohne diese Initiative war Preußen, das zwischen England-Hannover und Sachsen-Polen nicht ohne das eifrige Zutun des Wiener Hofes weit und weiter aus seinen militärischen und politischen Positionen zurückgedrängt worden war, in der Gefahr, völlig bedeutungslos zu werden. Mit dem Heranschwellen der europäischen Krise war für Preußen der letzte Moment gekommen, sich vor dem Versinken zu retten. Ohne diese Initiative war das Schicksal Deutschlands, entweder für den ozeanischen Dominat Englands ins Feuer geschickt, oder von der Übermacht Frankreichs völlig abhängig zu werden. Hätte es noch – hätte es schon eine deutsche Nation gegeben, sie hätte ahnen müssen, daß Friedrich II.

ihre Sache führe. ›Ich hätte nie geglaubt‹, sagte er in diesen Tagen, ›daß ich ein so guter Deutscher bin.‹«

Friedrich zog eine Reform des Reiches nicht in Erwägung; zunächst genügte ihm ein starkes Preußen. Ebensowenig erstrebte er den Zerfall des Hauses Österreich. Aber er hätte in der Pflicht seinem Staate gegenüber versagt, wenn er dieser im Abstieg befindlichen Dynastie dienstwillig gewesen wäre, die zudem sich so oft und schwer gegen Preußen versündigt hatte, ohne dafür eine Entschädigung zu fordern. Er war bereit, gegen Schlesien seinen Anspruch auf Jülich und Berg an Österreich abzutreten. »Nicht Preußens Recht auf Schlesien ist der Grund und der leitende Gedanke dieser Kombination. Aber dies Recht bietet eine Handhabe, die Auseinandersetzung einzuleiten, welche die Politik Preußens fordert. Preußen hat Rechte gehabt auf Jägerndorf, auf Liegnitz, Brieg und Wohlau. Sie sind vertragsmäßig abgetan. In der Form von Verträgen freilich, aber von erschlichenen, betrügerischen, hat sie Österreich abgetan – abtun können, weil damals Preußen militärisch zu schwach, politisch zu gebunden war, um der kaiserlichen Macht in den Weg zu treten. Jetzt ist Österreich ohnmächtig und seine Schwäche eine Gefahr für Deutschland und Europa. Geht der Wiener Hof auf Preußens Angebot ein, so ist statt des alten zusammenbrechenden Gleichgewichtssystems ein neues geschaffen, in dem Deutschland sicherer und würdiger dastehen wird als seit Jahrhunderten. Geht er nicht darauf ein, so haftet an jenen Verträgen eine Schuld. Friedrich II. fühlt sich moralisch befugt, Sühne zu fordern, und militärisch in der Lage, sie zu erzwingen. Nur in einem Punkte ist das Verfahren nicht folgerichtig. Gleich in seinem ersten Schreiben hat Friedrich II. Maria Theresia Königin von Ungarn und Böhmen genannt; er hat ihr den Titel gegeben, der in gewissem Sinn ihr Recht auf Schlesien in sich schließt. Vielleicht in der Hoffnung, daß sie um so bereitwilliger sich mit ihm verständigen werde. Daß er sich darin verrechnete, daß ihre Ablehnung ihn zu Schritten zwang, die mit jener Anerkennung in Widerspruch waren, ihn nötigten, die Verbindungen, die er sich wünschte, aufzugeben, auf diejenigen, die er zu vermeiden hoffte, sich einzulassen, das gab seinem weiteren Verfahren einen Schein von Zweideutigkeit und Unwahrheit, welcher die populäre Wirkung seines Eintretens schwächte und der Diplomatie seiner Gegner und Neider Anlaß vollauf zu Phrasen sittlicher Entrüstung gab. Preußens und Deutschlands Interesse forderte, sich weder von der französischen, noch englischen, noch irgendwelcher fremden Politik ins Schlepptau nehmen zu lassen, sondern einen eigenen Kurs zu finden. Jetzt konnte er der Wahrheit gemäß sagen, daß seine Sache mit der Frage der Pragmatischen Sanktion nichts zu tun habe, daß er von der Königin von Ungarn nichts als für alte Schädigung Entschädigung, für Dienste, die man von ihm erwarte, entsprechende Gewährungen verlange.«

Als er zum Ende des Ersten Schlesischen Krieges kommt, stößt

Droysen einen Ruf des Entzückens aus. Dank seiner Armee stand Preußen stolzer da als je zuvor, stark genug, um Krieg zu führen oder Frieden zu schließen und dabei allein sich von seinen Interessen leiten zu lassen, genau wie die Großmächte, zu denen es jetzt gehörte. Es war eine Genugtuung, über das alte anmaßende Österreich triumphiert zu haben. »Die Bedeutung Preußens war, daß es aus den Ruinen des Dreißigjährigen Krieges sich aufrichtend, zu einem in sich geordneten Staat geworden war, zu einem deutschen Staat innerhalb des kernlos gewordenen Reiches, nicht dynastisch sondern monarchisch, nicht ständisch sondern militärisch, nicht konfessionell sondern in voller Gewissensfreiheit, allen Bekenntnissen zu gleichem Recht und Schutz. Daß ein solcher Staat auf deutschem Boden erwuchs, bezeugte, wie lebendige, wurzeltiefe Kräfte noch in demselben rege seien. Daß er jetzt den Kampf um Schlesien begann, daß Friedrichs Siege die alte Macht des einst kaiserlichen Hauses um eine reiche Provinz minderten, daß damit das alte Staatensystem in seinen Grundfesten erschüttert wurde, schien den Bann, der über Deutschland lag, zu brechen, der Nation eine Zukunft zu verheißen.« Obwohl Maria Theresias Mutter eine Braunschweigerin war, umfaßte ihr Reich weite nichtdeutsche Gebiete. Das machte sie für ihre deutsche Aufgabe ungeeignet, und eben das war der eigentliche Kernpunkt von Preußens Rechtsanspruch.

Nach Droysen dachte Friedrich nicht an eine Reichsreform, als er in Schlesien einmarschierte. Wenn Wien nachgab, dann war er bereit, die Pragmatische Sanktion und die Kaiserwahl Franz' zu unterstützen; als man ihn abwies, zögerte er lange, welchem Kandidaten für den Kaiserthron er den Vorzug geben sollte. Seine Wahl fiel auf den Günstling Frankreichs, den Kurfürsten von Bayern, wodurch das Haus Österreich seine drei Jahrhunderte alte Stellung im Reich einbüßte. Die deutsche Frage war damit zwar nicht gelöst, aber das Eis war gebrochen, denn jetzt stand Österreich in Opposition gegen Kaiser und Reich. Zum Frieden von Breslau im Jahre 1742 war Friedrich durch die Lässigkeit und die Unentschlossenheit seines französischen Bundesgenossen gezwungen, aber er behielt, was er erobert hatte. »Jetzt müssen wir die Kabinette daran gewöhnen, uns in unserer neuen Stellung zu sehen«, schrieb er. »Ich glaube, das kann uns gelingen, wenn wir mit allen unseren Nachbarn Maß halten und Geduld zeigen.« Das allgemeine Mißtrauen war ein Maßstab für seine Bedeutung. Als der Zweite Schlesische Krieg das Urteil des Ersten bestätigt, jubelt Droysen wiederum laut. Schlesien lieferte den Beweis, daß Friedrich als Landesvater sogar noch größer war als im Kriege. »Er sah das Interesse seines Staates nie anders als im Zusammenhange mit dem der anderen, mit dem Gesamtinteresse. In seiner Denkweise, in seinem Wollen und Handeln ist er vornehm, im großen Stil königlich, und tief unter ihm das Gemeine. Daß ihn schwere Mißerfolge nicht beugten, staunenswürdige Erfolge nicht blendeten, daß er ohne Willkür, ohne Leidenschaft, wie unpersönlich, immer nur wollte, was nach seinen Mitteln möglich, nur tat, was nach Lage der Sachen notwendig war, vor allem, daß er nach solchen Siegen den Besiegten solchen Frieden gewährte und mit neuen Siegen aufzwang, das mußten auch seine Feinde anerkennen – auch die, welche darin nur Berechnung und Simulation sahen und ihn nur um so bitterer haßten, ihn um so mehr fürchten zu müssen vorgaben –, auch die, welche sich ungern eingestanden, daß er sie nicht bloß an Tatkraft, Klugheit, Kriegskunst, sondern an Mäßigung, Weisheit, Seelenadel, an wahrer Fürstengröße überragte. Für Fürstengröße gab das, was er tat, und wie er es tat, den Völkern ein neues Maß, den gekrönten Häuptern einen Spiegel, der ihnen nicht schmeichelte, einen Stachel, zu lernen und sich zu recken.« Maria Theresia reformierte ihre Armee, ihre Verwaltung, ihre Staatsfinanzen nach dem preußischen Vorbild, um sich für den nächsten Gang vorzubereiten.

Auf den Vorwurf, daß Friedrich das ehrwürdige Reich zerstört habe, entgegnet Droysen, daß das Emporkommen der Fürsten an sich schon seine Macht und sein Ansehen verminderte, führt aber ins Feld, daß das Haus Österreich diesen Verlust verdiente, weil es das Reich schon immer seinen Interessen dienstbar gemacht hatte. Durch die Reformation wurde der Protestantismus ein Bestandteil der nationalen Idee, und Österreich hörte auf, am aufblühenden Geistesleben Deutschlands Anteil zu haben. Österreichs Widerstand gegen den bayerischen Kaiser war Verrat an der Goldenen Bulle, weil es damit ein Monopol auf die höchste Stellung im Reiche beanspruchte. Franz war als Kaiser bloß eine Marionette Wiens. Preußen dagegen hatte viele Rechte auf eine führende Stellung. Preußen war protestantisch und tolerant, Österreich päpstlich und intolerant; in der Innenpolitik war es ebenso weit voraus, wie Österreich zurück war; es war monarchisch und zentralisiert, während Österreich sich nur eben von einer Personalunion zu einem Staat fortbildete; es war in allen seinen Landesteilen deutsch, Österreich dagegen hatte deutsche, slawische, ungarische, wallonische und italienische Territorien, so daß der nichtdeutsche Anteil drei- oder viermal so groß war wie der deutsche. »Mit einem Wort, Preußen war der positive Pol der deutschen Entwicklung, Österreich der negative.« Das Wachstum von Preußens Macht und Ansehen war dem österreichischen Stolz natürlich unerträglich, aber die Nation erkannte, was dieser Staat ihr bedeutete. Bald hatte das eigentliche Deutschland, die Landesfürsten, keinen Schutz mehr gegen österreichische Übergriffe und Bestrebungen als bloß den, welchen Preußen bieten konnte.

Gegen Ende von Friedrichs Leben nahmen seine Partner im Fürstenhaus mit Dankbarkeit an, was sie in den Jahren 1743 und 1744 verachtet hatten. »Preußen, in endlich haltbarer Arrondierung der Mitte, befriedigt mit dem, was es hatte, stand fest in der Mitte Euopas, in der Mitte des Reiches. Um Preußen konnte sich das träge, versumpfte

Chaos der deutschen und europäischen Zustände klären, konnte sich auf Grund der veränderten Ponderation ein stetiges Verhältnis zwischen den Staaten groß und klein entwickeln, konnte sich allmählich eine neue Ordnung der Dinge kristallisieren. Es wäre allen, den Staaten wie Völkern, zum Heil gewesen. Eben das sahen die anderen Mächte mit Neid und Sorge, die großen empört und voll Haß gegen den Emporkömmling. Er hatte sich auf Kosten Österreichs erhoben, es fünf Jahre lang die Kaiserkrone entbehren lassen; er hatte mit zweimaligem ›Abfall‹ mitten im Kriege die Krone Frankreichs in ernste Gefahren gebracht; er unter allen Monarchen allein bot dem englischen Seerecht Trotz, und was Georg II. noch bitterer traf, sein Erstarken machte dem glücklichen Wachstum Hannovers ein Ende; seine Macht sperrte der russischen Politik die Wege nach dem Westen, die Peter der Große ihr erschlossen hatte.« Für die Historiker der preußischen Schule war solche Feindseligkeit ein Quell der Genugtuung, bedeutete sie doch die Anerkennung der Bedeutung des Staates, unter dessen Fahne sie stolz marschierten. Als Droysen im Jahre 1886 im Alter von achtundsiebzig Jahren starb, hatte er seine Geschichte der preußischen Außenpolitik bis zum Jahre 1756 geführt. Er hatte lange genug gelebt, um seinen Glauben an Preußen zu rechtfertigen, seine grenzenlose Hingabe an Preußens größten König zu bekennen und das Kaiserreich der Hohenzollern zu begrüßen.

Die preußische Schule erreichte ihren Höhepunkt in Treitschke, dem deutschen Macaulay. Der erste Band seiner berühmten *Deutschen Geschichte im Neunzehnten Jahrhundert*, der 1876 erschien, beginnt mit einem grandiosen Rückblick auf den Niedergang des Reiches und die Erhebung Preußens. Mit einer Kraft der Schilderung und einem Glanz der Aussage geschrieben, wie sie weder Ranke noch Droysen zur Verfügung standen, fand das Kapitel über Friedrich den Großen tausende von Lesern, wo Droysens *Geschichte der Preußischen Politik* von einem Gelehrten studiert wurde. Das Bild von Friedrichs Regierung wurde in einem Augenblick gemalt, als der Verfasser, wie seine Landsleute, im Fieber der vaterländischen Gefühle von Königgrätz und Sedan zitterte. »Ich schreibe für Deutsche«, gab er offen im Vorwort bekannt; »der Erzähler deutscher Geschichte soll auch selber fühlen und in den Herzen seiner Leser zu erwecken wissen die Freude am Vaterland.« In der Geschichte Preußens gab es nichts zu verbergen; Irrtümer und Sünden waren längst bekannt, und ehrliche Forschungsarbeit ließ erkennen, daß selbst in Zeiten der Schwäche Preußens Politik besser war als ihr Schein. Ein Territorium, das so zerrissen war, mußte die Abrundung seiner Gebiete erstreben. Der preußische Staat war das Werk seiner Fürsten. Friedrich Wilhelm I. stand als Verwaltungsmann neben Napoleon und Stein, und als erster verkündete er, daß jeder Untertan zum Waffentragen geboren sei, wenn auch die Militärpflicht nur in gewissen ländlichen Bezirken durchgeführt wurde. Dagegen war er auf dem Gebiet der Außenpolitik ein

Dilettant und erkannte die Falschheit Österreichs erst gegen Ende seines Lebens. Ausländer pflegten zu sagen, daß er sein Gewehr voll geladen habe, aber nie den Abzug ziehen würde.

Friedrich II. wird von Treitschke als die größte Gestalt der deutschen Geschichte seit Gustav Adolf begrüßt. Der Grundzug seines Wesens war sein erbarmungsloser Realismus, die Fähigkeit, Instinkt für das Mögliche mit der Kühnheit und der Einsicht eines Genies zu vereinen. Dem schattenhaften Umriß des Heiligen Römischen Reiches setzte er die pulsierende Lebendigkeit eines modernen Staatswesens entgegen. Die deutsche Geschichte seit Luther und dem Schmalkaldischen Bund war, im ganzen gesehen, ein unablässiger Kampf gegen die Tyrannei des Hauses Österreich gewesen; die preußische Schule konnte es nicht lassen, die Gefäße ihres Zorns über Habsburg zu ergießen. Für Friedrich hieß deutsche Freiheit die Bildung einer starken deutschen Macht, die fähig sein sollte, das Vaterland nach Osten und Westen zu verteidigen, was über die Macht des Reiches hinausging. Für Preußen arbeiten hieß für Deutschland arbeiten. Friedrich, der die Phrase haßte, hatte nicht die Angewohnheit, viel vom Vaterlande zu reden; dennoch war er beseelt von einem kräftigen Nationalstolz; er empfand es als Schmach, daß fremde Völker auf deutschem Boden den Herrn spielen konnten. »Sein Leben lang ward er der treulosen Arglist geziehen, weil kein Vertrag und kein Bündnis ihn je vermochten, auf das Recht der freien Selbstbestimmung zu verzichten. Alle Höfe Europas sprachen grollend vom ›travailler pour le roi de Prusse‹; von altersher gewohnt, das deutsche Leben zu beherrschen, vermochten sie kaum zu fassen, daß sich endlich wieder die entschlossene Selbstsucht eines unabhängigen deutschen Staates ihrem Willen entgegenstemmte.« Im Kriege trieb ihn manchmal sein Feuergeist über die Grenzen der Klugheit hinaus, aber im Bereich der Diplomatie bewahrte er stets vollkommene Mäßigung und ein Gefühl für Maßstäbe.

Als sich 1740 die Gelegenheit ergab, eine Großmacht zu werden und völlige Bewegungsfreiheit zu gewinnen, hatte Friedrich, nach Treitschkes Meinung, jedes Recht, sie zu ergreifen. Nachdem Maria Theresia seine Annäherungsversuche zurückgewiesen hatte, entschloß er sich, die Kaiserkrone von den Habsburgern zu trennen; damit löste er das letzte Band, das diese mit Deutschland verband. Weit davon entfernt, den deutschen Dualismus zu begründen, bemühte er sich, ihn zu beenden, und wandte sich an Bayern mit dem Angebot der Krone und eines bayerischen Reiches unter preußischer Schutzherrschaft. Als Bayern scheiterte und die Kaiserkrone wieder an die Habsburger fiel, gewann Österreich das Phantom zurück, während Preußen die Substanz behielt. »Erst die friedliche Arbeit der Verwaltung gab der Eroberung Schlesiens die sittliche Rechtfertigung und führte den Beweis, daß jenes vielgescholtene Wagnis eine deutsche Tat gewesen. Das von unheimischen Gewalten schon halb überflutete herrliche Grenzland wurde durch das preußische Regiment dem deutschen

Volkstum zurückgegeben. Der Protestantismus gewann unter dem Schutze der preußischen Glaubensfreiheit bald das Bewußtsein seiner geistigen Überlegenheit wieder. Die römische Kirche aber beließ der protestantische Sieger im Besitze fast des gesamten evangelischen Kirchengutes. Das Aufblühen des schlesischen Landes unter dem preußischen Szepter zeigte genugsam, daß die neue Provinz ihren natürlichen Herrn gefunden hatte.«

Im Gegensatz zu 1740 hatte im Jahre 1756 der König keine Wahl, denn seine Feinde standen im Begriff, sich zu seiner Vernichtung zu vereinigen. Nur mit Roms Hilfe konnten die zwei Erbfeinde, die zwei katholischen Großmächte Österreich und Frankreich, sich gegen Preußen zusammenfinden in der Absicht, die Ohnmacht Deutschlands zu verewigen. Durch einen verwegenen Angriff rettete Friedrich seine Krone vor dem sicheren Untergang. Nach dem Siebenjährigen Krieg schien Preußen wieder an der gleichen Stelle zu stehen wie zu seinem Beginn, aber das Ergebnis des scheinbar so unfruchtbaren Kampfes war ein ungeheurer Erfolg. Die neue Ordnung, die in Deutschland mit der Begründung der preußischen Macht begonnen hatte, erwies sich als unwiderrufliche Notwendigkeit. Der Sieg wurde allein mit deutschen Waffen errungen. Deutschlands Stern war wieder im Ansteigen. Von der großen Lüge des Heiligen Römischen Reiches war der Schleier weggerissen, und das deutsche Volk feierte mit hellem Jubel den Sieger von Roßbach. Die Begründung der deutschen und protestantischen Großmacht war die schwerste Niederlage, die das Papsttum seit Luther erlitten hatte. Friedrich hatte wahrhaftig, wie es der britische Gesandte Mitchell ausdrückte, für die Freiheit der Menschheit gekämpft. In der Schule der Leiden und Kämpfe erwuchs dem preußischen Volk eine lebendige Staatsgesinnung, so daß der König das Recht hatte, von einer preußischen Nation zu reden. Ein Preuße zu sein, war endlich eine Ehre geworden. Der Gedanke des Staates und des Vaterlandes erwachte in Millionen Herzen, während eine tiefe innere Verwandtschaft das undeutsch gewordene Reich mit dem päpstlichen Stuhl verband. »Die zwölf Feldzüge der friderizianischen Zeit haben dem kriegerischen Geist des preußischen Volkes und Heeres für immer seine Eigenart gegeben. Der Erfolg lehrte, wie glücklich der König und sein Volk einander verstanden. Als aus der wilden Flucht der Ereignisse immer gleich groß und beherrschend das Bild des Königs heraustrat, da fühlte sich das Volk in Herz und Nieren gepackt und erschüttert von dem Anblick echter Menschengröße.« Wie Goethe von sich und seinen Freunden sagte, waren sie fritzisch gesinnt. Der erste Mann seines Jahrhunderts gehört mit Luther und Gustav Adolf unter die Helden des deutschen Volkes. »Nach und nach begannen doch selbst die Massen zu fühlen, daß Friedrich für Deutschland focht. Die Schlacht von Roßbach war der folgenreichste seiner Siege für unser nationales Leben. Die Monarchie war jetzt der Engherzigkeit des territorialen Lebens völlig entwachsen und nahm alle gesunden Kräfte aus dem Reich willig auf.« Preußen war jetzt der einzige lebenskräftige Staat des deutschen Volkes.

Die Teilung Polens, die größte Tat der zweiten Hälfte seiner Regierung, wird von Treitschke vor allem als eine Schachmattsetzung Rußlands begrüßt. Seit dem Siebenjährigen Krieg waren die Polen der Zarin untertänig, und die förmliche Vereinigung des zerrütteten Staates mit Rußland schien nur eine Frage der Zeit. Daher entwarf Friedrich den Gedanken einer Teilung, durch die Rußlands Vordringen gegen Westen eine Grenze gesetzt werden konnte. Es war ein Sieg deutscher Diplomatie über den ewigen Landhunger Rußlands. Die Annexion Westpreußens rettete dazu das abgelegene Ostpreußen, die historische Heimat der Deutschritter, vor der Gefahr eines russischen Angriffes, wenn auch keine Seele im Reich dem König dies dankte. Einen anderen Dienst leistete er dem deutschen Volke, indem er die ehrgeizigen Pläne Josephs II. zum Scheitern brachte, zunächst durch den Bayerischen Erbfolgekrieg und danach durch die Gründung des Fürstenbundes. Friedrich war jetzt der anerkannte Schutzherr Deutschlands. Obwohl es kaum die Anfänge einer nationalen Partei gab, hinterließ er einen Staat, der eines Tages Deutschland zu neuem Leben aufrufen konnte.

Treitschke hatte keinen Nachfolger und gründete keine Schule, aber seine politische Weltanschauung teilte mit ihm sein lebenslänglicher Freund Gustav Freytag, der volkstümliche Schriftsteller des dritten Viertels des neunzehnten Jahrhunderts. Der Verfasser von *Soll und Haben* nahm begeisterten Anteil an der Geschichte seines Landes, und seine *Bilder aus der deutschen Vergangenheit* erfreuten sich wohlverdienter Volkstümlichkeit. Er beabsichtigte, das Leben des Volkes im Lauf der Jahrhunderte aus wenig bekanntem zeitgenössischem Material vor Augen zu führen. »Der Zweck dieses Buches«, schrieb er im Vorwort zum letzten Bande, der den Jahren 1700–1840 gewidmet war und 1867 veröffentlicht wurde, »ist, zu zeigen, wie die Deutschen aus Privatmenschen allmählich durch den Staat der Hohenzollern politische Männer wurden.« Das Bild der Regierungszeit Friedrichs des Großen, einer der meistgelesenen Abschnitte des ganzen Werkes, wird in leuchtenden Farben gemalt. »In solchem Sinne hat man recht, den providentiellen Charakter des preußischen Staates zu bewundern.« Er bekämpft die Vorstellung, der König sei kaltherzig gewesen; in Wirklichkeit hatte er das Gemüt eines Dichters. Er verlor manche Freunde durch seine scharfe Zunge, aber er liebte Jordan wirklich und küßte sogar einst die Hand Voltaires. Die Reichen wurden nicht begünstigt, denn er war der Freund des kleinen Mannes. Seiner Meinung nach war es das Beste, wenn jedermann in seinem eigenen Stande blieb und in diesem zu Wohlstand kam. Die Schwäche des Systems lag darin, daß er alles selbst zu tun versuchte.

Als Schlesier widmet Freytag der ersten und wichtigsten von Friedrichs Erwerbungen besondere Aufmerksamkeit. Die österreichische

Verwaltung war lässig, die Besteuerung war zwar nicht drückend, aber ungleich verteilt. Zugleich mit dem neuen Herrscher erschien ein neuer Beamtentyp im Lande, leistungsfähig und gewissenhaft, der für ein niedriges Gehalt harte Arbeit leistete. Nur die früher bevorzugten Stände klagten. Dennoch war das Leben in Schlesien, wie überall, einförmig; es gab nur wenig Entspannung und Reiz. Des Königs Haushalt glich mehr einer Ordensbruderschaft als einer Hofhaltung; man kannte nur Gehorsam und Entsagung, und völlig fehlten die Frauen. »Auch auf das Volk war etwas von diesem Geist übergegangen. Noch jetzt ist dieser Geist der Selbstverleugnung das Geheimnis der Größe des preußischen Staates, die letzte und beste Bürgschaft für seine Dauer.« Der Erwerb Westpreußens von Polen stellte ihn einer noch schwierigeren Aufgabe gegenüber. »Waren schon die Ansprüche des Königs auf Schlesien zweifelhaft, so bedurfte es jetzt des ganzen Scharfsinns seiner Beamten, einige unsichere Rechte auf Teile des neuen Erwerbs auszuschmücken. Der König selbst frug wenig danach.« Daß er das Land vor dem Zugriff der Russen rettete, rechtfertigte diese Erwerbung erst eigentlich und machte sie zur segensreichsten seiner Gaben an das deutsche Volk. Die Provinz war stark vernachlässigt und schlecht regiert worden, die Protestanten hatte man verfolgt. Die Lebensbedingungen waren unglaublich ärmlich und primitiv.

»Wie man sein siebenjähriges Ringen im Kriege übermenschlich nennen darf«, schreibt Freytag, »so war auch jetzt in seiner Arbeit etwas Ungeheures, was den Zeitgenossen zuweilen überirdisch und zuweilen unmenschlich erschien. Es war groß, aber es war auch fruchtbar, daß ihm das Gedeihen des Ganzen in jedem Augenblick das höchste war und das Behagen des einzelnen so gar nichts.« Der Schlußsatz des Gesamtwerks ist typisch für die Stimmung des Stolzes und der Dankbarkeit, in der es geschrieben wurde. »In zweihundert Jahren, von 1648–1848, vollzieht sich die merkwürdige Erhebung des deutschen Volkes. Nach einer beispiellosen Zerstörung wächst seine Seele herauf an Glauben, Wissenschaft, politischen Enthusiasmus. Sie ist jetzt mitten in starker Anstrengung, sich das höchste irdische Besitztum, den Staat, zu bilden. Es ist große Freude, in solcher Zeit zu leben. Eine herzliche Wärme, das Gefühl junger Kraft erfüllt Hunderttausende. Es ist eine Freude geworden, Deutscher zu sein; nicht lange, und es mag auch bei fremden Nationen der Erde als eine hohe Ehre gelten.«

Bald, nachdem Deutschland geeinigt und König Wilhelm deutscher Kaiser geworden war, wurde Sybel zum Direktor der Preußischen Archive ernannt. Er war einer der Gründer und Führer der Nationalliberalen im Preußischen Landtag gewesen; niemand begrüßte die atemberaubenden Ereignisse von 1870 mit größerer Dankbarkeit. Bismarck drückte ihm seinen Dank »für lange Mitarbeit im gemeinsamen Wirken für das Vaterland« aus, regte an, daß er den Rest seines Lebens einer Darstellung der Begründung des deutschen Kaiserreiches widmete, und gestattete ihm die Benutzung der Archive. Seine sieben Bände, die zwischen 1889 und 1894 veröffentlicht wurden, sind ein Siegeshymnus auf den Eisernen Kanzler und seine Vorgänger, die seine Arbeit möglich machten. Die einleitenden Kapitel betonen das Versagen der Habsburger bei der Aufgabe, dem Reich Einigkeit oder Sicherheit zu verschaffen. Deutschland, so führt er aus, hatte jeden Grund zu wünschen, daß neben Österreich andere Mächte hochkamen, die seine nördlichen und westlichen Grenzen schützen konnten. Sicherlich wurde der Kampf mit Österreich nicht in nationalem Geiste oder mit dem Ziel einer Reform der Reichsverfassung geführt. Sowohl Österreich wie Preußen kämpften für eigene Zwecke, aber die Niederlage Preußens hätte für die deutsche Freiheit einen tödlichen Schlag bedeutet. »Friedrichs glorreicher Widerstand wandte diese Verluste von Deutschland ab, ohne daß er einen anderen Gedanken als den an die Unabhängigkeit und Größe Preußens gehabt hätte. Nicht anders stand es, als er die Mehrzahl der größeren deutschen Fürsten in einem festen Bundesvertrage um sich sammelte. Nicht eine nationale Umformung, sondern ausgesprochenermaßen die Erhaltung der elenden Reichsverfassung war dabei sein Zweck. Denn jede Stärkung derselben wäre zugleich eine Stärkung des Kaisertums und damit ein Hindernis für Preußens freie Bewegung und die Bildung einer zuverlässigen preußischen Partei gewesen.« Friedrichs unvergängliches Verdienst um Deutschland bestand darin, daß seine mächtige Persönlichkeit einen patriotischen Stolz erweckte, daß er den so lange unverteidigten Norden schützte, und daß er den Herrschern ein neues Ethos vor Augen stellte. Merkwürdigerweise bedenkt Sybel die Besitzergreifung Schlesiens weder mit Lob noch mit Tadel.

Nicht alle Deutschen machten sich das Feldgeschrei der preußischen Schule zu eigen, daß Arbeit an Preußen Arbeit an Deutschland sei. Der heftigste von allen Angriffen, die je gegen Preußens größten Herrscher gerichtet wurden, ging aus von Onno Klopp, einem geborenen Oldenburger, der ein Freund des letzten Königs von Hannover, ein wütender Kritiker Droysens und später Professor in Wien war. *Der König Friedrich II. von Preußen und seine Politik* ist eine Kampfschrift, sein Vorwort ein Kampfruf; schon ein Jahr nach seinem Erscheinen erschien es 1867 in überarbeiteter und erweiterter Auflage. Alles, was gegen Preußen gesagt worden ist und gesagt werden kann, findet sich auf den sechshundert Seiten des publizistischen Arsenals der Großdeutschen Partei. Die erste Auflage, die im Frühjahr 1866 erschien, wurde aufs heftigste angegriffen von der Schule, »die zur Zeit quantitativ die Oberhand hat«. Daß ihn der Haß dieser Schule traf, stärkte den Verfasser in der Überzeugung der Richtigkeit seiner Lesart mehr als der Beifall seiner Freunde. Die erste Auflage hatte mit dem Eintreten für ein enges Bündnis zwischen Österreich und Preußen im allgemeinen Interesse Deutschlands geendet. »Wir andere, die wir mit daran zu arbeiten strebten, daß Deutschland sich, gemäß dem Charakter der Nation, auf föderativer Grundlage in friedlicher Einigkeit konstituierte, wagten damals noch die Hoffnung zu hegen, daß auch die Leiter der Politik des preußischen Staates diesen Gedanken des Friedens und des Rechtes dem Erbteile des Fridericianismus vorziehen könnten. Wir haben darin uns geirrt. Die Führer der Politik des Staates, den Friedrich II. geschaffen, stehen durchaus auf seinen Schultern. Sie haben das von ihm eingebrachte Prinzip der Politik aufgenommen, das Prinzip, welches Flassan, der französische Historiker der Diplomatie, mit den Worten zeichnet (Tom. VII, p. 477): *la convenance, principe contraire à toute propriété publique et particulière*. Die klare Erkenntnis dessen, wie sie sich aus den Tatsachen namentlich des Jahres 1866 ergibt, zwingt zum Verzichte auf die patriotische Hoffnung, daß die Politik des Staates der Hohenzollern jemals etwas anderes wollen könne, als das Wachstum um jeden Preis, zunächst auf Kosten von Deutschland.« Der Alte Fritz – Klopp nennt ihn niemals Friedrich den Großen – war nur der schlimmste Vertreter seines Hauses. In der ersten Auflage hatte Klopp ihn beschuldigt, die in seinem Hause vererbte Tradition der Kaisertreue gebrochen zu haben. Weitere Forschung hatte ihm gezeigt, daß diese Feststellung falsch war: seine Vorfahren hatten genau so nur ihr eigenes Interesse verfolgt. Die beißenden Worte, mit denen Leibniz den Großen Kurfürsten gekennzeichnet hatte: »Wer mir das meiste gibt, dem adhaerire ich«, traf auf sie alle zu. Nur daß Friedrich unverhüllter und in größerem Maßstabe handelte.

Die grundsätzliche Meinungsverschiedenheit zwischen großdeutschen und kleindeutschen Staatsmännern und Historikern ergab sich daraus, daß die Großdeutschen Österreich für eine deutsche Macht hielten, die Kleindeutschen nicht. Ehe Klopp sein Geschütz gegen den Bösewicht auffahren läßt, gibt er einen Überblick über das sechzehnte und siebzehnte Jahrhundert vom Standpunkt eines glühenden Österreichfreundes. Die Reformation und der Westfälische Friede führten das Zeitalter der Territorialfürsten und das System des *Cuius regio, eius religio* herauf. Aber selbst noch nach 1648 besaß das Reich unangefochten die Oberherrrschaft; kein Fürst dachte auch nur an Gleichheit mit den Habsburgern; es gab noch genug Bande der Einheit, und die Möglichkeit eines engeren Zusammenschlusses auf einer föderativen Basis war immer gegeben. Leibniz stand dem Reich mit Verehrung gegenüber, wenn er auch seine Brüchigkeit und die Gefahren des Partikularismus klar erkannte. Deutschland ohne Österreich, so erklärte er, sei ein Körper ohne Haupt. Vor allen anderen christlichen Nationen waren die Deutschen als die Träger des Heiligen Römischen Reiches bevorzugt, und dieses großen Glückes mußten sie sich würdig zeigen. Die Hohenzollern dagegen waren die Vertreter des militärischen Absolutismus. Zunächst hatten die zwei Häuser einander unterstützt. Ein Hohenzoller hatte Rudolf von Habsburg die Nachricht von seiner Wahl zum Kaiser überbracht und wurde durch die Ernennung zum Burggrafen von Nürnberg dafür belohnt. Karl IV. machte die Hohenzollern zu Reichsfürsten, und Sigismund gab ihnen Brandenburg mit dem Kurfürstentitel. Friedrich I. und seine Nachfolger waren energisch, sparsam und eifrig auf Ausdehnung bedacht, und ihre treuen Dienste bleiben selten unbelohnt.

Nach Klopp begann der Wandel zum Schlechten im Jahre 1525, als Albrecht von Hohenzollern, Hochmeister des Deutschordens, den Orden säkularisierte und Ostpreußen zum Besitz seiner Familie machte. Der zweite Schritt auf dem Wege abwärts war die Bildung eines stehenden Heeres durch den Großen Kurfürsten, denn seit diesem Zeitpunkt besaßen die Herrscher Preußens ein allzeit bereites Werkzeug ihrer Politik. Indem er das Reich weder angriff noch verteidigte, verfolgte er eine Politik des Partikularismus und der günstigen Gelegenheiten, obwohl er nie daran dachte, Brandenburg zu einem Rivalen des Reiches zu machen. Der dritte Schritt war die Verleihung des Königstitels an seinen Sohn Friedrich, die den Ehrgeiz der habsüchtigen Dynastie anstachelte. Die Mißerfolge des Hauses Habsburg hatten ihre Ursache darin, daß es den anderen seine eigenen ehrlichen Absichten zutraute. Der vierte Schritt war die Begründung einer großen und gutausgebildeten Armee auf der Basis der Zwangsaushebung durch Friedrich Wilhelm I., wenn dieser auch nicht den Wunsch hegte, sie kriegerisch einzusetzen. Als der französische Gesandte in Berlin im Jahre 1735 riet, sich Schlesiens zu bemächtigen, antwortete er: »Ich sehe nicht ein, warum und wozu man den Kaiser über den Haufen werfen will. Ich habe mit dem Kaiser keinen Streit.« Der Gedanke eines eigentlichen Dualismus kam nicht in seine Seele. »Einen Kaiser müssen wir haben«, war seine Meinung, »und da ist es besser, wir bleiben beim Hause Österreich.«

Mit der Darstellung der Thronbesteigung seines Sohnes und des Einfalls in Schlesien steigert sich Klopps Stimme zu einem Schrei der Entrüstung. Friedrichs Beweisführung, daß sein Vater die Anerkennung der Pragmatischen Sanktion an die Bedingung geknüpft habe, der Kaiser müsse ihm bei der Erwerbung von Jülich und Berg behilflich sein, wird zurückgewiesen, weil davon in der Annahmeerklärung kein Wort stehe. Die Handlungsweise des neuen Herrschers war das Saatkorn nicht eines einzelnen Krieges, sondern einer langen Reihe von Konflikten, deren Ende noch unabsehbar sei. In den Einzelheiten sich unterscheidend, gleichen sich diese Konflikte doch ihrem Wesen nach. »Das Wesen des Staates der Hohenzollern ist nach außen die Gier der Eroberung durch lang vorbereitete und dann schnell und energisch durchgeführte Aggressive, nach innen diesem Prinzip entsprechend der militärische Absolutismus, nach beiden Seiten hin verdeckt durch Falschheit und Unwahrheit.« Friedrich Wilhelm I. erhob nie Ansprüche auf Schlesien. Wenn je solche bestanden, so wurden sie durch den Geheimvertrag von 1728 fallen gelassen; von allen

Untertanen Friedrichs des Großen wußte überhaupt nur ein Hallenser Jurist von ihrer Existenz. Ehe er auf den Plan trat, gab es wohl Gegensätze zwischen Deutschen, Franzosen und Russen, aber nicht zwischen preußischen und österreichischen Deutschen. »Der König Friedrich II. hat nicht bloß das tausendjährige Reich zertrümmert: er hat den Frieden der Deutschen unter sich unmöglich gemacht.« Zwar lockerten die Reformation und der Dreißigjährige Krieg die Bande des Reiches, aber die äußeren Formen desselben blieben und hätten wieder zu neuem Leben erweckt werden können. »Mit dem Auftreten Friedrichs II. war das vorbei. Was von einem deutschen Reich noch vorhanden war, das opferte dieser Mann, dessen Seele früh sich gelöst hatte von allen heiligen Banden der Pietät, dem Phantome seines hohlen Ruhmes. Er allein. Er zerspaltete das Reich. Er schuf den Dualismus. Er schuf denselben, nicht etwa, um dabei stehenzubleiben, sondern um den Anfang zu machen einer neuen Zeit, deren Ziel das Anwachsen des Staates der Hohenzollern um jeden Preis und durch jedes Mittel ist. Das nächste Objekt des Griffes war und blieb immer Österreich als diejenige Macht, welche durch die Natur ihres Entstehens und ihrer Geschichte berufen ist, den Rechtszustand zu schützen.«

Selbst in dem Friedensjahrzehnt kann Klopp keinen Anlaß zu einem Lob finden, denn die Reformen, mit denen sich Friedrich brüstete, waren nur aus dem Wunsche geboren, einen neuen Angriff auf Österreich vorzubereiten. Er hielt das Heer durch rohe Manneszucht und durch die Beförderung der brutalsten Offiziere aufrecht. Es kam ihm nie in den Sinn, die Leibeigenschaft zu beseitigen, und die Zwangsaushebung steigerte die Leiden der Bauern. Er förderte die Landwirtschaft, weil sie ihn mit Kanonenfutter versah, und seine Ansiedler waren meistens arbeitsscheues Gesindel und Herumtreiber. Die Erziehung ließ er ganz im Argen, und der völlig französisierte König ordnete an, daß die Abhandlungen vor der Akademie entweder in lateinischer oder französischer Sprache gelesen wurden. Seine *Geschichte des Hauses Brandenburg* ist beherrscht vom Haß gegen Österreich, dem immer wieder das Streben vorgeworfen wird, über die deutschen Reichsfürsten die Tyrannis aufzurichten und die deutsche Freiheit zu vernichten.

Den Kapiteln über den Siebenjährigen Krieg geht eine feurige Lobrede auf Österreich voraus. Eine Politik des Angriffs, erklärt Klopp, gehörte nicht zur habsburgischen Tradition. Die Kriege Karls V. gegen Frankreich waren Verteidigungskriege, und der Schutz der Christenheit gegen die Türken war eine Pflicht. Da Frankreich ganz konsequent danach gestrebt hatte, die Habsburger durch Begünstigung des deutschen Partikularismus zu schwächen, konnte Friedrich ganz gewiß sein, daß es die Besitzergreifung Schlesiens billigen werde. Daß Frankreich, obwohl es von Preußen im Ersten Schlesischen Krieg im Stich gelassen worden war, dieses auch im Zweiten Schlesischen

Krieg unterstützte, gab Kaunitz und Maria Theresia den Gedanken ein, es mit einem französischen Bündnis zu versuchen, an das schon im Jahre 1710 Prinz Eugen gedacht hatte. Der selbstlose und zuverlässige Kaunitz war davon überzeugt, daß es für Europa keinen Frieden geben könne, solange Friedrich die Unterstützung Frankreichs habe und Schlesien behalte. Indem es dem preußischen Emporkömmling entgegentrat, handelte Österreich im Interesse Deutschlands und Europas, ja selbst der Preußen, die bloßes Kanonenfutter waren. Mit Bedauern vermerkt Klopp, daß Friedrichs kluge Selbstverteidigung in seiner *Geschichte des Siebenjährigen Krieges* von den meisten Deutschen als stichhaltig angenommen worden sei. »Nach zwei Seiten tritt der Friderizianismus je nach den Umständen hervor: Gewalt und Unwahrheit.«

Drei Jahre später begann Friedrich ein neues Abenteuer in seinem gewohnten schamlosen Zynismus. Indem er die Preußen von den anderen Deutschen scharf abhebt, versucht Klopp zu erweisen, daß die Prussianisierung der Polen jedem echten Deutschen ebenso unerträglich war wie den Polen selbst. Von den drei Teilungsmächten ließ allein Österreich die polnische Kultur unangetastet, und Galizien war die einzige Provinz des habsburgischen Reiches, die mit dem Schwerte erobert war. Seinem Wesen nach konnte Österreich weder aggressiv noch zentralistisch noch autoritär sein. Wo Klopp Maria Theresia mit ihrem schurkischen Feinde in Vergleich setzt, wird er sogar lyrisch. »Eine Fürstin, eine Frau, eine Mutter wie diese hat die Welt niemals gesehen, nicht vor ihr, nicht nach ihr.« Ob Friedrich einen einzigen Freund habe, fragte sie. »Welche Wonne ist es, geliebt zu werden, und mehr noch, es zu verdienen! Das ist der einzige Lohn unserer Mühen!« Wenn ihr Verteidiger allerdings erklärt, sie habe im Jahre 1756 keine Angriffspläne gegen Preußen gehabt, dann tut er ihrem unbezähmten Kampfgeist Unrecht; erst nach dem langen Leiden des Siebenjährigen Krieges fand sie sich bedauernd mit dem Verluste Schlesiens ab.

Klopp verfolgt seinen verhaßten Feind mit lautem Schelten bis ins Grab. Der Bayrische Erbfolgekrieg wird als der vierte Angriff gegen Österreich dargestellt. Friedrich, nicht Joseph, so wird uns gesagt, begann diesen Konflikt, denn der Erbe Bayerns war bereit, den österreichischen Plan anzunehmen. »Seit siebenunddreißig Jahren«, rief Maria Theresia aus, »ist dieser Mann durch seinen Despotismus, durch seine Gewaltherrschaft das Unglück Europas.« Der Historiker stimmt zu. »Der Krieg fand auch in seinem Volke nicht die leiseste Sympathie, und die Soldaten desertierten.« Nur ein einziger Mensch war für all den Kampf und das Blutvergießen verantwortlich. Der Fürstenbund war dann sein letzter Schlag gegen das Haus Habsburg, das er sein ganzes Leben lang verabscheute und kränkte. Sein böser Geist lastete schwer auf den ungeborenen Generationen. »Der Friderizianismus ist nach außen das Streben der Eroberung, welches keine

Grenze findet an einem moralischen Wollen, sondern lediglich an dem physischen Können. Er ist nach innen das Prinzip des militärischen Absolutismus, als der steten Bereitschaft zum Eroberungskrieg.« Dies schreckliche System der Immoralität wurde nicht einmal durch Pflege der Kulturwerte gerechtfertigt, wie das beim Römischen Reiche der Fall war. Der Friede von Basel im Jahre 1795 bedeutete den Verrat an Österreich, als dieses für das undankbare Deutschland kämpfte, und im Jahre 1866 zeigte sich Bismarck als der echte Erbe und Schüler Friedrichs. Wieder einmal wollte Österreich nicht glauben, daß Preußen angreifen werde, und wieder einmal erwies sich das Vorhandensein Preußens als ein Unglück für Deutschland und Europa.

Klopps Anklage war zu leidenschaftlich und bis zur Verblendung österreichfreundlich, als daß sie in der akademischen Welt ernst genommen worden wäre. Ein kleines Buch jedoch von Max Lehmann, das den Titel *Friedrich der Große und der Ursprung des Siebenjährigen Krieges* trug und im Jahre 1894 erschien, errregte einen Sturm des Streites unter den Hochschulhistorikern, denn der Biograph Steins und Scharnhorsts war ein zu guter Gelehrter, als daß man ihn unberücksichtigt lassen konnte. Nachdem er die Versuche Österreichs, sich Frankreich und Rußland als Verbündete in einem Krieg gegen Preußen zu sichern, dargestellt hat, führt er anschließend den Nachweis, daß Friedrichs Haltung im Jahre 1756 keineswegs so rein defensiver Art war, wie er selbst behauptete und die preußische Schule glaubte; denn im Jahre 1752 hatte er seine ehrgeizigen Pläne in seinem Ersten Politischen Testament niedergelegt. Die Anführung gewisser Stellen wurde vom Auswärtigen Amt untersagt, da Bismarck auf den Umschlag die Worte »Dauernd zu sekretieren« geschrieben hatte, aber einige appetitanregende Bissen wurden doch vorgelegt. Preußen, so erklärte der König im Jahre 1752, sei zu klein, das Heer gut, aber zu schwach, um den Feinden Widerstand leisten zu können, die finanziellen Kräfte einem größeren Kriege nicht gewachsen. Nur Vergrößerung könne das Problem lösen, denn Preußen sei weder ein kleiner noch ein großer Staat. Er stimmte mit Machiavelli überein, daß ein selbstloser, von ehrgeizigen Mächten umgebener Staat dem Untergang geweiht sei. Gegen Sachsen, seinen Lieblingswunsch, war er bereit, Ostpreußen und seine Gebiete im Rheinland einzutauschen. Ein einziges Dorf in Grenznähe, erklärte er, sei so viel wert wie ein Fürstentum, das sechzig Meilen entfernt liege; es ist auch zu bedenken, daß Sachsen damals zweimal so groß war wie nach dem Wiener Kongreß.

Von diesen Stellen ausgehend erklärt Lehmann, daß der Erwerb Sachsens im Jahre 1756 das Hauptziel Friedrichs und daher der Siebenjährige Krieg nicht ausschließlich ein Verteidigungskrieg gewesen sei. Vielmehr seien in ihm zwei Offensiven aufeinander getroffen. Maria Theresia wollte Schlesien wiedergewinnen, Friedrich wollte sich Sachsen und Westpreußen sichern in der Hoffnung, daß er den

Kurfürsten von Sachsen, der zugleich König von Polen war, mit Böhmen entschädigen könne. Es war also keineswegs nur ein Kampf zwischen Licht und Finsternis. Lehmann hatte die Verteidiger des großen Königs keineswegs geschont, und so durfte er nicht hoffen, der Bestrafung zu entgehen. Ein erzürnter Patriot, berichtet er in seiner Selbstbiographie, forderte laut seine Maßregelung. Aber Althoff, der berühmte Ministerialdirektor des Kultusministeriums, ließ sich durch die Empörung nicht erschrecken, sondern überreichte seinem Minister ein Geschenkexemplar und entwarf das Dankschreiben an den Verfasser, welches sein Vorgesetzter unterschrieb. In der heftigen Kontroverse, die folgte, ergriff Delbrück seine Partei. Aber die meisten Sachverständigen wiesen Lehmanns Beweisgang zurück und traten dafür ein, daß Friedrich der Große weder für Ruhm noch Land, sondern zur Selbstverteidigung gekämpft habe. Die empörte Erregung, die durch diesen professoralen Bombenanschlag geweckt wurde, beleuchtet die einzigartige und beinahe sakrosankte Stellung, die der preußische Held in der nationalen Überlieferung einnahm.

Kein deutscher Gelehrter hat soviel Forschungsarbeit der Geschichte Friedrichs gewidmet wie Koser, der größte von Droysens Schülern; keiner hat auch mit gleicher Autorität über ihn geschrieben. Er ist nicht nur der höchste Appellationsgerichtshof, sondern auch der Verfasser der einzigen vollständigen Biographie, die wir haben. Ranke und Droysen behandelten hauptsächlich die auswärtigen Angelegenheiten, und beider Darstellungen enden mit dem Jahre 1756. Carlyle ermüdete über der Arbeit, und sein Überblick über die zweite Regierungshälfte ist ein bloßer Umriß. Koser dagegen ging seiner Laufbahn von der Wiege bis zum Grabe nach und machte den Versuch, jedem Aspekt seines Handelns gerecht zu werden. Obwohl ein Leben Friedrichs, ebenso wie ein Leben Bismarcks, unvermeidlich eine Geschichte des ganzen Zeitalters ist, steht das Bild des Hauptdarstellers in starker Profilierung vor uns. Der erste Band, *Friedrich der Große als Kronprinz,* erschien im Jahre 1886, die Bände über seine Regierungszeit im Jahre 1889. Das Werk wurde fortlaufend nach dem neuesten Stande der Forschung berichtigt, und die drei starken Bände der Darstellung, ergänzt durch einen Anmerkungsband, gehören zu den Meisterwerken moderner Forschung. Gegen Ende des Jahrhunderts war ein ganzes Heer von Fachleuten mit der Arbeit über Preußen und seine Herrscher im achtzehnten Jahrhundert beschäftigt. Die Riesenserie der *Acta Borussica* enthielt das Material, das die verschiedenen Seiten der inneren Staatsverwaltung beleuchtete. Eine neue Zeitschrift, *Forschungen zur Preußischen und Brandenburgischen Geschichte,* wurde begründet, um die Arbeit der Forschung zu erleichtern. Das *Hohenzollern-Jahrbuch* gab eine Reihe von wertvollen Monographien heraus. Eine umfangreiche Geschichte der Feldzüge, *Die Kriege Friedrichs des Großen,* die auf Anregung Moltkes vom Großen Generalstab verfaßt wurde, begann ihr Erscheinen im Jahre 1890. Endlich ließ ab

1879 die Preußische Akademie unter der Leitung von Droysen, Dunkker und Sybel die *Politische Correspondenz* fortlaufend veröffentlichen, das größte Unternehmen auf dem Gebiet der friderizianischen Forschung überhaupt. Als der Zweite Weltkrieg im Jahre 1939 ausbrach, waren sechsundvierzig starke Bände erschienen, die bis zum Jahre 1782 reichen. All dieses und vieles andere Material, von dem er selbst einiges vortrefflich herausgegeben hat, wurde von Koser benutzt.

Koser neigt ein wenig mehr zur Kritik als Ranke, Droysen oder Treitschke, aber seine Bewunderung ist darum nicht weniger tief. Er vermittelt einen Eindruck von der dynamischen Persönlichkeit seines Helden und betont die Dauerhaftigkeit fast all seines Wirkens. Als Voltaire sein *Siècle de Louis XIV* vollendet hatte, drängte ihn Chesterfield, die Geschichte Friedrichs zu schreiben, »eines großen Königs, der zugleich ein großer Mensch« ist. Das ist auch das Urteil Kosers, denn Friedrich wäre eine fesselnde Persönlichkeit gewesen, auch wenn er nie eine Krone getragen hätte. Der wesentliche Teil seines Vermächtnisses, die Erhebung Preußens zur Großmacht, blieb bestehen, und das Selbstvertrauen, das seine Siege hervorgebracht hatte, überlebte die Katastrophe von Jena und gab der nationalen Erhebung in den Befreiungskriegen Nahrung. Das volle Ausmaß seiner Leistung wurde erst im Zeitalter Bismarcks erkennbar. Koser gibt zu, daß bei der Besitzergreifung Schlesiens der Ehrgeiz mitgewirkt habe, wie es Friedrich selbst tut, als er in der letzten Version seiner Erinnerungen den Wunsch eingesteht, sich einen Namen zu machen; trotzdem ist sein Urteil über dieses entscheidende Ereignis durchaus günstig. »Es war ein Ehrgeiz, beglaubigt durch die Weihe der Kraft und geadelt vor allem dadurch, daß er sich erwärmte an der heiligen Flamme der Vaterlandsliebe. Denn unzertrennlich von dem persönlichen Ehrgeiz war in Friedrichs Brust die edle Leidenschaft, seinem Volke vor Europa Achtung zu verschaffen, die ungünstigen Eindrücke der vergangenen Zeiten zu verwischen, sein Preußen einzuführen in die Reihe der großen Mächte.« Mit einem Wort: Der Erfolg rechtfertige die Mittel.

Auch über die zweite grundsätzliche Entscheidung, die Offensive von 1756, ist Kosers Urteil ein Freispruch. Die Mobilisation Preußens im Frühsommer dieses Jahres war, seiner Meinung nach, gerechtfertigt durch die Tatsachen, die zu seiner Kenntnis gekommen waren, und mehr noch durch die Tatsachen, von denen er noch keine Kenntnis hatte. Sir Andrew Mitchell, der britische Gesandte, war überzeugt, daß Friede nicht nur sein Wunsch, sondern auch sein Interesse war. Daß er, bei vollständigem Siege, sich durch Gebietszuwachs würde entschädigen können, traf zwar zu, bildete als vorgestellte Möglichkeit aber keineswegs eine Ursache für den Krieg. »Jetzt war die Wahl gar nicht in seine Hand gegeben; der Krieg stand leibhaftig vor der Tür. Ein Akt der Notwehr, ein Verteidigungskrieg blieb er, auch wenn in seinem Verlaufe hie und da einmal ein Augenblick eintrat, wo alte

Lieblingsgedanken, luftige Träume, ihrer Verwirklichung nähergerückt scheinen mochten.« Überdies verteidigte er bei dieser Gelegenheit die deutsche Sache. Obwohl ihm der Friede von Hubertusburg keinen greifbaren Gewinn einbrachte, bedeutete die Erwerbung Westpreußens durch die Erste Polnische Teilung neun Jahre später das unmittelbare Ergebnis eines Kampfes, in welchem er endgültig die Anerkennung seiner Großmachtstellung gewonnen hatte. Daß seine Wirtschaftspolitik zu engstirnig und sein ganzes politisches System zu sehr auf die individuellen Fähigkeiten des Herrschers zugeschnitten war, wird zugegeben; aber gegen Steins Vorwurf, daß Friedrich der Große alles selbst tun wollte, führt er den Gedanken ins Feld, daß er dem Werk Steins und Hardenbergs, der Mitbeteiligung der Staatsbürger an der Politik, eben durch seine Lehre der Arbeit, wie er sie seinen Landsleuten vorlebte, vorgearbeitet habe. Auf Arndts Vorwurf, daß er undeutsch gewesen sei, erwidert Koser, er habe den Kern des Nationalstaates geformt. Eine deutsche Großmacht war nötig, weil Österreich ein Nationalitätengemisch war. Was Preußen eroberte, eroberte es für Deutschland, und Preußens stolzes Denkmal ist das Deutsche Reich.

Zwischen Kosers *magnum opus* und der volkstümlichen Lebensbeschreibung, wie sie Georg Winter im Jahre 1907 veröffentlichte, gibt es keinen Unterschied in der Auffassung. Der Zieten-Biograph hatte die gesamte Masse des veröffentlichten Materials durchgearbeitet, und seine Arbeit in drei mäßigen Bänden ist immer noch die beste kürzere Übersicht über die Vielfalt der Tätigkeiten Friedrichs des Großen. Seine Bewunderung und Begeisterung, sagt er, sei mit dem Fortschritt seiner Arbeit gewachsen; die ganze Darstellung ist durchglüht von vaterländischem Stolz. Es kommt ihm besonders darauf an, darzustellen, daß »der Held des Jahrhunderts« im Frieden ebenso groß war wie im Kriege, wenngleich er hier wie dort seine Fehler machte, und die Kapitel über die innere Staatsverwaltung gehören mit zu den besten des Buches. »Noch heute stehen wir auf seinen Schultern. Alle besten Kräfte Preußens gingen auf die grandiose Königsarbeit Friedrichs zurück, der diesem Staate ein für allemal den Stempel seines Genies aufgeprägt hatte: die Hingebung an das Ganze, die strenge, oft in schroffen, ja fast harten Formen auftretende Pflichttreue, die Selbstaufopferung im Dienste des Staates. Die hervorragendsten Charakterzüge Friedrichs des Großen waren von tiefgreifender Wirkung auf sein Volk gewesen, dessen Erzieher er, der gleichsam die Personifikation des staatlichen Gedankens gewesen war, recht eigentlich geworden ist.« In historischer Perspektive ist er für die nichtpreußischen Deutschen von nicht geringerer Bedeutung als für die Kinder seines eigenen Landes. »Für uns Deutsche aber ist er die große Heldengestalt, durch deren Wirksamkeit sich die feste Grundlage realer Macht erst bilden konnte, auf der dem deutschen Volke, als die Zeit der Erfüllung gekommen war, endlich wieder errungen werden konnte, wonach es sich so lange gesehnt hat: ein einiges, mächtiges und freies Vaterland.«

Beinahe das gleiche strahlende Bild tritt uns in dem umfangreichen Band *Die Hohenzollern und ihr Werk* von Otto Hintze entgegen, der 1915 veröffentlicht wurde. Geschrieben aus Anlaß der Fünfhundertjahrfeier der Belehnung Friedrichs von Hohenzollern als Markgraf und Kurfürst von Brandenburg, stellt dieses Werk die zuverlässigste Darstellung der Entwicklung von Brandenburg-Preußen dar, die wir besitzen. Wenn Hintze auch als einer der Herausgeber der *Acta Borussica* mit besonderer Autorität über die innere Gestaltung des Staates schreibt, umfaßt seine Schilderung doch jede Seite des nationalen Lebens. Sein Buch ist, wie er erklärt, eine fortlaufende Erzählung, keine Verteidigung, denn die Geschichte der Dynastie bedarf keiner solchen. »Die straffe militärisch-monarchische Zucht allein befähigte Preußen und Deutschland, in der Mitte des europäischen Festlandes, umdrängt von starken und oft mißgünstigen Nachbarn, sich ein selbständiges Dasein zu erringen und dem deutschen Stamm Achtung in der Welt zu verschaffen. England in seiner insularen Sicherheit kann mit einem sehr geringen Maß von Staatszwang auskommen und hat daher die parlamentarische Regierungsform ausgebildet, die fälschlicherweise für das allgemeingültige Schema der Regierung eines freien modernen Volkes überhaupt ausgegeben worden ist. Wir dagegen haben bei unserer gefährdeten Mittellage zwischen den stärksten Mächten des Kontinents eine andere Art von Regierungsverfassung nötig gehabt, eben die monarchisch-militärische, die in der Hauptsache das Werk der Hohenzollern ist.« Dennoch hat seine Bewunderung ihre Grenzen, und Droysens Bild einer Dynastie, die von einem Heiligenschein des nationalen Idealismus und selbstloser Hingabe an die Reichsidee umgeben ist, wird verworfen. Friedrich war die Vorstellung eines deutschen Nationalgefühls ganz unbekannt, er wußte nur von preußischen Interessen.

Hintze stellt die Eroberung Schlesiens als die Erfüllung einer Pflicht gegenüber dem Vaterland dar. Friedrich Wilhelm I. war zum Bewußtsein seiner demütigenden Stellung gekommen, wenn er auch nicht die Entschlossenheit fand, sie gewaltsam zu ändern. Auf seinem Sterbelager klagte er seinem Erben, daß Österreich den unwandelbaren Grundsatz habe, Preußen am Boden zu halten, mit allen Mitteln seine Erweiterung zu verhindern. »Das ist nun die große weltgeschichtliche Bedeutung der Unternehmung Friedrichs II. gegen Schlesien 1740, daß Preußen jetzt mit unwiderruflicher Entschiedenheit gegen die bisherige österreichische Unterdrückungspolitik Front machte, daß damit ein langdauernder Gegensatz zwischen Preußen und Österreich begründet worden ist, der im 19. Jahrhundert wieder auflebte und 1866 endgültig entschieden worden ist.« Damit wird die letzte Verantwortung für den langen Kampf Österreich zur Last gelegt. Schlesien war seit langem Gegenstand des preußischen Ehrgeizes, obwohl Friedrich

Wilhelm I. es in seinem Politischen Testament von 1722 nicht unter den Ansprüchen seines Hauses aufzählte. »Von einem klaren, unzweideutigen Rechtsanspruch kann wohl kaum die Rede sein; eher könnte man von einer Vergeltung für die Behandlung sprechen, die Preußen in der bergischen Frage von Österreich widerfahren war.« Friedrichs zweimaliger Verrat an seinem französischen Bundesgenossen wird auf die bloße Unfähigkeit zurückgeführt, einen langen Krieg durchzuhalten. Er konnte es sich nicht leisten, seine Hilfsquellen zu erschöpfen, denn er wußte, daß Maria Theresia den Verlust Schlesiens nicht ohne weitere Anstrengung hinnehmen würde. »Es ist ein tragischer Zug in diesem Heldenleben: aus der freien Tat von 1740 erwuchs ihm das zwingende Schicksal seines Lebens.« Beobachter mit etwas mehr Abstand würden wahrscheinlich die Formulierung vorziehen, daß er eben das erntete, was er gesät hatte.

Weder der Entschluß Friedrichs vom Jahre 1756, die feindliche Koalition vor dem Abschluß ihrer Rüstungen zu zertrümmern, noch sein Liebäugeln mit möglichen Erwerbungen in Sachsen und Westpreußen widersprechen nach Auffassung Hintzes der These, daß es sich um einen Verteidigungskrieg handelte. »Es war sein Grundsatz, daß ein Krieg, der keinen Gewinn an Land und Leuten bringe, dem Staate eher nachteilig als förderlich sei. Aber es ist nicht zutreffend, daß der König um dieser Erwerbungen willen den Krieg von langer Hand vorbereitet habe. Friedrich hat die Lage nicht für so günstig angesehen, wie er sie in seinem Politischen Testament als der Voraussetzung eines erfolgreichen Krieges sich vorgestellt hatte; es handelte sich für ihn in erster Linie um die Behauptung der Machtstellung, ja der Existenz seines Staates gegenüber einer Koalition, die ihn zu erdrücken drohte, wenn er ihr nicht zuvorkam.« Seine kühne Initiative wurde durch den Erfolg gerechtfertigt: Preußen ging aus dem Kampf als die erste Militärmacht der Welt hervor.

Auch die Erwerbung Westpreußens im Jahre 1772 wird von Hintze gutgeheißen. »Es war altes deutsches Kolonialgebiet. Unter der polnischen Herrschaft arg heruntergekommen, wurde es nun der Gegenstand einer ganz besonderen landesherrlichen Fürsorge. Was etwa an Unrecht in dem Vorgehen gegen Polen gefunden werden mag, wurde auf diese Weise reichlich gutgemacht, wenigstens vor dem Richterstuhl einer unbefangen urteilenden Geschichtsbetrachtung. Es war freilich für Polen der Anfang vom Ende; aber es muß mit Nachdruck betont werden, daß der Gedanke des Nationalstaates damals noch nicht lebendig war.« Der unblutige Bayrische Erbfolgekrieg endete damit, daß die Ehrgeizpläne Josephs II. scheiterten und daß Preußen die Anerkennung seiner Erbansprüche auf Ansbach und Bayreuth sicherstellte. Die Bildung des Fürstenbundes im Jahre 1785 war ins Auge gefaßt worden, als Rußland infolge seiner Annäherung an Österreich im Verlaufe des Kampfes mit der Türkei aufhörte, ein zuverlässiger Bundesgenosse zu sein. Als er erkannte, daß er isoliert war und daß sein Prestige schwand, übernahm er im Namen des Reiches die Führung gegen Joseph II. Dies war naheliegend, denn der Erwerb Bayerns durch Österreich hätte dieses in Deutschland zur unbestrittenen Vormacht gemacht und die Stellung Preußens bedroht. Seiner ganzen Politik lag die durchaus richtige Annahme zugrunde, daß nur die fortgesetzte Schwächung Österreichs und die fortgesetzte Stärkung Preußens einen Frieden von Dauer herbeiführen könne.

Auf dem Gebiet der Innenpolitik spendet Hintze ebensoviel Beifall wie auf dem der auswärtigen Politik; das Urteil über Friedrichs Wirtschaftssystem ist außergewöhnlich günstig. Friedrich verband den Eifer eines orthodoxen Merkantilisten für den Aufbau von Industrien mit dem Entschluß, ein kräftiges Bauerntum zu erhalten. Seine Staatsbank, seine Seidenindustrie, seine Porzellanmanufaktur waren wertvolle Beiträge zum dauernden Wohlstand seines Volkes. Selbst die starre ständische Schichtung, die er erbte und weitergab, hatte ihre gute Seite, wenn sie auch nicht von ewiger Dauer sein konnte; indem er nämlich dem Adel, dem Bürgertum und dem Bauernstand ihre eigenartige Aufgabe zuwies und deren Erfüllung überwachte, trug er dazu bei, den Partikularismus der Landesteile zu überwinden, das Gefühl für das Ganze zu stärken, den Grund für ein organisches Staatswesen zu legen. Er war der erste Herrscher, der den Fürsten als ein Organ eines Höheren, des Staates, begriff. Damit wurde der Absolutismus das Vorspiel des modernen konstitutionellen Regierungssystems. Er machte Preußen nicht nur zur Großmacht, sondern gab ihm auch die Kraft, die Last der Größe zu tragen und dadurch die Katastrophe von Jena zu überleben. Mit steigendem Alter wuchs auch seine harte Menschenverachtung, obwohl er gelegentlich auch milde sein konnte. Sein Beruf hatte ihn zu dem gemacht, der er war. »An seinen Bruder, den Prinzen Heinrich, hat er einmal geschrieben: ›Die Fürsten dieses Staates müssen ganz Nerv sein oder sie sind verloren.‹«

Während die Professoren in geschlossenem Chor sangen, sagte Thomas Mann, die führende Gestalt der jüngeren Generation von Literaten, dem Urteil der Überlieferung in einem glänzenden Büchlein mit dem Titel *Friedrich und die große Koalition* die Fehde an; es wurde in den ersten Kriegswochen 1914 geschrieben. Er nannte das Buch eine Schrift für den Tag und gab gleich zu Beginn den Umfang und die Berechtigung der ausländischen Feindseligkeit zu. Maria Theresia nannte Friedrich mit Recht den »bösen Mann«: er war bösartig. Die Besitzergreifung Schlesiens war ein Raub. Der Einfall in Sachsen im Jahre 1756, der den Siebenjährigen Krieg auslöste, erregte kaum weniger Abscheu und brachte ihm in Frankreich den Titel eines Barbaren und Ungeheuers aus dem Norden ein. Daß mächtige Feinde sich zu seiner Vernichtung zusammentaten, ist durchaus richtig, aber ihre Koalition war hauptsächlich sein eigenes Werk. »Er war nicht im Recht, sofern Recht eine Konvention, das Urteil der Majorität, die Stimme der ›Menschheit‹ ist. Sein Recht war das Recht der aufsteigenden Macht, ein problematisches, noch illegitimes, noch unerhärtetes Recht, das erst zu erkämpfen, zu schaffen war. In seinen allerletzten Gründen war dieser ungeheuerliche Kampf ein Angriffskrieg: denn die junge, die aufsteigende Macht ist psychologisch immer im Angriff. Etwas weiter gegen die Oberfläche war er ein Verteidigungskrieg: denn Preußen war ja ›eingekreist‹ und sollte baldtunlichst vernichtet werden. Einer gegen fünf, das läuft jedenfalls auf Verteidigung hinaus.« Diese Haltung entspricht fast völlig dem Urteil Lehmanns, daß zwei Offensiven aufeinanderprallten. Das Bild des alten Kriegers, wie er, in gebrochener Gesundheit, schon zu Lebzeiten zur Sagengestalt wird, ist in dunklen Farben gemalt. »Ausgebrannt, öde und bös, liebte er niemanden und niemand liebte ihn.« Seine Arbeitswut hatte etwas Unmenschliches an sich. Er ähnelte einem Mönch in Uniform; in seinem Leben und in seiner Umgebung gab es keine Freude, und sein Frauenhaß war ein Symptom seelischer Anormalität. Obwohl Thomas Mann nicht Historiker war, hatte er sich energisch mit Friedrich beschäftigt und sogar den Plan gehabt, einen historischen Roman über das Zeitalter zu schreiben. Sein Angriff wurde von den Spezialisten übersehen, fand aber einen großen Leserkreis und rief die wütenden Entgegnungen von Verteidigern aus dem Lager der Geschichtsfreunde hervor. Keine Gestalt auf der deutschen Bühne seit Luther hat soviel Auseinandersetzungen und soviel leidenschaftliche Anteilnahme hervorgerufen wie Preußens Übermensch.

Die deutsche Niederlage und die Ausrufung der Republik im Jahre 1918 taten dem Kult Friedrichs des Großen keinen Abbruch. Seine Riesengestalt schien vielmehr noch an Größe zuzunehmen, als ein unschlüssiges Volk voller Nachdenklichkeit den Blick rückwärts wandte zu dem Lotsen, der einen ähnlichen Sturm mit Erfolg überstanden hatte. *Fridericus Rex,* ein ziemlich kitschiger historischer Roman von Walter von Molo, der einen einzigen Tag aus dem Siebenjährigen Kriege beschrieb, erwies sich als Schlager. Von weit höherem literarischen Wert ist Bruno Franks *Tage des Königs,* das lebendige Nachbildungen von Friedrichs stürmischer Unterredung mit den in den Rechtsfall des Müllers Arnold verwickelten Behörden und von seiner letzten vertraulichen Unterhaltung mit dem neunzigjährigen Keith enthält.

Auch der einsame Verbannte in Doorn sang in diesen dunklen Tagen einen Lobeshymnus auf Friedrich. Nachdem er seine Denkwürdigkeiten verfaßt hatte, ging Wilhelm II. dazu über, die historischen Leistungen seines Hauses zu schildern und zu verherrlichen. *Meine Vorfahren,* im Jahre 1929 veröffentlicht, verkündet die bekannte kleindeutsche These, daß die Habsburger nur an ihre Dynastie dachten, während die Hohenzollern sich für ihren Staat einsetzten. Er geht von der Annahme aus, daß die Geschichte eines Volkes von seinen großen Männern gemacht wird, und verbeugt sich vor allen seinen Vorfahren mit Ausnahme Friedrich Wilhelms II. Der Große Kurfürst schuf das erste stehende Heer und machte der schwedischen Einmischung in Deutschland ein Ende. Friedrich I. gewann den Königstitel und begründete das Offizierskorps, Leistungen, neben denen seine Verschwendungssucht eine geringfügige Schwäche war. Friedrich Wilhelm I. war zwar seiner Familie gegenüber ein Despot, aber er lehrte sein Volk die Arbeit. Friedrich II. führte kühn und rücksichtslos seine politischen Pläne zum größeren Ruhm Preußens durch. In ihm erstand endlich wieder ein deutscher Held, der, wie der Große Kurfürst, den deutschen Erbfeind (Frankreich) lehrte, Deutschland nicht mehr zu beleidigen; das Volk begann zu fühlen, daß der König von Preußen dem ganzen Deutschland angehörte. Als einziges kritisiert der Kaiser an seinem Helden, daß er französischem Einfluß zu sehr die Tore öffnete, weil solche kulturelle Vermischung immer ein Übel sei. »Voltaire und der französische Geist konnten Friedrich persönlich nichts schaden. Aber seines Volkes Sinn, seine Gefühle, Geistesrichtung, Sitten beeinflußten sie derart, daß durch sie das Werk Friedrichs und seines Vaters katastrophal gefährdet wurde. Französische Lebensauffassung, Lebensführung und Lebensleichtigkeit gefielen den höheren Ständen zu gut. Sie hatten nicht das geistige Gegengewicht und die sich behauptende Persönlichkeitskraft Friedrichs, um der Verweichlichung zu widerstehen. Sie drang sogar bis in den Kern des Heeres. Die Folge war Niedergang und Niederlage. Das traurige Resultat war Jena.« Nachdem der Verfasser diesen Flecken auf der Sonne beklagt und übertrieben hat, nimmt er seinen Lobeshymnus wieder auf. Friedrich, hören wir, war im Grunde ein religiöser Mensch, denn er war getrieben vom kategorischen Imperativ der Pflicht und hätte seine Arbeit nie ohne ein tiefes religiöses Gefühl bewältigen können. Seine ganze Vielseitigkeit zeigte sich in seiner Liebe für Bilder und Baukunst, in seinen erlesenen Farbzusammenstellungen in Sanssouci, in seinen kämpferischen Armeemärschen und seinen reizenden Kompositionen für die Flöte.

Der gewichtigste Beitrag zur Geschichte Friedrichs seit dem Sturze der Hohenzollern ist der erste Band von Arnold Berneys Biographie, der im Jahre 1934 veröffentlicht wurde. Da er nur bis 1756 reicht, kann er mit Koser nicht in Wettbewerb treten; außerdem hat er viel kleinere Größenverhältnisse. Die Gesamthaltung ist Bewunderung wie sonst auch, doch sind die Urteile über die Besitzergreifung Schlesiens von ungewohnter Offenheit. Friedrich hatte, so erklärt er, ein politisch-moralisches, wenn auch kein juridisches Recht; seinen Vertrauten gestand er ein, daß tiefere Gründe als bloß rechtliche Ansprüche ihn bewogen. Jeder Beweisgang, darüber war er sich völlig klar, war nur eine Posse. Da er die politischen und moralischen Folgen seines Streiches unterschätzt hatte, wandte er sich an Frankreich als die einzige Macht, die ihm seine Beute erhalten konnte, obwohl er ihm stets mißtraute. Er haßte die Vorstellung, daß die Habsburger die deutschen Fürsten als Vasallen behandelten, und er haßte Österreich, wenn auch nicht

Maria Theresia. Er verachtete die österreichische Politik zu sehr und unterschätzte die Feindseligkeit und die Stärke Rußlands. Er mußte, in einem Wort, noch vieles lernen, wie es auch der Untertitel *Die Entwicklungsgeschichte eines Staatsmannes* andeutet. In einer schlagenden Analyse seiner politischen Weltanschauung zeigt Berney, wie der König dem Ideal des aufgeklärten Absolutismus nachlebt, das Recht seines Volkes auf Glück anerkennt, ein umsichtiger Vertreter der Rechte der Armen, erfüllt von einer kalten Leidenschaft für die Pflicht und den Dienst. Er verachtete nie das Volk, nur faule Könige, schlechte Minister, Frömmler, Schmeichler, korrupte Beamte. »Friedrich wollte das größere und mächtigere Preußen, aber er war kein Eroberer. Er verlangte die stärkste Leistung und den härtesten Dienst von seinen Ständen und Untertanen, aber er war kein Tyrann. Sein Königtum wurde ein neues Gebilde, entfernt vom absinkenden Reich.«

In Berneys umfangreicher Bibliographie suchen wir vergeblich ein volkstümliches Buch, das in aller Schärfe die überlieferte Wertung des Nationalhelden in Frage stellte und seine akademischen Bewunderer mit Verachtung abtat. *Fridericus* von Werner Hegemann, 1924 zuerst erschienen und 1925 stark erweitert, ist die Arbeit eines klugen Geschichtsfreundes. Er widersteht der Versuchung, ein neues Lebensbild zu entwerfen, und legt statt dessen seine Ergebnisse in einer Reihe von Zwiegesprächen vor. Die polemische Absicht seiner Arbeit, die er als eine Kampfschrift für die deutsche Öffentlichkeit bezeichnet, wird im Vorwort der geringfügig gekürzten englischen Ausgabe angekündigt, die im Jahre 1929 erschien. »Ob Friedrich ein großer Herrscher war, der einen Anspruch auf internationale Bewunderung hat, oder ob er eine der verabscheuungswürdigsten Gestalten der Geschichte ist, wie dies Buch beweisen will, ist eine Frage, die nicht Deutschland allein angeht. Es ist vielmehr eine Frage von internationaler und eminent sittlicher Bedeutung. Es ist eine Welttragödie gewesen, daß er je als ein beispielhafter König angesehen werden konnte.« Das Königtum der Deutschen werde offen oder heimlich leben, solange wir Glaube an ihren ›großen König‹ lebe, an diesen klar blickenden, nüchtern, schnell und richtig urteilenden, schnell und treffsicher handelnden, vergeistigten Tatmenschen und philosophierenden König.

Der Schauplatz der fingierten Gespräche ist die luxuriöse, am Golf von Neapel gelegene Villa des amerikanischen Staatsangehörigen Manfred Ellis, dessen Mutter Österreicherin ist und der Goethe ebenso tief bewundert, wie er Friedrich verachtet. Thomas Mann, Georg Brandes und andere literarische Berühmtheiten nehmen an der erdichteten Tafelrunde teil. Die an Friedrich geübte Heldenverehrung wird als eine Quelle der Schwäche, nicht der Stärke gekennzeichnet. »Heute aber droht das Vaterland über den vergeblich Hoffenden zusammenzubrechen. Unser Schiff ist in Gefahr. Die Mannschaft ist wie gelähmt durch blindes Vertrauen auf die angebliche Kraft ihres abhanden gekommenen Kapitäns, ohne den sie weder leben noch wirken zu können vermeint.« Bei näherem Zuschauen entpuppt sich vor dem Urteil von Ellis der nationale Held als ein Hochstapler. Im geselligen Verkehr war er herrschsüchtig, im Gespräch langweilig, in der Kriegsführung sorglos, in der Verwaltung erwies er sich als schlechter Wirtschafter. Nicht einmal an harte Arbeit gewöhnt, saß er lange bei Tisch und verbrachte viele Stunden bei seinen Gedichten, seinen historischen Arbeiten und seiner Flöte. Für das Neue Palais warf er Geld zum Fenster hinaus, selbst in kleinen Personalfragen gab er willkürliche Entscheidungen. Auf dem Felde der Diplomatie war ihm Kaunitz weit überlegen. Er löste das Reich so völlig auf, daß nicht einmal mehr die Möglichkeit seiner Wiedererrichtung bestand, und hatte nichts an seine Stelle zu setzen, weil er keine größeren nationalen Ziele kannte. Hegemanns lebendig geschriebenes Buch fand viele Leser, aber seine Urteile waren viel zu einseitig und sein Ton viel zu schrill. Wenn die Fachleute zu sehr zur Vergötterung ihres Helden neigten, so schuf der Bilderstürmer und Historiker im Nebenberuf eine Karikatur, ohne an Renans Grundsatz zu denken, daß »die Wahrheit in den Nuancen liegt«.

Die traditionelle Ansicht wurde beredt und unbedenklich neu aufgenommen von Gerhard Ritter in *Friedrich der Große, ein historisches Profil,* das auf Universitätsvorlesungen zurückging und im Jahre 1936 veröffentlicht wurde. Als Frontkämpfer des Ersten Weltkrieges, als Biograph Steins und als Herausgeber von Bismarcks *Gedanken und Erinnerungen,* schlägt der Freiburger Professor natürlich in die patriotische Kerbe. Alle wesentlichen Entscheidungen im Leben seines Helden werden gebilligt, wenn auch nicht der Versuch gemacht wird, sie mit den Weisungen rigoroser Sittlichkeit in Übereinstimmung zu bringen. »In Friedrich dem Großen ist die kalte und harte Staatsräson der neueren Geschichte zum erstenmal unter uns Deutschen Fleisch und Blut geworden.« Die Besitzergreifung Schlesiens wird als eine geniale Improvisation gekennzeichnet, die teilweise durch die Überzeugung veranlaßt wurde, daß andere Mächte im Begriff standen, sich auf die Beute zu stürzen. »Er hat damit den Grund für die Größe Preußens gelegt: und so ist seine Tat vor der Geschichte gerechtfertigt: als eine Tat ›sui generis‹, als der gewagte, aber unvermittelte Durchbruchsversuch eines Staates, der aus der Enge und dem Dunkel kleiner Verhältnisse gewaltsam aufstrebt zu weltgeschichtlicher Geltung.« Der Einfall in das neutrale Sachsen im Jahre 1756 wird mit der Verletzung der belgischen Neutralität im Jahre 1914 in Parallele gestellt. »Die bedrängte Lage eines Staates, der sich inmitten Europas von feindlichen Koalitionen umringt sieht, gestattet kein langes Zaudern, sondern fordert schnelle und kräftige Entschlüsse. Selbst wenn es klüger wäre, den Angriff der andern abzuwarten: wer im Angesicht solcher Gefahren verantwortlich handeln soll, wird immer geneigt sein, die Rettung in schneller Tat zu suchen, statt tatlos still zu sitzen, immer von der Sorge bedrängt: was werden die anderen tun? wird es nicht morgen zu spät sein? Zu Beginn des Weltkrieges überrannten wir die belgische Neutralität, weil es schlechterdings keinen anderen Weg gab, die große Entscheidungsschlacht in Frankreich zu führen, und weil wir verloren waren, wenn der Feind von Westen her in das niederrheinische Industriegebiet vordrang. Friedrich der Große überrumpelte Sachsen, weil die sächsische Nordgrenze nur sieben (deutsche) Meilen von Berlin entfernt lag und weil nach den Erfahrungen des zweiten Schlesischen Krieges eine wirksame Offensive gegen Österreich unmöglich war, wenn er eine sächsische Armee als Feind im Rücken behielt.«

Auch die erste Teilung Polens wird im gleichen grob-realistischen Geist beurteilt. »Nicht antiquarische, sondern sehr lebendige Rechte hatte Deutschland in den Tagen Friedrichs in Westpreußen geltend zu machen: das Lebensrecht einer aus langer Ohnmacht sich endlich wieder aufraffenden Nation auf Rückforderung von Grenzgebieten, die ihrem Staat in Zeiten hilfloser Schwäche von den Nachbarn entrissen worden waren. Was war nicht alles abgebröckelt vom Körper des alten Reiches seit den Glanzzeiten des Mittelalters! Wie vieles davon ist Deutschland für immer entfremdet – darunter Gebiete ältester und reichster deutscher Kultur! Hier in Westpreußen ging es nicht um irgendein vergessenes Stück ehemals deutscher Erde, das der deutsche Staat zu seiner politischen Existenz auch allenfalls entbehren konnte: der Erwerb dieser Provinz war eine sachlich-politische Notwendigkeit, über die im Bereich politischer Vernunft gar kein Zweifel bestand. Daß dieser Anspruch mit politischen Bedürfnissen und Wünschen des polnischen Nachbarvolkes zusammenstieß, gehört zu jenen tragischen Verstrickungen, an denen die Geschichte des europäischen Ostens, dank seiner verwickelten ethnographischen Verhältnisse, besonders reich ist. Gibt es einen geschichtlichen Anspruch, der durch praktische Aufbauarbeit erworben wird, so kann an dem sittlichen Recht dieser Erwerbung kein Zweifel sein. Das Retablissement Westpreußens, die Überwindung barbarischer Zustände durch Einführung von staatlicher Zucht, gesichertem Recht und wirtschaftlicher Ordnung gehört (trotz aller Härte der Mittel) zu den glänzendsten Leistungen der friderizianischen Verwaltung.« Das Preislied endet mit einem Bekenntnis, welches das Herz des Heerkönigs erwärmt hätte. »So haben wir Frontsoldaten den Geist Friedrichs des Großen in uns fortwirken gespürt.«

Die Problematik der Stellung Friedrichs in der europäischen Geschichte wird in Ritter von Srbiks Meisterwerk *Deutsche Einheit,* dessen erster Band 1936 erschien, von einem bis dahin selten eingenommenen Blickpunkt aus ins Auge gefaßt. Die akademische Welt, die bislang scharf in das großdeutsche und das kleindeutsche Lager geteilt war, wurde vom führenden Historiker Österreichs aufgefordert, die in seinem Titel ausgedrückte Einigungsformel anzunehmen. Die Forscher brauchen nicht, so führt er aus, großdeutsch oder kleindeutsch, österreichisch oder preußisch zu sein; sie sollten alle gesamtdeutsch sein und den Gedanken des einheitlichen nationalen Staates annehmen und vertreten. Srbik, der seinen Ruf mit der monumentalen Ehrenrettung Metternichs begründet hatte, bekennt seine Liebe für das deutsche Gesamtvolk und seine Überzeugung von der unausweichlichen Zugehörigkeit Österreichs zum Schicksal Deutschlands. Er konnte das Hohenzollernreich nicht als das letzte Wort der historischen Bestimmung betrachten, denn das Volk, nicht der Staat, war der wahre Träger der deutschen Geschichte. Das Gebäude Bismarcks war sicher ein augenfälliges Wegzeichen, aber nicht die Lösung der ewigen deutschen Frage. Die kulturelle Einheit des Volkes hatte sich selbst in Zeiten der militärischen Auseinandersetzung und des politischen Niedergangs weiter vertieft, und auch die geographischen Bedingungen sprachen für ein Mitteleuropa. »Die österreichische Idee erschien mir stets als eine im Wesen deutsche Idee, und Österreichs ›historische Mission‹ sah ich nur in der unlösbaren Verklammerung mit der Gesamtnation gegeben.« Der Universalismus des Heiligen Römischen Reiches lebte im österreichischen Kaisertum weiter. Indem Srbik sich das Ziel setzt, die Entwicklung der Ideen und Lebensformen darzustellen, überschaut er ohne Leidenschaft und Vorurteil die Vergangenheit von seinem erhöhten Standort. So sehr die Majestät des alten Reiches voll gewürdigt wird, ebensosehr wird anerkannt, daß Veränderungen unvermeidlich waren und daß die Reformation dem deutschen Volke hohe Werte schenkte. Ein gewaltiges Ansehen hing auch weiterhin am Kaisertitel, und nur Österreich konnte das deutsche Volk gegen die Türken verteidigen. Als der Westfälische Frieden die Religionskriege beendete, wurde es unvermeidlich, daß die habsburgischen Kaiser das Anwachsen Preußens mit Mißtrauen und Furcht betrachteten, war doch Preußen das Haupt des deutschen Protestantismus und ein Rivale um die Führung im Reich. Trotzdem spricht Srbik von der neuen Macht mit einem duldsamen Verstehen, wie es unter österreichischen Gelehrten einmalig ist.

Friedrich wird als der erste Hohenzoller beschrieben, der Österreich als eine Macht unter anderen Mächten betrachtete: in seinen Augen war das Reich nur ein Werkzeug der österreichischen Politik. Als mittelloser Kronprinz empfing er ein Jahrgeld aus Wien, fühlte aber weder Dankbarkeit noch Verpflichtung, und als ihm Habsburg seine Hilfe für den Erwerb des Herzogtums Berg versagte, zerschnitt er alle Fäden. Beim Erwerb Schlesiens war ihm die Rechtsfrage völlig gleichgültig: der König von Preußen, so erschien es ihm, mußte dem Kaiser ebenbürtig sein. Er hatte nie die Absicht, Österreich zu vernichten, aber der Verlust Schlesiens nahm Österreich die Führerschaft im Reich und zugleich die Kraft, das Reich gegen Frankreich zu verteidigen. Srbik gibt zu, daß die Bewunderung für seine Taten das deutsche Selbstbewußtsein kräftigte, obwohl dieser Gewinn mit einem hohen Preis erkauft wurde. Dazu war er schon Erbe einer Tradition beträchtlicher Unabhängigkeit. Die Habsburger hatten im Norden nie einen so großen Einfluß gehabt wie im übrigen Reich, und der Protestantismus vertiefte die Kluft. »So sehr Friedrich Begründer war, so sehr war er doch auch Vollender eines Jahrhunderte durchwaltenden Lösungs- und Entwicklungsprozesses des deutschen Nordens. Seine Triumphe aber, sein persönliches Beispiel, seine Zucht, seine Ansicht vom Staate, der ›toujours en vedette‹ sein müsse, hinterließen tiefe Spuren im deutschen Charakter.« Kein Historiker hat gerechtere Worte über den großen König geschrieben als Srbik, der jedes Unmaß an Lob und Tadel meidet. Deutsche und Nichtdeutsche, Bewunderer und Tadler, Fachleute und Freunde der Geschichte stimmen jedenfalls darin überein, daß die europäische Geschichte der letzten zwei Jahrhunderte kaum verständlich ist ohne ein Wissen um den Charakter, die politischen Mittel und die Leistungen des Übermenschen, der Preußen auf die blutbefleckte Bahn wies, die zu seiner kurzen und niemals ungefährdeten Vorherrschaft über Mitteleuropa führte.

STAMMTAFEL

Das Haus Hohenzollern (Brandenburgisch-Preußische Linie)

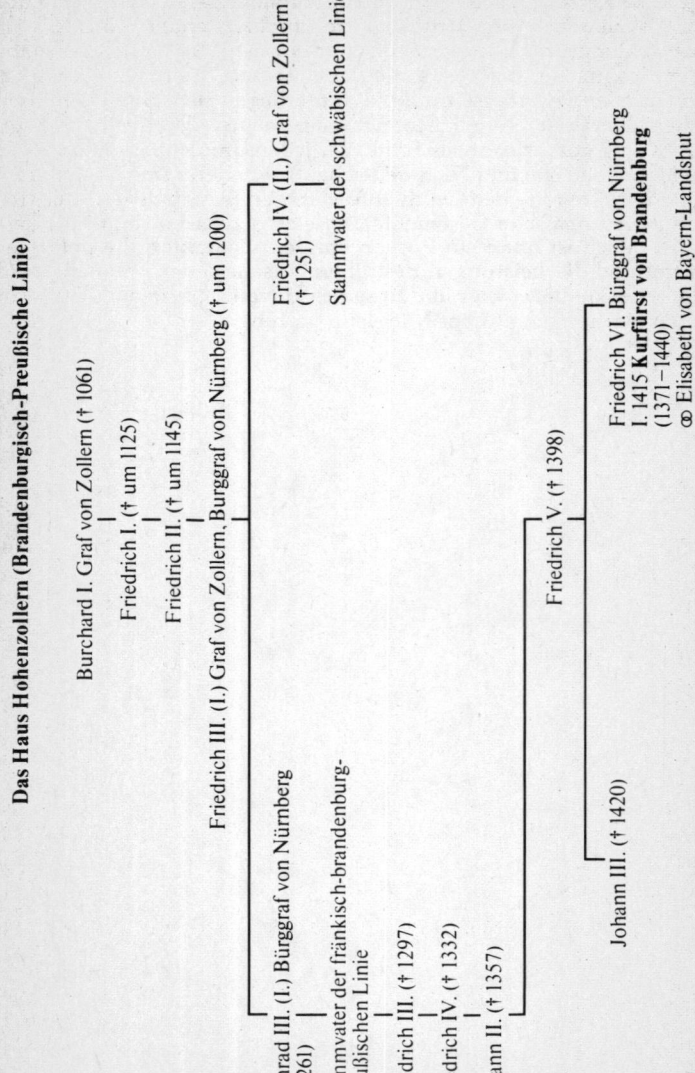

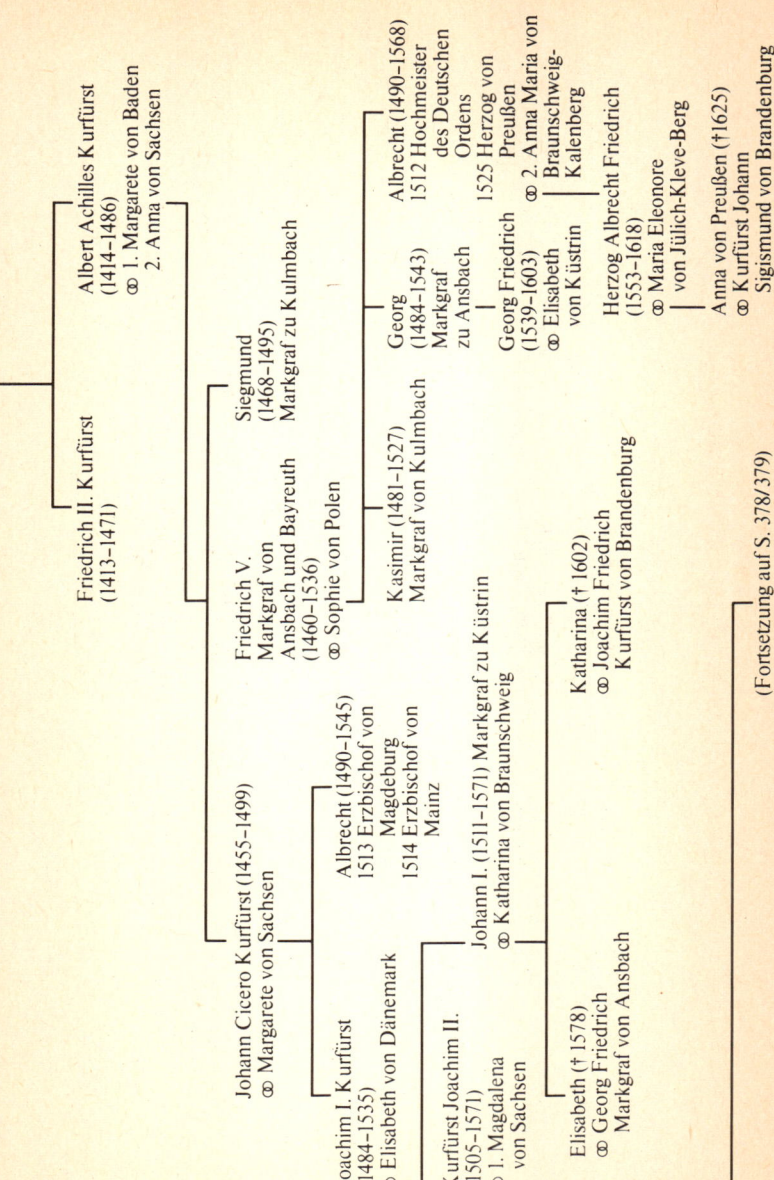

(Fortsetzung auf S. 378/379)

(Fortsetzung von S. 376/377)

Johann Georg Kurfürst (1525–1598)
⚭ 1. Sophie von Liegnitz

Joachim Friedrich Kurfürst (1546–1608)
⚭ Katharina von Brandenburg-Küstrin

Johann Sigismund Kurfürst (1572–1619)
⚭ Anna von Preußen

Georg Wilhelm Kurfürst (1595–1640)
⚭ Elisabeth Charlotte von der Pfalz

Marie Eleonore (1599–1655)
⚭ Gustav II. Adolf von Schweden

Friedrich Wilhelm **der Große Kurfürst** (1620–1688)
⚭ Luise Henriette von Nassau-Oranien

Friedrich III. (I.) Kurfürst von Brandenburg, **König von Preußen** (1657–1713)
⚭ 2. Sophie Charlotte von Hannover

Friedrich Wilhelm I. König in Preußen (1688–1740)
⚭ Sophie Dorothea von Hannover/England

- Wilhelmine (1709–1758)
  ∞ Friedrich von Brandenburg-Bayreuth
- **FRIEDRICH II.** König von Preußen (1712–1786)
  ∞ Elisabeth Christine von Braunschweig-Bevern
- Friederike Luise (1714–1784)
  ∞ Karl von Brandenburg-Ansbach
- Philippine Charlotte (1716–1801)
  ∞ Karl I. von Braunschweig-Wölfenbüttel
- Sophie (1719–1765)
  ∞ Friedrich Wilhelm von Brandenburg-Schwedt
- Ulrike (1720–1782)
  ∞ Adolf Friedrich von Schweden
- August Wilhelm (1722–1758)
  ∞ Luise Amalie von Braunschweig-Wölfenbüttel
- Amalie (1723–1787)
- Heinrich (1726–1802)
  ∞ Wilhelmine von Hessen-Kassel
- Ferdinand (1730–1813)
  ∞ Luise von Brandenburg-Schwedt

ZEITTAFEL

1712	24. Januar: Friedrich II. als erster Sohn des Kronprinzen Friedrich Wilhelm und der Prinzessin Sophie Dorothea von Hannover-England in Berlin geboren.
1713	25. Februar: Regierungsantritt König Friedrich Wilhelms I. von Preußen. Pragmatische Sanktion zur Regelung der Nachfolge im Haus Habsburg beim Ausbleiben männlicher Erben nach dem Prinzip der Unteilbarkeit der Erblande.
1728	Januar/Februar: Besuch Friedrichs am Dresdner Hof. Erzieher des Kronprinzen waren Mme. de Rocoulle, Graf Finckenstein und zuletzt der Hugenotte Duhan de Jandun. Unter seinem Einfluß wird Französisch Friedrichs Hauptsprache.
1730	5. August: Fluchtversuch des Kronprinzen in Steinsfurt bei Heilbronn während einer Reise mit seinem Vater nach Mannheim. Von den Freunden entkam nur Keith; Katte wurde festgenommen und vor den Augen Friedrichs enthauptet.
1731	Nach kurzer Inhaftierung in Küstrin Arbeit in der dortigen Provinzialverwaltung. Februar: Übersendung der Schrift *Über die gegenwärtige Politik Preußens* an seinen Freund den Kammerherrn von Natzmer. Erörtert Fragen einer preußischen Arrondierungspolitik im Rheinland und in Mitteldeutschland. Erwachen des politischen Bewußtseins.
1732	Oberst des Infanterie-Regiments in Neu-Ruppin.
1733	12. Juni: Vermählung in Salzdahlum. Friedrich beugt sich dem Willen des Vaters und heiratet die Prinzessin Elisabeth Christine von Braunschweig-Bevern. Von Friedrich Wilhelm wegen ihrer Verwandtschaft mit den Habsburgern zur Gattin des Kronprinzen bestimmt. Seit 1740 leben sie getrennt.
1734	Teilnahme am Rheinfeldzug des von ihm hochgeschätzten Prinzen Eugen im Polnischen Thronfolgekrieg.
1736	Herbst: Übersiedlung nach Rheinsberg. In dem von sei-

nem Freund Knobelsdorff ausgebauten Schloß führt der Kronprinz ein musisches Leben: Er komponiert, spielt Flöte und vertieft sich in die Lektüre lateinischer und französischer Schriftsteller und betreibt historische, philosophische und naturwissenschaftliche Studien. Wissenschaftliche Gespräche mit seinen Günstlingen Jordan, Keyserlingk und Algarotti und Briefwechsel mit französischen Intellektuellen.

1738	Entstehung der *Considérations sur l'état présent du corps politique de l'Europe.* Veröffentlichung erst 1788 aus dem Nachlaß.
1739	Abfassung der *Réfutation du prince de Machiavel.* Die von Voltaire überarbeitete Fassung trägt den Titel *L'Antimachiavel.* Bei dem Versuch, Machiavelli mit humanitären Argumenten zu widerlegen, ist Friedrich gescheitert. Diese Schrift bezeugt erstmals Friedrichs politisches Selbstverständnis: der Souverän solle le premier domestique (serviteur) des Staates sein.
1740	31. Mai: Regierungsantritt. Beseitigung der Folter, Hochverratsprozesse ausgenommen, und Milderung des Strafrechts. Toleranz: jeder könne nach seiner Façon selig werden. September: L'Antimachiavel im Haag anonym veröffentlicht. Seit Juli Reise durch die Provinzen. Neuerrichtung der Berliner Akademie. Maupertuis wird zum Präsidenten ernannt, Wolff, der aufgrund seiner Lehre verbannt worden war, darf nach Halle zurückkehren. 20. Oktober: Regierungsantritt Maria Theresias auf der unsicheren Rechtsgrundlage der Pragmatischen Sanktion. Die Fürstin ist 5 Jahre jünger als ihr künftiger Gegenspieler. 16. Dezember: Mit dem Einmarsch in Schlesien Beginn des Ersten Schlesischen Krieges. Darüber nur Podewils und Schwerin unterrichtet gewesen. Auch an den Maßstäben der damaligen Zeit gemessen, ist die Rechtswidrigkeit der Besitzergreifung unbestritten. Nicht nur politische, sondern auch wirtschaftliche Gründe waren für Friedrichs Entschluß zu dieser kühnen Tat maßgebend.
1740–1743	Erste Besuche Voltaires in Rheinsberg.
1741	3. Januar: Einzug in Breslau.

8./9. März: Leopold von Anhalt-Dessau erobert Glogau.
10. April: Glänzender Sieg Schwerins bei Mollwitz.
4. Juni: Breslauer Vertrag. Bündnis mit Frankreich.
9. Oktober: Preußische Geheimkonvention von Kleinschnellendorf/Oberschlesien mit Österreich. Die militärischen Pläne Frankreichs und Bayerns erwecken Friedrichs Argwohn.
26. November: Prag fällt an Friedrichs Verbündete.
Dezember: Preußen und Sachsen besetzen Olmütz.

1742   24. Januar: Kurfürst Karl Albrecht von Bayern als Karl VII. zum Kaiser gewählt.
12. Februar: Kaiserkrönung Karls VII. in Frankfurt.
17. Mai: Preußischer Sieg bei Chotusitz/Böhmen.
11. Juni/28. Juli: Friede von Breslau/Berlin. Abtretung Schlesiens an Preußen.
Arbeit an der *Histoire de mon temps* begonnen.

1743   27. Juni: Sieg der Pragmatischen Armee über die Franzosen bei Dettingen.

1744   25. Mai: Ostfriesland durch Erbfall an Preußen gekommen.
5. Juni: Preußisches Bündnis mit Frankreich zur Verteidigung des Kaisertums Karls VII.
August: Friedrich fällt in Böhmen ein und erobert Prag. Beginn des Zweiten Schlesischen Krieges.

1745   20. Januar: Tod Kaiser Karls VII. in München. Rückfall des Kaisertitels an das Haus Habsburg.
4. Juni: Sieg Friedrichs über das österreichisch-sächsische Heer Karls von Lothringen.
30. September: Friedrich besiegt die Österreicher bei Soor.
24. November: Sieg des Alten Dessauers bei Kesselsdorf über die Sachsen.
25. Dezember: Friede von Dresden. Friedrich wird der Besitz Schlesiens bestätigt; er erkennt Franz I. als Kaiser an. Sachsen muß eine hohe Kriegsentschädigung zahlen.
Die Siege tragen Friedrich den Beinamen »der Große« ein. Weil er aber den Neid und das Mißtrauen ganz Europas erregt, muß er wie Bismarck 100 Jahre später am dem »cauchemar des coalitions« leiden. Seit dieser Zeit ist der König »toujours en vedette«, ein Leutnant gelte mehr als ein Kammerherr.

1745–1747	Bau des Lustschlosses Sanssouci bei Potsdam.
1746	Abfassung der *Mémoires pour servir à l'histoire de la maison de Brandenbourg* begonnen.
1747	1. Mai: Sanssouci, das Meisterwerk Knobelsdorffs, fertiggestellt. An der Tafelrunde von Sanssouci nimmt auch der wegen seines extremen Materialismus aus Frankreich und Holland ausgewiesene Schriftsteller und Mediziner La Mettrie teil.
1747–1773	Bau der katholischen Hedwigskirche in Berlin.
1748	18. Oktober: Friede von Aachen beendet den Österreichischen Erbfolgekrieg. Die Unterzeichneten bestätigen Preußens schlesischen Besitz und erkennen die Pragmatische Sanktion an. Der aus dem preußisch-österreichischen Machtgegensatz hervorgegangene deutsche Dualismus dauert bis 1866 an. Codex Fridericianum Marchicus. Einheitliche Prozeßordnung und Unabhängigkeit des Richterstandes.
1750–1753	Voltaire lebt in Berlin und Potsdam als Gast des Königs. Obwohl der französische Schriftsteller eine hohe Staatsrente bezieht, kann er nicht umhin, sich in schmutzige Geschäfte zu verwickeln. Den endgültigen Bruch führt aber erst sein Angriff auf Maupertuis herbei.
1752	Erstes politisches Testament. Der Erwerb Kursachsens, des polnischen Westpreußen und des schwedischen Pommern wird erwogen.
1755	Tod Coccejis. Die von ihm unter Friedrich Wilhelm I. begonnene Justizreform wird von Carmer und Suarez fortgesetzt.
1756	16. Januar: Westminster-Konvention. Das preußisch-englische Bündnis verpflichtet die Vertragspartner zur Abwehr gegen jede fremde Macht. Preußen soll Hannover gegen Frankreich verteidigen. 1. Mai: Erster Versailler Vertrag. Österreich schließt ein Verteidigungsbündnis mit Frankreich ab. Damit wird die fast 300 Jahre alte habsburg-bourbonische Rivalität beseitigt. Kulmination der vom österreichischen Staatskanzler Kaunitz-Rietberg 1755 angebahnten Annäherung an Frankreich. Die Differenzen zwischen England und

Frankreich in der Kolonialpolitik erleichtern das Zustandekommen des *renversement des alliances.*
29. August: Preußischer Einfall in Kursachsen. Von der Nachricht über die Kriegsvorbereitungen seiner Gegner beunruhigt, entschließt sich Friedrich zum Präventivkrieg. Mit überseeischen Schauplätzen in Indien und Nordamerika ist der Siebenjährige Krieg ein Weltkrieg.
1. Oktober: Friedrich wendet sich gegen den Vormarsch der österreichischen Armee bei Lobositz/Böhmen. .
16. Oktober: Nach anfänglich erfolgreichem Widerstand doch Kapitulation der Sachsen in Pirna/Sächsische Schweiz.

1757

11. Januar: Russischer Beitritt zur französisch-österreichischen Allianz.
1. Mai: Zweiter Versailler Vertrag. Unterstützung Österreichs durch Frankreich in dessen Krieg gegen Preußen.
6. Mai: Preußischer Sieg bei Prag über das Heer Karls von Lothringen. Schwerin fällt.
18. Juni: Glänzender Sieg des österreichischen Feldmarschalls Daun bei Kolin. Friedrich verliert den Ruf der Unbesiegbarkeit.
7. September: In dem Gefecht bei Moys stirbt Friedrichs Lieblingsgeneral Winterfeldt, der mit der Verteidigung der Lausitz und Niederschlesiens betraut war. Die Russen fallen in Ostpreußen, die Schweden in Pommern und die Österreicher in Brandenburg ein.
8. September: Konvention von Kloster Zeven. England-Hannover scheidet zeitweilig aus dem kontinentalen Krieg aus.
5. November: Bei Roßbach westlich Leipzig besiegt Friedrich die zahlenmäßig überlegenen Armeen des Reiches und der Franzosen.
5. Dezember: Preußischer Sieg in der Schlacht bei Leuthen. Rückgewinnung Schlesiens.

1758

25. August: Preußens Sieg über die Russen in Zorndorf bei Küstrin bringt keine Entscheidung und viele Verluste.
14. Oktober: Überfall der Österreicher auf das preußische Lager in Hochkirch/Sachsen. Friedrich erhält die Nachricht vom Tod seiner geliebten Schwester Wilhelmine von Bayreuth.

1759

12. August: In Kunersdorf bei Frankfurt an der Oder schlagen die russischen und österreichischen Streitkräfte die preußische Armee. Die Reichsarmee nimmt Dresden

ein. Wegen der Vorsicht Dauns versäumen es die Russen, ihren Sieg auszunutzen. So ereignet sich »le miracle de la maison de Brandenbourg«.
20. November: Kapitulation und Gefangennahme des preußischen Generals Finck bei Maxen.

1760 15. August: Trotz des preußischen Sieges bei Liegnitz bleibt die Lage unverändert.
3. November: Preußischer Sieg bei Torgau. Friedrich verwundet.

1762 5. Januar: Friedrichs eingefleischte Feindin, die Zarin Elisabeth, stirbt. Ihr Nachfolger, der Holsteiner Peter III., ist ausgesprochen preußenfreundlich; er schließt ein Bündnis mit Preußen.
22. Mai: Friedensschluß mit Schweden.
28. Juni: Staatsstreich Katharinas.
6. Juli: Ermordung des Zaren Peter.
21. Juli: Sieg Friedrichs bei Burkersdorf.
September: Krönung Katharinas II. Trotz ihrer konzilianten Haltung weigert sie sich, Preußen zu unterstützen.
9. Oktober: Rückeroberung von Schweidnitz.
29. Oktober: Sieg des Prinzen Heinrich bei Freiberg.

1763 15. Februar: Friedensvertrag in Schloß Hubertusburg bei Leipzig. Der territoriale Besitzstand von 1756 wird bestätigt. Kriegsmüde widmet sich »der alte Fritz« dem Werk des Wiederaufbaus.
Besuch d'Alemberts in Potsdam.

1763–1769 Bau des Neuen Palais bei Potsdam.

1763–1780 Briefwechsel Friedrichs mit der bayerischen Prinzessin Marie Antonie, Kurfürstin von Sachsen.

1764 11. April: Das russisch-preußische Verteidigungsbündnis wird der Eckstein der friderizianischen Außenpolitik. Rußland gewinnt Unterstützung für die Wahl seines Kandidaten Stanislaus Poniatowski in Polen.

1765 20. Juli: Gründung der Preußischen Staatsbank.

1766 9. April: Einführung der französischen Akzise-Verwaltung (Régie) in Preußen.

1767 4. Mai: Geheimkonvention Preußens mit Rußland.

| 1768 | Zweites politisches Testament. Probleme der Innen- und Außenpolitik Preußens. Ständige Wachsamkeit in der Diplomatie zur Garantie der Sicherheit erforderlich. |

| 1768–1774 | Russisch-türkischer Krieg. |

| 1769 | 25. August: Zusammenkunft Friedrichs mit Joseph II. in Neiße/Schlesien. Der preußische König ist nicht bereit, sein Bündnis mit Rußland aufzugeben. Erneuerung des russischen Bündnisses. |

| 1770 | 3./7. September: Friedrich besucht Joseph II. in Neustadt/Mähren. Er lehnt eine Zusammenarbeit mit dem Kaiserstaat ab. |

| 1772 | 5. August: Erste Teilung Polens. Preußen erwirbt Ermland und Westpreußen ohne den Hafen Danzig und die Festung Thorn. Es handelt sich um die von Polen eroberten Teile des preußischen Ordensstaates. Als Landbrücke zwischen Pommern und Ostpreußen große politische und wirtschaftliche Vorteile. Peupelierungspolitik durch Ostkolonisation. |

| 1777 | 30. Dezember: Mit dem Tod des Kurfürsten Max Joseph von Bayern stirbt die wilhelminische Linie der Wittelsbacher aus, sein Nachfolger wird Karl Theodor von der Pfalz. Joseph II. fürchtet einen Machtzuwachs Bayerns durch dessen Verbindung mit der Pfalz und versucht daher, österreichische Erbansprüche auf Niederbayern durchzusetzen. |

| 1778 | 5. Juli: Bayerischer Erbfolgekrieg unter der Führung Friedrichs und des Prinzen Heinrich, um dem österreichischen Ehrgeiz Schranken zu setzen. Wegen Versorgungsschwierigkeiten artet der Feldzug in einen »Kartoffelkrieg« aus. |

| 1779 | 13. Mai: Teschener Friede. Österreich erhält das Innviertel, die pfälzische und die bayerische Kur werden Karl Theodor zugesprochen, Preußen macht seine Erbansprüche auf Ansbach-Bayreuth geltend, Sachsen bekommt eine Geldentschädigung. |

| 1780 | Erscheinen der kleinen Schrift *De la littérature allemande*. Die Klassik, deren Entstehung er vorauszusehen meint, gab es bereits. Gegenschrift Justus Mösers. |

14. April: Anordnung zur Gesetzeskodifikation. Umwandlung Preußens in einen Rechtsstaat. Entstehung des Allgemeinen Landrechts.

1785 Der Deutsche Fürstenbund zur Aufrechterhaltung des Reichssystems richtet sich gegen das Tauschprojekt (Bayern-Niederlande) des Kaisers Joseph II. Wenn auch Preußen dabei die führende Rolle spielt, geschieht dies nicht in Übereinstimmung mit dem Reichspatriotismus der deutschen Stände, sondern im Interesse einer Verteidigung des status quo.

1786 17. August: Tod Friedrichs II. Beisetzung in der Garnisonkirche von Potsdam.

LITERATURVERZEICHNIS*

Augstein, R., Preußens Friedrich und die Deutschen. Frankfurt a. M. 1968.

Bär, M., (Hrsg.), Westpreußen unter Friedrich dem Großen. Neudruck der Ausg. 1909. (= Publicationen aus den Königlich Preußischen Staatsarchiven 83) Osnabrück 1965.
Bellugou, H., Voltaire et Frédéric II au temps de la Marquise du Châtelet. Un Trio singulier. Paris 1962.
Bolle, K., Die preußische Domänenpolitik und ihre Auswirkung auf die Lage der Bauern. Dargestellt an der Entwicklung des Domänenamtes Diesdorf. Diss. (Masch.) Halle 1963.
Born, K. E., Der Wandel des Friedrich-Bildes in Deutschland während des 19. Jahrhunderts. Diss. Als Manuskript vervielfältigt. Köln 1953.
Bosbach, E., Die »Rêveries Politiques« in Friedrichs des Großen politischem Testament von 1752, historisch-politische Erläuterungen. (Kölner Historische Abhandlungen 3) Köln/Graz 1960.
Braubach, M., Vom Westfälischen Frieden bis zur Französischen Revolution. In: B. Gebhardt, Handbuch der deutschen Geschichte, hrsg. von H. Grundmann. 9. Aufl. Stuttgart 1970, Bd. 2.
Brües, O., Schloß Moyland. Ein historischer Bericht über das Treffen Friedrichs des Großen mit Voltaire. Duisburg 1967.
Brunner, O., Die politische Stellung des fränkischen Reichskreises im Siebenjährigen Krieg. Diss. Erlangen/Nürnberg 1965.

Campe, E. v., Die graphischen Porträts Friedrichs des Großen aus seiner Zeit und ihre Vorbilder. 2 Bde. München 1958–1970.

Duffy, C., Feldmarschall Browne. Irischer Emigrant, kaiserlicher Heerführer, Gegenspieler Friedrichs II. von Preußen. Deutsch Wien/München 1966.

Eisenmann, O., Friedrich der Große im Urteil seiner schweizerischen Umwelt. Zürich 1971.

Fechner, H., Friedrich der Große und die deutsche Literatur. Braunschweig 1968.

Gaxotte, P., Friedrich II. Deutsch Berlin 1973.
Geißler, O., Die Wirtschaftspolitik Friedrichs des Großen und der Begriff der Planwirtschaft. Diss. (Masch.) Tübingen 1953.
Groehler, O., Die Kriege Friedrichs II. Berlin 1968.

Haas, H., Der Kampf zwischen Maria Theresia von Österreich und Friedrich

* Darstellungen seit 1950, einschließlich Hochschulschriften.

dem Großen von Preußen in der deutschen und französischen Geschichtsschreibung. Diss. (Masch.) Wien 1950.

Helm, E. E., The musical patronage of Frederick the Great. Diss. Denton/Texas. Mikrofilm Ann Arbor 1958.

Helm, E. E., Music at the court of Frederick the Great. Norman/Oklahoma 1960.

Henderson, W. O., Studies in the economic policy of Frederick the Great. London 1963.

Herderhorst, W., Zur Geschichtsschreibung Friedrichs des Großen. (= Studien zum Geschichtsbild 10) Göttingen 1962.

Hetzelein, G., Die königliche Dame von Bayreuth. Ein Lebensbild der Markgräfin Wilhelmine, der Schwester Friedrichs des Großen. Nürnberg 1970.

Heyer, K., Friedrich der Große und das Preußentum. (= Wege der neueren Staats- und Sozialentwicklung 2) Kreßbronn 1951.

Hinrichs, C., Oestreich, G. (Hrsg.), Preußen als historisches Problem. Gesammelte Abhandlungen. (= Veröffentlichungen der Hist. Komm. zu Berlin beim Friedrich-Meinecke-Institut der FU Berlin 10) Berlin 1964.

Hoffmann, H., Friedrich II. von Preußen und die Aufhebung der Gesellschaft Jesu. (= Bibliotheca Inst. hist. 30) Rom 1969.

Hubatsch, W., Der preußische Staat. Probleme seiner Entwicklung vom 16. bis zum beginnenden 19. Jahrhundert. (= Jahrbuch der Albertus-Universität zu Königsberg Bd. 12) Göttingen 1952.

Hubatsch, W., Das Problem der Staatsräson bei Friedrich dem Großen. Göttingen 1956.

Hubatsch, W., Friedrich der Große und die preußische Verwaltung. (= Studien zur Geschichte Preußens) Köln/Berlin 1973.

Just, L., Der aufgeklärte Absolutismus. In: Handbuch der deutschen Geschichte. Neu hrsg. von L. Just. Konstanz 1956, Bd. 2.

Kaplan, H. H., The first partition of Poland. (= East Central European Studies of Columbia University) New York 1962.

Kaplan, H. H., Russia and the outbreak of the Seven Years' War. Berkeley 1968.

Kästner, E., Friedrich der Große und die deutsche Literatur. Die Erwiderungen auf seine Schrift »De la littérature allemande«. Diss. Leipzig 1925. Neuausg. mit einem Geleitwort von Walter Müller-Seidel. (= Studien zur Poetik und Geschichte der Literatur 21) Stuttgart/Berlin/Köln/Mainz 1972.

Koch, M., Der deutsche Reichstag während des Siebenjährigen Krieges, 1756–1763. Diss. (Masch.) Bonn 1950.

Kowalewski, K., Friedrich der Große in der Beurteilung der deutschen Geschichtsschreibung von 1815–1870. Diss. (Masch.) Hamburg 1951.

Lill, P., Friedrich der Große. Anekdotisch vorgestellt. München 1970.

Maschmann, H., Der König Friedrich der Große als Freimaurer. (Ziegeldekker-Reihe 7) Hamburg 1960.

Mertineit, W., Die friderizianische Verwaltung in Ostpreußen. Ein Beitrag zur Geschichte der preußischen Staatsbildung. (= Studien zur Geschichte Preußens 1) Heidelberg 1958.
Mitford, N., Friedrich der Große. Deutsch München 1973.

Noack, K.-H., Friedrich II. und der altpreußische Militärstaat in der deutschen bürgerlichen Geschichtsschreibung der zweiten Hälfte des 19. Jahrhunderts. Diss. als Manuskript vervielfältigt. Berlin 1972.
Notbohm, H., Das evangelische Kirchen- und Schulwesen in Ostpreußen während der Regierung Friedrichs des Großen. Diss. (Masch.) Göttingen 1957.

Pollitzer, M., Frédéric II disciple de Machiavel. D' après des documents d'archives inédits. Paris 1966.
Portzek, H., Friedrich der Große und Hannover in ihrem gegenseitigen Urteil. (= Veröffentlichungen der Hist. Komm. für Niedersachsen 25,1) Hildesheim 1958.
Poseck, E., Die Kronprinzessin Elisabeth Christine Gemahlin Friedrichs des Großen. 6. durchges. u. erw. Aufl. Stuttgart 1952.

Reiners, L., Friedrich der Große. München 1952.
Ritter, G., Friedrich der Große. Ein historisches Profil. Heidelberg 1954.

Schimmelbusch, L., Der Begriff der Justitia in der Staatstheorie Friedrichs II. Diss. (Masch.) Bonn 1956.
Schlenke, M., England und das friderizianische Preußen 1740–1763. Ein Beitrag zum Verhältnis von Politik und öffentlicher Meinung im England des 18. Jahrhunderts. Freiburg i. Br./München 1963.
Schneider, H., Die Kritik an Friedrich II. und seinem Staatswesen im Zeitalter der Klassik. Diss. (Masch.) Jena 1951.
Schorr, H., Hauptnutzholzadministration im friderizianischen Preußen. Ein Beitrag zur Wirtschaftsgeschichte des 18. Jahrhunderts. Diss. (Masch.) Halle 1956.
Skalweit, S., Frankreich und Friedrich der Große. Der Aufstieg Preußens in der öffentlichen Meinung des »ancien régime«. (= Bonner historische Forschungen 1) Bonn 1952.
Spranger, E., Der Philosoph von Sanssouci. 2. erw. Aufl. Heidelberg 1962.
Stadelmann, R., (Hrsg.), Preußische Könige in ihrer Tätigkeit für die Landeskultur Preußens. Th. 2. Friedrich der Große. Neudruck der Ausg. 1878. (= Publicationen aus den Königlich Preußischen Staatsarchiven 11) Osnabrück 1965.
Stribrny, M., Die Rußlandpolitik Friedrichs des Großen 1764–1786. (= Veröffentlichungen des Göttinger Arbeitskreises 330) Würzburg 1966.

Temperley, H. W. V., Frederic the Great and Kaiser Joseph. An episode of war and diplomacy in the 18th century. With an introduction by H. Butterfield. 2. Aufl. London 1966.

Thiel, H., Wilhelmine von Bayreuth. Die Lieblingsschwester Friedrichs des Großen. München 1967.
Todd, A. R., The intellectual relationship between Voltaire and Frederick the Great. Diss. Virginia. Mikrofilm Ann Arbor 1972.

Verne, E. C., Prinz Heinrich von Preußen, Bruder Friedrichs des Großen. (Göttinger Bausteine zur Geschichtswissenschaft 24) Deutsch Göttingen/Berlin/Frankfurt 1958.

Wagner, A., Das friderizianische Preußen im Urteil der zeitgenössischen englischen Geschichtsschreibung. Diss. (Masch.) Tübingen 1953.
Wagner, F., Europa im Zeitalter des Absolutismus. 1648–1789. (= Weltgeschichte in Einzeldarstellungen 5) 2. Aufl. München 1959.
Weill, H., Frederick the Great and Samuel von Cocceji. A study in the reform of the Prussian judicial administration 1740–1755. Madison/Wisconsin 1961.
Wright, C., A royal affinity. The story of Frederick the Great and his sister, Wilhelmine of Bayreuth. London 1967.

Zobel, G., Machiavelli und Friedrich der Große. Diss. (Masch.) Heidelberg 1952.

PERSONENREGISTER

Acton, Lord, englischer Historiker 9
Albrecht von Hohenzollern,
  erster Herzog von Preußen 9
Algarotti, Freund Friedrichs 13, 122, 142, 146
Amalie, Schwester Friedrichs 67, 128, 137 f., 157, 258
Amalie, Tochter Georgs II. 120
Amelot, französischer Außenminister 177 ff.
Anna, Zarin 15
Arndt 114
August Wilhelm, Prinz von Preußen, Bruder Friedrichs 45, 128 f., 136, 139, 142, 243, 246, 255 f., 281, 311 f., 335
August II., der Starke, Kurfürst von Sachsen und König von Polen 10, 118
August III., Kurfürst von Sachsen und König von Polen 48, 73 f., 320

Bach, Philipp Emanuel 133
Barberina, italienische Tänzerin 125
Bartenstein, österreichischer Diplomat 116
Bayle 123, 216, 322
Beaumarchais, französischer Schriftsteller 144, 279
Belleisle, französischer Feldherr 23, 27
Berney, Arnold 370 f.
Bestuschew, russischer Außenminister 75
Bielfeld, politischer Schriftsteller 122
Biron, Herzog von Kurland 15, 325
Bischoffwerder, Günstling Friedrich Wilhelms II. 146
Bismarck 18, 112, 362
Boileau, französischer Dichter 322
Bolingbroke, englischer Staatsmann 322
Bossuet, französischer Kanzelredner 322
Boufflers, französischer Schriftsteller 279
Brühl, sächsischer Minister 40, 320, 331
Burghauß, Graf und Gräfin 226 ff.
Bute, Lord, englischer Minister 65, 67, 305, 335

Calas 208 f., 217
Calonne, französischer Finanzminister 279
Camas, Mme., mütterliche Freundin Friedrichs 142, 146
Carlyle 18, 37, 59, 113
Carmer, Jurist 36
Cavour 114
Charlotte, Herzogin von Braunschweig, Schwester Friedrichs 121, 128, 156

Châtelet, Mme. du, Freundin Voltaires Kap. VII und VIII passim, 215
Châteauroux, Mme. de, Mätresse Ludwigs XV. 30
Chatham, William Pitt, Earl von 65, 335
Choiseul, französischer Außenminister 40, 203, 338
Cocceji, Jurist 36, 292, 332
Collins, englischer Freidenker 322
Condorcet, französischer Aufklärer 279

D'Alembert, französischer Mathematiker 83, 149 ff., 210 ff., 215
D'Argens, Marquis, Freund Friedrichs Kap. II passim, 147
Darget, Vorleser Friedrichs 140
Daun, österreichischer Feldherr 49, 56
De Broglie, französischer Historiker 177
De Catt, Vorleser Friedrichs 140 f.
Deffand, Mme. du, französischer Schöngeist 203, 237
Denis, Mme., Nichte Voltaires 183, 196 ff., 237
De Prades, Abbé, Vorleser Friedrichs 140
De Thou, französischer Historiker 318
Diderot, französischer Aufklärer 148
Droysen, Gustav 21, 218, 345-352
Droysen, Hans 159
Duhan de Jandun, Erzieher Friedrichs 117, 122, 127

Eichel, Kabinettssekretär Friedrichs 13, 45, 130, 152, 260
Elisabeth, Zarin 40, 42 f., 61 f., 335
Elisabeth Christine von Braunschweig, Königin von Preußen 120 f., 124 ff., 136 f., 145, 219 f., 252
Elliot, Hugh, britischer Gesandter 113
Eugen, Prinz 10, 12, 319, 326
Euler, Mathematiker, Mitglied der Akademie 133

Ferdinand, Bruder Friedrichs 128, 146, 248
Ferdinand von Braunschweig, Feldmarschall, Schwager Friedrichs 51, 56, 125, 145, 333
Ferdinand, Herzog von Braunschweig, Neffe Friedrichs 107, 110, 274
Finckenstein, Außenminister 55, 61, 83, 105 f.
Fleury, Kardinal, französischer Staatsmann 26, 170, 176, 320
Fontenelle, französischer Schriftsteller 123, 322

392

Formey, Sekretär der Akademie 133
Fouqué, Baron de la Motte, Freund Friedrichs 122, 146, 281
Franz von Lothringen 13, 16 f., 21, 34
Fredersdorff, Kammerdiener und Faktotum Friedrichs 130 f.
Freytag, Gustav 355 f.
Freytag, preußischer Bevollmächtigter 196
Friederike, Markgräfin von Ansbach, Schwester Friedrichs 128
Friedrich, Burggraf von Nürnberg, erster Kurfürst von Brandenburg 9
Friedrich I., König von Preußen 9 f., 315
Friedrich II., Fernhaltung von den Staatsgeschäften durch den Vater 11; Pragmatische Sanktion 12; Thronbesteigung 12 f.; Entschluß zur Besitzergreifung Schlesiens 13–16; Garantieangebot an Maria Theresia für ihre anderen Besitzungen 16 f.; Preußens Rechtstitel auf schlesische Gebietsteile 17 f.; die wahren Beweggründe 18; Macaulays Urteil 19; Stellungnahme zur Pragmatischen Sanktion 19 f.; Einmarsch in Schlesien 21 f.; Sieg von Mollwitz 22; Bündnis mit Frankreich 23; Geheimkonvention von Kleinschnellendorf 23; Sieg von Chotusitz 24 f.; Friede von Breslau mit Österreich 25–29; Erwerb Ostfrieslands 29; Zwölfjähriges Bündnis mit Frankreich und Wiedereröffnung der Feindseligkeiten gegen Österreich 29 ff.; Tod Kaiser Karls VII. 32 f.; Siege von Hohenfriedberg, Soor und Kesselsdorf 33 f.; Friede von Dresden mit Österreich 34; Friede von Aachen und Ende des Österreichischen Erbfolgekrieges 35 f.; Aufbautätigkeit in Schlesien 35 f.; Friedensjahrzehnt 36; Neugruppierung der Mächte 39; Konvention von Westminster mit England 40 f.; Koalition gegen Preußen 42–45; Maria Theresias Weigerung, ihre Pläne offenzulegen 46; Anklage gegen Österreich 47 f.; Einmarsch in das neutrale Sachsen 48; Kolin, die erste Niederlage 49 ff.; Sieg über die Franzosen bei Roßbach, die Österreicher bei Leuthen, die Russen bei Zorndorf 51 ff.; Hochkirch, die zweite Niederlage 53; Kunersdorf, die dritte und schwerste Niederlage durch Russen und Österreicher 55; Sieg von Liegnitz 57; Sieg von Torgau 59; Tod der Zarin Elisabeth und Thronbesteigung des preußenfreundlichen Zaren Peter 61 ff.; Friedensvertrag mit Schweden 64; Ermordung Peters 65 f.; Abbruch der britischen Subsidienzahlungen 67 f.; Friede von Hubertusburg 68 ff.; Bau des Neuen Palais 71: Bündnis mit Rußland 72–76; Polnische Teilungspläne 76–80; Zusammenkunft mit Joseph in Neiße und Neustadt 80–85; Besuch des Prinzen Heinrich in St. Petersburg 86 ff.; Erste Polnische Teilung und Erwerb Westpreußens 88–95; Tod des kinderlosen Kurfürsten von Bayern und die Erbfolgefrage 96 f.; Widerstand gegen die Pläne Josephs 97–104; Bayerischer Erbfolgekrieg 104–108; Friede von Teschen 109 f.; der Fürstenbund als Gegengewicht gegen Josephs bayerische Pläne 110 ff.; Friedrichs Tod und politisches Vermächtnis 112–115; Charakter und Erziehung 116 ff.; Fluchtplan, Festungshaft in Küstrin und Hinrichtung Kattes 119 f.; Eheschließung mit Elisabeth Christine von Braunschweig 120 ff.; Glückliche Jahre in Rheinsberg 122 f.; Thronbesteigung und Trennung von seiner Gattin 123 ff.; Verhältnis zu Fredersdorff 130 f.; Leben in Sanssouci 132 f.; Besuche Voltaires 133 f.; Marquis de Valory, Sir Charles Hanbury-Williams und Sir Andrew Mitchell über Friedrich 134–137; Sorgenstimmungen während des Siebenjährigen Krieges 137 f.; Bruch mit seinem Bruder August Wilhelm und dessen Tod 139; Gespräche mit de Catt 140 ff.; Thiébault über Friedrich 143 f.; Enttäuschung über den Neffen und Thronfolger Friedrich Wilhelm und Hinneigung zu den jüngeren Kindern August Wilhelms 145 f.; Freundschaft mit Marie Antonie, Kurfürstin von Sachsen 146 f.; Besuch d'Alemberts und Briefwechsel mit diesem 149 ff.; Keith in Sanssouci 151; Tagebücher Lucchesinis 152; Sir James Harris über Friedrich 152 f.; Gleichgültigkeit gegenüber dem deutschen Geistesleben 153 ff.; Friedrichs Schrift *Über die deutsche Literatur* 155 f.; Hinzuziehung Zimmermanns während der letzten Krankheit 156 ff.; Briefwechsel des Kronprinzen mit Voltaire 159–169; die zwei ersten Zusammenkünfte mit Voltaire 172 ff.; dritte Zusammenkunft 176; Voltaires vierter Besuch und diplomatische Mission 177–181; Voltaires dreijähriger Aufenthalt in Berlin und Potsdam, sein Angriff auf Maupertuis und die endgültige Trennung 182 bis 193; Voltaires Festhaltung in Frankfurt 196 f.; Wiederaufnahme des

Briefwechsels während des Siebenjährigen Krieges 199–206; Friedrichs Beteiligung an den Kosten für eine Porträtbüste Voltaires 210 ff.; Gedächtnisrede auf Voltaire vor der Preußischen Akademie 215 ff.; »Brief« an Natzmer 282 f.; *Betrachtungen über den gegenwärtigen politischen Zustand Europas* 283; *Antimachiavell* 285–289; Erstes Politisches Testament 290–302; Zweites Politisches Testament 302–306; *Über Regierungsformen und Herrscherpflichten* 306 f.; *Betrachtungen über den politischen Zustand Europas* 307; *Denkwürdigkeiten zur Geschichte des Hauses Brandenburg* 311–316; *Geschichte meiner Zeit* 317–340; Veröffentlichung der *Werke* durch Preuß 1846–1857 342; Rankes *Zwölf Bücher Preußischer Geschichte* 342 ff.; Droysens *Geschichte der preußischen Politik* 345–352; Treitschkes *Deutsche Geschichte im Neunzehnten Jahrhundert* 352–355; Gustav Freytags *Bilder aus der deutschen Vergangenheit* 355 f.; Sybels *Begründung des deutschen Reiches* 356 f.; Klopps Angriff in *König Friedrich II. von Preußen und seine Politik* 357 bis 362; Max Lehmanns *Friedrich der Große und der Ursprung des Siebenjährigen Krieges* 362 ff.; Kosers *Friedrich der Große* 363 ff.; Georg Winters *Friedrich der Große* 365; Hintzes *Die Hohenzollern und ihr Werk* 366 ff.; Thomas Manns *Friedrich und die Große Koalition* 368 f.; Wilhelms II. *Meine Vorfahren* 369 f.; Berney, Hegemann und Gerhard Ritter 370–373; Srbiks *Deutsche Einheit* 373 f.

Friedrich, Markgraf von Bayreuth, Gatte Wilhelminens 120, 126, 179, 225, 230, 246

Friedrich, Sohn Georgs II. von England 120

Friedrich August, Kurfürst von Sachsen 90, 101, 276

Friedrich Wilhelm, der Große Kurfürst 9, 12, 304, 313 f.

Friedrich Wilhelm I. 10–13, 19 f.; 42 f.; 117–124, 141, 168, 172, 220–224; 290 f.; 304, 316 f.; 323 f.

Friedrich Wilhelm II. 140, 145 f., 272 f., 276, 307

Friedrich Wilhelm III. 141

Garve, Popularphilosoph 309
Georg II., König von England 16, 23, 29, 40 f., 120, 137, 320

Georg III., König von England 67, 118
Georg Wilhelm, Kurfürst von Brandenburg 312
Gibbon, englischer Historiker 278
Gleim 157
Goethe 71, 153, 155, 157, 278
Gottsched 153
Grimm, Friedrich Melchior, Aufklärer 148, 160, 211, 270, 278
Grumbkow, Erstminister Friedrich Wilhelms I. 120, 220, 224
Gustav III., König von Schweden, Neffe Friedrichs 128, 269

Hardenberg 114, 309
Hanbury-Williams, Sir Charles, britischer Gesandter 136 f.
Harris, Sir James, britischer Gesandter 152
Hegemann, Werner 371
Heinrich, Bruder Friedrichs 61, 67, Kap. III passim, 128 f.; 132, 140, Kap. XI passim, 333 f.
Heinrich, Sohn August Wilhelms, Lieblingsneffe Friedrichs 146, 264 f.
Heinrich IV., König von Frankreich 302, 322
Helvétius, französischer Aufklärer 148
Herder 153
Hertzberg, Außenminister Friedrichs 68 f., 98, 105, 109, 133, 152
Hintze, Otto 366 ff.
Hirsch, Berliner Jude 185, 235
Hobbes, englischer Philosoph 286, 322
Holbach, französischer Aufklärer 148
Humboldt, Wilhelm v. 309

Johann Sigismund, Kurfürst von Brandenburg 312
Jordan, Freund Friedrichs 18, 25, 122, 127, 142
Joseph I., Kaiser 12
Joseph II., Kaiser Kap. III passim, 265, 272 f., 279 ff., 338 ff.
Juliane, Königin von Dänemark, Schwägerin Friedrichs 145, 151
Justi, Kameralist 308

Kant 114
Karl VI., Kaiser 12, 304, 320
Karl VII., Kaiser 23, 25, 28, 32, 328, 331
Karl August, Herzog von Weimar 111, 156
Karl Theodor, Kurfürst von der Pfalz und von Bayern 96 ff., 101–111 passim
Karl, Herzog von Pfalz-Zweibrücken 97 bis 111 passim, 276

Katharina die Große, Zarin 30, 62, 65, Kap. III passim, 248, 262, 265–271, 336 ff.
Katte, Jugendfreund Friedrichs 119, 219
Kaunitz, österreichischer Minister Kap. II und III passim, 333, 338 f.
Keith, George, Lord-Marschall 52 f., 69, 148, 151 f., 213
Keith, James, Feldmarschall 142–152
Keyserlingk, Freund Friedrichs 122, 165
Klopp, Onno 357–362
Klopstock 153
Knobelsdorff, Baumeister 22, 122, 132
König, holländischer Mathematiker 190
Koser 27, 119, 140, 159, 311, 363 ff.

La Barre 208 f., 217
Lagrange, Mathematiker, Mitglied der Akademie 133
La Mettrie, Mitglied der Akademie 133, 142, 188
Lancret, französischer Maler 132
Lavisse, französischer Historiker 119
Lebrun, Mme., französische Malerin 279
Lehmann, Max 362 f.
Lehndorff, Kammerherr bei der Königin 125 f., 129, 140
Leibniz 36, 133, 151, 190, 322
Leopold I., Kaiser 9, 11 f., 17
Leopold, Fürst von Anhalt, der Alte Dessauer 124, 325
Lessing 153 f., 185
Lichnowsky, österreichischer Diplomat 107
Ligne, Fürst von 152
Locke, englischer Philosoph 216, 286, 322
Louis Ferdinand, Neffe Friedrichs 248
Ludewig, Jurist 17
Ludwig XV., König von Frankreich 23, 30, 32, 42, 180 f., 326
Ludwig XVI., König von Frankreich 279
Lucchesini, Marquese, Freund Friedrichs 152
Luise, Königin von Preußen 114
Luise, Prinzessin von Preußen, Fürstin Anton Radziwill, Nichte Friedrichs 128
Luise Dorothea, Herzogin von Gotha 67 f., 138, 195, 200, 205
Luise Ulrike, Königin von Schweden, Schwester Friedrichs 30, 70, 107, 128, 150 f., 210, 266, 276
Lynar, Graf, Diplomat 78

Macaulay, englischer Historiker 19
Machiavelli 167, Kap. XII passim
Mann, Thomas 368 f.
Manteuffel, Graf Ernst Christoph, Vertrauter Friedrichs als Kronprinz 122

Maria Theresia Kap. I und II passim, 77, 102, 104–109, 304, 324–338 passim
Marie Antonie, Kurfürstin von Sachsen 146 f., 151
Marie Antoinette, Königin von Frankreich 279
Marwitz, preußischer General 226 ff.
Marwitz, F.A.L. von der, Politiker 157
Maupertuis, französischer Mathematiker 36, 54, 133 f., 142, 148, 190 ff., 195 ff., 211 ff., 216, 235–239
Maximilian II., Joseph, Kurfürst von Bayern 95 ff., 214, 272 f.
Mirabeau, französischer Politiker 112 ff., 154, 309
Mitchell, Sir Andrew, britischer Gesandter 53, 137 f., 142, 146, 255
Möllendorf, preußischer General 112
Molière 216, 323
Montesquieu, französischer Historiker 322
Moser, Johann Jakob 308
Möser, Justus 156

Napoleon 115 f.
Necker, französischer Finanzminister 278
Nicolai, Friedrich 154

Orczelska, Gräfin 118

Panin, russischer Außenminister 75, 78 f., 87
Paul, Großfürst 73, 270 f.
Pesne, französischer Maler 122
Peter III., Zar 62–66, 336
Pigalle, französischer Bildhauer 210, 212
Podewils, Außenminister 13–16, 19, 25, 32, 45
Podewils, preußischer Gesandter im Haag und in Wien, Neffe des Vorigen 34, 178
Pöllnitz, Hofkämmerer 124, 152, 190, 213
Pompadour, Mme. de 39, 42
Preuß, Herausgeber der *Werke* 141, 342

Racine 216, 323
Rapin, französischer Historiker 318
Ranke 12, 113, 119, 218, 342–345
Ritter, Doris 118
Ritter, Gerhard 372 f.
Rocoulle, Mme. de, Erzieherin Friedrichs 117
Rollin, französischer Historiker 123
Rosebery, Lord 116, 141, 341
Rousseau 148

Sabran, Mme. de, französischer Schöngeist 279
Saint-Pierre, Abbé, französischer politischer Schriftsteller 176

Sainte-Beuve, französischer Schriftsteller 127
Schiller 153
Schlözer 308
Schön, Theodor von, Staatsmann 10
Schwartzenberg, Minister Georg Wilhelms 313
Schwerin, Feldmarschall 13, 45, 49, 142
Seckendorf, österreichischer Gesandter in Berlin 120, 124, 220, 316
Seydlitz, General 146, 261
Sirven 208, 217
Shaftesbury 322
Solms, preußischer Gesandter in St. Petersburg 78, 86, 91
Sophie Dorothea, Königin von Preußen 119 ff., 124, 128, 136–139, 220 ff., 334
Sophie, Markgräfin von Schwedt, Schwester Friedrichs 128, 221
Sorel, französischer Historiker 72, 77
Srbik 373 ff.
Stanislaus Leszczynski, Herzog von Lothringen 22 f., 181
Stanislaus Poniatowski, König von Polen 74–77, 265
Stein, Frhr. vom 114, 309
Strachey, Lytton, englischer Schriftsteller 116, 190
Suarez, Jurist 36
Sulzer 127
Sybel 356 f.

Thiébault, Professor der Literatur in der Akademie 143 f., 215
Thomasius 322
Thugut, österreichischer Diplomat 105 f.
Traun, österreichischer Feldherr 329
Treitschke 352–355

Trenck 128
Tschernitschew, russischer General 87, 90, 260

Valory, französischer Gesandter 134 ff., 181
Vergennes, französischer Außenminister 95
Viktor Amadeus III., König von Sardinien 97, 299
Voltaire 36, 122 ff., 133 f., Kap. VII bis IX passim, 233–239, 284 f.
Voß, Gräfin, Hofdame Elisabeth Christines 126, 129

Walpole, Horace, englischer Schriftsteller 116
Watteau, französischer Maler 132
Wieland 153
Wilhelmine, Markgräfin von Bayreuth, Schwester Friedrichs 44, 53, 117, 126, 128, 139, 142, 195–201, Kap. X passim, 334
Wilhelmine, Tochter August Wilhelms, Nichte Friedrichs 107, 140, 146
Wilhelmine von Hessen-Kassel, Prinzessin Heinrich 139, 253
Wilhelm II. 369 f.
Winckelmann 133
Winterfeldt, Friedrichs Lieblingsgeneral 45, 146, 281
Wolff, Christian, Friedrichs Lieblingsphilosoph 123, 133, 162, 164
Wraxall, englischer Reisender 248
Wreech, Frau von, Freundin Friedrichs 120

Zedlitz, Kultusminister 72
Zimmermann, Arzt 156 f.

Die Leinenausgabe
George P. Gooch · Friedrich der Große
ist weiterhin lieferbar.

(Verlag: Vandenhoeck & Ruprecht, in Göttingen und Zürich)

INHALT

Geleitwort 5
Die Schöpfung Preußens 9
Der Siebenjährige Krieg 39
Katharina die Große und Josef II. 71
Der Kronprinz 116
Der Philosoph von Sanssouci 132
Herbstschatten 145
Voltaire: Erste Liebe 159
Voltaire: Entzauberung 170
Voltaire: Das Nachspiel 194
Wilhelmine 218
Prinz Heinrich 248
Der Antimachiavell 282
Die Politischen Testamente 290
Die historischen Schriften 311
In deutscher Sicht 341

Stammtafel 376
Zeittafel 380
Literaturverzeichnis 388
Personenregister 392

HEYNE BIOGRAPHIEN

Die Taschenbuchreihe mit den bedeutenden Biographien der Großen der Weltgeschichte.

12/109 - DM 9,80

12/143 - DM 12,80

12/103 - DM 9,80

12/141 - DM 14,80

12/80 - DM 9,80

12/106 - DM 9,80

12/107 - DM 7,80

12/98 - DM 9,80

HEYNE BIOGRAPHIEN

Die Großen der Weltgeschichte – Politik · Kultur Wissenschaft

Ronald Hayman – FRIEDRICH NIETZSCHE
Der mißbrauchte Philosoph
12/128 - DM 14,80

Ronald Hayman – BERTOLT BRECHT
Der unbequeme Klassiker
12/124 - DM 16,80

Francesco Mazzei – MESSALINA
Macht und Intrige
12/123 - DM 12,80

Alfons Nobel – CHARLOTTE VON STEIN
Goethes unerfüllte Passion
12/127 - DM 9,80

Joanna Richardson – COLETTE
Leidenschaft und Sensibilität
12/125 - DM 12,80

Rudolf Krämer-Badoni – GALILEO GALILEI
Wissenschaftler und Revolutionär
12/126 - DM 12,80

Ronald Hayman – FRANZ KAFKA
Sein Leben, sein Werk, seine Welt
12/135 - DM 12,80

G. P. Gooch – FRIEDRICH DER GROSSE
Herrscher-Schriftsteller-Mensch
12/12 - DM 12,80

HEYNE BIOGRAPHIEN

Die Großen der Weltgeschichte – Politik · Kultur Wissenschaft

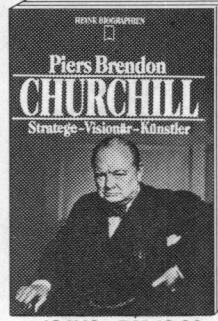

12/119 - DM 12,80

12/94 - DM 9,80

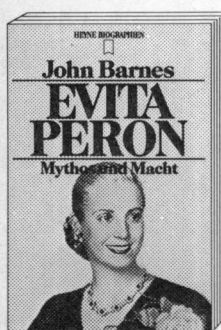

12/120 - DM 12,80

12/139 - DM 16,80

12/114 - DM 16,80

12/121 - DM 12,80

12/133 - DM 14,80

12/117 - DM 16,80